GUIDE MONDAIN DES VILLAGES DE FRANCE

GUIDE MONDAIN DES VILLAGES DE FRANCE

MATTHIAS DEBUREAUX

Allary Éditions

INTRODUCTION

« Il faisait aussi chaud qu'il se peut sans déplaisir et l'eau était délicieusement rafraîchissante ; aussi j'ai senti que j'avais enfin atteint la route du Sud, et le glorieux Orient tout entier. » Savez-vous où Thomas Edward Lawrence, dit Lawrence d'Arabie, écrivit ces mots dans une lettre à sa mère ? Au bord d'une oasis du désert jordanien du Wadi Rum ? Sous une pluie fine devant la cité de Pétra ? Après un bain dans la mer Morte ? Vous n'y êtes pas. C'était sur la plage déserte d'un village de pêcheurs du Gard, en regardant le soleil se coucher sur la Méditerranée. Durant cet été 1908, le futur officier et écrivain britannique fit un tour de France à vélo émaillé de visites d'une cinquantaine de châteaux forts, afin de nourrir un mémoire universitaire sur l'architecture militaire au Moyen Âge. L'étudiant d'Oxford fêta ses 20 ans à Châlus, un petit village limousin, peu avant de partir vers l'Orient, où il allait accomplir son fabuleux destin.
C'est en découvrant cette histoire que j'ai eu l'idée de ce guide. J'ai enfourché mon vélo et, pendant quatre ans, sillonné la France sur la piste de celles et ceux qui ont écrit l'histoire contemporaine. On ignore que nombre de villages français ont infusé la vie et l'œuvre d'illustres peintres, musiciens, hommes d'État, romanciers ou scientifiques. À toutes ces localités jumelées avec le génie, il était temps de rendre leur part de gloire.

Parmi les grands personnages qui peuplent ces pages, beaucoup avaient des racines campagnardes. Les autres, épuisés par la vie urbaine ou tombés sous le charme d'un fragment de France, ont élu un village de cœur, réalisant le beau rêve de Jules Renard: «S'enfuir dans un village pour en faire le centre du monde.» Il faut dire que notre pays est richement pourvu en localités champêtres. Avec près de 35 000 communes, la France détient de très loin le record d'Europe en la matière: l'Italie en compte moins de 8 000 et l'Allemagne à peine 11 000; or, près de neuf communes françaises sur dix sont des villages au sens des démographes, c'est-à-dire qu'elles comptent moins de 2 000 habitants[1]. Pourtant, chose curieuse, parmi les 30 000 villages français, les guides touristiques mettent toujours les mêmes à l'honneur depuis les années 1950. Une petite trentaine d'entre eux sont perpétuellement photographiés sous leurs plus beaux atours et affublés des mêmes épithètes: «charmant», «bucolique», «pittoresque».

Le guide que vous tenez entre les mains est d'une tout autre nature. Ce n'est pas une sélection de villages fleuris pour puzzles ou boîtes de chocolat, ni un sirupeux concours de beauté ordonné comme un défilé de Miss. Mais une fête de l'esprit, un florilège de lieux où brillèrent les étoiles des arts, des sciences et de la politique. Hormis Joseph Staline et Marilyn Monroe, qui n'ont jamais posé un pied en France, presque tous les grands noms de l'histoire contemporaine figurent dans les pages qui suivent: de Marie Curie à Churchill, de Madonna à Fidel Castro, de Lénine à Dalida, de l'ayatollah Khomeini à Louis de Funès en passant par Romy Schneider, Albert Einstein, Joséphine Baker, Orson Welles, Samuel Beckett, Édith Piaf, Johnny Hallyday, Picasso, Brad Pitt, Proust, Harry Truman ou Jean-Paul II, tous ont un lien intime avec un village français. De petites communes se sont aussi révélées «capitales» pour les inventeurs de la photographie, du cinéma, du téléphone, de la douche ou du hold-up motorisé. À croire que rien de grand n'aurait jamais pu se faire sans le terroir français! Jackie Kennedy, Lady Di, Céline Dion ou Sylvester Stallone plongent leurs racines dans des villages bien de chez

1. La quasi-totalité des localités recensées dans ce guide sont des villages au sens de l'INSEE, mais nous avons pris la liberté d'évoquer quelques bourgs, petites villes et autres banlieues campagnardes ayant su conserver l'esprit villageois qu'apprécièrent en leur temps leurs hôtes de marque.

nous qui ont vu naître leurs ancêtres. Les décors de nos profondes contrées permirent à d'immenses artistes de s'imposer sur la scène internationale, juste après avoir quitté la capitale, tels Nicolas de Staël exalté par les paysages de Ménerbes dans le Luberon, ou Balthus emporté par ceux de Montreuillon dans le Morvan. Et des pans entiers de la pop culture ont fleuri dans nos campagnes, qui inspirèrent entre autres les Rolling Stones, Bob Dylan, Patti Smith ou David Bowie.

Guidé par ces étoiles, la campagne française vous apparaîtra avec un nouvel éclat. Un siècle après le compositeur Olivier Messiaen, qui venait y chercher l'inspiration, vous entendrez dans un sous-bois de Fuligny, dans l'Aube, les meilleurs oiseaux chanteurs de France. Dans l'abbaye corrézienne d'Aubazines, ancien orphelinat où la jeune Coco Chanel passa son adolescence, vous admirerez sur un vitrail millénaire les C entrelacés qui inspirèrent à la couturière son célèbre monogramme. À Loison-sous-Lens, vous imaginerez la stupeur des habitants lorsqu'un jeune rocker encore inconnu, un certain Jimi Hendrix, fit hurler sa guitare dans la salle des fêtes, alors qu'une « grande matinée dansante » avait été annoncée. Au Cheix-sur-Morge, dans le Puy-de-Dôme, vous rirez jaune de l'ultime facétie de l'humoriste Fernand Raynaud, qui se tua accidentellement en encastrant sa Rolls… dans le mur du cimetière. À Oppède, dans le Luberon, vous pourrez réserver, le temps d'un week-end, l'une des trois villas provençales de luxe situées sur le domaine vinicole du réalisateur britannique Ridley Scott. Pour les cinéphiles disposant d'un budget plus modeste, à une quinzaine de kilomètres de là, dans le village de Bonnieux, l'ancienne résidence secondaire de l'acteur Maurice Ronet est proposée à la location à un prix très raisonnable avec un piano demi-queue, des livres et même des vinyles ayant appartenu à l'acteur. Et si vous passez par les Alpes-Maritimes, pourquoi ne pas faire quelques exercices à la barre dans la salle de danse de l'ex-villa de Noureev à La Turbie, elle aussi disponible à la location ? Enfin, si vous avez la fièvre immobilière, sachez que, lors de mon passage, l'ancienne maison du guitariste de jazz Django Reinhardt à Samois-sur-Seine, près de Fontainebleau, et celle de la romancière américaine Carson McCullers à Bachivillers, dans l'Oise, étaient en vente à des prix particulièrement attractifs.

Ce livre champêtre, peuplé de fantômes du plus grand chic, recense ainsi près de 500 villages touchés par la grâce – plus rarement par la malédiction. Vous frôlerez des revenants qui s'agitent encore dans l'étrange continuum du temps, de l'espace et des souvenirs. Vous découvrirez des noms aussi grands que les villages sont petits. Dans chaque localité[2] vous attendent de nombreux lieux de mémoire. Des maisons de famille transformées en musée ou chambre d'hôtes. Des vieilles bâtisses classées monuments historiques ouvertes à la visite quelques jours dans l'année. Mais aussi des caveaux, des sentiers, des stèles, des statues, des plaques, des fresques rendant hommage à l'illustre villageois. Quand les anciennes maisons de ces personnalités ne sont pas ouvertes aux visiteurs, nous ne nous sommes pas permis de donner leurs adresses, à moins qu'elles aient déjà été rendues publiques. Par respect de la vie privée, nous ne nous sommes pas non plus autorisés à révéler la localisation des maisons encore occupées par des personnalités ou leurs héritiers. Vous aurez néanmoins accès à leurs bonnes adresses, les lieux qu'ils aiment ou aimaient fréquenter au village : bistrot, restaurant, coiffeur, supérette… Et pour vous, amis cyclistes, qui, comme Lawrence d'Arabie et l'auteur de ce guide, voyagez à vélo, nous avons à chaque fois indiqué la gare ferroviaire la plus proche. Vous pourrez vous transporter facilement sur place avec votre monture.

Vous ne le savez sans doute pas encore, mais une histoire incandescente s'est passée près de chez vous. En écrivant ce guide, j'ai découvert que mon village natal, La Ferté-Macé, dans l'Orne, avait inspiré l'un des plus grands chefs-d'œuvre de la littérature américaine, le roman *L'Énorme Chambrée*,

———

2. Pour certains villages, le code postal indiqué est celui d'une autre localité. Nulle étourderie de l'auteur dans ces bizarreries, mais un effet du grand mouvement de fusion de communes en cours dans nos campagnes : plusieurs des localités que nous célébrons sont ainsi devenues de simples « communes déléguées », rattachées à un bourg voisin plus important.

publié en 1922 par E. E. Cummings. À ma grande honte, je l'ignorais, comme la plupart des habitants de la commune. Beaucoup des histoires exhumées dans ce livre ont été oubliées dans les lieux mêmes où elles se sont produites. Pour préserver cette mémoire en péril, il était temps de faire entendre la voix de la France des villages. Que le chant vivifiant du coq de nos campagnes recouvre enfin le bourdonnement suffisant des métropoles !

INDEX DES PICTOGRAMMES

- Amour
- Ancêtre
- Architecture / Design
- Aristocratie
- Aventure
- Cinéma / Télévision
- Enfance
- Business
- Littérature
- Mode
- Mort
- Musique
- Peinture / Dessin
- Photographie
- Politique
- Religion
- Sciences
- Sculpture
- Sport

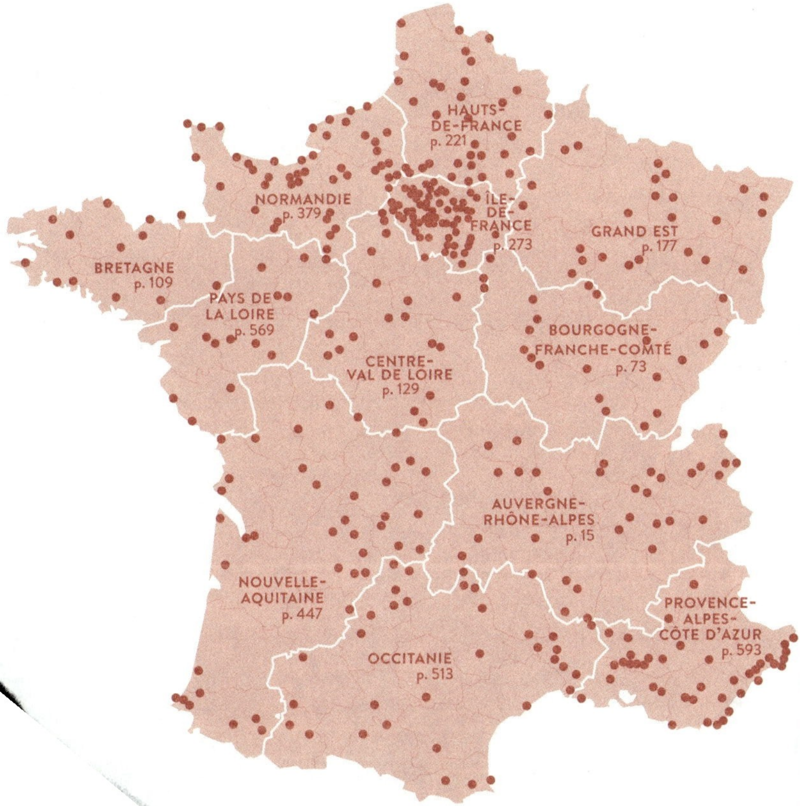
HAUTS-
DE-FRANCE
p. 221
NORMANDIE
p. 379
ÎLE-
DE-
FRANCE
p. 273
GRAND EST
p. 177
BRETAGNE
p. 109
PAYS DE
LA LOIRE
p. 569
BOURGOGNE-
FRANCHE-COMTÉ
p. 73
CENTRE-
VAL DE LOIRE
p. 129
AUVERGNE-
RHÔNE-ALPES
p. 15
NOUVELLE-
AQUITAINE
p. 447
PROVENCE-
ALPES-
CÔTE D'AZUR
p. 593
OCCITANIE
p. 513

AUVERGNE-RHÔNE-ALPES

AIN

1. CULOZ
2. TALISSIEU
3. ARS-SUR-FORMANS

RHÔNE

4. COLLONGES-AU-MONT-D'OR

LOIRE

5. MARCOUX
6. SAINT-JUST-EN-CHEVALET

ALLIER

7. SAINT-GÉRAND-LE-PUY
8. BROÛT-VERNET

PUY-DE-DÔME

9. CHÂTELDON
10. LE CHEIX-SUR-MORGE

CANTAL

11. ALLANCHE

HAUTE-LOIRE

12. BELLEVUE-LA-MONTAGNE

ARDÈCHE

13. ANTRAIGUES-SUR-VOLANE
14. UCEL
15. LABLACHÈRE
16. SAINT-MARTIN-D'ARDÈCHE

DRÔME

17. HAUTERIVES

ISÈRE

18. LA CÔTE-SAINT-ANDRÉ
19. SAINT-CHEF
20. BRANGUES
21. SAINT-PIERRE-DE-CHARTREUSE
22. VOREPPE
23. VILLARD-DE-LANS

SAVOIE

24. LES ALLUES

HAUTE-SAVOIE

25. TALLOIRES
26. THÔNES
27. MEGÈVE
28. LES HOUCHES
29. CHAMONIX
30. CHÂTEL

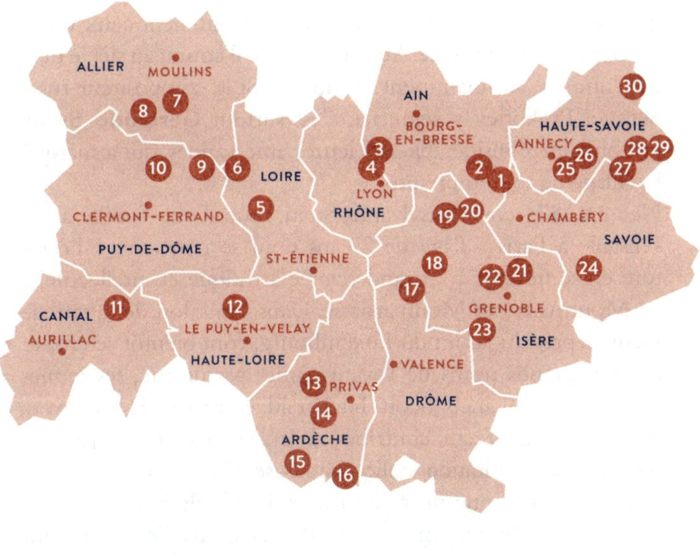
ALLIER
MOULINS
8
7
10
9
6
LOIRE
5
CLERMONT-FERRAND
PUY-DE-DÔME
ST-ÉTIENNE
CANTAL
AURILLAC
11
12
LE PUY-EN-VELAY
HAUTE-LOIRE
13
PRIVAS
14
ARDÈCHE
15
16
AIN
BOURG-EN-BRESSE
3
4
LYON
RHÔNE
2
1
19
20
18
17
VALENCE
DRÔME
HAUTE-SAVOIE
ANNECY
25
26
28
29
27
30
CHAMBÉRY
SAVOIE
24
22
21
GRENOBLE
23
ISÈRE

AIN

1

CULOZ

Gare : Culoz

Cette petite cité grise et ocre au pied du Grand Colombier affiche un profil rare de cimetière ferroviaire. Désormais démesurée du fait de la désaffection progressive des lignes de chemin de fer régionales, sa gare a longtemps été un carrefour très fréquenté où les trains arrivant de Lyon rencontraient ceux venus de Genève ou de Savoie. Aussi Culoz a-t-il connu au siècle dernier une vie étonnamment mondaine. Si le compositeur russe Sergueï Prokofiev y séjourna, c'est surtout **Gertrude Stein**, personnalité considérable des lettres américaines, qui a marqué le village de son empreinte.

Née en 1874 en Pennsylvanie, Stein, issue d'une famille aisée, s'installe à Paris à l'âge de 29 ans pour se consacrer à l'écriture en se frottant à l'incandescence artistique et intellectuelle de Montmartre et Montparnasse. Dans son salon de la rue de Fleurus, près du jardin du Luxembourg, vont bientôt se croiser les plus grands noms de l'avant-garde ; parmi eux, ses jeunes compatriotes Francis Scott Fitzgerald et Ernest Hemingway, dont Gertrude Stein contribue à lancer la carrière dans les Années folles. Grande collectionneuse d'art moderne, cette mécène a aussi joué un rôle majeur dans la diffusion et la reconnaissance du cubisme. À l'été 1924, c'est d'ailleurs en allant rendre visite à Picasso dans le Midi qu'elle découvre la région du Bugey, dans l'Ain, où elle fait étape au cours de son voyage en automobile depuis Paris. L'Américaine est aussitôt troublée par l'indéfinissable attrait de ses paysages variés, entre rives du Rhône et collines, forêts et herbages. Stein passera dès lors six mois par an, à la belle saison, dans ce pays qui lui rappelle le nord de la Californie, où elle a grandi. Avec sa compagne, la femme de lettres **Alice B. Toklas**, elle loue à partir de 1929 un manoir à Billignin, un hameau de Belley, la capitale historique du Bugey. Stein y cisèle son style moderniste, s'efforçant de reproduire le geste cubiste dans l'écriture de ses récits et poèmes ; elle y rédige aussi un texte plus accessible, *Autobiographie d'Alice Toklas* (1933), son livre le plus célèbre, dans lequel elle se raconte en adoptant le point de vue de sa compagne. De son côté, Alice fait honneur à la réputation culinaire de Belley, la ville natale de Jean Anthelme Brillat-Savarin, qui fonda la gastronomie au début du XIXe siècle avec son ouvrage *Physiologie du goût*. La muse de Gertrude cultive un riche potager dans le jardin de la gentilhommière XVIIe ; comme sa compagne, elle raffole des écrevisses pêchées dans les rivières des alentours. En quelques années, les deux Américaines se fondent dans la région, au point qu'en 1933 Gertrude Stein fait la « une » du magazine américain *Time* sur fond de collines du Bugey.

C'est à Billignin que le déclenchement de la Seconde Guerre mondiale les surprend en septembre 1939. Juives et homosexuelles, donc en grand danger après l'invasion allemande, Gertrude et Alice vont passer toute la guerre dans le Bugey. Au début de 1943, le propriétaire de leur manoir les met en demeure de quitter la propriété. Plutôt que de fuir en Suisse comme les y incite leur avocat, elles rejoignent alors Culoz, à une vingtaine de kilomètres de Belley. Le couple s'installe au Clos Poncet, une maison bourgeoise entourée d'un vaste jardin, tout près de l'église du village. Vêtue d'une ample jupe-culotte, coiffant ses cheveux ras d'un casque colonial, Gertrude Stein ne passe pas inaperçue lors de ses sorties dans les rues du village en compagnie d'Alice, qui arbore pour sa part une coupe courte à la frange audacieuse. Défiant le destin, les Américaines n'hésitent pas à promener Basket, leur caniche blanc, tout près du dépôt ferroviaire où stationnent des soldats allemands. Gertrude Stein ne prend pas davantage la peine de cacher ses collections d'« art dégénéré » : dans le salon du Clos Poncet trône son portrait peint par Picasso en 1906, qui, pour pousser la provocation encore plus loin, est accroché à l'horizontale. Alice et elle peuvent de fait compter sur la complicité des habitants du village, qui les ont adoptées dès leur arrivée, séduits par leur originalité et leur simplicité. Les Culoziens vont tout faire pour les protéger. Le maire, Justin Rey, bravera ainsi les instructions des autorités allemandes, qui, dans chaque commune française, exigent de se faire communiquer l'identité et

l'adresse de tous les résidents étrangers. En septembre 1944, les troupes alliées pénètrent dans Culoz. Les deux Américaines retrouvent bientôt Paris. Moins de deux ans plus tard, à l'âge de 72 ans, Gertrude Stein s'éteint à l'hôpital américain de Neuilly-sur-Seine. Elle est enterrée au Père-Lachaise, où Alice Toklas l'a rejointe en 1967.
Si le manoir de Billignin à Belley ne se visite pas, vous pourrez arpenter à Culoz le parc du Clos Poncet, qui appartient désormais à la municipalité. Sur une terrasse se dresse un buste en bronze de Gertrude Stein, qui a été inauguré en 1987 par **François Mitterrand**. Le président de la République a honoré le village de sa présence en cette occasion car, durant la Seconde Guerre mondiale, il s'était lui aussi réfugié un temps à Culoz après s'être évadé d'un camp de prisonniers en Allemagne. Amoureux des livres, le jeune Mitterrand avait alors été reçu au Clos Poncet par l'écrivaine américaine, qu'il considérait comme « l'un des plus grands noms de la littérature contemporaine ».

Clos Poncet (accès au parc), impasse de la Crochate, 01350 Culoz

2

TALISSIEU

Gare : Culoz (6 km)

Entre prairies sèches et forêts de chênes pubescents, cette sage localité du Bas-Bugey inspira au début du XIXe siècle un précurseur de l'amour libre : avant de devenir une figure majeure du socialisme utopique, **Charles Fourier** imagina à Talissieu une communauté de plusieurs dizaines d'individus vivant dans une parfaite harmonie sexuelle.
Né en 1772 à Besançon, Fourier, fils de négociants aisés, est à la fin de ses études contraint par sa famille de devenir à son tour commerçant, un métier qu'il déteste. Installé à Lyon, où il travaille comme modeste employé dans le négoce du drap, il est révulsé par la misère des canuts, les ouvriers de la soie. À l'approche de la trentaine, cet homme frustré et révolté se met à

inonder les autorités municipales puis les ministères parisiens de textes préconisant des réformes sociales radicales, qui permettraient selon lui de garantir le bonheur de chaque individu. Mais ses écrits, assez confus, n'ont pas encore rencontré le moindre écho lorsqu'en 1815, à l'âge de 43 ans, après avoir hérité d'une petite somme à la mort de sa mère, il se retire à Talissieu, chez ses nièces. Pas encore mariées, les demoiselles de Rubat, filles d'une sœur de Fourier et d'un ancien député-maire de Belley, vivent seules. Menant une vie un brin dissolue pour l'époque, elles vont utiliser leur oncle comme couverture morale. Fourier constate bientôt que les mœurs libérées de ses nièces ne sont pas une exception dans cette région où, à le croire, les jeunes filles sont déflorées par des soldats de passage avec l'assentiment de leurs parents. C'est une révélation pour l'aspirant philosophe, qui, noircissant fiévreusement ses carnets, se met à esquisser une communauté idéale où la sexualité ne connaîtrait plus aucun frein.

Dans cette société utopique, qu'il nomme « Harmonie », chaque citoyen se verrait garantir un minimum vital de jouissance sexuelle. Les orgies qu'esquisse Fourier n'ont rien à voir avec les « parties carrées » de la bonne société, qui se déroulent à la lumière tamisée des alcôves ; le théoricien en surchauffe imagine des « sextines », voire des « octaviennes » se tenant au grand jour, pour que la communauté entière puisse en profiter. En Harmonie, écrit-il, un « miroir céleste » en orbite autour de la Terre permettra d'espionner les amants tentés de s'isoler dans les bois. Concevant des « ménages » qui regroupent une centaine de personnes, Fourier prône l'égalité entre les sexes et l'émancipation des minorités, « sodomites », lesbiennes, fétichistes ou « flagellants » – on dirait aujourd'hui sadomasochistes. Il juge aussi « mignon » l'inceste commis par un oncle avec sa nièce lorsque celle-ci est une adulte consentante. N'osant finalement répondre aux avances de sa nièce Hortense, Fourier, qui est très prude en privé, quitte Talissieu près d'un an après son arrivée. Il s'installe alors chez sa plus jeune sœur à Belley, à une quinzaine de kilomètres, où il achève l'écriture de son essai.

Craignant de choquer, Fourier renoncera finalement à le publier. Mais cette exploration d'une sexualité communautaire va le mettre sur la voie de la proposition qui le rendra célèbre : celle du « phalanstère », une communauté de 2 000 personnes vivant et travaillant harmonieusement dans un bâtiment gigantesque. Qualifié de « cuistre » par Flaubert et de « grand novateur » par Balzac, Fourier est, avec ses expérimentations, un précurseur du socialisme de Marx et Engels. Bougon et solitaire, l'apôtre de la libération des instincts est mort vieux garçon, en 1837. Sous le titre *Le Nouveau Monde amoureux*, les textes qu'il écrivit à Talissieu puis à Belley ont été publiés pour la première fois en 1967, année emblématique de la révolution sexuelle qui vit San Francisco s'embraser lors du « Summer of Love ». Dans le village où le théoricien socialiste fut accueilli par ses nièces, sur la façade de leur ancienne maison, place de l'Église, une plaque commémorative a été apposée en 2018 par l'Association d'études fouriéristes. Elle rappelle que « Charles Fourier, penseur de l'attraction passionnée, a séjourné ici en 1816 ».

3

ARS-SUR-FORMANS

Gare : Villefranche-sur-Saône (10 km)

«Ainsi donc, le Christ s'est bien arrêté ici », lança le pape **Jean-Paul II** lors de sa visite dans ce village du plateau de la Dombes, en octobre 1986. À défaut d'une authentique apparition du fils de Dieu, Ars peut en effet se prévaloir d'avoir eu un curé à l'aura christique en la personne de **Jean-Marie Vianney**. Au milieu du XIXe siècle, des fidèles venus de toute la France se pressaient dans la petite commune de l'Ain pour se confesser auprès du saint homme.

Né en 1786 dans une famille de paysans de Dardilly, près de Lyon, Jean-Marie Vianney se destine à la prêtrise après une enfance pieuse. D'abord vicaire à Écully, commune limitrophe de son village natal, le père Vianney devient curé d'Ars en 1818, à 32 ans. Sa bonté et sa gaieté lui permettent de s'intégrer très vite dans cette communauté paysanne qui compte alors quelque 250 âmes. Mais c'est surtout l'austérité de son existence qui va marquer ses ouailles. Contrairement à l'usage, le curé n'a pas de servante. Il ne possède rien et tient à participer

aux travaux les plus ingrats, comme la vidange des fosses d'aisance. Une lumière brûlant toute la nuit à la fenêtre du presbytère, on raconte qu'il ne dort presque pas, préférant se consacrer à la prière. Et il ne mange quasiment rien, dit-on, en dehors des hosties de l'eucharistie. Sa réputation de saint, encore accrue par des rumeurs de guérisons miraculeuses et autres multiplications du blé, s'étend vite aux villages alentour. Pour entendre le père Vianney et être confessé par lui, on finit dans les années 1830 par accourir de toute la région, puis de la France entière : ce « missionnaire immobile » accueille dès lors des dizaines de milliers de pèlerins chaque année dans sa petite église d'Ars. Le père Vianney confesse onze heures par jour en hiver, jusqu'à dix-sept heures en été. Épuisé, malade, se jugeant indigne d'une telle vénération, il demande dès le début des années 1840 à être mis à la retraite. Mais son évêque refuse, estimant que le curé d'Ars se doit aux fidèles et à Dieu. Jean-Marie Vianney meurt donc dans sa charge, à Ars, le 4 août 1859, à l'âge de 73 ans.
Trois ans plus tard commence la construction d'une basilique en lieu et place de la vieille église du village. Même si le pèlerinage d'Ars est vite éclipsé par celui de Lourdes, où Bernadette Soubirous a vu apparaître la Vierge un an avant la mort du père Vianney, ce dernier est loin de tomber dans l'oubli : le curé d'Ars sera canonisé en 1925, quatre ans avant d'être proclamé « patron de tous les curés de l'univers ». Jean-Paul II va aussi beaucoup œuvrer pour sa mémoire. Après avoir délaissé sa carrière d'acteur de théâtre pour se préparer au sacerdoce à Cracovie, le jeune Polonais Karol Wojtyla fut frappé par la destinée de l'humble curé. À l'automne 1947, quelques mois après avoir été ordonné prêtre, il séjourne en France et fait pour la première fois étape à Ars. Devenu souverain pontife, il fera très souvent référence à son modèle. Dans le cadre d'une visite à Lyon, à l'automne 1986, Jean-Paul II ne manque pas de revenir à Ars, où il consacre une interminable homélie au saint curé devant 6000 prêtres et séminaristes. Dans la basilique, le pape se prosterne devant la châsse exposant le corps de Jean-Marie Vianney, avant de visiter le presbytère. Il fera ensuite un crochet par Dardilly, à une trentaine de kilomètres d'Ars, pour visiter l'exquise ferme natale du père Vianney, qui a conservé son mobilier d'époque.

À Ars, les âmes passionnées ne manqueront pas, outre la basilique et le presbytère, le musée qui retrace l'existence du curé en dix-sept tableaux, au moyen de statues de cire. La commune, qui compte aujourd'hui près de 1 500 habitants, attire plusieurs centaines de milliers de pèlerins par an, la plus forte affluence ayant lieu le 4 août, le jour de la disparition de Jean-Marie Vianney. Si vous choisissez ce jour-là pour votre visite, ne comptez pas pour autant sur une ambiance trop festive. De son vivant, le curé d'Ars avait fait fermer les cabarets proches de l'église, fustigeant ainsi la quête des plaisirs : «Voyez, mes frères, voyez ! Les personnes qui entrent dans un bal laissent leur ange gardien à la porte. Et c'est un démon qui le remplace ; en sorte qu'il y a bientôt dans la salle autant de démons que de danseurs.»

—

Basilique Saint-Sixte, rue Jean-Marie-Vianney, 01480 Ars-sur-Formans
Musée de cire « La vie du saint curé d'Ars »,
625, rue Jean-Marie-Vianney, 01480 Ars-sur-Formans
Maison natale du curé d'Ars, 2, rue du Curé-d'Ars, 69570 Dardilly

RHÔNE

4

COLLONGES-AU-MONT-D'OR

Gare : Lyon Part-Dieu (10 km)

Nichée entre une boucle de la Saône et les contreforts du petit massif des monts d'Or, au nord de l'agglomération lyonnaise, cette localité est un petit Vatican de la gastronomie française, dont le pape fut **Paul Bocuse**. Honoré du titre de « cuisinier du XXe siècle » par le guide *Gault & Millau* aussi bien que par le Culinary Institute of America, ce chef emblématique déclenchait des émeutes lorsqu'il se rendait au Japon. Une notoriété internationale qui ne l'empêcha pas de rester éternellement fidèle à son village natal de Collonges-au-Mont-d'Or : fait unique parmi les personnalités de ce guide, Bocuse est mort dans la chambre où il avait vu le jour.

La pièce en question se trouve au deuxième étage de l'Auberge du Pont de Collonges. À la naissance du petit Paul, en 1926, cet établissement bordé par la Saône est la propriété de ses grands-parents maternels, qui le transmettront à ses parents dix ans plus tard. Peu emballé par les études, le jeune Bocuse n'envisage pas un instant de déroger à la tradition familiale, qui remonterait selon la légende au XVIIIe siècle. Mais sa formation de cuisinier est interrompue par la Seconde Guerre mondiale. En septembre 1944, lorsque la 1re division française libre débarquée en Provence atteint Lyon, le jeune homme de 18 ans s'engage pour achever la libération de la France. Grièvement blessé lors d'un combat près de Belfort, il est sauvé par des médecins de l'armée américaine et se fait transfuser du sang yankee, ce qui ne suffira heureusement pas à lui faire perdre le goût des bons plats de chez nous. Pour honorer sa résistance, un coq gaulois lui est tatoué sur l'épaule gauche. À son retour au bercail, le jeune homme reprend son apprentissage de cuisinier auprès de la mère Brazier, la reine de la cuisine lyonnaise, puis à La Pyramide, à Vienne dans l'Isère, le mythique restaurant du chef Fernand Point, qui devient son mentor. Au moment de voler de ses propres ailes, à la fin des années 1950, Paul Bocuse reprend naturellement l'affaire familiale de Collonges. Il ne lui faudra que huit ans pour obtenir trois étoiles au guide *Michelin*, qu'il conservera jusqu'à sa mort.

Au-delà de sa parfaite maîtrise des classiques de la gastronomie française, l'aura du patron de l'Auberge du Pont de Collonges tient au fait qu'il a été le premier chef à sortir de sa cuisine pour s'imposer en figure médiatique. Dès le milieu des années 1960, le restaurant de ce grand communicant devient un carrefour mondain, où s'attablent notamment Winston Churchill, François Mitterrand, Mel Brooks, le prince héritier du Japon, Paul McCartney ou Miles Davis. On vient du monde entier pour déguster les classiques de la maison, comme le jambonneau en croûte cuit au foin, le rouget poché au pistou, la poularde demi-deuil ou encore la « soupe aux truffes noires VGE », créée en l'honneur du président de la République Valéry Giscard d'Estaing. À partir des années 1980, le nom de Bocuse devient une marque déclinée dans le monde entier : le chef ouvre entre autres un restaurant à Disney World, en Floride, et une dizaine de brasseries au Japon, où il prête aussi son image à des boulangeries et des épiceries fines.

En janvier 2018, à l'âge de 91 ans, Paul Bocuse a succombé à la maladie de Parkinson dans son auberge des bords de Saône. Les obsèques du «primat des gueules» ont été célébrées en la cathédrale Saint-Jean de Lyon, devant une marée blanche de grands chefs revêtus de leur veste de travail. Le «roi Lyon» a été enterré dans sa tenue de meilleur ouvrier de France, au col bordé d'un liseré tricolore, dans le caveau familial du cimetière de Collonges.

En longeant la Saône, il est impossible de manquer l'Auberge du Pont, extravagant bâtiment bariolé de vert pistache et de rouge framboise comme un chapiteau de cirque. Bocuse est né et s'est éteint derrière la fenêtre en haut à droite de la façade principale, sous le U de son nom qui s'étale sur le toit en lettres géantes. À 700 mètres, toujours au bord de la rivière, son autre établissement collongeard, L'Abbaye, avec son impressionnante collection d'orgues de foire dont les notes ponctuent l'arrivée des plats, est dédié aux mariages et à la fête. En 2020, l'ambiance a toutefois été refroidie par la perte de la troisième étoile de l'Auberge du Pont, vécue à Collonges comme la seconde mort de «Monsieur Paul».

Auberge du Pont de Collonges – Restaurant Paul Bocuse,
40, rue de la Plage, 69660 Collonges-au-Mont-d'Or
L'Abbaye, 10, quai de la Jonchère, 69660 Collonges-au-Mont-d'Or
Cimetière, 2, chemin de Moyrand, 69660 Collonges-au-Mont-d'Or

LOIRE

5

MARCOUX

Gare : Boën (4 km)

Au pied du volcan de Montaubourg, l'un des plus anciens d'Europe, ce village en plein vignoble des côtes-du-forez a été le théâtre d'une incroyable histoire d'amour entre le compositeur et chef d'orchestre américain **Duke Ellington** et le château de Goutelas. On pourrait penser qu'une légende du jazz qui a joué pour Al Capone et sillonné le monde entier à la tête de son prestigieux «big band» est revenue de tout. Il n'en est rien. Dans ses mémoires, intitulés *Music Is My Mistress*, le musicien consacre un chapitre entier à Goutelas: «Comment en suis-je arrivé à m'impliquer dans la restauration d'un château français du XIIIe siècle? C'est une histoire invraisemblable.»

Au début des années 1960, le pianiste sexagénaire entend parler par des amis français du projet de reconstruction du modeste château de Goutelas, dominant la plaine du Forez. Curieux de tout et prompt aux emballements les plus variés, Duke Ellington se prend de passion pour cette entreprise initiée par des intellectuels de la région, qui mobilise l'ensemble du village. En 1965, après plusieurs années de travaux, cette ancienne maison forte médiévale transformée en manoir à la Renaissance, qui menaçait ruine, peut rouvrir ses portes. Transformé en centre culturel, le château accueille des expositions et surtout, en février 1966, le «Duke» en personne. Le jazzman, qui a tenu à venir y donner un concert pour saluer cette aventure humaine, est accueilli au cœur d'une nuit froide et venteuse par une haie d'honneur formée d'une cinquantaine d'enfants brandissant des torches. Dans le salon de musique du château, il découvre le plus beau piano qu'il ait jamais vu, un Steinway de concert livré à son intention. Avant de commencer son récital, le musicien, ému aux larmes, déclare que la restauration du bâtiment est «une formidable manifestation d'humanisme». Pour ses «nouveaux frères» de Goutelas, il jouera notamment *New World A-Coming*, un morceau de sa composition. S'ensuit un festin composé de tartes à l'oignon, de poulets à la broche et d'une pièce montée accompagnée d'un brûlot de Cognac allumé par le maire du village. Le lendemain, un photographe de *Paris Match* voudra immortaliser la venue du jazzman. On sort alors le piano sur la pelouse et Duke Ellington pose assis sur une souche d'arbre en compagnie d'une poule sagement stationnée au coin de l'instrument. Pour qu'elle se tienne tranquille devant l'objectif, la volaille avait été préalablement gavée de mie de pain trempée dans du côtes-du-forez. Après avoir dégusté à son tour le breuvage, le jazzman déclarera que ce vin « monte à la tête d'une manière bien agréable ».

Duke Ellington va s'attarder un jour de plus dans le Forez. Sous le charme de la culture locale, il témoigne une vive curiosité pour la bourrée auvergnate en sabots et les subtilités instrumentales de son accompagnement à la vielle. L'Américain sera chaleureusement accueilli au château de Couzan, où il admire la vue panoramique sur toute l'Auvergne, puis dans une ferme où il goûte d'autres vins de pays. Il déjeune encore à l'hôtel du Lion d'or de Montbrison, honorant un menu composé de cochonnaille, d'un canard aux pêches et de pêches flambées. En 1971, trois ans avant sa mort, ce séjour cher à son cœur lui inspirera la composition de *The Goutelas Suite*.

Le château, désormais propriété de la communauté d'agglomération Loire-Forez, est ouvert à la visite. Il accueille concerts, expositions et animations culturelles, et peut être loué pour des séminaires.

—

Château de Goutelas, 277, route de Goutelas, 42130 Marcoux

6

SAINT-JUST-EN-CHEVALET

Gare : Roanne (30 km)

Au cœur du pays d'Urfé, entre montagnes à vaches, bois et vallées, ce village sillonné de cours d'eau fait le bonheur des amateurs de pêche. La commune peut aussi s'enorgueillir de son titre de « Village des Justes » : durant l'Occupation, ses habitants ont caché près de 150 Juifs. Le séjour à Saint-Just dans les années 1960 du peintre **Robert De Niro Senior**, le père du célèbre acteur américain, est un secret tout aussi bien gardé.

Il faut dire que, de son vivant, la notoriété de cet artiste né en 1922 dans l'État de New York a eu du mal à dépasser les cercles des spécialistes d'art moderne. En 1946, trois ans après la naissance de son fils Robert Junior, la collectionneuse et mécène Peggy Guggenheim lui consacre une exposition personnelle dans sa galerie new-yorkaise Art of This Century.

De Niro père donne alors dans l'expressionnisme abstrait, mais il reste dans l'ombre de ses camarades Jackson Pollock ou Mark Rothko. Ses compositions très colorées se mêlent bientôt d'éléments figuratifs, et ses natures mortes, nus et paysages lui valent l'admiration de nombreux critiques. Mais en s'inscrivant dès lors dans les pas des fauves et des nabis, Robert De Niro Sr. s'éloigne de la tendance du marché de l'après-guerre. De 1961 à 1964, le peintre new-yorkais voyage en France, afin d'y revisiter l'œuvre des peintres qui l'inspirent le plus, Matisse, Gauguin, Derain ou Bonnard. Après Paris, il explore la campagne française. En 1963, il passe par Saint-Just-en-Chevalet – village au nom prédestiné pour un peintre – où, depuis la chambre de son hôtel sur la place du Vieux-Marché, il peint au soleil levant l'une de ses toiles les plus emblématiques, intitulée *Vue de ma fenêtre* : au centre du tableau, entre des nappes de mauve, de bleu et d'orange, émerge le clocher de la chapelle Notre-Dame du Château, qui domine le village.
Au cours de cette année 1963, son fils Robert, âgé de 19 ans, vient lui rendre visite en France. Le jeune homme séjourne à Paris avant de faire du stop vers la Normandie puis le Sud-Ouest. De retour à New York, Robert De Niro Junior est découvert par le jeune réalisateur Brian De Palma lors d'un casting sauvage à Greenwich Village, obtenant son premier rôle au cinéma dans *The Wedding Party*. Depuis qu'il est devenu une star, l'acteur n'a eu de cesse de faire mieux connaître l'œuvre de son père disparu en 1993, criblant les murs de ses restaurants new-yorkais de natures mortes et de chatoyants paysages. En juin 2005, le héros de *Taxi Driver* n'a pas manqué le vernissage de la première rétrospective de Robert De Niro Sr organisée en Europe, au musée La Piscine de Roubaix : les larmes aux yeux, il a notamment pu admirer la vue de Saint-Just-en-Chevalet.

Chapelle Notre-Dame du Château,
rue du Vieux-Château, 42430 Saint-Just-en-Chevalet

ALLIER

7

SAINT-GÉRAND-LE-PUY

Gare : Saint-Germain-des-Fossés (10 km) ou Vichy (19 km)

Ce patelin traversé par l'ancienne « route des vacances », la mythique Nationale 7, a vu passer beaucoup de monde. Outre des millions d'estivants en transit, la commune peut s'enorgueillir d'avoir retenu pendant un an l'un des écrivains les plus influents du XXe siècle, l'Irlandais **James Joyce**.

Depuis 1920, Joyce vivait en exil à Paris, où, peu après son arrivée, il acheva son roman *Ulysse*, chef-d'œuvre au style révolutionnaire. À l'automne 1939, face à la menace d'une invasion allemande, l'école de Neuilly où est scolarisé son petit-fils Stephen se replie au château de La Chapelle à Périgny, dans l'Allier. Quelques semaines plus tard, l'écrivain décide d'aller fêter Noël avec ce petit garçon adoré de 7 ans, pour lequel il a écrit trois ans plus tôt un conte intitulé *Le Chat et le Diable*. Avec son épouse Nora, il descend à l'Hôtel de la Paix à Saint-Gérand-le-Puy, une commune voisine de Périgny. Mais, après avoir célébré Noël au château avec le petit Stephen, les Joyce ne rentrent finalement pas à Paris. Ils trouvent Saint-Gérand à leur goût et ne veulent pas s'éloigner du rayon de soleil que constitue leur petit-fils dans leur vie maussade. Une routine se met en place : vers 10 heures, Joyce quitte sa chambre d'hôtel pour aller se faire raser chez le barbier Marcel Chassagnette, dit « Bouboule » ; à cheval sur l'hygiène, l'Irlandais apporte son propre rasoir. Une fois glabre, il descend la rue des Quatre-Murailles en direction d'une ferme aujourd'hui disparue, « La Gadine », où il aime questionner les paysans sur leurs méthodes de travail. Remontant vers midi dans le centre du village, il se rend à l'Hôtel du Commerce pour un déjeuner généreusement arrosé d'eau de vie de sorbier, une solide gnole locale. Souffrant de l'estomac, victime de graves problèmes oculaires qui l'ont rendu presque aveugle, Joyce se soigne également au Pernod. L'écrivain se console ainsi de l'échec de son roman *Finnegans*

Wake, son œuvre la plus hermétique, parue à Londres quelques mois plus tôt dans une indifférence polie. Mais il y a aussi des moments heureux: outre ses visites à son petit-fils, Joyce accueille à Saint-Gérand un jeune compatriote et ami, l'aspirant écrivain Samuel Beckett; il va voir son traducteur français Valéry Larbaud, qui possède une propriété dans la région. Une châtelaine du cru lui fera même rencontrer une jeune comédienne du nom d'Alice Sapritch, à qui il dédicace un ouvrage. Les paysages bourbonnais lui rappellent l'Irlande qui lui manque tant. Le Dublinois écrit peu en cette année 1940, ce qui n'empêche pas certains spécialistes de fantasmer sur un hypothétique projet de livre consacré à Saint-Gérand.

Si la plupart des Saint-Gérandais ignorent tout du pedigree littéraire de leur hôte, c'est à regret que, un an après son arrivée dans le village, les habitants voient partir cet étranger sympathique et original, à l'élégance toute gaélique dans sa grande pèlerine sombre. À la mi-décembre 1940, Joyce rejoint Zurich pour y faire soigner un ulcère au duodénum. L'opération est un échec. Il meurt le 13 janvier 1941, à l'âge de 58 ans.

À Saint-Gérand, un musée communal rassemble portraits, photos, ouvrages et aquarelles évoquant l'univers de l'écrivain. L'association «James Joyce à Saint-Gérand-le-Puy» a tracé une promenade jalonnée de panneaux explicatifs pour guider les visiteurs sur les pas de l'Irlandais. Et chaque année, en juin, le village célèbre «le jour d'*Ulysse*», sa propre version du *Bloomsday*, cet hommage à Joyce organisé à Dublin chaque 16 juin, le jour durant lequel se déroule l'intrigue d'*Ulysse*. Diverses animations et expositions attendent alors les fanatiques du maître irlandais de la littérature moderniste au cœur du Bourbonnais.

Musée James-Joyce, 1, rue Maurice-Dupont,
03150 Saint-Gérand-le-Puy
Promenade « Sur les pas de Joyce » : panneau numéro 1 devant l'ancienne boutique du barbier de Joyce, devenue le salon Isa Coiffure, 23, rue du Commerce, 03150 Saint-Gérand-le-Puy

8

BROÛT-VERNET

Gare : Vichy (18 km)

Ce village moyennement gai de la Limagne bourbonnaise a accueilli les débuts ardus dans la vie d'**Antoine Pétillat**. Le parcours de ce *Petit Berger millionnaire*, titre de ses souvenirs publiés en 1907, est un modèle d'ascension sociale par la face nord. Ce fils de serrurier est né en 1834 à Saint-Rémy-en-Rollat, tout près de Broût-Vernet, où sa famille s'installe lorsqu'il a 9 ans. Les Pétillat sont très pauvres et Antoine va parfois cueillir des pissenlits dans les prairies autour de Broût pour aider à nourrir ses deux petites sœurs. En plein hiver, pour réchauffer la modeste maison familiale, il ramasse du bois mort dans les forêts avoisinantes, dont il revient couvert de neige, les mains et les pieds à moitié gelés et crevassés. Le jeune garçon ne va pas à l'école, car il doit aider son père à la santé défaillante. Chaque semaine, il parcourt des dizaines de kilomètres en sabots pour aller chercher à Gannat ou Saint-Pourçain le fer nécessaire à l'atelier paternel. Pour gagner quelques sous, Antoine se fait aussi enfant de chœur, éleveur d'oiseaux et chasseur de vipères, dont il débarrasse la forêt communale à la demande du maire. Malgré ses efforts, sa mère meurt de faim lorsqu'il a 13 ans, et lui-même est bientôt frappé par le paludisme, endémique dans cette région dont les nombreux marais n'ont pas encore fini d'être drainés. Après avoir échappé par miracle à la mort, il devient berger pour le compte de M. des Morelles, un riche propriétaire terrien du village. Mais cette situation semble trop précaire au jeune Pétillat, qui écrira : « Pour s'extraire du métier de berger, on peut entendre des voix, mais quand la vierge ne s'adresse pas à vous, il faut trouver un autre ressort. » Ne se voyant pas marcher dans les pas de Jeanne d'Arc ou de Bernadette Soubirous, la petite bergère qui vit la Vierge à Lourdes, l'adolescent, auquel son père a donné le goût du travail du fer, devient apprenti dans une fonderie avant d'ouvrir un petit atelier de serrurerie à Vichy. En ce milieu du Second Empire, la ville d'eaux connaît un développement très rapide. L'affaire de l'ancien berger finit

par prospérer et en 1873, à 39 ans, il ouvre une usine de machines agricoles modernes. La maison Pétillat, qui multiplie les brevets d'invention, va vite acquérir une renommée internationale, présentant ses modèles aux Expositions universelles de Paris, Londres et Chicago. L'industriel, qui n'oubliera jamais d'où il vient, fait construire des maisons pour ses ouvriers et les intéresse aux bénéfices de l'entreprise.
Antoine Pétillat, bienfaiteur du Bourbonnais, disparaît en 1920, à l'âge de 86 ans. Il est inhumé à Vichy. Quatre générations se sont depuis succédé à la tête de l'entreprise familiale, qui s'est diversifiée en se lançant dans la production de vin près de Saint-Pourçain. Si une rue de Vichy porte son nom, le patriarche n'a étrangement toujours pas reçu cet honneur dans le village de Broût-Vernet, où s'est forgée son ambition.

PUY-DE-DÔME

9

CHÂTELDON

Gare : Vichy (20 km) ou Thiers (16 km)

Niché dans les vallonnements boisés du parc naturel régional du Livradois-Forez, ce village est connu dans le monde entier grâce à son eau minérale, considérée comme « le champagne des eaux gazeuses ». La source de Châteldon a pourtant appartenu à une personnalité assez peu pétillante : l'homme politique **Pierre Laval**, acteur majeur de la collaboration de l'État français de Vichy avec l'Allemagne nazie.
« Je ne suis ni sidi, ni juif, ni franc-maçon, mais j'ai une tare : je suis auvergnat », clamait Laval, qui est né à Châteldon en 1883. Grâce à ses bons résultats scolaires, ce fils d'aubergiste peut faire des études de droit et devient avocat à Paris. Lorsqu'il retourne à Châteldon, Laval arbore dès lors un haut-de-forme et la cravate blanche qui deviendra son emblème. En 1909, il épouse la fille du maire radical-socialiste de la commune. C'est sa belle-famille qui incite le jeune ambitieux à entrer en politique.

Élu député de Saint-Denis en 1914, à seulement 30 ans, l'Auvergnat siège alors dans les rangs socialistes. Mais Laval se lance aussi avec succès dans les affaires, devenant notamment propriétaire d'un quotidien de Clermont-Ferrand, *Le Moniteur du Puy-de-Dôme*. En 1931, le fils de l'aubergiste couronne son ascension sociale en rachetant le château qui domine son village natal, avant de faire l'acquisition des sources d'eau minérale de la commune. Jadis prisée de Louis XIV, qui la faisait transporter à dos de mulet jusqu'à Versailles, l'eau de Châteldon est retombée dans l'anonymat en ce début des années 1930. Déjà plusieurs fois ministre, président du Conseil en 1931-1932 puis en 1935-1936, Laval va user de son entregent pour la remettre au goût du jour: cette eau aux fines bulles, riche en sodium et en calcium, est bientôt servie au Fouquet's, dans les trains de la Compagnie internationale des wagons-lits ou sur le paquebot *Normandie*. Sa production reste limitée, mais cette relative rareté contribue justement à en faire l'eau de l'élite.
Après l'invasion allemande du printemps 1940, Laval joue un rôle décisif, auprès du maréchal Pétain, dans la chute de la IIIe République, remplacée par l'«État français». C'est sur la suggestion de l'Auvergnat que ce nouveau régime s'installe à Vichy, à 20 kilomètres de Châteldon. Nommé chef du gouvernement de Pétain, Pierre Laval fait aménager une route bitumée pour retrouver chaque soir son château en un quart d'heure. Sur les tables vichyssoises, l'eau de Châteldon est bien sûr à l'honneur.
Laval est condamné à mort pour haute trahison à la Libération. Fusillé en octobre 1945, le grand coordinateur de la déportation des Juifs de France et créateur du Service du travail obligatoire ou de la Milice est enterré au cimetière du Montparnasse à Paris. Malgré ses multiples démarches, sa fille Josée n'obtiendra pas l'autorisation de faire transférer son corps dans le mausolée en granit sombre que Laval avait fait construire dans le parc de son château de Châteldon. Seuls reposent près du tombeau vide les quatre chiens esquimaux du collaborateur.
Le château appartient aujourd'hui à la fondation Chambrun, du nom de feu le gendre de Pierre Laval, l'avocat d'affaires et descendant de La Fayette René de Chambrun, qui œuvra sans succès pour la réhabilitation de son beau-père. La propriété ne

se visite pas, et on ne peut davantage s'attabler à l'ancienne auberge du père de Pierre Laval, devenue une épicerie. De l'autre côté de la rue Joseph-Claussat vous attend toutefois La Taverne du Beffroi, un restaurant-caviste où vous pourrez commander un « blanc Châteldon » ou un « rouge Châteldon » : la « Rolls des eaux minérales », désormais propriété du groupe Castel, spécialiste des boissons qui a su redorer son blason terni après-guerre, est ici volontiers mélangée avec du vin, que l'eau de Châteldon ne trouble pas. Mais on se passera de troubler l'ambiance en évoquant à haute voix le nom de son ancien propriétaire.

La Taverne du Beffroi, 2, rue Joseph-Claussat, 63290 Châteldon

10

LE CHEIX-SUR-MORGE

Gare : Pontmort (3 km)

C'est à l'entrée de ce village proche de Riom, sur l'ancienne Nationale 9 aujourd'hui devenue la D2009, que l'humoriste **Fernand Raynaud** a perdu la vie. Célèbre pour ses sketchs raillant le Français moyen, tels « Le 22 à Asnières » ou « Restons français », l'homme au chapeau mou et à l'imperméable trop large fut l'un des comiques les plus populaires de l'après-guerre. Cet Auvergnat, monté à Paris à l'âge de 15 ans pour se lancer dans une carrière d'amuseur, a créé en 1959 le tout premier one-man-show humoristique jamais monté en France : seul durant deux heures sur la scène parisienne du Théâtre des Variétés, il triomphe pendant plus d'un an avec son spectacle « Le Fernand Raynaud Chaud », au cours duquel il aborde notamment la question de la prévention routière.
Le 28 septembre 1973, vers 17 heures, l'humoriste de 47 ans, qui roulait pied au plancher sur la Nationale 9, perd le contrôle de son puissant cabriolet Rolls-Royce dans une légère courbe à droite. Après avoir percuté une bétaillère, il va s'écraser contre le mur du cimetière du Cheix-sur-Morge. Raynaud est tué sur le coup. Il était en route vers Clermont-Ferrand, sa ville natale, où il avait convoqué la presse au bar Le Suffren pour annoncer

ses adieux à la scène et son départ pour une retraite anticipée en Nouvelle-Calédonie. En guise d'adieu, le quotidien régional *La Montagne* titre le lendemain: «Pour la première fois, Fernand nous fait pleurer.»
À l'occasion du quarantième anniversaire de la mort de Fernand Raynaud, en 2013, une rue du Cheix-sur-Morge a été rebaptisée en son honneur. Une stèle commémorative en pierre de Volvic, qui porte l'inscription «Heureux» sous son profil en médaillon, s'élève contre le mur du cimetière. L'humoriste n'a toutefois pas été inhumé sur place, mais à Saint-Germain-des-Fossés, dans l'Allier, un village du Bourbonnais où il passait ses vacances enfant.

Cimetière, route de Paris, 63200 Le Cheix-sur-Morge

CANTAL

11

ALLANCHE

Gare : Massiac-Blesle (27 km)

Cette commune du massif du Cézallier, un plateau volcanique situé entre les monts Dore et les monts du Cantal, a joué un rôle déterminant dans le parcours du comédien **Jean-Paul Belmondo**. Sur les conseils du médecin de famille, le futur héros d'*À bout de Souffle* y fut envoyé durant un an, à l'adolescence, pour soigner un début de tuberculose. Pour le fils du sculpteur parisien Paul Belmondo, plus familier de la campagne domestiquée d'Île-de-France, cette année au grand air dans ce pays de traditions gaillardes a agi comme un puissant révélateur. Né en 1933 à Neuilly-sur-Seine, le jeune Jean-Paul est un enfant remuant. Préférant la boxe aux études, il est régulièrement renvoyé des établissements scolaires prestigieux où l'inscrit son père, un artiste de renom. Aussi voit-il dans son départ pour le Cantal, à l'âge de 16 ans, suite à la découverte d'une primo-infection tuberculeuse, une occasion d'échapper à la surveillance parentale. Le jeune Parisien est accueilli en pension à l'hôtel Bonnal, en plein centre d'Allanche – aujourd'hui désaffecté, ce bâtiment Art déco de 1930 attend un repreneur. Dans cette région parmi les moins densément peuplées de France, Jean-Paul, loin de s'ennuyer, se saoule d'air pur et de nature. Il sèche les cours que des professeurs du collège d'Allanche viennent lui donner à l'hôtel pour aller garder les moutons, pêcher la truite à la main ou construire des cabanes. Certains soirs, il déserte sa pension pour aller dormir dans les granges. Dans une lettre enflammée à ses parents, l'adolescent annonce son souhait de devenir berger. Il n'a pourtant pas une vocation d'ermite : à Allanche, le jeune garçon se fait plein d'amis, avec lesquels il organise des courses cyclistes reliant les villages du coin. Dans les petits bals organisés sous des tentes, Jean-Paul charme les jeunes filles à la chair rose et saine ; il aura notamment une aventure avec la fille gironde du chef de gare. Lors des kermesses, il participe aux concours de camelots, qui consistent à tenter de vendre au public des objets parfaitement inutiles. Le bagout fantaisiste du titi parisien déclenche l'hilarité et les applaudissements, et il gagne à chaque fois. Chez le jeune clown, une nouvelle vocation fait ainsi son chemin, celle de comédien. « Allanche m'a aidé à exprimer mon désir d'acteur », analysera-t-il des années plus tard.

À la fin de l'année 1949, au bout d'un an en Auvergne, Jean-Paul Belmondo, les poumons régénérés, retrouve le pavé parisien. Après avoir annoncé à ses parents son désir de monter sur les planches, il prépare le concours d'entrée au Conservatoire national supérieur d'art dramatique, qu'il intègre en 1952, à sa troisième tentative. Son passage remarqué dans l'institution se soldera par un bras d'honneur aux jurés du concours de sortie, après que ceux-ci lui eurent accordé un simple accessit.

Devenu une figure de la Nouvelle Vague, puis la star de comédies musclées dans les années 1970 et 1980, Jean-Paul Belmondo n'a jamais oublié sa montagne magique. Le comédien, disparu en 2021, a toujours accueilli chaleureusement ses anciens copains cantalous venus le voir à Paris. Il a aussi usé de sa notoriété pour promouvoir les produits régionaux et envoyé des chèques pour financer la Fête de l'Estive d'Allanche. Organisée fin mai à l'occasion de la transhumance des iconiques vaches Salers, venues du bassin d'Aurillac pour passer l'été sur le plateau autour du village, cette manifestation conserve de nos jours toute son énergie d'antan. Si, comme le jeune Jean-Paul Belmondo, vous avez besoin d'un grand bol d'air frais, le défilé des troupeaux dans les rues d'Allanche, des dégustations de cuisse de bœuf à la broche et un grand bal de l'estive vous attendent lors de ces festivités.

HAUTE-LOIRE

12

BELLEVUE-LA-MONTAGNE

Gare : Vorey (12 km)

Offrant de splendides panoramas sur les gorges de l'Arzon et les monts du Velay, cette modeste localité située à près de 1 000 mètres d'altitude n'a pas usurpé son nom. Le philosophe situationniste **Guy Debord**, considéré comme l'un des inspirateurs de la révolte de Mai 68, a choisi ce cadre venteux et isolé pour se retirer du monde.

Né à Paris en 1931, le jeune Debord place ses espoirs de révolution dans l'action d'une avant-garde intellectuelle. Lui-même écrivain et cinéaste, il fonde en 1957 l'Internationale situationniste, un groupe d'artistes et de philosophes révolutionnaires dont il se veut le principal « stratège ». Avec *La Société du spectacle*, son brûlot publié en 1967, qui dissèque l'aliénation culturelle au sein de la société de consommation, Guy Debord annonce l'explosion sociétale qui se produira l'année suivante. Mais après la dissolution de l'Internationale situationniste, en 1972, l'auteur du slogan « Ne travaillez jamais » sent qu'il est en train de perdre son combat contre le « spectacle ». Il décide alors de mener « une existence obscure et insaisissable » : en achetant en 1974 un mas à Champot, lieu-dit de Bellevue-la-Montagne composé de quatre fermes, dans un cul-de-sac, Guy Debord fait tout pour rejoindre le clan des écrivains mutiques. En compagnie de sa seconde épouse Alice Becker-Ho, le révolutionnaire

désabusé, qui avait découvert la Haute-Loire lors de vacances estivales, passera dès lors une grande partie de l'année dans ce refuge qu'il décrivait ainsi: « Une inaccessible maison entourée par des bois, loin des villages, dans une région parfaitement stérile de montagne usée, au fond d'une Auvergne désertée. »
Dans cette lande battue par les vents, où les arbres vibrent comme les mâts de navires surpris à l'ancre dans une rade ouverte, Debord continue d'écrire, mais il attaque ses matinées à la vodka. « Quoiqu'ayant beaucoup lu, j'ai bu davantage », reconnaissait-il. Le penseur a décrit l'évolution de sa passion pour l'alcool dans *Panégyrique*, l'un de ses derniers textes: « J'ai d'abord aimé, comme tout le monde, l'effet de la légère ivresse, puis très bientôt j'ai aimé ce qui est au-delà de la violente ivresse, quand on a franchi ce stade: une paix magnifique et terrible, le vrai goût du passage du temps. » Au début des années 1990, on lui diagnostique une polynévrite alcoolique. Souffrant terriblement de cette maladie du système nerveux provoquée par la boisson, Debord, qui ne sort plus de sa ferme, finit par se tirer une décharge de fusil en plein cœur un jour de novembre 1994. Ses cendres n'ont pas été dispersées par les vents de la Haute-Loire, sur cette terre qu'il qualifiait de « pays très sot », mais plongées dans les eaux de la Seine, à la pointe du square du Vert-Galant, sur l'île de la Cité à Paris. À Champot, le promeneur retrouvera sans peine le cadre abrasif des derniers jours de Guy Debord. Sa rude maison typique de la région est la plus grande du hameau, la première sur la gauche en venant de Bellevue.

ARDÈCHE

13

ANTRAIGUES-SUR-VOLANE

Gare : Montélimar (54 km)

Pour se choisir un nom d'artiste, **Jean Ferrat** avait à l'aube de sa carrière pointé le doigt au hasard sur une carte de France : le sort désigna Saint-Jean-Cap-Ferrat. Mais lorsque, le succès venu, le chanteur se mit en quête d'un lieu préservé pour échapper à la notoriété, il se garda bien de rejoindre cette presqu'île méditerranéenne abritant les plus grandes fortunes du globe. Le compagnon de route du Parti communiste élut un lieu bien plus modeste, mais non sans majesté : Antraigues-sur-Volane, un bourg perché sur un éperon rocheux aux confins des Cévennes ardéchoises et des monts du Vivarais.

Jean Tenenbaum est né en 1930 en région parisienne, d'une mère d'origine auvergnate et d'un père juif né en Russie, qui mourra à Auschwitz. Après une décennie à écumer les cabarets parisiens, le jeune homme, devenu Jean Ferrat, connaît son premier succès en 1960 avec sa chanson *Ma môme*, une ode à une jeune ouvrière. Mais, très vite, les tournées l'épuisent et le vedettariat lui pèse. Durant l'été 1964, un ami l'entraîne à Antraigues. Ferrat est subjugué par la beauté de l'Ardèche et par ce village, où, à peine arrivé, il décide d'acheter une maison abandonnée. Durant ce premier séjour, le théâtre de roche et de verdure qui entoure le bourg lui souffle les paroles de *La Montagne*. Cette chanson, qui déplore l'exode rural et la perte des traditions villageoises, sera son plus grand succès. Elle scelle son histoire d'amour avec Antraigues. En compagnie de son épouse Christine, une chanteuse n'ayant pour sa part jamais percé, Ferrat viendra dès lors très souvent se reposer dans son mas du lieu-dit de Bergnolles, un peu à l'écart du village. En 1973, à 43 ans, il décide même de s'y installer définitivement, renonçant aux tournées et au tout-Paris de la futilité. Il se contentera d'aller présenter chaque nouveau disque à la télévision.

Résolu à finir ses jours en Ardèche, le chanteur à la voix grave et caressante mènera dès lors la vie d'un Antraiguain presque comme les autres. Un temps adjoint au maire communiste, Jean Ferrat devient même gardien de but de l'équipe de foot vétérans de la commune, jouant le plus souvent en espadrilles. On peut croiser sa DS blanche sur les routes sinueuses et le voir jouer à la pétanque en fin d'après-midi sur la place du village. Son tube *La Montagne* a donné son nom à l'hôtel-restaurant où il vient siroter des cassis à l'eau, en face du restaurant Lo Podello, sa table préférée. Dans son mas de Bergnolles, dont le jardin est bordé par un ruisseau gorgé de truites, Ferrat reçoit de nombreux amis, dont Lino Ventura, Mouloudji, Isabelle Aubret, Pierre Brasseur et le directeur de *L'Humanité* Roland Leroy. Jacques Brel, lui aussi invité et séduit par son séjour, faillit acquérir une maison dans les environs. Cette affluence vaudra un temps à Antraigues le surnom de « Saint-Tropez de l'Ardèche ». À la mort de Ferrat, en 2010, à l'âge de 79 ans, la presse locale titra : « Le roc d'Antraigues vacille car son aigle s'est envolé pour toujours. » Le chanteur repose auprès de l'un de ses frères au cimetière communal, bercé par le ronflement du torrent en contrebas. Sa tombe est submergée de fleurs, plaques, cailloux peints et petits mots. On ne peut pas visiter le mas de Bergnolles, où vit toujours Colette, la veuve de Ferrat, qui avait épousé cette Ardéchoise après la mort de Christine. Mais une « maison Jean-Ferrat », créée en 2013 dans un ancien hôtel, attend ses admirateurs sur la place du village. On peut y voir sa guitare et le piano sur lequel il composait. Au dernier étage a même été reconstitué son bureau-bibliothèque, avec son encyclopédie Universalis et les œuvres de son idole Aragon, dont il a mis nombre de poèmes en musique. Et si, comme l'artiste au cœur rouge, vous voulez communier avec la nature ardéchoise, demandez aux jeunes du coin de vous indiquer le « trou de Jean », spot de baignade secret qui était particulièrement apprécié de l'Aigle d'Antraigues.

Maison Jean-Ferrat, place de la Résistance,
07530 Vallées-d'Antraigues-Asperjoc
Hôtel-restaurant La Montagne, place de la Résistance,
07530 Vallées-d'Antraigues-Asperjoc

14

UCEL

Gare : Montélimar (44 km)

Tout près d'Aubenas, cette insoupçonnable bourgade a couvé un futur bagnard : **Henri Charrière** est devenu célèbre en racontant son évasion du bagne de Cayenne, en Guyane, dans ses mémoires intitulés *Papillon*. Un phénomène d'édition qui s'est écoulé à plus de treize millions d'exemplaires dans le monde, avant d'être adapté au cinéma par Hollywood avec Steve McQueen dans le rôle-titre.

L'aventurier est né en 1906 à une cinquantaine de kilomètres d'Ucel, à Saint-Étienne-de-Lugdarès, une localité accrochée au flanc des monts du Vivarais. Lorsqu'il a 3 ans, ses parents, instituteurs, sont mutés à l'école du hameau du Pont d'Ucel. Sur les bords de l'Ardèche, l'enfant turbulent s'impose rapidement en chef de bande. À 17 ans, il blesse grièvement l'un de ses camarades lors d'une bagarre. Pour échapper à des poursuites judiciaires, il s'engage dans la marine, où son comportement de forte tête lui vaut d'être intégré à un bataillon disciplinaire basé en Corse. Après être parvenu à se faire réformer en se mutilant un pouce, au printemps 1927, Henri Charrière retrouve Ucel. On le surnomme désormais « Papillon », à cause du lépidoptère, symbole de liberté, qu'il s'est fait tatouer sur le torse à Calvi. Toujours aussi prompt au coup de poing, le jeune homme commet quelques larcins et se fait remarquer sur les terrains de rugby. Papillon est aussi un grand séducteur : en costume blanc, le canotier à la main, il écume les bals du pays, remportant au passage quelques concours de danse. Mais il peaufine surtout son éducation dans les maisons closes. Se destinant à une carrière de proxénète, il fréquente assidûment La Lauzière, un bordel tenu par Madame Henriette à Vals-les-Bains, commune limitrophe d'Ucel. Dans cet établissement qui compte trois filles en basse saison et le double en été, Henri apprend le métier en tenant le bar et en réglant à sa façon quelques différends avec des clients. Au bout de quelques mois, s'estimant fin prêt, il se décide à monter à Paris, s'installant à Montmartre, où il se partage entre proxénétisme et petite délinquance. Mais en 1930, son destin bascule lorsqu'il est accusé du meurtre d'un souteneur de Pigalle. Condamné aux travaux forcés à perpétuité, Charrière clamera toute sa vie son innocence. Il passera onze ans dans les terribles bagnes de Guyane avant de parvenir à s'échapper en 1944 ; il se réfugie alors au Venezuela, où il deviendra restaurateur et patron de boîte de nuit.

Retrouvant le sol français en 1967, après la prescription de sa

peine, Charrière a l'idée de coucher ses aventures sur le papier. Sorti en 1969, *Papillon*, salué par François Mauriac et Simone de Beauvoir, connaît un succès immédiat. Lors de la triomphale tournée promotionnelle de son livre, le Vénézuélien de l'Ardèche revient en héros sur sa terre d'origine. Retrouvant l'école de Pont d'Ucel, où enseignèrent ses parents et où lui-même fut élève, il écrit au tableau, les larmes aux yeux: «Si j'ai gardé les qualités d'un homme bon, je l'ai appris à l'école primaire. Gloire aux enseignants.» Bientôt accusé d'avoir romancé ses souvenirs, et de s'être notamment approprié des histoires vécues par d'autres bagnards, Henri Charrière meurt en 1973 à Madrid, quelques mois avant la sortie du film adapté de son récit.
Conformément à ses dernières volontés, il est enterré auprès de sa mère dans le petit cimetière de Lanas, non loin d'Ucel. À Saint-Étienne-de-Lugdarès, une plaque commémorative a été posée sur le pilier du portail de l'ancienne école, là où est né Papillon, dans le logement de fonction de ses parents.

15

LABLACHÈRE

Gare: Villefort (34 km)

Cette commune pierreuse des Cévennes ardéchoises fut la terre d'élection du paysan-philosophe et militant écologique **Pierre Rabhi**, récemment disparu. Ce pionnier de l'agriculture biologique a forgé le concept de «la part du colibri», le petit oiseau qui, selon une légende amérindienne, transporte quelques gouttes d'eau dans son bec pour tenter d'éteindre un incendie de forêt, tandis que les autres animaux se contentent de regarder le désastre. «Faites votre part!», enjoignait Rabhi, qui incitait chacun de nous à imiter le dévouement modeste du colibri pour sauver la Terre de la catastrophe écologique.
Né en 1938 dans une famille musulmane d'Algérie, Rabah Rabhi perd sa mère à l'âge de 5 ans. Confié à un couple de Français installés à Oran, il se convertit au catholicisme à l'adolescence, adoptant le prénom de Pierre. Durant la guerre

d'Algérie, le jeune homme rejoint Paris, où il travaille comme magasinier dans une usine. Mais il rêve de devenir agriculteur : précurseur du mouvement du « retour à la terre », Rabhi s'installe en Ardèche en 1960 avec son épouse Michèle, rencontrée dans la capitale. Après s'être formé à l'agriculture, le couple reprend à Lablachère la ferme de Montchamp, à l'écart du bourg. Pierre Rabhi, qui entend produire sa nourriture sans bouleverser l'écosystème, y élève des chèvres et se lance dans l'agriculture biodynamique : assurant renouer avec des pratiques ancestrales, il remplace les engrais chimiques par du compost auquel il intègre des plumes d'oiseau et des branches, et organise son travail en fonction des phases de la Lune.

À partir des années 1980, Pierre Rabhi entend diffuser ses pratiques et son message, qu'il résume par l'expression de « sobriété heureuse ». Il crée ainsi l'association Terre & Humanisme, qui investit le mas de Beaulieu, toujours à Lablachère. Dans les jardins et les vergers de ce centre de formation à l'agroécologie se sont depuis succédé des milliers de stagiaires. Devenu une figure médiatique, le paysan philosophe a fini par convertir des personnalités comme le violoniste Yehudi Menuhin, ou encore des vedettes du cinéma français comme Juliette Binoche et Marion Cotillard, qui reverse à son association l'argent gagné lors de ses procès contre la presse *people*. Parmi le gotha aristocratique, il est devenu conseiller personnel de la princesse de Polignac. Rabhi avait aussi l'oreille de dirigeants de grandes entreprises comme le patron de Carrefour. Même le PDG de McDonald's France a fait le pèlerinage à Lablachère ! Mais il arrivait au petit homme au visage buriné de quitter ses terres ardéchoises pour donner des conférences et répondre à de prestigieuses invitations : pieds nus dans ses éternelles sandales de cuir, il a notamment été reçu à l'université d'été du Medef, ou encore en audience privée sur le yacht de Leonardo DiCaprio lors du Festival de Cannes, pour discuter des OGM avec l'acteur féru d'écologie. Devenu un auteur de best-sellers après la publication en 2006 de son manifeste *La Part du colibri*, Rabhi se défendait d'être un gourou. À Lablachère, certains habitants avaient en tout cas fini par se lasser de voir débarquer ses innombrables admirateurs, prêts à tout pour obtenir une entrevue à la ferme de Montchamp. Ces groupies allaient du chevelu sac au dos au cadre qui garait son coupé Mercedes en bas de la colline sur laquelle vivait Rabhi, afin de ne pas faire mauvaise impression au chantre de la décroissance. Il arrivait même à des chauffeurs de taxi de transporter depuis la gare de Montélimar de vieilles dames venues avec leur valise dans l'espoir de finir leur vie avec le prophète de Lablachère.

Pierre Rabhi s'est éteint en décembre 2021, à l'âge de 83 ans. Mais sa relève est assurée : à une dizaine de kilomètres du mas de Beaulieu, sur la commune de Berrias-et-Casteljau, sa fille Sophie a créé le Hameau des Buis, un éco-village constitué d'une vingtaine de maisons bio avec panneaux solaires, toilettes sèches et système de phyto-épuration. On y trouve une ferme-école installée dans un mas au milieu des boucs et des oliviers. Non reconnue par l'Éducation nationale, cette « Ferme des enfants » accueille des élèves de la maternelle à la troisième.

Terre & Humanisme,
471, chemin du Mas de Beaulieu, 07230 Lablachère
Hameau des Buis, Chaulet, 07460 Berrias-et-Casteljau

16

SAINT-MARTIN-D'ARDÈCHE

Gare : Bollène-La Croisière (15 km)

« Par pitié, ne dites à personne où nous sommes », écrivit l'artiste anglaise **Leonora Carrington** à son ami le photographe Man Ray lors de la fugue passionnée qu'elle partagea avec le peintre **Max Ernst**. Durant tout l'été 1937, les amants cachèrent le nom du havre de paix ardéchois qui abritait leur idylle. Estimant qu'il y a désormais prescription, nous nous autorisons à vous le révéler.

Le peintre et collagiste allemand Max Ernst a 46 ans et une réputation bien établie, en tant qu'artiste phare du mouvement surréaliste, lorsqu'au printemps 1937 il rencontre la jeune aristo-rebelle Leonora Carrington durant le vernissage d'une exposition de ses œuvres, à Londres. Malgré les vingt-six ans qui les séparent, c'est le coup de foudre entre le peintre marié et la fille d'industriel, qui admire l'art surréaliste et se destine à une carrière artistique depuis ses 10 ans. Après avoir rejoint Paris, où Ernst vit depuis le début des années 1920, le couple, traqué par la femme du peintre, s'enfuit à vélo vers le sud de la France. Cette échappée romantique les conduit à Saint-Martin-d'Ardèche, adorable rivage pierreux qu'Ernst avait découvert en compagnie de son épouse, originaire de la région. Ils font du camping au bord de l'Ardèche, passant l'été le plus heureux de leur vie. Quelques mois plus tard, Leonora acquiert, à la sortie du village, un mas délabré du XVIIIe siècle que le couple va restaurer avec passion. Après avoir bâti un contrefort pour soutenir la façade, Ernst y sculpte un spectaculaire bas-relief: façonnés avec du ciment, des bouts de tuyaux et d'autres objets récupérés autour de la maison, deux personnages aux membres allongés, un homme levant les bras au ciel et une jeune femme tenant un poisson, évoquent le couple qu'il forme avec Leonora. Derrière la maison, Ernst sculpte aussi une sirène et un minotaure. Un décor qu'apprécieront lors de leurs visites amicales Paul Éluard, Man Ray et la photographe américaine Lee Miller. Les habitants du village sont un peu plus circonspects, mais ils adoptent très vite ce couple avenant et si original: Max se teint de temps à autre les cheveux en bleu, Leonora marche pieds nus dans les rues, revêtue d'une robe de soie; au bistrot Chez Fonfon, les deux artistes mettent l'ambiance en chantant debout sur les tables ou en improvisant de petites pièces de théâtre.

Séduit par la végétation méditerranéenne et les paysages minéraux des bords de l'Ardèche, Ernst les métamorphose sur une vingtaine de toiles, dont *Le Fascinant Cyprès* et *Un moment de calme*. Si elle se consacre avant tout à l'écriture de contes et de romans, Leonora peint aussi à Saint-Martin un portrait surréaliste de son compagnon, représenté en homme-poisson poilu sur fond de décor arctique. Mais les deux artistes vont être brutalement tirés de leur rêve commun. Après la déclaration de guerre de la France à l'Allemagne, en septembre 1939, Ernst, pourtant antinazi, est arrêté, en raison de sa nationalité allemande. Interné comme «étranger ennemi» au camp des Milles, à Aix-en-Provence, il est libéré au bout de plusieurs semaines, grâce à une intervention de Paul Éluard, et peut

retrouver Leonora à Saint-Martin. Mais suite à l'invasion allemande, en juin 1940, Ernst est à nouveau arrêté, cette fois par la Gestapo, les nazis réprouvant son art « dégénéré ». Après avoir réussi à s'échapper, il rencontre la collectionneuse américaine Peggy Guggenheim, qui devient sa nouvelle compagne et l'aide à fuir aux États-Unis. Restée seule à Saint-Martin, Leonora Carrington part alors en Espagne, puis au Mexique, où elle s'est éteinte en 2011, après une longue vie d'écriture et de peinture. Après la fin abrupte de leur aventure ardéchoise, elle n'avait que brièvement revu Max Ernst, qui est mort en 1976.
Revendue en 1946 par Leonora, leur ancienne maison de Saint-Martin-d'Ardèche est une propriété privée qui ne se visite pas. Mais depuis le chemin, on peut admirer le bas-relief du contrefort. À l'office de tourisme, parmi les brochures destinées aux adeptes du canoë-kayak, l'association « Max Ernst à Saint-Martin-d'Ardèche » a aménagé un petit espace consacré au passage du couple surréaliste, qui propose des photos et une vidéo. Ne manquez pas non plus le site préféré de Max Ernst dans les environs : à une vingtaine de kilomètres de Saint-Martin, la grotte de l'aven d'Orgnac, une cathédrale de pierre aux fascinantes stalagmites, fit bouillonner son imagination. Jusqu'à la fin de sa vie, le peintre sera hanté par ce chaos féerique.

Office du tourisme, place de l'Église, 07700 Saint-Martin-d'Ardèche
Aven d'Orgnac, 2240, route de l'Aven, 07150 Orgnac-l'Aven

DRÔME

17

HAUTERIVES

Gare : Saint-Rambert-d'Albon (23 km)
ou Saint-Vallier-sur-Rhône (23 km)

Cette humble commune caillouteuse de la vallée de la Galaure n'était pas destinée à accueillir un palais. À la Belle Époque, un modeste facteur, **Joseph Ferdinand Cheval**, y éleva pourtant le sien, tout droit sorti d'un songe. Ce chef-d'œuvre d'architecture naïve aimanta aussitôt les artistes, avant que ne déferlent à Hauterives, depuis quelques décennies, des dizaines de milliers de touristes venus du monde entier.

Un jour d'avril 1879, lors de sa tournée pédestre sur les chemins entourant Hauterives, le facteur Cheval trébuche sur une pierre. La forme du caillou est si singulière qu'il le met dans son mouchoir. Repassant au même endroit le lendemain, il trouve des pierres qui lui semblent encore plus belles. « Puisque la nature veut faire la sculpture, moi je ferai la maçonnerie et l'architecture », se dit-il. Bien des années plus tôt, Cheval avait rêvé qu'il bâtissait un château ; à 43 ans, il décide d'utiliser ces cailloux merveilleux comme matériau de base pour élever son « Palais idéal » dans son potager, au cœur de Hauterives. Le facteur se met alors à collecter des pierres au cours de ses tournées, dont il fait des tas au bord des chemins avant de revenir le soir avec une brouette pour les rapporter chez lui. Auprès des habitants du village, l'employé des postes passe vite pour un « pauvre fou ». Cheval n'en a cure. Il passe une bonne partie de ses nuits à bâtir son palais, s'éclairant avec une lampe à pétrole. Pour assembler ses pierres, il prépare du mortier dans une petite casserole, et utilise pour seuls outils des cuillères et des fourchettes. Sans culture artistique, le facteur puise son style rococo dans des revues illustrées comme *Le Magasin pittoresque* ou *Les Veillées des chaumières*, qui lui font découvrir les temples d'Angkor ou les sanctuaires hindous. Peu à peu s'élève une cathédrale de cailloux hérissée de tours et de pignons, percée de grottes et d'alcôves, décorée de bas-reliefs représentant des animaux ou des palais miniatures. En 1912, au bout de trente-trois ans de travail, Cheval, à 76 ans, estime son œuvre achevée. « Plus opiniâtre que moi se mette à l'ouvrage », proclame-t-il. Si le palais ne comporte pas de pièce d'habitation, le facteur compte bien en faire son mausolée ; il n'obtiendra malheureusement pas l'autorisation d'y être inhumé. L'artiste trouve alors la force de façonner son « tombeau du silence et du repos sans fin » dans le cimetière du village. Il l'achève en 1922, deux ans avant sa mort, à l'âge de 88 ans. Si vous aspirez à un peu de tranquillité, allez donc vous recueillir devant cette sépulture digne d'un maharadjah : les touristes qui s'abattent sur le Palais idéal font souvent l'impasse sur le cimetière.

Peu après la disparition de Cheval, son palais onirique ne manqua pas d'attirer les surréalistes. Paul Éluard, Tristan Tzara et René Char furent fascinés par ce songe pétrifié. Sensible aux inscriptions prophétiques que Cheval grava sur les façades de son palais, comme « Ce rocher dira un jour bien des choses » ou « Les morts ne sont pas les absents mais les invisibles », André Breton lui consacra un poème dans son recueil *Le Revolver à cheveux blancs*. À l'été 1937, Picasso remplit un carnet de croquis lors de sa visite à Hauterives. Max Ernst, Gertrude Stein, Robert Doisneau ou Niki de Saint Phalle y viendront aussi en pèlerinage. Classé monument historique en 1969, sur l'insistance du ministre des Affaires culturelles André Malraux, le site se visite toute l'année. Si le bâtiment de la poste où travailla Cheval n'existe plus, on peut refaire la tournée du facteur, qui parcourait chaque jour 33 kilomètres à pied, en suivant les sentiers longeant la Galaure avant de gravir les collines jusqu'à Tersanne. Sur ce chemin riant, vous viendront peut-être quelques projets fous de construction.

—

Palais idéal du facteur Cheval, 8, rue du Palais, 26390 Hauterives
Cimetière, 57-59, L'Ancienne Église, 26390 Hauterives

ISÈRE

18

LA CÔTE-SAINT-ANDRÉ

Gare : Le Grand-Lemps (13 km)

Ce bourg candide du Bas Dauphiné est le berceau du compositeur **Hector Berlioz**. C'est dans ce cadre de champs dorés et de vertes collines que le chef de file de la musique romantique française vécut en songe sa plus grande histoire d'amour. Né dans le village en 1803, Berlioz est le fils d'un médecin atypique et opiomane, qui introduisit l'acupuncture en France. Son enfance bourgeoise est bercée par les cloches de l'église Saint-André, dont il reproduira souvent le bourdonnement dans ses compositions. Voisin du forgeron, le jeune Hector est réveillé chaque matin à 4 heures par le bruit cadencé du marteau sur l'enclume, qui développe son sens de la rythmique. En l'absence de piano à la maison, le garçon joue de la flûte et de la guitare, instruments pour lesquels il compose ses premiers morceaux vers l'âge de 12 ans. C'est à la même période que, rendant visite à ses grands-parents qui résident à Meylan, près de Grenoble, il est foudroyé à la vue d'une jeune fille de 18 ans prénommée Estelle : « Je me jette à genoux et je crie à la vallée, aux monts et au ciel : Estelle ! Estelle ! Estelle ! », se souviendra-t-il. Leur écart d'âge rend cet amour impossible, mais cette vision de la beauté absolue va hanter Berlioz jusqu'à la fin de ses jours. Estelle, qu'il surnomme dans ses mémoires « Stella Montis », sera sa muse chimérique. Si, après son baccalauréat, son père l'envoie à Paris pour étudier la médecine, le jeune Berlioz, porté par cet élan romantique, déserte vite les bancs de la faculté pour se lancer dans la musique. Il conquiert la capitale dès l'âge de 26 ans avec sa *Symphonie fantastique,* ce qui ne l'empêchera pas de retourner toute sa vie dans son pays natal. Afin de retrouver les folles sensations de son amour de jeunesse, le musicien se livre alors à des marches quotidiennes de plusieurs dizaines de kilomètres à travers la plaine de Bièvre. De retour à Paris, pour prolonger l'extase, il se fait livrer du vin de La Côte-Saint-André, soupçonné de rendre fou. Ce qui explique peut-être le caractère de plus en plus irascible du musicien au fil des années.

Berlioz est sexagénaire lorsqu'il finit par retrouver la trace de « Stella ». Veuve d'un riche magistrat grenoblois, Estelle Fornier s'est retirée près de Lyon, à Saint-Symphorien-d'Ozon, à une cinquantaine de kilomètres de La Côte-Saint-André. Lui-même veuf de sa seconde épouse, le compositeur obtient de la rencontrer à Lyon, où il la demande en mariage. « Il est des illusions, des rêves qu'il faut savoir abandonner quand les cheveux blancs sont arrivés », lui répond Estelle. Berlioz semble avoir fini par se ranger à cet avis, puisqu'il conclura ses mémoires par cette phrase : « Stella ! Stella ! Je pourrai mourir maintenant sans amertume et sans colère. » Le musicien s'éteint en 1869, à l'âge de 65 ans. Enterré auprès de ses deux épouses au cimetière de

Montmartre, à Paris, il a légué à Estelle une rente viagère qui a contribué à adoucir ses dernières années. Décédée en 1876, l'inaccessible muse est inhumée dans le cimetière communal de Saint-Symphorien-d'Ozon. Une plaque orne la maison où elle a vécu, non loin d'une petite rue Estelle-Fornier.
La Côte-Saint-André, où une statue de Berlioz décore la place qui porte son nom, organise chaque année en août un festival Berlioz. La maison natale du musicien est devenue un musée, qui expose notamment une collection de partitions manuscrites, une de ses baguettes de chef d'orchestre en argent ainsi que son masque mortuaire. Mais une pièce majeure manque cruellement. Si l'on peut voir une représentation d'Estelle en dame âgée, il est impossible de savoir à quoi elle ressemblait lorsqu'elle éblouit le jeune Berlioz : son unique portrait de jeunesse a disparu dans le naufrage du *Titanic*.

Musée Hector-Berlioz,
69, rue de la République, 38260 La Côte-Saint-André
Statue de Berlioz, place Hector-Berlioz, 38260 La Côte-Saint-André

19

SAINT-CHEF

Gare : Bourgoin-Jallieu (13 km)

« Saint-Chef somnole comme une bête heureuse à l'ombre de son abbaye. C'est le lieu du recueillement, de la méditation, de la sérénité.» L'auteur de ces mots doux n'est pas l'acteur **Louis Seigner**, né dans la commune en 1903 de parents épiciers avant de partir briller sur les planches de la Comédie-Française, mais l'autre gloire locale : l'écrivain **Frédéric Dard**, maître de la littérature policière débridée avec la série des *San-Antonio*, a été nourri, dans tous les sens du terme, par ce bourg amène du nord du Dauphiné.
Dard est né à Jallieu en 1921, avant la fusion de cette ville avec Bourgoin. Il a 11 ans lorsque ses parents, victimes d'un revers de fortune après le krach de 1929, se réfugient une quinzaine de kilomètres plus au nord à Saint-Chef, le fief de leurs ancêtres,

où le père de Frédéric, qui est chauffagiste, est embauché pour installer l'eau courante. Les Dard vivent pendant un an dans une auberge tenue par une amie de la famille, Marie Tabardel, avant d'emménager dans une petite maison située chemin Cadet, à la limite du village. Le futur romancier, qui fait sa première communion dans la sublime église abbatiale, se souviendra toute sa vie du curé récitant en chaire la recette du gratin dauphinois. En 1936, après avoir séjourné pendant trois ans dans le village, les Dard partent pour Lyon, où Frédéric deviendra journaliste avant de s'essayer à la littérature populaire. Mais l'écrivain n'oubliera jamais Saint-Chef, ce bourg animé et chaleureux où il a commencé à s'intéresser aux filles et découvert le goût de l'alcool. La commune est ainsi présente dans les *San-Antonio* sous le nom de « Saint-Locdu-le-Vieux » – n'en déplaise à certains exégètes, qui estiment que Saint-Locdu a plutôt été influencé par la commune normande de Broglie. C'est le village natal de l'inspecteur Alexandre-Benoît Bérurier, l'adjoint du commissaire San-Antonio. Inspiré par un ancien poilu braillard à l'hygiène douteuse, dont la jambe de bois impressionna beaucoup le jeune Frédéric dans son enfance, « Béru » est la véritable star de ces polars argotiques et drolatiques que Dard a commencé à publier en 1949.

Si le succès colossal de sa série, dont il a signé 175 volumes, motiva dans les années 1960 un exil fiscal en Suisse, l'« obsédé textuel » retournait plusieurs fois par an à Saint-Chef. Il y retrouvait Marie Tabardel, sa seconde maman, qui lui écrivait chaque semaine pour lui donner des nouvelles du village, et ses copains d'enfance, à commencer par son grand ami Pierre Grataloup, devenu maire de la commune. Preuve suprême de son attachement au bourg dauphinois, Dard a choisi d'y reposer pour l'éternité. Lors d'une ultime interview télévisée donnée devant sa future tombe, il encourageait vivement ses lecteurs à venir lui faire un clin d'œil après sa mort.

Au sortir du cimetière, vous pourrez goûter à la convivialité des Saint-Cheffois à la Taverne rustique, l'établissement jadis tenu par Marie Tabardel, avec sa terrasse ombragée et sa cuisine de notaire, où Frédéric Dard aimait déguster le vin des Balmes dauphinoises. La Maison du Patrimoine abrite un espace consacré à l'écrivain, où trône sa machine à écrire, et organise des visites du village sur ses traces, animées par un guide déguisé en « Béru ».

Église abbatiale, place Antoine-Bonnaz, 38890 Saint-Chef
Cimetière, chemin des Châteaux, 38890 Saint-Chef
Taverne rustique chez Monique, 6, voie du Chapitre, 38890 Saint-Chef
Maison du Patrimoine, 2, rue du Seigneur de By, 38890 Saint-Chef

20

BRANGUES

Gare : La Tour-du-Pin (20 km)

Perchée sur un promontoire rocheux pour se protéger des crues du Rhône coulant en contrebas, cette bourgade prit encore plus de hauteur lorsqu'elle inspira deux gloires des lettres françaises.

De la fin des années 1920 jusqu'à sa mort, en 1955, le dramaturge et poète **Paul Claudel** habita le château du village. Au siècle précédent, Brangues fut aussi le théâtre d'un fait divers qui souffla à **Stendhal** l'intrigue de son roman *Le Rouge et le Noir*. De son vrai nom Henri Beyle, l'écrivain, né à Grenoble en 1788, détestait dans sa jeunesse cette ville qui lui évoquait « une abominable digestion ». Après l'avoir quittée dès l'âge de 16 ans pour poursuivre ses études à Paris, il étouffa pourtant rapidement dans la capitale, se découvrant nostalgique des paysages montagneux de son Isère natale. Au cours de sa vie passionnée, pleine d'amours et de voyages, Stendhal retrouvera donc souvent le pays de son enfance, notamment pour rendre visite à sa chère sœur Pauline, qui résidait au château de Thuellin, à une dizaine de kilomètres de Brangues. Et il restera toute sa vie attentif aux événements de la région. À la fin de l'année 1827, l'écrivain, qui vient de publier un premier roman passé relativement inaperçu, *Armance*, se prend ainsi de passion pour un procès se déroulant au palais de justice de Grenoble, dont il dévore les comptes rendus dans la *Gazette des tribunaux*. Antoine Berthet, fils d'un forgeron de Brangues, avait entamé des études au séminaire après que le curé du village eut remarqué son intelligence. Peu désireux de se faire prêtre, ce jeune homme ambitieux devint finalement le précepteur des enfants de M. Michoud, le plus gros propriétaire terrien de la commune. Il eut bientôt une liaison avec Mme Michoud. Chassé, il fut ensuite engagé dans une famille noble ; il séduisit sa jeune élève, ce qui lui valut un nouveau renvoi. Un dimanche de juillet 1827, Berthet, frustré de ne pas parvenir à s'élever socialement malgré ses dons intellectuels, surgit en plein office dans l'église de Brangues et tire au pistolet sur son ancienne maîtresse, Mme Michoud, avant de retourner l'arme contre lui. Tous deux survivent à leurs blessures. Au terme de son procès, le jeune ambitieux est condamné à mort. Il est guillotiné à Grenoble en février 1828. Cette affaire bouleverse Stendhal, qui déplore le figement de la société française sous la Restauration. Il tient son héros romantique, dont le parcours tragique fera trembler l'ordre bourgeois. Sous sa plume, Antoine Berthet devient Julien Sorel, Mme Michoud Mme de Rênal, et Brangues est rebaptisé Verrières, et déplacé au bord du Doubs. Publié en 1830, *Le Rouge et le Noir* rendra Stendhal célèbre.

Ne cherchez pas l'église où s'est produit le drame. Dans les années 1840, M. Michoud, devenu maire, invoqua la vétusté de ce bâtiment maudit pour le faire raser. Une nouvelle église fut construite sur un autre emplacement. Seule l'une des cloches de l'ancien édifice a été conservée pour être installée dans le nouveau clocher. Son tintement était apprécié de Paul Claudel : « Brangues, cette syllabe de bronze monnayée trois fois le jour par l'angélus », écrivit le dramaturge, qui acheta le château du village en 1927, un siècle exactement après que Berthet eut tiré sur Mme Michoud. L'auteur du *Soulier de satin* est enterré dans le parc de son ancienne propriété. Sur sa tombe, il a fait inscrire cette curieuse épitaphe : « Ici reposent les restes et la semence de Paul Claudel ».

Parc de l'ancienne propriété de Paul Claudel, Château de Brangues, 38510 Brangues

21

SAINT-PIERRE-DE-CHARTREUSE

Gare : Grenoble (27 km)

Dans ce village isolé au cœur du massif de la Chartreuse se réfugia au printemps 1934 le révolutionnaire communiste **Léon Trotski**, au cours de son exil en France qui avait commencé l'année précédente à Saint-Palais-sur-Mer (voir p. 468). Une trentaine d'années plus tard, un individu d'un tout autre bord politique s'y cacha sous l'identité de Paul Berthet : derrière ce nom d'emprunt se cachait l'ex-fonctionnaire collaborationniste du régime de Vichy **Paul Touvier**. Condamné à mort à la Libération, l'ancien chef de la Milice lyonnaise s'était évadé de prison juste avant son exécution, entamant une cavale de plus de quarante ans rendue possible par la complicité de membres de l'Église catholique. Dans les années 1960 et 1970, Touvier a ainsi trouvé de l'aide au sein du monastère de la Grande Chartreuse, perché dans la montagne au-dessus de Saint-Pierre de Chartreuse, où il fut hébergé et employé comme secrétaire.

C'est ce sombre personnage qui, au début des années 1960, fait découvrir la région à **Jacques Brel**. L'interprète de *Quand on n'a que l'amour* a fait la connaissance de Touvier un soir d'octobre 1959 dans un restaurant de Tarare, près de Lyon, avant de donner un concert auquel est venu assister l'ancien milicien. Se présentant sous le nom de Paul Berthet, le criminel en cavale confie alors à la vedette belge que ses chansons l'inspirent et lui donnent du courage pour supporter sa triste situation : Touvier explique au chanteur avoir été condamné à mort pour crime de guerre, mais il nie avoir du sang sur les mains. Il omet ainsi de mentionner son rôle décisif dans des rafles de Juifs et de nombreuses exécutions sommaires, comme celles de Victor Basch, le président de la Ligue des droits de l'homme, et de son épouse Hélène, alors octogénaires. Touché par ce personnage qui lui parle de sa foi, Brel le trouve sympathique. Les deux hommes se reverront et deviendront amis. L'artiste humaniste va même aider « Paul Berthet », qui ne lui révélera jamais sa véritable identité, à produire un disque d'éducation sexuelle pour les jeunes intitulé *L'Amour et la Vie*, l'autorisant au passage à utiliser gratuitement l'une de ses chansons. Quand il passe dans la région grenobloise, Brel rend visite à son ami au musée de la Grande Chartreuse, où Touvier gère la boutique, écoulant la production phare des moines, la chartreuse, cette liqueur stimulante connue de tous les mixologues du monde. Le chanteur lui accorde une telle confiance qu'en 1965 il le charge de lui trouver une maison dans la région. Touvier déniche une ancienne bergerie à flanc de montagne au-dessus du village de Saint-Pierre-de-Chartreuse. C'est lui qui signe le compromis de vente et négocie les devis des travaux de rénovation avec des entreprises de la région. Durant dix ans, ce havre sera le lieu de vacances favori de l'auteur de *Ne me quitte pas*. Dans son chalet, Brel organise une année un Noël marocain et invite le voisinage à des fêtes mémorables. Le Belge ne skie pas, mais il aime marcher dans la montagne. Après avoir appris en 1974 qu'il est atteint d'un cancer du poumon, il part s'isoler aux îles Marquises, où il s'éteint quatre ans plus tard, sans avoir découvert le glaçant pedigree de son ami de la Chartreuse.

Grâce à la « soutane connexion », Paul Touvier poursuivra sa tournée des monastères et des abbayes dans la France entière jusqu'à son arrestation en 1989 au prieuré Saint-Joseph de Nice. À la même époque, Saint-Pierre-de-Chartreuse lance un festival annuel de chanson française pour rendre hommage à Brel. Premier Français à être condamné pour complicité de crimes contre l'humanité, en 1994, Touvier ne peut assister à ces rencontres musicales ; il meurt en prison en 1996. Si le festival Brel a fait faillite il y a quelques années, on peut toujours voir à Saint-Pierre l'ancien chalet du chanteur, planté au bord des pistes de ski.

Musée et boutique de la Grande Chartreuse, La Correrie,
38380 Saint-Pierre-de-Chartreuse

22

VOREPPE

Gare : Voreppe

Cette cité gardant l'entrée de la vallée de l'Isère vers Grenoble, entre les massifs de la Chartreuse et du Vercors, dégage une tenace odeur de soufre. Dans les années 1770, un officier d'artillerie en garnison à Grenoble, **Choderlos de Laclos**, effectua de nombreux séjours au château de Siéyès, au centre du village. C'est dans cette demeure qu'il imagina l'intrigue des *Liaisons dangereuses*, son roman dénonçant les mœurs libertines de la noblesse, publié en 1782 : la maîtresse des lieux, Mme de Montmaur, lui aurait inspiré le personnage de la redoutable marquise de Merteuil, experte en manipulation, tandis que l'innocente Cécile de Volanges aurait eu pour modèle une jeune héritière d'un château voisin. Cent cinquante ans plus tard, Voreppe, qui n'était pas encore une banlieue de Grenoble, a accueilli un autre hôte controversé, le compositeur russe **Igor Stravinsky**, qui fit scandale avec sa partition composée pour le ballet *Le Sacre du printemps*.

Lors de la première de ce spectacle des Ballets russes, en mai 1913 au théâtre des Champs-Élysées à Paris, les spectateurs sifflent et hurlent leur colère au point que Stravinsky finit par quitter son fauteuil pour se réfugier en coulisses. Le style révolutionnaire de ce Pétersbourgeois alors âgé de 30 ans, qui renonce au lyrisme symphonique au profit de rythmiques sauvages et d'accords dissonants, va ouvrir la voie à une nouvelle génération de compositeurs « modernes », comme Milhaud, Poulenc ou Auric. Resté en France après la révolution russe, Stravinsky réside durant les années 1920 à Biarritz puis à Nice, où il connaît un virage « néoclassique », revisitant Bach ou Pergolèse sans pour autant renoncer à ses audaces. Durant l'été 1931, le musicien, marié à sa cousine Catherine qui lui a donné quatre enfants, loue une demeure bourgeoise à Voreppe, la villa de La Veronnière. Il pense aller s'installer à Paris une fois la belle saison passée. Mais le confort de cette vaste maison, son agréable parc et l'air pur de la vallée de l'Isère convainquent finalement les Stravinsky de rester vivre dans le Voironnais. Peu après son arrivée, le compositeur achève son *Concerto pour violon* au milieu des malles et des caisses de déménagement, malgré les allées et venues des tapissiers, électriciens et plombiers. Son ami le violoniste polonais Samuel Dushkin, pour lequel il a composé cette œuvre, vient tous les jours depuis la résidence qu'il a louée dans les environs pour s'exercer à l'interpréter. Stravinsky compose dans le grenier de sa villa, y compris la nuit, gênant parfois les voisins qui viennent se plaindre. En 1932, il met en six mois la note finale à son *Duo concertant pour violon et piano*, et il commence l'écriture de ses mémoires en français. Heureusement pour le voisinage hermétique à sa création, Stravinsky voyage beaucoup pour diriger l'exécution de ses œuvres, à Londres, Oslo, Cologne ou Berlin. En 1934, le musicien finit par quitter Voreppe pour Paris, avant de se réfugier au début de la Seconde Guerre mondiale aux États-Unis, où, changeant une dernière fois de style, il s'essaiera à la musique sérielle. Il est mort à New York en 1971.

Les Voreppins ont depuis revu leur opinion sur Stravinsky : son ancienne villa est devenue une médiathèque baptisée en son honneur. Une reconnaissance toutefois ternie par la restauration criarde de la bâtisse. Tel un petit massacre du printemps, l'ajout d'une excroissance de verre et de béton confisque à cette maison tout le charme qui avait tant vivifié le compositeur.

Médiathèque Igor-Stravinsky, 17, rue Igor-Stravinsky, 38340 Voreppe

23

VILLARD-DE-LANS

Gare : Grenoble (36 km)

Avant d'être recouverte d'une couche de béton pour accueillir le tourisme de masse, la capitale du massif du Vercors fut, du début du XXe siècle jusqu'aux années 1960, une destination très prisée. Des *people* comme l'ancienne impératrice d'Autriche Zita de Bourbon-Parme, le roi du Maroc Mohammed V, Fernandel ou Brigitte Bardot vinrent alors y pratiquer la randonnée en été, le ski et le bobsleigh en hiver. Durant cet âge d'or, Villard-de-Lans était aussi réputé pour les bénéfices de son climat. La station accueillit nombre d'enfants et adolescents ayant besoin de se refaire une santé au grand air ; sous l'Occupation, ce haut lieu de la Résistance cacha parmi ses jeunes pensionnaires de nombreux enfants juifs, dont le petit **Georges Perec**, qui allait devenir l'un des écrivains français les plus influents du XXe siècle.

Né à Paris de parents juifs polonais, Georges a 4 ans en juin 1940 lorsque son père, engagé volontaire dans l'armée française, est tué par un obus allemand. L'année suivante, sa mère Cyrla, qui tient un salon de coiffure dans le quartier de Belleville, envoie son fils unique à Villard-de-Lans, en zone libre, pour le mettre à l'abri des rafles. Le garçonnet, qui arrive seul à Grenoble par un train de la Croix-Rouge, rejoint dans la station la sœur de son père, qui vient de s'y réfugier avec sa famille. Il est placé dans un *home* d'enfants, le Clos Margot, puis dans un pensionnat catholique, le collège Turenne, une grande bâtisse à l'écart du village. Georges y découvre le plaisir de la lecture. C'est aussi à Villard qu'il entend la première plaisanterie dont il ait gardé le souvenir : un réfugié qui s'appelait Normand habitait une chambre chez monsieur Breton.

Un après-midi, lors d'une promenade, on l'emmène avec ses camarades dans une clairière reculée : les enfants y donnent le contenu de leurs musettes à des résistants, membres du puissant maquis du Vercors, auquel les Allemands donneront l'assaut en juillet 1944. À la fin de la guerre, selon un de ses cousins lui aussi réfugié à Villard, Georges, qui a désormais 8 ans, est « particulièrement joyeux, vif, éveillé, curieux de tout, l'esprit jamais en repos. Il ne pos[e] jamais de question sur sa mère ». Cette dernière a été déportée à Auschwitz, où elle a été tuée au début de 1943. À son retour à Paris, en 1945, Georges Perec est adopté par sa tante paternelle.

C'est seulement après être devenu un écrivain reconnu grâce au succès de son premier roman, *Les Choses*, publié en 1965, qu'il retournera à Villard-de-Lans. En dépit de ses efforts, il ne parvient pas à y identifier la pension où il a vécu. La mémoire de son séjour, occultée par le traumatisme de la mort de ses parents, va pourtant peu à peu lui revenir, nourrissant son livre

W ou le Souvenir d'enfance, paru en 1975. Perec y tisse les souvenirs flous d'un temps suspendu au cœur de la guerre, dans l'île protectrice du Vercors : « Il y avait des saisons. On faisait du ski ou les foins. Il n'y avait ni commencement ni fin. Il n'y avait plus de passé, et pendant très longtemps il n'y eut pas non plus d'avenir ; simplement, ça durait. On était là. »

SAVOIE

24

LES ALLUES

Gare : Moûtiers-Salins-Brides-les-Bains (11 km)

Sur le territoire de cette commune du massif de la Vanoise, un officier écossais, **Peter Lindsay**, a créé à la fin des années 1930 la station de sports d'hiver de Méribel. Jusqu'alors habitué des pistes autrichiennes, ce skieur émérite doit se chercher un nouveau spot de glisse après l'Anschluss, l'annexion de l'Autriche par l'Allemagne nazie en mars 1938. Parcourant les Alpes françaises, le major Lindsay a un coup de cœur pour la vallée des Allues, où il lance de grandes manœuvres pour bâtir une station qu'il destine en priorité à ses compatriotes britanniques. Les premiers hôtels de Méribel sortent de terre en 1939. Pour la décoration intérieure, le raffiné major songe à **Charlotte Perriand**, une collaboratrice de Le Corbusier. Alors âgée de 35 ans, la designer parisienne renoue ainsi avec ses racines savoyardes. Avant et surtout après la guerre, qui suspend les travaux de la station, elle va créer pour les hôtels de Méribel des chaises, tabourets et autres banquettes aux lignes épurées dont les modèles originaux s'arrachent aujourd'hui pour plusieurs milliers d'euros chacun.
Pour sa contribution à la création de Méribel, le major Lindsay cède à Charlotte Perriand, en guise d'honoraires, un terrain dominant la station. Un enchantement pour cette amoureuse de la montagne, un cadre qu'elle considère comme « le baromètre de [s]on équilibre physique et moral ».

Au début des années 1960, devenue également architecte, elle bâtit un chalet sur sa parcelle. Profondément influencée par l'art de vivre japonais, Perriand mêle cette inspiration avec le style savoyard traditionnel pour donner naissance à un bâtiment qui se fond dans la nature, traversé par de larges baies vitrées pour pouvoir contempler le paysage. L'intérieur de ce chalet japonisant est tout aussi épuré, avec des cloisons coulissantes et, au sol, des tatamis et de simples dalles de granit. Charlotte Perriand vient se reposer en famille ou entre amis dans ce havre shintoïste où, le soir, de retour d'une journée de ski ou d'une randonnée, on chante autour de la cheminée, dans laquelle grille un marcassin. Dans les années 1970 et 1980, ce sera aussi son camp de base lorsqu'elle dirigera, à une soixantaine de kilomètres de Méribel, la construction de la station des Arcs, son grand œuvre d'architecte et d'urbaniste. Décédée en 1999, l'influente designer est enterrée au cimetière du bourg des Allues.
Classé monument historique, son ancien refuge alpestre, propriété de sa fille Pernette, ne se visite malheureusement pas. Sachez seulement que le bâtiment se trouve sur le côté droit de la route des Chalets en montant vers l'altiport, et que son chemin d'accès est bordé de quelques pierres levées.

—

Cimetière, rue Saint-Martin, 73550 Les Allues

HAUTE-SAVOIE

25

TALLOIRES

Gare : Annecy (14 km)

Cette adorable station balnéaire au bord du lac d'Annecy recèle l'un des monastères les plus mondains de France. Il faut dire que l'abbaye de Talloires, fondée au XIe siècle, a été désertée par ses moines depuis la Révolution française ; en 1863, ce prieuré les pieds dans l'eau a été transformé en un hôtel de charme, qui a depuis reçu une litanie d'hôtes prestigieux, charmés par son panorama exceptionnel sur le lac autant que par ses anciennes cellules monastiques, devenues de confortables chambres cocons. En 1891, l'écrivain américain **Mark Twain**, pour qui le lac d'Annecy est « une révélation, un miracle », regrette seulement, après son séjour à l'abbaye, de ne pouvoir rester « quelques années » dans ce « vieux nid » dont le silence et la sérénité lui semblent propres à « guérir les esprits blessés et rapiécer leurs pensées furieuses ». Cinq ans plus tard, le peintre **Paul Cézanne** passe un été entier dans l'établissement, réalisant une vingtaine de tableaux dont le célèbre *Le Lac bleu*, au centre duquel se détache l'intrigante silhouette du château de Duingt, sur l'autre rive du lac face à Talloires. Plus près de nous, **Winston Churchill** et **Richard Nixon** sont aussi venus chercher le calme à l'abbaye.

Au début de l'année 1986, l'établissement a bénéficié d'une publicité involontaire en accueillant pendant un mois le dictateur haïtien en exil Jean-Claude Duvalier, dit **« Baby Doc »**, qui venait d'être chassé du pouvoir. Son arrivée ultra-médiatisée a contrarié les habitants de la commune. Outre des dizaines de journalistes, affluent alors à Talloires des opposants à l'ancien despote. Des militants de la Ligue communiste révolutionnaire, avec à leur tête Alain Krivine, organisent ainsi une manifestation devant l'abbaye. Le départ de cet hôte encombrant fut accueilli avec soulagement par les gérants de l'hôtel, et « Baby Doc » n'a pas donné son nom à une chambre, contrairement à l'acteur du *Grand Bleu* **Jean Reno**, ami de l'actuel propriétaire. Actionnaire de l'établissement, le comédien vient régulièrement se reposer dans sa suite, une grande cellule avec vue plongeante sur les eaux bleu clair du lac. Dernière nouveauté : en hommage au célèbre acteur américain, qui a beaucoup apprécié son séjour à l'abbaye, vient d'être aménagée une suite **Bruce Willis**. Située au rez-de-chaussée, elle est destinée aux clients ayant des difficultés à monter les escaliers.

Abbaye de Talloires, 2, chemin des Moines, 74290 Talloires-Montmin

26

THÔNES

Gare : Annecy (22 km)

Parfois qualifié de capitale du reblochon, ce bourg haut-savoyard a aussi hérité du surnom plus racé de capitale des Aravis, cette chaîne de montagnes qui se déploie entre le massif des Bornes et la vallée de l'Arve. Dans les années 1960, son pensionnat a en outre accueilli un futur prix Nobel de littérature nommé **Patrick Modiano**. L'adolescent y a été confronté à de rudes conditions de vie, qui l'ont marqué d'une vive empreinte, mais il y a aussi découvert sa vocation. Né en 1945 à Boulogne-Billancourt dans une famille aisée, le futur écrivain connaît une enfance douloureuse, marquée par les absences de ses parents et la mort de son frère cadet, frappé par une leucémie. Placé dès l'âge de 11 ans dans des pensionnats de la région parisienne, il fugue à plusieurs reprises. Pour mater l'adolescent, son père décide de l'éloigner de Paris en l'inscrivant à la rentrée 1960 à l'austère collège Saint-Joseph de Thônes. Parmi ses nouveaux camarades paysans, le jeune Parisien affronte la toilette à l'eau froide et découvre la faim. Au sujet de cette « prison » où il attrape la gale, le lycéen écrit dans son journal intime : « Au long de ces jours de collège où il ne se passe rien, où l'on se couche et l'on se lève toujours à la même heure, je me familiarise avec l'ennui. » Ses lectures étant surveillées, il est renvoyé quelques jours pour avoir lu *Le Blé en herbe*, de Colette, qui narre les amours d'un adolescent et d'une trentenaire. Mais son professeur de français, l'abbé Accambray, repère sa sensibilité littéraire. Après avoir obtenu grâce à lui une permission spéciale pour lire *Madame Bovary*, le jeune Modiano dévore en catimini *Le Diable au corps* de Raymond Radiguet ou encore *Le Sabbat*, les sulfureux mémoires de Maurice Sachs. La littérature devient un refuge. C'est aussi au collège de Thônes que Modiano commence à être obsédé par la période de l'Occupation, qui dominera son œuvre : il y défend un élève rescapé des camps de concentration, que chahutent ses camarades.

L'adolescent a le droit de sortir du pensionnat un dimanche par mois. Il est alors accueilli par sa tante et le compagnon de celle-ci, qui habitent une maison cossue sur les bords du lac d'Annecy, à Veyrier-du-Lac. Ce couple d'oisifs assez creux lui ouvre les portes d'une bourgeoisie décatie, dont les affaires plus ou moins louches avec la Suisse évoquent au jeune homme le marché noir de la Seconde Guerre mondiale. Ce trouble éden haut-savoyard et son décor suranné vont hanter les livres à venir. La petite faune dilettante qu'il y croise nourrira de nombreux personnages, des barons baltes aux fausses princesses, de l'ex-champion de ski reconverti en gigolo aux gosses de riches roulant en MG. Un rare soir de java à Annecy, Modiano se fait contrôler par la police. Questionné sur sa profession, il répond «J'écris des livres», alors qu'il n'a encore rien publié. En 1962, après avoir obtenu la première partie de son baccalauréat, l'écrivain en herbe retrouve enfin Paris. Six ans plus tard, il publie un premier roman remarqué, *La Place de l'Étoile*.
Aujourd'hui repeint en rouge terracota, le collège-lycée privé Saint-Joseph de Thônes ne dégage plus la sinistrose du temps passé. Pour les fanatiques du romancier qui veulent errer sur ses traces, *Un pedigree*, le récit de sa jeunesse qu'il a publié en 2005, donne de nombreux détails sur sa vie de pensionnaire haut-savoyard. Vous pourrez ainsi refaire le parcours, modianesque en diable, du car qui, le dimanche soir, le ramenait de chez sa tante au collège: «Je l'attends au pied d'un grand arbre, du côté de la mairie de Veyrier-du-Lac. Des paysans rentrent à leur ferme après un dimanche en ville. La nuit tombe. On passe devant le château de Menthon-Saint-Bernard, le petit cimetière d'Alex et celui des héros du plateau des Glières. Ces cars du dimanche soir, bondés comme pendant l'Occupation.»

Collège-lycée Saint-Joseph,
18, rue du Bienheureux-Pierre-Favre, 74230 Thônes

27

MEGÈVE

Gare : Sallanches (12 km)

Au lendemain de la Première Guerre mondiale, la baronne **Noémie de Rothschild** est à deux doigts de renoncer à sa passion pour le ski : habituée des pistes de Saint-Moritz, en Suisse, cette jeune femme sportive et patriote ne supporte plus d'y croiser de nombreux Allemands, les ennemis d'hier. L'épouse de Maurice de Rothschild, membre de la branche parisienne de cette illustre dynastie de banquiers, décide finalement de créer dans les Alpes françaises une rivale aux très chics stations helvétiques, où se concentre la haute société européenne depuis l'essor des sports d'hiver au début du XXe siècle. En 1921, sur les conseils de son professeur de ski, la baronne jette son dévolu sur un village anonyme de Haute-Savoie, Megève, qui surplombe la vallée de l'Arve. Avec son époux, elle achète au-dessus du bourg des centaines d'hectares sur les pentes du mont d'Arbois, où elle fait tracer des pistes de ski et transforme une modeste pension en hôtel de luxe. L'un des premiers clients de ce « Palace des neiges » est le roi des Belges **Albert Ier**, passionné d'alpinisme. Et le rêve de Noémie de Rothschild prend très vite forme : dès le milieu des années 1920 se presse à Megève la Café Society, mélange cosmopolite d'aristocrates, de millionnaires et d'artistes. En bas des pistes poussent des chalets de luxe conçus par l'architecte Henry Jacques Le Même, qui s'inspire des formes des vieilles fermes savoyardes.

Le goût des grands mondains pour le *bling* alpestre de Megève ne s'est depuis jamais démenti. Dans les années 1960, le village s'inscrit dans le triangle Paris-Megève-Saint-Tropez qui aimante la jet-set, héritière de la Café Society. À cette époque, la station haut-savoyarde est aussi l'écrin d'un conte de fées. Edmond, le fils de Noémie et Maurice de Rothschild, rencontre un soir à l'Esquinade, le night-club huppé de Megève, une jeune comédienne et charmante « effeuilleuse » des cabarets parisiens. Le baron épousera en secondes noces cette

jeune femme du nom de Nadine Tellier, issue d'un milieu misérable de l'Aisne. Aux côtés de celui qu'on surnomme Edmond d'Arbois, **Nadine de Rothschild** veillera de près sur le standing du « Palace des Neiges », puis des « Chalets du mont d'Arbois », le nouvel hôtel de prestige qui prend la suite du Palace en 1979. Hôtesse raffinée des grands de ce monde, la pétillante baronne déclinera sa science du savoir-vivre dans des livres qui lui vaudront une grande popularité.
Depuis la fin du XXe siècle, l'aristocratique et glamoureuse clientèle de Megève côtoie de plus en plus de princesses du Golfe, oligarques russes et autres magnats du gaz turkmènes. Nadine de Rothschild a confié l'hôtel du mont d'Arbois à sa belle-fille Ariane. Mais sa présence plane toujours sur le village : la maison de la presse propose l'intégrale de son œuvre, dont le classique *La baronne rentre à cinq heures*.

Les Chalets du mont d'Arbois,
447, chemin de la Rocaille, 74120 Megève
Maison de la presse, 24, place de la Résistance, 74120 Megève

28

LES HOUCHES

Gare : Les Houches

Cette station de la vallée de Chamonix doit moins sa notoriété à ses pistes de ski et à ses chemins de randonnée qu'à une institution bien plus rare au pays de l'or blanc : sa prestigieuse École de physique. Des dizaines de prix Nobel y ont séjourné, ce qui fait assurément des Houches le village présentant la plus forte concentration en matière grise de notre guide.
L'école a été fondée en 1951 par la physicienne française **Cécile DeWitt-Morette**. À cause de la guerre, la diffusion de la théorie de la relativité et de la physique quantique – les fondements de la physique moderne – a alors pris beaucoup de retard en France ; cette jeune docteure, spécialiste des chocs entre nucléons, organise donc aux Houches

des cours d'été durant lesquels des chercheurs étrangers viennent aider des étudiants français à mieux appréhender les dernières découvertes de la discipline. Pourquoi avoir installé cette école à la montagne? Sa créatrice y voit un cadre idéal pour stimuler l'esprit: outre la contemplation du grandiose massif du Mont-Blanc en arrière-plan, rien de tel qu'une longue marche pour faire jaillir les idées. Et les distractions sont rares. Décidée à faire de son école un «monastère de la physique théorique», Mme DeWitt-Morette l'implante dans des chalets et des cabanes spartiates, sur des alpages à l'écart du village, au lieu-dit Les Chavants. Ces conditions de vie rudimentaires n'empêcheront pas des pointures de la discipline de venir enseigner dès les premières années à l'école des Houches, comme l'Italien **Enrico Fermi** ou l'Américain **Roy Glauber**, membres du projet Manhattan, qui dota les États-Unis de la première bombe atomique. Les effets de ces cours sur le niveau des jeunes physiciens français se feront vite sentir: dans les années 1950, les futurs prix Nobel tricolores **Pierre-Gilles de Gennes**, **Georges Charpak** et **Claude Cohen-Tannoudji** ont tous étudié aux Houches. Au fil des années, les infrastructures s'améliorent, et la renommée de l'école fait accourir les meilleurs étudiants étrangers. Dans ses mémoires, le Britannique **Stephen Hawking** évoque ainsi un séjour déterminant, à l'été 1972, durant lequel, jeune chercheur, il eut une révélation au sujet des trous noirs, le sujet qui le rendra mondialement célèbre. Au cours de ses soixante-dix ans d'existence, on n'a enregistré qu'une seule plainte parmi les invités de l'école: le prix Nobel américain **Julian Schwinger**, qui a contribué à repenser la physique des particules, fulmina contre les cloches des vaches des alpages alentour, qui venaient parasiter sa concentration.

Si l'école des Houches organise aujourd'hui des formations tout au long de l'année, ses deux sessions estivales de quatre semaines chacune restent le point culminant de son effervescence intellectuelle. Des dizaines d'étudiants et de jeunes chercheurs brillantissimes, sélectionnés dans le monde entier, viennent s'y initier à de nouveaux champs d'étude auprès des plus grands noms de la recherche internationale. Quand nous sommes passés par cette tour de Babel de la physique, où tous les échanges se font en anglais, le thème de la session en cours était *Dynamics and disorder in quantum many body systems far from equilibrium*. Plutôt stimulant pour un mois d'août.

École de physique des Houches,
140, chemin de la Côte, 74310 Les Houches

29

CHAMONIX

Gare : Chamonix, arrêt Les Moussoux

Au pied du Mont-Blanc, Chamonix est depuis plus d'un siècle l'une des capitales mondiales du ski et de l'alpinisme. Mais au début de l'année 1934, le nom de la glorieuse station a fait la « une » pour une retentissante affaire sans le moindre lien avec les sports d'hiver. Impliqué dans un énorme scandale financier éclaboussant la classe politique française, l'escroc mondain **Alexandre Stavisky**, recherché par toutes les polices, avait trouvé refuge dans un chalet à l'écart du village. Assiégé par les forces de l'ordre, il a connu une fin tragique et controversée qui fit trembler la IIIe République.
Né dans une famille juive de Russie en 1886, Serge Alexandre Stavisky arrive à Paris avec ses parents à l'âge de 12 ans. Adolescent, il vole des prothèses en or dans le cabinet de son père chirurgien-dentiste pour les revendre à des receleurs. Interrompant ses études avant d'obtenir le baccalauréat, ce beau parleur se lance dans une carrière d'escroc à succès. Le produit de ses fraudes variées permet à « Monsieur Alexandre », qu'on appelle aussi « le beau Sacha », de mener à Paris une vie de luxe et de mondanités. Marié à un mannequin de chez Chanel, Stavisky loge dans un appartement du Claridge, ouvre une bijouterie, devient propriétaire du Théâtre de l'Empire et d'une écurie de course, tout en se constituant un solide carnet de relations politiques. Fort de ces appuis, il se lance dans de colossales escroqueries aux crédits municipaux, fondées sur le principe de la pyramide de Ponzi, celui auquel recourra quelques

décennies plus tard le financier américain Bernard Madoff. À la fin de l'année 1933, la presse révèle que Stavisky a dérobé plus de 200 millions de francs aux clients du Crédit municipal de Bayonne grâce à la complicité intéressée du député-maire de la ville. On découvre bientôt qu'au cours des années précédentes, l'escroc a été relaxé à dix-neuf reprises pour d'autres fraudes, grâce à ses excellentes relations avec un procureur général qui n'est autre que le beau-frère du président du Conseil, Camille Chautemps. L'affaire tourne au scandale politico-financier.
Entre-temps, Stavisky s'est enfui en Haute-Savoie. Il se cache d'abord à Servoz, avant de se terrer sous une fausse identité au «Vieux Logis», un chalet du hameau des Moussoux, tout près de Chamonix. Nerveux et déprimé, l'ex-roi de Paris fait des réussites, doit se contenter de pâtes et de vin ordinaire, et ne sort que la nuit. Une précaution insuffisante puisque des policiers parisiens retrouvent rapidement sa trace. Assiégeant le chalet le 8 janvier 1934, ils retrouvent Stavisky agonisant au sol, une balle dans la tempe, un pistolet Browning à la main. L'escroc décède quelques heures plus tard à l'hôpital de Chamonix. Pour une bonne partie des observateurs et de l'opinion, ce suicide est douteux, car fort opportun pour tous les hommes politiques compromis avec l'escroc. *Le Canard enchaîné* titre: «Stavisky se suicide d'un coup de revolver qui lui a été tiré à bout portant». La colère de l'extrême droite antiparlementaire culminera le 6 février 1934, lors d'une émeute place de la Concorde qui fait au moins quinze morts et plus de deux mille blessés.
Le chalet du drame est toujours visible sur la montée de la Croix des Moussoux. Après avoir été inhumé dans un premier temps au cimetière de Chamonix, le corps de Stavisky a été transféré au Père-Lachaise. Mais même si elle n'abrite plus la sépulture du roi des escrocs, la petite nécropole du Biollay, dont la terre est gelée six mois par an, mérite une visite. Ici reposent nombre de glorieux alpinistes morts en montagne, dont beaucoup de guides chamoniards, et quelques précurseurs comme le Britannique **Edward Whymper**, auteur d'ascensions héroïques dans les Alpes au cours de la seconde moitié du XIXe siècle. Jusqu'il y a peu, certains de ses compatriotes arrosaient copieusement leurs propres exploits alpestres sur sa sépulture jusqu'à des heures avancées de la nuit. Fâchées que

de tels débordements se produisent près des tombes de leurs ancêtres, les vieilles familles chamoniardes ont fini par obtenir que le cimetière ferme la nuit. À l'image de celle de Whymper, nombre de pierres tombales sont des morceaux de rocher bruts arborant la forme triangulaire d'une montagne. Dernier arrivé de marque : **Maurice Herzog**, qui dirigea en 1950 la première expédition à gravir un sommet de plus de 8 000 mètres, l'Annapurna, avant de devenir secrétaire d'État aux sports du général de Gaulle, puis maire de Chamonix. Décédé en 2012, ce héros controversé repose non loin de **Louis Lachenal**, l'homme qui l'accompagna jusqu'en haut de l'Annapurna, mais au détriment duquel Herzog monopolisa les honneurs.

—

Cimetière du Biollay, chemin du Biolay, 74400 Chamonix-Mont-Blanc

30

CHÂTEL

Gare : Évian-les-Bains (38 km) ou Thonon-les-Bains (38 km)

La grandiose vallée d'Abondance, avec ses verts pâturages au fond desquels s'écoule la Dranse, fut le cadre des vacances d'enfance de **Jean-Michel Jarre**, pionnier de la musique électronique devenu célèbre dans le monde entier à la faveur de ses concerts géants.

Né à Lyon en 1948, il est le fils du compositeur de musiques de films Maurice Jarre. Mais ce n'est pas ce dernier qui lui a transmis sa passion : quand Jean-Michel a 5 ans, son père quitte sa famille pour s'installer à Hollywood, où il signera les bandes originales de films mythiques comme *Lawrence d'Arabie* ou *Docteur Jivago*. Resté seul avec sa mère en banlieue parisienne, le petit garçon passera dès lors toutes ses vacances auprès de ses grands-parents paternels, qui possèdent une résidence secondaire à La Chapelle-d'Abondance. Avec sa mère, France Pejot, une ancienne résistante, Jean-Michel descend à Châtel, un village voisin, dans l'un des premiers hôtels du bourg, La Chaumière, une ancienne ferme savoyarde construite en 1890. Les longues marches dans la vallée d'Abondance, le parfum des

framboises sauvages, de la terre mouillée et la mousse des champignons dans les sous-bois infusent ses premiers rapports sensuels à la nature. Et les visites à son grand-père jouent un rôle clé dans son éveil musical. Ingénieur pour la marque lyonnaise de hi-fi Teppaz, André Jarre participe en 1955 à l'invention du premier tourne-disque portable, qui va favoriser la propagation du rock'n roll en France. Ce joueur de hautbois est également le co-inventeur de la première table de mixage radio. Il va donner à son petit-fils le goût de l'expérimentation musicale. À la fin des années 1960, Jean-Michel Jarre se met à composer de la musique en triturant des magnétophones puis en explorant les capacités des premiers synthétiseurs. Une fois le succès venu avec l'album *Oxygène* (1976), vendu à 18 millions d'exemplaires dans le monde, suivront les harpes laser, les pianos géants aux touches lumineuses et les mégaconcerts devant plus d'un million de spectateurs à Houston, Moscou ou La Défense.
Châtel, le village où tout a commencé pour le maître des synthés, a pour sa part su se préserver des foules du tourisme de masse. Un peu à l'écart du centre de cette charmante station familiale, La Chaumière, l'ancienne pension du jeune Jarre, est devenue un hôtel cossu qui propose aussi des leçons de ski.

—

La Chaumière – Connick Ski, 581, route de Thonon, 74390 Châtel

BOURGOGNE-FRANCHE-COMTÉ

CÔTE-D'OR

1 BAUBIGNY
2 LIGNEROLLES
3 MONTIGNY-SUR-AUBE

YONNE

4 VILLEBLEVIN
5 CHABLIS
6 PRÉCY-LE-SEC
7 VÉZELAY

NIÈVRE

8 CHITRY-LES-MINES
9 MONTREUILLON
10 CHÂTEAU-CHINON

SAÔNE-ET-LOIRE

11 SAINT-LOUP-DE-VARENNES
12 LE VILLARS

JURA

13 LAVANS-SUR-VALOUSE
14 ÉTIVAL
15 ARBOIS

DOUBS

16 ORNANS
17 LANDRESSE
18 PONT-DE-ROIDE

TERRITOIRE DE BELFORT

19 GIROMAGNY

HAUTE-SAÔNE

20 PESMES

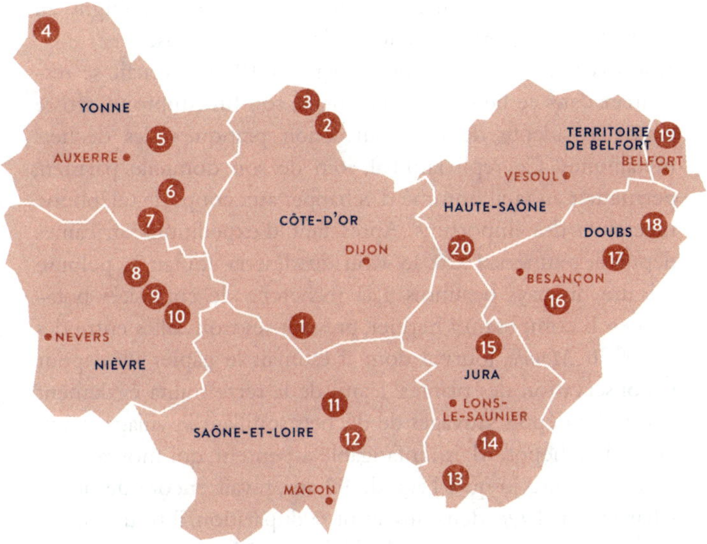
4
YONNE
5
AUXERRE
6
7
3
2
CÔTE-D'OR
DIJON
8
9
10
NEVERS
NIÈVRE
1
TERRITOIRE
DE BELFORT
19
BELFORT
VESOUL
HAUTE-SAÔNE
DOUBS
18
20
17
BESANÇON
16
15
JURA
LONS-
LE-SAUNIER
11
SAÔNE-ET-LOIRE
12
14
13
MÂCON

CÔTE-D'OR

1

BAUBIGNY

Gare : Meursault (11 km)

Le « marcheur du [xxe] siècle » a arpenté les paysages de confins de ce petit village à flanc de coteaux. L'explorateur et naturaliste français **Théodore Monod**, reconnu comme l'un des meilleurs spécialistes du Sahara, a souvent séjourné à Baubigny au cours des vingt dernières années de son aventureuse vie.

Après la perte de son épouse Olga en 1980, il venait se ressourcer dans ce lieu où s'était installé son fils Ambroise, artiste plasticien adepte de la « résurrection pratique » des déchets métalliques. Ce repli familial, loin de son domicile parisien, permettait au vieil homme d'échapper aux coups de téléphone incessants des importuns. Après tant d'expéditions africaines depuis les années 1920, le « fou du désert » foulait la pelouse calcaire du pays beaunois à la recherche de curiosités botaniques. Il composa un herbier, pressant ses trouvailles entre des pages du *Monde*, journal dont il estimait le papier idéal pour la conservation des plantes. L'ami de la terre milita également contre les dépôts sauvages de déchets souillant le village voisin de La Rochepot. Mais l'infatigable arpenteur, qui monta à dos de dromadaire jusqu'à l'âge de 92 ans, rêvait encore de désert saharien. En 1998, deux ans avant sa disparition, il fit un ultime voyage dans son « diocèse » de l'Adrar, en Mauritanie.

Pour rendre hommage à l'auteur de *Tais-toi et marche*..., un sentier balisé au nom de Théodore Monod traverse les vignes autour de Baubigny sur une douzaine de kilomètres.

Sentier Théodore-Monod, 21340 Baubigny

2

LIGNEROLLES

Gare : Chaumont (30 km)

À la recherche d'une terre sauvage où acquérir une résidence secondaire, l'ethnologue **Claude Lévi-Strauss** découvrit le plateau du Châtillonnais sur une carte géographique – au milieu des années 1950, l'auteur de *Tristes Tropiques* connaissait mieux les recoins de la forêt amazonienne que la France profonde. Il jeta alors son dévolu sur cette mystérieuse région, comme oubliée du temps et surtout très peu habitée, à seulement trois heures de Paris. Parcourant la contrée, le « Wagner du structuralisme » tombe sous le charme de Lignerolles, à l'extrémité nord de la Côte-d'Or. Dans ce pays de portails romans, de vieux lavoirs, d'abbayes en ruine et de paysans têtus, il convoite Les Charmettes, élégant château du Second Empire qui domine un parc planté de chênes et de hêtres centenaires, traversé par l'Aubette. « Le très bon moment dans les maisons, disait-il, c'est quand on les désire. Ensuite, les ennuis commencent… » Il mettra dix ans à se décider à l'acheter, la demeure paraissant trop bourgeoise à son épouse Monique. Quand le nouveau châtelain prend ses quartiers, certains villageois cherchent le mot « ethnologue » dans le dictionnaire. Lévi-Strauss, quant à lui, est plus au fait des coutumes des Indiens Nambikwara que de celles des paysans bourguignons. À partir de 1964, il passe tous ses étés dans sa thébaïde au confort *british*, où il écrit quelques préfaces, établit des index, lit Jane Austen et Conrad, les mémoires du cardinal de Retz ou des romans policiers. À la campagne, le style du professeur du Collège de France est décontracté : veste en daim, blue-jean (probablement de la marque Lévi Strauss) et grandes bottes de cuir. Il adopte un choucas trouvé dans le clocher du village, mais préfère à la fréquentation des hommes du cru celle de l'immense forêt alentour. Les noms des essences lui évoquent l'époque gallo-romaine : alisiers, sorbiers, viornes et cornouillers, dont les fruits donneraient l'une des gelées les plus exquises au monde. Surtout, l'ethnologue peut s'y adonner à sa passion : la mycophilie, autrement dit la cueillette des champignons, une activité qui lui donne l'illusion de retourner au néolithique. Connaissant son expertise en la matière, les villageois osent parfois franchir le seuil de sa propriété pour lui soumettre quelque champignon douteux ; sous leurs yeux, il le croque pour prouver qu'il est comestible. Une science visiblement fiable, puisque Claude Lévi-Strauss a attendu sa 101e année pour s'éteindre, en 2009.

Sa quête de solitude – à laquelle il ne faisait qu'une seule concession, sa présence rituelle au vin d'honneur donné chaque 14-Juillet par la municipalité –, il la mènera jusqu'au bout, son testament stipulant qu'il ne souhaite personne à son enterrement. De nos jours, les promeneurs sont toujours priés de baisser la voix sur le sentier de randonnée qui longe les murs de son ancienne propriété, où sa veuve Monique a fini par s'accoutumer au faste des lieux.

—

Sentier autour des Charmettes, 21520 Lignerolles

3

MONTIGNY-SUR-AUBE

Gare : Bricon (24 km) ou Chaumont (37 km)

Cette riante localité du Châtillonnais, aux confins de la Bourgogne et de la Champagne, a accueilli un homme qui fit basculer le monde dans une ère bien moins radieuse : le 33e président des États-Unis **Harry Truman**, à qui il revint en août 1945 de prendre la décision la plus controversée de l'histoire, celle de lancer la première bombe atomique sur Hiroshima, puis une seconde sur Nagasaki.

En 1918, ce fils de fermiers du Missouri, sans diplôme universitaire, fréquenta durant deux mois l'école d'artillerie installée au château de Montigny. Alors âgé de 34 ans, Truman venait d'abandonner une existence modeste, entre petits boulots et exploitation de la ferme familiale, pour s'engager dans l'armée américaine. Il apprécia le cadre fastueux de la vaste demeure Renaissance, mise à la disposition des alliés d'outre-Atlantique par son propriétaire, un industriel lyonnais fasciné par l'Amérique. La formation qu'il y reçut lui valut d'être nommé

capitaine. De premières ambitions germèrent alors chez celui qui, sur le front, se découvrit meneur d'hommes. Truman confiera plus tard: «Toute ma carrière politique fut déterminée par l'expérience auprès de mes camarades pendant ces années de guerre en France.» Une carrière qui décollera en 1934 avec son élection comme sénateur du Missouri, avant que, devenu vice-président de Franklin Roosevelt, il n'accède à la présidence en 1945 à la mort de ce dernier.
Mais la France ne lui a pas seulement enseigné l'art de la guerre et du leadership. Après la signature de l'armistice, dans l'attente de son ordre de démobilisation et de son retour aux États-Unis, il s'initia… au poker. Cela devint une passion à laquelle il continuait de s'adonner à la Maison-Blanche, avec une prédilection fiévreuse pour le bluff. Quelques jours avant le largage de la bombe A, Truman se détendait en jouant au *Stud* – une variante du poker – avec des journalistes à bord du croiseur qui les ramenait de la conférence de Potsdam.
Le château de Montigny et sa chapelle Renaissance, nichés dans un vaste parc à l'anglaise, sont ouverts à la visite. Une stèle et un espace mémoriel rendent hommage à l'ancien président des États-Unis au milieu des arbres fruitiers qui embaument les allées du parc.

Château de Montigny-sur-Aube,
2, rue de l'Église, 21520 Montigny-sur-Aube

YONNE

4

VILLEBLEVIN

Gare : Villeneuve-la-Guyard (3 km)

Albert Camus détestait la vitesse et considérait le fait de mourir dans un accident de voiture comme le destin le plus absurde qui soit. C'est pourtant cette triste fin qu'a connue le prix Nobel de littérature, en traversant ce petit village dortoir de la rive gauche de l'Yonne, qui a ainsi acquis une brutale et involontaire notoriété.

Le 3 janvier 1960, le romancier vient de passer les fêtes de fin d'année avec sa famille et quelques intimes dans sa résidence secondaire du Luberon, à Lourmarin. Plutôt que de prendre comme prévu le train avec femme et enfants pour rentrer à Paris, il accepte au dernier moment une place dans la voiture de son ami Michel Gallimard. Camus prend donc la route à bord de la puissante Facel Vega FV3B conduite par l'éditeur, en compagnie de la femme de ce dernier, de leur fille et de leur chien. Remontant la nationale 7, ils déjeunent à Orange avant de foncer vers la Bourgogne. Camus et les Gallimard passent la nuit à l'auberge étoilée Le Chapon Fin à Thoissey, près de Mâcon, qui est aujourd'hui close. Le lendemain matin, le véhicule file non loin du mythique vignoble de Meursault, nom que l'écrivain bon vivant avait malicieusement donné au héros de *L'Étranger*. Les quatre passagers s'arrêtent pour déjeuner à Sens, à l'Hôtel de Paris et de la Poste. L'écrivain et philosophe termine son repas par un cigare avant de reprendre la route. Après avoir roulé une vingtaine de kilomètres, au lieu-dit Le Petit-Villeblevin sur l'ancienne nationale 5 (actuelle D606), le puissant coupé de marque française fait une embardée, quitte la route et se brise en deux contre un platane. L'enquête des gendarmes privilégiera l'hypothèse d'un éclatement du pneu arrière gauche causé par une vitesse excessive. Albert Camus, qui occupait la place du mort, est tué sur le coup. Grièvement blessé, Michel Gallimard mourra six jours plus tard. Son épouse et sa fille s'en tirent miraculeusement. Le chien disparaît quant à lui dans la campagne. Dans l'amas de tôle broyée, on retrouvera le billet de train inutilisé de Camus ainsi que le manuscrit inachevé d'un roman, *Le Premier Homme*, qui deviendra un best-seller à sa publication en 1994.

Le soir du drame, la municipalité de Villeblevin réquisitionne la petite mairie pour aménager une chapelle ardente. Quelques figures du Tout-Paris des lettres défilent devant le corps de l'écrivain, exposé sur un simple brancard et recouvert d'un drap blanc – Camus retournera le lendemain à Lourmarin, point de départ de ce voyage fatal, pour y être inhumé. La place de l'hôtel de Ville de Villeblevin a depuis été rebaptisée du nom de l'écrivain. Une plaque sur la façade de la mairie rappelle qu'il y fut veillé dans la nuit du 4 au 5 janvier 1960. À quelques mètres, la fontaine de la place est ornée de son portrait en bas-relief et de cette citation tirée de son essai *Le Mythe de Sisyphe*: «La lutte elle-même vers les sommets suffit à remplir un cœur d'homme.»

—

Hôtel de ville, place Albert-Camus, 89340 Villeblevin

5

CHABLIS

Gare : Auxerre (19 km)

La «porte d'or de la Bourgogne» est mondialement connue pour son élixir, ce blanc sec à la robe dorée et au nez minéral. À tel point qu'en préparant une visite officielle en France en 1969 le président américain Richard Nixon aurait formulé deux souhaits : rencontrer le général de Gaulle et… le maire de Chablis. Si Nixon ne se rendit finalement jamais en Bourgogne, c'est un ennemi héréditaire de l'Amérique qui réalisera son vœu: lors de son unique visite en France, **Fidel Castro** a foulé le mythique vignoble. Le *Líder Maximo* n'aura donc pas échappé à 638 projets d'attentats pour rien.
En mars 1995, après avoir rencontré François Mitterrand à l'Élysée et dîné avec l'ancien secrétaire général du Parti communiste français Georges Marchais, dans son pavillon de Champigny-sur-Marne, Castro rejoint un ami, Gérard Bourgoin, dans son fief de Chailley, non loin d'Auxerre. Surnommé «le Roi du poulet», cet industriel fournissait la volaille pour les repas officiels de Cuba (c'est encore lui qui présenta Gérard Depardieu à Castro). Le président cubain visite son usine de découpe de poulets en blouse blanche puis, escorté par un cortège d'une cinquantaine de voitures, il se rend dans les vignes voisines de la maison chablisienne Moreau & Fils pour une dégustation. Vêtu de son illustre treillis vert olive, le *Commandante* s'informe avec passion sur la culture du vin, tout en regrettant que le climat de Cuba soit trop chaud pour s'y prêter.

Pour clore sa folle journée en Auxerrois, il est intronisé dans les caves de Chablis par la confrérie des Piliers chablisiens au son des cors de chasse, un clos-des-hospices 1990 à la main. Fidel Castro ne cessera dès lors de servir du chablis lors de ses repas officiels et deviendra son meilleur ambassadeur à travers le monde.

6

PRÉCY-LE-SEC

Gare : Arcy-sur-Cure (7 km)

Ce village candide a éclairé la jeunesse de l'acteur **Jean-Pierre Marielle**. Membre de la « bande du Conservatoire » – cette promotion magique du Conservatoire national supérieur d'art dramatique de Paris, où étudièrent au début des années 1950 Jean-Paul Belmondo, Jean Rochefort, Annie Girardot, Françoise Fabian, Guy Bedos, Claude Rich ou encore Bruno Cremer –, le comédien à la voix chaude et caverneuse s'est fait connaître du grand public dans des rôles de Français moyen. On retiendra notamment dans *Les Galettes de Pont-Aven* cette fabuleuse sentence, concentré de gauloiserie inspiré par la contemplation d'un fessier de femme : « Nom de dieu d'bordel de merde ! »
Né à Paris en 1932 dans une famille d'ascendance paysanne, Jean-Pierre Marielle arrive huit ans plus tard à Précy-le-Sec avec sa mère Josette pour fuir les bombardements et l'avancée de l'armée allemande. Il y passe une année à l'école communale tandis que Josette, femme de caractère, divorcée et couturière de formation, dirige une maison de lingerie d'une trentaine d'ouvrières. L'acteur conservera sa maison d'enfance où il reviendra tout au long de sa vie. Dans le cœur du village, qui est resté fidèle à ses antiques crépis, il rachète aussi la maison voisine, située au 46 Grande-Rue.
Entre les tournages – il a joué dans une centaine de films –, Marielle séjourne à Précy-le-Sec pour se ressourcer. C'est son havre de paix, son nid, son refuge. L'enfant du pays aime plus que tout se promener dans les rues du village pour observer les

habitants et boire du chablis avec ses voisins qui se moquent bien de ce qui ressemble de près ou de loin à un statut social. « Ils s'en méfient plus qu'ils n'en sont impressionnés », résumait Marielle. Le comédien appréciait les restaurants gastronomiques des environs, à commencer par l'ancien relais de L'Espérance à Saint-Père. En fin de repas, il n'hésitait pas à faire la tournée des tables en compagnie du chef Marc Meneau, pour recueillir les impressions des clients.
Disparu en 2019, l'acteur est inhumé au cimetière de Précy-le-Sec. Si vous souhaitez lui rendre hommage, songez à vous couvrir : dans ses souvenirs en forme d'abécédaire, publiés quelques années avant sa mort, Jean-Pierre Marielle soulignait que le nom du village est trompeur. À l'entrée « hallebardes », on peut lire : « Lorsque je faisais de la figuration à la Comédie-Française, on me distribuait souvent en soldat et j'en tenais une, jusqu'à la crampe. Parfois il en pleut à Précy, c'est alors le moment de se planquer près de la cheminée. »

Cimetière, Grande-Rue, 89440 Précy-le-Sec

7

VÉZELAY

Gare : Sermizelles-Vézelay (9 km)

Cette cité médiévale perchée sur un rocher en forme de scorpion fascine randonneurs, cyclistes et élite cultivée, prêts à rejoindre la « colline éternelle ». Saint Bernard y prêcha la deuxième croisade en 1146 et, après une éclipse de quelques siècles, la ville devint le laboratoire architectural d'**Eugène Viollet-le-Duc**, qui se vit confier, à l'âge de 26 ans, la restauration de la basilique romane – avant de s'attaquer, quelques années plus tard, à celle de Notre-Dame de Paris. L'architecte et designer **Eileen Gray** y fit ses débuts en aménageant plusieurs demeures dans les années 1920 et 1930. **Romain Rolland** y passa ses dernières années. **Georges Bataille**, le sulfureux auteur de *L'Anus solaire* et de *La Part maudite*, y vécut et y est inhumé. *Last but not least*, **Serge Gainsbourg** fréquenta Vézelay pendant plusieurs mois au crépuscule de sa vie. Son histoire d'amour avec la Bourgogne avait pourtant bien mal commencé…

Dans les années 1970, **Jane Birkin** souhaite acquérir un cottage dans le Morvan. Le couple glamour de la pop française qu'elle forme alors avec l'auteur d'*Histoire de Melody Nelson* descend en limousine avec chauffeur à la prestigieuse Hostellerie de la Poste d'Avallon, à une quinzaine de kilomètres de Vézelay. Après le dîner, l'élégant maître d'hôtel leur propose un verre au bistrot d'à côté et y enchaîne les tournées avant de les convier chez lui, pour «s'en jeter un petit dernier». La 2 CV de leur nouvel ami s'enfonce dans la brume en rase campagne, pour les conduire à son grenier où le trio déguste quelques digestifs du coin. L'ambiance est amicale quand soudain leur hôte décroche un fusil de chasse qu'il pointe en direction de Serge Gainsbourg, ordonnant: «Maintenant tu vas chanter *L'Ami Caouette*!» C'est à ce moment que les récits divergent. Gainsbourg prétend avoir froidement décliné l'offre en arguant qu'il ne chante jamais en privé ni même dans sa salle de bains, avant d'attraper le bras de sa compagne pour filer sur-le-champ. Mais selon la version de Jane, Serge a cédé sous la menace en interprétant d'une voix blanche cette gaudriole qui n'est pas le titre le plus reluisant de son répertoire. Le lendemain, ils quittent l'Hostellerie de la Poste sans même prendre leur petit déjeuner. Et Jane Birkin optera finalement pour l'achat d'un petit presbytère à Cresseveuille, dans le Calvados, loin de ce Morvan qui leur avait été si peu hospitalier.

Une quinzaine d'années plus tard, Serge Gainsbourg est pourtant revenu dans l'Yonne, où il a passé les derniers mois de sa vie. En juillet 1990, il s'installe à L'Espérance, un hôtel de luxe au restaurant triplement étoilé, à Saint-Père, village limitrophe de Vézelay. Une adresse très courue, fréquentée par Richard Nixon, le chancelier allemand Helmut Kohl, la reine Élisabeth II, le prince Charles ou encore Jean-Pierre Marielle. Le grand violoncelliste russe Mstislav Rostropovitch y a aussi séjourné à la fin de sa vie lorsqu'il enregistrait les *Suites* de Bach dans l'église abbatiale de Vézelay. Logé seul dans le pigeonnier du Relais & Châteaux, Serge Gainsbourg fait venir dans sa chambre ses tableaux et son piano électrique. Il va couler des jours heureux, bercé par des grands crus de Bourgogne. Chassagne-montrachet, puligny ou saint-aubin ont sa préférence. Le personnel aux petits soins lui sert même un jour un gâteau en forme de paquet de Gitanes, sa marque de cigarettes favorite. L'artiste interprète ses classiques au piano pour les serveuses et travaille sur son prochain album, intitulé *Christian name Christian*, en référence à Fletcher Christian, le chef des révoltés du trois-mâts britannique *Bounty* à la fin du XVIIIe siècle. Cet album-concept, qui devait être enregistré à La Nouvelle-Orléans avec des musiciens de Bob Dylan, transpose la célèbre mutinerie sur un porte-avions.

Après avoir passé Noël à L'Espérance, le chanteur quitte à regret cette vie pastorale pour cause de fermeture annuelle de l'établissement. Le 5 janvier 1991, cuisiniers, serveurs et femmes de chambre forment une haie d'honneur jusqu'à sa voiture. Rentré à Paris, le chanteur décède deux mois plus tard d'une énième crise cardiaque dans son hôtel particulier de la rue de Verneuil, sans avoir enregistré son disque. Une partie du personnel de L'Espérance – qui a depuis malheureusement fermé, tout comme l'Hostellerie de la Poste à Avallon – viendra à ses obsèques et l'établissement apposera une plaque sur sa sépulture du cimetière de Montparnasse. Une légende tenace prétend qu'un des serveurs de l'époque détiendrait toujours le manuscrit original de *Christian name Christian*.

NIÈVRE

8

CHITRY-LES-MINES

Gare : Corbigny (3 km)

Cette localité, tapie au creux d'un vallon, doit son nom aux galeries creusées aux XVIe et XVIIe siècles pour exploiter un filon de plomb argentifère. Laissons l'écrivain **Jules Renard** nous peindre le lieu : «Toutes les maisons descendent boire la

rivière. Le village est au bord de l'eau comme un troupeau de bêtes énormes. Le clocher les mène, et le village respire.» Malgré l'enfance misérable qu'il a passée au cœur de cette jolie carte postale, l'homme de lettres est toute sa vie resté attaché à sa «petite patrie». Le décor de Chitry-les-Mines imprègne son œuvre, à commencer par l'autobiographique *Poil de Carotte*, récit du calvaire d'un enfant roux dans la France rurale de la Troisième République naissante.
En 1866, le petit Jules a 2 ans lorsque son père, entrepreneur en travaux publics, s'installe avec femme et enfants dans ce bourg de la Nièvre. Cadet de la fratrie, Jules est le souffre-douleur de sa mère, qui reporte sur lui l'animosité qu'a fini par lui inspirer son mari. Corvées, gifles, humiliations. L'écrivain décrira ce climat d'hostilité latente et son enfance à fendre l'âme comme «un grand silence roux». Parti étudier à Paris, Jules Renard y connaît le succès avec *Poil de Carotte*, qu'il publie à 30 ans, en 1894, et des pièces de théâtre. Il n'a pourtant de cesse de revenir dans le Morvan, lieu de tant de mauvais souvenirs. Découvre-t-il en 1897, dans la maison de son enfance, son père suicidé d'un coup de fusil en plein cœur? Qu'importe, son attachement à la région est plus fort que tous les traumatismes, et il y cherche une maison de vacances. Ne trouvant à Chitry que des masures en location, il jette son dévolu sur une belle demeure bourgeoise située à Chaumot, juste de l'autre côté de l'Yonne et du canal du Nivernais. Le calme et le climat lui rendant force et inspiration, il passera dès lors la moitié de l'année dans sa maison des champs qu'il rebaptise La Gloriette.
C'est le point de départ de promenades sans fin sur les bords du canal ou à travers bois, carnet de notes à la main. «Quand on cause avec un paysan, on s'aperçoit qu'on ne sait rien ou que c'est comme si on ne savait rien.» Le pays adoucit le style de Renard, qui pouvait se montrer très corrosif dans son journal parisien. L'écrivain se fond si bien dans la région qu'il est en 1904 élu maire de Chitry-les-Mines, comme l'avait déjà été son père. Jusqu'à sa mort, six ans plus tard, à seulement 46 ans, cet ardent républicain, laïc et dreyfusard, met en pratique ses idées socialisantes et défend les plus humbles, meuniers, casseurs de pierre, éclusiers, ses «frères farouches».

À Chitry-les-Mines, le buste qui rend hommage à l'écrivain anticlérical tourne le dos à l'église ; au cimetière communal ouvert sur la campagne, où il a été enterré civilement, on ne peut rater sa tombe, dont la stèle adopte la forme d'un livre ouvert. À la mairie, le petit musée balayant sa vie est ouvert toute l'année. La maison d'enfance de Poil de Carotte, située rue Jules-Renard à l'entrée du bourg, ne se visite pas. C'est une résidence privée, tout comme La Gloriette à Chaumot, reconnaissable à sa tour carrée surplombant le canal et son petit port. De là, l'écrivain adorait emprunter le chemin menant vers Germenay ou l'ancienne voie gallo-romaine rejoignant Corbigny, non sans cultiver ce paradoxe : « Comme maire, je dois veiller au bon état des chemins ruraux, comme poète je préfère les voir mal entretenus. »

—

Cimetière, route de Marigny, 58800 Chitry-les-Mines
Musée Jules-Renard, mairie, 58800 Chitry-les-Mines

9

MONTREUILLON

Gare : Corbigny (13 km)

Au fond d'une rugueuse vallée du Morvan, l'austère château de Chassy, sur la commune de Montreuillon, a marqué la période la plus féconde du peintre **Balthus**.

Au printemps 1953, invité à Vézelay chez ses amis l'écrivain Georges Bataille et son épouse Diane, l'artiste d'origine prussienne, de son vrai nom Balthazar Michel Klossowski de Rola, découvre la vieille demeure au détour d'une promenade dans la région. Les quatre tours délabrées de cette bâtisse féodale, qui émergent fièrement sur la rive gauche de l'Yonne, lui font forte impression. Élevé par une nourrice britannique, il croit voir la demeure d'Heathcliff, le héros romantique des *Hauts de Hurlevent*. Décidé à rompre avec l'avant-garde et l'asphyxie du petit milieu surréaliste, Balthus quitte son atelier parisien et achète le château. La demeure isolée au cœur d'une campagne « si belle, ample et sereine » vient combler son besoin

de recueillement. C'est aussi, pour celui qui s'était attribué le titre de comte, une façon de renouer avec une ascendance aristocratique polonaise sans doute fantasmée.
Dans cette ferme-château comprenant une basse-cour et une chapelle, sans électricité, sans chauffage ni eau courante, le peintre se rêve en dandy rustique aux côtés de son bouvier des Flandres. L'ermite ne téléphone depuis l'hôtel-restaurant voisin qu'en cas d'extrême nécessité. Balthus reçoit très peu, à l'exception de son ami le sculpteur Giacometti. À l'image de Delacroix, son idole, il s'entoure d'une trentaine de félins et peut se prévaloir du titre de « roi des chats ». Mais si l'auguste décor lui permet de poser avantageusement pour le magazine américain *Life*, cette atmosphère révèle surtout son art du paysage. De la fenêtre de son atelier du deuxième étage, il peint ces vallons de bocage vert sombre et terre de Sienne. Durant cette faste période, un tiers de ses toiles représentent des vues de Montreuillon, dont la plus célèbre, *Grand paysage à l'arbre* (*Cour de ferme à Chassy*), est datée de 1960. D'autres paysages l'inspirent, plus intimes ceux-là : de très jeunes filles des environs viennent poser dans son atelier, lisant ou sortant du bain dans un climat trouble. À 14 ans, Frédérique Tison, fille de l'épouse de son frère Pierre Klossowski, devient d'ailleurs sa muse et compagne. Magnifiée sur des toiles monumentales et lascives, elle sera le principal modèle de cet âge d'or. À ceux qui jugent sa peinture ambiguë ou érotique, Balthus rétorque qu'elle est « essentiellement et profondément religieuse ».
Cette retraite dans un coin si reculé de Bourgogne signera paradoxalement sa consécration artistique. À la suite d'une exposition au MoMA de New York, l'envol de sa cote lui permet d'engager des domestiques. Son standing s'améliore. À Montreuillon, on le reconnaît dans la rue et on commence à lui donner du « Monsieur le comte de Rola ». En 1961, le ministre des Affaires culturelles André Malraux offre même au néo-seigneur bourguignon le poste de directeur de la Villa Médicis à Rome, où Balthus siègera durant seize années. Il s'éteint à l'âge de 92 ans, en 2001, dans son spectaculaire chalet de Rossinière en Suisse. Quant au château de Chassy, il n'est pas ouvert au public. Frédérique Tison, l'ancienne muse et actuelle propriétaire, a conservé intact le décor de la période

balthusienne dite « de Chassy », avec les meubles, tapis et objets usuels figurant en fond des scènes « religieuses » du maître.

——

Grand paysage à l'arbre (Cour de ferme à Chassy), Centre Pompidou, place Georges-Pompidou, 75004 Paris

10

CHÂTEAU-CHINON

Gare : Autun (37 km) ou Luzy (38 km)

« Entre César et moi, il ne s'est rien passé ici », asséna un jour **François Mitterrand** à ses électeurs morvandiaux depuis ce bourg perché sur une colline où le peuple gaulois des Éduens fut jadis soumis par le conquérant romain. Jusqu'à son accession à la présidence de la République en 1981, la commune dont il a été le maire durant vingt-deux ans a marqué toutes les étapes de la vie politique et sentimentale du leader socialiste.

En 1946, le jeune François Mitterrand, candidat du Rassemblement des gauches républicaines, est parachuté dans la région quinze jours avant les élections législatives. Sillonnant le département à bord de sa petite Matford V8 sans suspensions, il parvient à se faire élire député de la Nièvre. Le jeune ambitieux, capable de mémoriser les tracas les plus anodins de ses administrés, est rapidement adopté par la population. Il est bientôt élu sénateur, puis président du conseil général. Dès le début de son ascension bourguignonne, Mitterrand séjourne à l'hôtel Au Vieux Morvan, où il mène une vie simple. Le personnel lui sert un pâté de tête ou un œuf meurette accompagné d'un verre de vin blanc dans la cuisine, avant le gigot-flageolets dégusté dans la salle à manger. L'homme politique occupe la chambre 15, dont les deux fenêtres en angle offrent une vue sur les monts du Morvan. Lors de ses séjours qui s'étalent sur une trentaine d'années, il lit, flâne ou écrit des lettres enflammées au grand amour de sa vie, Anne Pingeot. Sa jeune maîtresse lui rend d'ailleurs souvent visite dans la petite

chambre avant que le couple ne s'échappe discrètement pour de grandes marches sur les sentiers des monts du Morvan. Un soir de décembre 1974, le patron de l'hôtel annonce que le président du conseil général offre sa tournée. Mais il n'y aura pas de discours. « Le président vient de devenir papa », murmure-t-on à l'oreille de l'entraîneur de l'AJ Auxerre Guy Roux, présent ce soir-là, qui s'interroge sur les raisons de ce pot mystérieux. C'est seulement vingt ans plus tard que François Mitterrand révélera publiquement l'existence de Mazarine, l'enfant cachée de la République au cours de ses deux septennats.
Si « Tonton » n'a jamais acquis de bien immobilier dans le Morvan, il y posséda l'étang de la Galope, sur la commune de Planchez, où il installa un couple de hérons. Et pour sa campagne victorieuse de 1981, c'est évidemment un village de la région, Sermages, à une dizaine de kilomètres de Château-Chinon, qu'il choisit pour figurer en fond de son affiche de campagne au slogan culte, « La force tranquille » – vous aurez toutefois du mal à reconnaître sur l'affiche l'église Saint-Pierre de Sermages : son clocher a été effacé par les communicants de Mitterrand pour que le socialiste n'apparaisse pas comme « Monsieur le curé sur le parvis de son église ». Le soir de la victoire, c'est depuis la terrasse du premier étage de l'hôtel Au Vieux Morvan que le premier président de gauche de la Ve République salua la foule.
Cette institution locale a été reprise par le neveu des propriétaires de l'époque et demeure une étape idéale pour visiter Château-Chinon. Dans cet établissement où Mitterrand passa toutes ses soirées électorales trône encore l'antique standard téléphonique auquel il restait suspendu pendant des heures pour se faire communiquer tendances et résultats. Les mitterrandolâtres penseront à réserver longtemps à l'avance sa chambre, la numéro 15, naturellement la plus demandée. Ils n'oublieront pas de visiter, à quelques pas de là, le musée du Septennat, aménagé en 1986 dans un ancien couvent pour recueillir les cadeaux offerts au président. À raison de cinq présents reçus chaque jour en moyenne durant ses quatorze années à l'Élysée, sa collection est riche de pièces provenant des chefs d'État du monde entier, du vase en émail cloisonné offert par l'empereur du Japon Hirohito à l'élégant samovar

de Gorbatchev. Vous y découvrirez aussi des portraits de François Mitterrand réalisés à l'aide de toutes les techniques picturales existantes: peintures à l'huile, eaux-fortes, pastels, estampes, broderie sur tapis de laine et même collage d'ailes de papillon. Victime de son succès, le musée a il y a quelques années attiré des cambrioleurs friands d'objets en provenance du Moyen-Orient. Ainsi se volatilisèrent les sabres et poignards d'or sertis de pierres précieuses qui honoraient si bien le tempérament florentin du « Sphinx ».

Hôtel Au Vieux Morvan, 8, place Gudin, 58120 Château-Chinon
Musée du Septennat, 6, rue du Château, 58120 Château-Chinon

SAÔNE-ET-LOIRE

11

SAINT-LOUP-DE-VARENNES

Gare : Chalon-sur-Saône (7 km)

Peu chaut à cet avenant village du Chalonnais de n'être pas davantage photographié, tagué ou posté sur les réseaux sociaux. Si la commune est au-dessus des gambillages de l'époque moderne, c'est parce qu'elle sera à jamais le décor de la toute première photographie de l'histoire. Ce cliché si banalement intitulé *Point de vue pris d'une fenêtre du Gras à Saint-Loup-de-Varennes* a fait de son auteur, **Nicéphore Niépce**, un découvreur de la trempe d'un Christophe Colomb.
Riche propriétaire terrien de Chalon-sur-Saône, Niépce, né en 1765, peut grâce à ses rentes s'adonner en ingénieur amateur à des expériences dans sa maison d'été de Saint-Loup, la petite propriété du Gras. Non content d'avoir mis au point avec son frère Claude le tout premier moteur à combustion, breveté en 1807 sous le nom homérique de « pyréolophore », Nicéphore se lance bientôt en solitaire dans l'héliographie: la reproduction sur papier d'une image réelle, ce qu'on appellera bientôt la photographie. Au bout d'une dizaine d'années

d'investigations chimiques, l'apprenti sorcier découvre les propriétés uniques du bitume de Judée, une substance sensible à la lumière. Non sans lui avoir d'abord donné un bain d'essence de lavande, il en recouvre une plaque d'étain placée au fond d'une chambre noire. Et un jour de 1827, après une exposition d'environ huit heures, Niépce parvient à fixer une image pour la première fois au monde : la vue depuis la fenêtre de son atelier situé au premier étage de la maison du Gras. Nicéphore court aussitôt à Londres présenter son invention à la Royal Society, mais la vénérable société savante ne se montre guère intéressée par son procédé ; pas plus que les scientifiques qu'il rencontre ensuite lors d'un séjour à Paris. Trois ans plus tard, Niépce invite son confrère inventeur Louis Daguerre, sorte de forain en quête de notoriété, à travailler de conserve à réduire le temps d'exposition nécessaire à ses prises de vue – le rôle de Daguerre dans leur association sera en réalité bien moins scientifique que commercial. Mais au début de l'été 1833, Niépce meurt subitement, inconnu et ruiné, dans sa maison de campagne. Sans le moindre scrupule, Daguerre s'accapare la fulgurance de son aîné. Il rencontrera bientôt un succès foudroyant avec le procédé photographique de Niépce, à peine amélioré, qu'il baptisera en toute modestie le « daguerréotype ». C'est seulement en 1933, soit cent ans après sa mort, que sera rendu le premier hommage à Niépce, en même temps que la paternité de l'invention de la photographie. À Saint-Loup-de-Varennes est alors érigé un gigantesque monument brutaliste sur lequel on peut lire : « Dans ce village, Nicéphore Niépce inventa la photographie en 1822 » – c'est seulement un peu plus tard que des chercheurs ont définitivement fixé la date de l'invention à 1827.

Coincée entre la voie ferrée et une route nationale, la maison du Gras, rebaptisée Maison Nicéphore Niépce, est ouverte aux visiteurs en juillet et en août. Ici, même la plus influente des instagrameuses est priée de faire une génuflexion en franchissant le seuil. Une restauration ambitieuse a permis de reconstituer le plus ancien laboratoire photographique du monde, à la patine d'époque. Ironie de l'histoire, il est interdit de prendre des photos dans la maison. Il serait de toute façon impossible de reproduire le cliché historique : la fenêtre de l'atelier a été déplacée de 70 cm lors de travaux, modifiant l'angle de vue, et le pigeonnier visible sur l'image a disparu. Vous pourrez clore la visite avec celle du minuscule cimetière : à droite de l'entrée, l'imposante tombe de Niépce et de son épouse est impossible à manquer. Pour contempler l'historique plaque d'étain sur laquelle fut fixée la première photographie, il vous faudra en revanche faire le détour par Austin, au Texas, et son université, où l'objet est présenté dans un conteneur rempli d'hélium afin de préserver de la corrosion et du noircissement la subtile alchimie de son revêtement.

—

Maison Nicéphore Niépce,
2, rue Nicéphore-Niépce, 71240 Saint-Loup-de-Varennes

12

LE VILLARS

Gare : Fleurville Pont-de-Vaux (12 km)

Cette petite commune sans prétention est le village d'enfance du compositeur **Edgard Varèse**. Malgré la minceur de son œuvre, ce précurseur de la musique électronique est considéré comme un « libérateur des sons », dont l'influence fut capitale pour plusieurs stars pop rock des années 1960 et 1970.
Né en 1883 à Paris d'un père italien et d'une mère bourguignonne, Edgard Varèse est, à quelques semaines à peine, envoyé au Villars dans sa famille maternelle, loin des violentes disputes qui déchirent ses parents. Là-bas, il ne quitte plus son grand-père, un vigneron excentrique qui l'initie au bœuf bourguignon et aux concombres à la menthe. L'enfant en quête de sonorités aura pour seul accompagnement la Saône, dont l'écoulement constitue un sillon majeur de son esthétique concrète. Une nuit, le sifflement d'un train en *do dièse* le réveille en sursaut ; il retrouvera cette note quand il habitera près du port de New York. Parti étudier la musique à Paris puis au conservatoire de Berlin, le jeune homme revient puiser des forces vitales au Villars pendant ses vacances. Il se lie bientôt avec Maurice

Ravel, Picasso, Rodin, et est encouragé par Debussy. Mais en 1915, face à l'incompréhension générale suscitée par ses œuvres, qui, rejetant la composition classique, entendent explorer « la matière sonore elle-même », Edgard Varèse émigre à New York. Influencé par la science comme par le mouvement futuriste, il nomme ses compositions *Hyperprism*, *Arcana* ou *Ionisation*. Sans oublier *Bourgogne*, un morceau qui rend honneur aux jours heureux du Villars. Dans les années 1950, ses nouvelles méthodes d'improvisation suscitent l'intérêt de musiciens de jazz comme Eric Dolphy, Charlie Mingus ou Charlie Parker, et son œuvre *Déserts*, pour orchestre et bandes magnétiques, est remarquée de la critique à défaut d'intéresser le public.
Varèse meurt à New York en novembre 1965, trop tôt hélas pour se rendre compte du magnétisme qu'il exerce sur la pop music naissante. Paul McCartney fait référence à son art dans le *Double Blanc* des Beatles. Des groupes de rock psychédélique comme Grateful Dead, Jefferson Airplane et Soft Machine, et surtout l'inclassable Frank Zappa – qui écrivit une lettre à Varèse à l'âge de 16 ans – vont lui vouer un culte. Dans *Freak Out !*, considéré comme l'un des premiers albums-concepts de la pop, Zappa inclut le titre *In Memoriam, Edgard Varèse*, hommage au musicien disparu l'année précédente. En 1970, les Pink Floyd reprennent en filigrane ses *Déserts* dans l'expérimental *Atom Heart Mother*. Et dans leur album *Ummagumma*, des fans affirment entendre une voix étouffée prononcer : « *Can you dig it, Varèse ?* »
L'ancien prieuré jouxtant la chapelle romane, où le compositeur passa son enfance, abrite aujourd'hui la mairie du Villars. Pour un si petit village du Mâconnais, un fait détonne : pas moins de cinq plaques honorifiques sont fichées dans le vieux mur de pierre. Outre Varèse est salué son cousin germain Alfred Cortot, l'un des plus grands pianistes du XXe siècle, qui fréquenta la commune. Ainsi qu'un autre enfant du pays, Gabriel Voisin, pionnier de l'aviation et de l'automobile de luxe. Même si les deux derniers noms mis à l'honneur ont moins retenu notre attention, l'air ambiant recèle ici, semble-t-il, quelques particules vivifiantes pour l'esprit.

Mairie, rue de l'Hôtel-de-Ville, 71700 Le Villars

JURA

13

LAVANS-SUR-VALOUSE

Gare : Oyonnax (24 km)

Qui peut raisonnablement croire que l'histoire du plus important groupe de luxe au monde a commencé il y a deux siècles dans ce qui n'est plus qu'un moulin en ruine, enseveli sous la végétation au fond d'un sous-bois ? **Louis Vuitton**, fondateur de la griffe de maroquinerie, est pourtant né le 4 août 1821 dans le minuscule hameau jurassien d'Anchay, sur la commune de Lavans-sur-Valouse. L'école étant trop chère et trop éloignée, l'enfant aide son père au moulin familial. Les forêts alentour, dont on tire d'immenses mâts de bateaux, fascinent le jeune garçon, familier de toutes les espèces d'arbres des environs. Mais après la mort de sa mère, il doit endurer la nouvelle compagne de son père, qui lui confie corvée sur corvée ; au printemps 1835, à 14 ans, Louis, illettré et perdu, décide de quitter son Jura natal pour tenter sa chance à la capitale. Sans ressources pour se payer une place de diligence – le chemin de fer n'existe pas encore –, il ne peut compter que sur ses chaussures ferrées. Le futur malletier de luxe n'a pour tout bagage qu'un baluchon noué sur un bâton. Sur les routes de France, Louis loue ses services comme garçon d'écurie, meunier ou commis de cuisine pour se payer à manger. En chemin, il découvre de nouvelles essences d'arbres, qui viennent étoffer son herbier intime.

L'adolescent mettra deux ans pour parvenir à Paris. À l'automne 1837, il est embauché comme apprenti chez Monsieur Maréchal, rue Saint-Honoré, un layetier-emballeur-malletier très prisé de la haute société. Louis y confectionne des coffres de voyage en bois destinés à transporter de riches toilettes. La nuit venue, son établi lui sert de lit et un sac de copeaux d'oreiller. Mais la qualité de ses créations est vite remarquée de la clientèle huppée. En 1853, Eugénie, la nouvelle impératrice des Français, en fait même son « emballeur » officiel,

ne jurant que par ses malles pour transporter ses crinolines de l'une à l'autre de ses nombreuses villégiatures. Après dix-sept ans passés chez Monsieur Maréchal, Louis Vuitton peut s'installer à son compte dans les beaux quartiers parisiens. Décidé à créer des malles novatrices, luxueuses mais fonctionnelles, il révolutionne bientôt la bagagerie en utilisant du bois de peuplier, aussi résistant que léger, puis ringardise les malles bombées de l'époque en inventant la malle plate, facilement empilable. Le succès est tel que ses produits sont déjà victimes de la contrefaçon ; c'est pour s'en prémunir que le malletier décide de recouvrir ses bagages d'une toile portant d'abord l'inscription « Louis Vuitton, modèle déposé », plus tard remplacée par l'emblématique monogramme LV.
Fortune faite, Louis Vuitton n'est jamais retourné dans le Jura. Mais son patronyme d'origine franc-comtoise demeure très courant dans la région de Saint-Claude. Du moulin au bord de l'Ancheronne, il ne reste qu'un amas de pierres. Quant à l'unique place Louis-Vuitton de France, au bord de la D109 à Lavans-sur-Valouse – qui fait désormais partie de la commune nouvelle de Saint-Hymetière-sur-Valouse –, son minimalisme tranche tellement avec l'opulence des boutiques de la maison de luxe qu'elle mérite le détour, pour sa beauté touchante.

—

Place Louis-Vuitton, 39240 Saint-Hymetière-sur-Valouse

14

ÉTIVAL

Gare : Saint-Claude (25 km)

Cette petite bourgade, assoupie dans un écrin de pâturages à la lisière de la Suisse, fut touchée par la grâce d'un quatuor miraculeux. En octobre 1912, le peintre **Francis Picabia** rejoint son épouse à Étival en compagnie de deux amis parisiens, **Guillaume Apollinaire** et **Marcel Duchamp**. La Jurassienne **Gabriële Buffet-Picabia**, musicienne et féministe avant l'heure, possède dans la commune une propriété familiale, une ancienne ferme-manoir où va s'épanouir la petite colonie d'avant-garde. Dans ce cadre rustique, Marcel épluche les légumes, Guillaume cuisine une préparation aux morilles. Gabriële, « femme au cerveau érotique » selon son mari, prend au sérieux son rôle de muse auprès du trio d'artistes. Au cours de ce séjour d'un mois, qui devait initialement durer deux jours, surgissent quelques moments d'anthologie. Comme le jour où une lettre de Picabia adressée à un de leurs amis revient à la poste d'Étival à cause d'un mauvais numéro de rue. La missive porte la mention « Pablo Picasso : inconnu ». Étival sera ce laboratoire fécond dont l'alchimie pousse chacun des artistes à des avancées majeures. C'est là que Duchamp fomente le projet du *Grand Verre* tandis qu'Apollinaire parachève un recueil en vers libres, *Alcools*, qui bouleversera l'histoire de la prosodie. Dans *Calligrammes*, son recueil suivant, le poète évoquera même le tabac bon marché de la région.

Les quatre amis quittent Étival le 23 octobre 1912 à bord de la Peugeot Type 141 de Francis Picabia. Le trajet retour entre le Jura et Paris marque l'apothéose du séjour : parcours halluciné d'une douzaine d'heures, orgie mécanique sous une pluie torrentielle à la nuit tombée. Apollinaire chante sans s'arrêter une rengaine de son invention : « Tanguy du Gana / N'as-tu pas vu mon gars... » À peine arrivé, Duchamp écrit *La Route Jura-Paris*, le premier texte de *La Boîte verte*, qui exalte la « machine à cinq cœurs » – le cinquième cœur étant celui de la voiture qui a ramené le quatuor dans la capitale.

La demeure trapue qui abrita ce séjour enchanté se trouve au tout début de l'ancienne route de Prénovel, au croisement avec la route de Clairvaux. La propriété, qui n'a pas changé depuis un siècle, appartient aux descendants de Gabriële Buffet-Picabia et accueille encore des artistes. Pour célébrer cette épiphanie, la municipalité d'Étival a rebaptisé trois rues du village des noms de ces visiteurs de marque : rue Apollinaire, rue Duchamp, rue Picabia.

15

ARBOIS

Gare : Arbois

Avec son label « Petite cité comtoise de caractère » et son charmant cours d'eau, la Cuisance, classée « rivière de première catégorie », la capitale des vins du Jura a déjà tout d'une grande. Il ne faudrait pourtant omettre d'ajouter à ce scintillant tableau la figure tutélaire de la ville : le savant **Louis Pasteur.** Ce fils de tanneur, né à Dole en 1822, a fréquenté le collège d'Arbois, où sa famille s'est installée lorsqu'il avait 8 ans. Ses dessins au pastel représentant les membres de sa famille ou ses voisins arboisiens lui assurent alors déjà une petite réputation, avant que cet élève brillant ne parte poursuivre ses études au lycée de Besançon puis à l'École normale supérieure à Paris. Pasteur, qui deviendra l'illustre chimiste que l'on sait, notamment découvreur en 1885 du vaccin contre la rage, reviendra tout au long de sa vie dans la tannerie familiale au bord de la Cuisance, dont il fera sa demeure de plaisance. Le scientifique couvert d'honneurs y séjourne plusieurs mois par an, pour restaurer ses forces loin du rythme harassant de la capitale. Chez lui, il joue au croquet et se révèle habile au billard, même après avoir été victime à 66 ans d'une hémiplégie qui handicape son bras gauche. Obsédé par l'hygiène, il évite de serrer les mains, mais ses liens avec la population du village se resserrent lorsqu'il se met à travailler sur la fermentation du raisin. Arbois est en effet le pays du vin jaune qui a enchanté Charles Quint, Rabelais, Molière, Voltaire ou Talleyrand ; et Pasteur a contribué à asseoir cette réputation avec les travaux qu'il y mena sur la vinification. En 1874, il achète non loin de sa maison familiale un petit vignoble, le clos de Rosières, à Montigny-lès-Arsures, où il réalise des expériences qui lui permettent d'éclairer le phénomène de la fermentation alcoolique. Cette vigne de Rosières existe toujours. Propriété de l'Académie des sciences, elle est accessible à la visite mais sa production est réservée aux recherches qu'y mènent un groupe de scientifiques spécialistes de la génomique végétale.

Vous pourrez toujours vous rabattre sur l'eau de la région, dont les qualités furent vantées par Pasteur lui-même : « À Arbois, tout est meilleur que partout ailleurs, jusqu'à l'eau qui est incomparable. »

La maison de ce « saint laïque », elle aussi administrée par l'Académie des sciences, se visite également. En y pénétrant, vous noterez tout de suite le goût très sûr de ce bienfaiteur de l'humanité pour les arts décoratifs, dont attestent notamment son lit bateau ou les tissus et papiers peints, qui semblent tout droit venus de chez Liberty à Londres. Le clou de cet intérieur « pasteurisé », c'est le linoléum de la salle à manger, qui imite à la perfection les motifs d'un tapis persan tout en préservant de l'écueil des acariens. La demeure, qui a connu de nombreux agrandissements, abrite le seul laboratoire de Pasteur encore existant. Entre microscopes, bocaux, éprouvettes et autres alambics, ne manquez pas le touchant portrait, accroché au mur, du jeune Jean-Baptiste Jupille. Ce berger jurassien fut le deuxième patient vacciné contre la rage, avant de devenir gardien à l'Institut Pasteur.

Vigne de Rosières, quartier des Rosières, 39600 Montigny-lès-Arsures
Maison de Louis-Pasteur, 83, rue de Courcelles, 39600 Arbois

DOUBS

16

ORNANS

Gare : L'Hôpital-du-Grosbois (9 km)

La « petite Venise de Franche-Comté » doit ce surnom à ses façades baignées par les rives miroitantes de la Loue. Mais une commune digne de figurer dans ce guide ne saurait se contenter d'un cliché d'office de tourisme : Ornans se targue aussi d'être le berceau de **Gustave Courbet**, initiateur du courant réaliste dans la peinture de la seconde moitié du XIXe siècle et auteur du scandaleux *L'Origine du monde*.

La commune resquille un peu. En réalité, l'artiste serait né en chemin vers Ornans, sur la route reliant la petite ville à la ferme familiale de Flagey, où sa mère avait ressenti les premières contractions. Mais c'est bien à Ornans, où la famille finit par s'installer, qu'en 1831, à 12 ans, Courbet reçut son premier enseignement artistique d'un professeur du petit séminaire. Après des études auprès d'un peintre de Besançon, puis de difficiles débuts à Paris, c'est encore à Ornans que, de retour parmi les siens au début des années 1850, le jeune peintre va pulvériser les codes de la peinture classique. Il pose son chevalet sur les plateaux, parmi les labours, devant cascades et rochers, transportant son matériel sur le dos d'un âne qu'il baptise Gérôme, du nom du peintre le plus célèbre de l'époque. Rejetant l'art académique et son élitisme, il choisit pour modèles des gens du peuple, tailleurs de pierres, fileuses, paysans. Fort en gueule, bouffeur de curés, Courbet jouit très vite d'une réputation sulfureuse. Une toile finit par provoquer sa disgrâce: *Un enterrement à Ornans.* Les habitants avaient pourtant fait la queue pour figurer sur ce tableau monumental, avec sa trentaine de personnages rassemblés autour d'une fosse. Mais lors du Salon de peinture de 1850, à Paris, le prosaïsme de la toile fait polémique. Les critiques se gaussent des trognes rougeoyantes et avinées des villageois. «Il nous a peints moches», s'offusquent alors les Ornanais. La petite cité ne lui pardonnera pas. Courbet retourne à Paris, où il s'affirmera comme un peintre de combat, grand provocateur et inlassable défenseur du réalisme malgré les quolibets et les scandales. Mais il n'oubliera jamais son port d'attache franc-comtois: en 1860, il achète à Ornans une ancienne fonderie où il aménage un grand atelier dans lequel, loin du monde de l'art parisien, il vient périodiquement s'isoler pour peindre.

Après la chute de la Commune de Paris à laquelle il a activement pris part, le peintre, accusé d'avoir orchestré la mise à bas de la colonne Vendôme par les communards, est condamné à payer sa reconstruction. Ruiné, ses biens et ses toiles confisqués, il se réfugie à Ornans; craignant d'être arrêté, il finit par passer clandestinement en Suisse, où il mourra en 1877.

Une quarantaine d'années après sa disparition, son corps est rapatrié pour être inhumé dans sa cité de cœur. Mais la rancune des locaux a la peau dure. Le maire d'Ornans ordonne alors aux membres du conseil municipal de ne pas assister aux obsèques et le curé interdit aux fossoyeurs de faire leur travail. Les admirateurs du peintre doivent convaincre un marginal de creuser une tombe contre un litron de rouge.

La réhabilitation de l'enfant du pays a pris des décennies. En 1971, un musée Courbet est créé au sein de l'Hôtel Hébert, une belle bâtisse où le peintre a passé une partie de son enfance. Huit sentiers Courbet, entre Ornans et Flagey, invitent par ailleurs à découvrir l'univers du mal-aimé de la vallée de la Loue, en parcourant des lieux appréciés de l'artiste comme la source du Lison, la Roche Pourrie ou le Miroir de Scey. Dans les environs d'Ornans, la ferme familiale de Flagey a été aménagée en salle d'exposition. Outre le calme de son splendide jardin potager, on y trouve un Café de Juliette, du nom de la sœur de Courbet, où l'on peut consommer des produits locaux. Et, preuve que l'eau de la Loue a vraiment coulé sous le pont du village, Ornans revendique désormais jalousement son statut de terre natale du peintre : quand un musée de Besançon s'est enhardi à inscrire sur une plaque « Courbet le Bisontin », le maire d'Ornans, indigné, a publiquement accusé la préfecture du Doubs de cleptomanie.

—

Musée Gustave-Courbet, 1, place Robert-Fernier, 25290 Ornans
Cimetière, avenue du Maréchal-Juin, 25290 Ornans
Ferme Courbet, 28, Grande-Rue, 25330 Flagey

17

LANDRESSE

Gare : Avoudrey (16 km)

Niché au creux d'un val du Vernois cerné de forêts, ce village a offert son cadre à *La Guerre des boutons*. Le roman de **Louis Pergaud** immortalise les rivalités entre les enfants de Longeverne (Landresse dans la réalité) et ceux de Velrans (inspiré de Courtetain-et-Salans), et leurs truculentes batailles qui ont déjà été adaptées à cinq reprises au cinéma. Et pourtant, dans

la petite commune franc-comtoise, son auteur a vécu l'enfer. En 1905, année de la séparation des Églises et de l'État, Louis Pergaud est nommé instituteur dans cette localité isolée, sans téléphone ni télégraphe, où les seules occupations sont le jeu de quille, les repas de chasse bien arrosés et la messe. Bien vite, le jeune homme de 23 ans, qui a grandi à une dizaine de kilomètres, à Belmont, avoue se « raser à l'infini » à Landresse, ajoutant : « Et quelle populace, bon dieu, quelle populace ! » Dans cette contrée très croyante, ce maître d'école socialiste, qui ne va pas à l'office et refuse de transmettre les valeurs religieuses en classe, devient vite l'objet de calomnies, de séances venimeuses du conseil municipal et de pétitions réclamant sa destitution. Certains jours, il arrive ainsi à l'honnête pédagogue de n'avoir qu'un seul élève en classe. Il faut dire que la liaison nouée avec la fille du cafetier par cet homme marié deux ans plus tôt à une institutrice n'arrange guère son cas. Mais Pergaud forge dans cette animosité un art poétique qui fera la force de son roman. L'hostilité des habitants finira néanmoins par avoir raison de la vocation du « hussard noir » : en 1907, il quitte Landresse et l'enseignement pour Paris, où il connaît quelques années de misère avant de percer comme écrivain. C'est en 1912 qu'il publie *La Guerre des boutons*, qui rencontre un succès immédiat. Louis Pergaud peut alors revenir en héros dans le village qu'il avait quitté en paria, peu avant de partir pour les tranchées où il meurt en 1915, à 33 ans.
Ultime revanche, l'instituteur honni a désormais à Landresse une place à son nom, une plaque honorifique sur le fronton de la mairie installée dans l'ancienne école et un monument sur la place principale. Un parcours touristique indique les lieux clés du roman, comme le lavoir où les enfants préparent leur plan de bataille, ou le lieu-dit de Chasalans, terrain d'empoignades homériques. Suprême honneur : un double panneau marque l'entrée de la ville, le nom fictif de Longeverne ayant été ajouté sous celui de Landresse. Enfin, chaque mois de juillet, Landresse et Courtetain-et-Salans, les deux villages ennemis du roman de Louis Pergaud, s'affrontent lors du festival de musique rock « la Guerre du Son ».

Hôtel de ville, rue Louis-Pergaud, 25530 Landresse

18

PONT-DE-ROIDE

Gare : Colombier-Fontaine (16 km)

Niché sur les rives du Doubs, ce si tranquille chef-lieu de canton, réputé pour sa plage et ses activités de plein air, fut le berceau de l'anarchiste **Jules Bonnot**. Inventeur du hold-up motorisé, le chef de la «bande à Bonnot» a terrorisé la France au début des années 1910.

Jules Joseph Bonnot est né en 1876 dans un milieu ouvrier au lieu-dit du Haut-Fourneau, à l'ombre des cheminées de la fonderie de cette petite cité industrielle. Enfant espiègle, il reçoit sa première gifle après avoir été surpris par son père en train de manger une limace. À l'école de Vermondans, le village voisin qui a depuis fusionné avec Pont-de-Roide, Jules est jugé «paresseux, indiscipliné et insolent». À 13 ans, il faut travailler. La région est alors l'un des fiefs de l'empire industriel des Peugeot, dont l'aîné des quatre frères a construit le château de Pont-de-Roide, depuis devenu l'hôtel de ville. Après les moulins à café et les baleines de parapluie, l'automobile commence à se tailler la part du lion au sein de l'entreprise familiale : Jules fait ses premières armes comme apprenti mécanicien au sein de l'usine Peugeot d'Audincourt, à quelques kilomètres de Pont-de-Roide. Rétif à l'autorité, soupçonné de vol de copeaux de cuivre, il est vite renvoyé. De tempérament libertaire, révolté par les injustices sociales, le jeune ouvrier, qui n'a pas de mal à retrouver du travail grâce à ses talents de mécanicien, est prompt à faire grève ; aussitôt licencié, il passe d'usine en usine. Fiché comme syndicaliste et anarchiste par la police et les employeurs de la région, Bonnot doit finalement quitter le Doubs, travaille un temps à Genève, puis à Lyon, aux usines Berliet, ou encore à Saint-Étienne. Souvent au chômage, vivant dans la misère, il renonce finalement à travailler en 1907. Fréquentant des anarchistes qui le séduisent par leur conception du vol comme «reprise individuelle» des richesses accaparées par les capitalistes en exploitant les pauvres, il se fait faux-monnayeur, cambrioleur et se spécialise bientôt dans le vol d'automobiles qu'il revend dans le garage qu'il a ouvert à Lyon.

En 1910, âgé de 34 ans, Bonnot se rend à Londres pour y fréquenter des cellules libertaires et aurait, selon la légende, perfectionné ses talents de chauffeur en conduisant Sir Arthur Conan Doyle. Il s'installe ensuite à Paris, où il recrute des complices dans les milieux anarchistes : en décembre 1911, à bord d'une limousine volée, une Delaunay-Belleville verte et noire de 12 chevaux, choisie pour sa vélocité et sa fiabilité, Bonnot et sa bande réalisent le premier braquage en automobile à la Société générale de la rue Ordener à Paris. Leur larcin commis, les malfaiteurs s'évanouissent à bord du bolide conduit par Bonnot, semant en un éclair les policiers à vélo ou à cheval. Les journaux titrent alors sur « La bande en automobile », qui va semer la terreur pendant des mois, multipliant les casses motorisés et faisant plusieurs morts au passage. Après l'arrestation de plusieurs de ses complices, le 27 avril 1912, Bonnot est finalement surpris par la police dans sa cachette de Choisy-le-Roi. Un long siège commence qui nécessitera le renfort d'un régiment de zouaves et s'achèvera par le dynamitage du pavillon. Grièvement blessé dans l'explosion, Bonnot mobilise ses dernières forces pour finir de rédiger son testament et innocenter certains de ses complices.

Mortifiée par ses exploits, Pont-de-Roide a longtemps dissimulé ses liens avec l'enfant du pays. En 2011, la municipalité a entamé une timide réhabilitation mémorielle de Jules Bonnot avec une exposition éphémère consacrée au « bandit tragique ». Mais sur la façade de la maison natale du « gars qu'a mal tourné », toute proche de la pizzeria Le Fourneau, on n'aperçoit à ce jour aucune plaque honorifique.

TERRITOIRE DE BELFORT

19

GIROMAGNY

Gare : Belfort (12 km)

Campée au pied du ballon d'Alsace, la capitale du pays sous-vosgien est une ancienne possession des princes de Monaco. Parmi les 142 titres officiels dont il a hérité de son père Rainier III, **Albert II de Monaco** peut ainsi s'enorgueillir d'être comte de Rosemont, une ancienne seigneurie dont Giromagny constituait le cœur. Un statut purement honorifique, mais pour lequel le prince a une affection particulière. Lors de son unique visite officielle à Giromagny, en 2016, il a révélé un petit secret de famille : quand sa mère, la princesse Grace, désirait voyager incognito, elle utilisait l'identité de « comtesse de Rosemont ».

En 1659, Louis XIV offrit le comté de Rosemont, riche des mines d'argent de Giromagny, au cardinal Mazarin, pour récompenser l'habile Italien de son succès diplomatique lors des traités de Westphalie, qui firent passer Belfort et sa région sous pavillon français. À la mort de Mazarin, sa nièce Hortense Mancini en hérita et, cinq générations plus tard, l'une de ses descendantes épousa un Grimaldi, offrant le fief de Rosemont à la famille de Monaco. Son Altesse Sérénissime le prince souverain Albert II de Monaco était donc attendu de pied ferme par les Giromagniens lorsqu'il débarqua sur les terres de ses ancêtres, le 6 juin 2016. Pour l'occasion, les rues du village avaient été pavoisées de rouge et de blanc, les couleurs de la principauté. Dans l'église Saint-Jean-Baptiste bondée, en présence de l'évêque de Belfort-Montbéliard, le prince entendit le « Magnificat de Giromagny », interprété par un chœur grégorien. L'orgue Verschneider de l'église ayant besoin d'une restauration, Albert II promit de la financer. Un moment de grâce salué d'un vibrant « Merci, prince ! » venu de l'assistance. En retour, la municipalité offrit à son prestigieux visiteur un vase bleuté réalisé par l'atelier de céramique Envol

Création, mêlant le blason de Giromagny à des racines dessinées à la feuille d'or, pour symboliser l'ancienneté des liens des Grimaldi avec la commune. Après un bain de foule sur l'esplanade devant l'église, baptisée en ce jour de fête « Parvis des princes de Monaco », l'après-midi se termina par une grande réception au parc du Paradis des Loups.

Église Saint-Jean-Baptiste, 2, rue de l'Église, 90200 Giromagny
Envol Création Céramique, 8, rue Thiers, 90200 Giromagny

HAUTE-SAÔNE

20

PESMES

Gare : Auxonne (20 km)

Dominant la vallée de l'Ognon du haut de son promontoire, ce village doublement couronné par les labels « Petite Cité de caractère de Bourgogne » et « Les Plus Beaux Villages de France » doit son nom à un envahisseur burgonde particulièrement atrabilaire. Ici vécut une souveraine oubliée, **la reine de Mohéli**, une petite monarchie insulaire de l'océan Indien.

Née en 1874, Ursule Salima-Machamba est la petite-fille du roi de Mohéli Ramanetaka, lui-même cousin de la reine de Madagascar Ranavalona Ire. Couronnée à 12 ans reine de Mohéli, une petite île volcanique de l'archipel des Comores, elle n'en fait pas moins ses études sur l'île française de La Réunion. En 1900, à 25 ans, elle y tombe folle amoureuse de Camille Paule, un beau gendarme franc-comtois en poste à Saint-Denis. Averti de cette liaison, le gouverneur français de La Réunion y voit une occasion rêvée pour rattacher l'île de Mohéli à l'Empire colonial français : lui expliquant qu'une reine ne peut être l'épouse d'un fonctionnaire français, il intime à la jeune souveraine de choisir entre son amour et sa couronne. Ursule abandonne son royaume pour son gendarme, ne conservant qu'une rente sur son immense propriété de Fomboni, chef-lieu de Mohéli. Après son mariage à la cathédrale de Saint-Denis, le couple embarque pour la France et s'installe dans les environs de Pesmes, le village natal du marié.

Ils s'établissent d'abord dans la ferme familiale des Paule à Cléry, aux confins de la Côte-d'Or. Les jeunes mariés se reconvertissent dans l'agriculture et l'élevage de volailles. La reine déchue nourrit les poules et va faire la lessive au lavoir avec les villageoises, ce qui lui vaut le surnom de « reine en sabots ». Un conte de fées à l'envers... Trois enfants naissent de cette union, tandis que le prince consort devient maire de Cléry.

En 1946, une fois veuve, Ursule Salima s'installe dans le village voisin de Pesmes avec sa fille Louise-Henriette. Elle emménage dans un ancien moulin qu'elle remplit d'animaux naturalisés, d'une vaste bibliothèque et d'immenses tapis traditionnels mohéliens. Son statut de reine la dispense d'une génuflexion à l'entrée de l'église, mais il ne l'empêche pas de souffrir des rudes hivers – à la mauvaise saison, les villageois la croisent toujours les mains blotties dans un petit manchon d'astrakan. En 1960, devenue octogénaire, elle consulte le général de Gaulle, alors en visite dans la région, pour lui demander la révision de sa pension et la permission de revoir son île natale. Mais l'ex-reine de Mohéli s'éteint quatre ans plus tard sans avoir humé à nouveau les parfums de son île. Sa stèle, au cimetière de Pesmes où elle avait fait transférer la dépouille de son époux, se signale seulement par cette mention : « Ursule Salima-Machamba, reine de Mohéli, épouse Paule. »

Cimetière, 1, chemin du Pasquier, 70140 Pesmes

BRETAGNE

CÔTES-D'ARMOR

1. ERQUY
2. LAMBALLE
3. QUINTIN
4. LÉZARDRIEUX

FINISTÈRE

5. SAINTE-SÈVE
6. HUELGOAT
7. POULLAN-SUR-MER
8. BEUZEC-CONQ
9. LE TRÉVOUX

MORBIHAN

10. GRAND-CHAMP
11. LA GACILLY

ILLE-ET-VILAINE

12. LA GUERCHE-DE-BRETAGNE
13. SAINT-BRIAC-SUR-MER

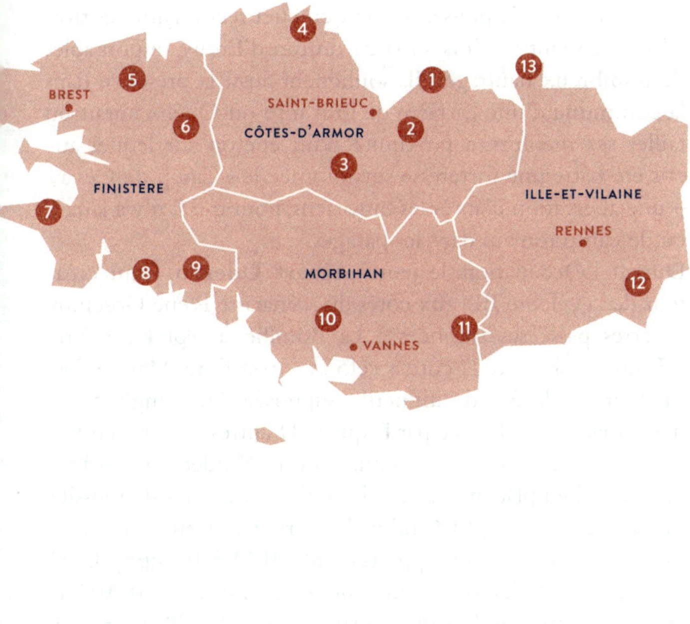
BREST
5
6
FINISTÈRE
7
8
9
4
1
SAINT-BRIEUC
CÔTES-D'ARMOR
2
3
13
ILLE-ET-VILAINE
RENNES
12
MORBIHAN
10
VANNES
11

CÔTES-D'ARMOR

1

ERQUY

Gare : Landébia (19 km) ou Lamballe (22 km)

Réputé pour sa coquille Saint-Jacques et sa flottille de chalutiers, ce port costarmoricain prétend en outre être le village gaulois d'**Astérix et Obélix**. Sur la carte du petit port gaulois qui figure en page de garde de chacun de leurs albums, une poignée d'habitants d'Erquy, menés par l'ancien propriétaire de la maison de la presse, assurent en effet reconnaître les trois rochers battant les flots au large du cap d'Erquy, responsables de nombreux naufrages. Ils soulignent aussi la présence dans la commune d'une carrière de grès rose où Obélix aurait pu tailler ses menhirs, à proximité d'un éperon sur lequel aurait été bâtie une forteresse surnommée le « Camp de César » – une aberration d'après les historiens, pour qui il n'y a jamais eu de camp romain dans les parages.
Durant l'Occupation, le jeune **Albert Uderzo**, futur créateur de la célèbre BD aux côtés du scénariste René Goscinny, a certes passé ses vacances à La Bouillie, à sept kilomètres d'Erquy, et arpenté la côte à vélo avec son frère. Mais le dessinateur a balayé cette influence supposée d'un cinglant : « Je n'ai jamais été influencé par Erquy ! » D'autres localités costarmoricaines, comme Perros-Guirec ou Le Yaudet, ont aussi revendiqué l'emplacement du village fictif, sans plus de réussite. Les aventures du petit Gaulois bagarreur ont en réalité germé sur le balcon d'un appartement HLM à Bobigny, là où Goscinny et Uderzo se sont rencontrés. Les pères d'Astérix et Obélix ont par la suite affirmé que, si le village gaulois se situe près de la mer, c'est par facilité scénaristique, pour simplifier les voyages maritimes de leurs héros. Et les auteurs ont fini par voir rouge. Le jour où ils ont appris que les cachets postaux d'Erquy affichaient la mention « Site du village d'Astérix », ils ont fait cesser cette pratique par une mise en demeure. Cela n'a pas empêché un producteur local

de pétillant de sureau de baptiser son breuvage « Potion magique ».

Maison de la presse, 7, rue Foch, 22430 Erquy
La Pointe des Trois Pierres, cap d'Erquy, 22430 Erquy
Le Camp de César, la Pointe d'Erquy, 22430 Erquy

2

LAMBALLE

Gare : Lamballe

Ce gros bourg proche de Saint-Brieuc est chargé d'histoire. Il fut le fief de **la princesse de Lamballe**, grande amie de Marie-Antoinette, dont la tête, plantée sur un pic, fut exhibée sous les fenêtres de la reine durant la Révolution française. Lamballe est aussi la terre des ancêtres d'**Augusto Pinochet**, qui régna d'une main de fer sur le Chili de 1973 à 1990 : au début du XVIIIe siècle, son aïeul Guillaume Pinochet a quitté Lamballe pour rejoindre le port chilien de Concepción à bord d'un bateau de marchandises. Ce nom de Pinochet serait une déformation d'épinoche, nom d'un petit poisson bourré d'arêtes. On relève encore une dizaine de cousins potentiels du sanglant dirigeant dans l'annuaire local. Mais rares sont ceux qui bataillent pour faire authentifier un lien de parenté avec ce tyran qui déclarait : « Aucune feuille ne bouge au Chili si je ne la bouge moi-même, que cela soit clair ! »

3

QUINTIN

Gare : Saint-Brieuc (17 km)

Avec ses demeures médiévales et ses hôtels particuliers de granit issus des fortunes du lin, cette petite cité de caractère témoigne d'un riche passé. Mais l'une de ces maisons échappe au circuit

« découverte » proposé par l'office de tourisme de Quintin : celle où **Louis-Ferdinand Céline** fêta son premier mariage. Toute sa vie, l'auteur du *Voyage au bout de la nuit* revendiquera d'ailleurs sa bretonnité.

Né à Courbevoie, en banlieue parisienne, Céline est d'origine bretonne du côté de sa mère, mais c'est seulement à 24 ans, en 1918, qu'il découvre la région. Se vouant alors à une carrière médicale, il participe à la mission Rockefeller, chargée de lutter contre les ravages de la tuberculose, et, durant tout l'été, il arpente le Finistère et enchaîne les conférences. Passant ensuite par Rennes, il y fait la connaissance du professeur Athanase Follet, un notable de la capitale bretonne qui va l'aider à passer ses examens de médecine. Le bagout et l'allure du jeune homme séduisent Édith, la fille du professeur, que Louis-Ferdinand épouse en août 1919. L'étudiant en médecine méprise les mondanités et, pour s'épargner un mariage en grande pompe, il choisit de le célébrer dans le petit village de Quintin, où habite une tante d'Édith, la poétesse et romancière Mathilde Delaporte, pour laquelle Louis-Ferdinand s'est pris d'affection. Voilà bien un mariage comme aucune jeune fille n'en rêve ! À la mairie, vêtu d'un pantalon trop court, guêtres blanches et chaussures vernies, le marié se rend compte qu'il a oublié les alliances. Pendant la messe à la basilique Notre-Dame-de-Délivrance, le professeur Follet, anticlérical convaincu, garde son canotier vissé sur la tête. Le banquet se tient dans la très belle demeure de la tante Mathilde, une ancienne maison de chanoine jouxtant la basilique, au numéro 5 rue Notre-Dame. L'hôtesse régale : langoustes, croustades, jambon d'York, poulardes du Mans truffées, parfait de foie gras… le tout arrosé de château-d'yquem. Mais le jeune époux, qui déteste bâfrer, quitte la table avant les meringues glacées à la crème fouettée amoureusement choisies par Édith, et entraîne la mariée pour un voyage de noces éclair à Paris.

Neuf mois après leur union, Colette naît à Rennes. Son père écrit pour elle sa toute première œuvre littéraire, *Histoire du petit Mouck*, un conte qu'il lui raconte pour l'endormir. Illustré par son épouse, ancienne élève des Beaux-Arts, ce récit d'inspiration orientale suit un petit vagabond auquel un géant offre de réaliser trois vœux. En guise de premier souhait, Mouk demande à

« voyager loin sur la mer ». Quand Colette atteint l'âge de 6 ans, Céline réalise ce vœu en prenant le large. Son épouse reçoit cette lettre : « Je ne veux pas te traîner pleurarde et miséreuse derrière moi, tu m'ennuies, voilà tout. Ne te raccroche pas à moi. J'aimerais mieux me tuer que de vivre avec toi en continuité. J'ai envie d'être seul, seul, seul, ni dominé, ni en tutelle, ni aimé, libre. Je déteste le mariage, je l'abhorre, je le crache ; il me fait l'illusion d'une prison où je crève. » En juin 1926, le divorce est prononcé, aux torts du mari absent. S'ensuivent les aventures de Céline aux États-Unis et en Afrique qui vont nourrir *Le Voyage au bout de la nuit*, son premier roman publié en 1932. Mais l'amour que l'auteur voue à la Bretagne perdure au point qu'il avoue dans une lettre à un proche : « Je ne suis qu'un Breton de Paris. »
Céline reviendra régulièrement dans la région, en villégiature ou en visite chez sa fille unique. Bien qu'absente de son œuvre, la Bretagne habita son cœur tout au long de sa vie, comme en témoigne ce constat amer, dans une lettre adressée à un ami : « J'aurais dû rester avec le père Follet et les bourgeois d'Ille-et-Vilaine. »

Basilique Notre-Dame-de-Délivrance, rue Notre-Dame, 22800 Quintin

4

LÉZARDRIEUX

Gare : Paimpol (6 km) ou Lancerf (5 km)

Georges Brassens naquit à Sète, sous le soleil méditerranéen, mais c'est pourtant dans un port de Bretagne, sur la presqu'île sauvage du Trégor, que le poète et chanteur libertaire établit ses pénates à la fin de sa vie.
Le premier contact de Brassens avec la Bretagne se fait à Paimpol, non loin de là, dans les années 1950. Mais il faudra attendre 1969 pour qu'il pose sa pipe et sa guitare à Lézardrieux, dans une maison dominant la Manche à l'embouchure de la rivière du Trieux. L'élégante villa Kerflandry donne sur la grève des Craclais, lieu de baignade rêvé pour Kafka, son caniche noir.

Ici, Brassens appréciait le temps maussade et la simplicité des habitants qui le saluaient d'un laconique : « Bonjour Georges. » Il aurait pu échanger avec eux quelques mots en breton, dont il avait appris des rudiments, mais il appréciait cette distance. L'auteur de *La Mauvaise Réputation* en jouissait d'une très bonne auprès de ses voisins qui jamais – sûrement à regrets – ne l'entendirent répéter de sa voix chaude accompagnée de sa guitare. La seule chose qu'on savait dans le village de cette célébrité très discrète, c'était son appétit pour la charcuterie locale : le chanteur consommait des mètres de saucisses durant ses séjours. Et à chaque fin d'été, tel un rituel, il ne manquait jamais d'acheter une quarantaine de saucissons à l'ail au boucher-charcutier pour les offrir à ses amis parisiens. Sa générosité s'étendait aussi au club de foot et à celui des anciens du village, auxquels il faisait un don annuel. Malgré son attachement à la Bretagne, le poète a choisi d'être inhumé dans sa ville natale.

De sa présence en ces lieux reste le bar L'Univers à Paimpol, fréquenté par le poète, qui a été rebaptisé Les Copains d'abord à sa mort en 1981 ; à Lézardrieux, l'impasse qui mène à sa maison porte désormais son nom, tout comme la salle polyvalente de la commune.

Si le cœur vous mène dans les pas du chanteur, guettez les petites annonces : la villa aux volets bleus a été souvent mise en vente.

Bar-tabac Les Copains d'abord, 27, place du Martray, 22500 Paimpol

FINISTÈRE

5

SAINTE-SÈVE

Gare : Morlaix (7 km)

Certains historiens estiment que **Napoléon Ier** avait du sang noir, parce que son ancêtre Francesco Buonaparte, un mercenaire installé en Corse en 1514 au service de la République de Gênes, était surnommé « le Maure ». Autre rumeur persistante :

l'empereur des Français serait le fils naturel d'un officier breton natif de la baie de Morlaix, le comte de Marbeuf. Cette croyance est diffusée au milieu du XIXe siècle par quelques notables locaux et une romancière à l'imagination vagabonde, Elvire de Cerny.
Après le rachat de la Corse aux Génois par Louis XV en 1768, Marbeuf commande un corps expéditionnaire chargé d'établir la domination française sur l'île, contre les indépendantistes menés par Pascal Paoli. À Ajaccio, l'aristocrate breton tombe alors éperdument amoureux de Letizia, l'épouse de Charles Bonaparte, qui ne serait donc pas le père de Napoléon. Selon cette légende, le futur empereur ne serait pas né à Ajaccio en 1769, mais deux ans plus tard à Sainte-Sève, dans le Finistère. Letizia aurait accouché au manoir de Penanvern sur la terre des Marbeuf. L'enfant aurait même été baptisé à Sainte-Sève : quelques pages ne manquent-elles pas sur le registre paroissial ?
Si l'ascendance bretonne de Napoléon reste plus que douteuse, une partie du manoir qui l'aurait vu naître subsiste sur la commune de Sainte-Sève. La propriété est privée et fermée au public.

Église, 1, rue François-Trévien, 29600 Sainte-Sève

6

HUELGOAT

Gare : Carhaix (18 km)

Si ce village au cœur des Monts d'Arrée est connu pour la légendaire forêt de Huelgoat, avec son chaos rocheux, provoqué par le géant Gargantua, et sa rivière d'argent, domaine des fées, d'autres mythes littéraires moins chimériques y sont rattachés. Au cœur de la forêt, on peut ainsi découvrir sur un promontoire surplombant un gouffre une stèle marquant l'emplacement de la fin énigmatique de **Victor Ségalen**. Au printemps 1919, on retrouva au pied d'un arbre le corps inanimé de l'écrivain et poète voyageur, un garrot à sa cheville blessée, son manteau soigneusement plié à ses côtés et, dans sa main, la pièce de Shakespeare *Hamlet*.

Convergence non moins romanesque, un autre grand écrivain voyageur possède une stèle en son honneur sur la commune de Huelgoat, au lieu-dit de Kervoach. Ce monument rappelle les origines armoricaines de **Jack Kerouac**, auteur de *Sur la route*, pionnier de la *Beat Generation* et parrain de la contre-culture aux États-Unis. Le père de Jack, un québécois émigré aux États-Unis, lui répéta toute son enfance: «Ti Jean, surtout n'oublie jamais que t'es un Breton.» En 1965, Jack traverse l'Atlantique pour rejoindre Brest, persuadé que son goût pour l'errance tient à ses racines d'aventurier celte. Il racontera ce stupéfiant voyage éclair dans un court roman, *Satori à Paris*. Kerouac se croit alors descendant d'une lignée d'aristocrates bretons, les Le Bris de Kérouac, dont un aïeul aurait émigré au Canada sous Louis XV. Une légende prétend que l'ancêtre a laissé des châteaux et de l'or au vieux pays. Arrivé à Brest en soirée depuis Paris, sous une pluie battante, Kerouac se réfugie dans un bar avant de traîner dans les rues, ivre mort; dans le brouillard d'un carrefour, il finit par beugler un *Ave Maria* avec une douzaine de matelots. Après une nuit trop courte dans la chambre numéro 4 de l'hôtel Bellevue, il prend en guise de petit-déjeuner une bière dans un bar où on lui donne l'adresse d'un homme portant le patronyme de Le Bris. Kerouac s'invite chez ce restaurateur, qui, alité après avoir été opéré d'une hernie, régale son visiteur d'une bouteille de cognac sans pouvoir l'éclairer sur l'identité de ses ancêtres. Bredouille, mais toujours aussi saoul, l'écrivain finira le soir même par prendre un train de nuit pour Paris. Ce flamboyant échec n'aura duré qu'un peu plus de vingt-quatre heures, mais le marquera durablement. Il entretiendra par la suite une longue correspondance amicale avec **Youenn Gwernig**, un poète et sonneur de biniou originaire d'Huelgoat. Les lettres de Kerouac sont écrites dans un étrange mélange de joual, français populaire canadien, de breton et d'argot new-yorkais. Alors que Kerouac, abandonné de tous, sombre dans l'alcoolisme, le barde le convainc de revenir en Bretagne. Il veut lui trouver une maison au bord de l'océan afin qu'il achève son poème *La Mer.* Les deux écrivains songent aussi à un livre à quatre mains. Mais Kerouac meurt en 1969, à 47 ans, victime d'un ulcère à l'estomac lié à

son alcoolisme. Dans la poche d'une de ses vestes, on trouvera un billet d'avion pour la France.
Après des années de recherches, Hervé Quéméner et Patricia Dagier, auteurs de *Jack Kerouac, Breton d'Amérique*, démasquent enfin son ancêtre : un certain Urbain-François Le Bihan de Kervoac. Si le nom claque comme son fantasme de lignée aristocratique, la réalité est moins noble. Fils d'un notaire de Huelgoat, Urbain-François est une fripouille impliquée dans une affaire de vol et de viol à la suite d'une noce trop arrosée. Il fuit l'infamie en embarquant pour la Nouvelle-France en 1727. Là-bas, il change son nom de Le Bihan en Le Bris, épouse contraint et forcé une femme qu'il a mise enceinte, et doit renoncer à sa part d'héritage en Bretagne. Ainsi se brise le mythe de Kerouac lointain descendant d'un prince de Bretagne. Reste cette vérité exprimée par l'écrivain dans *Big Sur* : « Les poissons de la mer parlent breton. »

Forêt de Huelgoat, rue de la Roche-Tremblante, 29690 Huelgoat
Hôtel Bellevue, 53, rue Victor-Hugo, 29200 Brest

7

POULLAN-SUR-MER

Gare : Quimper (28 km)

Sur la baie de Douarnenez, dans ce bout de lande sèche où poussent genêts, bruyères et fougères, vit le prix Nobel de littérature **J. M. G. Le Clézio**, dont l'œuvre exalte les horizons lointains autant que les racines familiales. Ce grand voyageur porte bien mal son nom puisque « le clézio » signifie « les enclos » en breton. Pourtant, et même s'il n'y est pas né, la Bretagne est son pays, celui d'où surgissent le plus d'émotions et de souvenirs.
De 1948 à 1954, le jeune Jean-Marie Gustave, qui a grandi à Nice, venait passer ses vacances avec sa famille dans la région de ses ancêtres. Chaque été, il séjournait au village de Sainte-Marine, situé à l'embouchure de l'Odet, petit fleuve côtier qu'il voyait alors comme l'Amazone, ainsi qu'il le raconte dans

Chanson bretonne. Avec son frère, enfant de chœur comme lui à la chapelle dédiée à saint Voran, ils ont sillonné à bicyclette ces immenses et âpres territoires de misère, à travers les chemins creux, les routes semées d'ivrognes et de tas d'ordures à l'entrée des villages. En visitant avec son père Le Cleuziou, le hameau supposé de ses origines, l'enfant se montra quelque peu sceptique en découvrant ses hypothétiques « cousins » et leur coupe au bol moyenâgeuse. Sainte-Marine, vitrifiée par la modernité, lui donne désormais le sentiment d'un trésor volé.
Après une quarantaine d'années d'absence, Le Clézio a repris contact avec la Bretagne au début des années 1990. Il a restauré une maison toute simple au bout d'un chemin de Poullan-sur-Mer, sur la rive méridionale de la baie de Douarnenez, à une quarantaine de kilomètres de Sainte-Marine. Partageant sa vie entre Nice, l'île Maurice, Albuquerque au Nouveau-Mexique et la Bretagne, l'auteur de *Désert* y passe tous ses étés, et parfois Noël, avec son épouse Jémia. C'est là qu'il écrit le mieux. Prévoyant de s'installer définitivement dans cette maison, il y a déménagé sa bibliothèque d'enfance, avec ses romans de Conrad et de Kipling, et a repeint lui-même son cottage en bleu et blanc. Ce léger manque à gagner pour les artisans locaux n'a pas terni ses excellents rapports avec les habitants du village qui, sans tralala, tutoient le prix Nobel. Son plus proche voisin est un agriculteur à la retraite en qui Le Clézio voit un « poète né ».
Celui que l'Académie suédoise a célébré comme « l'écrivain de la rupture, de l'aventure poétique et de l'extase sensuelle » écrit entouré de pins et de rochers de granit, face à cette mer qu'il compare à un immense terrain vague. Nous n'allons pas troubler sa tranquillité en vous révélant l'emplacement de sa propriété, mais seulement ses lieux favoris. Au marché des Halles de Douarnenez, Le Clézio raffole des fraises et des soles estampillées Atlantique Nord. L'écrivain fréquente encore la grande plage du Ris et la presqu'île de Crozon. Et par-dessus tout, il apprécie la Pointe de la Torche car, écrit-il, « s'il y a au monde un endroit où la beauté de la mer éclate, c'est ici ».

Chapelle de Sainte-Marine, rue du Bac, 29120 Combrit
Plage du Ris, 44, route du Ris, 29100 Douarnenez
Pointe de la Torche, 29120 Plomeur

8

BEUZEC-CONQ

Gare : Rosporden (12 km)

Avant que cette paisible municipalité, située sur la rive droite de l'estuaire du Moros, ne fusionne avec la ville de Concarneau, son château néo-gothique a abrité quelques personnalités baroques. Il a notamment appartenu au prince **Félix Youssoupoff**, connu pour avoir fomenté en 1916 l'assassinat de Raspoutine, le gourou dépravé de la tsarine de Russie.

À la fin des années 1850, son aïeule la princesse impériale Zénaïde Youssoupoff, tante du tsar Alexandre II et réputée plus fortunée encore que ce dernier, épouse un simple capitaine d'artillerie français, Charles Chauveau, de vingt-cinq ans son cadet. La mésalliance est telle que son neveu le tsar l'oblige à s'exiler. Le couple s'installe alors en France et la Youssoupoff achète en 1861 le château de Kériolet pour satisfaire l'ambition de son jeune époux : désireux d'entamer une carrière politique, celui-ci peut ainsi briguer un siège de conseiller général qui se libère dans la circonscription.

Cédant à la mode du gothique, Charles, qui s'est rebaptisé « comte de Chauveau », orne la façade en granit de fleurs de lys, de pattes d'hermine et de la devise « Toujours et quand même ». Le jeune arriviste commande même des vitraux figurant quatre ancêtres aussi illustres que fictifs. La fallacieuse lignée prend fin avec la mort de Charles. La princesse lègue alors le château au département du Finistère, qui y établit un musée. Mais en 1948, coup de théâtre : son arrière-petit-fils, le fantasque Félix Youssoupoff, intente un procès pour récupérer le bien familial.

Ce prince opiomane et bisexuel était considéré comme le plus bel homme de l'Empire russe et fut même un temps pressenti pour en occuper le trône. Quelques mois après avoir orchestré l'assassinat de Raspoutine, dont il déplorait l'ascendant sur la tsarine Alexandra, il fuit la Révolution russe, non sans avoir eu la présence d'esprit de décrocher deux Rembrandt des murs de son palais pétersbourgeois de la Moïka. Il s'exile alors en

France. Trois décennies plus tard, le prince, en manque d'argent, parvient à récupérer le manoir de Kériolet dont il liquide l'intégralité des meubles et des tapisseries flamandes. À sa mort, le château est revendu, laissé à l'abandon, puis finalement repris et restauré par un particulier. Il ouvre en saison à la visite. Enfin… tant que l'individu qui prétend depuis quelques années être le petit-fils du prince Youssoupoff et d'une femme de chambre ne parvient pas à emporter le bien.

Château de Kériolet, rue de Stang-ar-Lin, 29900 Concarneau

9

LE TRÉVOUX

Gare : Quimperlé (8 km)

Au pays des mâles alpha, cette agréable petite commune du Finistère Sud fait belle figure en revendiquant les origines de Rambo. C'est là qu'est née la grand-mère maternelle de l'acteur **Sylvester Stallone**, Jeanne Clérec ; à la fin de la Première Guerre mondiale, celle-ci rencontra un soldat américain de passage en Bretagne qu'elle suivit aux États-Unis où elle l'épousa, donnant bientôt naissance à la mère du musculeux comédien, Jacqueline France Labofish.

Le charcutier-traiteur et ancien maire du Trévoux est remonté neuf générations en arrière dans la généalogie de Stallone, jusqu'à Jeanne Conan, née en 1734 au Trévoux. Un retraité du coin a lui poussé jusqu'au XVIIe siècle et retrouvé sur le linteau d'une maison du hameau de Kervoan le nom d'une autre aïeule de Rocky en ligne directe, Marguerite Provost. Jacqueline Labofish-Stallone, la maman de Sylvester, qui a fréquenté la Bretagne dans son enfance, s'est rendue sur les traces de ses ancêtres finistériens. L'acteur américain, toujours attendu de pied ferme par le maire du village, s'est lui contenté de ce sobre commentaire : « Je comprends mieux pourquoi j'adore les crêpes. »

Charcutier-traiteur Fraval, La Croix-de-Logan, 29380 Le Trévoux

MORBIHAN

10

GRAND-CHAMP

Gare : Vannes (14 km)

Le lien entre **Karl Lagerfeld** et la Bretagne ne relève pas de l'évidence. Le couturier allemand a pourtant possédé durant une vingtaine d'années une résidence secondaire dans cette accueillante paroisse fleurie du Morbihan. Vu ses habitudes vestimentaires et son goût pour le noir, il ne lui manquait qu'un chapeau rond pour passer inaperçu lors de funérailles bigoudènes.

Dans les années 1970, Karl Lagerfeld doubla Hubert de Givenchy qui voulait également acquérir le château de Penhoët. Le grand Karl préféra au nom de Penhoët – signifiant « tête de bois » ou « simplet » en breton – celui de « Grand-Champ », du nom du village voisin, pour sa proximité avec son propre nom d'origine suédoise, signifiant « champ de laurier ». Le couturier y retrouva un peu de son enfance passée dans le manoir de Bad Bramstedt au nord de Hambourg, et en fit, en compagnie de sa mère qui y résidait souvent, un petit Versailles bretonnant. Chaque fin de semaine, Karl quittait Paris pour regagner son château où il pouvait dessiner en paix, écoutant à plein volume, fenêtres ouvertes, le *Chevalier à la rose* de Richard Strauss.

Preuve de son adaptation à la vie locale, l'homme au catogan envoyait sa mère chez le coiffeur du village, circulait en taxi du cru et distribuait dans diverses manifestations des échantillons de parfums Chloé, la marque pour laquelle il travaillait avant d'être embauché par Chanel. Il a même participé à l'inauguration de l'abattoir de canards. Parmi les invités réguliers du domaine, il y avait son compagnon, le sulfureux Jacques de Bascher, ou l'excentrique rédactrice de mode Anna Piaggi. Mais le grand fait d'armes de « Kaiser Karl » est d'y avoir reçu la reine mère d'Angleterre Elizabeth Bowes-Lyon à l'été 1990. Ce jour de juin, la population du petit bourg morbihannais crut à un mirage en voyant une colonne de Rolls-Royce emprunter

la rue principale. Pour l'arrivée de la mère d'Elizabeth II, le créateur avait commandé des pyramides de fleurs et ouvert les grandes eaux du parc. *Queen Mum*, en tenue pervenche, s'exclama : « Mais c'est Marly ! C'est Versailles ! » Un somptueux déjeuner fut donné dans les jardins, servi par le traiteur parisien Fauchon, et arrosé d'un muscadet provenant du vignoble nantais de la propriété familiale de Jacques de Bascher (voir p. 575).
À la fin des années 1990, Karl Lagerfeld fut contraint de vendre son château pour éponger la dette d'un vertigineux redressement fiscal. À la disparition du styliste, en 2019, la municipalité a donné un accord de principe pour qu'une rue de la commune porte son nom. Reste encore à choisir une percée digne du Kaiser de la mode.

Salon de coiffure Imagina'Tifs,
1, rue du Général-de-Gaulle, 56390 Grand-Champ

11

LA GACILLY

Gare : Redon (14 km)

Cette commune de la vallée de l'Aff doit son cadre léché à un suzerain des temps modernes, **Yves Rocher**. Le fondateur de l'empire cosmétique éponyme en fut le maire pendant près d'un demi-siècle.
La *success story* de l'industriel débute au 2 rue Saint-Vincent, dans la petite maison aux volets bleus où il est né en 1930. C'est dans le grenier familial que, dans les années 1950, le jeune homme confectionne une pommade pour soigner les hémorroïdes. Il s'inspire d'une recette léguée par une vieille guérisseuse du village et enrichit la mixture d'extraits de racines de ficaire, une plante surnommée dans la région « l'épinard des bûcherons ». Surtout, il a l'idée géniale de vendre son onguent miraculeux par correspondance, en plaçant des annonces dans la presse. La garantie de l'anonymat fait bondir les ventes. Accusé d'exercice illégal de la pharmacie, Yves Rocher subit des procès en cascade pour charlatanisme, mais cela ne décourage pas

le jeune Gacilien, qui décide de se lancer dans la fabrication d'autres produits confectionnés à base de végétaux bretons. En 1962, alors que son entreprise commence à décoller, Yves Rocher est élu maire de La Gacilly. Veillant étroitement sur sa baronnie, celui qu'on surnommait ici le « Roi Soleil » a redonné vie au village en repavant certaines rues avec de la pierre de schiste, à l'ancienne. Après avoir racheté la maison de son enfance au début des années 1980, il retourne dans sa chambre de petit garçon pour y trouver de nouvelles idées, et ce jusqu'à sa mort en 2009. Le seigneur de La Gacilly est inhumé dans le cimetière du bourg. Son fils Jacques Rocher lui a succédé à la mairie. Il a développé le tourisme cosmétique en créant dans le village un musée immersif dédié à l'histoire de la marque, un restaurant végétarien sublimant les plantes de la région et une maison d'hôtes écologique pourvue d'un éco-spa, La Grée des Landes.

Cimetière, rue de la Motte, 56200 La Gacilly
Maison Yves Rocher (musée), Le Moulin, Le Bout du Pont, 56200 La Gacilly
Restaurant Le Végétarium, Le Bout du Pont, 56200 La Gacilly
La Grée des Landes, Éco-hôtel Spa Yves Rocher, Cournon, 56200 La Gacilly

ILLE-ET-VILAINE

12

LA GUERCHE-DE-BRETAGNE

Gare : Retiers (14 km)

L'amène capitale du Guerchais, où s'alignent de coquettes maisons à pans de bois, fut l'épicentre d'un tremblement de terre littéraire survenu dans les années 1950 : l'affaire **Minou Drouet**. Marie-Noëlle, dite Minou, naît en 1947 à Hillion dans les Côtes-d'Armor et passe ses premières années à La Guerche. À 6 ans, souffrant d'un handicap visuel qui l'isole des enfants de son âge, elle se réfugie dans la musique et l'écriture. En 1956, deux ans après avoir propulsé l'adolescente Françoise Sagan au rang de star avec *Bonjour Tristesse*, l'éditeur à sensation René Julliard jette son dévolu sur la petite Bretonne, alors âgée de 9 ans, dont il publie un recueil de poèmes, *Arbre, mon ami.* Grand succès de librairie, le livre fait rapidement l'objet de violentes controverses dans les médias et les milieux littéraires. Les uns crient au génie, les autres à l'imposture, accusant la mère adoptive de Minou d'être l'autrice des poèmes. Pour Roland Barthes, cette poésie bourgeoise n'est qu'une accumulation de «clichés datés». Selon Jean Cocteau, «tous les enfants ont du génie, sauf Minou Drouet».

Après avoir fait la une des journaux, l'enfant précoce quitte la Bretagne pour Paris, côtoie les plus grands artistes, part en tournée en URSS, au Japon, est reçue en audience privée par le pape Pie XII, joue du piano sur scène, obtient le rôle principal d'un film. Elle publie des poèmes jusqu'à ses 12 ans. Son succès finissant par retomber aussi vite qu'il est venu, elle se retire finalement de la vie publique pour suivre des études d'infirmière et travaille un temps dans un hôpital.

Revenue à La Guerche, Minou Drouet est sortie une dernière fois de l'anonymat en 1993 en publiant une autobiographie où elle dresse ce constat déchirant: «On a fait de moi un animal qui a mal.» Elle épouse la même année le garagiste de La Guerche et, depuis, protège sa vie privée. Après une longue enquête, un journaliste américain du *New Yorker* a tenté d'entrer en contact avec elle en frappant à la porte de son pavillon de pierre et de brique rouge de la rue de la Vignouse. Mais la porte est restée close. Les curieux peuvent néanmoins admirer, dans le jardin, la cime de l'immense cèdre du Liban qui lui inspira son fameux poème *Arbre, mon ami.* La poétesse aujourd'hui septuagénaire reçoit toujours des lettres d'admirateurs. Elle a récemment inauguré une salle portant son nom au sein du centre culturel La Salorge.

Garage Gérard Auto's, Parc d'activités de la Garenne,
35130 La Guerche-de-Bretagne
Centre culturel La Salorge, rue Charles-de-Gaulle,
35130 La Guerche-de-Bretagne

13

SAINT-BRIAC-SUR-MER

Gare : Saint-Malo (13 km)

L'ancien port de pêche de la côte d'Émeraude est devenu une station balnéaire BCBG où le port du pull sur les épaules semble avoir été imposé par arrêté municipal. Ce village cossu compte parmi les plus beaux souvenirs d'enfance de l'homme politique américain **John Kerry**, candidat malheureux à la Maison-Blanche contre George W. Bush en 2004, puis secrétaire d'État sous l'administration Obama.

Le domaine des Essarts, avec sa grande villa bourgeoise, fief estival d'une branche de la famille Forbes – mais pas celle qui a fait fortune dans la presse (voir p.407) –, a profondément marqué l'histoire locale. Cette riche dynastie américaine s'est illustrée au XIXe siècle dans le chemin de fer et le commerce avec la Chine. C'est le grand-père de John Kerry, **James Grant Forbes**, puissant homme d'affaires, qui a acquis le manoir des Essarts dans les années 1920. Kerry se souvient avoir vu, dans sa prime enfance, la maison en ruine après qu'elle eut été incendiée par les nazis. Reconstruite, elle permet dans les années 1950 au futur homme politique d'y retrouver l'été ses cousins français, dont Brice Lalonde, futur ministre de l'Environnement et candidat à l'élection présidentielle française de 1981. John et Brice font des concours d'endurance autour du terrain de tennis et parient pour savoir lequel sera président le premier.

Pendant la campagne présidentielle américaine de 2004, des reporters de télévision du monde entier débarquent à Saint-Briac. Les faucons de George W. Bush profitent des attaches françaises de Kerry pour le discréditer, jugeant sa francophonie antipatriotique. Accusé d'être snob, surnommé « Jean Chéri » par ses adversaires, John Kerry occulte ses liens avec la Bretagne jusqu'à la fin de la campagne en s'interdisant de prononcer le moindre mot de français, qu'il parle pourtant couramment.

Le sentier littoral qui longe les propriétés huppées de la station, dont le domaine des Essarts, fait l'objet d'une longue bataille judiciaire. Depuis des décennies, les vieilles familles aspirant à la tranquillité et à la discrétion livrent une guerre sans merci aux randonneurs qui empruntent le chemin côtier. Brice Lalonde, qui fut un temps maire de Saint-Briac, a même avancé un « risque terroriste » en cas d'ouverture du sentier aux promeneurs. Mais en longeant les rochers, à marée basse, entre les plages du Perron et de la Petite Salinette, on peut apercevoir l'imposante villa blanche aux volets bleus de John Kerry. Comme disait Lao Tseu : « La façade d'une maison n'appartient pas à celui qui la possède, mais à celui qui la regarde. »

CENTRE-
VAL DE LOIRE

EURE-ET-LOIR

1. SAINT-OUEN-MARCHEFROY
2. BERCHÈRES-SUR-VESGRE
3. CHÉRISY
4. SAINTE-GEMME-MORONVAL
5. LÈVES
6. ILLIERS-COMBRAY
7. ROMILLY-SUR-AIGRE

LOIRET

8. COURTENAY
9. DOUCHY
10. OUZOUER-DES-CHAMPS
11. MÉZIÈRES-LEZ-CLÉRY

LOIR-ET-CHER

12. SAINT-DYÉ-SUR-LOIRE
13. YVOY-LE-MARRON

CHER

14. NANÇAY
15. NEUVY-SUR-BARANGEON
16. CHEZAL-BENOÎT

INDRE

17. SAINTE-SÉVÈRE-SUR-INDRE
18. NOHANT-VIC
19. INGRANDES
20. LYE

INDRE-ET-LOIRE

21. POCÉ-SUR-CISSE
22. ESVRES
23. SACHÉ
24. METTRAY

1
2
3
4
5
CHARTRES
6
EURE-ET-LOIR
7
LOIRET
8
9
ORLÉANS
10
11
12
13
BLOIS
24
21
TOURS
22
23
LOIR-ET-CHER
14
15
CHER
20
INDRE-ET-LOIRE
BOURGES
INDRE
16
CHÂTEAUROUX
18
19
17

EURE-ET-LOIR

1

SAINT-OUEN-MARCHEFROY

Gare : Houdan (10 km) ou Marchezais-Broué (12 km)

Sur les riches terres agricoles du Drouais, ce bourg discret a célébré les noces champêtres de l'un des couples les plus glamours des années 1960. Après avoir épousé Brigitte Bardot puis l'actrice danoise Annette Stroyberg, sans oublier de séduire une débutante nommée Catherine Deneuve, le réalisateur et playboy français **Roger Vadim** s'y est uni avec leur consœur américaine **Jane Fonda**.

En 1964, après avoir échangé un premier baiser lors d'un bal costumé donné par le producteur de musique Eddie Barclay, le couple se cherche un nid d'amour à la campagne. La fille de l'acteur Henry Fonda, le tueur impitoyable du mythique *Il était une fois dans l'Ouest*, de Sergio Leone, craque elle aussi pour l'Ouest (parisien) en découvrant La Fontaine-Richard, un hameau de Saint-Ouen-Marchefroy. Entre forêts et champs de blé, la région lui rappelle les paysages de Greenwich, dans le Connecticut, où elle a passé son adolescence. L'actrice et le réalisateur acquièrent une ferme abandonnée datant de 1830, qu'ils vont rénover pendant trois ans ; Jane Fonda supervise les travaux et fait planter sur le terrain des dizaines d'arbres, érables, bouleaux, cerisiers et cèdres. En mai 1967, la propriété est prête pour fêter leur mariage civil célébré à la mairie de Saint-Ouen-Marchefroy. Ils s'étaient déjà mariés deux ans plus tôt à Las Vegas, mais le séducteur distrait avait oublié de faire valider leur union au consulat de France de Los Angeles. Dans leur ferme, les jeunes mariés installent une petite ménagerie avec canards, lapins et chatons. Vadim n'ayant toujours pas digéré la perte de la garde de Clown, le cocker qu'il a élevé avec Brigitte Bardot, il se venge en adoptant cinq chiens. Le couple, qui réside à Paris durant la semaine, ne déserte pas pour autant les plateaux de cinéma. En 1968, Vadim dirige son épouse dans *Barbarella*, un film de science-fiction kitsch et culte dans lequel Jane Fonda interprète une astronaute court vêtue (par Paco Rabanne) et peu farouche. Jusqu'ici plus habituée aux rôles de jeune fille sage, l'Américaine assume mal le nouveau statut de bombe sexuelle que lui a imposé son mari. Décidée à donner un nouveau sens à sa vie, elle se lance dans le militantisme politique, s'engageant contre la guerre du Vietnam et pour la reconnaissance des droits civiques des Afro-Américains. Malgré la naissance d'une petite fille, Vanessa, les époux s'éloignent peu à peu. Lassée de devoir partager le lit conjugal avec des femmes invitées par son mari, Jane Fonda obtient le divorce en 1973. Elle retourne aux États-Unis, où elle se convertira bientôt à l'aérobic, vendant des dizaines de millions de cassettes vidéo dans lesquelles elle donne l'exemple en justaucorps. Elle se mariera encore à deux reprises, tout comme Roger Vadim, qui s'est éteint en 2000. L'ancienne propriété du couple se cache derrière un grand portail de bois dans la rue des Tuileries. Avec ses demeures cossues restaurées à la perfection, le hameau de La Fontaine-Richard recèle un subtil cachet *bling*, sans doute hérité des illustres résidents de son âge d'or. Quant à la grande place engazonnée de Saint-Ouen-Marchefroy, derrière l'église, elle possède le charme magique d'un *village green* à l'anglaise. Sa pelouse est idéale pour une sieste de style.

—

Place de l'Église, 28260 Saint-Ouen-Marchefroy

2

BERCHÈRES-SUR-VESGRE

Gare : Houdan (7 km)

« Il y a du gitan en moi, et j'ai besoin de route », disait **le mime Marceau**. Cela ne l'a pas empêché de se fixer pendant une quarantaine d'années dans cette localité à la frontière entre la Normandie et l'Île-de-France. Le joli corps de ferme en vieilles pierres qu'il y habita est d'ailleurs le seul bien immobilier qu'il ait jamais possédé.

De son vrai nom Marcel Mangel, ce fils d'un boucher juif assassiné à Auschwitz, qui avait lui-même rejoint la Résistance durant l'Occupation, se lança à la Libération dans une carrière de comédien de théâtre. Estimant que sa voix ne portait pas assez pour se faire bien entendre du public, ce grand admirateur de Chaplin opta finalement pour le mime, créant en 1947, à 24 ans, le personnage de « Bip », un Pierrot lunaire qui, selon son interprète, « se cogne à la vie ». Par la précision de ses gestes et la poésie des situations qu'il créait sur scène, Marcel « Marceau », qui avait choisi pour pseudonyme d'artiste son ancien nom de résistant, a ressuscité l'art oublié de la pantomime. Puisant une partie de son répertoire scénique dans le kabuki japonais, il fut proclamé « trésor national vivant » au pays du Soleil-Levant. Marceau inspira aussi le danseur Rudolf Noureev, David Bowie, qui reprit l'une de ses postures sur la pochette de son album *Heroes*, et Michael Jackson, dont le célèbre *moonwalk* dérivait de la « marche contre le vent » pratiquée par le mime.

Jean Cocteau affirmait que Marcel Marceau entrait chez vous avec le terrible sans-gêne du clair de lune. Aux dires des habitants de Berchères-sur-Vesgre, où il acheta sa propriété, entourée d'un grand parc boisé, dans les années 1960, il était pourtant le voisin le moins dérangeant du monde. Entre deux tournées, le mime peignait et mettait au point de nouveaux spectacles dans sa confortable ferme, où il accumula au fil des décennies des centaines de programmes, affiches, photographies et costumes de ses spectacles, d'innombrables portraits de lui ainsi que des masques de théâtre japonais. L'artiste au visage barbouillé de blanc et aux sourcils en accent circonflexe souhaitait que sa maison de Berchères devienne après sa mort un musée consacré à l'art du mime. Marcel Marceau ayant laissé de nombreuses dettes à sa disparition en 2007, sa collection a finalement été dispersée aux enchères, et sa propriété de la rue de Rouvres rachetée par des particuliers. Sur une portion de son ancien parc, où il avait aménagé un jardin japonais et un potager, a été construit un « lotissement du mime Marcel-Marceau », qui peine à évoquer la poésie de l'univers de « l'homme en blanc ».

3

CHÉRISY

Gare : Dreux (5 km)

Cette petite commune du Drouais a connu l'insigne honneur d'être mise en vers par **Victor Hugo**. À l'été 1821, l'écrivain de 19 ans, qui vient de publier son premier recueil de poèmes, désire ardemment épouser son amie d'enfance Adèle Foucher ; les parents de cette dernière s'y refusant, et l'ayant éloignée de Victor en s'installant avec elle à Dreux, le jeune amoureux, qui n'a pas un sou pour prendre une diligence, quitte Paris à pied à la mi-juillet pour retrouver les Foucher et réitérer sa demande. Après une première halte à Versailles, Hugo s'arrête à Chérisy, tout près du but, pour reprendre des forces et rassembler son courage. Il y compose une ode, *Au Vallon de Chérizy*, célébrant les rivages de l'Eure, qui traverse le village : « Beau vallon où l'on trouve un écho pour sa plainte / Bois heureux où l'on souffre en paix ! » La douleur du héros romantique s'apaisera quelques jours plus tard à Dreux : devant son insistance, les parents d'Adèle finissent par accepter le mariage des jeunes gens, qui sera célébré l'année suivante.

Au crépuscule du XXe siècle, Chérisy a accueilli une autre figure illustre : **Henri d'Orléans**, comte de Paris et prétendant à la couronne de France, y a achevé sa vie dans un modeste pavillon. Héritier de la fabuleuse fortune des Orléans, l'une des premières d'Europe au XIXe siècle, l'arrière-arrière-petit-fils du roi Louis-Philippe, né en 1908, reste au lendemain de la Seconde Guerre mondiale le premier propriétaire foncier de France. Possédant alors des châteaux dans toute l'Europe, des milliers d'hectares de forêts, des immeubles parisiens, des cascades de tableaux de maître et des monceaux de bijoux, le comte de Paris va s'attacher, à partir des années 1970, à liquider méthodiquement son fabuleux patrimoine. Il disperse aux enchères meubles et joyaux, vend son manoir à Bruxelles, son palais à Palerme, ses propriétés au Maroc et même le château où il est né, au Nouvion-en-Thiérache. L'argent que le prince retire de toutes ces ventes est brûlé par un train de vie

dispendieux. C'est ainsi qu'il se rêve en dernier des Capétiens, avec pour devise, adressée aux onze enfants qu'il a eus avec sa cousine Isabelle d'Orléans: «Vous n'aurez que des larmes pour pleurer.»
Déçu par ses héritiers, qu'il méprise pour la plupart, le comte de Paris est également amer de ne pas être parvenu à restaurer la monarchie en France, comme le général de Gaulle le lui avait un temps fait miroiter. Au début des années 1960, dans le manoir qu'il habite alors à Louveciennes (voir p. 283), Henri d'Orléans multiplie les réunions politiques. Ses manigances seront vaines : à défaut de monter sur le trône de ses ancêtres, « Henri VI », ainsi que l'appellent ses partisans, ne régnera que sur la centaine de personnes âgées accueillies par la Fondation Condé, le centre de gériatrie qu'il administre à Chantilly. C'est là qu'en 1975 il rencontre une femme au passé mystérieux, Monique Friesz, une ancienne infirmière qui va devenir sa collaboratrice puis sa dernière compagne. Après avoir possédé le château d'Amboise ou le domaine de Chantilly, le comte de Paris va s'installer dans le modeste logis de son ultime favorite, rue d'Anet à Chérisy. Un témoin des dernières années du couple découvrira avec sidération le prétendant au trône de France attablé dans la cuisine, écoutant le jeu radiophonique « La Valise », sur RTL, pendant que Monique passe la serpillière.
Henri d'Orléans s'est éteint en juin 1999 à Chérisy. Il a été inhumé non loin de son dernier domicile, à la chapelle royale de Dreux, la nécropole des Orléans, en l'absence de Monique Friesz, qui n'a pas été conviée aux funérailles. En découvrant pour seul héritage, dans le pavillon de Chérisy, six mouchoirs monogrammés et une paire de pantoufles, les enfants du comte de Paris ont pu constater que leur père avait bien tenu sa promesse, non sans faire peser quelques soupçons sur la nébuleuse Monique.

Chapelle royale Saint-Louis, rue de Penthièvre, 28100 Dreux

4

SAINTE-GEMME-MORONVAL

Gare : Dreux (4 km)

Désireux de posséder des terres depuis son enfance en lointaine banlieue parisienne, **Jean Gabin** a réalisé son rêve agraire à la veille de la Seconde Guerre mondiale dans ce village traversé par l'Eure, aux portes de Dreux. À la Libération, il y a vécu la fin de sa brûlante histoire d'amour avec l'actrice allemande **Marlene Dietrich**.

Gabin vient de connaître une ascension foudroyante, enchaînant en quelques années d'immenses succès comme *Pépé le Moko*, *La Grande Illusion* ou *Le Quai des brumes*, lorsqu'en 1938, à 34 ans, il a un coup de cœur pour ce charmant hameau du Drouais. Avec une partie de ses cachets faramineux, il acquiert le « château de Sainte-Gemme », en réalité un ancien prieuré entouré de plusieurs hectares de terrain, où l'acteur entend élever des chevaux de course. Son projet sera contrarié par l'invasion allemande du printemps 1940 : refusant de tourner dans des films produits par l'occupant, Gabin s'exile à Hollywood, où il tourne peu mais tombe fou amoureux de Marlene Dietrich. Installée aux États-Unis depuis une dizaine d'années, l'héroïne licencieuse de *L'Ange bleu* apprend l'anglais à son amant dans la villa qu'ils partagent à Beverly Hills. Mais l'acteur au charme bourru, peu sensible aux mondanités hollywoodiennes, a le mal du pays. En avril 1943, il s'engage dans les Forces françaises libres. Chef de char au sein de la 2e division blindée du général Leclerc, il participe à la libération de la France avant de poursuivre son héroïque campagne jusqu'au Nid d'aigle d'Hitler, à Berchtesgaden. En Allemagne, il retrouve Marlene Dietrich, qui, en tant qu'antinazie de la première heure, s'est elle-même engagée dans l'armée américaine, donnant des concerts pour les soldats alliés.

La paix revenue, l'actrice a hâte de découvrir le merveilleux domaine de Sainte-Gemme dont Gabin lui a tant parlé en Amérique. Lorsque, une fois démobilisée, elle y rejoint son amant, elle découvre un champ de ruines : endommagé par

des bombardements, le prieuré a de plus été dégradé par l'armée allemande, qui l'avait réquisitionné pour y installer la Kommandantur. En l'apprenant, Gabin décide de faire raser les murs restés debout. Le temps de faire construire une nouvelle demeure, d'inspiration normande, le couple s'installe quelques centaines de mètres plus loin dans une autre propriété acquise par l'acteur paysan, rue du Pont-de-l'Eure. L'ex-jeune premier, dont les cheveux ont blanchi durant la guerre, fait alors découvrir à sa vamp les plaisirs simples de la vie à la campagne : parties de pêche, promenades dans les champs et soirées chaleureuses partagées avec les habitants du village au restaurant L'Escapade. En se baignant dans l'Eure en bikini blanc, l'interprète de *Lili Marleen* fait sensation. Mais la romance se fissure lorsque Gabin, qui rêve de fonder une famille, comprend que son amante ne renoncera jamais à sa carrière hollywoodienne pour lui. Après avoir tourné ensemble dans *Martin Roumagnac*, un film éreinté par la critique, les deux stars rompent à la fin de l'année 1946. Gabin abandonne alors Sainte-Gemme, revendant tous ses biens. Quelques années plus tard, il se lancera dans une nouvelle aventure agraire en Normandie, elle aussi teintée d'amertume (voir p. 431). S'étant entre-temps marié à un mannequin de chez Lanvin, future mère de ses trois enfants, l'interprète de *Gueule d'amour* refusera de revoir Marlene, qui aura bien du mal à l'accepter.
Dans l'allée des Acacias, l'ex-gentilhommière de Gabin, construite à la place de l'ancien prieuré, est privée et ne se visite pas. Mais le moulin de Bècheret, sur le terrain duquel l'acteur posséda une longère, s'offre à la location pour des mariages. Et pour achever la fredaine en Gabinie, l'ancien nid d'amour de Jean et de Marlene, baptisé La Vigneraie, d'après le nom du cheval préféré de l'acteur, «Vigneret», propose des chambres d'hôtes, dont certaines ont été aménagées dans les anciennes écuries.

Le moulin de Bècheret, 1, chemin de l'Église,
28500 Sainte-Gemme-Moronval
Gîte La Vigneraie, 9, rue du Pont-de-l'Eure,
28500 Sainte-Gemme-Moronval

5

LÈVES

Gare : Chartres (4 km)

Bien avant que cette localité de la banlieue chartraine ne devienne un bourg pavillonnaire enflant trop vite, les évêques de Chartres y avaient leur résidence d'été. Un jour de 1907, en passant au cours d'une promenade devant ce manoir Directoire, une jeune pensionnaire d'un couvent de la préfecture d'Eure-et-Loir se fit cette promesse : « Un jour, cette maison sera à moi. » Cette adolescente au goût très sûr réalisera son rêve une quinzaine d'années plus tard, avant de devenir « la diva de la décoration » : comme Chanel libéra les femmes du corset, **Madeleine Castaing** délivra les intérieurs bourgeois du pesant style Louis XVI, et devint la première décoratrice française reconnue à l'étranger.

Née en 1894 dans la bourgeoisie de Chartres, la jeune Madeleine Magistry, passionnée de littérature romantique, épouse à 19 ans Marcellin Castaing, son aîné de quinze ans, dont elle est tombée amoureuse à l'adolescence. Cet homme fortuné et cultivé, critique d'art et de théâtre, l'entraîne au début des années 1920 dans le tourbillon de Montparnasse, épicentre de la création artistique. C'est à la même époque que Marcellin offre à Madeleine la propriété de Lèves qu'elle avait tant désirée. La jeune femme, qui s'est découvert une passion pour la décoration, va faire de cette folie néoclassique à l'abandon une thébaïde capitonnée, laboratoire du « style Castaing », qui mélange les styles Directoire et Napoléon III dans une débauche de couleurs et de confort. Ce paradis, avec ses pièces enveloppantes aux moquettes léopard et son parc de huit hectares soigneusement entretenu par Madeleine, s'ouvre aux amis parisiens du couple, parmi lesquels Erik Satie, Jean Cocteau ou Blaise Cendrars, sans oublier le peintre d'origine russe **Chaïm Soutine**, dont les Castaing sont les principaux mécènes. À Lèves, dans les années 1930, l'artiste a sa chambre tendue de rouge. Lors de ses longs séjours, à la belle saison, il peint en toute tranquillité, même si son perfectionnisme insatisfait le pousse parfois, dans un état second, à lacérer ses toiles. Pour modèles, Soutine choisit des enfants du village, mais aussi les animaux de la ferme voisine et des dépouilles de lapins chassés dans les champs alentour. Parmi les chefs-d'œuvre de sa «période chartraine», *La femme entrant dans l'eau* fut peinte près de la petite source du parc de la maison de Madeleine.

Au début de la Seconde Guerre mondiale, l'univers poétique de Lèves s'écroule lorsque l'armée allemande réquisitionne la propriété des Castaing, qui se réfugient à Paris. Les rentes de Marcellin ayant fortement décliné, Madeleine, qui approche la cinquantaine, ouvre une boutique de décoration et d'antiquités. Acquérant vite une réputation de «magicienne» de la décoration, elle s'offre le luxe inouï de ne vendre qu'aux gens qu'elle apprécie : Maurice Chevalier, Jean Marais, Brigitte Bardot, Yves Saint Laurent, Françoise Sagan ou Hubert de Givenchy compteront parmi ses clients. Son succès lui permet en 1949 de racheter la maison de Lèves, qui avait entre-temps été acquise par une coopérative agricole. Même si elle a sublimé bien des intérieurs, comme ceux de la maison de Jean Cocteau à Milly-la-Forêt (voir p. 325) ou du château de Louise de Vilmorin à Verrières-le-Buisson (voir p. 335), Madeleine Castaing a toujours considéré son manoir d'Eure-et-Loir comme sa plus grande réussite.

Près de trois décennies après sa disparition, en 1992, le style Castaing continue d'influencer les décorateurs du monde entier : sa griffe est toujours perceptible dans nombre d'hôtels de luxe, ou encore dans les boutiques vert amande de Ladurée. Son ancienne maison de Lèves, vendue aux enchères en 2004 à la mort de l'un de ses fils, Michel, qui fut le maire de la commune, a en revanche perdu une bonne partie de son cachet. Visible depuis l'allée Madeleine-Castaing, sa façade, que la diva de la décoration avait subtilement peinte dans un bleu pâle rehaussé par l'intense «bleu Castaing» des volets, est désormais barbouillée d'un turquoise de salle de bains.

6

ILLIERS-COMBRAY

Gare : Illiers-Combray

À la rencontre de la plaine de la Beauce et des collines du Perche, voici la seule commune française à avoir été rebaptisée d'après une œuvre de fiction : en 1971, un siècle après la naissance de **Marcel Proust**, Illiers s'est vu adjoindre le nom de son double dans *À la recherche du temps perdu*. Cette bourgade est depuis devenue un lieu de pèlerinage discret pour les admirateurs de l'écrivain, curieux de découvrir ces lieux d'où a jailli l'un des chefs-d'œuvre de la littérature mondiale.

Illiers est le berceau de la famille paternelle du maître du roman psychologique. Le petit Marcel, qui grandit dans le 8e arrondissement de Paris, y passe ses vacances de Pâques et d'été, auprès de ses grands-parents, des commerçants aisés qui tiennent une épicerie face à l'église, et de sa tante Élisabeth, chez laquelle il séjourne. Trente ans plus tard, Proust fera de la maison de cette dernière, rebaptisée tante Léonie dans *La Recherche*, un lieu majeur de son roman : après avoir croqué dans une madeleine, le narrateur se rappelle que, chaque dimanche matin, durant ses vacances, Léonie lui offrait rituellement un morceau de ce petit gâteau. Alors surgissent les réminiscences de ses séjours à « Combray », paradis perdu de l'enfance directement inspiré à Proust par ses souvenirs d'Illiers. Dans *La Recherche* sont fidèlement restitués le charme du salon mauresque de la maison de sa tante Élisabeth, les après-midi de lecture dans une chaise longue et les soirées d'été dans le jardin. Ainsi que les promenades dans le village et la campagne environnante : dans le roman s'offrent deux itinéraires, « le côté de chez Swann » et « le côté de Guermantes ». Le premier chemin mène à la propriété de Charles Swann, en dehors de Combray, et à son parc, transposition romanesque du « Pré Catelan », le jardin exotique créé par l'oncle de Proust, qui est aujourd'hui devenu un parc public. C'est là, dans *La Recherche*, que le jeune narrateur rencontre Gilberte Swann, aperçue derrière la mythique haie d'aubépine. L'autre promenade mène au château des Guermantes, les seigneurs de Combray, intimidante incarnation de la mondanité aristocratique.

Si le village occupe une place essentielle dans son imaginaire, le narrateur convient dans *Du côté de chez Swann* qu'« à l'habiter, Combray était un peu triste ». Ce qui ne l'empêche pas, bien plus tard, dans le roman *Albertine disparue*, de dresser un parallèle que n'assumerait aucun office de tourisme : lors d'un voyage à Venise, tout lui rappelle Combray ! Les deux villes lui procurent les mêmes sensations, surtout le dimanche : «Venise où la vie quotidienne n'était pas moins réelle qu'à Combray.» Sous le soleil, face au campanile de la cité des Doges, c'est l'église d'Illiers qu'il voit resplendir: grâce à Proust, Venise n'est plus que le Combray d'Italie. Alors, pourquoi subir l'oppressante marée humaine vénitienne quand on peut profiter de Combray en toute quiétude ?

Dans l'ancienne maison de tante Élisabeth, au charmant jardin fleuri, vous découvrirez un musée consacré à l'écrivain. L'intérieur a été reconstitué d'après les descriptions du roman, avec son papier peint fleuri, son salon oriental, sa cuisine aux carreaux vernissés et les chambres du narrateur et de Léonie. Tout près, vous ne pourrez manquer l'église Saint-Jacques, dont Proust écrivait qu'elle « résum[e] la ville, la représentant, parlant d'elle et pour elle aux lointains ». Puis, après avoir pris des forces en goûtant les madeleines « authentiques » de la boulangerie, offrez-vous une promenade champêtre en vous aventurant du côté du château de Villebon, qui fut pour Proust la principale inspiration du château des Guermantes. Si vous êtes plus courageux que le narrateur de *La Recherche*, qui n'osa jamais se présenter chez les Guermantes, vous pourrez pénétrer dans cette impressionnante forteresse médiévale en briques lors des visites régulièrement organisées par ses propriétaires.

Jardin du Pré Catelan, route de Tansonville, 28120 Illiers-Combray
Musée Marcel-Proust – Maison de Tante Léonie,
4, rue du Docteur-Proust, 28120 Illiers-Combray
Boulangerie-Pâtisserie, 10, rue du Docteur-Galopin,
28120 Illiers-Combray
Château de Villebon, Grande-Rue, 28190 Villebon
(dates des visites annoncées sur le site internet)

7

ROMILLY-SUR-AIGRE

Gare : Cloyes (5 km)

C'est cette commune de la petite vallée de l'Aigre, dans la région de la Beauce pouilleuse, qui a fourni à **Émile Zola** le cadre de son roman *La Terre*, dans lequel l'écrivain livre un tableau épouvantable du monde paysan. Près d'un siècle et demi plus tard, les Beaucerons ne lui ont toujours pas pardonné.
Zola, qui a grandi à Aix-en-Provence avant de rejoindre Paris à la fin de l'adolescence, ignore tout de la campagne lorsqu'il se lance au printemps 1886 dans la préparation du volet paysan des Rougon-Macquart. Pour une fois, la documentation du romancier naturaliste sera pourtant plutôt sommaire : outre la lecture de quelques livres sur l'économie agraire, il se contente d'un séjour de quelques jours en Beauce, région « si triste et si féconde » où il a décidé de situer son intrigue pour pouvoir décrire la beauté de ses champs de blé ondulant sous le vent.
Un député d'Eure-et-Loir lui ayant suggéré de se rendre du côté de Châteaudun, Zola passe par Cloyes-sur-le-Loir puis Ozoir-le-Breuil, où, carnet de notes en main, il visite la ferme de Villeloup, avant d'arriver à Romilly-sur-Aigre. À la ferme de la Flocherie, il inspecte les bâtiments et observe la tonte des moutons, avant de tomber sous le charme de l'église Saint-Pierre, au cœur du village, avec son porche atypique flanqué de deux tours. L'écrivain a fait son choix : il tient le décor de *La Terre*. Dans le roman, publié l'année suivante, la géographie du village où se déroule l'intrigue est fidèle à celle de Romilly, auquel Zola a toutefois donné un nom de fiction, « Rognes », car il craint les réactions des habitants. Le quinzième volume de la saga des Rougon-Macquart est en effet le plus féroce : Zola décrit les paysans, qu'il connaît si mal, comme des êtres avares, âpres au gain, prêts à aller jusqu'au meurtre pour quelques hectares de terrain. Sous sa plume, les Beaucerons font preuve d'une animalité qui ferait offense aux bêtes, à l'image du viol commis par un attardé mental sur sa grand-mère de 89 ans, laquelle finit par échapper à son petit-fils en

lui fendant le crâne d'un coup de hache. À la parution du roman, le milieu des lettres parisiennes est sous le choc : pour Anatole France, « jamais écrivain n'avait fait un pareil effort pour avilir l'humanité ». Les habitants de Romilly et sa région, quant à eux, se sentiront durablement humiliés. Lorsque, en juin 1937, à l'occasion du cinquantenaire de la publication de *La Terre*, les membres de la Société des amis de Zola se rendent à la ferme de Villeloup à Ozoir-le-Breuil, l'un des lieux qui ont inspiré le romancier pour façonner le domaine de la famille Fouan, les « héros » du roman, ils y sont accueillis par des seaux de purin. Si l'envie vous vient d'effectuer un pèlerinage sur ces terres outragées – à l'office du tourisme de Cloyes-sur-le-Loir, on estime aujourd'hui encore qu'il y a des limites à la caricature –, sachez que l'écrivain a utilisé le décor du village de Cloyes pour camper ses scènes de marché aux bestiaux ainsi que les concours de pets qui se déroulent dans le roman au café du « Bon Laboureur ». Enfin, parmi les lieux visités par Zola, le domaine de La Touche, une splendide ferme fortifiée toute proche du centre de Romilly, demeure pratiquement inchangé depuis son passage. Les propriétaires proposent des logis atypiques au bord de l'Aigre : chariot western, tente de prospecteurs, roulotte ou cabane.

En quittant Romilly en direction de Cloyes, vous passerez devant l'entrée du château du Jonchet, fugacement évoqué dans *La Terre*, où Zola le décrit à l'état de ruine. Cette bâtisse Renaissance a depuis retrouvé tout son éclat, grâce aux travaux pharaoniques menés par **Hubert de Givenchy**, qui en fut le propriétaire de 1974 jusqu'à sa mort en 2018. La présence de ce géant de la haute couture, qui habilla Jackie Kennedy et dessina les robes portées par Audrey Hepburn dans plusieurs de ses films, dont le classique *Diamants sur canapé*, montre bien, n'en déplaise à Zola, que la Beauce pouilleuse peut aussi être une terre de raffinement.

Insolite La Touche, La Touche,
28220 Romilly-sur-Aigre, Cloyes-les-Trois-Rivières

LOIRET

8

COURTENAY

Gare : Montargis (25 km) ou Sens (26 km)

À l'entrée de ce gentil bourg arrosé par la rivière Cléry se dresse ce panneau prometteur : « Courtenay, ville accueillante ». Le plus célèbre des Curtiniens n'était pourtant pas réputé pour son amabilité : **Aristide Bruant**, le célèbre chansonnier de la Belle Époque, n'aimait rien tant qu'insulter les clients venus l'écouter dans les cabarets parisiens.

Né dans la commune en 1851, celui que Toulouse-Lautrec immortalisera en ambassadeur de Montmartre, avec son large feutre noir et son écharpe rouge, passe ses jeunes années dans ce cadre champêtre, adorant gambader dans les bois et se baigner dans la Cléry. Issu d'une famille aisée, il suit les cours de solfège donnés par le curé, qui décèle ses aptitudes pour le chant : la voix juste et précocement timbrée du jeune Bruant en fait la vedette de la chorale du village. Lorsqu'il a 12 ans, son père connaît un brutal revers de fortune après avoir imprudemment quitté son emploi de premier clerc de notaire pour se lancer dans les affaires. Pour échapper aux créanciers, la famille Bruant fuit alors vers Paris. À l'adolescence, Aristide doit abandonner ses études et travailler pour soutenir ses parents, toujours traqués par les huissiers. Un temps apprenti bijoutier, il devient ensuite employé de bureau dans une compagnie de chemins de fer, mais cette vie rangée lui pèse. Fasciné par les voyous de la capitale, leur vie aventureuse et leur langue argotique, Bruant les fréquente le soir dans les cabarets, où il s'aventure à chanter des textes de sa composition. Évoquant la vie animée des faubourgs dans un style canaille, ce précurseur de la chanson réaliste finit par devenir une attraction des cabarets montmartrois, où son tour de chant attire des bourgeois qu'il traite de « tas de cochons » ou de « gueules de miteux ». Grâce aux droits d'auteur de ses odes débraillées aux mauvais garçons et aux filles de joie, comme le célèbre *Nini peau d'chien*, ainsi

qu'aux cachets de ses tournées, qui se font bientôt internationales, Bruant est riche. Au milieu des années 1890, il interrompt sa carrière et s'offre un retour triomphal à Courtenay, au bras de sa compagne, la cantatrice Mathilde Tarquini d'Or. Le chansonnier achète une propriété d'une trentaine d'hectares à l'écart du village, le domaine de Liffert, où il s'installe dans un ancien moulin bordant la Cléry. Servi par une importante domesticité, peu affable avec ses voisins, Bruant mène une existence seigneuriale, chassant presque quotidiennement sur ses terres avec sa meute de chiens. À un journaliste venu lui demander s'il regrette l'ambiance des cabarets parisiens, il réplique : « On respire ici, ce n'est pas comme à Montmartre. Je suis rudement content d'être sorti de ce cloaque ! » Ses retours sur scène seront épisodiques, Bruant préférant désormais célébrer les bas-fonds parisiens dans des romans à l'écriture toujours aussi débridée. À la veille de la Grande Guerre, histoire d'afficher encore plus clairement sa revanche sur les déboires financiers de ses parents, le « prince de l'argot » fait construire près de son moulin une grande villa que les villageois impressionnés surnommeront « le château ». Décédé en 1925, à 73 ans, il repose auprès de ses parents au cimetière de Subligny, à une vingtaine de kilomètres de Courtenay, sous un gracieux monolithe.
L'ancienne propriété d'Aristide Bruant a un temps appartenu au père de Michel Jobert, ministre du général de Gaulle et de François Mitterrand. Le moulin de Liffert est indiqué sur la route de Montargis, avant d'entrer dans Courtenay, mais évitez de vous engager en voiture sur le chemin : un panneau somme de ne pas faire demi-tour dans la propriété. Approchez-vous plutôt à pied pour apercevoir ce décor fossilisé sous son tapis de mousse. Seule la proximité de l'autoroute A19 vous rappellera à la froideur du présent. Durant la belle saison, sur la commune voisine de Chuelles, vous attend également un petit musée privé tenu par une grande connaisseuse du poète des faubourgs. Dans cette longère, qui fait également chambres d'hôtes, on peut notamment voir l'ancien bar en zinc du Moulin Rouge ou encore la lanterne originale du Lapin Agile, l'un des cabarets qu'écuma le chansonnier. À la fin de la visite, tout le monde reprend en chœur une chanson du grand Bruant. Peut-être l'hôtesse vous apprendra-t-elle les paroles des *Gars de Courtenay*,

une rengaine évoquant les méthodes de drague des garçons du cru, « fiers comme des mulets », qui « enjôlent les filles, même les plus revêches, en leur y donnant des coups d'poing dans l'dos ».

Musée Aristide-Bruant, La Janetière, Les Grands Pressoirs, 45220 Chuelles

9

DOUCHY

Gare : Montargis (27 km)

Les chasseurs du Loiret n'auraient jamais osé imaginer qu'un tel fauve vienne s'aventurer dans les bois du Gâtinais. En 1971, **Alain Delon** regagne Paris en voiture après un tournage lorsque, en traversant Douchy, son regard est attiré par le domaine de la Brûlerie, au bord de la départementale 35. L'acteur du *Guépard*, alors en couple avec l'actrice Mireille Darc, achète sur un coup de tête ce château Empire, qui fut un temps reconverti en colonie de vacances pour les enfants des employés de la SNCF. Des historiens locaux rapportent que Jeanne d'Arc a fait étape sur ces terres. La compagne de Delon, qui a justement choisi son pseudonyme de comédienne en clin d'œil à la Pucelle d'Orléans, n'en juge pas moins la bâtisse sinistre et inhabitable. L'édifice, qui a miraculeusement échappé à cinq bombes alliées tombées dans le parc en juillet 1944, ne résistera pas à Alain Delon, qui le fait raser aussitôt après l'avoir acquis, ne conservant que les communs et les écuries. À la place du château est creusé un immense étang, au bord duquel sort de terre une grande villa conçue par Mireille Darc. La maison est cachée au cœur de la propriété de 55 hectares, entourée de hauts murs. Avertissement aux admirateurs trop curieux : l'acteur cynophile élève dans son domaine une meute de chiens pas toujours pacifiques.

« Douchy, c'est ma base », résume l'acteur, qui, à l'apogée de sa carrière, y effectue de longs séjours pour se ressourcer, se réveillant à l'aube pour donner des carottes aux chevaux et du pain aux canards. À l'été 1973, ce grand passionné de boxe ouvre

les portes de la Brûlerie à son ami le champion Jean-Claude Bouttier, prenant en charge la préparation de son combat face à l'Argentin Carlos Monzon pour le titre mondial des poids moyens. Le domaine est transformé en camp d'entraînement à l'américaine, un ring couvert est installé dans le parc. Hélas, cela ne suffira pas au boxeur français pour vaincre « El Macho ». Si l'acteur a privé le village de son unique château, les habitants ne lui en tiennent pas rigueur. Apprenti charcutier dans sa jeunesse, Delon sympathise d'emblée avec le boucher. La star consulte en toute simplicité le médecin de campagne et va se faire couper les cheveux chez Babeth. Le « Samouraï » du Gâtinais est tellement à l'aise à Douchy qu'il lui arrive de faire ses courses pieds nus et en peignoir, garant son 4x4 sur le trottoir, quitte à dégrader par mégarde le mobilier urbain. Delon participe à des Noëls d'enfants et des repas d'anciens, il achète des maillots pour le club de football. Mais, après sa séparation avec Mireille Darc, au milieu des années 1980, son implication dans la vie locale se délite. Aujourd'hui, l'acteur retiré des plateaux passe le plus clair de son temps confiné dans sa propriété, où il vit seul dans sa villa remplie de photos, de piles de livres et des bobines de ses films, qu'il lui arrive de regarder dans sa salle de projection. Cette fine gueule exigeante sort toutefois de temps à autre pour se restaurer. Parmi ses adresses préférées, citons à Douchy L'Auberge du Terroir, où il a sa table réservée près de la cheminée pour savourer les rougets en papillote que le chef lui concocte spécialement. Dans les environs, Le Sauvage, à Château-Renard, et L'Auberge des Templiers de Boismorand, où il dormait parfois avec Mireille Darc, valent aussi le détour. Un jour, alors qu'il entrait dans un restaurant de la région, face à une cliente en état de sidération qui bredouillait son nom, l'irradiant héros de *Plein Soleil* répliqua solennellement : « Non, Madame, c'est un mirage ! »
Déçu par les humains mais jamais par ses chiens, l'acteur solitaire a prévu de reposer à la Brûlerie auprès de ses amis canidés, bergers belges, dobermans, malinois et autres dogues du Tibet, une race qu'il fut parmi les premiers à importer en France. Une quarantaine de ces animaux sont déjà inhumés dans le parc de la propriété, sous des pierres plates gravées de leurs noms. Au cœur de ce cimetière canin, Delon a fait bâtir une chapelle, bénie

par l'évêque de Troyes, où un mausolée s'élève derrière l'autel. Grâce à une dérogation accordée par le président Pompidou, c'est là que l'acteur sera inhumé. Il a déjà planifié la cérémonie funéraire dans les moindres détails : une petite maison attenante servira de chapelle ardente, où Alain Delon sera veillé sur le lit de cuir noir qu'il avait acheté avec son premier cachet.

L'Auberge du Terroir, 9, rue du Gâtinais, 45220 Douchy-Montcorbon
Le Sauvage, 3, place de la République, 45220 Château-Renard
Auberge des Templiers, 20, route départementale 2007, 45290 Boismorand

10

OUZOUER-DES-CHAMPS

Gare : Nogent-sur-Vernisson (5 km)

Dans cette localité du Gâtinais, le premier grand clown médiatique a connu une retraite amère. Sublimant la figure de l'Auguste, **Achille Zavatta** est devenu une immense star dans les années 1960 en apparaissant régulièrement dans l'émission télévisée *La Piste aux étoiles*, mais sa fin de carrière fut brutale. Né en 1915, il fait ses débuts à 3 ans au sein du cirque familial. Les Zavatta, une dynastie de forains d'origine vénitienne qui pratique l'art circassien depuis la fin du Moyen Âge, écument alors les colonies françaises d'Afrique du Nord. Le petit Alfonso, qu'on surnommera bientôt Achille, apprend tous les métiers du cirque. À 18 ans, il se destine à une carrière d'équilibriste lorsqu'un soir de représentation à Limoges il doit remplacer au pied levé un clown malade. C'est dans ce costume d'abord enfilé à contrecœur, pantalon et chaussures trop larges, faux col en bataille, nez rouge et chapeau minuscule, qu'Achille Zavatta va devenir une légende du cirque, star du cirque d'Hiver à Paris dès la fin des années 1930. Durant un demi-siècle, cet Auguste jouant d'une dizaine d'instruments, qui réalise aussi des acrobaties à dos de cheval, se produit dans toute l'Europe, mais aussi en Afrique et à Moscou, devant Nikita Khrouchtchev. Il raccroche ses chaussures taille 54 à 70 ans, en 1985. Six ans plus tard, le Cirque Achille Zavatta, qu'il a créé à la fin des années 1970, fait faillite. Contraint de vendre son chapiteau et ses caravanes, le clown se retire à Ouzouer-des-Champs, dans une jolie maison cachée sous les arbres au sein du lotissement de Plaisance, avec sa troisième épouse Annick, une ancienne avocate devenue trapéziste par amour, et leur fils Franck. Pour ses nouveaux voisins, Achille devient aussitôt un bon copain, toujours partant pour les parties de pêche ou la belote au café du village, où il a sa table réservée. Mais très vite, le septuagénaire supporte mal cette retraite forcée dans le calme du Loiret, loin des ovations enfantines que déclenchait sa formule rituelle : « Bonjour les p'tits n'enfants ! Comment ça va ? » Après avoir écumé toutes les routes de France, le saltimbanque ne se fait pas à cette vie sédentaire et encore moins aux séances de dialyse bihebdomadaires que lui imposent des infections rénales. Un matin de novembre 1993, à six heures, alors que sa femme et son fils dorment encore, Achille Zavatta sort de chez lui une carabine à la main et se tire une décharge dans la tempe, comme un dernier coup de cymbale. Il avait 78 ans. Ses cendres se trouvent au columbarium du Père-Lachaise, derrière une plaque décorée d'un dessin de roulotte. De nos jours, plusieurs cirques tournent en France sous l'enseigne Zavatta, mais aucun n'appartient aux descendants d'Achille, qui se contentent de louer leur nom. Son fils Franck Zavatta habite toujours la maison d'Ouzouer-des-Champs.

11

MÉZIÈRES-LEZ-CLÉRY

Gare : Meung-sur-Loire (10 km)

Ce village blotti à l'orée de la forêt solognote a servi de planque au « Parrain » : au début des années 1990, **Marlon Brando** a loué une propriété très discrète à l'écart du bourg pour y cacher sa fille Cheyenne, suspectée de complicité dans le meurtre de son compagnon.

L'acteur américain, né en 1924 dans le Nebraska, avait des origines françaises : son nom de famille serait une déformation de

Brandeaux, que son grand-père américanisa en immigrant aux États-Unis. Dans les années 1950, le jeune Brando, devenu un sex-symbol universel à la faveur de son rôle dans *Un tramway nommé désir*, fait de fréquents séjours à Paris. Il devient le grand ami (et l'amant) d'un jeune premier du cinéma français, Christian Marquand, en l'honneur duquel il baptisera son premier fils Christian. En mai 1990, c'est ce même Christian Brando, un jeune homme mal dans sa peau et toxicomane, qui tue d'une balle dans la tête le petit ami de sa demi-sœur Cheyenne, dans la résidence de leur père à Los Angeles. Son procès ultra-médiatisé va définitivement ruiner la carrière de Marlon Brando, qui interprète alors son dernier grand rôle en défendant son fils à la barre, reconnaissant avoir «échoué dans [s]on rôle de père». Quelques mois après la condamnation de Christian à dix ans de prison, l'affaire rebondit quand Cheyenne Brando, présente sur les lieux du crime, est accusée de complicité d'assassinat par la famille de son ex-compagnon. Cette jeune femme de nationalité française, née à Tahiti des amours de Brando avec la Polynésienne Tarita, sa partenaire dans *Les Révoltés du Bounty*, est alors soignée dans une clinique des Yvelines à la suite de plusieurs tentatives de suicide. Assignée à résidence dans l'établissement, elle s'en échappe lorsque son père arrive en France et rejoint avec lui «La Malvoisine», une propriété tapie dans les bois que Brando a louée à Mézières-lez-Cléry. La cavale ne durera que quelques jours. Lorsque les forces de l'ordre viennent frapper à la porte de la maison, le 15 novembre 1991 au matin, l'homme qui joua près de vingt ans plus tôt le rôle d'un chef de la mafia dans *Le Parrain*, le film de Francis Ford Coppola, n'oppose aucune résistance. Très courtois, il demande seulement à accompagner sa fille au commissariat d'Orléans, où les rejoint leur avocat, le controversé maître Vergès. Cheyenne bénéficiera finalement d'un non-lieu, mais elle ne se remettra jamais de ce drame. Elle se suicide sous les tropiques à l'âge de 25 ans, en 1995, neuf ans avant que son père, obèse et désespéré, ne succombe à une insuffisance respiratoire.

Pour ceux qui auraient le cran de braver le fantôme de Don Vito Corleone à Mézières-lez-Cléry, prenez la route d'Ardon jusqu'à hauteur du Fossé d'Alexandre. La Malvoisine est indiquée par un panneau de bois; le chemin qui y mène est privé.

LOIR-ET-CHER

12

SAINT-DYÉ-SUR-LOIRE

Gare : Mer (8 km)

À la fin du Moyen Âge et sous la Renaissance, cet attachant village posé sur la rive gauche de la Loire fut un important port fluvial, où débarquèrent notamment les blocs de tuffeau employés pour construire le château de Chambord tout proche. S'il s'est depuis un peu assoupi, Saint-Dyé a été choisi à la fin du siècle dernier par l'artiste surréaliste **Leonor Fini** pour y terminer sa vie, entourée d'une vingtaine de chats.

Née en 1908 à Buenos Aires, « la fureur italienne », ainsi que la surnomma l'un de ses amants, le peintre Max Ernst, grandit à Trieste dans un milieu bourgeois et cultivé. Celle qui se destine à la peinture depuis la fin de l'enfance s'installe en 1931 à Paris, où elle se lie avec les surréalistes. À leur contact, ses toiles se teintent d'onirisme et d'érotisme, dominées par des personnages féminins aux poses dominatrices. Amie de Dali, Georges Bataille, Man Ray ou Paul Éluard, cette grande amoureuse, à laquelle succombèrent, outre Ernst, nombre d'artistes et d'hommes du monde, devient après-guerre une figure de la jet-set naissante. Ses apparitions en hibou royal, en félin gris ou en reine des enfers dans les grands bals costumés de l'époque, comme celui donné à Venise en 1951 par Charles de Beistegui (voir p. 300), marquent les esprits. Leonor Fini s'essaie alors à la gravure et à la lithographie, et crée de nombreux décors de théâtre, notamment pour des pièces de Pirandello, Tennessee Williams ou Jean Genet. On lui doit aussi les costumes de *Huit et demi*, le chef-d'œuvre de Federico Fellini. C'est le photographe Henri Cartier-Bresson, propriétaire d'une résidence secondaire à Saint-Dyé-sur-Loire, qui lui fit découvrir le village. En 1972, Leonor Fini y achète une maison au bord de l'eau, où elle s'installe avec sa meute de chats persans. Disparue en 1996, à 87 ans, elle repose au cimetière communal en compagnie du peintre italien Stanislao Lepri et de l'écrivain polonais Konstanty Jelenski, avec lesquels elle fit ménage à trois pendant les quarante dernières années de sa vie. Il y a quelques années, une portion du quai de la Loire est devenue la promenade Leonor-Fini, dont la plaque est fixée sur le mur de son ancienne propriété, au coin de la rue de l'Église. Sous les arbres, face au fleuve sauvage, l'atmosphère envoûtante vous donnera peut-être envie de suivre l'exemple de l'artiste en faisant, vous aussi, de votre vie un rêve.

Cimetière, chemin du Lion d'or, 41500 Saint-Dyé-sur-Loire

13

YVOY-LE-MARRON

Gare : La Ferté-Saint-Aubin (14 km) ou Lamotte-Beuvron (15 km)

Épargnée par la pollution lumineuse des grandes agglomérations, cette localité cachée au cœur de la forêt de la Grande Sologne a été l'une des premières communes à recevoir le label «Villes et villages étoilés». Yvoy-le-Marron a aussi vu briller une étoile du cinéma : **Olivia de Havilland**, l'interprète de Mélanie, l'innocente amie de Scarlett O'Hara dans *Autant en emporte le vent*, s'est mariée dans le village le 2 avril 1955. Un jour perçu ici comme le plus épique depuis la guerre de Cent Ans !

Née britannique à Tokyo en 1916, avant d'obtenir les nationalités américaine puis française, la comédienne est notamment célèbre pour la terrible rivalité qu'elle a entretenue avec sa sœur Joan, elle aussi star de cinéma sous le nom de Joan Fontaine. Cette légende de l'âge d'or d'Hollywood s'est aussi distinguée par une vie amoureuse intense, notamment marquée par des aventures avec le tyrannique producteur et homme d'affaires Howard Hughes, le réalisateur John Huston ou le comédien James Stewart.

En 1953, après son divorce avec l'écrivain Marcus Goodrich, dont elle a un fils, la star estime qu'Hollywood n'est pas l'endroit idéal pour élever un enfant. Cette lointaine descendante du sieur de Haville, un Normand qui participa à la conquête de l'Angleterre sous la bannière de Guillaume le Conquérant, entame alors une nouvelle vie à Paris. Une décision qu'elle ne regrettera jamais, tant est longue la liste de ce qu'elle aime chez les Français : « Leur vivacité, leur indépendance, leur amour de la vie, de la nourriture et du vin, et leur conversation… Le français est comme de la musique pour mes oreilles. » L'actrice en semi-retraite jette vite son dévolu sur un beau parleur, le journaliste de *Paris Match* Pierre Galante. Si leur mariage a lieu à Yvoy-le-Marron, c'est parce que le patron de *Match* et industriel du textile **Jean Prouvost** a mis à la disposition du couple la somptueuse propriété de week-end qu'il possède dans le village, le domaine de Saint-Jean. Prouvost étant également le maire de la commune, c'est lui qui célèbre l'union à l'hôtel de ville. Stupéfaits, les habitants voient leur village envahi par une longue file de limousines et des journalistes venus du monde entier. La mariée ne se contente pas de porter un tailleur de flanelle grise signé Christian Dior : le grand couturier parisien compte parmi les invités. Joan Fontaine, la sœur ennemie, brille en revanche par son absence. Après la cérémonie, les festivités se poursuivent à Beaugency, à une vingtaine de kilomètres d'Yvoy-le-Marron, par un déjeuner au Grand Hôtel de l'Abbaye, un ancien monastère face à la Loire. Une soirée plus intime a ensuite lieu dans la propriété de Jean Prouvost à Yvoy.

En 1962, l'actrice publie *Every Frenchman Has One*. Ce manuel d'ethnographie *light*, dans lequel la star hollywoodienne relate son adaptation parfois ardue aux mœurs et coutumes de notre pays, est devenu un best-seller aux États-Unis – son titre malicieux, en français *Tous les Français en ont un*, fait référence au foie, l'organe le plus important de notre anatomie selon l'actrice. Si elle se sépare de son mari français quelques mois après la sortie de son livre, Olivia de Havilland reste vivre à Paris, où elle s'est éteinte en 2020, après avoir atteint grâce à l'art de vivre français l'âge de 104 ans.

Grand Hôtel de l'Abbaye, 2, quai de l'Abbaye, 45190 Beaugency

CHER

14

NANÇAY

Gare : Vierzon (20 km)

En débarquant sur les mornes quais de la gare de Vierzon, il est difficile de croire que les environs recèlent les paysages magiques qu'**Alain-Fournier** décrit dans *Le Grand Meaulnes*. Ce roman narre l'histoire d'un adolescent, Augustin Meaulnes, arrivant au hasard d'une escapade dans un manoir mystérieux, où, au cours d'une fête étrange, lui apparaît une jeune fille dont il tombe éperdument amoureux. Il n'aura dès lors de cesse de retrouver la belle du domaine perdu. Grand succès lors de sa parution en 1913, ce livre est depuis devenu l'œuvre littéraire francophone la plus traduite et la plus lue dans le monde après *Le Petit Prince*. L'auteur a situé l'action dans sa Sologne natale. Mais, tué par les balles allemandes au tout début de la Grande Guerre, moins d'un an après la publication de son unique œuvre, il n'a jamais révélé où se situait le château féerique au cœur du roman. Dans une lettre au peintre André Lhote, l'écrivain a laissé pour seul indice : «Tout ce que je raconte se passe quelque part.» Un siècle plus tard, ce mystère continue de passionner les archéologues littéraires.

Alain-Fournier, de son vrai nom Henri-Alban Fournier, est né en 1886 chez ses grands-parents maternels à La Chapelle-d'Angillon, à une trentaine de kilomètres de Vierzon. S'il a grandi à Épineuil-le-Fleuriel, à l'autre bout du département du Cher, où ses parents étaient instituteurs, le futur auteur passait une partie de ses vacances d'été à Nançay, chez sa tante paternelle, dans cette Sologne berrichonne qui le vit naître. Pour nombre de ses exégètes, c'est dans cette région de forêts et d'étangs, qualifiée par l'écrivain de «pays de [s]es rêves», que se situe le «domaine sans nom» du *Grand Meaulnes*, avec sa tourelle grise surgissant au-dessus d'un bois de sapins. Or, le Cher étant particulièrement riche en châteaux, le manoir bruissant de jeux d'enfants où se déroule la fête extraordinaire est bien difficile à identifier. Alain-Fournier a pu s'inspirer du château d'Ivoy-le-Pré ou de celui de la Verrerie, à Oizon. Non loin, certains parient plutôt sur le château de Blancafort, d'autres sur ceux de Boucard, de Buranlure ou encore de Maupas… sans jamais pouvoir prouver que l'un ou l'autre est bien le modèle de l'énigmatique domaine.

Faudrait-il donc s'éloigner de la Sologne, pour chercher plutôt du côté d'Épineuil-le-Fleuriel, au sud du Cher, le village où habita le jeune Fournier entre 5 et 12 ans ? À l'écart de ce joli bourg, qui, rebaptisé Sainte-Agathe dans le roman, y occupe une place centrale, certains admirateurs du *Grand Meaulnes* désignent le château de Cornançay. Même s'il ne l'a jamais visité, l'écrivain a en effet pu être inspiré par la fête qui s'y déroula en 1896 : à l'occasion du baptême de sa fille, le vicomte de Fadate, propriétaire du domaine, organisa alors une grande réception à laquelle il invita ses métayers et leurs enfants, émerveillés par les lampions qui éclairaient les fenêtres de la demeure. De ces réjouissances, le futur Alain-Fournier, alors âgé de 10 ans, se fit faire un récit détaillé et enchanté par un camarade de classe.

À défaut de retrouver avec certitude le manoir mystérieux, les fanatiques du roman n'auront aucune chance de se tromper en visitant l'ancienne école d'Épineuil, transformée en musée. C'est là que le jeune Henri-Alban Fournier a composé ses premières rédactions sous la férule de son père instituteur. La salle de classe IIIe République qu'a connue le futur écrivain a été fidèlement reconstituée. Dans *Le Grand Meaulnes*, Alain-Fournier en a fait le décor de la rencontre entre le narrateur et Augustin Meaulnes. Aujourd'hui, il n'y manque que l'odeur du hareng qui, lit-on dans le roman, chauffait dans les gamelles déposées sur le poêle.

Maison-école du Grand Meaulnes,
8, rue Alain-Fournier, 18360 Épineuil-le-Fleuriel

15

NEUVY-SUR-BARANGEON

Gare : Vierzon (20 km)

À l'entrée de ce village caché dans la forêt, le château du Grand-Chavanon est l'une des propriétés solognotes dont **Jean-Bedel Bokassa** fit l'acquisition dans les années 1970 pour assouvir sa passion de la chasse. L'éphémère « Empereur de Centrafrique » y vécut en seigneur féodal, au point que *Le Monde* le surnomma « Bokassa Ier de Sologne ».
Né en 1921 dans un village de la colonie française d'Oubangui-Chari, cet ancien capitaine de l'armée française prend le pouvoir en 1966 dans son pays devenu indépendant sous le nom de République centrafricaine. Il renverse pour ce faire son propre cousin, le président Dacko. Soutenu par la France, Bokassa donne du « papa » au général de Gaulle, qui le surnomme en retour « le soudard ». Au fil des années, le pouvoir de celui qui fait torturer et exécuter ses opposants devient de plus en plus ouvertement dictatorial. Et en 1977, il se couronne lui-même empereur sous le nom de Bokassa Ier, au cours d'une cérémonie ubuesque pastichant le sacre de Napoléon Ier, dont le faste engloutit un quart du budget annuel de son pays.
À cette époque, ce grand admirateur de la France fréquente assidûment, fusil en main, les forêts de la Sologne, où il possède plusieurs propriétés. Acquis en 1974, le château du Grand-Chavanon, également connu sous le nom de château de Saint-Hubert, une immense bâtisse construite à la fin du XIXe siècle dans un style « néo-Louis XIII », est le joyau de ce petit empire solognot, où Bokassa séjourne une ou deux fois par an. Une fois son avion posé à Châteauroux, où il est accueilli par le préfet du Cher, le dictateur, bien que déjà entouré de cerbères patibulaires, la mitraillette en bandoulière, exige que des gendarmes à moto l'escortent jusqu'à son domaine de Neuvy-sur-Barangeon. C'est l'un des rares endroits où Bokassa se sente enfin apaisé, savourant son whisky préféré, le Chivas Regal, enveloppé par les chaudes boiseries du salon, au soir de longues journées de chasse sur ses terres. Pour éviter

tout surmenage, il lui arrive de tirer le lapin depuis une chaise à porteurs. Parmi les 36 enfants légitimes que lui ont donnés ses 17 épouses, certains conservent le souvenir de séjours heureux au Grand-Chavanon. En bon patriarche, celui qui fut un temps accusé de cannibalisme dissèque le gibier devant eux, détaillant le cœur, le foie ou les testicules, dont il vante lourdement les vertus aphrodisiaques. Il leur montre ensuite comment décoller la peau des animaux et découper les carcasses. Après quoi le dictateur en tablier cuisine lui-même la viande à l'africaine, accompagnée de bananes plantains et de manioc. Au cours de ses séjours, Bokassa, qui fantasme une révolution agraire en Centrafrique, s'enquiert aussi des nouvelles techniques agricoles auprès des paysans du coin. Et il n'oublie pas de stimuler l'économie locale. Client d'une agence bancaire de Romorantin, le dictateur vient régulièrement, après la fermeture, y remplir un attaché-case de billets de 500 francs. Chez les commerçants de la région, il peut ainsi régler cash des hectomètres de moquette, des lave-vaisselle par lots de dix et assez de meubles pour remplir les centaines de pièces de ses propriétés.
En septembre 1979, le despote de Bangui, lâché par le président Giscard d'Estaing, est renversé à la faveur d'une opération menée par l'armée française. Un jeune homme d'affaires encore peu connu du nom de Bernard Tapie convainc alors Bokassa que ses propriétés françaises vont être saisies par le fisc, et les lui rachète au dixième de leur valeur. Quand l'empereur déchu finit par comprendre qu'il s'est fait escroquer, il porte plainte et Tapie sera condamné à lui restituer ses châteaux. Le souverain en exil peut alors retrouver son domaine de Neuvy-sur-Barangeon. Il s'installe ensuite dans un autre de ses châteaux, celui d'Hardricourt, dans les Yvelines, avant d'être jugé et emprisonné dans son pays pour trahison, meurtre et détournement de fonds. Victime d'un arrêt cardiaque en 1996, l'empereur de Sologne est inhumé dans son ancien palais de Berango, en Centrafrique.
Après l'avoir quitté pour Hardricourt, le despote a loué le château du Grand-Chavanon à une association d'anciens combattants proche du Front national, qui, dans les années 1990, y organisa des stages pour former les jeunes militants du parti d'extrême droite. La demeure a depuis été

revendue à des particuliers par les héritiers de Bokassa. Elle ne se visite pas, mais vous pourrez apprécier sa façade depuis sa grille majestueuse, avant, si le cœur vous en dit, de poursuivre votre « Bokassa tour » en Sologne en vous approchant de deux autres de ses anciennes propriétés, situées quant à elles dans le Loir-et-Cher : le château de Villemorant, à Neung-sur-Beuvron, et l'ancienne ferme de La Cottencière, à Selles-Saint-Denis, où, sur les 400 hectares de terres, le dictateur se livrait à d'intenses safaris solognots.

16

CHEZAL-BENOÎT

Gare : Issoudun (18 km) ou Lunery (19 km)

Au cœur de la Seconde Guerre mondiale, **Antonin Artaud** a séjourné à l'hôpital psychiatrique de cette commune du pays d'Issoudun. Interné depuis plus de trois ans dans un asile de la région parisienne où il mourait de faim, l'écrivain exalté a connu à Chezal-Benoît une amélioration de son traitement qui lui a permis de survivre à la guerre.
Né en 1896 dans la bourgeoisie marseillaise, Artaud fut écrivain, poète, essayiste mais aussi comédien et dessinateur. Il est l'auteur d'une œuvre hallucinée écrite en partie sous l'influence des nombreuses drogues qu'il expérimentait pour apaiser les souffrances physiques et nerveuses dont il était atteint depuis l'enfance. En 1937, l'ardent artiste commence à basculer dans la folie. Arrêté en Irlande pour trouble de l'ordre public, il est renvoyé en France où, débarquant au port du Havre en camisole, il entame un long périple asilaire. Après un séjour à l'hôpital psychiatrique de Sotteville-lès-Rouen, puis un passage par Sainte-Anne, à Paris, Artaud passe les premières années de la Seconde Guerre mondiale à l'asile de Ville-Évrard, à Neuilly-sur-Marne. Lorsque sa mère lui rend visite en 1942, elle le trouve dans un état de maigreur effrayante : dans le contexte de restriction alimentaire de l'Occupation, les pensionnaires des asiles sont gravement sous-alimentés, et environ 50 000 d'entre

eux mourront de dénutrition au cours de la guerre, parmi lesquels la sculptrice Camille Claudel et la peintre Séraphine de Senlis. Averti par la mère d'Artaud, son ami le poète surréaliste Robert Desnos sollicite alors le Dr Gaston Ferdière, directeur de l'asile de Rodez et poète proche des surréalistes, qui accepte de faire venir l'écrivain dans son établissement, où il veillera de près sur sa santé. Mais avant de pouvoir être transféré à Rodez, Artaud doit effectuer une halte administrative à l'asile de Chezal-Benoît, alors installé dans une ancienne abbaye à la lisière de la forêt de Chœurs.

C'est dans un triste état que le malade arrive le 22 janvier 1943 à l'asile berrichon, avec pour seuls biens son passeport et une épée miniature offerte par un sorcier cubain. Bénéficiant d'un traitement de faveur qui lui permet d'être hébergé dans le logement de fonction d'un employé, et surtout de manger à sa faim, l'écrivain, alité, griffonne en chantonnant ses « gris-gris », des mélanges de textes et de dessins, sur des cahiers d'écolier. Il envoie une lettre signée « Antonin Nalpas », son double délirant, à l'écrivain Jean Paulhan, dans laquelle il le met en garde : « Le Jean Paulhan de Paris n'est pas vous mais un homme qui se pare indûment de ce nom. » Convaincu d'être au cœur d'un combat planétaire entre Dieu et le Mal, Artaud remue ciel et terre pour envoyer d'autres courriers, remplis d'imprécations illustrées, à Pétain, Hitler ou au Dalaï-lama. Un psychiatre fait cette observation plus terre à terre : « Le sujet présente un délire chronique extrêmement intense à caractère mystique et de persécution. Transformation de sa personnalité, de son état civil. Parle de sa personnalité comme d'une personne étrangère. Hallucinations probables. » L'écrivain ne restera que dix-neuf jours à Chezal-Benoît avant de rejoindre l'asile de Rodez. La protection du Dr Ferdière, pionnier de l'art-thérapie, lui évitera de mourir de faim, mais Antonin Artaud n'échappera hélas pas aux séances d'électrochocs prescrites par le médecin – le même docteur qui aidera en 1970 le futur prix Nobel de littérature Patrick Modiano à être réformé du service militaire, en diagnostiquant la « structure névrotique » de sa personnalité.

Ayant retrouvé une partie de sa lucidité, le génial aliéné sortira de l'asile de Rodez en 1946 pour rejoindre une clinique d'Ivry, en banlieue parisienne, où on le laisse libre de ses mouvements.

Artaud meurt d'un cancer en 1948, à l'âge de 51 ans.
Si, à l'exception de sa chapelle, l'établissement de Rodez a été rasé, les parties originelles de l'asile de Chezal-Benoît ont été conservées dans l'enceinte du moderne centre hospitalier George-Sand, qui aurait bien mérité d'être baptisé du nom de son illustre pensionnaire.

—

Centre Hospitalier George-Sand, rue de l'Église, 18160 Chezal-Benoît

INDRE

17

SAINTE-SÉVÈRE-SUR-INDRE

Gare : Lavaufranche (27 km)

En 1943, pour échapper à une invitation pressante de l'occupant allemand à se produire comme mime à Berlin, **Jacques Tati** se réfugie dans une ferme du Marembert, un hameau de Vijon, à huit kilomètres de Sainte-Sévère-sur-Indre. Ce trentenaire, né dans les Yvelines d'un père d'origine russe et d'une mère néerlando-italienne, a percé au music-hall à la fin des années 1930 avec un numéro dans lequel il imite des sportifs, gardien de but, joueur de tennis ou boxeur. Tati restera caché à Vijon jusqu'à la fin de la guerre, participant aux travaux des champs. Ému par l'accueil des villageois, le mime, qui rêve de devenir réalisateur, leur promet en partant de revenir un jour tourner son premier long-métrage dans la région.
Il ne mettra que trois ans à honorer sa promesse : en juin 1947, avec une poignée de comédiens et une équipe technique réduite, il s'installe à Sainte-Sévère, un petit bourg dominant la vallée de l'Indre, pour y tourner *Jour de fête*. Pendant plusieurs mois, les habitants vont être étroitement associés à la production de cette comédie à petit budget dans laquelle Tati interprète François le facteur, qui fonce sur son vélo pour assurer une tournée « à l'américaine ». Nombre de Sévérois vont faire de la figuration, à commencer par les enfants, mobilisés par

l'instituteur. Lors du tournage de la scène de la fête du village, le point culminant du film, sur la place du marché, tous portent leurs habits du dimanche, ainsi que le curé leur en a donné l'instruction dans son sermon le dimanche précédent, à la demande de Tati. En 1949, une fois finalisé le montage de son film, le cinéaste organise pour les habitants, sur la place du village, une projection en avant-première de *Jour de fête*, qui reçoit cette année-là le prix du meilleur scénario à la Mostra de Venise. Fort de ce premier succès, l'ancien mime deviendra un maître du burlesque poétique, avec des films de plus en plus ambitieux, *Les Vacances de monsieur Hulot*, *Mon oncle* et *Playtime*. Jusqu'à sa mort, en 1982, Jacques Tati retourna souvent à Sainte-Sévère, où il était toujours chaleureusement accueilli. Trois quarts de siècle après le tournage, le village, qui n'a pratiquement pas changé, reste profondément marqué par l'empreinte de *Jour de fête*. Des anciens, qui y ont figuré enfants, partagent volontiers leurs souvenirs avec les cinéphiles venus en pèlerinage dans ce petit Hollywood berrichon. Sur la place, entre la porte médiévale et la halle datant du règne de Louis XIV, une « Maison de Jour de fête » a été créée en 2009 pour accueillir les visiteurs. Au fil de son parcours interactif en « scénovision » sont reconstitués certains décors du film et dévoilés des secrets de tournage.

—

Maison de Jour de fête, place du Marché, 36160 Sainte-Sévère-sur-Indre

18

NOHANT-VIC

Gare : Châteauroux (31 km)

Au cœur de la Vallée Noire, Nohant, village de poupée, est rassemblé autour de la grande maison de **George Sand**, qui fit du Berry le décor de nombre de ses romans, comme *La Mare au diable* ou *François le Champi*. Dans sa demeure accoururent depuis Paris nombre de personnages excentriques et raffinés qui stupéfièrent les villageois.

Née à Paris en 1804, Aurore Dupin, la future George Sand, découvre Nohant à l'âge de 4 ans en rendant visite à sa grand-mère paternelle Marie-Aurore de Saxe, descendante illégitime d'un roi de Pologne et propriétaire du château du village. Au cours de ce séjour, son père meurt d'une chute de cheval et la petite Aurore passera dès lors son enfance auprès de sa grand-mère dans la grande demeure de Nohant. Si elle retrouve Paris, où vit sa mère, à l'adolescence, elle se sentira toujours berrichonne, viscéralement attachée à cette terre dont elle exaltera les paysages et les habitants dans ses écrits. À 17 ans, Aurore hérite de la propriété à la mort de sa grand-mère. Devenue baronne Dudevant après avoir épousé un avocat, elle s'y installe avec son mari. Mais la jeune femme se sent vite prisonnière de ce mariage bourgeois. Multipliant les liaisons, elle vit bientôt séparée de son époux, se partageant entre Nohant et Paris.

C'est dans sa belle demeure de l'Indre qu'Aurore écrit ses premiers romans au début des années 1830. Adoptant le pseudonyme androgyne de George Sand, elle commence à s'habiller en homme et à fumer le cigare. Vivant de sa plume, cette icône féministe collectionne les amants de première classe, à commencer par Alfred de Musset puis Frédéric Chopin. Avec le musicien polonais, elle vit dans les années 1840 une orageuse *love story* berrichonne à Nohant. Tout en construisant une œuvre prolifique, riche de plus d'une centaine de romans, contes et pièces de théâtre, l'écrivaine fait de son château une brillante colonie artistique, recevant jusqu'à une vingtaine d'invités à la fois, parmi lesquels Honoré de Balzac, Franz Liszt, Alexandre Dumas fils ou Eugène Delacroix. Le peintre de *La Liberté guidant le peuple* décrit ainsi ce nonchalant paradis : « Par instants, il vous arrive, par la fenêtre ouverte sur le jardin, des bouffées de la musique de Chopin qui travaille de son côté ; cela se mêle au chant des rossignols et à l'odeur de roses. » Il est vrai que la romancière, férue de botanique, prend grand soin de son parc. Malgré l'agitation qui règne dans la maison, entre parties de billard, représentations théâtrales et repas animés, Chopin compose la majeure partie de son œuvre à Nohant, sur le piano à queue Pleyel offert par sa maîtresse. George Sand, elle, écrit la nuit, se maintenant éveillée grâce à une grande consommation de cigares et d'eau sucrée.

Après sa rupture en 1847 avec son « petit Chop-Chop », ainsi qu'elle surnommait son amant polonais, la femme de lettres vit à Nohant une ultime passion avec le graveur Alexandre Manceau, de treize ans son cadet. Tous deux s'échappent parfois à Gargilesse, à une quarantaine de kilomètres : après que l'écrivaine eut éprouvé un coup de foudre pour ce village luxuriant arrosé par la Creuse, découvert par hasard en remontant le cours de la rivière, son amant y acquiert une petite maison. Le couple la baptise « villa Algira », du nom d'un papillon africain découvert un soir d'été, au cours d'une promenade, par Manceau, passionné d'entomologie. Le bâtiment abrite désormais un musée, ouvert de mai à septembre, qui expose des effets personnels de l'écrivaine.

En juin 1876, George Sand referma à jamais ses grands yeux de sphinx dans la chambre bleue de sa propriété de Nohant, après avoir prononcé ces derniers mots : « Laissez verdure… » Elle repose dans le domaine, à l'ombre d'un if centenaire. La demeure, où se déroule chaque été un Festival Chopin – un auditorium a été aménagé dans la bergerie –, est devenue un musée, où l'univers de la romancière a été fidèlement reconstitué. Il ne manque que le piano de Chopin, que George Sand lui a réexpédié après leur rupture, et l'entêtante odeur des cigares de la maîtresse des lieux.

—

Maison de George Sand, 2, place Sainte-Anne, 36400 Nohant-Vic
Maison de George Sand, Le Bourg, 36190 Gargilesse-Dampierre

19

INGRANDES

Gare : Montmorillon (24 km)

À la limite entre le Berry et le Poitou, ce village, dont le nom dérive du gaulois *equoranda*, signifiant « juste frontière », ne compte pas moins de trois homonymes dans un rayon de 200 kilomètres, respectivement situés dans la Vienne, l'Indre-et-Loire et le Maine-et-Loire. Mais c'est bien l'Ingrandes de l'Indre, bourg agreste planté sur le plateau calcaire du Blancois, qu'**Henry de Monfreid**, l'un des derniers grands aventuriers, a élu comme port d'attache après la Seconde Guerre mondiale. Fils d'un peintre qui fut le confident puis l'exécuteur testamentaire de Paul Gauguin, Monfreid, qui est né dans l'Aude en 1879, a connu mille vies, tour à tour contrebandier en mer Rouge, trafiquant de haschich entre l'Inde et la Corne de l'Afrique, mais aussi auxiliaire des troupes mussoliniennes lors de leur conquête de l'Éthiopie en 1936. Désirant rentrer en France après la Seconde Guerre mondiale, il craint de s'y voir reprocher ses amitiés fascistes. Avec sa compagne, Madeleine, Monfreid opte donc en 1947 pour une retraite discrète à Ingrandes, dans la région reculée de la Brenne, un pays de marais. Le bourlingueur à la longue silhouette émaciée, qui a acheté dans le village une imposante bâtisse datant d'Henri IV, ne renonce pas pour autant à ses habitudes exotiques, qui ne manquent pas de détonner parmi les Ingrandais : vêtu d'un sarouel, celui qui s'est converti à l'islam en 1914 sous le nom d'Abd-el-Haï (« esclave du vivant ») promène en laisse un chacal apprivoisé. Le « coureux », ainsi qu'on désigne un aventurier en patois berrichon, s'intègre d'autant plus difficilement qu'il lui arrive de voler des poires et des prunes dans le verger de son voisin. Pour ne rien arranger, Monfreid, qui est opiomane depuis qu'un Chinois l'a initié à cette drogue à Djibouti, cultive du pavot dans son jardin, qui jouxte le presbytère. Sans façon, il va peser ses têtes de pavot séchées chez l'épicière. Dénoncé pour « fumerie » en 1951, le vieil homme voit sa propriété perquisitionnée par les gendarmes avant d'être convoqué au tribunal. Il écopera d'une simple amende pour « usage d'opium en ménage ».

Ces désagréments n'empêchent pas Monfreid de se concentrer sur sa dernière grande aventure : l'écriture. À la fin des années 1920, Joseph Kessel, qui avait fait sa connaissance lors d'un reportage en Éthiopie, l'avait en effet persuadé de coucher sa vie sur le papier. À Ingrandes, l'aventurier retraité poursuit une œuvre abondante mêlant récits autobiographiques et romans exotiques aux titres évocateurs : *La Croisière du hachich*, *Mon aventure à l'île des Forbans* ou encore *Pilleurs d'épaves*. Le succès littéraire rencontré par Monfreid, qui lui vaut de recevoir la visite de journalistes réputés, comme Léon Zitrone, finit par

le réconcilier avec les Ingrandais, flattés de voir leur village sortir de l'anonymat. Épanoui dans sa retraite berrichonne, l'écrivain voyageur à la tignasse et à la moustache blanches s'y éteint en 1974, à 95 ans. Le secret de sa longévité, selon lui ? Sa consommation quotidienne de yaourt faits maison nappés de miel du cru et de vin de bordeaux.
Henry de Monfreid ne repose pas à Ingrandes mais dans sa ville natale de Leucate, au bord de la Méditerranée. Dans la rue du Gué, son ancien repaire appartient au fils de sa dernière épouse et ne se visite pas. Mais à quelques dizaines de mètres, dans l'ancien presbytère, un musée honore sa mémoire. Des photographies et divers objets glanés sur les bords de la mer Rouge y témoignent de ses voyages, tandis que des toiles révèlent ses talents méconnus d'aquarelliste. À une vingtaine de kilomètres d'Ingrandes, dans les marais de la Brenne, se trouve par une étonnante coïncidence un « étang de la Mer-Rouge ». Lorsqu'il l'avait découvert, l'aventurier s'était exclamé : « Elle me suit partout, celle-là ! »

—

Musée Henry-de-Monfreid,
1, rue Henry-de-Monfreid, 36300 Ingrandes

20

LYE

Gare : Saint-Aignan-Noyers (11 km) ou Valençay (12 km)

Ce village du Boischaut, avec ses champs opulents, ses grasses prairies et sa forte population animale, fut à la Belle Époque une infinie source d'inspiration pour le dessinateur **Benjamin Rabier**.
Après avoir été employé aux Halles ou comptable au Bon Marché, ce Parisien voit son joli coup de crayon reconnu au début des années 1890, lorsque des journaux à fort tirage commencent à publier ses dessins humoristiques. Fils d'un menuisier originaire de l'Indre, il peut dès lors s'offrir des vacances sur la terre de ses ancêtres en louant une maison à Lye, avant d'y faire construire la « villa Rabier », tout près de

l'église, dans l'actuelle rue Benjamin-Rabier. Immergé dans le bocage berrichon, terre d'élevage, Rabier se convertit au dessin animalier, illustrant notamment le *Roman de Renart*, l'*Histoire naturelle* de Buffon ou les *Fables* de La Fontaine. Parmi les nombreux admirateurs de ses croquis d'animaux, auxquels il donne une expression humaine, figure un jeune Belge nommé Georges Remi. Lorsqu'il sera lui-même devenu dessinateur sous le nom d'Hergé, ce dernier reconnaîtra en Rabier un maître… au point de s'inspirer fortement de l'un de ses personnages, «Tintin-Lutin», un jeune garçon aventureux portant houppette et pantalon de golf, pour créer le plus illustre héros du 9e art.
En 1917, le fils de Benjamin Rabier meurt de maladie à 22 ans dans la villa de Lye. Brisé, le dessinateur décide de vendre la maison. À partir du milieu des années 1920, il renouera pourtant avec le Berry en allant passer ses étés chez sa fille et son gendre dans leur propriété de Faverolles, tout près de Lye. À l'automne de sa vie, le grand inspirateur de la «ligne claire» chère à la bande dessinée franco-belge est plus créatif que jamais. C'est alors qu'il imagine les aventures du canard Gédéon, grand succès qui inspirera son Donald Duck à Walt Disney. À la même période, Rabier se lance aussi en pionnier dans le dessin animé et devient un maître de l'illustration publicitaire : il crée notamment le personnage de la Vache qui rit pour l'industriel du fromage Léon Bel, ou encore la baleine ornant les paquets de sel de la Compagnie des Salins du Midi. «L'homme qui fait rire les animaux» s'est éteint en 1939 à Faverolles. Il repose au cimetière du village ; sur la place de l'église trône son buste, réalisé d'après un autoportrait caricatural de l'artiste. À Lye, vous pourrez admirer une fresque reproduisant certains de ses dessins sur le pignon de la salle des fêtes. Enfin, un sentier de découverte, «Sur les pas de Benjamin Rabier», relie Lye à Faverolles, à travers la douce et grasse campagne qui a fourni au dessinateur le cadre de la plupart de ses compositions.

Salle des fêtes, 7, rue de l'Église, 36600 Lye
Sentier découverte «Sur les pas de Benjamin Rabier», départ depuis le centre de Lye

INDRE-ET-LOIRE

21

POCÉ-SUR-CISSE

Gare : Amboise (4 km)

Dans cette commune viticole bordée par la Loire, le discret château de Fourchette appartient à un chevalier de la Couronne britannique du nom de Sir **Mick Jagger**. Quand le chanteur des Rolling Stones n'est pas dans l'un de ses pied-à-terre à l'île Moustique, Londres, Hollywood, New York ou Paris, il séjourne dans le Val de Loire.

C'est à l'adolescence, dans les années 1950, que le jeune Anglais originaire de Dartford, dans la grande banlieue londonienne, découvre la région. Avec sa famille, il passe des vacances au camping municipal de l'Île d'Or à Amboise, face au château où résida François Ier. Une fois la gloire venue, le rockeur ravivera le souvenir de ce temps béni en s'offrant son propre château à quatre kilomètres de là. C'est en 1980 que Mick Jagger acquiert Fourchette, belle demeure XVIIIe prétendument située sur un ancien domaine du duc de Choiseul, ministre de Louis XV. Commence un long chantier, confié à des artisans du cru : maçons, couvreurs, vitriers, peintres donnent une seconde jeunesse à la noble bâtisse, dont les pièces se garnissent de splendides meubles anciens, bergères en soie de Lyon, lits à baldaquin, bibliothèque Empire. Une paysagiste anglaise redessine les jardins, où Jagger fait planter des centaines d'arbres pour préserver son intimité.

Car ce que le chanteur des Rolling Stones vient chercher à Pocé-sur-Cisse, c'est d'abord l'anonymat. À son arrivée dans la région, il se fait refouler à l'entrée d'une discothèque à cause d'une tenue trop décontractée. Un autre soir, alors qu'il sirote une Kronenbourg sur la terrasse de la pizzeria du village avec son ami David Bowie, il se voit refuser sa commande de pizza sous prétexte que le four est déjà éteint. Des mésaventures que la rockstar accueille comme de divines

surprises. Mick Jagger achète *La Nouvelle République* chez le marchand de journaux, joue au baby-foot au bar-tabac, parcourt les allées du Bricomarché. Il passe aux fêtes de village, fréquente les meetings aériens, apprécie les joggings dans les vignes et les balades en VTT sur les chemins vicinaux. Le rockeur, anobli en 2003 par la reine d'Angleterre, se rapproche aussi de quelques aristocrates du coin, acceptant des invitations pour le thé. Il se présente sous le nom de « Mick de Fourchette » et apprécie qu'on ne lui parle pas de son métier. Il est aux anges quand, dans les années 1980, un vieux marquis lui demande : « Et vous, jeune homme, que faites-vous dans la vie ? » Les villageois louent la simplicité de cette vedette anglaise au français impeccable et, pour protéger sa tranquillité, ils n'hésitent pas à indiquer une mauvaise direction aux curieux qui cherchent son château. Jagger mène ici une vie presque ordinaire, ponctuée chaque 26 juillet par un feu d'artifice tiré de ses jardins à la française pour fêter son anniversaire. Ses enfants ont appris à faire du vélo dans le parc du château. Mick les emmenait dans le village au salon de coiffure de Christophe et Lydia. Sa fille Georgia May a même été scolarisée durant de courtes périodes à l'école communale. Mais les séjours de l'Anglais en Indre-et-Loire peuvent aussi être studieux : un studio a été aménagé dans la chapelle de sa propriété, où, en 2004, les Rolling Stones ont enregistré leur album *A Bigger Bang*.
Si vous n'arrivez pas à vous faire inviter pour le thé au château de « Mick de Fourchette », vous pourrez entrapercevoir sa façade dans le lointain, à travers la grille d'entrée, ou tenter le diable en musardant dans les champs alentour. Et si vous ne voulez pas jouer les paparazzis, rabattez-vous sur le camping de l'Île d'Or. Ses tentes et camping-cars à l'ancienne vous replongeront dans cette époque lointaine où Joe Jagger y emmenait le jeune Mick.

Camping municipal de l'Île d'Or, 4, allée des Mariniers, 37400 Amboise

22

ESVRES

Gare : Veigné (4 km) ou Cormery (6 km)

Dans ce bourg planté sur la rive droite de l'Indre, la danseuse exotique et espionne amatrice **Mata Hari** s'est offert une parenthèse de calme et d'anonymat au cours de son aventureuse vie.

De son vrai nom Margaretha Geertruida Zelle, la future effeuilleuse est née en 1876 aux Pays-Bas, d'un père chapelier un brin mythomane, qui s'était inventé un titre de baron. Après avoir épousé un officier de marine, la jeune Margaretha le suit à Java, qui est alors une colonie néerlandaise. Elle y apprend des rudiments de javanais et s'exerce vaguement aux danses locales. De retour en Europe, après avoir divorcé de son mari, jaloux et violent, la jeune femme s'installe en 1903 à Paris, où, se disant native de Java, cette grande brune au teint mat prétend avoir été initiée depuis l'enfance aux danses sacrées védiques par des prêtres de Shiva. Sous le nom de Mata Hari – « œil du jour », c'est-à-dire « soleil », en malais –, la Néerlandaise triomphe en mars 1905 au musée Guimet, consacré aux arts orientaux, dans un numéro de danse érotique au terme duquel, après s'être débarrassée de ses voiles, elle s'offre nue à Shiva. Comblés par ce strip-tease inattendu, les orientalistes distingués présents dans l'assistance ne trouvent rien à redire aux approximations culturelles du numéro. « Elle ne dansait guère, écrira en connaisseuse Colette, qui s'est elle aussi produite dans des pantomimes orientales et dévêtues. Mais elle savait se dévêtir progressivement, et mouvoir un long corps bistré, mince et fier. »

Pendant plusieurs années, Mata Hari va donner son numéro pseudo-exotique dans toutes les capitales européennes. Exigeant des cachets astronomiques, c'est aussi une courtisane qui collectionne les amants fortunés, hommes d'affaires et membres du gotha. En 1910, le succès de son spectacle commençant à s'épuiser et ses dettes à s'accumuler sous l'effet d'un train de vie fastueux, elle se met au vert à Esvres, dans le château de la Dorée, que loue son amant le banquier Xavier Rousseau.

Dans cette gentilhommière du XVIIIe sans eau courante, gaz, ni électricité, elle renonce un temps à sa vie luxueuse. Menant une vie rangée sous le nom de Mme Rousseau, elle ne descend que rarement au village. Personne ne peut alors soupçonner la danseuse nue derrière cette élégante retirée du monde, qui pratique l'équitation.

Après avoir rompu avec son banquier, l'hétaïre retrouve Paris, ses fastes et ses fêtes. Lorsque la Grande Guerre éclate, Mata Hari, qui ne se produit plus sur scène, a plus que jamais besoin d'argent. Contre rétribution, elle met alors ses relations dans la haute société parisienne au service de l'espionnage allemand. Si elle ne livre aucun renseignement d'importance, l'ex-danseuse, que ses nombreux voyages entre la France, les Pays-Bas et l'Espagne ont fini par rendre suspecte aux yeux du contre-espionnage français, est arrêtée à Paris en février 1917 dans sa chambre de l'hôtel Élysée Palace. Malgré la légèreté des charges retenues contre elle, l'espionne d'opérette est condamnée à mort et fusillée pour l'exemple en octobre 1917 au fort de Vincennes. Lors des années suivantes, les notables d'Esvres vivront dans l'angoisse que le séjour de Mata Hari dans leur commune ne soit ébruité.

23

SACHÉ

Gare : Azay-le-Rideau (10 km)

Sous la monarchie de Juillet, le château de cette commune du val de l'Indre a souvent accueilli **Honoré de Balzac**. Fuyant les poursuites de ses créanciers parisiens, l'auteur de *La Comédie humaine*, natif de Tours, à vingt-cinq kilomètres de Saché, venait se ressourcer dans cette bâtisse Renaissance qui appartenait alors à des amis de ses parents. Le château abrite aujourd'hui un musée à la gloire de l'écrivain, qui s'inspira des environs pour en faire le cadre de son roman *Le Lys dans la vallée*.

Un siècle plus tard, les doux paysages de Saché ont aussi aimanté un métallurgiste de génie : le sculpteur américain **Alexander Calder**, dont les « mobiles » articulés et les monumentaux

« stabiles » en acier se dressent de Mexico à Dublin, en passant par Montréal ou Jérusalem. Né en Pennsylvanie en 1898, c'est à Paris, à la fin des années 1920, que Calder commence à forger son style en reliant des plaques de métal colorées avec de longues tiges articulées. Le sculpteur est déjà reconnu et célébré dans le monde entier lorsqu'il découvre Saché à l'hiver 1953. Sa fille Sandra ayant succombé à un pilote automobile dont la famille possède un manoir dans la commune, l'artiste américain vient alors leur rendre visite avec son épouse. Sur cette propriété, le domaine de Bécheron, Calder s'éprend d'une ravissante demeure du XVIIe siècle en partie troglodyte, la maison « François Ier ». Il l'acquiert en cédant trois de ses mobiles à sa future belle-famille, installant son atelier dans la remise. Dans une petite bâtisse de l'autre côté de la route, il s'aménage bientôt un second atelier, dédié à la peinture, qu'il baptise « La Gouacherie ». Mais Calder finit par manquer de place pour créer : après les mobiles, il s'est en effet lancé dans les stabiles, des créatures abstraites composées de plaques en acier, puissamment ancrées dans le sol et de plus en plus monumentales. En 1963, le sculpteur dessine les plans d'un vaste atelier qu'il fait construire par des artisans locaux, toujours à Saché, sur le site du Carroi, au sommet d'une colline. Le bâtiment au toit d'ardoise, dont les murs mêlent béton et pierre locale, est doté d'une grande verrière qui offre un panorama sur la vallée de l'Indre. L'Américain y réalise des maquettes en aluminium de ses stabiles, qu'il confie à une entreprise de chaudronnerie industrielle de Tours : des ateliers Biémont sortiront plus d'une centaine de versions gigantesques, en inox boulonné, de ses créations, comme *L'Araignée rouge*, plantée sur le parvis de la Défense.

Avec ses jeans à larges revers, ses chemises de flanelle rouge vif et ses grands éclats de rire, ce sympathique colosse surnommé « Sandy » ne passe pas inaperçu à Saché. Son imposante DS grise non plus, au volant de laquelle il embarque des gamins en chemin pour les conduire à l'école. Accessible et jovial, le sculpteur offre des gouaches et des maquettes de ses sculptures à des habitants. Il en cède aussi chaque année contre quelques francs lors de la kermesse du village, jusqu'à ce qu'il réalise que des marchands d'art les rachètent aussitôt pour spéculer.

Dans son atelier, Sandy accueille volontiers curieux et admirateurs, laissant les enfants jouer avec ses mobiles. À ses côtés, son épouse, la discrète Louisa, qui est la petite-nièce de l'écrivain américain Henry James, tisse des tapis sur des modèles dessinés par son mari et cultive des légumes bio. Le couple reçoit de nombreux artistes comme le photographe Robert Doisneau, l'écrivain Arthur Miller, le designer et architecte Jean Prouvé ou encore l'actrice Jane Fonda. Comme cette dernière, qui milite contre la guerre du Vietnam, Calder ouvre sa porte aux déserteurs de l'armée américaine. En 1968, au sommet de sa gloire, il propose à la ville de Tours de lui faire don d'un stabile, qui se dresserait tel un arc de triomphe à l'entrée de la cité. Le maire conservateur Jean Royer, grand ennemi du gauchisme, se méfie de cet artiste pacifiste : il ne daignera pas répondre à son offre, négligence dont la préfecture de l'Indre-et-Loire peine encore à se remettre.

En 1970, Calder quitte la maison « François Ier », trop humide, pour une demeure contemporaine qu'il a fait construire sur la colline, tout près de son grand atelier. Il y vivra six ans. En novembre 1976, à 78 ans, le sculpteur meurt d'une crise cardiaque à New York.

Désormais propriété de la Fondation Calder, son atelier est devenu un lieu de résidence pour artistes. Il ouvre ses portes lors des Journées du patrimoine, tout comme La Gouacherie, située route de la Basse-Chevrière. En face, la maison « François Ier » est une propriété privée qui ne se visite pas. Plus inspirée que Tours, la ville de Saché a accepté du sculpteur en 1974 le don d'un *Totem*, un grand « stabile-mobile » qui orne la place de la mairie. À cette sorte de clocher noir surmonté de cercles mobiles rouge et bleu, certains habitants, peu familiers du travail de Calder, ont donné le surnom de « pompe à essence ».

Musée Balzac – Château de Saché, rue du Château, 37190 Saché
Circuit de randonnée pédestre Le Lys dans la vallée,
Saché-Pont-de-Ruan (3h45 de marche, difficulté moyenne),
départ depuis le parking du musée Balzac
Atelier Calder, route du Carroi, 37190 Saché
Totem, place Alexander-Calder, 37190 Saché

24

METTRAY

Gare : La Membrolle-sur-Choisille (3 km) ou Tours (13 km)

Cette commune de la périphérie de Tours fut longtemps associée à sa terrifiante colonie pour enfants et adolescents, véritable bagne juvénile dont le plus célèbre pensionnaire fut le futur écrivain **Jean Genet**.

Fondée en 1839 par un magistrat parisien sur un terrain cédé par un vicomte local, la « colonie agricole et pénitentiaire » de Mettray est née d'un idéal philanthropique : elle entendait éviter la prison à des mineurs délinquants, jusqu'alors enfermés dans des geôles ordinaires en compagnie d'adultes, en leur proposant de se réhabiliter par le travail de la terre. Afin de financer l'institution, une partie de la colonie finit par être réservée à des fils de bonne famille au tempérament rebelle, qui y sont recadrés en toute discrétion contre une somme conséquente ; en 1877, Jules Verne y envoie ainsi son fils révolté, Michel, pour un séjour de six mois.

Au début du XXe siècle, on est loin des belles visées humanistes des débuts : la colonie est devenue une authentique prison à ciel ouvert, où règne une discipline impitoyable. Enfant de l'Assistance publique, placé durant son enfance dans une famille du Morvan, Jean Genet est envoyé dans cette maison de correction à l'âge de 15 ans, en septembre 1926, après quelques vols et de multiples fugues. Son séjour à Mettray, qu'il décrira en détail dans son roman semi-autobiographique *Miracle de la rose*, va durer près de trois ans. En uniforme de toile grossière, le crâne rasé, mal nourri, l'adolescent Genet commence par fabriquer des brosses avant de travailler aux champs. Parmi les près de 500 pensionnaires qui l'entourent, des enfants de 7 ans cassent des cailloux dans une carrière. La colonie n'étant pas entourée de murs, conformément au vœu des fondateurs, on compte plusieurs évasions par jour. Les paysans des alentours, qui touchent une prime s'ils rattrapent un colon en fuite, se livrent nuit et jour à de véritables chasses à l'enfant, avec fourches, fusils et chiens. Genet s'échappe lui-même à

l'hiver 1927 ; il est retrouvé deux jours plus tard à Beaugency, dans le Loiret, à une centaine de kilomètres. Dans *Miracle de la rose*, Genet qualifiera la colonie de « monde détestable et adoré ». Car s'il souffre des rudes conditions de vie, c'est à Mettray que se forge sa sensibilité. L'adolescent y découvre la poésie en tombant par hasard sur un exemplaire des *Sonnets pour Hélène* de Ronsard. Surtout, il goûte la trouble ambiance d'érotisme masculin, entre violence et passion, qui règne parmi ces « jeunes crapules » : pour bénéficier de la protection de leurs aînés, qu'on surnomme les « marles », les plus jeunes, ou « vautours », deviennent leurs esclaves sexuels. Devançant l'appel pour s'engager dans la Légion étrangère, Genet quitte Mettray au printemps 1929. S'il lui faudra encore plus de dix ans pour se lancer dans l'écriture, le jeune homme est déjà acquis à la poésie des mondes interlopes. À travers ses romans, ses pièces de théâtre et ses combats en faveur des prisonniers, des terroristes ou des Black Panthers, l'ancien « colon » de Mettray restera toute sa vie du côté de la marge, de la contestation, des mauvais garçons et des maudits.
Victime de difficultés financières et ciblée par de nombreuses campagnes de presse dénonçant ce « bagne d'enfants », la colonie pénitentiaire a fermé ses portes en 1939. Près de 20 000 enfants et adolescents s'y sont succédé en un siècle d'existence. Depuis les années 1950, ce site aujourd'hui classé monument historique, avec ses pavillons sagement alignés autour d'une cour centrale, abrite le « Village des jeunes », un institut médico-professionnel qui se destine à la réinsertion des adolescents en difficulté. Dans l'ancienne chapelle de la colonie, un petit musée évoque son terrifiant passé. On y découvre notamment que des centaines de pensionnaires sont morts durant leur séjour, victimes de maladies, d'accidents du travail, mais aussi de mauvais traitements infligés par leurs geôliers.

Micro-musée de la colonie agricole pénitentiaire,
rue des Bourgetteries, 37390 Mettray

GRAND EST

BAS-RHIN

1. WINGERSHEIM
2. MERTZWILLER
3. WINGEN-SUR-MODER

MOSELLE

4. SCY-CHAZELLES

MEURTHE-ET-MOSELLE

5. BLÂMONT
6. PONT-SAINT-VINCENT
7. CLÉMERY
8. FLIREY
9. CHAMBLEY-BUSSIÈRES
10. JŒUF

MEUSE

11. VOID-VACON

ARDENNES

12. ROCHE
13. JUNIVILLE

MARNE

14. CHÂTILLON-SUR-MARNE
15. MORSAINS

AUBE

16. FULIGNY
17. BAR-SUR-AUBE
18. ESSOYES

HAUTE-MARNE

19. COLOMBEY-LES-DEUX-ÉGLISES
20. VRONCOURT-LA-CÔTE
21. BOURMONT

VOSGES

22. THAON-LES-VOSGES
23. LÉPANGES-SUR-VOLOGNE

HAUT-RHIN

24. WINTZENHEIM

CHARLEVILLE-MÉZIÈRES
ARDENNES
13
12
CHÂLONS-EN-CHAMPAGNE
MARNE
14
15
MEUSE
BAR-LE-DUC
11
10
4
9
METZ
8
7
NANCY
6
MOSELLE
5
MEURTHE-ET-MOSELLE
3
2
1
STRASBOURG
BAS-RHIN
TROYES
AUBE
16
17
18
19
20
21
CHAUMONT
HAUTE-MARNE
22
ÉPINAL
23
VOSGES
COLMAR
24
HAUT-RHIN

BAS-RHIN

1

WINGERSHEIM

Mommenheim (5 km)

Durant la jeunesse d'**Alain Bashung**, ce village de la plaine d'Alsace, à une quinzaine de kilomètres au nord-ouest de Strasbourg, n'était pas encore la pimpante cité touristique qu'elle est aujourd'hui. L'atmosphère alors lugubre du patelin a contribué à façonner la désinvolture poétique du futur rocker.

Né à Paris en 1947 d'une éphémère liaison entre une Bretonne ouvrière à Boulogne-Billancourt et un homme d'origine kabyle qu'il n'a jamais connu, le petit Alain est adopté quelques mois plus tard par celui qui épouse alors sa mère, un boulanger d'origine alsacienne du nom de Roger Baschung – patronyme dont son fils retranchera le « c » au moment de se choisir un nom d'artiste. L'appartement familial étant très exigu, Alain est dans sa deuxième année envoyé dans la ferme de la grand-mère Baschung, à Wingersheim. Il y passera toute son enfance.

Pour éviter de périr d'ennui, le petit garçon écoute la radio allemande avec cette grand-mère qui ne parle que l'alsacien. Il découvre ainsi Strauss, Wagner ou Kurt Weill… Et bientôt le rock, en captant cette fois la radio de la base militaire américaine de l'OTAN. Il devient aussi un fin connaisseur de la musique traditionnelle alsacienne, dont les ambiances étranges et les dissonances lui donnent le goût de « mélanger le sentimentalisme et le bizarre ». Enfant de chœur, Alain apprend le chant à l'église, mais aussi à la synagogue, en dépit de l'interdiction formelle de sa grand-mère de fréquenter des Juifs. Il quittera l'Alsace à 12 ans pour rejoindre ses parents à Boulogne-Billancourt.

La maison bleue à colombages de son enfance, édifiée en 1715 pour le juge de paix de la commune, a été restaurée. Elle ne se visite pas, mais les actuels propriétaires l'ont ornée d'une plaque évoquant le passage du charismatique chanteur, disparu en 2009. Pour éprouver les sensations de jeunesse de l'interprète de *La nuit je mens*, partez à la cueillette aux glands dans les bois alentour, ou bien, comme il en avait l'habitude, pédalez jusqu'à Mittelschæffolsheim, où habitait sa tante Joséphine. Dans le temps suspendu où l'ennui s'étire à mourir, vous pourrez aussi passer comme lui des heures à regarder l'écoulement régulier de l'eau à l'écluse de Wingersheim, sur le canal de la Marne au Rhin.

2

MERTZWILLER

Gare : Mertzwiller

Ce doux village bordé de collinettes boisées en plein cœur de la vallée de la Zinsel a vu naître le papa des **Marx Brothers**, la fratrie américaine dont l'humour ravageur a fait merveille des années 1920 aux années 1950, sur scène à Broadway puis au cinéma dans des films comme *La Soupe au canard* ou *Une nuit à l'opéra*.

Simon Marx est né en 1859 dans une famille juive pauvre et illettrée de Mertzwiller, l'un de ces villages alsaciens où des communautés juives s'étaient installées à partir du XIVe siècle pour fuir les persécutions dont elles étaient victimes dans les villes. Lorsqu'il atteint la vingtaine, le jeune homme décide de vivre le rêve américain. À New York, l'Alsacien américanise son prénom en « Sam », mais pour ses amis il restera « Frenchie ». Un temps professeur de danse, il épouse Minnie Schoenberg, juive d'origine allemande, qui lui donnera six fils ; si le premier meurt en bas âge, les cinq autres deviendront célèbres sous les noms de Groucho, Chico, Harpo, Gummo et Zeppo Marx. Devenu père de famille nombreuse, Sam se fait tailleur, mais pas n'importe lequel : un « horrible tailleur », ses cinq fils seront unanimes sur ce point. Il préfère deviner la taille du client plutôt que de prendre ses mesures, oublie les boutons et façonne des manches inégales. Ses fils sont parfois chargés de livrer des vestes de costume qui baillent et des pantalons qui ne ferment pas : Harpo se souviendra de la colère de clients tellement hors d'eux qu'il était souvent contraint

de leur racheter les vêtements avant de tenter de les revendre en porte-à-porte. « C'était un très mauvais tailleur, conclut Groucho, mais il a aussi trouvé des gens assez stupides pour acheter ses vêtements, et ainsi gagné quelques dollars pour nourrir sa famille. »
L'unique mais précieux héritage que Sam Marx transmet à ses cinq fils est son redoutable humour judéo-alsacien. Une ironie lapidaire dérivée de l'esprit subtil et aiguisé des talmudistes, métissée avec la franche bonhommie de l'est de la France. Une fois retraité des ciseaux, Sam deviendra même un temps l'agent de la troupe familiale. Après une apparition dans le film de ses enfants *Monnaie de singe* (1931), où il incarne un immigrant tentant de rentrer clandestinement en Amérique, « Frenchie » meurt deux ans plus tard à Hollywood d'une insuffisance rénale, à l'âge de 73 ans.

3

WINGEN-SUR-MODER

Gare : Tieffenbach-Struth (11 km)

Au cœur des forêts du nord de l'Alsace, ce village dont la tradition verrière remonte au XVe siècle n'est que pâte en fusion. Grâce à un privilège royal accordant des avantages fiscaux aux propriétaires de fours à bois, la région attira de nombreux artisans. Inspiré par cette histoire riche en prestigieuses dynasties de maîtres verriers, c'est à Wingen-sur-Moder que le célèbre joaillier parisien **René Lalique**, qui aimait mêler du verre au métal de ses bijoux Art nouveau, crée en 1921 sa propre usine verrière. Des ateliers du « Rodin de la transparence » sortent bientôt à un rythme industriel vases, chandeliers, flacons de parfum, mais aussi des éléments de décoration destinés au paquebot *France*, à l'Orient-Express ou à la résidence du prince impérial à Tokyo. Lalique signe encore pour divers établissements religieux des crucifix, des retables et des autels de verre. En 1945, le maître joaillier devenu maître verrier meurt quelques mois après avoir vu son usine dévastée par les combats pour la libération de l'Alsace. Son fils Marc la reconstruira avant de faire passer l'entreprise familiale du verre au cristal. Le prestige intact de la maison Lalique s'expose aujourd'hui en majesté à Wingen-sur-Moder. Non loin de la manufacture de cristal, le musée Lalique, conçu par l'architecte Jean-Michel Wilmotte, expose quelques centaines de créations de René Lalique au sommet de son art. L'ancienne villa du « poète du verre » est devenue un hôtel cinq étoiles, qui voisine dans un décor inspiré d'Hansel et Gretel avec le restaurant doublement étoilé La Villa Lalique, installée dans une extension signée Mario Botta. Le clou se situe dans la cave à vin ornée de papillons conçus par l'artiste britannique Damien Hirst. En savourant votre coupe de champagne, rappelez-vous que, chez les maîtres du cristal, la moindre bulle est un crime.

—

Musée Lalique, 40, rue du Hochberg, 67290 Wingen-sur-Moder
La Villa Lalique, 18, rue Bellevue, 67290 Wingen-sur-Moder

MOSELLE

4

SCY-CHAZELLES

Gare : Metz (6 km)

Accroché au versant sud du mont Saint-Quentin, cet ancien village de vignerons aux ruelles étroites et pentues, qui offre de beaux panoramas sur la vallée de la Moselle et la ville de Metz toute proche, est une fête pour le regard. Il fut le havre de béatitude de l'homme politique **Robert Schuman**, à ne pas confondre avec son quasi-homonyme, à un « n » près, le compositeur romantique allemand Robert Schumann. Notre Robert à nous est l'un des pères fondateurs de l'Europe.
Son parcours personnel le prédestinait à abolir les frontières. Schuman est né en 1886 au Luxembourg, d'une mère luxembourgeoise et d'un père mosellan, devenu citoyen allemand

après l'annexion de la Moselle par l'Allemagne en 1871. Robert hérite ainsi à la naissance de la nationalité allemande. Très pieux, le jeune garçon songe un temps à se faire prêtre ; après des études de droit en Allemagne, il finit par s'installer comme avocat à Metz en 1912. Incorporé dans l'armée allemande durant la Première Guerre mondiale, il est affecté à l'administration territoriale en Moselle. Après le traité de Versailles, qui rend l'Alsace-Moselle à la France, Schuman, à 32 ans, devient français. Bien que le français ne soit que sa troisième langue, après le luxembourgeois et l'allemand, il se lance alors en politique et est élu député de la Moselle en 1919. Il sera continûment réélu jusqu'à la Seconde Guerre mondiale.

C'est au printemps 1926 que ce partisan d'une démocratie chrétienne acquiert sa propriété de Scy-Chazelles. Protégée des regards par un haut mur et pourvue d'un vaste jardin surplombant la vallée de la Moselle, la demeure est typique des maisons lorraines de la fin du XVIIIe siècle. Le député rejoint le village chaque fin de semaine. Après avoir pris le train jusqu'à Metz, puis un bus qui le dépose à Moulins-lès-Metz, il termine le voyage à pied. Il lui arrive même un jour de venir en camion depuis Paris, pris en stop par un chauffeur routier avec lequel il bavarde durant tout le trajet, en se gardant bien de faire connaître son identité.

Traumatisé par le déclenchement en 1939 d'un nouveau conflit qu'il juge « fratricide », Schuman est emprisonné durant près de deux ans par les Allemands au cours de la Seconde Guerre mondiale. Il retrouvera son siège de député de Moselle en 1946, avant de devenir président du Conseil, puis ministre des Affaires étrangères. Il reçoit alors un rapport de son ami le commissaire au Plan Jean Monnet, qui souligne l'urgente nécessité de s'allier avec l'Allemagne afin de créer les conditions d'une paix durable en Europe et dans le monde. Au cours d'un week-end d'avril 1950, c'est dans sa demeure de Scy-Chazelles que Schuman rédige un texte appelé à un grand retentissement, qui commence par ces mots : « La paix mondiale ne saurait être sauvegardée sans des efforts créateurs à la mesure des dangers qui la menacent. » Prononcée quelques jours plus tard par le ministre dans le salon de l'Horloge du Quai d'Orsay, cette « déclaration Schuman » va initier la construction européenne. Après la création d'une Communauté européenne du charbon et de l'acier, la Communauté économique européenne, ancêtre de l'Union européenne, voit le jour en 1957. L'année suivante, Schuman devient le premier président du Parlement européen, qui lui décerne le titre de « Père de l'Europe ».

Sa tâche accomplie, il prend sa retraite à Scy-Chazelles en 1962, à 76 ans. Tous les samedis, il reçoit des jeunes gens désireux de se lancer en politique, auxquels il sert son invariable omelette salade. Le dimanche, ce vieux garçon, que le voisinage appelle « notre bon monsieur », va à la messe à l'église du couvent des Servantes du Cœur de Jésus, juste en face de chez lui. Il se livre également à une promenade rituelle, vêtu d'un grand trench et toujours un livre à la main : au bout de sa rue, après le lavoir, il prend sur la droite le chemin du Corchu, bordé de murets, avant de traverser les champs jusqu'à Lessy. Il arrive aussi à ce grand visionnaire de grimper jusqu'au sommet du mont Saint-Quentin. Robert Schuman s'éteint à son domicile de Scy-Chazelles en septembre 1963. Il repose à une trentaine de mètres de là, à l'intérieur de la petite église fortifiée Saint-Quentin.

Étape incontournable des voyages de noces des couples franco-allemands, la maison de Robert Schuman est devenue un musée qui se visite toute l'année. Le vaste jardin, où flottent les drapeaux des pays de l'UE, abrite une collection de plantes rares. L'intérieur du logis vous plongera dans l'intimité studieuse de ce célibataire endurci, avec son austère mobilier lorrain, les portraits de ses aïeux et ceux des chefs d'État dont il collectionnait les autographes.

Maison de Robert Schuman,
8, rue Robert-Schuman, 57160 Scy-Chazelles
Église Saint-Quentin (tombe de Robert Schuman),
rue de Moulins, 57160 Scy-Chazelles

MEURTHE-ET-MOSELLE

5

BLÂMONT

Gare : Igney-Avricourt (7 km)

Cet innocent village posé sur un doucereux plateau agricole a donné le jour à une aventurière au destin d'exception. Pionnière de l'aviation, espionne puis élue de la ville de Paris, **Marthe Richard** a connu mille vies qui ont inspiré des livres à succès et même le cinéma.
Son éducation chez les sœurs n'empêche pas la jeune Marthe Betenfeld, née à Blâmont en 1889 d'un père ouvrier brasseur alcoolique et violent et d'une mère domestique, de connaître le temps des fugues et des cavales, jusqu'à la maison de redressement. Goûtant peu le métier de culottière auquel la destine sa famille, elle échoue en 1905, à l'âge de 16 ans, dans un bordel à soldats de Nancy. Fichée par la police pour avoir transmis la syphilis à des clients, Marthe fuit vers Paris, où elle intègre une maison close d'un certain standing. En 1907, elle y rencontre un riche mandataire aux halles, Henri Richer, qui finira par l'épouser huit ans plus tard. Si elle ne parvient pas à faire effacer son nom du fichier national de la prostitution, Marthe Richer reçoit bourgeoisement dans son hôtel particulier de l'Odéon. Sans renoncer pour autant à l'aventure : devenue la sixième Française à obtenir son brevet de pilote d'avion, l'intrépide jeune femme bat à 25 ans un record féminin de distance en reliant Le Crotoy à Zurich à bord de son biplan Caudron G.3. Un exploit en réalité usurpé, car elle a triché en faisant une partie du trajet dans un train sur lequel elle avait fait hisser son avion. Autre haut fait sujet à caution : elle serait, durant la Première Guerre mondiale, devenue l'une des plus fines espionnes françaises, arrachant des renseignements sur la marine allemande en devenant la maîtresse de l'attaché naval à l'ambassade d'Allemagne à Madrid. C'est en tout cas ce qu'elle racontera dans des mémoires entièrement fantasmés publiés sous le nom de Marthe Richard – « Richer » étant jugé moins vendeur.

Devenu un best-seller, *Ma vie d'espionne au service de la France* est adapté au cinéma en 1937 avec Edwige Feuillère dans le rôle de l'espionne supposée.
À la Libération, Marthe Richard s'invente cette fois une activité de résistante sous l'Occupation. L'« héroïne des deux guerres » se lance alors en politique. Devenue conseillère municipale de la ville de Paris, elle a initié la célèbre loi de 1946 qui ordonna la fermeture des maisons closes et fit sortir les prostituées sur le trottoir. Ce qui vaut pour l'éternité à cette héroïne de roman, passée de la syphilis à la Légion d'honneur, le surnom railleur de « Veuve qui clôt », clin d'œil à la marque de champagne à l'étiquette orange.

6

PONT-SAINT-VINCENT

Gare : Pont-Saint-Vincent

Patient, recueille-toi. Le docteur de cet humble patelin lorrain a bouleversé l'histoire de la médecine : **Ambroise-Auguste Liébeault** est, *dixit* Sigmund Freud, « le père de la médecine psychosomatique ».
En 1850, ce pionnier ouvre un cabinet de médecine générale à Pont-Saint-Vincent. En parallèle, sa pratique gratuite de la thérapie par suggestion sous hypnose fait vite des miracles. Une femme qui souffrait d'une sciatique depuis des années est soignée en une séance. Grâce à cette méthode qu'il a mise au point après s'être intéressé au magnétisme animal, le docteur Liébeault guérira des centaines de patients en les persuadant, après les avoir endormis, qu'ils n'ont plus mal.
Après avoir passé quatorze ans à soigner les Vincipontains, Liébeault s'installe à Nancy comme guérisseur, dans la rue qui porte aujourd'hui son nom, n'exigeant aucun honoraire de ses patients. Avec le professeur de médecine Hippolyte Bernheim, qui reconnaît l'efficacité de ses méthodes, il fonde en 1882, à 59 ans, l'École de Nancy, qui va faire de la préfecture de la Meurthe-et-Moselle la capitale de l'hypnose thérapeutique à la fin du XIXᵉ siècle. La discipline, longtemps

considérée comme charlatanesque par l'Académie de médecine, suscite alors l'intérêt de nombreux thérapeutes. Parmi eux, le jeune médecin viennois Sigmund Freud vient à Nancy à l'été 1889 pour parfaire sa technique hypnotique auprès de Liébeault et Bernheim. Il racontera qu'il vit alors dans le hangar qui lui servait de cabinet « le vieux et touchant Liébeault à l'œuvre auprès de pauvres femmes et enfants de la population prolétaire ».
L'hypnotiseur philanthrope s'est éteint à Nancy en 1904. Si la municipalité de Pont-Saint-Vincent ne signale pas son passage, sa ville natale de Favières, située à vingt-deux kilomètres, lui a dédié une plaque honorifique.

7

CLÉMERY

Gare : Pont-à-Mousson (11 km)

Blotti au creux de la vallée de la Seille, ce village a été le fief du pape autoproclamé **Clément XV**. Devenue un « petit Vatican », la commune a défrayé la chronique, attirant les médias du monde entier.
Michel Collin est né en 1905 à Béchy, en Moselle. Fils de boucher, il vit une jeunesse très pieuse, entouré de onze frères et sœurs. Sa vocation survient à l'âge de 7 ans lorsqu'il entend un premier message de Dieu, qui lui donne pour mission de sauver l'Église. La chose se précise le jour de sa première communion, où Jésus lui apparaît et lui dit : « Michel, tu seras prêtre un jour, puis évêque, puis pape. » Michel Collin part étudier au séminaire de Metz puis à la faculté de théologie de Lille avant d'être ordonné prêtre en 1933. Il devient alors curé de la petite commune de Loubillé, dans les Deux-Sèvres. D'une nature fantasque, il lui arrive, lorsqu'il transporte des jeunes dans sa petite voiture, de lâcher le volant pour les épater. Il prête aussi son véhicule à des fidèles qui n'ont pas le permis de conduire. Mais c'est surtout son exaltation mystique qui finit par agacer son évêque. Après avoir délivré une énième prophétie en chaire, le père Collin doit quitter Loubillé en

1940. Brinquebalé de paroisse en paroisse, le prêtre fonde successivement un Institut des apôtres de l'amour infini, le Groupement des cœurs français et la Ligue des droits de Dieu. Il est finalement excommunié en 1951 pour propagation de doctrines erronées.

Déterminé à sauver le monde en accomplissant la mission que Dieu lui a confiée, Michel Collin fonde alors l'Église rénovée. En 1960, il établit sa « basilique de la gloire » à Clémery, dans une ferme à l'entrée du village mise à sa disposition par un disciple agriculteur. Trois ans plus tard, à la mort du pape Jean XXIII, le prêtre excommunié affirme avoir été désigné comme son successeur par la Vierge, qui lui est apparue dans son jardin ; le 9 juin 1963, il se fait couronner par ses disciples sous le nom de Clément XV. Dans son propre organe de presse, *La Vérité*, il qualifie le nouveau souverain pontife, Paul VI, d'imposteur. En soutane blanche, le pape autoproclamé sillonne la campagne lorraine à bord d'une voiture luxueuse tractant une statue de la Vierge de Fatima sur une remorque. Son « petit Vatican » de Clémery, décoré de statues colorées et d'étendards mariaux, abrite une cour de cardinaux, évêques, prêtres et autres nonnes ordonnés par ses soins. À la fin des années 1960, son Église rassemblera jusqu'à 50 000 adeptes, en France, mais aussi en Allemagne, en Suisse, en Italie, au Canada, aux États-Unis et en Afrique. Clément XV se présente même comme un pape interplanétaire, assurant recevoir régulièrement la visite d'extraterrestres. Humble et généreux, il sait aussi faire preuve de fermeté, excommuniant à tour de bras ceux qu'il considère comme des agents du Mal, des évêques, des ministres, des journalistes, des juges… et même le directeur du centre des impôts de Nancy, qui lui réclame un arriéré fiscal de 270 000 francs – le pape de Clémery reçoit des dons généreux de ses fidèles. Ce coup d'éclat lui vaudra les honneurs du magazine américain *Time* en mars 1971. Clément XV décède trois ans plus tard d'un cancer de l'œsophage, sans avoir désigné de successeur.

À Clémery, sa basilique, un hangar agricole aux murs en parpaings apparents, poursuit mollement sa mission en accueillant des pèlerins, dans l'indifférence générale des habitants du village. La dépouille de Clément XV y repose dans un sarcophage. Pour patienter jusqu'à sa résurrection promise par ses fidèles, la brasserie de Clémery a créé la bière IPA « Lipap », en hommage au souverain pontife de Meurthe-et-Moselle.

Domaine de Marie-Corédemptrice et association Clément XV, 2, rue de la Forêt, 54610 Clémery
Brasserie de Clémery, 43, rue de Bénicourt, 54610 Clémery

8

FLIREY

Gare : Pont-à-Mousson (16 km)

De ce village-rue presque entièrement rasé lors du premier conflit mondial provient le premier chien qui a possédé son étoile sur Hollywood Boulevard. Durant son heure de gloire, dans les années 1920, l'acteur canin **Rintintin** a rapporté plus d'argent que ne le fera Marilyn Monroe.

En septembre 1918, alors que l'armée américaine vient de reconquérir Flirey au prix de lourds bombardements, le caporal Lee Duncan adopte deux chiots bergers allemands découverts dans un chenil abandonné. Les baptisant Nénette et Rintintin, du nom de poupées porte-bonheur offertes aux soldats américains par les enfants lorrains, il les emmène avec lui lorsqu'il rentre aux États-Unis. Seul Rintintin survit au voyage jusqu'à Los Angeles. Une adresse hors du commun, quelques numéros de saut lors d'un spectacle canin, il n'en faut pas plus au berger allemand pour être repéré par le producteur de cinéma Darryl Zanuck. Rintintin va tourner dans une trentaine de films qui sauveront les studios Warner Brothers de la faillite. La star roule dans sa limousine particulière, a un numéro de téléphone à son nom dans l'annuaire de Los Angeles et dédicace ses photos d'une empreinte de la patte. Son maître d'hôtel lui prépare des tournedos qu'il déguste sur fond de musique classique pour une meilleure digestion.

Quand il remporte la majorité des voix pour le trophée du meilleur acteur lors de la première cérémonie des Oscars en 1929, le jury refuse de remettre sa première statuette à un chien et préfère récompenser l'acteur allemand Emil Jannings. Selon une légende non vérifiée, Rintintin, qui s'éteint en 1932, à 14 ans, serait mort dans les bras de la mythique actrice Jean Harlow. Lee Duncan, resté son propriétaire tout au long de sa carrière, décide alors de rapatrier son corps dans son pays de naissance, le faisant inhumer au cimetière des Chiens d'Asnières-sur-Seine.

Chez les chiens aussi, les « fils de » partent avec un certain avantage : l'un des fils de Rintintin, Rintintin Jr, bien que peu expressif à l'écran, est apparu dans une dizaine de films au cours des années 1930, et son arrière-petit-fils Rintintin IV a joué dans la série télévisée des années 1950 baptisée du nom de son illustre ancêtre.

Jusqu'à ce jour, Flirey n'a pas baptisé la moindre de ses rues en souvenir de l'unique célébrité locale.

9

CHAMBLEY-BUSSIÈRES

Gare : Onville (10 km)

Les immenses champs cultivés entourant ce village ont de faux airs de *Corn Belt* : **Michael Collins**, le troisième homme de la mission Apollo 11 qui se posa pour la première fois sur la Lune, a d'abord été pilote de chasse à la base américaine de l'OTAN installée à Chambley-Bussières.

Au début de la guerre froide, le futur astronaute, alors officier de l'US Air Force, survola la Lorraine dans le cockpit de son F-86 Sabre. En juillet 1969, Collins, recruté par la NASA pour ses talents de pilote d'essai, reste en orbite aux commandes du module Columbia pendant que ses compagnons Neil Armstrong et Buzz Aldrin foulent le sol lunaire, ce qui lui vaudra d'être surnommé « l'homme le plus solitaire de l'univers ». Malgré ses exploits spatiaux qui auraient pu lui faire oublier Chambley, l'astronaute est resté nostalgique de son séjour lorrain, confessant un jour : « J'ai passé ici les trois plus merveilleuses années de ma vie. Toute ma vie, ma carrière, c'est ici que je les ai bâties. » Pour preuve, à l'occasion de ses dix ans de mariage, en 1967, il effectue un pèlerinage sentimental avec sa femme rencontrée sur la base de Chambley, un salutaire retour aux sources juste après sa

première mission dans l'espace. Quelle n'est pas la surprise des époux Collins lorsqu'ils sont accueillis triomphalement par une fanfare, une haie d'honneur de majorettes et tous les habitants en liesse agitant des drapeaux américains. Après la remise honorifique des clés de la ville, le maire de Chambley les oblige même à se marier symboliquement une seconde fois sous les acclamations des villageois. Le pilote avoue alors son rêve de s'installer dans la commune quand l'heure de la retraite aura sonné ; Collins choisira finalement la Floride puis la Caroline du Nord pour s'adonner à la pêche, l'aquarelle, la cuisine… mais aussi à sa passion pour le vin. Car le grand regret de celui qui s'est éteint en 2021, à 90 ans, ce n'était aucunement de ne pas avoir marché sur la Lune, mais plutôt de ne pas avoir emporté à bord de la navette spatiale une bonne bouteille de nuits-saint-georges, comme les héros d'*Autour de la Lune* de Jules Verne.
Rétrocédée à l'armée de l'air française en 1967 après le retrait de la France de l'OTAN, la base de Chambley a été démantelée en 2007 pour laisser place à un dynamique aérodrome. L'auditorium de l'aéromusée Pilâtre de Rozier, un espace d'exposition dédié à l'histoire de l'aérostation, porte le nom de l'astronaute américain. Unique vestige de la base de l'OTAN, la chapelle où a été célébré le premier mariage des Collins a été miraculeusement conservée au milieu de l'immense terrain couvert d'herbe. Avec sa nacelle de ballon dirigeable en guise d'autel, l'édifice revit à chaque rassemblement de montgolfières lorsqu'on y bénit les aéronefs.

10

JŒUF

Gare : Jœuf

On raconte qu'à Jœuf même les chiens savent marquer des buts. Nombre de fils et petit-fils des immigrés italiens et polonais venus travailler dans cette ancienne cité sidérurgique et minière du bassin de Briey ont en effet porté haut les couleurs du football français. **Michel Platini** incarne la plus spectaculaire de ces réussites.

Le futur champion a grandi au 7 rue Saint-Exupéry dans un pavillon de ciment gris qui ravira les amateurs d'architecture des années 1950. Même si le petit Michel, enfant plutôt frêle, était surnommé le « Ratz », rase-bitume en patois lorrain, les boulets de canon qu'il envoyait contre les portes du garage familial terrorisaient les voisins. Son grand-père paternel, un immigré italien originaire du Piémont, tenait le Café des Sportifs, également siège de l'A.S. Joeuf, le club local dont Aldo, le père de Michel, était le capitaine. C'est là que le garçon signa sa première licence de footballeur, en 1966. Le célèbre numéro 10 a vécu dans son bourg natal jusqu'en 1972, avant d'être happé par une carrière internationale. Lors de sa période de gloire à la Juventus de Turin, dans les années 1980, une équipe de télévision italienne qui s'attendait à trouver à Jœuf un sinistre décor à la Zola fut fort déçue en découvrant le logis au confort moderne des Platini, tout droit sorti d'un film de Jacques Tati. Pour émouvoir quand même les *tifosi* de la Juve, elle alla filmer le village voisin d'Homécourt et les lugubres cheminées de son usine sidérurgique.
Très attaché à la commune, Michel Platini revient régulièrement à Jœuf pour rendre visite aux siens. Le Café des Sportifs est toujours ouvert, mais il n'appartient plus à la famille. Un musée consacré à l'histoire du football dans ce pays ouvrier et à ses plus glorieux acteurs, qui comprendra une partie de la collection personnelle de Michel Platini, doit prochainement ouvrir ses portes dans l'ancien collège Maurice-Barrès.

Café des Sportifs, 84, rue de Franchepré, 54240 Jœuf

MEUSE

11

VOID-VACON

Gare : Commercy (11 km)

Ce village au charme discret, qui s'étire entre le canal de la Marne au Rhin et la nationale 4 reliant Paris à Strasbourg, serait, selon les calculs de l'Institut géographique national, le centre exact de la région Grand Est. Il est aussi le berceau du concepteur de la première « automobile » de l'histoire.

Nicolas Joseph Cugnot est né à Void en 1725 dans une famille bourgeoise. La Lorraine faisant alors partie du Saint-Empire romain germanique, le jeune homme, après des études d'ingénieur militaire, s'engage à Vienne comme officier d'artillerie dans l'armée impériale autrichienne. Libéré de ses obligations militaires à l'âge de 38 ans, Cugnot rejoint Paris, où il se consacre à l'invention d'armes nouvelles, comme un nouveau modèle de fusil se chargeant par la culasse. En 1769, il a l'idée de remplacer les chevaux qui tractent les canons par un « véhicule actionné par le feu ». Son projet de « fardier » – on parlerait aujourd'hui de tracteur – attire l'attention du duc de Choiseul, ministre de la Guerre de Louis XV, qui lui commande la construction d'un prototype. Si la « voiture sans chevaux » de Cugnot, une grosse machine à vapeur sur trois roues, parvient bien à se déplacer toute seule, elle doit s'arrêter tous les quarts d'heure pour laisser remonter la pression dans son immense chaudière et roule moins vite qu'un homme qui marche. Ce qui ne l'empêche pas d'être victime du tout premier accident automobile de l'histoire, selon un article publié à la mort de Cugnot par *Le Moniteur*: « La trop grande violence de ses mouvements ne permettait pas de la diriger et, dès la première épreuve, un pan de mur qui se trouvait dans sa direction en fut renversé. » Peu de temps après ses premiers tours de roue, la disgrâce du ministre Choiseul suspend de toute façon les essais du fardier, qui sera oublié dans un recoin des ateliers de l'Arsenal de Paris. En 1798, l'invention de Cugnot suscite à nouveau l'intérêt d'un commissaire général de l'artillerie, qui propose au général Napoléon Bonaparte d'en reprendre le développement. Le déclenchement de la campagne d'Égypte et l'âge avancé de Cugnot ne le permettront finalement pas. Si, à partir de 1801, son fardier est exposé au musée des Arts et Métiers de Paris, c'est dans un quasi-anonymat que le génial inventeur de la première automobile meurt trois ans plus tard, à l'âge de 79 ans.

La maison natale de Nicolas Joseph Cugnot, au 5 rue Notre-Dame, a disparu, remplacée par l'actuelle poste. Au croisement de la route de Toul et de la rue de Strasbourg, un obélisque a été érigé en 1969 pour remplacer sa statue en bronze, fondue par les Allemands pendant la Seconde Guerre mondiale. Sur son socle, un bas-relief représente «la grand-mère des autos». Il y a une dizaine d'années, les membres de l'association locale Le Fardier de Cugnot ont, grâce à la collaboration d'étudiants de l'École des arts et métiers de Paris, construit une réplique de l'engin en état de marche, précieusement conservée dans le village. Le 26 juillet 2015, cette voiture fumante de 7 mètres de long a été «flashée» à 6 km/h par un radar de la police.

Pour voir le fardier de Cugnot, s'adresser à la mairie,
13, rue Notre-Dame, 55190 Void-Vacon

ARDENNES

12

ROCHE

Gare : Rethel (23 km) ou Amagne-Lucquy (15 km)

Au fil de son aventureuse vie, «l'homme aux semelles de vent» a souvent séjourné à la ferme de sa mère Vitalie, dans le petit bourg ardennais de Roche. Même si **Arthur Rimbaud** goûtait peu «l'inqualifiable contrée ardennaise», la région a irisé nombre de ses équipées et de ses poèmes.
Né en 1854 à Charleville, le chef-lieu des Ardennes, il y passe son enfance auprès d'une mère vite délaissée par un mari officier d'infanterie, de son frère et de ses deux sœurs. En 1870, le désordre provoqué par l'invasion prussienne permet à l'adolescent, élève brillant mais rêveur, de multiplier les fugues vers Douai ou Paris, où le poète de 16 ans, avide de littérature et de subversion, rencontre Verlaine. À l'été 1873, au terme de leur turbulente relation qui s'achève à Bruxelles sur deux coups de revolver tirés par l'aîné sur son jeune amant, Rimbaud, légèrement blessé au poignet, fait un long séjour à la ferme de Roche, héritage familial de sa mère qui finira par s'y installer.

Rude changement de décor pour le jeune révolté : « Je suis abominablement gêné. Pas un livre. Pas un cabaret à portée de moi, pas un incident dans la rue. Quelle horreur que cette campagne française. » C'est dans ce « trou triste », cette « chierie », que le poète écrit alors *Une saison en enfer*, recueil-manifeste dont sa mère finance la publication à compte d'auteur. Deux ans plus tard, Rimbaud renonce définitivement à la poésie pour se consacrer au nomadisme. Après une virée à Java, il est de retour à Roche où il participe aux moissons. Il y revient un an après pour soigner le paludisme contracté à Chypre. C'est encore dans la campagne ardennaise qu'il passera son dernier été, une dizaine d'années plus tard. Après avoir notamment tenté de trafiquer des armes au profit du négus éthiopien Ménélik, Rimbaud voit ses laborieuses aventures commerciales autour de la mer Rouge interrompues début 1891 par de vives douleurs au genou droit. Rapatrié en France sur une civière, c'est sur une jambe qu'après avoir été amputé à Marseille il arrive en juillet à Roche. La cicatrisation de son moignon est mauvaise. Au bout d'un mois, passé pour l'essentiel à souffrir enfermé dans le grenier de la ferme maternelle, Rimbaud se résout à retourner se faire soigner à Marseille.

Le point de départ de son ultime voyage – l'ancienne gare de Voncq, située à deux kilomètres de Roche – donne des frissons, même si seules les latrines sont contemporaines du poète. C'est sur ce quai à fendre l'âme, aujourd'hui recouvert d'herbes folles, que le 23 août 1891 Arthur Rimbaud a pendant deux heures attendu dans d'atroces souffrances le train vers Paris puis Marseille, où il mourra deux mois plus tard, à 37 ans. La maison de Roche, dont l'une des sœurs du poète a hérité à la mort de Vitalie en 1907, a été réquisitionnée durant la Grande Guerre – qui vit les Ardennes occupées par l'armée allemande – pour accueillir la *Kommandantur* locale. Lorsque les Allemands battent en retraite peu avant l'armistice de 1918, ils dynamitent la ferme, dont il ne subsiste qu'un pan de mur. Depuis, les propriétaires successifs du terrain ont cherché en vain le « trésor de Rimbaud » : huit kilos d'or qu'il aurait selon une légende locale rapportés d'Aden dans sa ceinture. De l'autre côté de la départementale, deux colonnes de pierre marquent l'entrée de l'ancien verger familial. Non loin de là, des biographes abusifs ont présenté le lavoir du village comme la source d'inspiration du *Bateau ivre*.

En 1973, Roche, qui a depuis fusionné avec le bourg voisin de Chufilly, a accueilli une jeune Américaine encore méconnue, la poétesse rock **Patti Smith**, grande admiratrice de Rimbaud dont elle a écrit dans son autobiographie *Just Kids*: «Je l'adoptai comme mon compatriote, mon frère et même mon amant secret.» Devenue célèbre peu après ce premier pèlerinage, elle a depuis multiplié les séjours dans le village sur les traces de son idole. En 2017, l'artiste américaine a même fini par racheter une partie du terrain sur lequel s'éleva la ferme de Vitalie Rimbaud, remplacée depuis par une maison peu remarquable située au 1 place Rimbaud. Cette transaction largement médiatisée a fait naître un fol espoir dans le village qui, avec ses 75 habitants, est aujourd'hui quatre fois moins peuplé qu'à l'époque du poète: celui de capter une partie du tourisme mémoriel rimbaldien, que monopolise aujourd'hui la préfecture des Ardennes.

Car c'est à Charleville – devenue Charleville-Mézières –, la ville de son enfance, bourgade «supérieurement idiote entre les petites villes de province», que Rimbaud est inhumé aux côtés de Vitalie, à une quarantaine de kilomètres de Roche. La commune, peu rancunière, a dédié un musée à l'immense poète, et commercialise même sous son nom des chocolats et une terrine déposée par un maître artisan du cru. Autant de bonnes choses dont vous n'abuserez pas si vous souhaitez briller moulé dans un tee-shirt à l'effigie de Rimbaud par les soirs bleus d'été.

Musée Arthur Rimbaud,
quai Arthur-Rimbaud, 08000 Charleville-Mézières
Sentier découverte « Sur les pas de Rimbaud », 08130 Chuffilly-Roche

13

JUNIVILLE

Gare : Rethel (14 km)

Si Rimbaud détestait ses Ardennes natales, **Paul Verlaine** quant à lui vénérait la région : « Il y a en France des contrées aussi belles que les Ardennes, il n'y en a peut-être pas de plus belles, il n'y en a surtout pas de plus françaises, à n'importe quel point de vue. »
Après son séjour de dix-huit mois dans une prison belge pour avoir tiré au revolver lors d'une dispute sur le jeune Arthur Rimbaud, Verlaine, séparé de sa femme et de leur fils, est en quête de rédemption, loin de l'alcool et des amours masculines. C'est à l'automne 1877, après avoir enseigné quelque temps en Angleterre, que le poète de 33 ans, qui a renoué avec la foi catholique de sa jeunesse, découvre le pays rethélois ; il y voit la promesse d'une vie plus rangée. Engagé comme répétiteur au collège Notre-Dame de Rethel, il y enseigne la littérature, l'histoire, la géographie… et l'anglais, dont il ne connaît pourtant que quelques rudiments – il se contente d'apprendre à ses élèves à prononcer le français avec un accent britannique. Mais ses vieux démons ressurgissent vite, à commencer par la boisson, et si les collégiens apprécient ce professeur fantasque, c'est moins le cas de l'institution jésuite, qui met fin à son contrat au bout d'une seule année scolaire. Après un nouvel exil londonien, Verlaine, qui ne s'est pas seulement pris d'affection pour la région mais aussi pour l'un de ses élèves ardennais, le jeune Lucien Létinois, fils d'agriculteur, s'installe avec lui en 1880 dans une ferme de Juniville. Séduit par la simplicité de la vie paysanne, le poète s'improvise cultivateur. À la campagne, où tout se sait, ce curieux duo ne manque d'interroger. À Juniville, Verlaine est en tout cas moins assidu au travail de ses terres qu'à la fréquentation de l'Auberge du Lion d'or, située à quelques pas de chez lui. Vêtu d'un élégant macfarlane qui lui vaut le surnom de « l'Anglais », il va y boire de l'absinthe et composer des poèmes qui figureront dans les

recueils *Sagesse* et *Jadis et Naguère*. Dans la petite pièce mise à sa disposition par l'aubergiste, il écrit aussi quelques articles pour *Le Courrier des Ardennes*. Le poète paysan voit son rêve tourner court lorsque sa ferme est déclarée en faillite, après deux ans d'activité. Verlaine est contraint de la revendre à perte en janvier 1882 et regagne alors Paris, suivi par Lucien. Un an plus tard, ce dernier meurt subitement de la fièvre typhoïde. Effondré, Verlaine offrira à son « fils adoptif » un tombeau de vingt-cinq poèmes figurant à la fin du recueil *Amour*.

Grâce à la passion de quelques admirateurs du poète, mort noyé dans l'alcool à Paris en 1896, l'Auberge du Lion d'or – l'une des rares maisons du Juniville connu par Verlaine à avoir survécu aux destructions des deux guerres mondiales – a pu être conservée avec tout le mobilier et les objets de la fin du XIXe siècle. Depuis 1996, elle est devenue un musée Verlaine, où l'on se recueille devant la table sur laquelle le poète a posé les derniers vers de *Sagesse*. N'hésitez pas à interroger le guide du musée : cet électrisant conférencier – par ailleurs batteur d'un groupe de heavy metal – n'ignore absolument rien de l'homme qui fit entrer la poésie française dans l'âge moderne.

—

Musée Verlaine, 1, rue du Pont-Pâquis, 08310 Juniville

MARNE

14

CHÂTILLON-SUR-MARNE

Gare : Dormans (11 km)

Ce paisible village viticole de la vallée de la Marne a hébergé une prédatrice de haut rang. Héroïne des *Vampires*, le film à épisodes et à succès de Louis Feuillade, **Musidora** – Jeanne Roques pour l'état civil – a fait frissonner la France au cœur de la Grande Guerre. Avec sa combinaison moulante et sa cagoule de soie noire, son teint pâle et ses yeux cernés de khôl, Musidora tient dans cette saga réalisée en 1915 le rôle d'Irma Vep – anagramme de Vampire. En inventant la « vamp », le type de la femme fatale et maléfique qu'elle incarne encore l'année suivante dans *Judex*, du même Feuillade, elle devient l'une des premières stars mondiales du cinéma muet. À André Breton et à Louis Aragon, lequel la surnomme la « dixième muse », elle inspire une pièce, *Le Trésor des jésuites*, dont l'héroïne est baptisée Mad Souri – anagramme de Musidora. C'est encore à elle que Colette demande de réaliser l'adaptation au cinéma de plusieurs de ses romans.

Après avoir sacrifié d'innombrables amants sur grand écran et aimé à la ville un torero andalou, Musidora épouse en 1927 un ami d'enfance, médecin à Châtillon-sur-Marne. Dans la petite bourgade, la femme-vampire libérée fait sensation, s'habillant en pantalon et conduisant elle-même une Juva 4. L'inspiratrice d'une esthétique pop avant la lettre, qui délaisse alors le cinéma pour se consacrer au théâtre, aménage une salle de spectacle moderniste dans une dépendance de sa résidence, l'ancienne maison du bailli.

Durant l'Occupation, la comédienne abandonnera Châtillon pour Bois-le-Roi. C'est dans cette commune de Seine-et-Marne que vous pourrez, à vos risques et périls, visiter la tombe de l'illustre revenante, disparue en 1957.

Quant à l'ancienne propriété de Musidora à Châtillon, après avoir abrité quelque temps un centre d'art et de création contemporaine, elle est à présent occupée par la mairie. Hélas, la bâtisse n'a pas échappé à une remise à neuf dans le plus pur style administratif, avec son pimpant crépi à faire fuir le premier vampire venu.

Hôtel de ville, place Urbain-II, 51700 Châtillon-sur-Marne
Cimetière, rue de la Chapelle, 77590 Bois-le-Roi

15

MORSAINS

Gare : Château-Thierry (33 km)

En pleine Brie champenoise, ce village rugueux d'une centaine d'habitants seyait bien à la personnalité misanthrope de **Jean Yanne**.

C'est au début des années 1960, avec les droits d'auteur de ses premiers sketches et chansons, que l'humoriste, figure tutélaire d'un certain esprit français râleur et ronchon, achète à Morsains une bâtisse briarde qu'il va patiemment rénover. L'auteur du slogan « Il est interdit d'interdire », boutade lancée sur les ondes de RTL au début des événements de Mai 68, que les manifestants reprendront au premier degré, est à la fin des années 1960 révélé comme acteur par Claude Chabrol et Maurice Pialat dans des rôles d'homme insensible et brutal. Auréolé en 1972 du prix d'interprétation masculine au Festival de Cannes pour son rôle dans *Nous ne vieillirons pas ensemble*, de Pialat, Jean Yanne aime se réfugier loin des « cons » dans le village du sud-ouest marnais où, plutôt discret, il se montre curieusement très poli avec les habitants. Il se partagera dès lors entre Paris, Los Angeles et cette Brie où, dans sa propriété s'étendant sur deux hectares arborés, il ne reçoit que ses amis les plus intimes.

En janvier 2003, Yanne se prête comme chaque début d'année à son jeu d'humour noir favori : pronostiquer les personnalités qui mourront dans l'année. Cette fois-là, il inscrit pour la première fois son nom dans la liste. Cinq mois plus tard, il est foudroyé par une crise cardiaque dans sa maison de Morsains, à l'âge de 70 ans.

La demeure a depuis été rachetée par un ancien directeur de palace parisien, qui y propose des chambres d'hôtes joliment restaurées et décorées de marqueterie ancienne. Une étape bienheureuse pour tous ceux qui marient ou enterrent un proche dans la région.

Gîte des Charmois, 7, rue de la Fontaine-Saint-Denis, 51210 Morsains

BULLES VIP

DOM PÉRIGNON

La nef de l'abbaye Saint-Pierre d'Hautvillers renferme deux pétillantes sépultures qui parleront aux noceurs de style : celles des moines Dom Ruinart et Dom Pérignon. Ce dernier, qui dirigea le vignoble de l'abbaye à la fin du XVIIe siècle, n'a contrairement à la légende pas inventé la « méthode champenoise » donnant ses bulles au vin de la région, qui existait avant sa naissance. Mais il a été l'un des premiers œnologues de l'histoire, ayant l'idée d'assembler différents crus et cépages pour produire un vin de meilleure qualité. En hommage au moine, Moët & Chandon a donné son nom à une cuvée millésimée seulement produite lors d'années exceptionnelles.

Dans le roman *Moonraker* de Ian Fleming, **James Bond** se fait servir en parfait gentleman un Dom Pérignon 1946 – bien que ce millésime n'existe pas. Au cinéma, l'homme au permis de tuer n'a jusqu'à la fin des années 1970 bu que du Dom Pérignon, à l'exception d'une infidélité pour du Taittinger dans *Bons Baisers de Russie*. Mais ce vin d'exception n'a pas toujours porté chance à ses adorateurs. En 1971, il irrigua les festivités de Persépolis en Iran qui commémoraient les 2500 ans de l'Empire perse, quelques années avant que le régime du Shah ne soit balayé par la révolution islamique. Et il a également coulé à flots en 1981 au mariage du **prince Charles** et de **Lady Diana**.

—

Abbaye Saint-Pierre d'Hautvillers, 21, rue de l'Abbaye, 51160 Hautvillers

MOËT & CHANDON

Napoléon Ier et sa cour ont contribué à la notoriété de cette maison

– l'autre champagne favori de l'empereur étant le Jacquesson. Le vainqueur d'Austerlitz a même été reçu à plusieurs reprises dans l'établissement, qui a conservé un de ses chapeaux. Sur le livre de comptes, on trouve aussi le nom de la reine Victoria – à ce propos, le groupe anglais Queen ouvre sa chanson « Killer Queen » en citant Moët & Chandon. **Marlene Dietrich** le désigna comme son champagne préféré parce qu'il lui donnait toujours l'impression d'être dimanche. Choisi en 1977 pour l'inauguration du Studio 54, la mythique discothèque new-yorkaise, le Moët arrose aussi la cérémonie des Golden Globe Awards et les podiums de nombreuses courses automobiles.

Maison Moët & Chandon, 20, avenue de Champagne, 51200 Épernay

POMMERY

Chéri, le héros mondain du roman éponyme de Colette, avoue sa passion inconditionnelle pour le champagne Pommery. Cette maison a compté un autre ambassadeur, beaucoup moins romantique : **Joachim von Ribbentrop**, ministre des Affaires étrangères du Troisième Reich de 1938 à 1945. Après avoir épousé en 1920 Anna Elisabeth Henkell, héritière d'une riche famille de producteurs de vins mousseux de Wiesbaden, il a débuté sa carrière comme importateur des champagnes Pommery en Allemagne. C'est grâce à sa maîtrise de plusieurs langues étrangères que ce grand négociant fut nommé diplomate par Hitler, qui le surnommait « le petit vendeur de champagne ». Ayant activement participé à la mise en place de la Solution finale, Ribbentrop a été exécuté à l'issue du procès de Nuremberg en 1946.

POL ROGER

« Dans la victoire, je le mérite. Dans la défaite, j'en ai besoin », disait **Winston Churchill** au sujet du champagne. À partir de 1908, il exprima une nette préférence pour celui de la maison Pol Roger, en particulier pour ses millésimes 1928, 1934 et 1947. Pendant la Seconde Guerre mondiale, un domestique lui demanda ce qu'il conviendrait de faire en cas de pénurie de ce nectar, péniblement importé depuis la France occupée. « Commandez-en le double ! », répliqua le Premier ministre britannique. Après la Libération, il noue des liens personnels avec la famille Pol-Roger et baptise l'un de ses chevaux de course « Pol Roger », un nom porte-bonheur puisque le pur-sang remporte un grand prix le jour du couronnement d'Élisabeth II.

À la mort de Churchill à l'hiver 1965, la maison de champagne fit imprimer en signe de deuil un bord noir sur les étiquettes de ses bouteilles destinées au marché britannique.

DRAPPIER

Le domaine étant situé à Urville, non loin de la résidence du **général de Gaulle** à Colombey-les-Deux-Églises, la maison Drappier devint naturellement le principal fournisseur de l'homme du 18 juin. On servait du Drappier aussi bien à la table familiale de la Boisserie qu'aux dîners officiels du palais de l'Élysée. Dans un registre plus vociférant, ce nectar séduisit également le ténor italien Luciano Pavarotti.

PIPER-HEIDSIECK

Apprécié par **Marie-Antoinette**, ce champagne gagna le privilège d'être servi à la cour de Versailles. Une autre blonde évaporée, **Marilyn Monroe**, fera cette célèbre confidence, dont on oublie souvent la seconde partie : « Je me couche avec quelques gouttes de Chanel N°5 et me réveille chaque matin avec une coupe de Piper-Heidsieck pour me réchauffer le corps. » Bien que l'actrice n'ait jamais été nommée aux Oscars, ce champagne est aujourd'hui partenaire de la cérémonie comme du Festival de Cannes.

BOLLINGER

Au cinéma, ce champagne coule régulièrement dans le verre de **James Bond** depuis la sortie de *Moonraker* en 1979. Chose rare, les liens avec la maison champenoise se sont noués sans contrepartie financière, tout à fait dans l'esprit de l'espion britannique, à la suite d'un simple *gentlemen's agreement*.

CRISTAL ROEDERER

Si l'écrivain **Truman Capote** détestait **Mick Jagger** au point de le juger « aussi sexy qu'un crapaud qui pisse », cela n'empêchait pas les deux hommes de partager une passion pour la cuvée Cristal de la maison Louis Roederer. Ce champagne fut aussi le préféré de **Madonna** – avant qu'elle ne découvre l'Amour de Deutz –, et, chéri notamment par **Puff Daddy**, il a longtemps été une boisson quasi officielle dans l'univers du rap. Jusqu'au tournant de l'année 2006…

ARMAND DE BRIGNAC

Comme tous ses collègues, le rappeur américain **Jay-Z** était grand amateur de Roederer jusqu'à ce qu'en 2006 le directeur de la société champenoise lâche dans une interview, à propos du succès de son champagne auprès des rappeurs : « Que puis-je y faire ? Nous ne pouvons empêcher les gens de l'acheter. » Piqué au vif, l'artiste aux 21 Grammy Awards appelle alors le milieu du rap à boycotter la marque et se tourne vers un autre flacon, découvert par hasard chez son caviste new-yorkais : le champagne Armand de Brignac, dit « l'as de pique », une marque créée par la petite maison Cattier. Jay-Z apprécie en particulier sa très *bling* bouteille dorée frappée d'un as en étain. Son apparition dans un clip du chanteur va déclencher une véritable ruée chez le petit producteur. Le champagne Cattier devient bientôt le plus cher du monde, et donc le favori des rappeurs. En 2010, Jay-Z et **Beyoncé** se sont même rendus dans la petite commune de Chigny-les-Roses pour visiter les caves de Cattier et survoler les trente-trois hectares de vignes. Quatre ans plus tard, le rappeur a fini par racheter la marque Armand de Brignac et « l'as de pique » fleurit désormais partout, des écrans géants de ses tournées aux soirées fréquentées par Leonardo DiCaprio, Usain Bolt ou David Beckham.

Champagne Cattier, 12, rue de la Belle-Image, 51500 Chigny-les-Roses

AUBE

16

FULIGNY

Gare : Bar-sur-Aube (14 km)

Amis promeneurs, tendez l'oreille car, dans les bois de Fuligny, les oiseaux chantent des mélodies d'un entrain rare. N'en perdez pas un pépiement, surtout si vous êtes musicien. À la fin des années 1920, le jeune **Olivier Messiaen** fit plusieurs séjours estivaux dans la ferme de ses tantes paternelles, aux portes de la forêt d'Orient ; c'est après avoir passé des journées entières à écouter les oiseaux qu'à 20 ans il composa *Le Banquet céleste*, un morceau pour orgue qui est sa première œuvre publiée.

Transcrivant les vocalises aériennes dans un langage musical, le brillant élève du Conservatoire national de musique de Paris écrit dans la foulée sept morceaux au piano sous la dictée de ces muses ailées qui le fascineront toute sa vie, au point qu'il deviendra un ornithologue reconnu. À Fuligny, le jeune homme, animé d'une foi catholique qui ne le quittera jamais, reçoit aussi en cadeau d'une de ses tantes son premier missel.

Dans le cimetière du village voisin de La Chaise, le caveau de famille des Messiaen fait figure de curiosité. La statue qui orne la sépulture est une œuvre de l'oncle du compositeur, Léon Messiaen, intitulée *L'Énergie fauchée* ; une autre version de cet homme accablé de fatigue et de désespoir, sculptée en 1915 alors que la jeunesse française était engloutie par la Grande Guerre, est depuis 2018 exposée rue Roger-Salengro à Troyes. Décédé en 1992, Olivier Messiaen a pour sa part choisi de reposer au cimetière de Saint-Théoffrey, en Isère, où il possédait une propriété. S'il n'est pas bercé pour l'éternité par les oiseaux chanteurs de l'Aube, il a fait dresser sur sa tombe une grande colombe de marbre.

Cimetière, place de la Mairie, 10500 La Chaise

17

BAR-SUR-AUBE

Gare : Bar-sur-Aube

« Le pays natal est moins une étendue qu'une matière ; c'est un granit ou une terre, un vent ou une sécheresse, une eau ou une lumière, c'est en lui que nous matérialisons nos rêveries, c'est à lui que nous demandons notre couleur fondamentale », écrivait le philosophe **Gaston Bachelard**, très attaché à son identité baroise. Singulière destinée que celle de ce postier devenu professeur de physique-chimie au collège de Bar-sur-Aube avant d'être nommé professeur de philosophie à la Sorbonne, où il fascina des générations d'étudiants.

Né à Bar en 1884, Bachelard descend par son père d'une dynastie locale de cordonniers-bottiers. Malgré ses succès scolaires, les origines modestes du jeune Gaston lui interdisent de poursuivre ses études après le baccalauréat ; fasciné par les révolutions technologiques de son temps, il entame une carrière de télégraphiste qui l'emmène à Remiremont, dans les Vosges, puis au central téléphonique de Paris. En dehors des heures de service, celui qui sera l'un des premiers à formuler l'idée d'une formation continue tout au long de la vie étudie les sciences avec acharnement, espérant réussir le concours pour devenir ingénieur des Postes et Télégraphes. Son ambition sera ruinée par le déclenchement de la Grande Guerre, qui le cloue dans les tranchées pendant quatre ans. En 1919, Bachelard, qui a épousé une institutrice juste avant la guerre, revient au pays, obtenant un poste de professeur de physique et de chimie au collège de Bar-sur-Aube. Un an plus tard, son épouse meurt brutalement ; tout en élevant avec soin leur fille Suzanne, dont, à l'encontre des préjugés de l'époque, il entend faire une savante, et parallèlement à son service d'enseignant, il se lance à 36 ans dans des études de philosophie : agrégé, puis docteur, il écrit bientôt des essais de philosophie des sciences, très remarqués, qui lui valent d'être nommé professeur de philosophie à l'université de Dijon puis, à partir de 1940, à la Sorbonne.

Une consécration inespérée que l'épistémologue à l'âme de

poète reçoit avec modestie : rétif aux honneurs, Bachelard leur préfère l'adoration de la nature. Dès qu'il le peut, il revient dans sa maison de Bar-sur-Aube, point de départ d'innombrables promenades le long des ruisseaux dans la campagne champenoise. «Je ne rêve pas à Paris, dans ce cube géométrique, dans cette alvéole de ciment, dans cette chambre aux volets de fer si hostiles à la matière nocturne», déplorait le philosophe à la barbe fleurie ; c'est dans un sommeil sans rêve, car dans son appartement parisien, que Gaston Bachelard s'éteint à l'automne 1962. Mais il a l'éternité pour se rattraper dans le cimetière communal de Bar-sur-Aube où il repose aux côtés de sa femme et de leur fille Suzanne, qui, après être à son tour devenue philosophe, y a rejoint ses parents il y a une quinzaine d'années.
La médiathèque de la ville dispose d'un espace dédié au penseur, où se côtoient ses ouvrages et de nombreux portraits peints par des admirateurs qui se comptent jusqu'au Brésil. Dans le collège désaffecté qui abrite désormais des associations d'aide à la jeunesse, vous pourrez visiter son ancienne classe de physique-chimie en poussant la deuxième porte à partir de la gauche. La maison natale du philosophe est quant à elle occupée par un restaurant de spécialités jurassiennes, Le Montagnard. Sa dernière maison, sise au 38 rue Gaston-Bachelard, porte une plaque honorifique poétiquement dissimulée par la vigne vierge. De là, vous pourrez vous lancer dans une belle promenade vers la colline Sainte-Germaine, où le professeur épicurien faisait parfois la classe à ses élèves. Sur les traces des nombreuses marches auxquelles il s'adonnait avec sa fille, le sentier Gaston-Bachelard propose une boucle de trente et un kilomètres à l'assaut des vignes et des vallons en passant par les villages d'Urville, de Bligny ou de Meurville.

Cimetière, route de Colombé, 10200 Bar-sur-Aube
Fonds Bachelard, médiathèque municipale Albert-Gabriel, 13, rue Saint-Pierre, 10200 Bar-sur-Aube
Restaurant Le Montagnard, ancienne maison de Gaston Bachelard, 59, rue Nationale, 10200 Bar-sur-Aube
Sentier « Au pays de Gaston-Bachelard », 10200 Bar-sur-Aube
Hommage à Bachelard, parking des Gouverneurs, à l'angle de la rue Nationale et de la rue du Corps-de-Garde, 10200 Bar-sur-Aube

18

ESSOYES

Gare : Bar-sur-Aube (31 km)

Cette bourgade viticole de la Côte des Bar est *terra incognita* pour la majorité des historiens de l'art. C'est pourtant là qu'**Auguste Renoir** a pris ses quartiers d'été durant trente années et renouvelé sa peinture après sa rupture avec l'impressionnisme.
C'est son modèle et future épouse Aline Charigot qui l'attire dans son village natal d'Essoyes à la fin des années 1880. La cinquantaine approchant, l'ancien décorateur sur porcelaine, qui a renoncé aux expérimentations de l'avant-garde dans l'espoir de connaître enfin le succès, y explore un style plus « sérieux », sous influence raphaélite. À son amie et collègue Berthe Morisot, Renoir écrit qu'il « paysanne en Champagne », loin des modèles coûteux de la capitale : « Je fais des blanchisseuses ou plutôt des laveuses au bord de la rivière. »
Le village devient dès lors le rendez-vous estival des Renoir, où s'ébattent les fils du couple, Pierre, futur acteur, et Jean, qui deviendra un réalisateur de génie. En 1896, leur père, dont le talent est depuis quelques années enfin reconnu par la critique, finit par y acheter une maison, devenant ainsi propriétaire pour la première fois de sa vie. La vente de l'une des versions des *Jeunes Filles au piano* lui suffit pour acquérir une demeure de vigneron, nichée dans un charmant jardin au fond duquel il fait construire un atelier.
Excepté les rares visites de son collègue Camille Pissarro ou des grands marchands d'art Paul Durand-Ruel et Ambroise Vollard, Renoir n'a pas de vie mondaine à Essoyes. Ne regrettant nullement les « cols raides » de Paris, il s'épanouit dans la quiétude et la simplicité champenoises, s'installant avec son chevalet sur les bords de l'Ource. Une harmonie que ternit toutefois en 1897 une chute à bicyclette sur un sentier des environs : le peintre se fracture le bras droit, blessure qui va accélérer la dégradation de sa santé. Atteint de graves rhumatismes, Renoir ne peut bientôt plus marcher et doit pour peindre faire attacher son pinceau à sa main déformée.

S'il s'installe à la fin de sa vie à Cagnes-sur-Mer, dans l'espoir que le climat méditerranéen atténue ses souffrances, Auguste Renoir n'oubliera pas Essoyes. Dans ses derniers écrits, il demande à y être enterré sous une pierre tombale très fine, pour pouvoir la soulever si l'envie lui prenait d'aller se promener. À quelques minutes à pied du cimetière communal où il repose aux côtés d'Aline et de ses enfants, l'ancienne maison des Renoir est ouverte à la visite. Comme trop souvent, le crépi clinquant de sa restauration lui donne un air de faux. Mais le poignant fauteuil roulant en rotin d'inspiration Chesterfield qui lévite au centre de l'atelier, le ravissant jardin et les reconstitutions de l'art de vivre 1900 offrent de belles perspectives. Au cœur du village, le centre culturel « Du côté des Renoir », aménagé au sein des anciennes écuries du château Hériot, abrite une exposition permanente sur la vie du peintre et de sa famille, ainsi qu'une boutique de souvenirs où s'arrache le parapluie Renoir. Juste en face, le magasin de la maison de Champagne Charles Collin propose la cuvée « La Belle Gabrielle » : le nectar porte le nom d'un des modèles favoris du peintre, la nourrice adorée du petit Jean, native d'Essoyes, qui figure sur près d'une centaine des toiles peintes en Champagne par Auguste Renoir.

—

Maison et atelier d'Auguste Renoir, 7, rue de l'Extra, 10360 Essoyes
Cimetière, place de la Mairie, 10360 Essoyes
Centre culturel « Du côté des Renoir », 9, place de la Mairie, 10360 Essoyes
Boutique « La Belle Gabrielle », 7, place de la Mairie, 10360 Essoyes

HAUTE-MARNE

19

COLOMBEY-LES-DEUX-ÉGLISES

Gare : Bar-sur-Aube (15 km)

La gigantesque croix de Lorraine en béton qui domine le village ne fait pas mystère de son plus célèbre administré. C'est ici que le héros de la France libre prit les décisions les plus importantes de sa vie politique : « À Colombey, écrivait-il, je n'ai plus pour ministres que les nuages, les arbres, et d'une autre façon les livres. »

Quand en 1934 ils achètent en viager La Boisserie, l'ancienne brasserie de Colombey, idéalement située entre Paris et les villes de garnison proches de la frontière allemande, **Charles et Yvonne de Gaulle** ne peuvent se douter qu'ils font une sacrée belle affaire : la propriétaire de cette gentilhommière de 14 pièces, entourée d'un terrain de 2,5 hectares, se noiera deux ans plus tard dans sa baignoire. L'officier de chars et son épouse en font alors leur maison de vacances. Pour quelques étés seulement, puisqu'en juin 1940 l'anonyme général de Gaulle, refusant la défaite face à l'Allemagne, se fait un nom en rejoignant Londres, bientôt suivi de sa famille. Le régime de Vichy saisit ses biens, dont La Boisserie qui est vendue aux enchères ; mais personne n'ose se porter acquéreur de la propriété du héros de la Résistance. À la Libération, de Gaulle retrouve sa demeure haut-marnaise saccagée par des soldats allemands, découvrant même un mannequin à son effigie qui leur servait de cible. Lors de la restauration, le Général fait ajouter une tour d'angle hexagonale où il installe son bureau-bibliothèque. Durant sa traversée du désert, après 1946, l'immense horizon qu'il y embrasse l'apaise : « En regardant les étoiles, je me pénètre de l'insignifiance des choses », écrit celui qui rédige alors dans sa tour ses *Mémoires de guerre*. Le Général se sent si bien à La Boisserie que ses sorties dans les rues de Colombey sont rares. Les habitants l'aperçoivent tout de même quelquefois au volant de la sublime Cadillac offerte par le président Eisenhower – de Gaulle n'a en revanche jamais étrenné la Mercedes d'Hitler que son gendre avait fièrement rapportée à La Boisserie comme prise de guerre.

Après son retour au pouvoir en 1958, la DS présidentielle fait presque tous les vendredis soir crisser l'allée gravillonnée de la propriété champenoise. Taiseux, le village sait rester impassible face aux assauts des journalistes. Durant les tranches de vie quasi monastique que s'offrent les de Gaulle à Colombey, Yvonne tricote pour les enfants du village ou s'occupe des rosiers dans le beau parc vallonné, où l'on croise les chiens corgi

Rase-Motte puis Rase-Motte 2, le poney Poly, un couple de paons et des poules que le Général s'interdira toujours de manger. Malgré les supplications de ses petits-enfants, il refuse de faire construire une piscine, consentant seulement à l'aménagement d'un mini-golf. Dans cette propriété exclusivement réservée à sa vie de famille, le fondateur de la Ve République n'a reçu qu'un seul hôte officiel, le chancelier Adenauer, en septembre 1958. Au terme de leurs deux jours de tête-à-tête, le vieil Allemand, ému aux larmes, dit à de Gaulle : «Vous m'avez traité comme si j'étais de la maison.» Le processus de la réconciliation franco-allemande est lancé.

Le 9 novembre 1970, un an et demi après avoir quitté le pouvoir, le général de Gaulle, qui faisait comme tous les soirs avant dîner une réussite dans sa bibliothèque de la Boisserie, s'effondre sur sa table de bridge, victime d'une rupture d'anévrisme. Trois jours plus tard, son enterrement dans le cimetière de Colombey attire une foule considérable.

Yvonne de Gaulle est restée vivre à la Boisserie jusqu'en 1978, un an avant sa mort. Depuis, l'austère thébaïde aux murs recouverts de vigne vierge est ouverte à la visite. Dans ce décor fossilisé, tout est classé et inconstructible, jusqu'au paysage qui s'offre au regard depuis les fenêtres du bureau. Les visiteurs peuvent découvrir une collection éclectique de cadeaux reçus par le Général : fétiches amérindiens, défenses d'éléphants, amphores, nombreux portraits de chefs d'État ou encore ce coffret à cigares offert par Fidel Castro. Contrairement au poste de télévision, bien en évidence, le téléphone est relégué dans un cagibi sous l'escalier, ce qui rappelle la détestation du Général pour cet appareil intrusif. L'accès à l'étage n'est pas autorisé afin de préserver la suite parentale de la curiosité des visiteurs. On sait juste que celle-ci est pourvue de lits jumeaux – ou presque, l'un étant aux dimensions du grand Charles.

Dans le village, les boutiques de souvenirs combleront les admirateurs du Général, avec leurs boules à neige, assiettes, dés à coudre ou figurines à son effigie. Aux fans s'adresse aussi le restaurant La Table du Général : fondée par Gérard Natali, qui fut l'un des douze jeunes Colombéens ayant porté le cercueil gaullien avant sa mise en terre, cette adresse revisite chaque jour les plats préférés du grand homme, comme le poulet fermier à la crème de morilles ou le faux-filet aux avrillons des forêts voisines. Juste à côté, l'établissement étoilé La Montagne, tenu par le fils Natali, sert quant à lui un menu «Je vous ai compris».

La Boisserie,
1, rue du Général-de-Gaulle, 52330 Colombey-les-Deux-Églises
Cimetière, 20, place de l'Église, 52330 Colombey-les-Deux-Églises
Mémorial Charles-de-Gaulle, 52330 Colombey-les-Deux-Églises
La Table du Général,
54, rue du Général-de-Gaulle, 52330 Colombey-les-Deux-Églises
Hostellerie La Montagne,
10, rue de Pisseloup, 52330 Colombey-les-Deux-Églises
À la croix de Lorraine, 3, rue du Parterre,
52330 Colombey-les-Deux-Églises

20

VRONCOURT-LA-CÔTE

Gare : Neufchâteau (30 km)

Méfiez-vous si vous sillonnez ces charmants vallons nappés de pâquerettes car ils ont enfanté la plus furieuse des filles de France, l'héroïne de la Commune de Paris **Louise Michel**. Surnommée la Vierge rouge par ses admirateurs, et la Louve noire par ses ennemis, elle est l'icône du mouvement anarchiste français.
Celle en qui Paul Verlaine verra une «presque Jeanne d'Arc» naît en 1830 au lugubre château de Vroncourt, que les habitants de la région surnomment «le tombeau». Fille de Marie-Anne Michel, une domestique, Louise est probablement l'enfant naturel du fils du châtelain, Laurent Demahis. Les parents de ce dernier vont en tout cas veiller à donner une instruction soignée – et libérale – à la petite fille, qui grandit au château en dévorant Voltaire et Rousseau. Très tôt révoltée par l'injustice, celle que sa grand-mère décrivait comme un «cheval échappé» pille les réserves des Demahis pour donner de la nourriture aux pauvres. Le climat haut-marnais est une autre source d'indignation : «Jamais je n'ai senti, à part dans les mers polaires, un

froid plus âpre », se souviendra-t-elle. La nuit, les hurlements des loups qui hantent la cour du château la réveillent.

Après la mort des Demahis, Louise, qui a 20 ans et refuse de se marier malgré les propositions de quelques beaux partis vroncourtois, doit gagner sa vie. Elle décide de devenir institutrice. Refusant de prêter serment à Napoléon III, ce qui est obligatoire pour devenir fonctionnaire, elle ouvre en 1852 une école libre à Audeloncourt, non loin de Vroncourt, où elle propose une nouvelle méthode d'enseignement bannissant les châtiments, et invente les classes vertes. Elle publie aussi quelques poèmes dans *L'Écho de la Haute-Marne*. La misère qui sévit chez les paysans la pousse à écrire au préfet pour demander « la création d'un bureau de bienfaisance, de chantiers et d'un atelier public ». En vain. Les autorités locales finissent par voir d'un œil méfiant cette institutrice socialiste et la bâtarde quitte définitivement le département pour Paris en 1855.

Dans la capitale, l'institutrice fréquente les milieux révolutionnaires et participe aux premiers combats féministes. Durant la Commune de Paris, au printemps 1871, elle est tour à tour oratrice, ambulancière et combattante sur les barricades. Si elle échappe à la mort durant la Semaine sanglante de mai 1871, elle est condamnée à la déportation en Nouvelle-Calédonie. Amnistiée en 1880, Louise Michel sillonne dès lors la France et l'Europe pour donner des conférences à la gloire de la cause anarchiste. Une pneumonie éteint sa flamme révolutionnaire en 1905.

Du sépulcral château de son enfance à Vroncourt ne subsistent que quelques pierres moussues. L'austère église Saint-Médard, où une tante bigote traînait la future Vierge rouge, réveille un peu son fantôme noir. La municipalité, qui a mis beaucoup de temps à assumer la sulfureuse réputation de l'enfant du pays, a dessiné un parcours fléché en son honneur. En été, toute la côte des blés ondule sous le vent, ce qui fit écrire à Louise dans ses mémoires : « C'est ainsi que je me figurais la mer, et j'avais raison. »

Église Saint-Médard, rue de l'Église, 52240 Vroncourt-la-Côte
Promenade Louise-Michel,
5, rue Louise-Michel, 52240 Vroncourt-la-Côte

21

BOURMONT

Gare : Neufchâteau (23 km)

S'il côtoie le berceau du fromage Caprice des Dieux, créé à Illoud en 1956, ce bourg est pour sa part un coin béni des dieux du livre, qui vit passer les éditeurs Albin Michel et Ernest Flammarion. Sans oublier que cinq kilomètres à peine séparent Bourmont de Goncourt, la ville dont sont originaires les frères écrivains qui ont donné leur nom au fameux prix littéraire.

Albin Michel est le fils d'un médecin de Bourmont, où il naît en 1873. Il s'ennuie ferme à l'école du village, puis tout autant au lycée de Neufchâteau, la proche sous-préfecture vosgienne qu'il qualifie de « villasse ». Par chance, sa jeunesse est égayée par les visites d'Ernest Flammarion : l'éditeur, lui-même originaire de la Haute-Marne, est un ami de la famille qui élargit les horizons de l'adolescent en évoquant les succès de sa maison, publiant Zola, Hugo ou Jules Michelet. Après son échec au baccalauréat, Albin Michel, sur la recommandation de son père qui désespère de faire quelque chose de lui, se fait embaucher à Paris comme commis dans une librairie appartenant à Flammarion. Après avoir gravi les échelons jusqu'au poste de directeur, et découvert au passage l'ambition, il prend son envol en fondant en 1902, à 29 ans, une maison d'édition portant son nom. Connaissant aussitôt le succès avec un best-seller, *L'Arriviste* de Félicien Champsaur, dont la postérité n'a pas voulu, il va monter une écurie d'auteurs à gros tirages comme Pierre Benoit ou Romain Rolland, et publier des écrivains étrangers comme Daphné du Maurier ou Conan Doyle.

Près de quatre-vingts ans après la mort d'Albin Michel, Bourmont a conservé intact ce cachet qui déprimait tant le futur éditeur. Si vous êtes un jeune romancier en quête de gloire, ne quittez pas la vallée de la Meuse sans passer par l'église de Goncourt pour y allumer un cierge.

VOSGES

22

THAON-LES-VOSGES

Gare : Thaon-les-Vosges

Rien ne prédestinait cette laborieuse cité des bords de la Moselle à héberger la plus illustre des femmes à barbe de la Belle Époque.

Clémentine Delait, tenancière avec son mari d'un débit de boisson à Thaon, s'était dès la puberté signalée par une pilosité expansive la contraignant, au fil des ans, à se raser le visage. En 1901, suite à un pari lancé par un client pour la somme alors substantielle de 500 francs, elle se laisse pousser la barbe. Le pari gagné, elle refuse d'abandonner cette vigoureuse barbe châtain, longue, fournie et frisée, qu'elle porte avec fierté, allant jusqu'à rebaptiser son estaminet « Le café de la femme à barbe ». Une foule de curieux afflue bientôt de toute la région. Mais une certaine retenue est de mise face à son trait distinctif : derrière le comptoir, le fort caractère de Clémentine en impose. Si on lui manque de respect et qu'un premier avertissement ne suffit pas à calmer l'importun, elle l'empoigne d'une main par la nuque, de l'autre par le fond de son pantalon pour l'envoyer valser à travers la porte du café… quand elle n'assomme pas à coups de bouteille sur le crâne un marlou qui l'a menacée d'un couteau. Lors d'un show où elle est invitée dans la cage d'un dompteur de lion, le bruit court que c'est le fauve qui est terrorisé. En femme d'affaires avisée, Clémentine fait bientôt éditer des dizaines de cartes postales glamour et transgressives sur lesquelles elle pose aussi bien en robe de dentelle qu'en gentleman, un cigare à la bouche – elle a obtenu du ministère de l'Intérieur une « permission de travestissement », rare entorse à l'interdiction qui est alors faite aux femmes de s'habiller en homme. Au cours de la Grande Guerre, durant laquelle elle s'enrôle comme infirmière dans la Croix-Rouge, sa notoriété finit par dépasser largement les frontières du département des Vosges. L'icône transgenre avant l'heure se lance dans des tournées nationales

puis internationales, se produisant dans des salles de spectacle à Londres, aux Pays-Bas et même en Islande. Elle refuse en revanche le pont d'or que lui offre le cirque Barnum pour se produire dans ses *freak shows* réunissant des « phénomènes de foire ». Celle que l'on a fini par surnommer « la tour Eiffel de Thaon-les-Vosges », car elle attirait à la fin de sa vie des touristes étrangers jusque dans son bar thaonnais, succombe à une attaque en avril 1939, à 74 ans. Dans ses mémoires, elle disait vouloir s'adresser à saint Pierre en ces termes, une fois aux portes du Paradis : « Je parie qu'il n'y a pas ici une barbe aussi belle que le mienne. »
On comprend pourquoi les Thaonnais sont aujourd'hui encore si fiers et capitalisent sur la renommée mondiale de leur héroïne. Une plaque est apposée sur la façade de la gendarmerie, là où se trouvait jadis son premier café. De son second établissement, le Palace bar, il ne reste que le bâtiment d'origine situé au 19 avenue des Fusillés. Si le débit de boisson a fermé, sachez qu'une brasserie de la région a créé la « Clémentine », une bière à l'effigie de la femme à barbe composée d'extraits naturels d'absinthe. Le musée du Patrimoine thaonnais rassemble ses objets personnels, comme son ombrelle en dentelle, sa boîte à bijoux, son argenterie et d'impressionnants tirages photographiques à taille réelle qui magnifient sa coquetterie. Enfin, au cimetière de Thaon, sa tombe est ornée d'un portrait à rendre un hipster vert de jalousie et gravée suivant sa volonté de cette mention définitive : « Clémentine Delait, 1865-1939, la femme à barbe. »

Musée du Patrimoine thaonnais, Arches Bernadette,
1, rue de Lorraine, 88150 Thaon-les-Vosges
Cimetière, 6, avenue des Fusillés, 88150 Thaon-les-Vosges

23

LÉPANGES-SUR-VOLOGNE

Gare : Bruyères (6 km)

Si la vallée de la Vologne témoigne d'un riche passé industriel, elle est surtout connue pour avoir été le théâtre de l'un des

faits divers les plus sordides de la fin du XXe siècle : l'enlèvement et le meurtre d'un garçonnet de 4 ans, dont le corps ligoté fut découvert dans les eaux de la froide rivière vosgienne. Une tragédie qui a déchaîné une hystérie médiatique alimentée depuis près de quarante ans par de multiples rebondissements. L'affaire **Grégory**, cette énigme criminelle toujours irrésolue, qui a fait l'objet d'innombrables livres, téléfilms et même d'une série documentaire à succès sur Netflix, continue d'attirer bien des curieux à Lépanges-sur-Vologne, où le petit Grégory Villemin vivait avec ses parents.
À l'automne 1984, durant les jours et les semaines qui suivent la macabre découverte, un raz-de-marée de journalistes déferle sur le village. Ils y exhument les haines recuites et les jalousies qui déchirent la famille Villemin, étrillée par une violence sourde digne d'une tragédie grecque. À l'image de ce « corbeau » qui menaçait depuis des mois les parents du petit Grégory par ses lettres et coups de téléphone anonymes. Les négligences d'un jeune juge d'instruction inexpérimenté, l'instinct primitif des enquêteurs, les partis pris de la presse et les violations multiples du secret de l'instruction vont très vite réduire à néant les chances d'identifier avec certitude l'assassin. Dans ce climat délétère, Jean-Marie Villemin, le père de Grégory, ira jusqu'à abattre au fusil de chasse son cousin germain Bernard Laroche, convaincu de sa culpabilité. Tandis qu'un texte délirant publié par Marguerite Duras dans *Libération* sous le titre « Sublime, forcément sublime Christine V. » désigne la mère de l'enfant comme coupable. Autre casting singulier, dans cette affaire qui transcende le concept de fait divers : le photographe de mode Helmut Newton est dépêché par *Paris Match* pour suivre le procès de Jean-Marie Villemin à Dijon. Le maître de la photo glamour ira jusqu'à comparer Murielle Bolle, fruste petite-cousine des Villemin et témoin-clé de l'affaire, à un personnage tout droit sorti d'un tableau de Brueghel.
Près de quatre décennies plus tard, les habitants de Lépanges-sur-Vologne ne supportent plus le tourisme macabre qui a fait de leur village « Grégory City ». Surtout quand les visiteurs s'adonnent aux selfies devant la tombe de l'enfant – même si en 2005 les parents de Grégory ont fait exhumer et incinérer

son corps. Le circuit morbide conduira les passionnés de l'affaire au barrage de Docelles qui a retenu le corps de la petite victime, puis au cimetière de Jussarupt où Bernard Laroche apparaît en smoking sur la plaque funéraire de sa sépulture. Les plus fanatiques tenteront de croiser le regard de Murielle Bolle dans les ruelles de Granges-sur-Vologne. Si vous brûlez de jouer les détectives amateurs, gardez toutefois à l'esprit que le nouveau propriétaire du pavillon des Villemin, situé à l'écart du village de Lépanges-sur-Vologne, a abattu avec sa carabine 22 long rifle le drone effectuant des prises de vue au-dessus de chez lui pour la série de Netflix *Grégory*.

HAUT-RHIN

24

WINTZENHEIM

Gare : Logelbach (3 km)

Cette morne commune de la banlieue de Colmar a abrité l'enfance chaotique de **Tomi Ungerer**. Auteur mythique de livres pour la jeunesse, dont le best-seller *Les Trois Brigands*, paru en 1961, il est l'une des deux gloires alsaciennes de l'art de l'illustration, avec son prédécesseur Hansi. L'humour noir de cet enfant de la guerre puise ses racines dans l'histoire tourmentée de sa région natale, qu'il résumait ainsi : « L'Alsace, c'est comme les toilettes : c'est toujours occupé ! »
Issu d'une dynastie d'industriels de l'horlogerie, «Tomi», né Jean-Thomas Ungerer en 1931, grandit dans une maison bourgeoise du quartier du Logelbach à Wintzenheim. Il a 9 ans quand l'Allemagne annexe une seconde fois l'Alsace après sa victoire sur l'armée française au printemps 1940. La maison et l'usine des Ungerer sont aussitôt réquisitionnées par les Allemands. À l'école, Tomi doit parler et écrire en allemand. Chaque journée commence par des chansons nazies, et les élèves écoutent religieusement des discours d'Hitler. En guise de devoir, le jeune garçon, doué pour le dessin, doit caricaturer un juif. Durant les quatre années de la guerre, ses cahiers

se remplissent de croix gammées et de scènes de champs de bataille. Lorsque l'Alsace est finalement libérée par les Alliés, à la fin de 1944, Tomi connaît l'angoisse des heures passées dans les caves pour échapper aux bombardements. Et le retour à la citoyenneté française sera aussi une épreuve pour l'adolescent déboussolé : il est désormais interdit de parler alsacien, ce qu'Ungerer qualifiera plus tard d'« assassinat culturel ».

Après son échec au baccalauréat, Ungerer voyage un peu partout en Europe, avant de débarquer à New York en 1954. C'est là que l'éphémère élève de l'École supérieure des arts décoratifs de Strasbourg, renvoyé au bout d'un an pour indiscipline, rencontre le succès grâce à ses dessins. À côté de ses albums pour la jeunesse, il signe des croquis engagés contre la ségrégation raciale et la guerre du Vietnam.

S'il s'est ensuite installé en Irlande, le pays d'origine de son épouse, Tomi Ungerer est souvent revenu en Alsace, aimant se ressourcer dans les paysages romantiques et les cimetières militaires des Vosges. Lors d'un retour sur les lieux de son enfance, à l'occasion d'un reportage pour la télévision, il assiste par hasard à la démolition de l'école de Wintzenheim où il fut soumis à l'endoctrinement nazi : une vision cathartique pour l'illustre illustrateur, qui jette alors symboliquement quelques débris de charpente dans un feu allumé sur le chantier.

Sa maison d'enfance du 12 rue Haussmann à Wintzenheim est intacte et porte une plaque en son honneur. Tomi Ungerer a même eu la chance de connaître de son vivant un musée entièrement consacré à son œuvre, installé depuis 2007 dans un hôtel particulier de Strasbourg. Depuis sa mort, en 2019, une partie de ses cendres repose dans le caveau familial à Strasbourg, le reste ayant été dispersé dans sa propriété irlandaise.

Musée Tomi-Ungerer – Centre international de l'illustration,
2, avenue de la Marseillaise, 67000 Strasbourg

HAUTS-DE-FRANCE

OISE

1. BOURY-EN-VEXIN
2. LOCONVILLE
3. BACHIVILLERS
4. GOUVIEUX
5. MORTEFONTAINE
6. BETZ
7. RHUIS
8. VERDERONNE
9. ARSY
10. VIEUX-MOULIN
11. MAREST-SUR-MATZ

AISNE

12. VILLENEUVE-SUR-FÈRE
13. BERRY-AU-BAC
14. NANTEUIL-LA-FOSSE
15. CERNY-LÈS-BUCY
16. AUBENTON
17. BOHAIN-EN-VERMANDOIS

SOMME

18. SALEUX
19. DOULLENS
20. REMAISNIL
21. FRUCOURT
22. LE CROTOY

PAS-DE-CALAIS

23. MONTREUIL-SUR-MER
24. WISSANT
25. LOISON-SOUS-LENS

NORD

26. SAINT-JANS-CAPPEL
27. LANNOY

MORTS (PRESQUE) CÉLÈBRES DE LA GRANDE GUERRE

28. ORS
29. HAISNES
30. FICHEUX
31. THIEPVAL
32. LIHONS

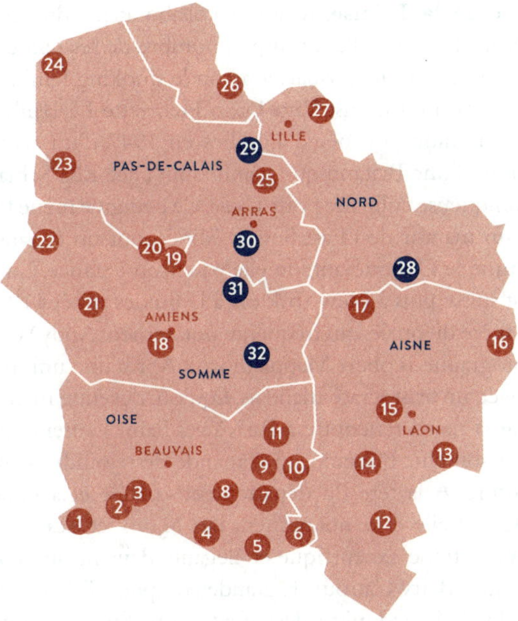
PAS-DE-CALAIS
NORD
LILLE
ARRAS
AMIENS
SOMME
AISNE
OISE
BEAUVAIS
LAON
1
2
3
4
5
6
7
8
9
10
11
12
13
14
15
16
17
18
19
20
21
22
23
24
25
26
27
28
29
30
31
32

OISE

1

BOURY-EN-VEXIN

Gare : Gisors (9 km)

À la frontière du Vexin français et du Vexin normand, ce bourg accueillit la retraite de la créatrice de mode et mannequin **Loulou de la Falaise**. Muse et collaboratrice du couturier Yves Saint Laurent, elle lui inspira nombre de ses tenues révolutionnaires, comme la saharienne ou le smoking féminin.

De son vrai nom Louise Vava Lucia Henriette Le Bailly de La Falaise, « Loulou » est née à Londres en 1947 d'un aristocrate français et d'une Britannique mannequin chez Elsa Schiaparelli et chroniqueuse culinaire pour *Vogue*. Ce pedigree mène la jeune fille d'un manoir de l'East Sussex édifié pour un échanson de Guillaume le Conquérant, où elle passe son enfance, à un pensionnat suisse puis à New York où, à la fin des années 1960, elle suit sa mère divorcée, qui fréquente notamment Andy Warhol et le photographe Robert Mapplethorpe. Après une union éphémère avec un aristocrate irlandais, Loulou, devenue mannequin comme sa mère, rencontre à Paris Yves Saint Laurent, qui, fasciné par son chic bohème, lui demande de rejoindre sa maison de couture. À la tête du département « maille et accessoires », pour lequel elle crée notamment des bijoux et des chapeaux, cette jet-setteuse excentrique et élégante devient, aux côtés du mannequin Betty Catroux, la grande complice d'« YSL ». Et une icône du Paris hédoniste des *seventies*, qui fume des joints en prenant le thé. « C'est la seule Anglaise que je connaisse qui réussit à être vraiment chic avec des vêtements hideux », dira d'elle le photographe britannique Cecil Beaton, pour lequel elle a souvent posé. En 1977, cette grande-prêtresse du glamour épouse en secondes noces Thadée Klossowski de Rola, le fils du peintre Balthus. Leur union sera consacrée « mariage de la décennie » par le Gotha branché. Après la naissance de leur fille Anna, en 1986, Loulou s'éloigne un peu du tourbillon de la vie parisienne. Le couple en vue acquiert à Boury-en-Vexin une

maison de maître XVIIIe, sise rue de Morival. Cette résidence de week-end, que la maîtresse des lieux transforme à grand renfort de soieries et de tapis orientaux en un havre de style « bohème victorienne », fera les délices des magazines de décoration.
Après la retraite de Saint Laurent, en 2002, Loulou de la Falaise a échoué à lancer sa propre griffe d'accessoires de mode, non sans nouer des collaborations avec plusieurs marques. Elle s'est éteinte en 2011 dans sa maison de l'Oise, victime d'un cancer à l'âge de 64 ans. Les Bouryciens furent alors stupéfaits d'apprendre que, depuis plusieurs années, l'égérie de la mode ne quittait plus sa demeure picarde. Ils ne la croisaient jamais : fidèle à l'esprit rive gauche d'YSL, la gentlewoman farmeuse se faisait livrer par le Monoprix de Saint-Germain-des-Prés. Sa disparition fut perçue comme la deuxième mort d'Yves Saint Laurent, décédé trois ans plus tôt, et ses obsèques à l'église Saint-Roch, à Paris, comme un événement mondain à ne pas rater.

2

LOCONVILLE

Gare : Chaumont-en-Vexin (4 km)

Pour qui se souvient des images du mariage de **Sylvie Vartan** et **Johnny Hallyday** dans ce village du Vexin français, le calme qui règne aujourd'hui dans ses rues est saisissant. L'union des deux idoles yéyé de la jeunesse française fut l'une des plus médiatisées des années 1960. Un demi-siècle plus tard, aucun des Loconvillois présents dans le village en ce 12 avril 1965 n'a oublié cette folle journée.
Sylvie Vartan devient une vedette dès ses débuts, à l'âge de 17 ans, avec des tubes comme *Tous mes copains* ou *Est-ce que tu le sais ?*, adaptation d'un succès de Ray Charles. Un an plus tard, en 1963, la jeune chanteuse au timbre grave, originaire de Bulgarie, acquiert à Loconville le manoir de Gagny, où elle installe ses parents. « La lycéenne du twist » vient alors d'entamer une idylle avec « l'idole des jeunes », Johnny Hallyday. Au début de l'année 1965, le couple décide de se marier en petit comité. Loconville semble un cadre idéal pour garantir un certain

anonymat, d'autant que l'union est prévue pour un lundi, et que les fiancés s'abstiennent de publier des bans. Mais, peu avant la cérémonie, *Salut les copains*, l'émission culte de la « génération yéyé », sur Europe 1, en dévoile le lieu et la date. Le jour dit, Loconville, qui compte alors 150 habitants, est pris d'assaut par 400 photographes et plus de 3 000 fans. Sylvie, en robe d'organdi à large capuche, et Johnny, qui a obtenu une permission spéciale pour quitter l'Allemagne où il effectue alors son service militaire, fendent péniblement la foule surexcitée pour rejoindre la mairie. Lorsqu'ils se rendent ensuite à l'église Saint-Lucien pour la cérémonie religieuse, les fans envahissent le petit cimetière attenant, piétinant les sépultures. Certains se hissent même sur des pierres tombales pour tenter d'apercevoir le couple.

Si les séjours à Loconville de la discrète Sylvie passaient relativement inaperçus des habitants, Johnny fit quelques arrivées fracassantes au volant de voitures de sport ou de pétaradants dragsters. Après leur divorce, en 1980, la chanteuse amoureuse des cockers et des chats a longtemps continué de venir chercher le repos dans la petite commune de l'Oise, où ses parents sont inhumés. L'idole blonde a revendu son manoir au début du nouveau millénaire. L'opulente bâtisse XIXe est visible depuis la rue de Gagny, à la sortie du village en allant vers Boissy-le-Bois.

Église Saint-Lucien, 2, rue de l'Église, 60240 Loconville

3

BACHIVILLERS

Gare : Chaumont-en-Vexin (8 km)

Nul ne sait pourquoi, au début des années 1950, la romancière américaine **Carson McCullers** et son mari jetèrent leur dévolu sur ce village anonyme aux confins du Vexin français et du pays de Thelle. Née en 1917 dans le sud profond des États-Unis, l'écrivaine connut à 23 ans un succès retentissant avec son premier roman, *Le cœur est un chasseur solitaire*, chronique désabusée

d'une petite ville sudiste. Son époux Reeves McCullers fut quant à lui le tout premier soldat américain blessé lors du débarquement en Normandie. Après un mariage, un divorce, puis un nouveau mariage, les McCullers cherchaient en France un nouveau départ.
Grâce aux droits d'adaptation d'un roman cédés à Hollywood, le couple acquiert l'ancien presbytère de Bachivillers, entouré d'un grand verger, comme pour réinventer le paradis terrestre. Mais à leur arrivée dans l'Oise, Carson est à demi paralysée à la suite d'une attaque et son mari complètement alcoolique… Leur relation cannibale va les conduire en enfer. Reeves, écrivain impuissant qui jamais n'achèvera un livre, en est réduit au statut de secrétaire de son épouse infirme, et il a du mal à l'accepter: quand il ne balance pas un plat de spaghettis dans la machine à écrire de sa femme, il lui propose d'aller se pendre de conserve à des cordes accrochées à la branche d'un pommier du jardin.
Exception faite des beuveries de Reeves en compagnie du menuisier, les contacts du couple avec les locaux sont rares, tout comme les visites de leurs amis à Bachivillers, qui n'est pourtant qu'à une grosse heure de Paris. Mais le thème majeur de l'œuvre de la sudiste au cœur lourd n'est-il pas précisément l'isolement spirituel? La maison de l'Oise accueille tout de même le dramaturge américain Tennessee Williams, grand ami de Carson qui demeure perplexe devant les deux cordes prêtes à l'emploi, ou encore Otto Frank, qui souhaite confier à l'écrivaine l'adaptation théâtrale du célèbre journal de sa fille Anne. Lassée par les invitations au suicide de son époux, Carson McCullers rentre en Amérique à la fin de l'été 1953. Reeves, resté seul et sans ressources en compagnie de leurs cinq chiens boxers, choisit d'en finir en avalant une dose massive de barbituriques dans un hôtel parisien. Il avait au préalable confié à l'écrivain Truman Capote, autre ami de sa femme qui se trouvait alors en France, le soin de s'occuper de ses funérailles. Quand ce dernier joint Carson au téléphone pour savoir ce qu'il doit faire de la dépouille de son mari, elle lui répond: « Gardez-le ! »
La charmante maison de brique de Carson McCullers à Bachivillers, située rue André-Rousselin près de l'église, a récemment été mise en vente par la municipalité pour le prix

d'une chambre de bonne à Saint-Germain-des-Prés. Si la demeure où a grandi la romancière, à Colombus, dans l'État de Géorgie, est devenue un musée et une résidence pour écrivains, l'ancien presbytère de l'Oise n'arbore pas la moindre plaque commémorative. Afin de savourer pleinement le climat sombre et mélancolique de l'œuvre de l'Américaine, on recommande de choisir un jour pluvieux pour visiter Bachivillers - qui a fusionné en 2019 avec Fresneaux-Montchevreuil pour former la commune nouvelle de Montchevreuil. Le village où vécut l'autrice de *La Ballade du café triste* ne possède aucun débit de boisson. Pour honorer dignement l'écrivaine, on ne saurait donc trop vous conseiller de vous munir d'un thermos de Sonnie Boy, le breuvage qui accompagnait ses séances d'écriture : 1/3 de sherry sec, 2/3 de thé chaud aux agrumes et quelques quartiers de citron.

4

GOUVIEUX

Gare : Chantilly-Gouvieux

Au nord-ouest de la forêt de Chantilly, la vallée de la Nonette recèle une mystérieuse principauté. Le domaine d'Aiglemont est le fief du prince Karim al-Hussaini, dit **Karim Aga Khan IV**. Descendant supposé d'Ali, le gendre du prophète Mahomet, il est le chef spirituel des ismaéliens nizârites, une communauté musulmane chiite forte d'une quinzaine de millions de membres dispersés dans vingt-cinq pays d'Asie et d'Afrique, à commencer par le Pakistan et le Tadjikistan. Depuis les années 1980, ce souverain sans État mais richissime, qui a grandi au Kenya avant d'étudier dans une pension suisse puis à Harvard, habite à Gouvieux dans un château du XVIIIe siècle.

Né en 1936, l'Aga Khan IV, qui porte un titre héréditaire créé au début du XIXe siècle, y mène une vie discrète, loin des frasques de son père Ali Khan, grand séducteur qui épousa l'actrice américaine Rita Hayworth et collectionna les « unes » tapageuses de la presse *people* jusqu'à sa mort au volant de sa Lancia, en 1960. L'actuel Aga Khan apprécie lui aussi les voitures de sport, mais il est surtout un grand amateur de chevaux de course. Installée sur son domaine de Gouvieux, à une poignée de kilomètres de l'hippodrome de Chantilly, son écurie est l'une des plus prestigieuses au monde : les chevaux de l'Aga Khan, dont les jockeys portent une casaque verte à épaulettes rouges, ont remporté à de nombreuses reprises les prix de l'Arc de Triomphe, de Diane ou du Jockey Club. Mais le dignitaire religieux consacre aussi une grande partie de son temps à la philanthropie. À Gouvieux est installé le siège de la délégation française de l'« Aga Khan Development Network », une vaste organisation qui investit près d'un milliard d'euros par an, principalement en Asie et en Afrique, en faveur de l'éducation, de la santé, du patrimoine et du développement économique.

Seuls les quelque 200 employés travaillant pour l'Aga Khan à Gouvieux ont le droit de pénétrer dans son domaine ultra-sécurisé de 80 hectares. Mais, avec un peu de chance, vous pourrez voir son hélicoptère s'envoler au-dessus de la forêt.

5

MORTEFONTAINE

Gare : Survilliers-Fosses (7 km)

Piquetés de bois et d'étangs, les environs de ce village du Valois nourrirent les rêveries du jeune Gérard Labrunie, au point que, devenu écrivain, il choisit pour pseudonyme le nom d'un lieu-dit de Mortefontaine, devenant **Gérard de Nerval**. Les paysages mystérieux du pays de son enfance ont infusé son recueil de nouvelles et de sonnets *Les Filles du feu*, l'une des œuvres les plus influentes de la littérature française, qui fut notamment vénérée par Proust, Colette ou la chanteuse Barbara.

Né à Paris en 1808, le petit Gérard, fils d'un médecin enrôlé dans l'armée napoléonienne, est envoyé en nourrice sur les terres de sa famille maternelle. Placé au hameau de Loisy à Ver-sur-Launette, commune limitrophe de Mortefontaine, il y hume le bon air pendant les deux premières années de sa vie.

Aussitôt après son sevrage, la mère de Gérard meurt; son père étant cantonné en Allemagne, le petit garçon est envoyé chez son grand-oncle maternel, Antoine Boucher, qui tient un cabaret-épicerie à Mortefontaine. Cet homme cultivé et curieux va initier son petit-neveu aux nombreuses légendes et superstitions de la région, l'emmenant faire de longues promenades à travers bois. Après la défaite de la Grande Armée, le père de Gérard rentre à Paris et l'enfant retourne vivre avec lui. Mais il reviendra passer de nombreux étés sur les terres ensorcelantes de son enfance. C'est là qu'à l'adolescence il se prend de passion pour les sciences occultes, après avoir découvert des livres cabalistiques dans le grenier de son grand-oncle. Bercé par cet univers fantastique, le jeune homme se met à écrire des poèmes. Un jour, sur le chemin de Plailly, non loin de la maison de son grand-oncle, il est ébloui en voyant passer la baronne Sophie de Feuchères, la maîtresse du dernier prince de Condé et propriétaire du château de Mortefontaine, qui traverse la forêt en amazone. Cette apparition lui inspirera le personnage d'Adrienne dans *Sylvie*, l'une des nouvelles des *Filles du feu*, qui narre le retour d'un Parisien originaire du Valois sur les terres de sa jeunesse.

Après ses études secondaires, Gérard Labrunie, plutôt que de devenir notaire comme le souhaiterait son père, se lance dans une vie de bohème et d'écriture. Il signe ses poèmes et ses pièces de théâtre «Gérard de Nerval», adoptant le nom d'un terrain de Mortefontaine appartenant à sa famille maternelle, le Clos Nerval. Dans les années 1840, frappé par de premiers épisodes psychotiques et lassé des «querelles vaines» et des «stériles agitations de Paris», l'écrivain quitte fréquemment la capitale pour se livrer à des pèlerinages dans le Valois. Ses crises de folie s'aggravant, c'est sur les conseils du docteur Blanche, un célèbre aliéniste dont il fréquente la clinique parisienne, qu'il rédige à partir de 1853 *Les Filles du feu*, puis *Aurélia*, ses chefs-d'œuvre dans lesquels apparaît souvent le pays de son enfance. Le médecin y voit un moyen pour son patient de se libérer de ses émotions; en mêlant le rêve à la réalité, ces textes préfigurent le surréalisme. Gérard de Nerval n'aura toutefois pas le temps de mesurer leur postérité: au début de l'année 1855, on le retrouve pendu à une grille dans une rue de Paris.

Mortefontaine a aujourd'hui perdu une grande partie de son charme: pour faire place à des rangées de pavillons, la maison du grand-oncle de Gérard de Nerval a été détruite dans les années 1960, comme plusieurs autres vieilles bâtisses du village. Afin de retrouver l'atmosphère envoûtante des promenades de l'écrivain en herbe, dirigez-vous plutôt, dans les environs, vers le parc Jean-Jacques-Rousseau d'Ermenonville, où le philosophe résida à la toute fin de sa vie, ou encore vers les ruines de l'abbaye royale de Chaalis. Sans oublier, à la lisière nord de la forêt d'Ermenonville, les rives de la Nonette, « cette chère petite rivière » où le petit Gérard pêchait des écrevisses.

6

BETZ

Gare : Crépy-en-Valois (11 km) ou Mareuil-sur-Ourcq (11 km)

Ce petit bourg du Valois abrite la villégiature favorite de **Mohammed VI** en dehors de son royaume. Très attaché à la commune, le roi du Maroc y séjourne deux à trois fois par an et a même confié qu'il ne se repose jamais aussi bien qu'ici.

Le château de Betz – qui se prononce « Bé » – fut acquis en 1972 par Hassan II, le père de l'actuel souverain marocain. Situé au cœur du village, cet édifice de style anglo-normand fut construit à la veille de la Grande Guerre à la place de l'ancienne résidence d'une princesse de Monaco, qui vécut à Betz à la fin du XVIIIe siècle. De cette époque subsiste en revanche le parc classé de 70 hectares entourant le château, qui fut dessiné par le célèbre peintre paysagiste Hubert Robert. On y trouve encore plusieurs des « fabriques de jardin » commandées par la princesse monégasque, comme un temple de l'Amitié, une chapelle néo-gothique et un obélisque célébrant l'indépendance des États-Unis. Depuis qu'il appartient aux souverains chérifiens, ce domaine des Lumières, au cœur duquel s'écoule la rivière Grivette, s'est enrichi de deux luxueux wagons-lits de la Belle Époque, d'un haras abritant des pur-sang arabes qui courent sur les hippodromes de Chantilly et de Compiègne, mais aussi, selon la rumeur, d'un abri antiatomique.

Malgré la fréquence de ses séjours à Betz, Mohammed VI n'a été aperçu qu'une seule fois dans les rues du village, à l'occasion d'une visite à la pharmacie puis au Coccimarket. La supérette jouit depuis d'un brevet officieux de fournisseur du souverain. On déconseille de séjourner à Betz en même temps que le monarque. Des dizaines de membres de sa garde personnelle patrouillent alors dans les rues, secondés par les gendarmes locaux, qui se montrent très suspicieux. Et en été, les 200 membres de sa cour, les immenses serres de légumes et les vastes jardins de son domaine consomment tellement d'eau que les robinets cessent parfois de couler dans le village, dont les ressources hydriques sont limitées. Mais le souverain alaouite sait se faire pardonner. Il a financé la restauration de la cloche de l'église et la construction d'un centre social, il subventionne le club de football et offre chaque été de luxueuses vacances au Maroc à une quinzaine de jeunes Bessins tirés au sort. Mohammed VI emploie aussi à l'année une vingtaine de jardiniers, femmes de ménage et palefreniers, qui, ayant signé une clause de confidentialité, conservent un silence absolu sur ce qui se passe au château.

Les hauts murs qui protègent le domaine tout le long de la rue de la Libération, l'artère principale du village, finiront de décourager les curieux. Depuis le méchoui donné en 2005 en l'honneur d'une association humanitaire, événement auquel furent conviés les habitants du village, les portes de la propriété demeurent obstinément closes pour les visiteurs non annoncés.

Coccimarket, 9, rue de la Libération, 60620 Betz

7

RHUIS

Gare : Longueil-Sainte-Marie (9 km)

Niché entre l'Oise et la forêt d'Halatte, au pied du plateau du Valois, ce village fut le fief du baron Bich, dont le stylo à bille, écoulé à 100 milliards d'exemplaires depuis sa création en 1950, est devenu une icône mondiale de la pop culture.

Né à Turin en 1914, **Marcello Bich** est issu d'une famille de notables du Val d'Aoste, qui a reçu son titre de noblesse en 1841 du roi Charles-Albert de Sardaigne. Arrivé à Paris avec sa famille après un revers de fortune de son père, un industriel, le jeune Italien est naturalisé français et rebaptisé Marcel. C'est à la Libération qu'il se lance dans la fabrication de stylos. Installé dans l'Oise depuis plusieurs années, le jeune baron acquiert au même moment, à Rhuis, le manoir Saint-Germain, une demeure construite entre le XIVᵉ et le XVIᵉ siècle, qu'il va patiemment restaurer. Selon la légende familiale, c'est en déambulant dans les allées du parc que l'industriel a un jour eu l'idée lumineuse du stylo à bille pour remplacer les fastidieux porte-plumes. En réalité, il a seulement racheté le brevet déposé en 1938 par deux frères hongrois, améliorant toutefois leur invention pour lancer en 1950 le stylo Bic Cristal – au moment de créer sa marque, le baron a supprimé le h final de son nom car les Anglo-Saxons le prononçaient « bitch », ce qui en anglais signifie garce. Permettant de tracer un trait continu de deux kilomètres et vendue à un prix dérisoire, cette pointe révolutionnaire va signer un raz-de-marée planétaire en simplifiant le quotidien de l'écriture. Suivront, sous l'emblème Bic, les mythiques stylos quatre couleurs, les briquets en plastique, les rasoirs jetables, des planches à voile et même des parfums jetables – le seul échec du baron. À la suite de l'introduction en bourse de son entreprise, le roi de l'éphémère s'offre une tonne d'or, ce qui lui vaut le surnom de « Bicsou ».

Père de onze enfants nés de trois mariages, cet industriel de pointe, qui fut aussi dans les années 1970 le premier non-anglophone à engager un voilier dans la mythique Coupe de l'America, s'est éteint au printemps 1994. Les obsèques du patriarche eurent lieu dans la petite église romane Saint-Gervais-Saint-Protais de Rhuis, dont il avait généreusement financé la restauration – faisant au passage sculpter sur une corniche de l'édifice le logo de son entreprise, un petit bonhomme à tête de bille se tenant devant un stylo Bic. La cérémonie fut bercée par les mélopées des Petits Chanteurs à la Croix de Bois, dont le baron, très croyant, assurait également le mécénat. Sa dalle funéraire *king size* est immanquable dans le minuscule cimetière qui jouxte l'église. En quittant les lieux, on pourra emprunter le chemin de Paradis, qui s'achève en cul-de-sac devant la grille du manoir des Bich. Gonzalve, petit-fils de « Bicsou » et actuel président du groupe Bic, y réunit de temps à autre des conseils de famille pour discuter des grandes orientations à venir. La propriété ne se visite pas, contrairement à l'usine de rasoirs jetables sise de l'autre côté de l'Oise, à Longueil-Sainte-Marie, qui ouvre parfois ses portes aux classes de collégiens et aux curieux.

Église et cimetière Saint-Gervais-Saint-Protais,
16, Grande Rue, 60410 Rhuis
Bic Rasoirs, rue du Port-Salut, 60126 Longueil-Sainte-Marie

8

VERDERONNE

Gare : Liancourt-Rantigny (5 km) ou Rieux-Angicourt (6 km)

Cette innocente commune rurale nichée dans les paysages ondulés du Clermontois fut au lendemain de la Seconde Guerre mondiale un épicentre intellectuel et mondain, une sorte de nébuleuse succursale de Saint-Germain-des-Prés, où se croisèrent icônes littéraires, égéries de la nuit et personnalités sulfureuses. Le compositeur américain d'origine russe **Nicolas Nabokov**, cousin germain de Vladimir, l'auteur de *Lolita*, possédait alors une résidence à Verderonne. Aux côtés de l'écrivain d'origine hongroise Arthur Koestler (voir p. 350), cet homme secret dirigeait le « Congrès pour la liberté de la culture » ; derrière cette appellation énigmatique se cachait une fondation financée par la CIA, chargée d'infiltrer les milieux intellectuels et artistiques en Europe de l'Ouest afin de contrer l'influence communiste. Dans les années 1950, parmi de nombreux visiteurs, l'agent de l'Amérique accueillit dans sa demeure de l'Oise le prix Nobel de littérature américain **William Faulkner**. L'auteur de *Tandis que j'agonise* voulait découvrir la campagne française et interroger les paysans de l'Oise sur la culture du maïs. En proie à une dépression, à des crises d'éthylisme et à une peine de cœur, Faulkner but du vin en quantité à la table de son hôte avant de décamper seul dans la nature. On partit à sa recherche pour

le retrouver à la nuit tombante, assis sur le capot d'un tracteur en train de haranguer en anglais quelques paysans effarés. Ces derniers ne surent jamais qu'ils avaient croisé le chemin de l'un des plus grands écrivains de tous les temps.
Une autre personnalité attachée à la commune est **Juliette Gréco**. À la Libération, cette jeune Parisienne devint l'amie de Boris Vian et la muse de Jean-Paul Sartre, qui lui écrivit ses premières chansons. Devenue une chanteuse et une actrice de premier plan, elle découvrit Verderonne grâce à l'autre reine de Saint-Germain-des-Prés, la journaliste et écrivaine Anne-Marie Cazalis, qui possédait une ancienne forge dans le village. Chaque week-end, cette dernière recevait en toute simplicité, dans cette annexe du Café de Flore, jusqu'à une cinquantaine d'invités du gotha intellectuel et artistique, comme les réalisateurs Louis Malle ou Roman Polanski. Au début des années 1960, Juliette Gréco a fini par acheter une gentilhommière dans le village, située rue de l'Église. Elle y a vécu avec l'acteur **Michel Piccoli**, épousé en 1966 à la mairie de Verderonne. Un peu plus tôt, l'égérie de la rive gauche, qui est décédée en 2020, avait emmené dans sa propriété de l'Oise une autre de ses conquêtes, Christian de La Mazière. Ce personnage controversé, qui combattit au sein de la division SS Charlemagne à la fin de la Seconde Guerre mondiale avant de devenir un influent attaché de presse pour le cinéma, a publié en 1972 des mémoires à succès intitulés *Le Rêveur casqué*. D'autres personnalités casquées ont fréquenté les environs de Verderonne : à Pont-Sainte-Maxence, l'un des membres du duo de musique électronique **Daft Punk**, aujourd'hui séparé, a un temps possédé une propriété située rue Fould-Stern, dans le quartier de Sarron.

9

ARSY

Gare : Remy (5 km)

Dans une maisonnette de ce village rustique est née en 1864 une figure de l'art brut, **Séraphine de Senlis**. Cette peintre a bâti une œuvre fantasmagorique au climat étrange, débordant de fleurs, de fruits, de flammes et de plumes. Des tableaux rayonnant de lumière et de couleurs qui contrastent avec sa sombre existence.

Fille de paysans pauvres, la petite Séraphine Louis perd sa mère le jour de son premier anniversaire, puis son père à l'âge de 6 ans. Elle est alors recueillie par sa sœur aînée et son beau-frère, qui ne peuvent lui donner à manger que quelques légumes du jardin. Très tôt attirée par la religion, la petite fille fréquente à l'aube la messe des servantes dans la petite église d'Arsy. Après l'école, elle garde les bêtes des fermes voisines. À l'adolescence, Séraphine devient domestique dans une maison de Compiègne puis dans un couvent de Clermont-de-l'Oise. C'est vers la quarantaine qu'elle s'installe à Senlis, où elle fait des ménages, qu'elle appelle «les travaux noirs». Cette femme solitaire, toujours vêtue de noir, s'est alors déjà lancée dans la peinture en autodidacte. Elle expliquera y avoir été encouragée par un ange. La nuit, à la lumière d'une bougie, Séraphine peint à genoux, en chantant à tue-tête, des motifs floraux foisonnants sur des bouts de carton ou de la vaisselle. Se disant guidée par la voix de Dieu et la main des anges, elle s'inspire de planches botaniques, mais aussi d'images pieuses et des vitraux de la cathédrale de Senlis. Pour réaliser ses tableaux extatiques, la femme de ménage prépare elle-même ses couleurs à partir de peinture Ripolin qu'elle mélange avec d'autres produits: pour obtenir son rouge éclatant, elle utilise ainsi du sang de porc et de la cire de cierge.

Dans son quartier, rue du Puits-Tiphaine, les peintures de Séraphine lui valent avant tout des moqueries. Mais en 1912, un grand collectionneur et marchand d'art allemand installé à Senlis, Wilhelm Uhde, qui a déjà contribué à faire connaître l'art naïf du Douanier Rousseau, découvre par hasard l'une de ses œuvres. Il l'encourage, lui achète des toiles de grandes dimensions, et commence à la faire connaître dans le monde de l'art lorsque éclate la Première Guerre mondiale. En tant que ressortissant d'un pays ennemi, Uhde est contraint de rentrer en Allemagne. C'est seulement en 1927 que, de retour en France, il reprend contact avec Séraphine et organise une exposition de ses tableaux. Le succès de celle que les milieux artistiques baptisent «Séraphine de Senlis» est fulgurant. La femme de ménage sexagénaire peut enfin se consacrer entièrement à son art. Mais cette consécration tardive ne va durer que quelques années : à la suite de la crise de 1929, le marché de l'art s'effondre. Amère, Séraphine développe un sentiment de persécution, qui finit par virer à la psychose. En 1932, à 68 ans, elle est internée à l'asile de Clermont-de-l'Oise, où elle cesse de pratiquer son art. Alors que ses toiles commencent à être exposées dans les plus grands musées à travers le monde, Séraphine sombre dans le dénuement le plus complet. Durant la Seconde Guerre mondiale, les pensionnaires des asiles ne reçoivent presque rien à manger (voir Camille Claudel, p. 241) et Séraphine est contrainte de se nourrir d'herbe et de détritus. Elle meurt de faim en décembre 1942 dans une annexe de l'hôpital psychiatrique de Clermont, à Erquery, à une vingtaine de kilomètres de son village natal d'Arsy. L'artiste est inhumée dans le carré des indigents du cimetière de Clermont, de façon anonyme, alors qu'elle avait demandé à voir figurer sur sa tombe cette épitaphe : «Ici repose Séraphine Louis, sans rivale, et attendant la résurrection bienheureuse.»

Au bout d'une allée d'arbres, la verdoyante place de l'église d'Arsy, où la petite Séraphine connut ses premiers élans religieux, dégage un charme assez prenant. À l'écart du centre du village, au début de la rue de Picardie, il faut entrer dans la cour d'une petite ferme en briques pour apercevoir le modeste logis d'enfance de l'artiste maudite.

10

VIEUX-MOULIN

Gare : Compiègne (10 km)

Le singulier clocher du village, aux allures de pagode, fut immortalisé en 1916 par le célèbre peintre montmartrois Maurice Utrillo. Le gangster **Jacques Mesrine** est lui aussi tombé sous le charme de cette localité nichée dans la forêt de Compiègne, qu'il choisit pour se mettre au vert à la fin des années 1960.

S'il n'est pas encore «l'ennemi public numéro 1», ce fils de commerçants aisés a déjà de nombreux hold-up à son actif lorsqu'il s'installe à Vieux-Moulin au printemps 1967. Avec sa nouvelle compagne, l'ex-call-girl Jeanne Schneider, Mesrine y reprend en gérance l'auberge du Mont-Saint-Mard, un établissement de bonne tenue à la lisière d'une splendide futaie de chênes tricentenaires. Jugeant le décor trop guindé, il conçoit un cadre rustique avec tomettes, chaises en paille et tables de bois au vernis clair. Très exigeant sur la qualité des plats servis aux clients, le bandit-restaurateur se lève aux aurores pour aller choisir ses produits aux Halles de Paris et passe volontiers derrière les fourneaux. En salle, il donne des conseils pointus sur les vins à une clientèle de notables, parmi lesquels quelques magistrats et autres hommes de loi. Au début, seul le calibre 38 caché dans le tiroir-caisse dénote une gestion peu orthodoxe. L'ancien catcheur Chéri Bibi, qui monte continuellement la garde, ne passe pas non plus inaperçu. Mais l'auberge ne tarde pas à se transformer en tripot, puis en maison de passe peuplée de « serveuses montantes ». À la mairie affluent les plaintes d'habitantes dont les époux dilapideraient au jeu l'argent du foyer. Une nuit, à la suite de coups de feu, madame la maire intervient à l'auberge où, dans la salle dévastée et jonchée de bouteilles de champagne vides, elle découvre Mesrine en pleine partie de strip poker. Suite à une mise en demeure des propriétaires, l'établissement doit bientôt fermer. Le gangster, qui ne sera resté que cinq mois à la tête de l'auberge, renoue alors avec le crime. Après une escapade de plusieurs années au Québec, où, avec Jeanne Schneider, il kidnappe un millionnaire handicapé, Mesrine rentre en France en 1972. À la faveur de quelques braquages audacieux et autres évasions spectaculaires, il devient une figure médiatique du grand banditisme, dont les frasques tiennent la France en haleine. Durant ses cavales, le malfrat se cachera souvent dans les environs de Vieux-Moulin. Jusqu'à ce jour de novembre 1979 où, porte de Clignancourt, à Paris, Jacques Mesrine est abattu au volant de sa BMW de dix-huit balles tirées par les policiers de la BRI.

Si l'auberge du Mont-Saint-Mard est toujours en activité, le chapitre historique figurant sur le menu fait l'impasse sur le passage du gangster. Mais tendez l'oreille : il arrive que certains de ses anciens acolytes s'y rendent en pèlerinage, abreuvant le patron d'anecdotes inédites sur « l'homme aux mille visages ». Le décor actuel, qui évoque un restaurant d'entreprise pour cadres dirigeants, fait regretter le cachet rustique d'antan. Seuls les posters de cerfs aux aguets dans la forêt évoquent à leur manière la bête traquée par toutes les polices de France. L'établissement organise aussi des rencontres littéraires, mais aucune d'entre elles n'a à ce jour été consacrée à *L'Instinct de mort*, l'autobiographie à succès de Jacques Mesrine.

Auberge du Mont-Saint-Mard,
2, route Eugénie, 60350 Vieux-Moulin

11

MAREST-SUR-MATZ

Gare : Thourotte (6 km)

Ce sobre village de la plaine picarde a couvé la première star internationale du sport féminin : la reine du tennis **Suzanne Lenglen**, qui, dans les années 1920, était surnommée « la Divine ». Son jeu aérien et sa *touch of class* sur les courts firent d'elle une icône des Années folles, à l'égal de Joséphine Baker ou Mistinguett.

Fille d'un couple de rentiers parisiens, la future championne est née dans la capitale en 1899. Six ans plus tard, après la mort du petit frère de Suzanne, victime d'une méningite, les Lenglen décident de s'installer à la campagne pour préserver la santé de leur fille, qui souffre elle-même de rhumes et de migraines chroniques. Ils acquièrent alors à Marest, route de Compiègne, une belle propriété picarde en briques, entourée d'un parc traversé par le Matz, un affluent de l'Oise. Suzanne va connaître une enfance idyllique dans ce vaste jardin rempli de roses et de peupliers, qu'elle parcourt juchée sur des échasses ou sur le dos de son âne Bob. Pour renforcer la constitution fragile de sa fille, Charles Lenglen, qui est un cycliste aguerri, l'initie à une myriade d'activités sportives, natation, équitation, saut en hauteur, golf, tir à l'arc... Lorsque Suzanne a 11 ans, il lui offre une raquette de tennis, achetée dans un magasin de

Compiègne. La fillette affichant d'emblée une jolie frappe de balle, Charles décide de la soumettre à un entraînement intensif, pour en faire une championne de ce sport alors réservé à la haute société oisive. Sur le court en terre battue qu'il a aménagé dans sa propriété, il dispose des mouchoirs et des chapeaux, offrant à Suzanne une pièce à chaque fois qu'elle touche une cible depuis l'autre côté du filet. Bientôt, la jeune fille écume les tournois de la région. À 13 ans, elle devient championne de Picardie. Et à 15 ans, au printemps 1914, elle remporte le championnat du monde sur terre battue, disputé à Saint-Cloud. L'adolescente au jeu révolutionnaire, puissant et subtil à la fois, devient la coqueluche de la presse sportive et du public. Mais sa carrière météorique est aussitôt interrompue par le déclenchement de la Première Guerre mondiale. À l'été 1914, les Lenglen fuient Marest-sur-Matz devant l'avancée des soldats allemands, qui vont piller et endommager leur propriété. Ils se réfugient à Nice, où, malgré la suspension des compétitions, Suzanne s'entraîne d'arrache-pied durant tout le conflit, affrontant des officiers en permission sur la Côte d'Azur. Entre la reprise des tournois, en 1919, et sa semi-retraite précoce, en 1926, date après laquelle elle ne disputera plus que de lucratives rencontres d'exhibition, la « championne des championnes » n'a perdu qu'un seul match, en 1921, lors des Internationaux des États-Unis : malade après avoir souffert du mal de mer pendant toute la traversée de l'Atlantique, elle fut contrainte d'abandonner.
Dans l'intervalle, Suzanne Lenglen s'est notamment imposée à six reprises à Wimbledon, électrisant les foules et les têtes couronnées avec ses volées bondissantes, immortalisées par son ami le photographe Jacques Henri Lartigue. Elle a aussi révolutionné la tenue des tenniswomen, remisant les robes longues au profit de jupes plissées sous le genou et de chemisettes dévoilant ses avant-bras, sans oublier ses turbans iconiques retenant sa chevelure noire. Un style que son couturier favori, Jean Patou, baptisa la « mode Lenglen ». « La Divine » rentrait parfois sur le court en manteau de fourrure blanche, maquillée et parée de colliers. Elle détonnait aussi en avalant quelques lampées de cognac lors des changements de côté.
Après avoir définitivement remisé ses raquettes, en 1928, Suzanne Lenglen a mené une vie mondaine à Paris, dessinant

des tenues sportives pour des maisons de couture et apparaissant dans des publicités. Victime d'une leucémie foudroyante, la diva des courts s'est éteinte en 1938, à l'âge de 39 ans. Elle repose au cimetière de Saint-Ouen. Marest-sur-Matz, où Suzanne avait revendu la propriété familiale en 1925, n'a à ce jour toujours pas donné le nom de la championne à l'une de ses rues, contrairement à de nombreuses communes françaises.

AISNE

12

VILLENEUVE-SUR-FÈRE

Gare : Château-Thierry (21 km)

Paul Claudel a fait cette promotion de son village natal : « Il y pleut beaucoup, et quand il y pleut, c'est durement, violemment. » L'auteur du *Soulier de satin* et de *Partage de midi* en resservit une louche en évoquant « un vent terrible qui fait tourner sans arrêt le coq du clocher ». Cette commune du Tardenois au microclimat exigeant vit aussi grandir sa sœur **Camille Claudel**, reconnue bien tard comme une sculptrice de génie.

Camille est née quatre ans avant Paul, en 1864, dans le village voisin de Fère-en-Tardenois, où leur père, un fonctionnaire des impôts affecté dans la commune, avait épousé la fille du médecin local. La famille Claudel s'installe bientôt à Villeneuve-sur-Fère, dans l'ancien presbytère du XVIIIe siècle, où naît Paul. Frère et sœur ont respectivement vécu dans le village jusqu'à 8 et 12 ans. S'éveillant à la beauté sévère du pays, Camille commence à modeler la glaise dès l'enfance. Tout aussi précoce, Paul écrit ses premiers poèmes à Villeneuve : « C'est là que mon cœur et mon esprit se sont ouverts à la fois à la religion et à la poésie », écrira-t-il au sujet de ce « rude et austère pays [...] de gros labours et de forêts ». En 1876, leur père est muté à Nogent-sur-Seine, dans l'Aube. Puis, à ses 18 ans, Camille persuade sa famille de déménager à Paris, car elle souhaite y prendre des cours auprès des plus grands sculpteurs de l'époque. Parmi eux, Auguste Rodin, dont la jeune femme va devenir, après l'élève, la collaboratrice, la maîtresse et la muse. Après leur rupture traumatisante, en 1892, Camille accusera Rodin de nuire à sa carrière. Ne recevant pas la reconnaissance que mériteraient ses œuvres passionnées, comme *La Valse* ou *L'Âge mur*, la sculptrice développe peu à peu un délire de persécution, jusqu'à vivre en recluse dans son atelier parisien. Paul Claudel, qui, après s'être converti au catholicisme à 18 ans, est pour sa part devenu un dramaturge célébré par la critique doublé d'un brillant diplomate, craint un scandale qui pourrait nuire à sa carrière : en 1913, à la mort de leur père, qui était le dernier soutien de Camille, il fait interner sa sœur, alors âgée de 48 ans. Souffrant selon un médecin de « démence paranoïde », la sculptrice va être enfermée à l'asile d'aliénés – on ne parle pas encore d'hôpital psychiatrique – de Montfavet, près d'Avignon. Elle y passera les trente dernières années de sa vie dans l'isolement et le dénuement les plus complets, sans jamais retoucher à la glaise. Les souvenirs heureux de son enfance constituent l'un de ses rares réconforts, et Camille supplie sa famille de la faire sortir pour qu'elle puisse revoir le Tardenois. « Quel bonheur si je pouvais me retrouver à Villeneuve, ce joli Villeneuve qui n'a rien de pareil sur la Terre », écrit-elle à son frère, qui restera sourd à ses prières. Elle meurt à l'asile de Montfavet en 1943, à l'âge de 78 ans, des suites de la dénutrition qui a fait des dizaines de milliers de victimes dans les établissements psychiatriques français durant la Seconde Guerre mondiale. Paul et les autres membres de la famille Claudel ne font pas le déplacement pour ses obsèques, et omettent de financer une sépulture. La dépouille de Camille sera jetée dans la fosse commune du cimetière de Montfavet.

À Villeneuve-sur-Fère, comme dans les dictionnaires, la mémoire de la sculptrice fut longtemps occultée par celle de son frère. Il a fallu attendre la fin des années 1980, et le succès de *Camille Claudel*, un film de Bruno Nuytten dans lequel Isabelle Adjani interprète l'artiste maudite, pour qu'elle connaisse une gloire posthume dans le monde entier et soit enfin mentionnée par les offices de tourisme de son pays natal. À Villeneuve, un circuit «Sur les pas de Camille et Paul Claudel» retrace désormais la promenade préférée de leur enfance, jusqu'à la Hottée du Diable, un chaos de rochers de grès dans lesquels la petite fille voyait autant de sculptures tourmentées. Quant à l'ancienne maison des Claudel, tout près de l'église du village, elle abrite depuis quelques années un petit musée ouvert à la belle saison, consacré à «la formation à la sensibilité artistique de ces deux artistes de renommée mondiale au contact de la terre du Tardenois». On y trouve notamment un *Buste de Diane*, œuvre de jeunesse de Camille Claudel. Pour les admirateurs de la sculptrice, rien n'égale toutefois en émotion le musée de l'hôpital psychiatrique de Montfavet, où est exposé son livre de messe. Les chants religieux consignés dans ces pages firent vibrer en elle l'espoir de fouler à nouveau la bruyère sous le ciel de Villeneuve.

Maison de Camille et Paul Claudel,
42, place Paul-Claudel, 02130 Villeneuve-sur-Fère

13

BERRY-AU-BAC

Gare : Aguilcourt-Variscourt (9 km)

Lorsqu'il vint à Paris au printemps 1922 pour exposer sa théorie de la relativité générale, **Albert Einstein** émit le souhait de visiter les régions dévastées par la Grande Guerre. Parmi les visions glaçantes de ce voyage le long des tranchées de la Marne et de l'Aisne, son passage par le village meurtri de Berry-au-Bac a durablement marqué le génie allemand de la physique.

Un dimanche d'avril à l'aube, après avoir donné sa dernière conférence au Collège de France, Einstein part en voiture vers la Champagne en compagnie de quelques scientifiques parisiens – l'un d'eux racontera cette expédition dans l'hebdomadaire *L'Illustration*. Parvenu dans la région de Reims, le petit groupe découvre des paysages aux plaies toujours béantes : champs labourés par les obus, villages rasés, arbres calcinés.

Un décor qui confirme le dégoût du savant allemand pour le militarisme, ce « cancer de la civilisation », et l'armée, « la pire des institutions grégaires ». Enveloppé dans son manteau gris boutonné jusqu'au col, avec son chapeau d'artiste à large bord et sa petite pipe de bruyère, Einstein s'arrête une première fois devant les maisons détruites du village de Dormans, défiguré par la bataille de la Marne. À Reims, le physicien indigné médite ensuite longuement dans la cathédrale Notre-Dame en ruine, dont la voûte s'est effondrée sous les coups des obus allemands. Au cours du déjeuner dans un restaurant de la ville, il se détend un peu mais n'est pas d'humeur à goûter au champagne : « Je n'ai pas besoin de vin pour que mon cerveau connaisse la griserie intellectuelle », déclare-t-il en le humant seulement. Einstein et ses camarades reprennent la route en direction du Chemin des Dames, théâtre de l'une des batailles les plus acharnées de la Grande Guerre. Ainsi arrivent-ils à Berry-au-Bac, commune dévastée où la « guerre souterraine » a sévi avec une violence particulière. Des sapeurs creusaient des galeries sous les tranchées ennemies avant d'y entasser des quantités considérables d'explosifs ; sur la « cote 108 », à Berry, l'explosion de 5 tonnes de cheddite sous les lignes allemandes a creusé un gigantesque entonnoir. Einstein pose pour un photographe devant ce cratère de 40 mètres de diamètre et 80 mètres de profondeur, le plus grand de tout le front français. Un spectacle qui plonge le physicien dans un abîme de réflexion. Classé monument historique, le site est longtemps resté fermé au public. Depuis quelques années, une association y organise ponctuellement des visites guidées, en partenariat avec le musée du Chemin des Dames.

À son retour à Berlin, Einstein se voit reprocher son voyage en terre ennemie par les nationalistes allemands. Le savant pacifiste, juif de surcroît, reçoit même des menaces de mort. À la fin de cette année 1922, il se console un peu en obtenant le prix Nobel de physique. Onze ans plus tard, l'arrivée des nazis au pouvoir le contraindra à s'exiler aux États-Unis.

Albert Einstein n'a pas participé à l'élaboration de la bombe atomique américaine, mais il a ouvert le champ théorique qui a rendu sa fabrication possible. À la veille de la Seconde Guerre mondiale, le physicien hongrois Leo Szilard le persuade d'écrire au président Roosevelt pour l'avertir des intentions belliqueuses de l'Allemagne en matière nucléaire et l'inciter à se doter d'une bombe atomique avant les nazis. Après réception du courrier d'Einstein, Franklin Roosevelt esquisse le « projet Manhattan », qui permettra aux États-Unis d'acquérir l'arme nucléaire en 1945. Le génie allemand regrettera cette lettre jusqu'à la fin de ses jours. Après la Seconde Guerre mondiale, questionné lors d'un dîner sur l'évolution de l'armement, il aura cette réponse : « Je ne sais pas comment on fera la Troisième Guerre mondiale, mais je sais quelles armes on utilisera pour la Quatrième : des pierres et des bâtons ! »

Renseignements sur les visites de la « cote 108 » auprès de La Caverne du Dragon – Musée du Chemin des Dames, RD 18 Chemin des Dames, 02160 Oulches-la-Vallée-Foulon

14

NANTEUIL-LA-FOSSE

Gare : Margival (6 km)

Voilà un nom de village qui résonne singulièrement, surtout lorsqu'on apprend que le docteur Guillotin, l'homme qui a donné son nom à la guillotine, séjournait souvent dans cette placide localité betteravière.

Contrairement à une idée reçue, le médecin et homme politique **Joseph Ignace Guillotin** n'est pas l'inventeur de la sinistre machine à décapitation. Mais il en fut le grand promoteur. Élu député de Paris au début de la Révolution française, ce franc-maçon acquis aux idées des Lumières plaide pour que tous les condamnés à mort soient exécutés de la même façon – jusqu'alors, si les nobles étaient décapités, les roturiers étaient pendus, tandis que les régicides étaient écartelés et les faux-monnayeurs bouillis vifs dans un chaudron. Pour minimiser leurs souffrances, Guillotin milite à l'Assemblée pour qu'ils soient désormais tous décapités, et par un appareil mécanique plutôt que par l'épée d'un bourreau, qui doit parfois s'y reprendre à plusieurs fois. Après le vote d'une loi en ce sens à l'automne 1791, un chirurgien militaire du nom d'Antoine Louis met au point la fameuse machine dotée d'une lame coulissante, qui va recevoir de nombreux surnoms : « le rasoir national », « le moulin à silence », « le raccourcissement patriotique », « la cravate à Capet », ou encore, sous la plume de Chateaubriand, « la mécanique sépulcrale ». Mais très vite s'impose le terme de « guillotine », au grand dam de l'intéressé. Affligé que son nom soit associé à une machine donnant la mort, Guillotin déplore aussi l'usage intensif qu'en font ses collègues révolutionnaires. Fuyant Paris durant la Terreur, il trouve refuge au château de La Quincy, à Nanteuil-La-Fosse. Dans cette demeure du XVIIe siècle appartenant à son grand ami Edme-Claude Bourru, professeur à la faculté de médecine de Paris et spécialiste des maladies vénériennes, il retrouve une forme de sérénité. Cette retraite dans l'Aisne lui permet d'échapper à la mode douteuse qui sévit alors dans la capitale : des guillotines miniatures sont détournées en objets de décoration ou en boucles d'oreilles. Aux bonnes tables de l'aristocratie, un jeu occupe les mondains en fin de repas : à l'aide d'un modèle réduit de guillotine, on décapite des poupées à l'effigie de Robespierre ou de Marat, qui libèrent alors un liquide rougeâtre – en réalité une liqueur ambrée au doux parfum, dans laquelle les élégantes s'empressent de tremper leur mouchoir.

Le riche imaginaire entourant l'engin fatal qui porte son nom a escamoté le rôle majeur qu'a ensuite joué le docteur Guillotin dans la promotion de la pratique nouvelle de la vaccination, alors utilisée pour lutter contre la variole. Hélas pour ce Pasteur avant l'heure, président du « Comité central de vaccine » sous Napoléon Ier, sa profonde compassion pour ses semblables ne lui a pas épargné une fin atroce. Frappé au printemps 1814 par l'anthrax, couvert de plaques violettes, il est durant des semaines secoué de fièvres délirantes et de nausées avant de s'éteindre à son domicile parisien. Lors de son enterrement au Père-Lachaise – où sa tombe a depuis disparu –, son ami le professeur Bourru est l'une des rares personnes présentes. C'est lui qui prononce alors l'éloge funèbre de cet homme de bien, auquel Victor Hugo rendra justice en le qualifiant de « philanthrope » dans la préface de son réquisitoire contre la peine de mort, *Le Dernier Jour d'un condamné*.

À Nanteuil-la-Fosse, qui est situé au pied du plateau du Chemin des Dames, le château de La Quincy a été détruit par les combats de la Grande Guerre. Reconstruit en 1925, il propose aujourd'hui des chambres d'hôtes à ceux qui voudraient tester la retraite du docteur Guillotin. Mais gare aux cauchemars les soirs pluvieux, où pourraient vous hanter ces mots prononcés sous la Terreur par Fouquier-Tinville, l'accusateur public du Tribunal révolutionnaire : « Les têtes tombent comme des ardoises par temps d'orage ! »

—

Gîte de La Quincy, accès par la D423, 02880 Nanteuil-la-Fosse

15

CERNY-LÈS-BUCY

Gare : Laon (6 km)

La campagne bourdonnante du Laonnois fut comparée à la Toscane par l'éminent géographe Vidal de La Blache. Une autre personnalité au pedigree nettement plus encombrant compta parmi ses admirateurs : **Adolf Hitler** s'est rendu à de nombreuses reprises dans la région, dont il appréciait particulièrement les paysages.

Durant la Première Guerre mondiale, le nord de l'Aisne est occupé par l'armée allemande. De novembre 1917 à janvier 1918, puis à nouveau en février et mars 1918, le régiment du soldat de première classe Hitler prend ainsi ses quartiers à Cerny-lès-Bucy. L'Autrichien de 28 ans, engagé volontaire dans l'armée allemande, loge dans une grande ferme de la commune. Son passage dans cette maison forte du XVe siècle, dans la cour de laquelle s'élève une élégante tour carrée, va le marquer profondément. Tout comme les paysages de l'Aisne, que ce peintre contrarié – il a échoué à deux reprises au concours d'entrée aux Beaux-Arts de Vienne – fixe sur des aquarelles au gré de ses promenades durant ses jours de repos. Deux décennies plus tard, la Wehrmacht vient à peine d'écraser l'armée française qu'Hitler s'offre un pèlerinage sur les lieux enchanteurs de sa jeunesse, les 25 et 26 juin 1940. Un reportage photo documente cette visite : après un passage par la cathédrale de Laon, le Führer retrouve la ferme fortifiée de Cerny, arpentant la cour en compagnie d'officiers de son état-major. Il se rend ensuite dans la ravissante église du village voisin de Montbavin, pour une raison inconnue – l'entrée d'un mystérieux passage souterrain à proximité laisse toutefois deviner une position militaire. Hitler achève son parcours mémoriel dans le Laonnois par la visite du fort de Laniscourt, construit à la fin du XIXe siècle, avec ses casemates dans lesquelles l'armée allemande stockait des vivres et du matériel durant la Grande Guerre. Deux jours plus tard, le Führer s'offre une autre virée en territoire conquis : immortalisée par le même photographe qui l'avait suivi dans l'Aisne, sa visite éclair à Paris, durant laquelle il enchaîne l'Opéra, le Trocadéro, l'Arc de Triomphe, les Invalides, le Panthéon, la Sainte-Chapelle, la place des Vosges et le Sacré-Cœur en à peine plus de deux heures, est quant à elle entrée dans l'histoire. En 1942, lorsque Hitler décide de se faire construire un quartier général en France pour faire face à la menace d'un débarquement allié, il songe tout naturellement à l'Aisne. Le site qu'il finit par retenir est le bois de Margival, à une trentaine de kilomètres au sud-ouest de Cerny-lès-Bucy. Dix-huit mois de travaux, menés par plus de 20 000 prisonniers de guerre et ouvriers français, sont nécessaires pour faire sortir de terre près de 900 ouvrages bétonnés, dont 500 bunkers protégeant le site. Un chalet fortifié, décoré d'un bas-relief montrant Napoléon à cheval et agrémenté d'une piscine, est réservé au Führer. Nom de code de ce complexe militaire : W2, pour Wolfsschlucht 2, soit « le Ravin du loup 2 » – Hitler aimait se comparer à cet animal et avait déjà nommé son QG de Rastenburg, en Prusse-Orientale, « la Tanière du Loup ». Le Führer ne se rendra finalement dans le quartier général picard qu'à une seule reprise, une dizaine de jours après le débarquement de Normandie. Il estime alors que son repaire n'est pas assez sûr, la France étant « remplie de terroristes ». Au W2 se déroulera toutefois un épisode non négligeable quelques semaines plus tard. À la mi-août, alors que les Alliés s'apprêtent à libérer Paris, Hitler décide de détruire la Ville Lumière. Furieux que le général von Choltitz, le gouverneur militaire de la capitale, s'y refuse, il envoie au

général Speidel, l'un des commandants du front de l'Ouest, qui se trouve alors au W2, un message lui ordonnant de lancer toutes les fusées V1 et V2 de l'armée allemande sur Paris. Par chance, Speidel choisit de ne pas transmettre l'ordre. C'est donc dans le bois de Margival que Paris fut sauvé une seconde fois. Après la guerre, le W2, demeuré intact, a été utilisé par l'OTAN, puis par l'armée française, qui y forma des soldats des forces spéciales jusqu'à la fin des années 1990. Une association s'attache désormais à préserver ce village de béton. Elle organise des visites sur rendez-vous pour les amateurs d'histoire et d'architecture brutaliste. En revanche, l'immense ferme de Cerny-lès-Bucy où résida Hitler, qui n'est plus en exploitation, ne se visite pas. Mais la stature imposante de ses bâtiments est difficile à rater lorsqu'on se promène dans les rues du village.
Enfin, l'embarrassant amoureux de l'Aisne n'aurait pas seulement hanté ses champs et frôlé ses vieilles pierres au cours de la Première Guerre mondiale. Peu avant de mourir, à la fin des années 1940, une habitante de Seboncourt, à une cinquantaine de kilomètres au nord de Laon, raconta à son fils, né en mars 1918, qu'il était issu de sa liaison avec un soldat allemand à moustache. Elle avait été séduite par ce jeune peintre «jaloux, mais aussi attentif, blagueur et appréciant le vin français». À la fin de sa vie, en 1981, le cheminot picard Jean-Marie Loret révéla cette filiation présumée dans un livre intitulé *Ton père s'appelait… Adolf Hitler.*

Association de sauvegarde du Wolfsschlucht 2 : renseignements auprès de la mairie de Laffaux, 1, place Cholon, 02880 Laffaux

16

AUBENTON

Gare : Hirson (14 km) ou Liart (15 km)

Avec son musée Jean-Mermoz, sa salle des fêtes Jean-Mermoz et son bar-tabac Le Mermoz, ce modeste village de Thiérache ne saurait être accusé de négliger son héros. Né à Aubenton en

1901, le grand aviateur n'y a pourtant passé que sa toute petite enfance, à l'hôtel du Lion d'or, aujourd'hui disparu, où son père était maître d'hôtel. Après une violente dispute conjugale, la mère de Jean emmena son fils, seulement âgé de 18 mois, chez ses parents à Mainbressy, à une vingtaine de kilomètres.
Aux côtés d'Antoine de Saint-Exupéry, **Jean Mermoz** deviendra dans l'entre-deux-guerres l'un des pionniers de l'Aéropostale. Fait prisonnier dans le désert mauritanien après une panne de moteur lors d'une liaison Casablanca-Dakar, en perdition durant la traversée de la cordillère des Andes ou naufragé en Méditerranée, l'aviateur frôle cent fois la mort. Ses exploits, comme ses nombreuses traversées de l'Atlantique Sud ou son record du monde de distance en hydravion, font de lui une légende. Mais « l'Archange » n'oublie pas son village natal, revenant pour des fêtes du pays ou atterrissant un jour dans un champ d'Aubenton.
« L'accident, pour nous, ce serait de mourir dans un lit », déclara un jour Mermoz. Le 7 décembre 1936, à 34 ans, il sombre dans l'Atlantique Sud aux commandes de la Croix-du-Sud, son hydravion Latécoère. On ne retrouvera aucune trace de l'appareil ni de son équipage. Sa disparition suscite en France une immense émotion : parmi une liste infinie d'hommages, Air France décide de faire porter une cravate noire à ses pilotes en signe de deuil – une tradition qui s'est perpétuée jusqu'à récemment, les pilotes pouvant désormais opter pour du bleu marine.
À Aubenton, une plaque a été apposée sur la façade de la maison sans charme qui a remplacé l'ancien hôtel du Lion d'or, au 2 rue Jean-Mermoz. Sous un médaillon représentant le profil conquérant du pilote, on lit : « Jean Mermoz, gloire de l'aviation française, disparu dans l'Atlantique Sud en décembre 1936, est né dans cette maison le neuf décembre 1901. » De l'autre côté de la rue, le musée qui lui est consacré présente notamment son berceau, sa robe de baptême et des archives familiales, et organise régulièrement des ateliers d'origami pour concevoir des avions en papier.

Musée Jean-Mermoz, 2, rue du Jeton, 02500 Aubenton

17

BOHAIN-EN-VERMANDOIS

Gare : Bohain

C'est la beauté de ses étoffes qui fit la gloire de cette ancienne cité textile. Parmi ses clients les plus célèbres, on trouve Napoléon Ier, qui commanda à un tisseur local un châle en soie pour Joséphine, ou Coco Chanel, qui s'y fournissait en tissus d'exception pour certaines de ses créations. Les motifs floraux ou géométriques de ces imprimés aux couleurs vives ont aussi exercé une influence décisive sur l'un des fondateurs du fauvisme, le peintre **Henri Matisse**, qui a passé toute sa jeunesse à Bohain.

Né en 1869 à une quinzaine de kilomètres de là, dans la maison de ses grands-parents maternels au Cateau-Cambrésis, Henri est le fils d'un couple de commerçants aisés qui tiennent une graineterie à Bohain. Dans un recoin du magasin familial, « Aux graines d'élite », Mme Matisse vend aussi des couleurs aux peintres amateurs de la région. Cela ne suffit pas à déclencher une vocation picturale précoce chez son fils, même si, au collège, Henri démontre des facilités en cours de dessin. Il est surtout fasciné par les couleurs et les motifs des tissus fabriqués dans les ateliers voisins, et entame une collection d'échantillons, où ceux de la prestigieuse maison Rodier occupent une place de choix. Mais ses parents l'imaginent juriste. Après avoir achevé ses études secondaires, le jeune homme devient, sans enthousiasme, clerc d'avoué à Saint-Quentin. C'est une opération de l'intestin, subie à 21 ans à la suite de crises de colite chroniques, qui va forcer son destin. Au cours de sa longue convalescence, pour tromper son ennui, Henri demande à sa mère de lui apporter un pinceau et des couleurs. « À partir du moment où j'ai eu cette boîte de couleurs dans les mains, j'ai senti là que c'était ma vie », déclarera-t-il. Son premier tableau est une *Nature morte aux livres*. Lorsque, rétabli, il retrouve son emploi de clerc, le jeune Bohainois remplit les marges des documents notariés de dessins de fleurs et passe ses soirées et ses nuits à peindre, décorant notamment les plafonds de la maison

de son oncle au Cateau-Cambrésis. En 1891, un an après la révélation de sa vocation, les parents d'Henri acceptent de le laisser aller étudier la peinture à Paris.
Les débuts de Matisse seront difficiles. Pour vivre, il est longtemps décorateur de théâtre, car ses toiles, pleines de fleurs et de couleurs vives, ne se vendent pas. Traité de « barbouilleur » et de « gribouilleur » par certains critiques parisiens, le peintre désargenté, qui s'est marié et a trois enfants à nourrir, se réfugie avec sa famille en 1902 chez ses parents à Bohain. L'année suivante, il s'installe pendant quelques mois dans le village voisin de Lesquielles-Saint-Germain, où, le long de l'Oise, il s'abreuve à un puits de lumière et de verdure, peignant sur les bords de la rivière et même sur une barque. C'est en 1905 que Matisse obtient enfin la reconnaissance du milieu artistique, lorsque, aux côtés de ses amis André Derain et Maurice de Vlaminck, il invente le fauvisme, déclaration de guerre au réalisme avec ses aplats de couleurs ardentes.
Le peintre s'installera ensuite en région parisienne, puis dans le Midi, pour profiter de sa fascinante lumière, mais il ne reniera jamais sa sève picarde et restera un grand amateur de ses traditions culinaires, comme le maroilles ou la soupe à l'oignon à la bohainoise. En 1952, deux ans avant sa mort, il fait don à sa ville natale du Cateau-Cambrésis de 82 toiles, allant de *Bord de canal près de Bohain* à *Fenêtre à Tahiti*, qui sont aujourd'hui exposées dans une ancienne résidence épiscopale. À Bohain, la graineterie familiale est elle aussi devenue un musée, où ont été reconstitués le décor de la boutique et celui du domicile des Matisse, au-dessus du magasin. La pièce maîtresse est le lit que l'artiste ne quittait plus à la fin de sa vie, travaillant confortablement adossé sur son oreiller.

Musée départemental Matisse, Palais Fénelon,
place du Commandant-Richez, 59360 Le Cateau-Cambrésis
Maison familiale d'Henri Matisse,
26, rue du Château, 02110 Bohain-en-Vermandois

SOMME

18

SALEUX

Gare : Amiens (7 km)

Aujourd'hui bien maussade avec sa litanie de pavillons, ce bourg périurbain de l'agglomération amiénoise a, il y a un siècle, offert l'hospitalité à une immense star comique d'Hollywood : **Buster Keaton**. Soldat dans l'armée américaine durant la Première Guerre mondiale, l'acteur et réalisateur iconique du cinéma muet fut cantonné pendant plusieurs semaines à Saleux et dans la commune voisine de Salouël.

Quand il débarque en France en octobre 1918, à l'âge de 22 ans, Buster Keaton n'est pas encore une vedette mondiale, mais il jouit déjà d'une certaine notoriété. Cet enfant de la balle, qui a commencé à se produire à l'âge de 3 ans sur la scène du music-hall itinérant de ses parents, a fait ses débuts au cinéma l'année précédente, démontrant dans une dizaine de courts-métrages sa grande maîtrise du registre burlesque, entre gags visuels ingénieux et cascades millimétrées. Enrôlé dans l'armée américaine après l'entrée en guerre des États-Unis, l'acteur est affecté à la 40e division d'infanterie qui, après avoir traversé l'Atlantique, est envoyée s'entraîner sur les territoires des communes de Saleux et Salouël avant sa montée au front. Le caporal Keaton, 1,60 m sous la toise, flotte dans un uniforme bien trop large. Cette tenue involontairement comique ne l'empêche pas de se voir attribuer des tâches de confiance : il est affecté à la transmission de messages codés, en morse mais aussi au moyen de « signaux à bras », domaine dans lequel il excelle grâce à son art consommé de la pantomime. Le soir, Buster offre des numéros de vaudeville à ses camarades et, pour améliorer l'ordinaire de la cantine, ses aptitudes d'acteur muet lui permettent de se faire comprendre des commerçants picards qui ne parlent pas un mot d'anglais. L'armistice du 11 novembre survient quelques semaines seulement après son arrivée en France. Keaton ne connaîtra pas les tranchées, mais ses nuits passées à même le sol

dans les granges et les étables de Saleux et Salouël, traversées de courants d'air glaciaux, déclenchent une otite chronique qui le laissera partiellement sourd jusqu'à la fin de sa vie. Après l'arrêt des combats, l'acteur va rester mobilisé pendant plusieurs mois, employé par l'état-major à remonter le moral des troupes américaines, qui ont subi de lourdes pertes. Il triomphe avec un numéro dans lequel, déguisé en charmeur de serpents, il fait danser un chapelet de saucisses. Quittant la France en mars 1919, Buster Keaton rejoint Hollywood, où il va en quelques mois devenir une star. Dans ses films, qu'il réalise lui-même, il développe un personnage de jeune homme réservé mais courageux, au visage perpétuellement de marbre, ce qui lui vaudra le surnom de «l'homme qui ne rit jamais». Son passage dans l'armée a influencé plusieurs de ses scénarios, à commencer par celui de son chef-d'œuvre de 1926, *Le Mécano de la « General »*, sommet de précision dans sa mécanique burlesque, où le personnage joué par Keaton s'engage dans l'armée confédérée au cours de la guerre de Sécession.
Précipité dans l'oubli après l'invention du cinéma parlant, à la fin des années 1920, «l'homme-caoutchouc» connaîtra un tardif retour en grâce chez les cinéphiles, notamment en France. À la fin des années 1950, le vieil acteur fatigué et amer se produit en spectacle au cirque Medrano, à Paris, et la Cinémathèque française l'invite pour lui réserver une ovation. Dans son autobiographie, publiée quelques années avant sa mort, en 1966, Keaton écrit: «J'adore la France, sauf quand elle est en guerre.» Il s'y montre également très sévère envers le climat picard. Les villages de Saleux et de Salouël en ont-ils pris ombrage? Ils ne conservent en tout cas aucune trace du passage du génie comique.

19

DOULLENS

Gare: Albert (30 km) ou Amiens (33 km)

Dans les années 1950, la citadelle du XVIe siècle plantée en bordure de ce gros bourg de la vallée de l'Authie servait de prison pour jeunes femmes. Parmi les détenues figura alors la future romancière **Albertine Sarrazin**. Son séjour à Doullens lui inspira *L'Astragale*, le premier récit carcéral au féminin, qui fut traduit dans le monde entier.

Confiée à l'Assistance publique à sa naissance, en 1937 à Alger, la petite Albertine Damien est adoptée par un couple de colons français. Devenue une adolescente rebelle, elle est envoyée dans une maison de correction à Marseille. La jeune fille fugue bientôt vers Paris, où elle se prostitue et commet quelques larcins, jusqu'à tenter un hold-up dans une boutique de confection avec une amie qui blesse la vendeuse d'un coup de pistolet. Condamnée à sept ans de détention, Albertine est conduite à la citadelle de Doullens, qui abrite alors une « prison-école » regroupant de jeunes délinquantes et des filles-mères placées là sur la volonté de leurs parents. Une nuit d'avril 1957, après plus d'un an d'incarcération, dont de longues semaines à l'isolement, notamment pour avoir embrassé une de ses codétenues, la jeune fille de 19 ans décide de s'évader en sautant du mur d'enceinte de la citadelle. Dans sa chute, elle se brise l'astragale, un os du pied qui commande l'articulation avec le tibia et le péroné. Après avoir rampé jusqu'à la route nationale, quelques centaines de mètres plus loin, elle est recueillie par Julien Sarrazin, un repris de justice qui passait en voiture. Il la cache et la soigne, et Albertine tombe amoureuse de lui. Elle l'épousera deux ans plus tard, entre deux gendarmes, après avoir été rattrapée par les forces de l'ordre et réincarcérée.

C'est lors d'un ultime séjour en prison, après une condamnation pour vol de whisky au Prisunic, qu'au printemps 1964 cette grande lectrice écrit d'un seul jet *L'Astragale*. Publié l'année suivante par le sulfureux éditeur Jean-Jacques Pauvert, ce récit de son évasion – « J'ai volé, mes chéries ! J'ai volé ! » – et de son parcours cahoteux, raconté sans fard mais avec style, connaît un succès immédiat en librairie. La prometteuse carrière de cette Jean Genet au féminin, qui écrit dans la foulée un second livre, va hélas être brisée net : après avoir passé près du tiers de sa vie en prison, Albertine Sarrazin meurt en 1967, à 29 ans, des suites d'une opération des reins mal préparée. Son époux intente alors un procès à

l'anesthésiste et au chirurgien. La condamnation des médecins fera grand bruit, contribuant à accélérer le renforcement des procédures pré et post-opératoires.
L'Astragale a été adapté une première fois au cinéma dès 1968, avec Marlène Jobert dans le rôle de la délinquante intello. De nombreuses scènes ont été tournées dans la citadelle de Doullens. Des visites guidées de l'ancienne prison sont aujourd'hui organisées sur réservation. Près de la porte royale, du côté de la route nationale 25, vous serez impressionné par le rempart de grès d'où s'envola la fugitive : il fait dix mètres de haut. Albertine Sarrazin ne mesurait que 1,47 m.

Citadelle de Doullens, RN 25, 80600 Doullens

20

REMAISNIL

Gare : Saint-Pol-sur-Ternoise (23 km)

Dressé en bordure de ce minuscule village agraire, le château de Remaisnil fut la propriété de la styliste galloise **Laura Ashley**. Pendant une quinzaine d'années, du milieu des années 1960 au début des années 1980, cette femme d'affaires avisée inonda les bonnes familles de ses robes à fleurettes et de ses tissus d'ameublement de style « victorien champêtre ».
Née en 1925, Laura suit des études de secrétariat. Après avoir épousé l'ingénieur Bernard Ashley, elle se lance dans le stylisme au début des années 1950. Dans la mansarde londonienne du couple, la jeune femme commence par imprimer des motifs XIXe sur des sets de table à l'aide d'une machine mise au point par son mari. Le succès survient une dizaine d'années plus tard, lorsque Laura conçoit de longues robes à imprimé évoquant le style « country chic » des héroïnes des romans de Jane Austen. Au faîte de leur gloire, en 1978, Laura et son époux Bernard, qui gère les finances de l'entreprise familiale, quittent la Grande-Bretagne pour des raisons fiscales. C'est alors qu'ils s'installent au château de Remaisnil. De cette flamboyante demeure XVIIIe à la façade de pierre et de brique, Laura va faire une vitrine pour sa marque,

qui compte alors plus de 200 boutiques à travers le monde. Ses motifs romantiques fleurissent des lits à baldaquin jusqu'aux torchons de la cuisine. Ce show-room picard, dont les Ashley agrémentent le parc d'un jardin anglais dessiné par Laura, d'un terrain de tennis sur gazon, d'une piscine et d'un héliport pour accueillir leur hélicoptère Agusta, va accueillir d'innombrables shootings photo. Des défilés de mode sont même organisés dans les rues du village pour présenter les nouveaux modèles de la marque. C'est l'époque où la jeune princesse Diana ne quitte pas ses robes Laura Ashley. Mais, au début des années 1980, le style «back to nature» de la Galloise est subitement ringardisé par le goût nouveau pour des créations sophistiquées et exubérantes. La styliste démodée va peu après connaître une fin tragique. Une nuit de septembre 1985, alors qu'elle séjourne au domicile de sa fille, dans la région anglaise des Cotswolds, elle fait une chute mortelle dans les escaliers en se rendant aux toilettes. Laura Ashley venait d'avoir 60 ans.
Revendu deux ans plus tard par Bernard Ashley, le château de Remaisnil a un temps été reconverti en une résidence hôtelière dotée d'un centre de séminaires. C'est désormais une demeure privée, qui ne se visite pas. On peut néanmoins l'admirer depuis le sentier de randonnée du Patis, en venant de la commune voisine de Barly.

21

FRUCOURT

Gare : Pont-Remy (11 km)

Ce village du Vimeu fut le dernier coup de foudre de la couturière italienne **Elsa Schiaparelli**. Grande rivale de Coco Chanel, cette Parisienne d'adoption introduisit la fantaisie et l'humour dans la mode. Le nom de l'un de ses parfums, dont le flacon représentait un généreux buste de femme, résume parfaitement son parcours scintillant : *Shocking* !
Née à Rome en 1890 dans une famille aristocratique et intellectuelle, la jeune Elsa est envoyée au couvent après avoir écrit des poèmes érotiques qui déplaisent à ses parents ; elle en sortira

très vite au terme d'une grève de la faim. L'Italienne arrive à Paris à 31 ans, après que son mari l'eut quittée pour la danseuse américaine Isadora Duncan. Se découvrant alors un goût pour la mode, elle commence par créer des pull-overs ornés d'une grande lavallière en trompe-l'œil. Le magazine *Vogue* crie aussitôt au génie. « Schiap' », qui ouvre sa maison de couture en 1927, est la première à faire porter aux femmes des pantalons d'intérieur ou des jupes-culottes, qui font scandale. « Schiaparelli déguise les femmes, moi, je les habille ! », cingle Coco Chanel, inquiète du succès fulgurant de l'Italienne. Dans les années 1930, la styliste innove encore en collaborant avec des artistes comme Jean Cocteau ou Salvador Dali, qui lui inspire un « chapeau-chaussure » et peint un homard sur l'une de ses robes du soir. Elle invente aussi le *sportswear*, en utilisant des matériaux révolutionnaires comme le plastique ou le latex, agrémentés de fermetures Éclair colorées.
Après avoir habillé Greta Garbo, Marlene Dietrich ou Lauren Bacall, Schiaparelli se retire du monde de la mode en 1954. Elle se prend alors d'une passion inattendue pour Frucourt, village endormi d'une centaine d'habitants où un couple de ses amis possède une propriété. La couturière retraitée tombe notamment sous le charme de son petit cimetière, isolé entre les champs de blé et de lin sur la route de Limeux. Renonçant au somptueux caveau de famille à Rome, c'est là qu'elle décide de se faire inhumer. Depuis sa disparition, survenue à Paris en 1973, Elsa Schiaparelli y repose, un peu à l'écart des autres tombes, sous son ultime création, une dalle de graphite surmontée d'une grande croix en fer forgé qui, entre deux angelots, porte sa signature gravée dans une plaque d'acier.

Cimetière, rue Saint-Éloi, 80490 Frucourt

22

LE CROTOY

Gare : Rue (8 km)

Voici le seul port de la baie de Somme orienté plein sud. Au début du XXe siècle, la romancière **Colette** fréquenta sa plage cinq étés de suite en compagnie de sa maîtresse Mathilde de Morny, s'y laissant cuire la nuque sous son ciel « égyptien, framboise, turquoise et cendre verte ». Quelques années plus tôt, le peintre **Henri de Toulouse-Lautrec** y séjourna à de nombreuses reprises, descendant à la villa « Les mouettes blessées », sombre présage de sa triste fin (voir p. 461). Mais l'hôte sur lequel la petite station capitalise avec le plus d'entrain est l'écrivain **Jules Verne**. Tombé amoureux de la baie de Somme, dont il vantait l'air « d'une pureté incomparable », le maître du roman d'aventures fit du Crotoy son port d'attache.

Révélé en 1863 par son roman *Cinq Semaines en ballon*, Verne découvre deux ans plus tard, lors de vacances familiales avec son épouse et leurs enfants, ce port de pêche qui n'est pas encore devenu une station balnéaire. Au terme d'un été enchanteur, il décide d'y louer à l'année une villa, « La Solitude », qui dresse ses deux étages au milieu des maisons de pêcheurs. Verne s'achète une chaloupe de pêche qu'il fait transformer par un charpentier du port en un bateau de plaisance, baptisé *Le Saint-Michel*. C'est en écumant la baie de Somme à son bord que vient à l'écrivain l'idée de *Vingt Mille Lieues sous les mers*. Dans sa villa, les fenêtres de son bureau donnent sur un petit chantier naval qui stimule la rédaction de son odyssée sous-marine. Publié en 1869, ce roman né au Crotoy a depuis été traduit dans plus de 170 langues. En 1871, après avoir fait de « La Solitude » leur résidence principale pendant plusieurs années, les Verne s'installent à Amiens, la ville dont est originaire l'épouse de l'écrivain. Mais ce dernier n'aura de cesse de revenir au Crotoy, où mouillent *Le Saint-Michel*, puis son successeur *Le Saint-Michel II*, un joli voilier que remplacera bientôt un véritable yacht, *Le Saint-Michel III*. Dans sa vareuse de drap bleu, l'auteur à succès se mêle sans effort aux pêcheurs locaux. On ne peut en dire autant de son fils Michel, dont le comportement rebelle, durant ses jeunes années, laissa un cuisant souvenir aux Crotellois. Sa distraction favorite consistait à frapper les passants avec une canne de jonc ! Jules Verne n'aura d'autre remède que d'envoyer son fils, surnommé « la terreur du Crotoy », au terrible bagne pour enfants de Mettray (voir p. 174).

Toujours debout au 9 rue Jules-Verne, la villa jadis louée par l'écrivain est une propriété privée, qui ne se visite pas. Non loin, un peu gracieux hôtel-restaurant a poussé à l'emplacement de l'ancien chantier naval. Avec une vue plongeante sur un tel décor, le chef-d'œuvre de Jules Verne n'aurait peut-être jamais vu le jour.

PAS-DE-CALAIS

23

MONTREUIL-SUR-MER

Gare : Montreuil-sur-Mer

« Montreuil-sur-Mer serait mieux nommé Montreuil-sur-Plaine », écrivit **Victor Hugo** à son épouse Adèle après avoir découvert cette petite cité fortifiée : depuis que l'ensablement de la Canche a repoussé la Manche à une quinzaine de kilomètres, au cours du Moyen Âge, la seule mer que domine Montreuil depuis son promontoire rocheux est celle des champs de blé alentour. Malgré cette légère déception, l'écrivain fut charmé par ce bourg médiéval. Et sa simple pause déjeuner à Montreuil-sur-Mer a suffi à faire entrer la commune dans l'histoire littéraire.

C'est au cours de son retour vers Paris, après un voyage en Belgique en compagnie de sa maîtresse Juliette Drouet, que, le 4 septembre 1837 à la mi-journée, Victor Hugo s'arrête dans cette localité pour s'y restaurer. Une fois rassasié, il parcourt rapidement la petite cité, dont les ruelles et les remparts font crépiter son imagination. Vingt-cinq ans plus tard, après une longue gestation, paraîtront *Les Misérables* : la première partie a pour cadre principal la ville de Montreuil, où se noue l'intrigue du roman. C'est là que Jean Valjean connaît la rédemption après sa sortie du bagne. Après avoir créé une grande usine de verroterie – tout droit sortie de l'imagination de l'écrivain, la commune ne s'étant jamais illustrée dans cette industrie –, il devient le bienfaiteur de la cité, dont il est nommé maire par le roi. Ne pouvant sauver d'une fin tragique l'une de ses ouvrières, Fantine, native de Montreuil, l'ancien bagnard se jure de veiller sur sa fille, Cosette. C'est aussi dans une ruelle du village que se déroule l'une des plus fameuses scènes du roman: doué d'une force herculéenne, Valjean soulève une charrette accidentée qui menaçait d'écraser un vieil homme, éveillant ainsi les soupçons du policier Javert sur son passé de forçat.

En 1925, l'une des premières adaptations cinématographiques des *Misérables* a été en partie tournée à Montreuil. De nos jours, un spectacle son et lumière conte chaque été les destins de Jean Valjean et de Fantine sur le site de la vieille citadelle. Des dizaines de Montreuillois jouent alors les figurants costumés, se noircissant les dents pour l'occasion. Un circuit « Dans les pas de Victor Hugo » reproduit par ailleurs la brève mais fructueuse déambulation de l'écrivain le long des ruelles pavées du bourg.

Montreuil-sur-Mer constitue toujours une étape de choix pour déjeuner: ce village très prisé des touristes compte aujourd'hui une trentaine de restaurants. L'un d'entre eux se situe dans le bâtiment de l'ancien relais de poste où s'attabla Victor Hugo. Mais, à lire les avis peu flatteurs laissés sur Internet par certains de ses clients, nul doute que l'écrivain, s'il s'arrêtait aujourd'hui dans la région, préférerait pousser jusqu'à La Grenouillère, l'établissement doublement étoilé situé dans la commune voisine de La Madelaine-sous-Montreuil.

—

La Grenouillère,
19, rue de la Grenouillère, 62170 La Madelaine-sous-Montreuil

24

WISSANT

Gare: Pihen (10 km) ou Calais-Fréthun (15 km)

Souvent présenté comme « la perle sauvage de la Côte d'Opale », cet ancien village de pêcheurs, avec sa plage de 10 kilomètres de long, fit les délices d'un jeune père de famille du nom de **Charles de Gaulle**, qui y savoura plusieurs étés avant de nouer son destin à celui de la France.

S'il a grandi à Paris, le jeune Charles, dont la mère était lilloise, passait déjà toutes ses vacances d'enfance sur la Côte d'Opale, à Wimereux, une quinzaine de kilomètres plus au sud. C'est après avoir épousé la Calaisienne Yvonne Vendroux, en 1921, que le capitaine de Gaulle, un officier d'infanterie sorti de Saint-Cyr, commence à fréquenter Wissant. Le couple loue d'abord une villa proche de la plage, « La Wissantaise ». Mais, gênés par les allées et venues des vacanciers, ils choisiront l'été suivant une résidence plus en retrait, la villa Antoinette. Le climat tonique de la Côte d'Opale convient à la « pauvre petite Anne », leur troisième enfant, qui est trisomique. Charles de Gaulle lui chante des comptines et joue avec elle, assis sur une chaise longue face à l'océan. Seul, il sillonne l'immense plage à marée basse, sans quitter son costume-cravate. Au loin, les falaises du cap Gris-Nez offrent un décor à la mesure de son destin, qu'il imagine déjà majuscule – « J'ai toujours aimé l'immensité de la mer. Il me semble que ma pensée se développe mieux quand mon horizon n'est pas bouché », confiera-t-il un jour. Lors de ses vacances dans la petite station, de Gaulle se consacre aussi à l'écriture, rédigeant notamment *Le Fil de l'épée*, un ouvrage où il s'efforce de cerner les qualités d'un chef militaire moderne, qui deviendra bien plus tard le livre de chevet du président américain Richard Nixon.

Charles et Yvonne passeront leur dernier été à Wissant en 1932, avant d'acquérir la Boisserie, leur emblématique propriété de Haute-Marne, à Colombey-les-Deux-Églises (voir p. 210), où ils passeront dès lors week-ends et congés. Quelques habitants de la commune du Pas-de-Calais regrettent encore que, dans les années 1920, le futur général de Gaulle n'ait pas eu les moyens d'acheter, comme il l'aurait souhaité, la villa Antoinette – qui se dresse toujours rue des Tennis, distinguée par une plaque rappelant les séjours du Général, tout comme « La Wissantaise », square du Gris-Nez. Wissant n'est pas devenu un « Colombey-sur-Mer ». Mais, jusqu'à la fin de sa vie, le général de Gaulle profitera de ses séjours chez sa belle-famille, à Calais, pour arpenter le rivage de la Côte d'Opale, entre Sangatte et Wissant. Une étendue infinie, entre plage et falaises, dont, au printemps 1969, un an avant sa mort, il trouvera un ultime écho lors de son voyage crépusculaire sur la côte irlandaise, après son départ de l'Élysée.

25

LOISON-SOUS-LENS

Gare : Loison-sous-Lens

Dans l'après-midi du dimanche 5 mars 1967, un artiste débutant du nom de **Jimi Hendrix** se produisit dans ce modeste bourg du bassin minier. L'affiche du concert, sur laquelle le prénom du rockeur était mal orthographié, promettait aux Loisonnais une « grande matinée dansante ».

Alors âgé de 24 ans, le guitariste et chanteur afro-américain a sorti quelques mois plus tôt au Royaume-Uni son tout premier 45 tours, une reprise du standard rock *Hey Joe*. Avant ses concerts prévus au printemps 1967 sur les plus grandes scènes britanniques, sa maison de disques entend roder son groupe tout juste formé, le « Jimi Hendrix Experience », en le faisant tourner en France et en Belgique. C'est ainsi que, après avoir assuré quelques premières parties de Johnny Hallyday, Jimi Hendrix débarque à Loison-sous-Lens, où ses managers lui ont déniché un concert à la salle des fêtes locale, baptisée le Twenty Club. Faute de loge, le rockeur se change dans la cuisine d'une maison de mineurs. Après avoir posé sa guitare Fender Stratocaster à côté d'un seau à charbon, il revêt son iconique veste de hussard, oubliant au passage une chemise que les propriétaires de la maison ont conservée comme une relique. Lorsqu'il monte sur scène, sa dégaine flamboyante et sa guitare déconcertent la cinquantaine de personnes présentes, qui pensaient être venues pour un bal musette. Et quand retentissent les premiers rugissements de son instrument, le public, qui n'a jamais entendu une chose pareille, est pétrifié – un Loisonnais qui tenait le bar du Twenty ce jour-là se souvient que « ça jouait dur ! » Une fois remis de leur surprise, et bien que peu sensibles à la sauvagerie psychédélique des chansons enchaînées par Hendrix et son groupe, dont *Hey Joe*, *Purple Haze* ou *Wild Thing*, les guincheurs présents en ce dimanche après-midi ne laisseront pas passer pour autant l'occasion de danser.

Après le concert, Jimi Hendrix ne s'attarde pas dans la cité

minière, car il doit donner un autre show quelques heures plus tard à Mouscron, en Belgique. Dans un bistrot bruxellois, le lendemain, il griffonne en lettres psychédéliques, au dos d'un sous-bock, «Are You Experienced?». Le *guitar hero* se dit que c'est un bon titre pour son premier album, qui sortira deux mois plus tard, le propulsant au rang d'idole planétaire.
Si Hendrix est revenu plusieurs fois en France, notamment pour se produire à l'Olympia, à Paris, il n'a jamais revu le bassin minier du Nord-Pas-de-Calais. Trois ans et demi après son concert à Loison, à l'âge de 27 ans, il meurt étouffé par son vomi après avoir mélangé alcool et barbituriques. À Loison, le Twenty Club a depuis été rebaptisé salle Aimable-Cuvelier, du nom d'un ancien adjoint au maire. Elle est disponible à la location pour des mariages ou des anniversaires. En entrant, les convives peuvent admirer une plaque commémorative à l'effigie de Hendrix. Dévoilée en 2005 en présence de l'ex-ministre de la Culture Jack Lang, elle rappelle qu'un jour le dieu de la guitare a fait vibrer ces murs.

Salle Aimable-Cuvelier, rue Raymond-Spas, 62218 Loison-sous-Lens

NORD

26

SAINT-JANS-CAPPEL

Gare: Bailleul (4 km)

L'écrivaine **Marguerite Yourcenar** a passé ses dix premiers étés dans le château de sa grand-mère accroché au Mont-Noir, sur le territoire de cette commune de la Flandre française. Devenue la première femme élue à l'Académie française, elle évoquera le cadre enchanteur de son enfance en forgeant un slogan rêvé pour la promotion touristique de la région: «Le pays des grandes émotions».
Le véritable nom de l'autrice des *Mémoires d'Hadrien*, née à Bruxelles en 1903, est Marguerite de Crayencour, patronyme

d'une vieille famille flandrienne dont Yourcenar, son pseudonyme d'écrivaine, est l'anagramme – à un c près. Sa mère, une aristocrate belge, étant morte en couches, et son père, un rentier oisif, passant l'essentiel de son temps en voyage, la petite fille est dans ses premières années élevée par sa grand-mère paternelle, Noémie Dufresne, qui est veuve. Elle passe l'hiver à Lille, dans l'hôtel particulier de cette dernière, et la belle saison dans la propriété familiale des Dufresne sur le Mont-Noir. Situé à quelques hectomètres de la frontière belge, le château de brique de style Louis XIII de sa grand-mère est entouré d'un immense parc peuplé de cèdres, de bouleaux et surtout de pins noirs, qui ont donné son nom à la « montagne » de Saint-Jans-Cappel – le Mont-Noir est en réalité une simple colline culminant à moins de 200 mètres, comme tous les « monts des Flandres » dominant ce plat pays. Depuis la fenêtre de sa chambre, la petite Marguerite aperçoit au loin les collines d'Artois et les terrils du pays minier. Entourée de ses animaux favoris, le chien Trier, l'ânesse Martine et la chevrette Esmée, dont son père a doré les cornes pour l'amuser, c'est là qu'elle apprend à aimer l'herbe, les fleurs sauvages, les vergers et les sapinières. Les domestiques, originaires de Saint-Jans, en contrebas, lui inspireront des personnages de paysans flamands pour son roman *L'Œuvre au noir*, qui se déroule à la Renaissance.

En 1913, après la mort de la grand-mère de Marguerite, son père décide de vendre le domaine pour mener une vie itinérante avec sa fille. Michel de Crayencour avait du flair : le château du Mont-Noir sera peu après détruit par les bombardements de la Première Guerre mondiale. Marguerite Yourcenar, qui a publié son premier roman en 1929, a vécu aux États-Unis de 1939 jusqu'à la fin de sa vie, auprès de sa compagne américaine Grace Frick. Mais elle a toujours éprouvé une profonde nostalgie pour la Flandre de sa jeunesse, qui, à la fin des années 1960, la pousse à écrire une trilogie sur ses origines familiales, *Le Labyrinthe du monde*. Alors qu'on lui demande ce qu'elle voudrait revoir de son pays natal, elle répond : « Les jacinthes du Mont-Noir. » Un admirateur habitant Saint-Jans-Cappel lui envoie alors un colis renfermant quelques bulbes, qui vont fleurir autour de la maison américaine de l'écrivaine sur l'île des Monts Déserts, dans l'État du Maine. Durant les années précédant sa mort, survenue en 1987, Marguerite Yourcenar retourne à plusieurs reprises dans le domaine de son enfance. Si le château détruit par la guerre a été remplacé par une villa néo-normande, le pavillon du concierge, la bergerie, les écuries et le chalet aux roses témoignent encore de l'âge d'or de la propriété dans le parc en pente douce – « un paysage presque identique à celui que je regardais de ma chambre d'enfant », note alors l'écrivaine.

Suivant les dernières volontés de cette amoureuse des arbres et des animaux, le parc du Mont-Noir est devenu une réserve naturelle. Des pique-niques littéraires y sont organisés, tandis que la villa accueille en résidence des écrivains du monde entier. Les visiteurs pourront sillonner l'ancien domaine des Crayencour en arpentant le « sentier des jacinthes », qui part du centre de Saint-Jans-Cappel. Le village abrite enfin un musée qui évoque l'enfance de l'académicienne et reconstitue son cadre de travail.

—

Villa et parc Marguerite-Yourcenar,
2266, route du Parc, 59270 Saint-Jans-Cappel
Musée Marguerite-Yourcenar,
55, rue Marguerite-Yourcenar, 59270 Saint-Jans-Cappel

27

LANNOY

Gare : Roubaix (5 km)

De ce minuscule quadrilatère de 0,18 km² en périphérie de Roubaix, qui est la troisième plus petite commune de France en superficie, mais aussi l'une des plus densément peuplées, provient un ancêtre du 32e président des États-Unis, **Franklin Delano Roosevelt**, l'homme qui résorba la crise des années 1930 avant de faire basculer le cours de la Seconde Guerre mondiale.

Né en 1882 au sein de la grande bourgeoisie new-yorkaise, « FDR » a reçu pour deuxième prénom le nom de famille de sa mère. Or Delano est une déformation de « de Lannoy », le nom des seigneurs de cette minuscule ville du Nord à l'époque médiévale. En 1621, un membre de cette famille flandrienne, Philippe de Lannoy, fait partie des premiers colons européens à s'installer sur le territoire des futurs États-Unis. Ses descendants, dont le nom est vite anglicisé en « Delano », vont faire fortune dans le commerce. Parmi eux, le grand-père maternel de Franklin Delano Roosevelt s'est ainsi enrichi en important de l'opium depuis la Chine.

Seul président de l'histoire des États-Unis à avoir été élu à quatre reprises, entre 1932 et 1944 – depuis une révision constitutionnelle de 1947, un président américain n'est plus autorisé à effectuer que deux mandats au maximum –, Roosevelt est mort en fonction le 12 avril 1945, victime d'une hémorragie cérébrale à l'âge de 63 ans. Sept ans plus tard, un dimanche de janvier, sa veuve Eleanor fut reçue en grande pompe à l'hôtel de ville de Lannoy, pavoisé aux couleurs américaines, où le maire, Joseph Plouvier, l'éleva au rang de « première citoyenne » de l'ancienne cité fortifiée. L'ex-Première dame étant une lointaine cousine de son défunt mari, elle fut accueillie comme « une enfant de Lannoy », et se vit offrir une gravure représentant la commune avant de prononcer un discours dans un français parfait. Celle qui, durant ses douze années à la Maison-Blanche, fut les yeux et les oreilles du président Roosevelt, cloué dans une chaise roulante par une paralysie des membres inférieurs, était une féministe engagée. Eleanor Roosevelt milita aussi en faveur des droits civiques des Noirs américains et joua un rôle majeur dans la création de l'ONU, avant de présider le comité chargé de rédiger la Déclaration universelle des droits de l'homme. La microscopique commune du Nord peut donc s'enorgueillir d'avoir eu pour citoyenne d'honneur « l'une des femmes les plus estimées au monde », ainsi que la qualifia le *New York Times* lors de sa disparition en 1962.

MORTS (PRESQUE) CÉLÈBRES DE LA GRANDE GUERRE

28

ORS (Nord)

Gare : Ors

Le 31 octobre 1918, le jeune poète anglais **Wilfred Owen**, sous-lieutenant au sein du Corps expéditionnaire britannique, écrivit son ultime lettre à sa mère adorée dans la cave enfumée d'une maison forestière du Bois-l'Évêque, à Ors : « Ici, la vie est belle. J'oublie plus facilement que vous, chère Mère, le reflet hideux des canons dehors, et les impacts creux des obus. Je ne cours aucun danger dans cette cave. » Quatre jours plus tard, à quelques centaines de mètres de là, il sera fauché par une mitrailleuse allemande alors qu'il tentait de franchir le canal de la Sambre à l'Oise au cours d'une offensive. Owen est mort à 25 ans, une semaine à peine avant la signature de l'armistice. En Angleterre, sa mère ouvrit le télégramme l'avertissant de son décès au moment même où les cloches sonnaient pour annoncer la fin de la guerre.

Les œuvres poétiques de Wilfred Owen ont été publiées peu après sa mort. Outre des textes d'un grand érotisme qui dévoilent son homosexualité, il est l'auteur de nombreux poèmes décrivant de manière réaliste l'horreur des tranchées et des attaques au gaz. Presque inconnu en France, c'est un écrivain unanimement célébré dans son pays : ses textes dénonçant l'absurdité et la barbarie de la guerre sont étudiés par tous les jeunes Britanniques.

La tombe de Wilfred Owen est située dans le carré militaire du cimetière communal d'Ors. En 2011, la maison forestière de l'Ermitage, où il passa ses derniers jours, a été transformée par un artiste anglais en une « œuvre visuelle et sonore » rendant hommage au poète. Depuis le bâtiment repeint en blanc, désormais flanqué d'une grande rampe en spirale conduisant vers la cave, une promenade balisée permet de refaire les tout derniers pas du jeune Anglais, jusqu'à l'écluse du canal où il trouva la mort.

—

Maison forestière Wilfred-Owen, D959, 59360 Ors

29

HAISNES (Pas-de-Calais)

Gare : La Bassée-Violaines (3 km)

Il y a quelques années, un fan français des Beatles a découvert la tombe de **Henry Harrison**, le grand-père du guitariste du groupe anglais, George Harrison, dans le cimetière militaire britannico-canadien de Haisnes. Ce soldat de l'armée britannique, père de sept enfants, est mort le 25 septembre 1915, premier jour de la bataille de Loos, à quelques hectomètres de l'endroit où il repose aujourd'hui. Au cours de cette offensive vite repoussée par l'armée allemande, 20000 soldats britanniques furent tués en quelques jours. Le règlement militaire britannique imposait alors que les hommes morts au combat soient enterrés à proximité de l'endroit où ils étaient tombés. George Harrison, qui est décédé en 2001, n'a jamais su précisément où se trouvait la tombe de son grand-père.
Dans le cimetière militaire de Haisnes, baptisé « Saint Mary's Advanced Dressing Station », une autre sépulture – lopin 7, rangée D, tombe 2 – attire de nombreux touristes britanniques : celle du fils de l'auteur du *Livre de la jungle* Rudyard Kipling, qui fut tué deux jours après Henry Harrison durant la même bataille de Loos. Mais c'est seulement en 1992 que la tombe du lieutenant **John Kipling** a pu être identifiée, grâce à des recoupements d'archives militaires. Après la bataille, son corps n'avait pu être reconnu, comme ceux de la grande majorité des soldats morts au cours de la bataille de Loos, ce qui donne une idée de la violence des combats. Sa tombe a donc longtemps porté pour seule mention *Known unto God* (« Connu de Dieu seul »), comme toutes les sépultures des soldats inconnus des armées du Commonwealth. Ironie du sort, c'est Rudyard

Kipling lui-même qui a choisi cette formule, alors qu'il faisait partie d'une commission du gouvernement britannique dédiée aux sépultures militaires, à la fin de la Première Guerre mondiale. Durant le conflit, l'auteur du célèbre poème *Tu seras un homme, mon fils*, patriote ardent et père exigeant, avait usé de toute son influence pour faire enrôler son fils dans les Irish Guards, malgré la forte myopie du jeune homme, qui lui avait d'abord valu d'être réformé. Après la mort de John, tué à l'âge de 18 ans, Kipling sera rongé toute sa vie par la culpabilité. Jusqu'à sa mort, en 1936, l'écrivain reviendra chaque été, à bord de sa Rolls-Royce Silver Ghost avec chauffeur, sillonner les cimetières de la plaine de Gohelle, dans l'espoir toujours déçu d'identifier la tombe de son enfant disparu.

Cimetière Saint Mary's Advanced Dressing Station,
D39, 62138 Haisnes

30

FICHEUX (Pas-de-Calais)

Gare : Boisleux (4 km)

Parmi les pierres tombales du cimetière militaire britannique situé sur la route de Bucquoy se dresse celle de l'Indien sioux **Joseph Standing Buffalo**. Sa filiation fait aujourd'hui débat, mais il a longtemps été présenté comme le petit-fils du légendaire Sitting Bull, vainqueur des troupes américaines menées par le général Custer lors de la bataille de Little Bighorn, en 1876. Le jeune Sioux s'était enrôlé au printemps 1917 dans le 78e bataillon du Corps expéditionnaire canadien – sa tribu s'était installée au Canada après avoir quitté les États-Unis. Il est tombé le 29 septembre 1918, à 21 ans, près d'Arras, bien loin des grandes plaines de son enfance. En 2012, sa tombe, située à l'emplacement 4B34, a été purifiée au cours d'une cérémonie rituelle durant laquelle des Amérindiens ont fait brûler des herbes sacrées dans une coquille d'ormeau.

Près de 20 000 Amérindiens ont pris part à la Première Guerre mondiale dans les armées canadienne et américaine, la plupart comme engagés volontaires. Leur sacrifice a été largement oublié.

Cimetière militaire de la route de Bucquoy, D919, 62173 Ficheux

31

THIEPVAL (Somme)

Gare : Albert (7 km)

À la frontière de la Picardie et de l'Artois, cette commune abrite un mémorial monumental sur lequel sont gravés les noms de plus de 72 000 soldats britanniques et sud-africains disparus sur les champs de bataille de la Somme. Parmi eux figure celui d'un certain **Robert Haywood Jones**, dont le petit-fils David Robert Jones se fera connaître sous le nom de David Bowie. Comme son grand-père, la légende du pop-rock ne possède d'ailleurs pas de sépulture, puisque, après sa mort en 2016, ses cendres ont été dispersées suivant le rite bouddhiste sur l'île de Bali.

Originaire du Yorkshire, Robert Haywood Jones, dont l'unique portrait conservé présente une ressemblance frappante avec le visage iconique de son petit-fils, arriva en France à la fin du mois de septembre 1916, à l'âge de 34 ans, au sein du régiment du King's Own Yorkshire Light Infantry. Deux mois plus tard, lors des ultimes combats de la bataille de la Somme, il disparut alors qu'il chargeait les lignes ennemies dans une tempête de neige, du côté de Beaumont-Hamel. Accablée de chagrin, son épouse Zillah décéda quatre mois plus tard, laissant orphelin, à 5 ans, le père de David Bowie.

32

LIHONS (Somme)

Gare : Chaulnes (4 km)

Dans la nécropole située un peu à l'écart de ce village du Santerre repose, parmi les dépouilles de soldats français, celle du

poète américain **Alan Seeger**. Ce New-Yorkais s'était installé à Paris en 1912, à l'âge de 24 ans, et, par amour de la France, il avait rejoint la Légion étrangère dès le début du conflit. Seeger fut fauché lors la bataille de la Somme, le 4 juillet 1916 – jour de la fête nationale américaine – devant Belloy-en-Santerre. Il fut d'abord inhumé au cimetière de Belloy, puis, après que celui-ci eut été bombardé, ses restes furent transférés, avec ceux de ses camarades légionnaires tombés en même temps que lui, dans l'ossuaire numéro 2 de la nécropole de Lihons.
Seeger est principalement connu pour l'un de ses poèmes écrits durant la guerre, *I have a rendezvous with Death* («J'ai rendez-vous avec la Mort»), qui fut notamment admiré par ses compatriotes Francis Scott Fitzgerald et Ernest Hemingway. C'était aussi le poème préféré du président John Fitzgerald Kennedy, qui se le fit souvent réciter par son épouse Jackie jusqu'à son propre rendez-vous avec la mort, le 22 novembre 1963 à Dallas.

—

Nécropole nationale, D337, 80320 Lihons

ÎLE-DE-FRANCE

PARIS

1 MONTMARTRE

YVELINES

2 LE VÉSINET
3 BOUGIVAL
4 LOUVECIENNES
5 LE PORT-MARLY
6 CHAMBOURCY
7 ANDRÉSY
8 MÉZY-SUR-SEINE
9 FLINS-SUR-SEINE
10 GUITRANCOURT
11 BLARU
12 ORVILLIERS
13 GAMBAIS
14 SAINT-LÉGER-EN-YVELINES
15 MONTFORT-L'AMAURY
16 BOISSY-SANS-AVOIR
17 NEAUPHLE-LE-CHÂTEAU
18 MAUREPAS
19 AUFFARGIS
20 ROCHEFORT-EN-YVELINES
21 LA FERTÉ
22 CHOISEL
23 SAINT-RÉMY-LÈS-CHEVREUSE
24 JOUY-EN-JOSAS

HAUTS-DE-SEINE

25 MARNES-LA-COQUETTE

ESSONNE

26 VILLIERS-LE-BÂCLE
27 GIF-SUR-YVETTE
28 ORSAY
29 DOURDAN
30 SOUZY-LA-BRICHE
31 MÉRÉVILLE
32 MILLY-LA-FORÊT
33 COURANCES
34 DANNEMOIS
35 SOISY-SUR-ÉCOLE
36 NAINVILLE-LES-ROCHES
37 DRAVEIL
38 SAVIGNY-SUR-ORGE
39 VERRIÈRES-LE-BUISSON

SEINE-ET-MARNE

40 COMBS-LA-VILLE
41 SEINE-PORT
42 BARBIZON
43 URY
44 MONCOURT-FROMONVILLE
45 AVON
46 THOMERY
47 VULAINES-SUR-SEINE
48 SAMOIS-SUR-SEINE
49 FONTAINE-LE-PORT
50 LONGUEVILLE
51 FONTENAY-TRÉSIGNY
52 VOULANGIS
53 VILLIERS-SUR-MORIN
54 USSY-SUR-MARN
55 LIZY-SUR-OURC
56 PRÉCY-SUR-MAR
57 CHESSY
58 LAGNY-SUR-MAR
59 SERVON

VAL-DE-MARNE

60 LA VARENNE-SAINT-HILAIRE

SEINE-SAINT-DENI

61 COUBRON

VAL-D'OISE

62 SAINT-BRICE-SOUS-FORÊT
63 L'ISLE-ADAM
64 HÉROUVILLE-EN-VEXIN
65 AUVERS-SUR-OISE
66 LA FRETTE-SUR-SEINE
67 SOISY-SOUS-MONTMORENCY
68 MONTMORENCY

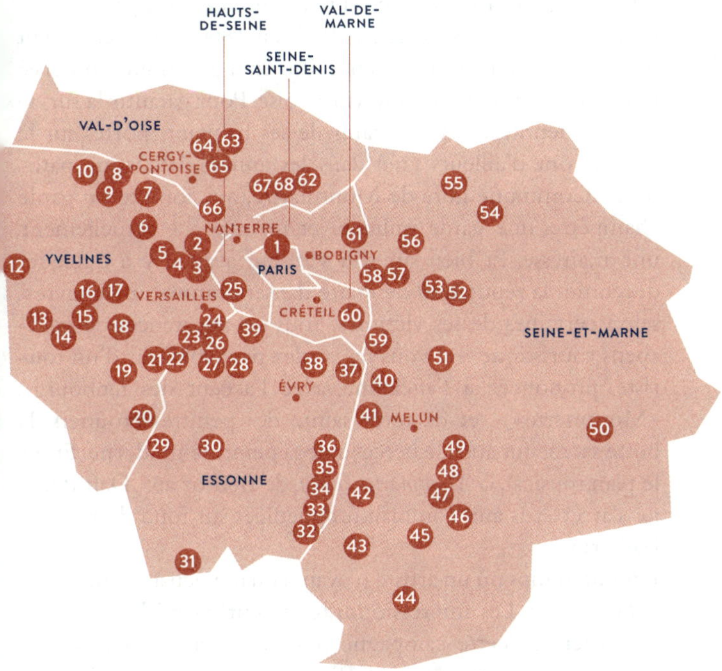
HAUTS-DE-SEINE
VAL-DE-MARNE
SEINE-SAINT-DENIS
VAL-D'OISE
CERGY-PONTOISE
NANTERRE
PARIS
BOBIGNY
YVELINES
VERSAILLES
CRÉTEIL
ÉVRY
MELUN
SEINE-ET-MARNE
ESSONNE
1
2
3
4
5
6
7
8
9
10
12
13
14
15
16
17
18
19
20
21
22
23
24
25
26
27
28
29
30
31
32
33
34
35
36
37
38
39
40
41
42
43
44
45
46
47
48
49
50
51
52
53
54
55
56
57
58
59
60
61
62
63
64
65
66
67
68

PARIS

1

MONTMARTRE

Gare : Paris Gare du Nord (2 km)

Le village français le plus célèbre au monde n'est pas une véritable commune. Annexé par Paris en 1860, après seulement soixante-dix années d'existence, il n'en a pas moins conservé une pimpante physionomie villageoise. Pour garantir la survie de son identité festive, certains de ses habitants portés sur le canular ont d'ailleurs créé dans les années 1920 une parodique Commune libre de Montmartre, qui compte un garde champêtre, une garde militaire et un maire – actuellement, une mairesse. Et bien sûr son vin, qui avait il y a quelques décennies la réputation de « faire danser comme une chèvre », selon certaines de ses victimes. Sous ses apparences de guet-apens touristique – si vous ne voulez pas avoir l'air d'un touriste, prononcez à l'ancienne, avec l'accent des faubourgs : « Montmerte » – et de terre sainte des peintres croûtiers, la butte sacrée fut aussi le berceau de la peinture moderne. Et sur le plan musical, la *Montmartre Touch*, de Berlioz aux Daft Punk, ne s'arrête pas aux complaintes gueulées sur fond d'orgue de Barbarie.

Il fut un temps où un artiste n'ayant jamais vécu à Montmartre était suspect. Les impressionnistes furent parmi les premiers à se ruer sur cette campagne pouilleuse et mal famée aux portes de Paris, avec **Monet**, **Pissarro**, **Cézanne** ou **Renoir**, qui y immortalisa le bal du Moulin de la Galette, l'un des innombrables établissements dansants et autres guinguettes prospérant entre les bidonvilles de la fin du XIXe siècle. Même **Vincent Van Gogh**, échappé de ses brumes hollandaises, se libéra en découvrant l'éclatante lumière de la butte. **Toulouse-Lautrec** hantait les lieux à la mode du bas-Montmartre, dont l'emblématique Moulin-Rouge ; il reste le meilleur rabatteur à touristes de l'histoire montmartroise. Mais le village a définitivement marqué l'histoire de l'art avec la création, dans les dernières années du XIXe siècle, de la cité d'artistes du Bateau-Lavoir, la «Villa Médicis de la peinture moderne», où se sont croisés, entre autres, Juan Gris, Brancusi, Modigliani et Max Jacob. En 1907, **Picasso** y peint le premier tableau cubiste, *Les Demoiselles d'Avignon*. Ravagé par un incendie en 1970, le Bateau-Lavoir a depuis été reconstruit à l'identique et continue d'accueillir des artistes. Parmi les autres vestiges de l'âge d'or montmartrois se dresse rue des Saules le cabaret Au Lapin Agile, qui s'appela le Cabaret des Assassins à l'époque de la Commune. S'y produisirent notamment le chanteur **Aristide Bruant** et **Guillaume Apollinaire**, qui y lut des poèmes de son recueil *Alcools*. Dans ce lieu fut aussi fomenté le plus fameux canular de l'histoire de l'art: en 1910, l'écrivain **Roland Dorgelès** exhiba au Salon des indépendants une œuvre attribuée à un peintre génois inconnu, un certain Joachim-Raphaël Boronali. Intitulé *Et le soleil s'endormit sur l'Adriatique*, le tableau se réclamait de l'«excessivisme», un nouveau mouvement pictural proclamant que «l'excès en tout est la seule force». Après l'achat de cette toile aux couleurs vives par un collectionneur, Dorgelès révéla qu'il avait été peint par l'âne Lolo, propriété du tenancier du Lapin Agile. Un pinceau attaché à la queue, l'équidé, appâté par une carotte lui faisant remuer son appendice caudal d'excitation, avait réalisé l'un des premiers tableaux abstraits. Dans l'entre-deux-guerres, l'avant-garde migre vers Montparnasse. La butte sombre dans une apathie que consacre la venue d'un peintre manqué en juin 1940: Montmartre est l'étape finale de la visite éclair dans le Paris vaincu d'Hitler, qui qualifie à cette occasion le Sacré-Cœur d'«horreur».

Mais la musique va réveiller la butte. **Hector Berlioz** y avait déjà connu une période d'activité intense, composant la symphonie *Harold en Italie* et l'opéra *Benvenuto Cellini* dans sa maison du 22 rue du Mont-Cenis – non loin de l'appartement d'où, un demi-siècle plus tard, le jeune **Erik Satie** lança ses *Ogives* pour piano. Dans un autre registre, au 13 de la même rue, se trouvait après-guerre le cabaret de Patachou, qui fit débuter **Georges Brassens** et confirma le talent de **Jacques Brel**. Un peu plus tôt, **Aznavour** habita au-dessus du restaurant La Bonne Franquette durant ses années de vache enragée.

Dix ans plus tard, il écrit avec Jacques Plante une chanson poignante, l'histoire d'un peintre nostalgique de ses années de misère à Montmartre, *La Bohème*. C'était le nom d'un hôtel-restaurant et repaire d'artistes crève-la-faim aujourd'hui détruit.

Dans les années 1960, le village s'embourgeoise et attire des célébrités comme **Dalida**, qui fait l'acquisition d'un somptueux hôtel particulier au fond de la rue d'Orchampt, là même où elle mettra fin à ses jours en 1987. Sa sépulture, au cimetière de Montmartre, reste à ce jour la plus fleurie de l'Hexagone. Dans les années 1980, le parrain de la pop française **Étienne Daho** achète dans la rue Durantin une maison dissimulée derrière de hauts murs. Dix ans plus tard, deux musiciens d'une vingtaine d'années, Guy-Manuel de Homem-Christo et Thomas Bangalter, conçoivent leur premier opus de musique électronique dans une chambre d'adolescent située rue Norvins. Avec *Homework*, les **Daft Punk** se sont forgé un destin planétaire en plein Montmartre sans utiliser le moindre sample d'accordéon.

Enfin, si comme certains vous détestez le Sacré-Cœur, gravissez l'intérieur de son dôme pour ne plus le voir. Accessibles par une entrée discrète sur la gauche du monument, méconnues des touristes comme des Parisiens, trois cents marches vous conduiront au point le plus élevé de la capitale après la tour Eiffel. En attendant le succès, son panorama à 360 degrés s'étendant sur trente kilomètres couchera Paris à vos pieds.

Le Bateau-Lavoir, 13, place Émile-Goudeau, 75018 Paris
Cabaret Au Lapin Agile, 22, rue des Saules, 75018 Paris
La Bonne Franquette, 18, rue Saint-Rustique, 75018 Paris
Cimetière de Montmartre, 20, avenue Rachel, 75018 Paris
Basilique du Sacré-Cœur, 1, parvis du Sacré-Cœur, 75018 Paris

YVELINES

2

LE VÉSINET

Gare : Le Vésinet-Le Pecq (RER A)

Avant de devenir le fief de familles catholiques bon chic bon genre, Le Vésinet fut, sous Napoléon III, la première cité-jardin aménagée en France avec des parcs, des lacs et des rivières artificiels. Au début du XXe siècle, ce poumon vert de l'Ouest parisien fut aussi le royaume caché d'un personnage majeur de la littérature française, le comte **Robert de Montesquiou**.

Issu d'une vieille famille aristocratique d'origine gasconne, cet esthète oisif, dandy en vue dans le Paris mondain de la Belle Époque, est l'auteur d'une vingtaine de recueils de poèmes. La postérité de Montesquiou n'est pourtant pas due à cette œuvre hermétique et confidentielle, mais au fait qu'il a inspiré les héros de plusieurs romans majeurs. Il a ainsi servi de modèle au dandy des Esseintes dans *À rebours* (1884) de Huysmans – roman qui inspira à Oscar Wilde son *Portrait de Dorian Gray,* publié six ans plus tard –, ainsi qu'au protagoniste tout aussi blasé du *Monsieur de Phocas* (1901) de Jean Lorrain. Mais si ce redoutable agent infectieux des lettres françaises est entré dans la légende, c'est surtout pour avoir contaminé le personnage du baron de Charlus dans *À la recherche du temps perdu*. Proust, qui considérait Montesquiou comme son « professeur de beauté », et lui devait d'avoir été introduit dans la haute société, fâcha son modèle en le peignant en homosexuel aussi raffiné qu'orgueilleux. Le comte poète préférait largement le portrait en majesté, tout de noir vêtu, que fit de lui le peintre américain Whistler.

En 1908, de passage au Vésinet, Robert de Montesquiou visite un hôtel particulier construit huit ans plus tôt sur le modèle du Grand Trianon de Versailles. Devant sa façade aux colonnes de marbre rose, il s'exclame : « Si cette maison improbable, impossible, et pourtant réelle n'est pas à moi demain, je meurs ! » Son propriétaire, un riche homme d'affaires indien, accepte quelques mois plus tard de la lui céder. Dans cette excentrique résidence qu'il appelle son « Palais Rose », le comte organise de fastueuses réceptions et reçoit ses amis Rodin, Colette, Debussy, Sarah Bernhardt ou l'écrivain italien Gabriele D'Annunzio. Mais ce prince de la brouille, que certains de ses détracteurs surnommaient « Grotesquiou », y a aussi été victime d'une mauvaise farce. Au début de l'été 1912, une quinzaine d'années après la disparition de son ami Verlaine, il décide d'organiser dans son palais du Vésinet un hommage au grand poète, prévoyant un buffet pour trois cents invités, avec orchestre et représentation d'une comédie en vers de l'auteur des *Poèmes saturniens*. Or, peu avant l'événement, le journal *Le Gaulois* reçoit un mystérieux pneumatique imitant la précieuse écriture de Montesquiou, qui annonce l'annulation de la réception. La fête n'aura lieu que pour les six invités qui ont pris la peine de vérifier l'information en téléphonant au comte. Très affecté, l'esclave du beau ouvrira dès lors moins souvent les portes de son cher palais, jusqu'à sa disparition en 1921. Non loin de la station Le Vésinet-Le Pecq du RER A, vous pourrez voir le Palais Rose depuis la grande pelouse au niveau du 14 allée des Fêtes. La demeure appartient aujourd'hui au magnat franco-saoudien de l'immobilier de luxe Emad Khashoggi, qui, à une dizaine de kilomètres de là, a récemment construit la propriété privée la plus chère au monde (voir Louveciennes, p. 283).

3

BOUGIVAL

Gare : Bougival

Sur des coteaux dominant une boucle de la Seine, Bougival conserve un petit charme Belle Époque. Le géant de la littérature russe **Ivan Tourgueniev** y passa la dernière partie de sa vie dans une villégiature qu'il surnomma son « nid à passion ». Ayant quitté la Russie pour suivre la cantatrice et compositrice française **Pauline Viardot**, dont il était tombé éperdument amoureux en 1843 à Saint-Pétersbourg, Tourgueniev achète en novembre 1874 une maison de maître à Bougival. Il y installe non seulement sa maîtresse, mais aussi le mari de cette dernière,

Louis Viardot, et leurs enfants. Car le trio vit en parfaite harmonie, Ivan et Louis partageant une solide amitié. Sur le terrain en pente qui entoure la villa néoclassique habitée par la famille Viardot, l'écrivain se fait construire un chalet de style mi-russe mi-suisse. Depuis le balcon de sa « datcha », au milieu des frênes, Tourgueniev peut admirer sa bien-aimée quand elle se tient derrière les fenêtres de sa villa, à une trentaine de mètres en contrebas. Guy de Maupassant considéra la liaison entre Tourgueniev et la diva comme « la plus belle histoire d'amour du XIXe siècle ».

Mezzo-soprano adulée dans toute l'Europe, Pauline Viardot était qualifiée par son ami Camille Saint-Saëns d'« irrésistible laide ». Malgré son physique déplaisant, cette féministe engagée a séduit entre autres Berlioz, Heinrich Heine, Alfred de Musset et le fils de George Sand. Franz Liszt, qui fut son professeur de piano, déclara que le monde avait enfin trouvé avec elle une femme compositrice de génie.

À Bougival, Liszt fait partie des prestigieux visiteurs de la villa des Viardot, aux côtés de Clara Schumann, Camille Saint-Saëns, Georges Bizet ou Gabriel Fauré. Dans sa datcha, Tourgueniev reçoit quant à lui Émile Zola, Alphonse Daudet, les frères Goncourt ou Henry James. Son cabinet aux tentures rouges avec vue sur la Seine est un petit paradis où il écrit l'un de ses plus importants romans, *Terres vierges*, ainsi que des nouvelles et des poèmes en prose. Mais l'écrivain est bientôt atteint d'un cancer de la moelle épinière. Il s'isole dans son chalet, où Pauline vient lui faire des piqûres de morphine. À l'été 1883, souffrant le martyre dans son lit à baldaquin, il a encore la force de lui dicter *Une fin*, récit sur le terrorisme dans la campagne russe qui prophétise la chute des Romanov. Tourgueniev rend son dernier soupir un mois après avoir achevé cette ultime œuvre, à 64 ans, en présence de Pauline et de ses enfants.

La datcha est toujours debout dans le domaine Les Frênes. Elle abrite le musée Ivan-Tourgueniev, ouvert au public à la belle saison et sur rendez-vous le reste de l'année. On peut y voir un piano-forte sur lequel a joué Brahms. La chambre de l'écrivain russe a été reconstituée par les élèves de l'École Boulle d'après les souvenirs de la fille de Pauline Viardot.

Musée Ivan-Tourgueniev, 16, rue Yvan-Tourgueneff, 78380 Bougival

4

LOUVECIENNES

Gare : Louveciennes

Cette commune chic de la banlieue Ouest compte au moins une dizaine de châteaux. Beaucoup de personnalités l'ont habitée : Brigitte Bardot, qui y célébra en 1959 son mariage avec l'acteur Jacques Charrier, Michel Rocard, l'écrivaine américaine Anaïs Nin ou encore Alain Bernardin, le fondateur du Crazy Horse, célèbre cabaret de nu parisien. Mais les plus grands animateurs de cet opulent coteau de la Seine furent sans conteste **Hélène et Pierre Lazareff**, qui y recevaient chaque dimanche, durant les Trente Glorieuses, le Tout-Paris intellectuel, artistique et politique.

Le couple s'installe à Louveciennes au début des années 1950. Fils d'un immigré juif de Russie, Pierre Lazareff est le puissant directeur du quotidien *France-Soir*; son épouse Hélène est à la tête du magazine *Elle*. Durant vingt ans, leur propriété de la « Grille Royale », tout près du domaine de Marly, fut le rendez-vous dominical le plus couru d'Île-de-France. Pierre Lazareff se vantait de connaître vingt mille personnes à Paris, et d'en tutoyer dix mille. Même s'il préférait « être mondial [plutôt] que mondain », lui et son épouse lançaient chaque semaine une vingtaine d'invitations à déjeuner, dont la liste était établie au cours d'une âpre discussion conjugale. C'était une consécration que d'en être : vous pouviez par exemple y croiser François Mitterrand, André Malraux, Romain Gary, Françoise Sagan, Juliette Gréco ou Yves Montand. Une légende raconte que Martin Luther King y aurait déjeuné trois jours avant son assassinat, une autre que Nikita Khrouchtchev aurait fait faux bond à la dernière minute. Quant au général de Gaulle, s'il déclina toujours l'invitation, il s'informait chaque lundi de la liste des convives de la veille. Le savant mélange des dimanches de Louveciennes provoquait parfois des situations cocasses, comme lors de ce déjeuner où le très provincial ministre Antoine Pinay, voisin de table de Marlene Dietrich, lui demanda innocemment : « Que faites-vous dans la vie,

Madame ? » Cette foire aux vanités était une source d'information inépuisable pour les époux Lazareff et leurs journaux. Mais il leur arrivait aussi de créer eux-mêmes l'événement, comme en 1958 lorsqu'ils organisèrent dans leur grande demeure de style normand le banquet des noces de la jeune Françoise Sagan avec l'éditeur Guy Schoeller.
Si l'ancienne maison des Lazareff demeure privée, son immense jardin est devenu le parc communal de la Pelouse. Sur le pilier du portail d'entrée, qui donne sur le rond-point où se rejoignent les routes de Marly et de Versailles, une plaque rappelle que le couple Lazareff « anima » cette propriété de 1952 à 1972. En passant la grille, vous vous sentirez presque aussi important que les invités pénétrant il y a un demi-siècle dans le domaine du *power couple*.
Non loin, au 12 route de Marly, dans son manoir du Cœur-Volant, le **comte de Paris**, héritier du trône de France, organisait à la même époque, les mardi et jeudi, des dîners bien plus ennuyeux, car politiques et masculins. Et comme si Louveciennes ne comptait pas assez de châteaux, le magnat saoudien de l'immobilier de luxe **Emad Khashoggi** y a achevé en 2011 la construction d'une réplique de celui de Vaux-le-Vicomte – à quelques innovations près, le domaine étant notamment pourvu de fontaines réglables par smartphone et d'un salon sous-marin immergé dans les douves. Ce monstre clinquant, baptisé « château Louis XIV », est devenu en 2015 la propriété privée la plus chère du monde lorsque le prince héritier d'Arabie saoudite, **Mohammed ben Salmane**, l'a acquise pour 275 millions d'euros. Sanglante ironie, ce dernier a depuis été impliqué dans l'assassinat du cousin du constructeur de la demeure, le chroniqueur du *Washington Post* Jamal Khashoggi. Si vous n'avez pas peur d'approcher le palais du Barbe-Bleue saoudien, le tour de la propriété constitue un parcours de jogging idéal.

Parc communal de la Pelouse (ex-propriété des Lazareff),
21, route de Versailles (RN 186), 78430 Louveciennes

5

LE PORT-MARLY

Gare : Marly-le-Roi (2 km)

Sur une hauteur de cette minuscule cité résidentielle accrochée à un méandre de la Seine, **Alexandre Dumas** édifia un château néo-Renaissance qu'il baptisa Monte-Cristo, du nom de son célèbre héros.

C'est en 1846 que l'écrivain, au sommet de sa gloire, fait construire ce spectaculaire manoir aux façades surchargées de décors floraux et autres angelots. Dans le terrain de 9 hectares qui l'entoure, il fait aménager un parc à l'anglaise foisonnant de ruisseaux et de grottes artificielles, où s'épanouissent ses nombreux chiens, vautours ou singes domestiques. Le clou du château de Monte-Cristo est un fabuleux salon mauresque. D'un séjour en Tunisie, Dumas a ramené au Port-Marly deux des artisans préférés du bey de Tunis. Dans une pièce du premier étage, ces décorateurs vont réaliser des stucs mirobolants, parant le plafond de stupéfiants motifs solaires. À la vue de ce décor digne des *Mille et Une Nuits*, on comprend pourquoi le soir de la pendaison de crémaillère, en juillet 1847, se présentèrent plus de six cents personnes, alors que le maître des lieux n'avait envoyé qu'une cinquantaine d'invitations. « C'est la plus royale bonbonnière qui existe », commentera Balzac à l'issue de la soirée.

Pour échapper aux pique-assiettes abusant de son hospitalité, Dumas fait bientôt édifier à l'écart, sur une petite île au cœur du parc, un bâtiment plus intime, petit castel néogothique qu'il surnomme le château d'If, toujours en référence au *Comte de Monte-Cristo*. Sur la façade de ce refuge, qui devient son cabinet de travail, sont gravées les effigies de ses plus célèbres héros. Mais la production pléthorique de l'écrivain ne suffit pas à couvrir les dépenses excessives du domaine, auxquelles s'ajoutent l'entretien de nombreuses maîtresses et l'achat d'un théâtre parisien. Dumas doit vendre sa propriété à peine plus d'un an après son emménagement.

Longtemps abandonné, ce palais romantique a été sauvé *in extremis*, à la fin des années 1960, de la destruction à laquelle le promettait un promoteur immobilier. Dans un état de délabrement avancé, il est alors racheté par les communes limitrophes afin de l'ouvrir à la visite. Le salon mauresque a été restauré en 1985 grâce à un don du roi Hassan II du Maroc, qui dépêcha ses meilleurs artisans et dota au passage le château d'un système de chauffage, avant de venir inaugurer sa renaissance. Lors de votre visite, ne manquez pas la stupéfiante pièce orientale pour ses parois finement ciselées, où les plus perspicaces déchiffreront cette maxime : « Qui bat le chien, frappe le maître. » Elle n'est pas de Dumas, il l'avait découverte sur le tableau noir d'une école tunisienne.

Château de Monte-Cristo, accès par le chemin du Haut-des-Ormes, 78560 Le Port-Marly

6

CHAMBOURCY

Gare : Mareil-Marly (7 km)

À l'écart du centre de cette commune bordant la forêt de Marly, le « Désert de Retz » est un jardin du XVIIIe siècle semé de fantaisies architecturales. Aménagé peu avant la Révolution française, il est devenu un pôle magnétique pour plusieurs poètes et écrivains.

Son créateur, le riche rentier **François-Nicolas-Henri Racine de Monville**, était entre autres architecte, botaniste, musicien, danseur et archer. En 1775, dans le vaste parc de sa propriété de Chambourcy, cet épicurien fait bâtir une première « fabrique de jardin », une construction ornementale qui revêt la forme d'un temple au dieu Pan. L'aristocrate y invite ses conquêtes pour leur jouer de la harpe ; difficile de ne pas succomber dans un lieu si propice à la rêverie ! Parmi des essences provenant du monde entier, des arbres de Judée aux sumacs du Canada, une vingtaine d'autres fabriques sortiront de terre en une dizaine d'années. D'inspirations multiples, de l'Égypte à la Grèce antique en passant par la Chine, elles sont dominées par une colossale colonne antique haute de vingt-cinq mètres.

Faussement en ruine, celle-ci abrite de luxueux appartements, le repaire intime du sieur de Monville. On trouve aussi dans le Désert de Retz, ainsi nommé par son inventeur parce qu'il aime s'y retirer et recevoir en toute simplicité loin de la cour et de son étiquette, une tente tartare, un théâtre romain ou un pavillon chinois, aujourd'hui disparu. Sans oublier « l'ermitage », une cabane où vit un homme rémunéré par le propriétaire, qui lui a donné l'ordre de ne jamais se laver ni se raser, afin d'incarner un ermite crédible. Toujours visible, une pyramide sert alors de glacière pour conserver les sorbets favoris de Marie-Antoinette : la reine visite fréquemment ces lieux qui lui donnent l'idée d'aménager son rustique « hameau de la Reine » à l'écart du château de Versailles.

Le Désert de Retz enthousiasme également le futur président américain Thomas Jefferson, qui le visite en 1786, alors qu'il est ambassadeur des États-Unis en France. Quelques années plus tard, cet art de vivre séduira moins les révolutionnaires, qui emprisonneront François de Monville pour « anglomanie et sybaritisme ». Échappant de peu à la guillotine sous la Terreur, le roi du Désert meurt en 1797 des suites d'une opération dentaire. Le domaine devient alors une exploitation agricole.

Près d'un siècle et demi plus tard, il est à l'abandon lorsque les surréalistes le redécouvrent. Sa gigantesque colonne fascine André Breton et Jacques Prévert. En 1939, Colette écrit un texte sublime sur ce « poème à l'image d'une époque » ; l'écrivain Georges Bataille y orchestre alors les réunions secrètes du groupe Acéphale. Guy Debord y entraînera plus tard quelques situationnistes, avant qu'André Malraux puis François Mitterrand, également frappés par le sortilège des lieux, ne concourent enfin à son sauvetage.

Sauvé de la ruine, le Désert de Retz a été cédé à la municipalité de Chambourcy pour un euro symbolique en 2007. Le jardin est fermé en dehors des visites en groupe, qui se font sur réservation. Nous éviterons donc de signaler aux couples intrépides les ouvertures dans le grillage sur le mur arrière de ce paradis terrestre.

Désert de Retz, allée Frédéric-Passy, 78240 Chambourcy

7

ANDRÉSY

Gare : Andrésy

Au confluent de la Seine et de l'Oise, cette cité batelière peuplée de mariniers inspira l'un de ses résidents célèbres, le peintre britannique **Alfred Sisley**, auteur en 1875 d'une toile spectaculaire intitulée *Chemin montant, un coin du village d'Andrésy*. Avec ses guinguettes au bord de l'eau, le village devint à la Belle Époque un lieu de villégiature et de promenade dominicale très prisé des Parisiens. Des hommes en particulier, qui espéraient y croiser **la belle Otero**, une illustre courtisane d'origine espagnole devenue andrésienne de cœur.

Née Agustina Carolina del Carmen Otero Iglesias, la future « impératrice des cocottes » voit le jour en 1868 dans une famille miséreuse de Ponte Valga, petite bourgade de Galice. À l'âge de 10 ans, elle est violée par un savetier en marge de la fête du village. Humiliée et sans cesse montrée du doigt, Agustina fuit son village à l'adolescence, non sans se jurer de se venger des hommes. Après des années d'errance, elle renaît en chantant et dansant sur les scènes d'Europe. Un numéro exotique à succès au Moulin-Rouge l'entraîne dans une tournée triomphale aux États-Unis puis en Russie. Elle devient dès lors l'une des reines de Paris en se montrant fidèle à sa maxime : « La fortune vient en dormant… à condition de ne pas dormir seule. » Sacrée plus belle femme du monde, la belle Otero serait à l'origine de nombreux duels et a même été surnommée « la sirène des suicides ». Elle séduit rois, princes, grands-ducs, un futur tsar de Russie, un empereur du Japon, un Kaiser, des écrivains et des financiers qui tous la couvrent d'or et de diamants. Celle qui enfant ramassait des pommes de pin pour les vendre comme combustible se fait offrir un collier de perles à quatre rangs ayant appartenu à Marie-Antoinette et une parure de diamants de l'impératrice Sissi. Ces joyaux font scintiller sa poitrine dont le moulage aurait inspiré les coupoles du Carlton à Cannes et de l'hôtel Negresco de Nice.

Déjà propriétaire d'un hôtel particulier parisien, la femme fatale acquiert en 1903 à Andrésy une demeure bourgeoise située au 70 de l'actuelle rue du Général-Leclerc. Elle y reçoit de nombreux amis avec lesquels elle flâne en bord de Seine. Des « instants joyeux », « une période heureuse et tranquille », écrira-t-elle dans ses mémoires avec nostalgie. Sa passion pour le jeu et ses placements mal avisés vont en effet contraindre la belle Otero à se séparer de cette maison en 1911, avant de se réfugier à Nice, où elle finit pauvre et oubliée. Durant les vingt dernières années de sa vie, elle habite une minuscule chambre avec toilettes sur le palier, dont le loyer est réglé par le directeur du casino de Monte-Carlo, où elle avait abandonné plusieurs millions de francs. Le 10 avril 1965, alors qu'elle est en train de préparer son dîner sur son petit réchaud, l'ancienne reine du Tout-Paris meurt d'une crise cardiaque, à l'âge de 96 ans.

8

MÉZY-SUR-SEINE

Gare : Hardricourt (2 km)

Au bout d'une montée escaladant un coteau de la Seine, au sortir d'un sous-bois, surgit une vision surréelle : celle de la villa Poiret, sorte de paquebot blanc échoué dans une clairière. Cette étrange bâtisse fut commandée par le couturier **Paul Poiret**, l'homme qui habilla la Belle Époque, à l'architecte Robert Mallet-Stevens, le concepteur de la célèbre villa Noailles à Hyères.

Coqueluche de la haute société parisienne du début du XXe siècle, « Poiret le Magnifique » est entré dans l'histoire des mœurs en libérant la femme du corset qui enserrait sa taille. À des fins publicitaires, le couturier organise dans la capitale des fêtes somptueuses, comme, au printemps 1911, « La mille et deuxième nuit », un mémorable bal costumé à thème persan. C'est pour donner un cadre avant-gardiste à ses célébrations mondaines que le flamboyant créateur demande en 1921 à Mallet-Stevens, architecte en vue, de lui édifier un palais moderniste dominant la vallée de la Seine. Deux ans plus tard, la construction de la villa, sur les hauteurs de Mézy-sur-Seine, doit être interrompue : la maison Poiret, délaissée depuis la fin de la Première Guerre mondiale par sa clientèle en quête d'un style plus épuré, est au bord de la faillite. En attendant une hypothétique reprise des travaux, le couturier, perclus de dettes, occupe le logement du gardien, qui est pour sa part terminé. S'accrochant à son rêve, il clame superbement : « Je possède les seules ruines modernes qui existent, mais ce n'est que provisoire. » Le krach boursier d'octobre 1929 sonnera le glas de ses espoirs en obligeant la maison Poiret à fermer définitivement ses portes. L'année suivante, Paul Poiret vend sa demeure inachevée à l'actrice Elvire Popesco. Hélas pour les puristes de la forme, la nouvelle propriétaire, délaissant les plans de Mallet-Stevens, engage un nouvel architecte pour achever la villa ; ce dernier abandonne le style moderniste pour le style « paquebot » alors en vogue, avec ses fenêtres en hublots et ses rambardes-bastingages. En résulte un édifice un peu bâtard, que Poiret ne verra heureusement pas avant de mourir, ruiné et oublié, en 1944.

Pour ne rien arranger, depuis le départ d'Elvire Popesco en 1985, les propriétaires successifs de cette demeure classée l'ont aménagée sans visiblement chercher à plaire à l'architecte des bâtiments de France. Des hommes d'affaires japonais ont même failli l'acquérir pour la transformer en spa. Reste, depuis la terrasse de la villa Paul Poiret, une vue remarquable sur la Seine, toute proche, et sur Paris, plus lointain. Par beau temps, on peut paraît-il apercevoir la colonne Vendôme.

La blanche demeure est parfaitement visible depuis la route qui la borde, derrière la splendide maison du gardien, petit chef-d'œuvre d'équilibre. On peut faire le tour de la villa en empruntant le chemin Les Belles Vues, qui longe le talus protégeant la propriété. Et si vous marchez jusqu'au champ de colza un peu plus loin, un sublime panorama sur les usines Renault de Flins vous attend. Au loin, des milliers de carrosseries scintillent comme une mer de métal. Un décor idéal, au clair de lune, pour une grande fête dans la villa Poiret.

Villa Paul-Poiret, 32, route d'Apremont, 78250 Mézy-sur-Seine

9

FLINS-SUR-SEINE

Gare : Aubergenville-Élisabethville (2 km)

Cette cité industrielle est connue pour son usine Renault inaugurée en 1952, dont la chaîne de fabrication modèle reçut, à la fin des années 1950, les visites d'Élisabeth II puis de Nikita Khrouchtchev. Mais l'histoire mondaine de Flins ne s'arrête pas aux portes du constructeur automobile. Dans la commune, l'ancien château de La Minaudière appartint à la dynastie de joailliers **Van Cleef & Arpels**.

Cette maison de luxe française, née en 1906 de l'union des familles cousines Van Cleef et Arpels, fut l'une des premières à s'installer place Vendôme, à Paris, avant de conquérir Deauville, New York ou Monte-Carlo. Vers 1925, son fondateur Alfred Van Cleef acheta le petit château de la Pépinière à Flins. Il rebaptisa cette propriété de week-end La Minaudière, semble-t-il en l'honneur de son épouse Estelle Arpels, qui avait tendance à minauder. Le couple y donna de nombreux raouts, dont, chaque année, une réception soignée pour le personnel de la maison. Renée Rachel, la fille unique d'Alfred et Estelle, recevait de son côté dans une ambiance plus libertine, qui voyait les invités changer si fréquemment de chambre que ses hôtes surnommaient la demeure « La Pétaudière ». Mais c'est le véritable nom du domaine qui inspira la jeune femme, devenue directrice commerciale de la maison familiale, lorsqu'elle lança dans les années 1930 la Minaudière, cette petite boîte aux allures de bijou permettant aux mondaines de ranger en toute élégance poudrier, rouge à lèvres ou fume-cigarette. Après la mort de son père en 1938 au château de Flins-sur-Seine, la fille adorée prend sa suite à la tête de l'entreprise. Durant l'Occupation, harcelée par les autorités de Vichy à cause de ses origines juives, Renée Rachel Van Cleef se jette par la fenêtre d'un hôtel de Vichy dans des circonstances encore inexpliquées.

En découvrant son ancien château, il faut beaucoup d'imagination au promeneur pour y associer le nom d'une maison dont les parures, bagues et diadèmes firent étinceler les femmes les plus puissantes du globe. À présent, la très fréquentée D113 à quatre voies lacère le parc de famille des joailliers. Prise en tenaille entre un hypermarché, un Nauroto et une cité HLM, l'ancienne demeure libertine a été réhabilitée en appartements. Et comme pour effacer à jamais le passage des Van Cleef et des Arpels, la résidence a retrouvé son rustique nom d'origine, La Pépinière.

10

GUITRANCOURT

Gare : Issou-Porcheville (4 km)

À l'ombre des monumentales cheminées de la centrale électrique de Porcheville, non loin de la Seine et de l'autoroute A13, ce village placide a abrité **Jacques Lacan**, qui scinda la psychanalyse en deux camps, les freudiens et les lacaniens.
En 1951, ce psychiatre de formation est en passe de devenir la nouvelle star de la psychanalyse lorsqu'il devient propriétaire à Guitrancourt d'une belle maison de notaire nommée La Prévôté. Loin de son cabinet parisien qui ne désemplit pas et de ses séminaires tout aussi bondés, il y passera tous ses week-ends et les deux mois d'été. Travailleur acharné, le psychanalyste continue d'y assurer des séances au téléphone, parfois en peignoir au bord de la piscine où il aime se jeter nu avant le déjeuner. Ses consultations hors de prix lui offrant un train de vie hors normes dans la profession, Lacan, pris par le démon de la possession, va transformer sa maison de campagne en musée. Bibliophile compulsif, il y accumule plus de 5 000 volumes rares, mais aussi des statuettes alexandrines ou gréco-romaines et des œuvres de Balthus, Renoir, Monet, Picasso, Giacometti et Zao Wou-Ki. La pièce maîtresse de sa collection, c'est *L'Origine du monde* de Gustave Courbet, qu'il dissimule derrière un tableau plus classique dans un cadre à double fond. Son plus grand plaisir consiste à dévoiler cérémonieusement la toile maudite, et son sexe féminin, devant ses invités.
À la Prévôté, il recevra Marguerite Duras, Claude Lévi-Strauss ou Marcel Duchamp. Mais la visite qui le marque le plus est

celle de Martin Heidegger, qu'il héberge en août 1955. Le psychanalyste organise alors dans son jardin une réception en l'honneur du philosophe allemand, auquel il voue une profonde admiration. Jacques Lacan fréquentera Guitrancourt jusqu'à sa mort à la fin de l'été 1981. Contre toute attente, ce n'est pas sa mère que le grand vizir de la psychanalyse a cherché à retrouver dans le repos final, mais sa belle-mère, dont il partage la tombe au cimetière du village yvelinois. La Prévôté, au 3 rue André-Touraud, n'affiche aucune plaque commémorative. En guise de divan, le banc de pierre faisant face à la grille permet d'admirer la gentilhommière.

Cimetière, 9, rue du Cimetière, 78440 Guitrancourt

11

BLARU

Gare : Vernon (6 km)

Cette localité rurale à la lisière de la Normandie a su attirer de forts tempéraments. En 1906, peu après le vote de la loi de séparation des Églises et de l'État, le maire de Blaru fit dynamiter l'église du XIIIe siècle, jugeant son entretien trop coûteux pour la municipalité. Le village a aussi été le cadre de l'avant-dernier duel de France[1], qui vit s'affronter deux personnalités mondaines de premier plan.

Au début de l'année 1958, à la suite d'un différend artistique, **Serge Lifar**, ancien danseur étoile devenu maître de ballet de l'Opéra de Paris, lance son mouchoir à la figure du **marquis de Cuevas** lors d'une représentation au Théâtre des Champs-Élysées. Cuevas, personnage excentrique d'origine chilienne, mécène et directeur du ballet de Monte-Carlo, gifle en retour le danseur. Les deux hommes se donnent rendez-vous pour un duel à l'épée, pratique théoriquement interdite depuis Richelieu. L'événement alimente les titres de la presse, d'autant

---

1. Le dernier opposa en 1967 à Neuilly-sur-Seine les hommes politiques Gaston Defferre et René Ribière.

que Lifar promet de « faire danser le menuet au marquis ». La veille du combat, le danseur passe superbement la nuit au Crillon, à l'entrée duquel se masse une horde de journalistes.
Le lieu initialement choisi pour l'affrontement est un terrain d'usine désaffectée sur le quai du Point-du-Jour, à Boulogne. Mais à l'aube du 30 mars 1958, lorsqu'il descend de sa Bentley, le précieux marquis, contemplant d'un air dégoûté le décor de carcasses rouillées et de murs lépreux, déclare avec son fort accent sud-américain : « Je ne veux pas mourir dans ce paysage de merde. » Un médecin convié au duel pour soigner un éventuel blessé propose alors de transporter l'événement dans sa résidence secondaire située à Blaru. Poursuivi par la meute des journalistes, le convoi repart aussitôt pour le village des Yvelines. Sous les objectifs et les caméras, la lame de Cuevas égratignera l'avant-bras de Serge Lifar avant que les deux hommes, effrayés, ne se tombent dans les bras. L'honneur est sauf. Et le coup de pub sensationnel pour le nouveau spectacle des ballets de Monte-Carlo.
À Blaru, qui abrite des résidences secondaires huppées, les terrains de duel ont été remplacés par des courts de tennis. Le Moulin de Blaru, où s'est tenue cette brève partie d'escrime, se trouve au numéro 24 du val d'Aconville. La propriété n'appartient plus à la famille du médecin, qui était marié à la sœur d'Yves Saint Laurent.

Tennis club de Blaru, rue de Vernon, 78270 Blaru

12

ORVILLIERS

Gare : Tacoignières-Richebourg (4 km)

Pays de labour, cette localité champêtre du pays houdanais a accueilli deux hommes taillés pour les grands espaces, deux « natures » comme on dit : un président de la République française, **Georges Pompidou**, et un réalisateur américain qui fit entrer le cinéma dans un nouvel âge, **Orson Welles**.
Né en 1915 dans une famille aisée du Wisconsin, Welles met

en scène du Shakespeare à 7 ans, joue les premiers rôles dans un grand théâtre de Dublin à 16 ans, devient une vedette de la radio américaine à 23 ans et bouleverse les codes de la réalisation cinématographique en tournant *Citizen Kane* à 25 ans. Les difficultés commencent alors pour le jeune prodige : du fait de son intransigeance artistique, le reste de sa vie sera marqué par les conflits avec les producteurs, les difficultés financières et d'incessants voyages entre l'Europe et les États-Unis au gré de projets de films souvent chaotiques.

Au début des années 1960, Welles quitte Rome pour la France afin de fuir les paparazzis électrisés par son histoire d'amour avec la jeune actrice croate Oja Kodar. Le couple rejoint la quiétude d'Orvilliers, où il s'installe dans une maison entourée d'un grand parc. Le cinéaste ambitionne de faire de ce domaine un petit Hollywood-en-Yvelines, mais ce sera surtout le temple de ses projets inachevés pour le cinéma et la télévision, tels *Orson Welles' Magic Show*, *Orson's Bag* ou une adaptation de *Moby Dick* qu'il tourne dans son jardin devant un fond bleu censé figurer la mer. Sans oublier *The Other Side of the Wind*, son chef-d'œuvre maudit, avec Oja Kodar et John Huston. L'exubérant génie filme des routes de campagne alentour avant de projeter ces images sur de grands écrans en bois installés dans son parc pour servir de décor aux acteurs. Tourné entre 1970 et 1976, à Orvilliers mais aussi à Phoenix et Beverly Hills, ce film, que Welles avait abandonné avant sa mort en 1985, n'a été achevé que quarante ans plus tard suivant les indications du maître défunt ; il est sorti sur Netflix en 2018.

Située en face du 10 route Blanche, la maison de Welles, jusqu'il y a peu en piteux état, vient d'être rachetée. Autour de la vieille masure, une pimpante cité pavillonnaire a poussé dans le grand parc du cinéaste maudit. Baptisées Orson-Welles et Citizen-Kane, les rues qui desservent la cinquantaine de résidences ont des airs lunaires.

Dans les années 1960, la Coccinelle Volkswagen de Welles a sans nul doute croisé dans les rues d'Orvilliers le coupé Porsche des époux Pompidou. Ces derniers y avaient acquis un ancien relais de poste baptisé « La Maison blanche » en 1954, du temps où Georges travaillait à la banque Rothschild. Quand, en 1962, il est nommé Premier ministre du général de

Gaulle, cette résidence secondaire devient le refuge du couple durant le week-end. Les Pompidou y jouent au billard dans le grand salon et, l'été, au croquet dans le jardin. Mondains, ils reçoivent de nombreux amis devant lesquels Georges, agrégé de lettres, récite des poèmes, tandis que son épouse disserte sur l'art contemporain. Mais un macabre scénario a bien failli mettre brutalement fin à ces réjouissances. Le 2 septembre 1963, des membres de l'OAS, défenseurs de l'Algérie française, attendent le Premier ministre à la sortie de la messe avec l'intention d'arroser le parvis de l'église Saint-Martin au pistolet mitrailleur MAT 49 ; pour une fois, Georges Pompidou s'est rendu à la chasse ce dimanche-là. Si les malfaiteurs, bien décidés à revenir le week-end suivant, n'avaient pas été interpellés pour une tout autre affaire quelques jours plus tard, le nom d'Orvilliers résonnerait bien différemment aujourd'hui. Élu président de la République six ans plus tard, Georges Pompidou continua au cours de son mandat de passer de nombreux week-ends dans sa résidence des Yvelines, jusqu'à sa mort d'un cancer en 1974. Impeccablement entretenue, La Maison blanche, située rue du Vieux-Lavoir, est restée dans la famille Pompidou.
Georges et Claude Pompidou ont été inhumés au cimetière communal. Mais n'y cherchez pas la tombe d'Orson Welles : conformément à ses dernières volontés, les cendres du génial réalisateur ont été dispersées en Andalousie sur la propriété d'un ami torero.

Église Saint-Martin, 1, rue Croix-Sainte-Anne, 78910 Orvilliers
Cimetière, 9, rue de Civry, 78910 Orvilliers

13

GAMBAIS

Gare : Houdan (7 km)

En pleine vallée de Chevreuse, cette commune bien tenue est un coin prisé des gens du spectacle. La ferme du château a d'ailleurs servi de décor au film musical *Peau d'âne*, de Jacques

Demy. Mais un autre personnage, moins féerique, hante le village : **Henri-Désiré Landru**, premier *serial killer* français. Durant la Première Guerre mondiale, Landru, petit escroc parisien marié et père de quatre enfants, publie dans les journaux des annonces matrimoniales où il se présente comme un veuf esseulé et fortuné ; bien décidé à les soulager de leurs économies, il invite ses conquêtes dans une villa isolée qu'il loue autour de Paris. Après avoir rodé son plan à Chantilly puis à Vernouillet, c'est à Gambais, dans la « villa Tric », qu'entre 1915 à 1919 Landru va accomplir l'essentiel de sa macabre besogne. « Le barbu », ainsi que le surnomment les Gambaisiens, se tient éloigné de la vie du village. On l'aperçoit seulement en train de donner des cours de bicyclette autour de sa maison à des jeunes femmes toujours différentes. Mais les ondes doucereuses de son phonographe se mêlant à la fumée pestilentielle de sa cheminée commencent à inquiéter. Ainsi que ce détail troublant : l'homme au chapeau melon est toujours seul lorsqu'il reprend le train pour Paris. Après son arrestation à son domicile parisien en avril 1919, la police fouille sa maison de Gambais : dans la cheminée et la cuisinière, les enquêteurs retrouvent des dents et des débris d'os calcinés. Sept femmes ne sont jamais revenues de leur séjour à Gambais – ses quatre premières victimes ont été tuées à Vernouillet. « Sait-on jamais où va une femme quand elle vous quitte ? », ose l'accusé, qui n'a jamais avoué ses crimes, durant son procès qui attire le Tout-Paris, de la chanteuse Mistinguett à l'écrivaine Colette. Condamné à mort, Landru est conduit à l'échafaud le 25 février 1922.

Sise au 36 rue de l'Église à Gambais, la maison des champs du tueur en série deviendra durant les Années folles un lieu de promenade dominicale très prisé des Parisiens. La villa Tric est alors rachetée par un restaurateur qui y ouvre un établissement astucieusement baptisé «Au Grillon du Foyer», aménageant même pour les gourmets fétichistes un petit musée dédié au « Barbe-Bleue de Gambais ». Rachetée après la Seconde Guerre mondiale par un couple de retraités, la demeure sera rebaptisée « La Lézardière » afin de chasser les mauvais esprits, ce qui n'empêchera pas le mari d'écraser sa voiture dans le mur d'un cimetière non loin de Gambais avant que son épouse ne se tire une balle dans le cœur dans le vestibule de la maison maudite.

La propriétaire suivante y fut en revanche très heureuse. Le bien immobilier a été récemment remis en vente par une agence qui a pris soin de préciser dans l'annonce : « Très belle maison chargée d'histoire ». À la rubrique « Histoire et Passé » du site Internet de la commune, nulle mention, pourtant, du citoyen du déshonneur de Gambais.
Pour les vrais passionnés de l'affaire, la résidence où l'assassin fit ses premières victimes vous attend à moins d'une quarantaine de kilomètres, à Vernouillet. Au 47 rue Paul-Doumer, la sage villa « The Lodge » jette encore sa pincée d'effroi.

14

SAINT-LÉGER-EN-YVELINES

Gare : Le Perray-en-Yvelines (9 km)

Le lieu-dit « Les Grands Coins », cerné par la forêt de Rambouillet, a caché un héros de guerre britannique. **Peter Townsend** – à ne surtout pas confondre avec son compatriote Pete Townshend, le leader du groupe *The Who* – a en 1940 été le premier pilote de la Royal Air Force à abattre un avion allemand venu attaquer le sol du Royaume-Uni. Mais c'est un autre fait d'armes qui l'a rendu mondialement célèbre : sa liaison tumultueuse avec la princesse Margaret.
À la fin de la Seconde Guerre mondiale, ses exploits valent à Townsend, outre de multiples décorations, un titre d'écuyer du roi George VI. À la cour d'Angleterre, le beau héros, marié et père de deux enfants, déchaîne la passion de la princesse Margaret, fille du roi et sœur cadette de la future Élisabeth II. Townsend finit par lui céder et par divorcer. Mais quand, en 1953, il demande Margaret en mariage, Élisabeth II, qui vient de succéder à son père, s'oppose à cette union : la sœur de la reine ne saurait épouser un homme divorcé, qui plus est roturier. L'histoire d'amour impossible va faire les gros titres de la presse pendant plus de deux ans, jusqu'à ce que, malgré le soutien massif de l'opinion britannique, Margaret s'incline et renonce à ce mariage.

Pour oublier sa princesse, Townsend part alors faire le tour du monde en solitaire. Puis il rencontre Marie-Luce, une jeune Belge ressemblant fortement à Margaret, qu'il épouse en 1959 avant de s'installer avec elle en région parisienne. Un dimanche de l'été 1968, au cours d'une promenade en forêt de Rambouillet avec ses trois jeunes enfants, le couple tombe sur une ferme délabrée au bord d'un étang, à l'écart du village de Saint-Léger-en-Yvelines. La maison est habitée par la veuve Lecourt, une vieille femme solitaire, qui leur raconte son histoire: en 1943, elle et son mari ont recueilli trois pilotes anglais, les cachant dans leur grange durant plusieurs jours; mais les villageois les ont dénoncés, les pilotes parvenant toutefois à prendre la fuite. Depuis, elle a rompu tout lien avec les habitants de Saint-Léger et, depuis la mort de son mari dans les années 1950, elle vit seule avec sa vache, ses chèvres et ses lapins. Mme Lecourt, qui rejetait systématiquement les offres alléchantes des agences immobilières du coin, attirées par son terrain, déclare que son mari aurait été fier qu'un pilote anglais habite sa ferme. Elle ne pouvait mieux tomber! Charmé par la région, ses bruyères et ses fougères qui lui rappellent son Somerset natal, l'ancien as de la RAF rachète la maison avec les droits d'auteur de son best-seller *Un duel d'aigles*, contant ses exploits durant la bataille d'Angleterre. Le couple Townsend va faire de La Mare aux oiseaux, cette ferme construite en 1797, une habitation du meilleur goût. Et contrairement à la veuve Lecourt, ils vont vite sympathiser avec les habitants de Saint-Léger qui adoptent ce couple charmant et simple. Entouré des siens, de ses chevaux et de ses chiens, l'ancien pilote coule dans le village une retraite paisible, rédigeant des livres consacrés à l'histoire de l'Angleterre. Il y est mort en 1995.

La veuve du héros anglais habite toujours leur propriété de La Mare aux oiseaux, route des Grands-Coins. Sur la sépulture classique de Peter Townsend, au cimetière communal, est gravé ce vers du poète britannique Alfred Tennyson, sublime évocation du dernier départ: «Et qu'il n'y ait pas la tristesse des adieux, quand je vais embarquer.»

Cimetière, rue du Rocher, 78160 Saint-Léger-en-Yvelines

15

MONTFORT-L'AMAURY

Gare : Montfort-l'Amaury-Méré (4 km)

Ce « *bling* bled » aux abords rustico-clinquants attire depuis plus d'un demi-siècle des personnalités du spectacle en quête de discrétion. Parmi les premières stars à s'y installer, dans les années 1960, **Brigitte Bardot** restaura dans le hameau limitrophe de Bazoches-sur-Guyonne une ancienne bergerie où, déjà amoureuse des animaux, elle installa une véritable arche de Noé. À l'époque, l'actrice qualifiait déjà le coin d'« ultra-snob et mondain ». Autre pionnier de la gentrification de la région, **Charles Aznavour** occupa une coquette maison avec piscine dans le hameau de Galluis, où il recueillit pendant un an un chanteur de dix-sept ans, blessé par la critique. La carrière de **Johnny Hallyday**, puisque c'est de lui qu'il s'agit, décolla quand son hôte lui écrivit sa première chanson à texte, *Retiens la nuit*. Le rocker s'offrit bientôt, non loin de chez son père spirituel, un ravissant cottage à l'anglaise, où il vécut plusieurs années avec sa première épouse **Sylvie Vartan**. D'autres avatars moins reluisants de la chanson française ont depuis rejoint la colonie montfortoise. Mais bien avant qu'il ne devienne un repaire de chanteurs de variétés, l'ancien fief des comtes de Montfort hébergea deux hôtes de marque qui méritent une attention plus soutenue : Maurice Ravel et Charles de Beistegui.
Le compositeur **Maurice Ravel** s'y réfugie au début des années 1920 pour s'isoler du tourbillon mondain. Il y acquiert Le Belvédère, une maison de poupée construite à flanc de coteau, qui bénéficie d'une vue splendide sur le village de Montfort-l'Amaury et la forêt de Rambouillet. L'inclassable musicien se plaint de l'humidité et du froid glacial régnant dans les quatre pièces de la petite maison dépourvue de chauffage, ainsi que du « cafard colossal » que lui inspire ce cadre. Un climat néanmoins propice à la création : c'est au Belvédère, blotti dans sa robe de chambre japonaise noire brodée d'or, que Ravel compose *L'Enfant et les Sortilèges* puis, en 1928, le

Boléro. Frappé d'une maladie cérébrale, il passera ses dernières années reclus dans sa petite villa, dont il ne sortait que pour de longues promenades en forêt de Rambouillet. La maison, dont la décoration est restée inchangée depuis la mort du compositeur en 1937, est ouverte à la visite sur réservation pour des groupes de six personnes au maximum. Des admirateurs du monde entier viennent y contempler le piano Érard sur lequel fut composé le *Boléro* et l'étrange collection de jouets et d'oiseaux mécaniques du musicien, éternel vieux garçon auquel on ne connaît aucune histoire d'amour.
Aux antipodes de la quiétude du Belvédère, le château de Groussay fut le siège de brillantes soirées. Son ancien propriétaire, **Charles de Beistegui**, mécène français d'ascendance mexicaine dont la fortune provenait de mines d'argent, s'était rendu célèbre en organisant en 1951 dans son palais vénitien le « Bal du siècle », réunissant 1 500 prestigieux invités. Au milieu des années 1960, le « fastueux rastaquouère », diminué par plusieurs attaques cérébrales, se replie dans son château de Montfort-l'Amaury. Sans pour autant renoncer à recevoir : pour charmer ses invités, ce passionné d'architecture et de décoration fait pousser dans le parc de la propriété de nombreuses « fabriques de jardin » d'inspiration XVIIIe, temple d'amour, théâtre de verdure, pavillon de thé chinois, tente tartare, sans oublier un pont paladien et un obélisque. À Groussay, il accueille Paul Morand, Jean Cocteau, Louise de Vilmorin ou Cecil Beaton, photographe britannique de la haute société. En janvier 1970, Beistegui, âgé de 74 ans, projetait de donner une ultime fête, l'une des plus belles de sa vie, lorsque la mort le surprit. Le château de Groussay est aujourd'hui ouvert au public.
Le magnifique cimetière de Montfort-l'Amaury mérite aussi une visite. Entourée de galeries couvertes des XVIe et XVIIe siècles qui servirent un temps de charniers, cette nécropole accueille un gotha ciblé qui en fait une sorte d'annexe *arty* du Père-Lachaise. Outre la sépulture de Charles Aznavour et un monument dédié à Ravel – qui est enterré à Levallois-Perret –, vous y trouverez la tombe de Céleste Albaret, fidèle servante de Marcel Proust, qui fut ensuite, après la mort de Ravel, la gardienne de son ancienne maison du Belvédère. Mais aussi les sépultures d'un avocat du

capitaine Dreyfus, de charmantes comédiennes oubliées et de Germaine Beaumont, écrivaine trop méconnue, qui fut en 1930 la première femme à recevoir le prix Renaudot. Sans compter la dernière demeure d'une véritable légende de la pop culture, **Jean-Pierre Rassam**, sulfureux producteur de films signés Jean-Luc Godard, Maurice Pialat, Jean Yanne ou Marco Ferreri. Personnage *bigger than life*, excentrique et flamboyant, il se suicide en 1985, à 43 ans, à la suite de déboires financiers. Rassam repose non loin d'une ancienne compagne mannequin, qui s'est elle aussi suicidée. On trouve encore alentour les sépultures de sa sœur Anne-Marie Rassam et de son neveu Julien Rassam, fils d'Anne-Marie et du producteur de cinéma Claude Berri, qui ont eux aussi, en se donnant la mort, succombé à ce que le milieu du cinéma a surnommé la « mélancolie chronique des Rassam ».

Maison-musée Maurice-Ravel,
5, rue Maurice-Ravel, 78490 Montfort-l'Amaury
Château de Groussay, rue de Versailles, 78490 Montfort-l'Amaury
Cimetière, 25, rue Saint-Nicolas, 78490 Montfort-l'Amaury

16

BOISSY-SANS-AVOIR

Gare : Montfort-l'Amaury-Méré (5 km)

Un mythe du cinéma repose enfin en paix dans ce village rural des Yvelines, au cœur de la douce plaine de Montfort. Issue d'une lignée de comédiens allemands et autrichiens, **Romy Schneider** connaît la gloire à 17 ans, en 1955, grâce à son interprétation au cinéma de l'impératrice Élisabeth d'Autriche, *alias* Sissi. Son infini pouvoir de séduction, qui continue à subjuguer les jeunes générations de comédiennes, a par la suite irradié des films aussi divers que *César et Rosalie*, *La Piscine*, *Le Vieux Fusil* ou *La Passante du Sans-Souci*. Et sa vie sentimentale, en particulier son idylle avec Alain Delon, a longtemps alimenté les gazettes. Mais l'intérêt médiatique

pour l'actrice confina à l'acharnement après la mort accidentelle de son fils David, à l'été 1981 : des paparazzi iront jusqu'à se déguiser en infirmiers pour photographier la dépouille de l'adolescent dans la chambre mortuaire de l'hôpital.
Pour leur échapper, Romy Schneider acquiert alors une grande propriété à l'écart du village de Boissy-sans-Avoir, à une cinquantaine de kilomètres à l'ouest de Paris. À la campagne, aux côtés d'un nouveau compagnon, le jeune producteur de cinéma Laurent Pétin, elle semble retrouver la sérénité. Le cadre bucolique lui rappelle son enfance dans les Alpes bavaroises, près de Berchtesgaden. Une période plutôt heureuse, mais qui la hante : sa mère, la comédienne Magda Schneider, était alors l'actrice favorite d'Adolf Hitler, dont la résidence secondaire, le Berghof, se situait tout près de la maison des parents de Romy. Toute sa vie, Romy Schneider sera intimement convaincue que sa mère a eu une liaison avec le Führer. La tranquillité que lui apporte Boissy-sans-Avoir ne constituera qu'un bref répit : l'actrice se suicide dans son appartement parisien au printemps 1982, à 43 ans.
Son dernier compagnon habite toujours le domaine des Grand Prés. Depuis la route, on aperçoit encore les palissades de bois dressées pour protéger Romy des regards. Au cimetière de Boissy, la tombe de Romy Schneider, même gravée de son nom d'état civil, Rosemarie Albach, est facilement identifiable. Parfaitement entretenue, la sépulture dans laquelle elle repose aux côtés de son fils David est abondamment fleurie par les membres de l'amicale Romy Passion, qui entretiennent tous les mois la flamme du souvenir. L'association, qui organise rencontres, pèlerinages et expositions, a obtenu la mise en circulation d'un timbre postal à l'effigie de la comédienne. De son côté, la presse *people* n'a pas tout à fait abandonné sa proie : il y a une dizaine d'années, elle a publié un cliché volé d'Alain Delon se recueillant sur la tombe du grand amour de sa vie.

Cimetière, rue de l'Église, 78490 Boissy-sans-Avoir

17

NEAUPHLE-LE-CHÂTEAU

Gare : Villiers-Neauphle-Pontchartrain (2 km)

Difficile d'imaginer que cette docile bourgade, hissée sur une butte rocheuse à l'ouest de la plaine de Versailles, a bouleversé la géopolitique du Moyen-Orient. C'est pourtant là que l'**ayatollah Khomeini** a fomenté la révolution islamique iranienne à la fin des années 1970. L'image du vieux sage à barbe blanche assis en tailleur sous le pommier d'un jardin des Yvelines a fait le tour du monde.

Ayatollah, c'est-à-dire haut dignitaire du clergé chiite iranien, Rouhollah Khomeini est à partir des années 1960 le chef de file de l'opposition religieuse au gouvernement du shah d'Iran, dont il conteste le régime dictatorial et la politique de modernisation sociale. Contraint à l'exil par le shah, il vient de passer quatorze années en Irak lorsqu'il arrive à Neauphle le 10 octobre 1978, à l'invitation d'une habitante convertie à l'islam. Logé dans une maisonnette aux volets bleus, l'ayatollah traverse chaque matin la rue devant chez lui pour rejoindre un petit verger mis à sa disposition par son hôtesse au 23 route de Chevreuse. Il y passe ses journées à méditer et à prier, toujours assis sous le même pommier, ou, quand il pleut, sous une tente tenant lieu de mosquée. Mais Khomeini prend aussi le temps de recevoir les nombreux journalistes et intellectuels parisiens aimantés par son discours politique. Promettant d'établir en Iran une « démocratie islamique », concept qui séduit les militants tiers-mondistes occidentaux, le leader chiite enregistre des appels à la révolte contre le shah sur des cassettes audio qui sont ensuite largement copiées et diffusées sous le manteau en Iran – l'ayatollah va très vite épuiser le stock de cassettes de la maison de la presse de la place du Marché, depuis devenue marchand de fruits et légumes.

Tandis que le religieux mène à Neauphle une vie simple, se contentant pour ses repas d'oignons, de pain et de riz, son épouse fréquente assidûment les boutiques parisiennes de vêtements de luxe et se gorge de pâtisseries aux Galeries

Lafayette. S'il méprise ces signes de corruption morale, le guide spirituel fait une entorse à ses principes en s'aspergeant du parfum *Eau sauvage* de Dior, séduit par cette essence tonique et boisée à laquelle il restera longtemps fidèle. Au bout de cent dix-sept jours dans les Yvelines, le 1er février 1979, l'ayatollah rentre en Iran, où les manifestations contre le shah inspirées par ses discours viennent de tourner à la révolution. Recevant un accueil triomphal, il prend le pouvoir dix jours plus tard et instaure la République islamique iranienne.

Dans le verger de Neauphle, le pommier sous lequel priait l'ayatollah est mort. Au milieu des herbes folles, un grand panneau à l'effigie de Khomeini rappelle son passage. Si le maire de Neauphle s'oppose à l'édification d'un mausolée en l'honneur du guide suprême, chaque premier dimanche de février, l'ambassade d'Iran organise sur ce terrain perdu au milieu des pavillons une cérémonie commémorant le retour en Iran du leader de la révolution islamique. À Téhéran, une rue Neauphle-le-Château – transcrit en « Nofel Loshato » – rend hommage à l'hospitalité de la commune des Yvelines.

Mais les Neauphléens préfèrent évoquer le passage d'une autre résidente au fort caractère : en 1958, **Marguerite Duras** s'est offert une résidence secondaire dans le village avec les droits d'adaptation au cinéma de son roman *Un barrage contre le Pacifique*. Elle va y passer ses étés et ses week-ends, à son aise dans cette maison de quatorze pièces pourvue d'un agréable jardin. La romancière y coud ses jupes et cuisine ses plats préférés, salade chinoise, omelette vietnamienne, soupe de poireaux ou crêpes Suzette – c'est justement à Neauphle que le Grand Marnier fut créé en 1880 par un bistrotier local, et il y a été produit jusqu'en 2012. C'est sur la table de la salle à manger que Duras finit d'écrire *L'Amant*, qui remporte le prix Goncourt en 1984. Elle a aussi tourné dans la région son film *Le Camion*, avec Gérard Depardieu. L'acteur, qui lui rendait souvent visite à Neauphle, se souvient encore des « très beaux silences » qu'il partageait avec elle.

La grande demeure de Marguerite Duras à l'entrée du village, rue du Docteur-Grellière, en face du château d'eau, est désormais la propriété de son fils, Jean Mascolo. Elle ne se visite pas. Sachez toutefois qu'une veste en laine de la romancière est encore accrochée dans l'entrée. Les durassiens purs et durs pourront se consoler en admirant son portrait au Café des Sports, sur la place du village, là où elle venait prendre un whisky ou un verre de rosé à l'heure de l'apéritif.

Café des Sports, 4, place du Marché, 78640 Neauphle-le-Château

18

MAUREPAS

Gare : La Verrière (1 km)

Dans cette commune se dressent les restes d'un donjon qui, durant la guerre de Cent Ans, abrita des seigneurs brigands. Plus près de nous, Maurepas fut le fief du tyran d'Hollywood, **Erich von Stroheim**, acteur d'origine autrichienne que les affiches de ses premiers films présentaient comme « l'homme que vous aimerez haïr ».

Avant son arrivée aux États-Unis, à 24 ans, la biographie d'Erich von Stroheim, né Stroheim (sans particule) à Vienne en 1885, est sujette à caution. En particulier la brève carrière d'officier de l'armée austro-hongroise qu'il ne cessera de revendiquer. Remarqué comme acteur à Hollywood, où il est durant la Première Guerre mondiale abonné aux rôles d'officiers prussiens cyniques, von Stroheim se lance bientôt dans la réalisation. Dans ses films, aussi ambitieux que sardoniques, il joue les aristocrates sans foi ni loi, qui raffolent au petit déjeuner de sang de veau, de caviar et de cigares. Mais ce grand perfectionniste, qui tyrannise ses acteurs durant les tournages, est mal vu des producteurs pour les budgets pharaoniques de ses réalisations. Il finit par être banni d'Hollywood au milieu des années 1930.

S'exilant alors en France, où il abandonne la réalisation pour se consacrer à sa seule carrière de comédien, von Stroheim s'installe à Maurepas dans une impressionnante demeure au décorum gothique, qui lui permet d'entretenir son mythe. La légende selon laquelle le terrain de sa propriété abrite les restes de la reine de France Blanche de Castille n'est pas pour lui déplaire. Vivant reclus au côté de sa compagne, l'actrice française Denise Vernac, l'Autrichien naturalisé américain n'aime guère les visites et n'est que très rarement aperçu des Maurepasiens. Consacré en 1937 par le rôle du martial commandant von Rauffenstein, portant minerve et monocle dans *La Grande Illusion* de Jean Renoir, von Stroheim a conservé sa parfaite raideur guerrière jusqu'à la fin. Il n'a pourtant emporté dans la tombe qu'une seule décoration authentique, la Légion d'honneur, qu'il reçoit au printemps 1957 alors qu'il est paralysé par un cancer de la moelle épinière. La cérémonie a lieu dans sa maison de Maurepas : allongé sur le sofa de sa bibliothèque, l'acteur parvient à esquisser un salut militaire lorsqu'un représentant du gouvernement français épingle la médaille au revers de son pyjama de satin noir. Quelques semaines plus tard, ses funérailles ressemblent à une scène de film. Une centaine de personnes suivent le corbillard jusqu'à la petite église Saint-Sauveur de Maurepas, où, selon les dernières volontés du défunt, des violonistes jouent des mélodies hongroises. Le cortège longe ensuite une route poussiéreuse pour atteindre le cimetière ; à peine la dernière fleur jetée sur le cercueil, un terrible orage éclate.

Comme devant les villas des stars hollywoodiennes, à Los Angeles, vous ne pourrez voir de l'ancienne maison d'Erich von Stroheim, rue de Villeneuve, qu'un puissant portail. L'acteur était d'ailleurs très fier de cette double porte réalisée par un général féru de menuiserie. Non loin, une allée porte son nom. Au cimetière communal, on repère aisément, sous de grands cyprès, les deux sublimes tombes de granit noir où reposent l'intimidant acteur et sa compagne.

Église Saint-Sauveur, 1, rue de l'Église, 78310 Maurepas
Cimetière, rue de Villeneuve, 78310 Maurepas

19

AUFFARGIS

Gare : Les Essarts-le-Roi (3 km)

Au milieu des exploitations agricoles, l'acteur **Jean Rochefort** fut, dans cette petite commune de la Haute Vallée de Chevreuse, le propriétaire comblé du haras de Villequoy. Reconnaissable à sa voix chaude et à sa moustache gauloise, cette figure du cinéma français des années 1970 est montée à cheval plusieurs fois à l'écran, notamment dans une scène de drague culte de la comédie d'Yves Robert *Un éléphant, ça trompe énormément*.

Le comédien était tombé amoureux des chevaux durant le tournage de *Cartouche*, en 1961. Une trentaine d'années plus tard, cette passion l'a conduit à acquérir avec son épouse Françoise, cavalière émérite, un haras en bordure de la forêt de Rambouillet, où il vécut jusqu'à sa mort en 2017. Entièrement dévoué à la cause chevaline, Jean Rochefort pratiquait lui-même les inséminations et réalisa la première transplantation d'embryon équin en Europe, ce qui lui valut d'obtenir la médaille de chevalier du Mérite agricole. L'acteur aux trois Césars a mis au monde des centaines de poulains, baptisés d'après des titres de films, à l'instar de ses cracks Irma la Douce, Bout de Souffle, Casque d'Or, Brume des Quais, Éden à l'Est ou Alphaville. À Villequoy, le confort des boxes et la qualité de la nourriture des chevaux étaient tels que, selon un expert, si un guide Michelin des équidés avait existé, le haras aurait mérité trois étoiles.

Pour financer cette coûteuse passion, Jean Rochefort acceptait parfois de jouer dans des navets, qu'il nommait « les films avoine-foin ». Sa pratique intensive de l'équitation est aussi à l'origine, à l'été 2000, de l'un des plus grands naufrages de l'histoire du cinéma : sur le tournage de *L'homme qui tua Don Quichotte*, de Terry Gilliam, où il tient le rôle du héros de Cervantès, il est victime d'une double hernie discale qui interrompt définitivement le tournage de ce film à gros budget avec Vanessa Paradis et Johnny Depp.

À Auffargis, où son élégance et ses chaussures rouges ont marqué les esprits, le comédien avait ses habitudes au bar-tabac ; en y entrant, il lançait invariablement à la cantonade un tonitruant « Bonjour les jeunes ! », avant de s'installer au comptoir pour boire un café en lisant *L'Équipe*. Depuis sa disparition, le haras de Villequoy a été repris par sa fille Louise, qui a hérité de la dévorante lubie paternelle.

Haras de Villequoy, 12, rue de Villequoy, 78610 Auffargis
Café du village, 30, Grande-Rue, 78610 Auffargis

20

ROCHEFORT-EN-YVELINES

Gare : Dourdan (RER C) (8 km)

L'ancien fief des sires de Montlhéry, au sud du parc naturel régional de la Haute Vallée de Chevreuse, fut le lieu de cœur de **Raymond Loewy**, le père du design industriel et de l'*American way of life*. Après la Seconde Guerre mondiale, ce designer d'origine française, dont la devise était « La laideur se vend mal », passait la belle saison dans son manoir de Rochefort-en-Yvelines.

Né à Paris d'un père d'origine slovaque et d'une mère cévenole, Raymond Loewy émigre aux États-Unis en 1919, à l'âge de 25 ans, avec quelques francs en poche. Trente ans plus tard, il est en couverture du grand magazine américain *Time*, où il affirme que 75 % des Américains se trouvent en contact au moins une fois par jour avec son travail. Entre-temps, Loewy a révolutionné le design en donnant de la grâce aux objets du quotidien. Avec lui, les réfrigérateurs se mirent à ressembler à des carrosseries de voiture et les carrosseries de voiture à des avions de chasse. Des Caddies de supermarché jusqu'au design intérieur de la première station spatiale de la NASA, des cars Greyhound aux automobiles Studebaker, il a conçu entre les années 1930 et les années 1960 nombre d'objets mythiques de l'Amérique. Son aura est telle qu'on lui prête souvent la paternité de la bouteille de Coca-Cola, alors qu'il l'a seulement redessinée. Mais les logos de BP, Shell, Exxon ou TWA sont bien de lui.

Bien que naturalisé américain en 1938, Loewy n'avait pas oublié la France : l'année suivante, il fait l'acquisition du domaine de la Cense à Rochefort-en-Yvelines, où, après 1945, il va chaque année prendre ses quartiers d'été. Dans ce manoir du XVIe siècle qui abrita les amours d'Henri IV et de Gabrielle d'Estrées, il installe notamment le décor d'un vieux café parisien qu'il a intégralement racheté. À Rochefort, Loewy continue de dessiner d'arrache-pied : au volant de sa Studebaker, il fait la tournée des petits commerces du coin pour dévaliser leurs stocks de papier Canson. Et il est en contact téléphonique permanent avec ses équipes aux États-Unis. Mais aussi avec la Maison-Blanche quand, au début des années 1960, John Kennedy le charge de dessiner l'habillage de la carlingue de son avion présidentiel Air Force One. Quand il est de retour aux États-Unis, le designer se fait expédier de France des truffes et des cure-dents en véritable plume d'oie.

Malheureusement, la *Loewy touch* finit par passer de mode dans les années 1970. Ruiné, Raymond Loewy vend son manoir de Rochefort en 1980 pour prendre sa retraite sur la Riviera. Mais, soignant l'image jusqu'à la fin, c'est dans un survêtement blanc de la NASA qu'il rend son dernier souffle le 14 juillet 1986 à Monaco.

Le domaine de la Cense, sur la route de Bonnelles à la sortie de Rochefort-en-Yvelines, est devenu un haras dirigé par un entrepreneur franco-américain. Raymond Loewy repose non loin de son ancienne résidence, dans le ravissant cimetière de l'église de l'Assomption. Sa sépulture, une dalle noire de belle épure, est bruyamment survolée par des avions de ligne empruntant le couloir aérien vers l'aéroport d'Orly. Un emplacement rêvé pour celui qui commença sa carrière à 15 ans en commercialisant des modèles réduits d'aéroplanes et l'acheva en aménageant l'intérieur du Concorde.

Haras de la Cense, D988, 78730 Rochefort-en-Yvelines
Église de l'Assomption et cimetière,
rue de l'Église, 78730 Rochefort-en-Yvelines

21

LA FERTÉ

Gare : Saint-Rémy-lès-Chevreuse (RER B) (5 km)

Pelotonné au cœur de la Haute Vallée de Chevreuse, ce hameau un peu *bling* faisant partie de la commune de Choisel a aujourd'hui des airs de Californie, avec ses portails opaques et ses piscines dérobées aux regards. Mais il n'était encore qu'un coin perdu lorsque l'actrice hollywoodienne **Ingrid Bergman** y débarqua.

En 1958, la comédienne suédoise, alors âgée de 43 ans, choisit ce patelin retiré des Yvelines pour tenter d'échapper aux journalistes après sa séparation difficile avec le réalisateur Roberto Rossellini. Mais la guerre qui oppose les anciens conjoints pour la garde de leurs trois enfants ainsi que le remariage de l'actrice avec le producteur de théâtre Lars Schmidt font subir à sa propriété fraîchement acquise une invasion de photographes. Escaladant le mur d'enceinte, ceux-ci s'invitent dans le jardin pour voler des clichés de l'une des actrices les plus célèbres au monde. Une fois cette tension retombée, Choisel sera un havre pour « l'illustre cadeau de la Suède à Hollywood », qui s'y ressource entre deux tournages. Ingrid Bergman y vivra une vingtaine d'années dans la plus parfaite discrétion, entourée de ses enfants, dont la future actrice Isabella Rossellini. Ses voisins la croisent parfois au volant d'une Ferrari spécialement dessinée pour elle par le célèbre carrossier de Modène Scaglietti. Mais l'actrice mène une vie simple à La Ferté, s'occupant de son âne Garibaldi et de ses chiens Agrippa et Family. Généreuse, elle participe à la vie du village en offrant un projecteur à l'école communale, en finançant le Noël des enfants ou l'éclairage de l'église. Jusqu'à la fin de sa vie, elle viendra à Choisel. Au début des années 1980, frappée d'un cancer du sein, elle y récupère de lourdes séances de radiothérapie. La maladie finit par l'emporter le 29 août 1982, jour de son soixante-septième anniversaire.

Charmant hasard : l'ancienne propriété de l'actrice triplement oscarisée, située route de la Grange-aux-Moines, se trouve au croisement avec la route du Bel-Air, nom d'un quartier huppé de Los Angeles proche d'Hollywood. Dans la même rue, à quelques centaines de mètres, un groupe de passionnés fait vivre un lieu baptisé La Maison d'Ingrid. Ce bar associatif, ouvert le vendredi soir, perpétue le souvenir de la comédienne tout en proposant des soirées à thème ; lors des soirées « casino », avec un peu d'imagination, on se croirait presque projeté dans l'ambiance de *Casablanca*, le film le plus mythique de la Suédoise.

Bar La Maison d'Ingrid,
1, route de la Grange-aux-Moines, 78460 Choisel

22

CHOISEL

Gare : Saint-Rémy-lès-Chevreuse (RER B) (5 km)

Difficile d'imaginer qu'au pied de la petite église Saint-Jean-Baptiste, dans le charmant cimetière de Choisel, repose l'homme généralement tenu pour responsable de la mort de Jim Morrison. C'est à l'été 1971 que **Jean de Breteuil** aurait fourni au chanteur des Doors, qui résidait alors à Paris, une dose mortelle d'héroïne. Ce sulfureux personnage est par ailleurs le seul dealer de l'histoire à être enterré aux côtés de trois ministres des Bourbons, ses aïeux, dont Louis Auguste Le Tonnelier de Breteuil, ministre des Transports de Louis XVI, qui initia la conduite à droite dans notre pays.
Né en 1949, l'héritier maudit de cette prestigieuse lignée passe tous les étés de son enfance dans le château familial situé à Choisel, au cœur de la vallée de Chevreuse. Trop gâté par sa mère, Jean y monte un cheval au nom prédestiné, Indompté, et flirte avec une tante marquise particulièrement portée sur le brandy. Il grandit aussi dans la très mondaine Villa Taylor, l'une des plus belles demeures de Marrakech, où il est diverti par Charlie Chaplin en personne. C'est là qu'à la fin des années 1960 l'acteur Robert Mitchum suggère à sa mère d'inscrire son fils adoré en section cinéma à l'Université de Californie à Los Angeles. Le jeune playboy, qui brûle de

s'initier à toutes sortes de paradis artificiels, ne pouvait pas mieux tomber en débarquant sur un campus en pleine ébullition psychédélique. Modérément investi dans ses études, Jean de Breteuil retourne bientôt en France où il devient le dealer favori des rockstars, fournisseur de la plus pure héroïne thaïe écoulée par la French Connection. C'est lui qui approvisionne personnellement Keith Richards et ses comparses des Rolling Stones durant les longs mois que dure l'enregistrement de leur album *Exile on Main Street* à la villa Nellcote de Villefranche-sur-Mer (voir p. 646). Les rockeurs britanniques sont très fiers du pedigree de leur dealer, qui a hérité de son père défunt un titre de comte. Marianne Faithfull, qui fut un temps la petite amie du jeune Breteuil, le qualifiera pour sa part d'« ignoble vermine », de « type affreux, comme sorti de dessous une pierre ». Juste après le décès de Jim Morrison, Jean de Breteuil, craignant l'ouverture d'une enquête policière, s'enfuit au Maroc. Il y mourra moins d'un an plus tard d'une overdose, à l'âge de 22 ans. Certains exégètes de la pop lui attribuent également la disparition de la chanteuse Janis Joplin – on ne prête qu'aux riches.

Au milieu d'un jardin remarquable, le très symétrique château de Breteuil, demeuré dans la famille et ouvert aux visites guidées, offre un circuit dédié aux contes de Perrault. Un bien sage parcours, ignorant les errances du mouton noir de la maisonnée. Seule relique du « junkie aristo » : ses adorables chaussons d'enfant exposés dans la mercerie.

—

Église Saint-Jean-Baptiste et cimetière, place de l'Église, 78460 Choisel
Château de Breteuil, allée du Château, 78460 Choisel

23

SAINT-RÉMY-LÈS-CHEVREUSE

Gare : Saint-Rémy-lès-Chevreuse (RER B)

C'est au bord de l'Yvette, dans ce village de la vallée de Chevreuse, que l'humoriste franco-belge **Raymond Devos** a ciselé ses plus beaux jeux de mots.

Au milieu des années 1950, cet artiste touche-à-tout, comédien, mime, magicien, équilibriste, perce avec des sketchs mariant l'humour à la poésie. Son exploration enjouée des bizarreries du langage remplit les salles et en 1963 l'humoriste vedette s'installe avec son épouse dans une demeure cossue de Saint-Rémy-lès-Chevreuse, la villa Hiéra. Cette « folie » bourgeoise du XIXe siècle, au cœur d'un parc en pente douce au fond duquel s'écoule l'Yvette, sera son havre créatif. Son appétit jamais assouvi pour les mystères de la langue française s'y double d'une soif inextinguible d'expériences musicales : dans le grenier de sa villa, il apprend seul à jouer d'une vingtaine d'instruments, du piano à la harpe en passant par la trompette et la scie musicale. Raymond Devos fait partie de la fanfare de Saint-Rémy et fréquente assidûment La Clé des Vents, le magasin de musique du village, où il fait réparer sa myriade d'instruments. Son petit royaume de la vallée de Chevreuse sera la grande source d'inspiration du funambule des mots jusqu'à son dernier souffle en juin 2006, à 83 ans.
Sans enfant ni héritier, Raymond Devos a légué la villa Hiéra à la commune de Saint-Rémy-lès-Chevreuse, à charge pour celle-ci d'en faire un musée consacré à son œuvre. La maison-musée Raymond Devos a ouvert ses portes en 2016. On y découvre un cabinet de curiosités avec sa clarinette, sa mandoline, son éternel costume azur, des carnets de notes remplis de bons mots, un tracteur rouge miniature que le linguiste poète chevauchait sur scène… Mais aussi, dans son antre sous les toits, une reconstitution de son espace de travail avec une colonne Morris, son grand piano et un pandémonium de livres, cassettes, tableaux, trains électriques et autres jouets d'enfant.

Maison-musée Raymond-Devos,
10, rue de Paris, 78470 Saint-Rémy-lès-Chevreuse
La Clé des Vents,
7, rue Pierre-Chesneau, 78470 Saint-Rémy-lès-Chevreuse

24

JOUY-EN-JOSAS

Gare : Jouy-en-Josas (RER C)

Ce village ventru de la vallée de la Bièvre est réputé pour avoir donné son nom à la fameuse toile de Jouy, créée en 1760 dans une manufacture locale, ainsi que pour abriter depuis les années 1960 le campus de HEC. Mais ce cadre pondéré a aussi été le témoin d'un petit miracle de la pop. Après une longue séparation, le groupe new-yorkais **The Velvet Underground**, l'un des plus influents de l'histoire du rock, qui inspira le punk, le glam rock et la new wave, s'y reforma le temps d'un concert improvisé.

Le 15 juin 1990, trois ans après la mort d'Andy Warhol, la Fondation Cartier pour l'art contemporain, alors installée dans le domaine du Montcel à Jouy-en-Josas, organise le vernissage de son exposition « Andy Warhol System : Pub-Pop-Rock ». Les anciens membres du Velvet sont invités à cette célébration de leur mentor, qui avait produit leur premier album en 1966 et réalisé sa suggestive pochette représentant une banane.

Après presque vingt ans de brouilles, le chanteur, l'acariâtre Lou Reed, venait juste de renouer avec le pianiste John Cale pour un album hommage à Warhol, *Songs for Drella*. Les deux compères avaient accepté d'en interpréter quelques extraits lors du vernissage de Jouy, mais à condition de ne pas rencontrer les deux autres membres du Velvet et de ne jouer aucun titre de leur ancien répertoire. Bravant l'interdiction, la batteuse Maureen Tucker et le guitariste Sterling Morrison décident pourtant de les rejoindre sur scène à la fin de leur prestation. Le groupe, qui avait commencé dans des squats infestés de rats du Lower East Side, jouera ce jour-là un unique morceau, le culte *Heroin*, durant huit trop brèves minutes.

Peu de temps après sa performance impromptue de Jouy, le Velvet Underground annonça sa reformation officielle, qui donna lieu à une tournée et à des dates en première partie de U2. Malheureusement, les exigences dictatoriales de Lou Reed reprendront vite le dessus et feront avorter le projet de nouvel album. On se reforme, mais on ne se refait pas.

HAUTS-DE-SEINE

25

MARNES-LA-COQUETTE

Gare : Garches-Marnes-la-Coquette

Avec son adorable place centrale bordée d'une église miniature et d'une mairie-jouet, Marnes-la-Coquette est, comme le nota l'un de ses anciens habitants, l'écrivain Thierry Maulnier, « une sorte de petit miracle » au milieu des Hauts-de-Seine. À un quart d'heure des Champs-Élysées, c'est d'ailleurs le seul authentique village du département, puisque la commune compte moins de 2 000 âmes. Avec son décor léché, niché entre le parc de Saint-Cloud et d'agréables forêts, cette localité ultra-huppée est l'une des plus riches d'Île-de-France en termes de revenu par habitant. Sous son apparent flegme bourgeois, elle a aussi su attirer des personnalités au mode de vie chaotique.

Le splendide centre équestre de Marnes-la-Coquette, le haras de Jardy, a ainsi incité le playboy dominicain et grand amateur de polo **Porfirio Rubirosa** à y élire domicile dans les années 1950. Ce jet-setteur, dont une particularité anatomique a conduit à surnommer « Rubirosas » les poivriers géants en usage dans les grands restaurants, a notamment séduit Marilyn Monroe, Ava Gardner, Rita Hayworth et Kim Novak. C'est avec sa cinquième épouse, le jeune mannequin français Odile Rodin, qu'il s'installe à Marnes, dans une demeure cossue située au 12 rue Schlumberger – leur voisin, au numéro 10, est l'acteur Jean Marais. Passant ses nuits à faire la fête à Paris, Rubirosa rentre à l'aube dans sa maison de Marnes, où il dort toute la journée. Mais aux premières heures du jour, le 5 juillet 1965, la Ferrari 250 GT du playboy percute un châtaignier dans le bois de Boulogne. Le tombeur dominicain repose dans le cimetière de Marnes-la-Coquette, où l'a rejoint il y a quelques années sa deuxième épouse, la comédienne Danielle Darrieux.

Mais le saint des saints, dans la commune, est le lotissement du parc de Marnes, créé au milieu du XIXe siècle. C'est là, dans la villa Saint-Pierre, que le général américain **Dwight**

Eisenhower, commandant en chef des forces alliées durant le débarquement de Normandie, s'installe en 1951 lorsqu'il dirige l'OTAN, dont le quartier général est alors installé non loin, à Rocquencourt. Enchantés par leur cadre de vie, Eisenhower et son épouse quittent à regret Marnes-la-Coquette l'année suivante lorsque le général est sollicité pour représenter le Parti républicain à l'élection présidentielle américaine – il sera président des États-Unis de 1953 à 1961. Les adieux déchirants du couple à la commune sont ponctués par une sérénade du chœur des Petits Chanteurs à la Croix de Bois. Un autre habitant du parc de Marnes connut un grand destin en Amérique : **Maurice Chevalier**, qui habita la villa La Louque et qui repose au cimetière de Marnes.

Le lotissement a plus récemment accueilli un autre chanteur fasciné par les États-Unis, mais qui ne connut le succès qu'en France : **Johnny Hallyday** s'y est éteint en décembre 2017 dans sa villa La Savannah. Mais au grand dam de ses fans – et au grand soulagement des habitants de Marnes-la-Coquette, jaloux de leur tranquillité –, la dépouille du rocker n'a pas rejoint le cimetière communal. Johnny est enterré sur l'île de Saint-Barthélemy aux Antilles.

—

Haras de Jardy, 39, boulevard de Jardy, 92430 Marnes-la-Coquette
Cimetière, allée du Cimetière de Marnes, 92430 Marnes-la-Coquette

ESSONNE

26

VILLIERS-LE-BÂCLE

Gare : Courcelle-sur-Yvette (RER B) (4 km)

Une étoile du Paris des Années folles est tombée dans la vallée de la Mérantaise. Fils d'un général japonais, le peintre **Tsugouharu Foujita** avait émigré à Paris à la veille de la Première Guerre mondiale pour y vivre la bohème dans le quartier de Montparnasse. Assagi, devenu mystique, il a quarante ans plus tard choisi Villiers-le-Bâcle pour abriter ses dernières années.

Dans les années 1920, le jeune diplômé de l'école des Beaux-Arts de Tokyo devient l'une des vedettes de l'École de Paris. Côtoyant Picasso, Soutine, Derain et Matisse, il mâtine sa technique orientale d'avant-gardisme européen pour développer un style pictural aussi inimitable que son allure, coupe au bol, lunettes rondes et petite moustache. Mais en 1928, un lourd redressement fiscal brise son envol artistique et financier. Retournant au Japon, il y peint durant la Seconde Guerre mondiale des œuvres de propagande qui exaltent les combats de l'armée nippone, ce qui lui sera beaucoup reproché. Après un séjour à New York, Foujita retrouve Paris en 1950. S'il bénéficie encore d'une jolie cote sur le marché de l'art, il y mène une vie nettement moins flamboyante que dans les années 1920. En retrait du monde, l'artiste connaît en 1959 une révélation mystique en visitant la basilique Saint-Remi de Reims. Se convertissant au catholicisme, il adopte pour prénom de baptême Léonard, en hommage à Vinci. En quête d'apaisement spirituel, le peintre ressent le besoin de s'éloigner de son atelier de la rue Campagne-Première à Montparnasse. En 1960, alors qu'il se promène à Villiers-le-Bâcle avec sa femme Kimiyo, il a un coup de foudre pour une petite maison en ruine. Le couple la restaure durant un an avant de s'y installer. Dans les combles, Foujita fait percer des fenêtres pour y aménager son atelier. Les villageois ne comprendront jamais très bien qui est cet homme discret, qui part fréquemment pour Reims où il se consacre à sa dernière grande œuvre, la décoration intérieure d'une chapelle financée par le patron des champagnes Mumm. Décédé en janvier 1968, le Japonais repose aujourd'hui dans ce qui est devenu la chapelle Foujita, après avoir été d'abord inhumé dans le cimetière de l'église Notre-Dame-de-l'Assomption de Villiers-le-Bâcle.

Restée en l'état depuis la disparition de l'artiste, sa maison aux volets bleus de Villiers-le-Bâcle a été cédée au département de l'Essonne par sa veuve Kimiyo. Elle se visite le week-end sur rendez-vous. En dehors de quelques études, peu d'œuvres du peintre sont exposées, mais on y plonge dans une étonnante brocante. Vous découvrirez par exemple la machine à coudre

Singer avec laquelle il confectionnait lui-même son excentrique garde-robe. La cuisine, qui mêle Formica et carreaux de Delft ravira les amateurs de gastronomie nippone : on y trouve l'un des premiers modèles d'autocuiseurs à riz, importé du Japon par l'artiste, ainsi qu'une étonnante râpe à glace permettant de conserver les sushis. Mais rien n'est plus émouvant que ce message gravé sur un mur par Foujita : « Léonard et Kimiyo, 14 novembre 1961, ils dorment pour la première fois dans leur maisonnette de V. »

—

Maison-atelier Foujita, 7, route de Gif, 91190 Villiers-le-Bâcle

27

GIF-SUR-YVETTE

Gare : Gif-sur-Yvette (RER B)

Dans l'une des parties les plus luxuriantes de la vallée de Chevreuse, cette villégiature appréciée de la bonne société à la fin du XIXe siècle préserve encore des airs de campagne. Dans les années 1950, le **duc de Windsor**, éphémère roi d'Angleterre sous le nom d'Édouard VIII, et son épouse **Wallis Simpson** élirent Gif-sur-Yvette comme destination de week-end. Des connaissances comme Marlene Dietrich, Henry Ford, la Callas ou Richard Burton vinrent leur y rendre visite.

Succédant en janvier 1936 à son père George V sur le trône du Royaume-Uni, Édouard VIII va régner un peu moins d'un an. Décidé à épouser l'Américaine Wallis Simpson, une femme deux fois divorcée, il est, en décembre de la même année, contraint d'abdiquer par le gouvernement britannique, qui craint les retombées de cette union scandaleuse sur l'institution monarchique. Devenu simple duc de Windsor, l'ex-souverain peut épouser sa maîtresse, qui, désormais duchesse, reste toutefois honnie par la cour britannique, où elle traîne une réputation d'intrigante. Beaucoup de ses ennemis attribuent la fascination que Wallis exerce sur Édouard à des techniques de massages érotiques qu'elle aurait apprises dans des bordels chinois – d'aucuns ont évoqué de mystérieux raffinements baptisés « prise de Baltimore », « pince de Shanghai » ou encore « clef chinoise ». On dit aussi qu'au milieu des années 1930, alors qu'elle fréquentait déjà Édouard, Wallis aurait été la maîtresse de Joachim von Ribbentrop, le futur ministre des Affaires étrangères du IIIe Reich, alors ambassadeur en Grande-Bretagne. Nul ne sait ce qu'en pensa le duc de Windsor ; en admirateur du régime nazi, lui-même flirta avec Hitler, qu'il rencontra en Allemagne à l'automne 1937 en compagnie de Wallis.

Ces embarrassantes affinités incitent le gouvernement britannique à exiler le couple aux Bahamas durant la Seconde Guerre mondiale. La paix revenue, le roi manqué et son épouse s'installent à Paris dans un hôtel particulier proche du bois de Boulogne. À la recherche d'une résidence secondaire, ils achètent bientôt à Gif-sur-Yvette le moulin Aubert, qu'ils rebaptisent « moulin de la Tuilerie ». Pour habiller leur nid d'amour, les Windsor font appel au décorateur français Stéphane Boudin, qui rénovera une décennie plus tard les intérieurs de la Maison-Blanche à la demande de Jackie Kennedy. Le couple rejoint Gif presque chaque fin de semaine, lui en Daimler ou Chevrolet Break, elle dans une Cadillac d'un bleu clair identique à celui de ses yeux. Ils sont précédés par leur personnel, qui veille à ce que tout soit prêt à leur arrivée. À la Tuilerie, le duc consacre beaucoup d'attention à ses jardins. Il peut s'appuyer sur cinq jardiniers, dont un Alsacien auquel il s'obstine à parler allemand. Après la disparition d'Édouard, au printemps 1972, Wallis viendra de moins en moins souvent à Gif. Souffrant de démence sénile, elle meurt à Paris en 1986, à 89 ans.

Après avoir un temps fait partie du prestigieux réseau de demeures historiques de la fondation britannique du Landmark Trust, le moulin de la Tuilerie est redevenu une propriété privée il y a quelques années. La butte dominant la demeure, qui offre une vue d'ensemble de la propriété, n'est donc plus accessible. Ce n'est pas forcément un mal : quand il recevait des hôtes âgés, le duc de Windsor les forçait à gravir d'un bon pas ce relief qu'il se plaisait à surnommer la « colline cardiaque ».

28

ORSAY

Gare : Orsay-Ville (RER B)

Tel un mirage dans cette ville prospère, le Temple de la Gloire semble tout droit sorti de la campagne anglaise. Il fut la propriété d'un couple sulfureux de la haute société britannique, l'aristocrate **Diana Mitford** et le leader d'extrême droite **Oswald Mosley**.

Née en 1910, Diana est l'une des six flamboyantes et romanesques sœurs Mitford, dont le grand-père lança le magazine *Vanity Fair*. Deborah et Nancy feront carrière dans les lettres, Jessica sera militante communiste, Unity deviendra une très proche et fanatique amie d'Adolf Hitler, tandis que Pamela défendra la cause animale. Enfin Diana, la plus belle de toutes, va fondre pour le charme brutal d'Oswald Mosley, fondateur de l'Union britannique des fascistes, un parti qui compte 50000 adhérents en 1934. En ces années 1930, la jeune femme côtoie à la fois Winston Churchill, son cousin par alliance, et Adolf Hitler. Ce dernier assiste d'ailleurs à son mariage avec le Führer anglais, célébré en 1936 à Berlin dans le salon de Joseph Goebbels, ministre de la Propagande du Reich. Ces fréquentations vaudront au couple Mosley d'être interné dans une prison londonienne durant toute la Seconde Guerre mondiale.

En quête d'anonymat, Diana et Oswald s'installent en France avec leurs deux fils au début des années 1950. Ils acquièrent à Orsay le Temple de la Gloire, une folie de style néoclassique construite en 1801 par la belle-mère du général Moreau en l'honneur des victoires de son gendre, commandant en chef de l'armée du Rhin sous le Consulat. Les Mosley y reçoivent le gotha des écrivains réprouvés pour faits de collaboration : leur premier dîner à Orsay est ainsi donné en l'honneur de Paul Morand. Ils y fréquentent aussi un autre couple en exil, honni d'une grande partie de la population anglaise, le duc de Windsor et Wallis Simpson, qui possèdent une maison de campagne dans les environs (voir Gif-sur-Yvette, page précédente) ; le duc et éphémère roi d'Angleterre, qui fut aussi sympathisant

de la cause nazie, aime discuter politique avec Mosley.
Ce dernier est mort en 1980 à Orsay. Ses cendres ont été dispersées dans l'étang de la propriété. Diana Mitford s'est éteinte à Paris en 2003, à l'âge de 93 ans, après avoir publié ses mémoires sous un titre clairvoyant, *Une vie de contrastes*.
Le Temple de la Gloire appartient désormais à un pharmacien des Hauts-de-Seine qui restaure peu à peu l'édifice. Il se visite durant l'été. Si vous trouvez grille close, poursuivez votre chemin dans l'avenue des Lacs : quelques dizaines de mètres plus loin vous attend un magnifique point de vue sur l'étang et la façade du Temple. Malgré ses colonnes massives, le bâtiment a des dimensions modestes ; en le découvrant, Wallis Simpson avait dit à Diana : « C'est charmant, mais où allez-vous vivre ? » À l'intérieur, on retrouve les tons favoris, rose, bleu et or, de la passionnée de décoration qu'était l'épouse Mosley. Mais pas la grande photographie dédicacée de Hitler dans son cadre en argent que lui avait offerte le Führer en cadeau de mariage.

—

Temple de la Gloire, avenue des Lacs, 91400 Orsay

29

DOURDAN

Gare : Dourdan (RER C)

La petite capitale du Hurepoix fut pour l'écrivain roumain **Emil Cioran** le point de départ d'innombrables randonnées. Durant ces promenades, le philosophe et poète mûrissait ses fulgurants aphorismes, qui ont élevé le désespoir et le pessimisme au rang d'art de vivre.
Cioran, qui a quitté la Roumanie pour s'installer à Paris en 1937, à l'âge de 26 ans, a mené une vie ascétique d'éternel étudiant dans des chambres de bonne du Quartier latin. Aimant déambuler la nuit dans les rues de la capitale, il assouvissait aussi son goût immodéré pour la marche dans le sud-ouest de l'Île-de-France. L'écrivain évoque dans ses *Cahiers (1957-1972)* ses longues balades en toutes saisons sur les sentiers entre Dourdan et Étampes. Des excursions qui lui procurent « le sentiment d'être

tout et l'évidence de n'être rien». Le vent bruisse à ses oreilles comme de la poésie, et le chant du coq comme un immense accès de tristesse. Sa prose désespérée exalte la voie ferroviaire désaffectée entre Dourdan et Auneau ou les rives de l'Essonne, selon lui l'une des rivières les plus poétiques de France. Cioran s'émerveille aussi devant les villages de Sermaise, Angervilliers, Souzy-la-Briche, Saint-Chéron ou Étréchy.

Si vous souhaitez vous promener dans ses pas, sachez que l'auteur des *Divagations* déconseille vivement de randonner le dimanche, pour ne pas croiser trop de monde: «Quel bonheur d'entrer dans un petit village sans bruit, sans enfants, sans signe fâcheux de vie!» Et si, comme Cioran, vous considérez les arbres comme la plus belle expression de la vérité, restez tout de même vigilant dans la forêt autour de Cernay-la-Ville: l'écrivain évoque un vicieux garde-chasse qui dressait des procès-verbaux aux couples adultères surpris en plein ébat. L'homme se vantait d'avoir ainsi brisé l'existence de quelques grands industriels parisiens. Alors, gare à son fantôme ou à ses successeurs!

30

SOUZY-LA-BRICHE

Gare: Breuillet-Village (RER C) (5 km)

Ce village agricole de la vallée de la Renarde cache bien son jeu: dans l'une de ses rues fort paisibles, de hauts murs dissimulent le plus secret des palais de la République française.

Le château de Souzy a été légué à l'État français en 1972 par un banquier sans héritier, à la condition qu'il soit dévolu à la détente de «la plus haute personnalité de l'exécutif». Si le président Georges Pompidou accepte alors le don, il mourra avant d'avoir pu visiter ce manoir bourgeois du XIXe siècle. En 1974, son successeur Valéry Giscard d'Estaing fait le déplacement, mais la demeure n'est pas à son goût et il ne reviendra jamais. Pendant sept ans encore, feus les époux Simon, les anciens propriétaires et généreux donateurs, vont continuer à reposer dans une paix absolue au cœur de l'immense parc de la propriété, dans la petite chapelle du XIIIe siècle où ils ont été enterrés avec leur chien, le griffon Poppy. Le destin du château bascule à l'été 1981 lors de la première visite de **François Mitterrand**. Le président socialiste saisit tout de suite le parti qu'il pourrait tirer de la haute muraille ceignant la propriété. Après quelques travaux de remise en état du manoir et des jardins, la résidence lui permet de passer des week-ends avec sa fille cachée Mazarine et la mère de celle-ci, Anne Pingeot, en préservant le secret autour de cette seconde famille. À Souzy, le président regarde à la télévision des épisodes de *Dallas* et de *Starsky et Hutch*, et n'invite que ses amis les plus intimes, comme les Badinter ou le fondateur de Canal+, André Rousselet. En tenue décontractée, «Tonton», qui a toujours vénéré les grands arbres, arpente le vaste parc, joue au tennis et à la pétanque avec ses gardes du corps, pendant que Mazarine défie les siens au ping-pong. La petite fille fait aussi du poney à travers le domaine, avant que ne soit aménagé pour elle un authentique parcours de saut d'obstacles; adolescente, elle y monte un splendide pur-sang de race Akhal-Teké, offert au président français par son homologue turkmène. Au fil des années, Mazarine a fini par sympathiser avec des enfants du village. Tous les habitants de Souzy-la-Briche sont au courant de la double vie du président, mais ils resteront bouche cousue jusqu'à sa révélation publique. Après le départ de Mitterrand, Souzy accueillera souvent Bernadette Chirac. Mais pas Nicolas Sarkozy, qui juge la propriété trop éloignée de Paris. Il préfère passer ses week-ends à la résidence de La Lanterne, à Versailles, jusqu'alors réservée au Premier ministre. Les hôtes de Matignon ont depuis été priés de déplacer leurs fins de semaine à Souzy-la-Briche. Si, de passage dans le village, vous observez un important déploiement de forces de l'ordre aux quatre coins du domaine, vous saurez que le chef du gouvernement s'y trouve. La propriété, visible depuis la route, n'a ouvert ses portes qu'une seule fois, et aux seuls habitants de la commune, lors des Journées du patrimoine de 1995. À défaut de découvrir ce qui se cache derrière ces murs, vous pourrez toujours vous rallier aux marches sportives et aux randonnées nocturnes avec étape dînatoire organisées dans les environs par le comité des fêtes de Souzy.

31

MÉRÉVILLE

Gare : Monnerville (7 km)

Capitale française du cresson depuis la fin du XIXe siècle, labellisée « Site remarquable du goût », cette commune a aussi été le théâtre, en 1917, de la renaissance de l'écrivain franco-suisse **Blaise Cendrars**. Après avoir perdu à la guerre sa main droite, celle avec laquelle il écrivait, l'auteur de *La Prose du Transsibérien* s'est réinventé en « poète de la main gauche » dans cette oasis de verdure en bordure du plateau beauceron.

Né en Suisse en 1887 sous le nom de Frédéric Sauser, le futur écrivain prend dès l'enfance le goût de l'itinérance dans le sillage d'un père homme d'affaires qui voyage beaucoup à travers l'Europe. Après avoir commencé à écrire lors de longs séjours à Saint-Pétersbourg puis à New York, où il adopte le pseudonyme de Blaise Cendrars, il s'installe en 1912 à Paris où, aux côtés de Guillaume Apollinaire, il contribue à fonder la poésie moderne. La France devient très vite sa seconde patrie, au point qu'il s'engage dès le début de la Première Guerre mondiale dans la Légion étrangère. Grièvement blessé au bras droit par une rafale de mitrailleuse allemande lors de la seconde bataille de Champagne, en septembre 1915, Cendrars est amputé jusqu'au coude et rendu à la vie civile. Commence pour l'écrivain droitier, auquel a été arrachée sa main créatrice, une « année terrible », remplie de doutes et d'errances. Un jour de 1916, il atterrit par hasard à La Pierre, un hameau de Méréville au bord de la Juine, où un paysan lui loue une grange à l'abandon. Malgré ses souffrances et sa nouvelle condition de manchot, Cendrars gagne quelques sous en arrachant le cresson cultivé dans des rigoles de brique. Il braconne aussi des lièvres, faisans et alouettes qu'il vend à la gare du village. Mais, ébloui par ce vallon à la végétation luxuriante qu'il baptise sa « Suisse miniature », le poète renoue peu à peu avec sa muse. Dans sa grange ouverte aux quatre vents, assis sur une botte de foin, avec en guise de table une porte posée sur deux caisses, le poète tente d'écrire de la main gauche, d'abord sans grand succès… Jusqu'à la nuit du 1er au 2 septembre 1917, celle de ses trente ans, où, à la lueur d'une chandelle plantée dans un litron vide, Cendrars écrit d'un seul jet un texte délirant intitulé *La Fin du monde filmée par l'ange N.-D.* L'écrivain est ressuscité. Il se souviendra de sa « plus belle nuit d'écriture » comme on se rappelle sa plus belle nuit d'amour. Après une année à Méréville, Cendrars quitte sa grange pour rejoindre Paris, où il participera brièvement aux aventures dadaïste et surréaliste avant de reprendre ses voyages puis de se convertir au roman et au reportage. Il est mort en 1961 à Paris.

Dans le hameau de La Pierre, où on cultive encore le cresson, la grange de Cendrars, située au 4 rue des Crocs-au-Renard, a été transformée en habitation. Une plaque rappelle l'épiphanie qu'y connut l'écrivain.

32

MILLY-LA-FORÊT

Gare : Buno-Gironville (RER D) (7 km)

Un grand mondain a fini par embrasser la tranquillité en rejoignant cette commune au charme provincial. **Jean Cocteau** ne parvenait plus à travailler dans son appartement parisien du Palais-Royal. En cause : d'incessants coups de téléphone, des visites, et des jeunes filles qui hurlaient, en bas de ses fenêtres, le nom de son compagnon, l'acteur Jean Marais. En 1947, à l'approche de la soixantaine, l'écrivain, dessinateur et cinéaste se réfugie donc dans ce village du Gâtinais, en compagnie du comédien. « C'est à Milly, dira-t-il, que j'ai découvert la chose la plus rare au monde : un cadre. »

L'auteur des *Enfants terribles* y achète la Maison du Bailli, une ancienne dépendance du château de Milly. Il est charmé par « son style, son porche, ses tours modestes, son allure de presbytère, ses douves, son jardin de curé, le bois et la forêt de Fontainebleau à deux pas ». Au fil de séjours de plus en plus longs, Cocteau écrit, dessine et fait l'expérience de joies simples, avec le chien Martin, ses chats persans et siamois. Il évolue en peignoir éponge dans l'immense jardin où Jean Marais joue au

foot. Le poète attaché à l'univers de l'enfance sort peu dans le village, hormis le mardi pour aller acheter *Le Journal de Mickey.* Au début des années 1960, alors que sa santé chancèle, l'académicien opiomane se retire définitivement dans sa propriété du Gâtinais en compagnie de son dernier compagnon, Édouard Dermit dit « Doudou », un ancien mineur de fond dont il a fait son fils adoptif et son légataire universel. Le 11 octobre 1963, Jean Cocteau est pris d'une violente crise d'étouffement en apprenant le décès de sa grande amie Édith Piaf. Six heures plus tard, il succombe à un œdème pulmonaire.
En 2002, la maison du Bailli a été rachetée par l'homme d'affaires Pierre Bergé pour en faire un lieu dédié à Cocteau. L'ancien compagnon d'Yves Saint Laurent y a lancé une campagne de rénovation aussi exorbitante que tape-à-l'œil. Dans cette Maison Jean-Cocteau, seule la réhabilitation du jardin est réussie. Un bâtiment bien plus intéressant se trouve à huit cents mètres de là : la chapelle Saint-Blaise-des-Simples, dernier vestige d'une léproserie médiévale. Lors de sa restauration, en 1959, Cocteau a orné ses murs de fresques représentant des plantes médicinales. Conformément à ses dernières volontés, c'est ici que le poète repose, en compagnie de Doudou, sous une dalle gravée de ces mots : « Je reste avec vous. »

Maison Jean-Cocteau, 15, rue du Lau, 91490 Milly-la-Forêt
Chapelle Saint-Blaise-des-Simples,
rue de l'Amiral-de-Graville, 91490 Milly-la-Forêt

33

COURANCES

Gare : Boutigny-sur-Essonne (9 km)

Ce village ceint de forêts et de champs de céréales est connu des amateurs de jardins pour le merveilleux parc du château de Courances, où cohabitent des pièces d'eau à la française et un jardin anglo-japonais. La couturière et parfumeuse franco-italienne **Nina Ricci** fut l'autre monument de la commune.

Née à Turin en 1883, avant de travailler dès l'adolescence dans des ateliers de couture parisiens, la créatrice a fondé sa propre maison sur le tard, en 1932. En guerre contre la mode garçonne, elle ravive alors la féminité chez les dames de la haute société. Après-guerre, son succès se confirme avec le lancement d'un parfum, L'Air du temps, qui deviendra l'une des fragrances les plus vendues au monde.

Au début des années 1950, la couturière bientôt septuagénaire, qui a confié les rênes de son empire à son fils Robert, un homme d'affaires avisé, se met au vert à Courances, où elle loue le petit château du Ruisseau, à l'écart du village. Nina Ricci sort peu de son charmant domaine, hormis, chaque dimanche, pour assister à la messe à l'église Saint-Étienne. Avec ses robes en crêpe blanc, ses sautoirs de perles et ses cheveux de neige, elle est appelée « la Dame blanche » par les Courançois. Jusqu'à sa mort en 1970, elle mènera dans le village une existence tranquille, égayée par les nombreuses visites de son fils Robert, « le seul homme de [s]a vie ».

La blanche couturière est inhumée dans le petit cimetière de Courances, où son fils l'a rejointe en 1988. Sa sépulture de marbre gris, peu entretenue et jamais fleurie d'après les habitués, aurait grand besoin d'être ravivée par le jasmin, les roses et les gardénias dont embaume son Air du temps.

—

Parc du château, 15, rue du Château, 91490 Courances
Cimetière, rue de la Grange Rouge, 91490 Courances

34

DANNEMOIS

Gare : Boutigny (RER D) (9 km)

Cette localité du Gâtinais aurait pu n'être qu'un village-dortoir plutôt quelconque de la lointaine banlieue parisienne si elle n'était devenue un lieu de pèlerinage pour les admirateurs de **Claude François**. Le chanteur de variétés y a vécu dans un ancien moulin où il accueillit la fine fleur du show business français. C'est là qu'il a peaufiné la chanson *Comme* *d'habitude*, qui deviendra le hit mondial *My Way*, interprété par Frank Sinatra, Elvis Presley ou Nina Simone.

Révélé en 1962 par le tube *Belles ! Belles ! Belles !*, Claude François achète le moulin deux ans plus tard sur les conseils de Brigitte Bardot. Pour transformer cette vieille bâtisse – une de plus où Jeanne d'Arc aurait soi-disant dormi – en une confortable résidence secondaire, le chanteur dépense sans compter, avec pour modèle Graceland, la propriété d'Elvis Presley à Memphis. Il fait même dévier le cours d'une rivière pour agrémenter le jardin à l'anglaise. Toujours à l'affût des derniers gadgets venus d'Amérique, l'artiste fait installer dans sa piscine en forme de haricot des haut-parleurs diffusant de la musique sous l'eau. C'est au bord de ce bassin, où défilent ses amis Dalida, Michel Sardou, Sheila ou Michel Drucker, qu'un jour radieux de l'été 1967 Cloclo lance au compositeur Jacques Revaux, venu lui proposer une mélodie : « Bon, allez, joue-moi ta merde ! » Sur cet air nostalgique, le chanteur improvise quelques paroles inspirées par sa récente rupture avec France Gall, qui seront reprises et complétées par le parolier Gilles Thibaut. Ce sera *Comme d'habitude*. Après avoir entendu la chanson lors d'un séjour à Paris, le crooner américain Paul Anka en écrit l'année suivante une version anglophone, *My Way*, que Frank Sinatra sera le premier à chanter, avant qu'elle ne devienne l'un des morceaux les plus repris au monde. Avant Paul Anka, David Bowie avait lui aussi planché sur une adaptation en anglais, qui n'avait pas convaincu les producteurs.

À la fin des années 1960, Claude François installe à Dannemois sa nouvelle compagne, le mannequin Isabelle Forêt, qui lui donnera deux fils, Claude Junior et Marc. Aux fans et aux paparazzis qui l'épient par-dessus les murs de la propriété, le chanteur tente en vain de cacher cette vie de famille qu'il juge préjudiciable à son image. Après sa mort brutale en 1978, par électrocution dans la baignoire de son appartement parisien, il est inhumé au cimetière de Dannemois. Sa tombe, surmontée d'une statue à son effigie, attire des centaines de fans tous les 11 mars, date anniversaire de sa disparition. Quant au moulin, il est devenu la propriété d'un couple de boulangers retraités du Périgord qui se sont rencontrés sur une chanson de Claude François. Ouvert au public, le domaine abrite un musée qui fait revivre son époque dorée : dans une dépendance, la « maison américaine », où l'idole à talonnettes recevait les « copains », on peut voir ses costumes de scène et quelques reliques comme son dictaphone, sa valise Vuitton, ses Ray-Ban ou ses deux derniers peignes. Le complexe comprend aussi un restaurant et un bar servant un cocktail à base de champagne créé par le chanteur. En attendant l'ouverture d'un espace hôtellerie, le moulin de Dannemois accueille mariages, baptêmes et, bien sûr, spectacles de sosies de Cloclo.

—

Moulin de Claude François, 32, rue du Moulin, 91490 Dannemois
Cimetière, rue des Francs-Tireurs, 91490 Dannemois

35

SOISY-SUR-ÉCOLE

Gare : Ponthierry-Pringy (RER D) (9 km)

Cet ample village boisé fut le royaume des *Nanas* de **Niki de Saint Phalle**. Si cette plasticienne franco-américaine a installé ses sculptures monumentales un peu partout à travers le monde, la majeure partie de son œuvre a été façonnée à Soisy-sur-École. Née en 1930 de père français et de mère américaine, Catherine de Saint Phalle revendiquait du côté paternel une filiation avec Gilles de Rais, compagnon d'armes de Jeanne d'Arc et tueur d'enfants. Avec ce sulfureux aïeul, elle partageait un tempérament affirmé. La jeune femme née en France, mais qui a grandi à New York, se révolte à l'adolescence contre sa famille bourgeoise – elle révélera à la fin de sa vie que son père l'a violée lorsqu'elle avait onze ans. Un temps mannequin pour *Vogue*, *Life Magazine* ou *Elle*, elle commence à peindre au cours d'un séjour à l'hôpital psychiatrique de Nice, où elle est internée à la suite d'une grave dépression. Une fois rétablie, elle s'installe définitivement en France, où elle se familiarise avec l'art brut. Se choisissant un nouveau prénom d'artiste, Niki, la jeune femme se fait connaître au début des années 1960 avec des performances durant lesquelles elle tire à la carabine sur des tableaux : fine gâchette, elle fait exploser des poches pleines de peinture, des œufs et autres flacons d'encre qu'elle a préalablement fixés sur la toile, produisant de brutales éclaboussures. Devenue une plasticienne de renommée internationale à la faveur de ces *happenings* qu'elle qualifie d'« assassinats sans victime », Niki de Saint Phalle quitte Paris pour Soisy-sur-École à l'hiver 1963. Avec son compagnon, le sculpteur suisse Jean Tinguely, autre figure majeure de l'art brut, elle achète l'ancienne auberge du Cheval Blanc, dont elle conserve le bar en zinc et l'antique poêle. Niki passe de l'*underground* à la ruralité, des fréquentations les plus *hype* aux gens simples de l'Essonne. Abandonnant peu à peu la provocation, elle restera toujours révoltée. À Soisy, tandis que Tinguely forge ses sculptures « méta-mécaniques », elle va ainsi créer des femmes « libérées du mariage et du masochisme ». Ses monumentales *Nanas*, incarnations joyeuses et désinhibées de la féminité, étalent leurs rondeurs colorées dans le monde entier depuis la fin des années 1960. Des sculptures encore plus émouvantes quand on sait que les poussières du polyester dont elles sont constituées ont rongé les poumons de leur créatrice. Chaque matin, pour combattre son emphysème pulmonaire, Niki de Saint Phalle riait vigoureusement durant une demi-heure. Elle est morte en 2002, à l'hôpital de San Diego en Californie, des suites de son insuffisance respiratoire chronique.

La maison-atelier de la sculptrice et de son mari, située au 45 Grande-Rue, ne se visite pas. Mais à une dizaine de kilomètres, dans la forêt de Fontainebleau à la sortie de Milly-la-Forêt – commune qui a abrité un autre grand artiste, voir p. 325 –, on peut admirer le *Cyclop* créé par le couple, et même pénétrer à l'intérieur de son immense tête, sorte de mini-musée rempli d'œuvres d'art. Il a fallu vingt-cinq ans, et la collaboration d'amis artistes dont César, Jean-Pierre Raynaud et Arman, pour que Jean Tinguely et Niki de Saint Phalle achèvent cette structure monstre de vingt-trois mètres de haut.

Le *Cyclop*, lieu-dit « Le Bois des pauvres », 91490 Milly-la-Forêt

36

NAINVILLE-LES-ROCHES

Gare : Ponthierry-Pringy (6 km)

Cette paisible commune boisée de la lointaine banlieue parisienne a vibré aux rythmes d'une fête restée dans les annales du tennis français. En juin 1983, **Yannick Noah** y célébra sa victoire au tournoi de Roland-Garros, qui reste la dernière d'un joueur français sur la terre battue de la porte d'Auteuil.

À tout juste 20 ans, Noah acquiert à Nainville-les-Roches une ancienne ferme du XVIIIe siècle, avec ses premiers gains de tennisman professionnel. Dans le grand jardin arboré, ce spectaculaire adepte du service-volée installe, outre un court de tennis, une piscine, un sauna et un terrain de pétanque. Trois ans après son arrivée dans l'Essonne, le dimanche 5 juin 1983, au matin de sa finale à Roland-Garros, il fait déposer dans les boîtes aux lettres de tous les habitants du village un mot d'invitation à une grande fête prévue le soir même dans sa propriété. Est-ce pour conjurer le sort ? Nul ne sait en tout cas à quoi aurait ressemblé la soirée en cas de défaite du jeune Français.

Les réjouissances commencent aussitôt après le sacre de « Yann », en fin d'après-midi, alors que le champion répond encore aux journalistes sur un plateau de télévision. Lorsqu'il finit par rejoindre Nainville, le héros de la soirée traverse sa maison au sprint et saute tout habillé dans la piscine. Parmi les célébrités présentes, outre Björn Borg, les villageois reconnaissent Mats Wilander, son malheureux adversaire du jour. La soirée se poursuit avec un concert improvisé du groupe Téléphone. Les filles terminent en sous-vêtements dans la piscine, où sont jetés, les uns après les autres, les cadres de la Fédération française de tennis. Vers 3 heures du matin, le champion propose aux plus motivés de rallier une discothèque parisienne. Les festivités se prolongeront jusqu'au week-end suivant, durant lequel le roi et sa suite défileront dans les rues de Nainville.

La mythique maison de campagne, au numéro 3 de la rue de l'Église, n'appartient plus au tennisman devenu chanteur de variétés. Les actuels propriétaires l'ont transformée en une luxueuse maison d'hôtes, baptisée Clos Saint Lubin. Il y a quelques années, le champion nostalgique est revenu à Nainville pour visiter son ancienne demeure et, dans le jardin, le petit chalet où il enregistra son premier tube, *Saga Africa*.

Le Clos Saint Lubin, 3, rue de l'Église, 91570 Nainville-les-Roches

37

DRAVEIL

Gare : Juvisy (RER C et D) (3 km)

À la fin du XIXe siècle, Draveil n'est encore qu'un village de deux mille âmes, sagement posé au bord de la Seine. Mais son bucolique hameau de Champrosay, à la lisière de la forêt de Sénart, est un lieu de villégiature apprécié des artistes parisiens : dans la foulée d'Eugène Delacroix, Nadar, Edmond de Goncourt et Alphonse Daudet viennent notamment y puiser son air pur. Un coin un peu trop mondain pour **la fille de Karl Marx** et son époux, le militant et écrivain socialiste **Paul Lafargue**, qui préfèrent s'installer dans le centre de Draveil. Pour le meilleur et pour le pire…
Né en 1842, le Français Paul Lafargue est encore étudiant lorsqu'il rencontre Karl Marx à Londres ; l'auteur du *Capital* devient son mentor, puis son beau-père lorsque Lafargue épouse sa deuxième fille, Laura. S'installant en France, le couple va dès lors s'efforcer d'y répandre la pensée de Marx, dont Paul Lafargue traduit les œuvres en français. Mais c'est d'abord grâce au succès de son livre *Le Droit à la paresse* (1883), un essai visionnaire annonçant la réduction du temps de travail et la civilisation des loisirs, que Lafargue devient un militant socialiste de premier plan. Avec les droits d'auteur de Paul et l'argent que Laura a reçu en héritage de son père, les Lafargue-Marx acquièrent en 1898 une opulente propriété dans le village de Draveil. Ils y mènent une vie bourgeoise qui ne manque pas de susciter de nombreux sarcasmes. Mais ce cadre privilégié n'empêche pas un éminent révolutionnaire russe en exil à Paris

d'accepter l'invitation du couple. Par un beau dimanche de l'année 1910, Vladimir Ilitch Oulianov, dit **Lénine**, accompagné de son épouse Nadejda, vient les voir en rejoignant Draveil à bicyclette depuis la capitale – ce moyen de transport lui permet d'échapper plus facilement que le train à la surveillance des agents du tsar Nicolas II. Quelques mois plus tard, Lénine, séduit par la région, fondera non loin de Draveil, à Longjumeau, une école de formation de cadres bolcheviks pour préparer la révolution appelée à renverser la dynastie des Romanov. Un tournant de l'histoire que ne connaîtra pas le couple Lafargue. En novembre 1911, à 69 ans, Paul décide de se suicider « avant que l'impitoyable vieillesse ne brise [s]a volonté », comme il l'explique dans une courte lettre ; Laura choisit de le suivre dans la mort. Tous deux s'empoisonnent dans la petite maison au fond de leur jardin.

Deux plaques commémoratives ornent leur ancienne propriété, une pour chacun d'entre eux. Ironie du sort, la grande maison blanche appartient depuis 1930 à une association religieuse et philanthropique suisse, Les Amis de l'Homme. On y prêche la parole du Christ qui, pour les anciens occupants, n'était que l'opium du peuple. Les visiteurs sont autorisés à explorer le jardin. Au printemps, l'allée de cerisiers en fleur qui mène à la maisonnette du drame déborde de romantisme. Si vous venez à vélo, vous pourrez poser votre monture à l'endroit précis où Lénine laissa le sien – contre le mur de la maison, sous une fresque qui porte cette mention : « L'amour est plus fort que la mort. »

Maison Les Amis de l'Homme,
108, boulevard Henri-Barbusse, 91210 Draveil

38

SAVIGNY-SUR-ORGE

Gare: Savigny-sur-Orge (RER C)

Cette banlieue-dortoir n'était encore qu'un village de 1 500 habitants du temps où y résidait une grande prêtresse du savoir-vivre. Sous le nom de plume de **baronne Staffe**, la roturière Blanche Soyer connut la célébrité avec son livre *Usages du monde*. Ce manuel de bienséance publié en 1889 fut l'un des plus gros succès d'édition de la fin du XIXe siècle, et le plus influent dans l'enseignement des bonnes manières à la Belle Époque.

Née en 1843 dans les Ardennes, Blanche Soyer, qui est issue d'une famille de militaires, est élevée par ses tantes Élodie et Irma, des demoiselles des postes célibataires qui lui transmettent une éducation aussi soignée que rigide. Après une première vie dont on ignore à peu près tout, cette représentante de la petite bourgeoise qui n'a jamais fréquenté la haute société publie ses *Usages du monde* à l'approche de la cinquantaine. À ce bréviaire de la politesse française, qui connaîtra des dizaines de rééditions au cours des décennies suivantes, succéderont des ouvrages comme *Plaisirs de châteaux et de grandes maisons* ou *Indications pratiques pour obtenir un brevet de femme chic*, ainsi que d'innombrables chroniques dans les journaux.

En 1899, la fausse baronne consacre une partie de ses conséquents droits d'auteur à la construction de la villa Aimée à Savigny-sur-Orge. Depuis ce pavillon en meulière, où, vieille fille, elle continue de vivre avec ses tantes, l'autrice à succès s'efforce notamment de répondre aux interrogations de la « femme moderne » version Belle Époque. Faut-il engager la conversation avec un inconnu dans les transports en commun ? Non, bien sûr. La baronne admet certes le port de la « jupe courte » – c'est-à-dire « qui dégage la cheville » – mais elle se scandalise que les femmes de son temps fument ou montent à bicyclette. La détentrice des secrets du « chic » déconseille aussi à ses lectrices de faire des études ou de parler trop fort. Pour elle, « plus la femme est femme, plus l'homme l'aime ». Quant à la « jeune fille », elle ne distribuera pas à tort et à travers les exemplaires de son portrait photographique, hormis aux membres de sa famille et à ses « amies douées d'un caractère sérieux et incapables de laisser aller ce portrait entre les mains de ceux qui ne doivent pas le posséder ».

La baronne Staffe s'est éteinte en 1911, assez tôt heureusement pour ne jamais croiser une garçonne des Années folles. Elle est inhumée avec ses tantes au cimetière de la Martinière à

Savigny-sur-Orge. La villa Aimée subsiste en toute anachronie dans l'enceinte de l'école Ferdinand-Buisson.

École élémentaire Ferdinand-Buisson,
6, avenue Charles-de-Gaulle, 91600 Savigny-sur-Orge
Cimetière de la Martinière,
2-14, rue de la Procession, 91600 Savigny-sur-Orge

39

VERRIÈRES-LE-BUISSON

Gare : Massy-Verrières (RER B et C) (2 km)

Protégée des excès de l'urbanisation par sa forêt domaniale, cette ville basse et verdoyante conserve une aimable allure de village. Parmi ses six châteaux, celui de Vilmorin est l'ancienne demeure d'une femme de lettres étincelante et pleine d'humour : **Louise de Vilmorin**, dont le dernier compagnon fut **André Malraux**. Avec l'écrivain, elle forma un couple si emblématique qu'elle s'était elle-même surnommée « Marilyn Malraux ».
Née en 1902 dans le château familial de Verrières-le-Buisson, Louise de Vilmorin est issue d'une prestigieuse dynastie de botanistes dont l'entreprise de commerce de semences, fondée au XVIIIe siècle, est vite devenue un leader mondial du secteur. Plus mondaine que pépiniériste dans l'âme, Louise évolue dès sa jeunesse dans la haute société parisienne. Après des fiançailles vite rompues avec Antoine de Saint-Exupéry, puis un mariage avorté avec un diplomate américain, cette grande séductrice noue au début des années 1930 une brève liaison avec André Malraux, qui lui conseille d'écrire pour s'évader. Elle publie son premier roman, *Sainte-Unefois*, en 1934, puis des poésies, sans renoncer à une vie de rencontres et de voyages, qu'elle partage un temps avec un flamboyant comte hongrois, épousé avant la Seconde Guerre mondiale. Après un nouveau divorce, Louise de Vilmorin connaît un grand succès avec son roman *Madame de*, paru en 1951 et adapté deux ans plus tard au cinéma par Max Ophüls avec Danielle Darrieux dans le rôle-titre. Son château de Verrières, une belle bâtisse Louis XIII, devient dès

lors un rendez-vous très prisé de l'élite cultivée. Le charme et la gouaille unique de la maîtresse de maison, qui accueille ses invités d'un canaille « Comment qu'tu vas ? », attirent dans son mythique « salon bleu », aménagé par la décoratrice Madeleine Castaing, des personnalités comme les écrivains Jean Cocteau et Roger Nimier, l'éditeur Gaston Gallimard, le peintre Balthus, la jeune étudiante américaine Jacqueline Bouvier (future Jackie Kennedy), les réalisateurs François Truffaut et Orson Welles… sans oublier André Malraux, dont Louise de Vilmorin partage à nouveau la vie dans les années 1960. À l'été 1969, l'auteur de *La Condition humaine*, qui vient de quitter le ministère des Affaires culturelles, emménage avec elle au château de Verrières ; Louise meurt quelques mois plus tard, à 67 ans. Elle est inhumée dans le parc du château, sous un simple banc de pierre, sur lequel sont gravés son emblème, un trèfle à quatre feuilles, et sa devise, « Au secours ! » Les frères de la défunte autorisent alors André Malraux à rester vivre au château de Verrières, où il noue une ultime liaison avec la nièce de Louise, Sophie, avant de mourir en novembre 1976. L'hospitalité des Vilmorin ayant malgré tout ses limites, l'écrivain ne fut pas autorisé à rejoindre la sépulture de sa « Marilyn » dans le parc, comme il l'aurait voulu, et dut se contenter du cimetière communal de Verrières, jusqu'au transfert de ses cendres au Panthéon, en 1996. Mince consolation, le parking situé devant la grille du château de Vilmorin porte son nom.

Parking Malraux, rue d'Antony, 91370 Verrières-le-Buisson

SEINE-ET-MARNE

40

COMBS-LA-VILLE

Gare : Combs-la-Ville-Quincy (RER D)

À l'écart de cette cité-dortoir, les abords luxuriants du moulin du Breuil sont un coin idyllique. La propriété fut à la fin de sa vie la retraite de week-end d'**Helena Rubinstein**, fondatrice

de l'empire cosmétique qui porte son nom. Qualifiée de « phénomène » par André Malraux, « l'impératrice de la beauté » inventa les produits de beauté modernes. Son slogan ? « Il n'y a pas de femme laide, il n'y a que des paresseuses. »
Cette femme autoritaire d'un mètre quarante-sept est née en 1872 à Cracovie. Refusant un mariage arrangé par ses parents, des Juifs orthodoxes, elle fuit en Australie, où habite un de ses oncles. À Melbourne, elle renonce à son prénom, Chaja, pour se faire appeler Helena et ouvre en 1902 une boutique où elle vend des crèmes luttant contre l'effet vieillissant du soleil sur la peau des Australiennes. Mais c'est seulement de retour en Europe, à la veille de la Première Guerre mondiale, qu'Helena Rubinstein va révolutionner la cosmétique. Cherchant à donner un fondement scientifique à l'industrie de la beauté, elle rencontre une autre Polonaise, la physicienne Marie Curie, qui lui apprend que le corps respire aussi par la peau. Dans ses boutiques de Londres puis Paris, l'insatiable femme d'affaires propose les premiers produits testés scientifiquement, déclinés suivant les différents types de peau dont elle a elle-même établi une classification. Le succès est immédiat. Helena Rubinstein invente ensuite le tube de mascara et crée les premiers instituts de beauté. Dans sa Maison de Beauté de la rue du Faubourg-Saint-Honoré, elle propose même des massages, ce qui choque la bonne société – l'écrivaine Colette est l'une des premières à oser s'y déshabiller pour se faire masser. La « papesse de la beauté en pots » s'installe bientôt sur la Cinquième Avenue à New York et, durant l'entre-deux-guerres, devient l'une des femmes les plus riches du monde. En 1938, à 66 ans, ce dragon des affaires, qui éructe sans façon devant ses employés, tenus de l'appeler « Madame », se marie avec un prince géorgien de vingt-trois ans son cadet.
C'est à cette époque qu'Helena Rubinstein découvre, au sud de Paris, le moulin du Breuil, construit en 1794. Elle le restaure en créant un décor de murs blanchis à la chaux, de poutres apparentes et de meubles Louis XIII. Le résultat ne la satisfait guère : « Ça ne me ressemble pas ! Je le déteste, il ne sert à rien… », déplore-t-elle. Le domaine lui servira tout de même de ferme, où elle vient quérir œufs et poulets pour ses dîners parisiens. Et de lieu de réception, où elle donne des fêtes extravagantes.

En 1963, lors d'une de ses dernières *garden-parties* à Combs-la-Ville, cette collectionneuse d'art fait accrocher dans les arbres des toiles de Monet, Chagall et Modigliani. « Madame » disparaît deux ans plus tard, à l'âge de 92 ans.
Au cœur d'un verdoyant domaine où paressent des chevaux en liberté, le moulin couvert de vigne vierge, avec ses volets percés de trèfles et ses balconnets fleuris, compte parmi les plus ravissantes propriétés d'Île-de-France. Au début des années 2010, cet éden de raffinement retrouva un propriétaire à poigne en la personne de l'homme d'affaires Bernard Tapie, qui y passa de nombreux week-ends jusqu'à sa disparition en 2021.

41

SEINE-PORT

Gare : Saint-Fargeau-Ponthierry (3 km)

Poinçonné «Village de caractère», ce bourg présente la particularité d'avoir été dessiné au XVIIIe siècle par une femme, Mme de Montesson, propriétaire du château voisin de Sainte-Assise et urbaniste à ses heures perdues. Mais les premiers rôles féminins, à Seine-Port, sont tenus par **Catherine Deneuve** et sa sœur **Françoise Dorléac**, qui, dans leurs jeunes années, y passaient leurs vacances au bord de la Seine.
Dans les années d'après-guerre, les sœurs Dorléac – Deneuve est un nom d'artiste –, qui à la ville n'étaient pas jumelles comme elles le furent en 1967 dans *Les Demoiselles de Rochefort*, quittaient chaque été Paris pour aller camper en famille à Seine-Port. Bientôt, leurs parents, les comédiens Maurice Dorléac et Renée Simonot, allaient acheter une toute petite maison près de la Seine, un ancien hangar à bateaux, dans la commune voisine de Nandy. Pendant tout l'été, avec leurs deux autres sœurs, Françoise et Catherine s'amusent au bord du fleuve et filent à bicyclette sur les petites routes, ou à cheval à travers bois. « Il n'y avait là rien d'extraordinaire, simplement l'insouciance et la gaieté », se souviendra Catherine Deneuve. Dès la fin de l'adolescence, les deux sœurs irradient les écrans de cinéma. Françoise Dorléac a notamment fasciné

le réalisateur François Truffaut, qui lui trouvait « un physique d'algue marine ou de lévrier » et la fit tourner dans *La Peau douce*, un an avant sa disparition tragique, à l'âge de 25 ans : en se rendant à l'aéroport de Nice pour partir assister à une projection londonienne des *Demoiselles de Rochefort*, l'actrice périt dans un accident de la route sur une bretelle de l'autoroute A8, le 26 juin 1967.
Françoise Dorléac est inhumée sur les hauteurs du village de son enfance, dans le cimetière de Seine-Port, où se trouve le caveau familial. Sa tombe, remarquablement entretenue, fleurie et aussi colorée que la mythique comédie musicale rochefortaise de Jacques Demy, se trouve tout de suite sur la gauche de l'entrée. On croise souvent de jeunes admiratrices venues se recueillir devant le caveau des Dorléac, où repose depuis peu la mère de Françoise et Catherine, décédée à l'âge de 109 ans.

—

Cimetière, 68, rue de Melun, 77240 Seine-Port

42

BARBIZON

Gare : Bois-le-Roi (9 km) ou Fontainebleau (12 km)

Alphonse Allais notait que les environs de Paris sont les plus beaux environs du monde. Avec son défilé de vieilles demeures recouvertes de glycine, ce village romantique au cœur de la forêt de Fontainebleau le confirme. L'écrivain écossais **Robert Louis Stevenson**, futur auteur de *L'Île au trésor* et de *L'Étrange Cas du docteur Jekyll et de M. Hyde*, tomba sous son emprise. Au XIXe siècle, grâce aux œuvres de Jean-François Millet et des autres peintres de l'école de Barbizon, la renommée du lieu s'étendit même jusqu'au Japon.
Dans les années 1850, des peintres d'Europe, d'Amérique et de Russie inscrits dans les académies parisiennes se ruent à partir du printemps dans ce hameau de bûcherons, dans la foulée des Millet, Corot et autres artistes « plein-airistes » venus y peindre « d'après nature ». Parmi eux figure l'Écossais Bob

Stevenson, que son cousin Robert Louis rejoint à Barbizon en 1875, après avoir achevé des études d'avocat, un métier qu'il n'exercera jamais. L'aspirant écrivain, alors âgé de 25 ans, occupe une chambre à l'auberge Siron, dont le tenancier avait eu l'idée d'ouvrir une salle d'exposition pour les artistes de passage. Robert Louis accompagne son cousin et ses amis peintres dans la forêt de Fontainebleau, qu'il surnomme « *the Treasure Forest* » – il est déjà obsédé par la chasse au trésor. Le massif sablonneux lui inspirera ainsi la nouvelle *Le Trésor de Franchard*, du nom de gorges creusées à travers les étranges rochers de la forêt. L'été suivant, il rejoint son cousin à l'hôtel Chevillon de Grez-sur-Loing, village voisin de Barbizon. C'est là qu'il rencontre une belle peintre américaine, Lady Fanny Osbourne, venue avec ses deux enfants mais sans son mari. Il est subjugué au point de la suivre partout, portant son ombrelle et son matériel de peinture. Aimant naviguer sur le Loing, le jeune homme pratique aussi le canoë et se fait construire une péniche qu'il baptise *Les onze mille vierges de Cologne*, mais sur laquelle il ne voguera jamais faute de pouvoir payer le charpentier. En 1878, l'horizon s'obscurcit quand le mari de Fanny lui coupe les vivres et la somme de rentrer en Californie. Brisé par le départ de sa bien-aimée, le jeune homme va puiser son réconfort dans les Cévennes, auprès d'une ânesse nommée Modestine en compagnie de laquelle il randonne un mois durant. Il épousera sa belle Américaine deux ans plus tard à San Francisco avant d'accomplir son destin d'écrivain aventurier dans les mers du Sud.

En souvenir du passage de Stevenson à Grez-sur-Loing, l'ex-hôtel Chevillon, qui appartient aujourd'hui à une fondation suédoise, est devenu une résidence d'écrivains, artistes et autres chercheurs scandinaves. Des visites se font sur rendez-vous après avoir pris contact avec l'intendante. À Barbizon, la rustique auberge Siron est quant à elle devenue un établissement de luxe, l'Hôtellerie du Bas-Bréau, où une plaque rappelle que la chambre numéro 3 fut occupée par le grand écrivain écossais. Si vous êtes anglais ou américain, ne vous étonnez pas qu'on vous considère d'un air méfiant : Stevenson a rapporté que les peintres anglo-saxons s'enfuyaient généralement sans payer la note. Notons que le restaurant de l'établissement a reçu la visite

d'une divinité d'apparence humaine : un siècle après Stevenson, Hirohito, le dernier Empereur-dieu du Japon, vint y déjeuner avec sa suite, le 3 octobre 1971. Son Altesse Divine consomma une carpe et des escargots à l'orange dont, en grande passionnée de biologie marine, Elle conserva précieusement les coquilles pour les rapporter au Japon.
Gageons que la liste des célébrités amoureuses de Barbizon va prochainement s'enrichir : depuis l'ouverture de La Folie Barbizon, un hôtel éco-bio et résidence d'artistes, par le roitelet de la nuit parisienne Lionel Bensemoun, la bourgade connaît un net regain d'intérêt chez les *happy few* de la capitale.

Hôtellerie du Bas-Bréau (ex-auberge Siron),
22, Grande-Rue, 77630 Barbizon
Fondation de Grez (ex-hôtel Chevillon),
2, rue Carl-Larsson, 77880 Grez-sur-Loing
La Folie Barbizon, 5, Grande-Rue, 77630 Barbizon

43

URY

Gare : Bourron-Marlotte-Grez (8 km)

Aux confins de l'Île-de-France, une maison-atelier en lisière de forêt abrita le couple de sculpteurs contemporains **François-Xavier et Claude Lalanne**, auteurs d'une œuvre baroque et poétique qui a notamment séduit le microcosme de la mode.
Dans les années 1960, l'artiste parisien François-Xavier Lalanne amène la campagne dans les appartements chics de la capitale avec ses sculptures de moutons en laine. Pour la partie végétale, sa compagne Claude façonne notamment un *Homme à tête de chou*, bien connu pour avoir inspiré à Serge Gainsbourg, qui en avait fait l'acquisition, son album-concept éponyme. Bien vite, le tandem, complice en art comme en amour, va déserter le bitume pour rejoindre le Gâtinais : à Ury, dont Claude est originaire, François-Xavier crée dans leur propriété, située au 15 rue de Nemours, un bestiaire

métallique et utilitaire égrenant babouin-cheminée, sauterelle-bar, lampe-pigeon et autre hippopotame-salle-de-bains dont le corps, en s'ouvrant, fait office de baignoire, tandis que sa gueule cache un lavabo. Cette ménagerie surnaturelle et le jardin extraordinaire de Claude, où l'on trouve des pommes souriantes et des choux à pattes de poulet, aimanteront une clientèle raffinée comprenant Yves Saint Laurent, Guy et Marie-Hélène de Rothschild ou l'architecte américain Peter Marino. Ce qui n'empêche pas les Lalanne de rester simples et accessibles : entre quelques verres au bar du village, François-Xavier prend le temps de dessiner le blason d'Ury à la demande de la municipalité.
Après la disparition de son époux, en 2008, Claude Lalanne travailla jusqu'à son dernier souffle, au printemps 2019, dans son usine à rêves de Seine-et-Marne.

Bar Le Lucky, 2, rue de Malesherbes, 77760 Ury

44

MONCOURT-FROMONVILLE

Gare : Bourron-Marlotte-Grez (4 km)

Ce village du pays de Nemours réunit deux hameaux qui s'étirent sur la rive droite du canal du Loing, au sud de la forêt de Fontainebleau. L'écrivaine américaine **Patricia Highsmith** y a résidé durant une dizaine d'années. À cent lieues de la douceur de la région, ses thrillers sont un cocktail vénéneux de misanthropie, d'humour noir et de jalousie, à l'image de son personnage le plus célèbre, Tom Ripley, un dandy malfaisant incarné en 1960 par Alain Delon dans le film *Plein Soleil*, de René Clément.
Née au Texas en 1921, Patricia Highsmith connaît le succès dès son premier roman, *L'Inconnu du Nord-Express* (1950), aussitôt adapté au cinéma par Alfred Hitchcock. Hantée par une enfance difficile, elle n'en mènera pas moins une vie malheureuse et solitaire. Dépressive, alcoolique, attirée par les femmes mais misogyne, la romancière américaine s'exile

en Grande-Bretagne en 1964. Cinq ans plus tard, elle quitte sa maison de campagne du Suffolk pour rejoindre la Seine-et-Marne. Elle s'installe d'abord à Samois-sur-Seine, puis à Montmachoux, avant de se fixer à Moncourt-Fromonville, dans une maison entourée d'arbres fruitiers au bord du canal du Loing. Les villageois surnomment cette célibataire « la solitaire de Moncourt ». De son côté, Patricia Highsmith trouve les gens du coin plus honnêtes que ceux des villes. Préférant malgré tout la compagnie des animaux à celle des humains, elle vit seule avec un couple de chats siamois, Semians et Tinker, deux félins primés à un concours de beauté auxquels elle prépare du lapin à la crème. La romancière entretient aussi une passion pour les escargots, au point d'en mettre des dizaines en cage pour les observer faire l'amour ; elle confiera qu'elle aime regarder les personnages de ses livres se débattre comme s'il s'agissait de gastéropodes. Cette poétesse de l'angoisse, grande amatrice de whisky, se convainc bientôt que le Loing et les bois qui l'entourent sont remplis de cadavres. Ce qui ne l'empêche pas d'écrire : c'est à Moncourt-Fromonville qu'elle rédige ce qui est peut-être sa plus grande réussite, *Le Journal d'Edith* (1977), un roman dans lequel l'écrivaine s'attache pour une fois au destin d'une femme, une ménagère ordinaire dont le sinistre mari se masturbe dans ses chaussettes et qui finit par sombrer dans la folie.

La vie de la romancière bascule le 26 mars 1980 quand, à dix heures du matin, deux inspecteurs des douanes françaises se présentent à son domicile pour une perquisition. Ils recherchent des documents bancaires relatifs à des droits d'auteur perçus à l'étranger et non rapatriés en France, contrairement à ce qu'exige la loi. Meurtrie par le « viol » de son sanctuaire de Moncourt, humiliée d'avoir été traitée « comme un escroc », Patricia Highsmith décide de quitter la France. Elle finira par s'établir dans un village retiré du Tessin, en Suisse, non loin de Locarno, où elle décède en février 1995 d'un cancer du poumon. En guise d'hommage, une impasse porte désormais son nom à Moncourt-Fromonville, non loin de son ancienne maison située rue de la Boissière.

45

AVON

Gare : Fontainebleau-Avon

Gare aux électrosensibles : cette ancienne station thermale à la mode dans les années 1920 est particulièrement chargée en ondes. Le **mage Gurdjieff**, figure de l'ésotérisme, y fonda un institut qui aimanta de nombreuses personnalités ; parmi elles, la femme de lettres néo-zélandaise **Katherine Mansfield** vécut ses derniers instants dans son phalanstère.

Avant son arrivée en France, la biographie du mage est aussi époustouflante qu'invérifiable. Georges Ivanovitch Gurdjieff, né dans les années 1870 en Arménie, alors dans l'Empire russe, a raconté avoir sillonné le monde dans sa jeunesse, tour à tour espion du tsar Nicolas II au Tibet, précepteur du Dalaï-lama, hypnotiseur en Ouzbékistan… Il est seulement avéré qu'il fut marchand de tapis orientaux à Moscou. Un simple gagne-pain : passionné par l'occultisme, prétendant avoir recueilli les secrets des maîtres soufis d'Asie centrale, Gurdjieff rassemble des disciples et fonde un « Institut pour le développement harmonique de l'homme ». Il considère en effet l'être humain comme une limace vivant dans un état de « sommeil éveillé » ; en harmonisant toutes ses forces vitales pour les relier à l'ordre cosmique, il se fait fort de le mener vers le « supra-humain » – « Je trafique de l'énergie solaire », résumera-t-il humblement.

Après avoir fui la Révolution russe et séjourné à Istanbul puis en Allemagne, Gurdjieff finit en octobre 1922 par implanter sa secte au prieuré d'Avon, un ancien monastère carmélite. Aux intellectuels qui fréquentent son institut, il propose des travaux forcés : il faut se lever à 4 heures du matin pour creuser la terre, traire les vaches ou pratiquer des danses soufies jusqu'à l'épuisement. Pour aider ses élèves à atteindre un plus haut niveau de conscience, le mage instaure aussi des « toast aux idiots » durant lesquels chaque convive lève son verre en déterminant son propre degré d'idiotie. Grâce à ces méthodes peu conventionnelles, une femme déclara avoir atteint l'orgasme rien qu'en fixant le regard de Gurdjieff.

En quête de sensations fortes, Katherine Mansfield, autrice de nouvelles avant-gardistes, est l'une des premières pensionnaires de ce lieu vite réputé. Tuberculeuse, elle y pratique une ascèse sans traitement médical qui lui fait quitter le centre dans un cercueil au bout de quelques mois, à 34 ans. On accusa le mage de l'avoir laissée mourir et même d'avoir hâté sa fin. Après avoir monté une succursale de son institut à New York, Gurdjieff quitte en 1933 Avon pour Paris, où il poursuit ses enseignements.
Il aura entre autres influencé l'architecte Frank Lloyd Wright, les écrivains Aldous Huxley et René Barjavel, et même la veuve de Tchekhov; le philosophe Jean-François Revel, brièvement disciple de Gudjieff, le décrira finalement comme «un imposteur et un escroc» à «l'aplomb esbroufeur». Après de retentissants succès d'édition, dont *L'Annonciateur du bien à venir* ou *Du tout et de tout*, ce grand sage meurt en 1949.
Une plaque rendant hommage à Katherine Mansfield est apposée à l'entrée du Prieuré des Basses-Loges, aujourd'hui divisé en appartements locatifs. Les sépultures de l'écrivaine et de Georges Gurdjieff se trouvent au cimetière d'Avon.

Prieuré des Basses-Loges, 2, rue Bezout, 77210 Avon
Cimetière, 66, rue du Souvenir, 77210 Avon

46

THOMERY

Gare : Thomery

Niché dans une boucle de la Seine en bordure de la forêt de Fontainebleau, voilà le fief d'une grande oubliée de l'histoire de l'art : **Rosa Bonheur**, femme peintre la plus reconnue du XIXe siècle, et la première à recevoir la Légion d'honneur. Son art animalier a connu la gloire en Europe comme aux États-Unis, où son immense *Marché aux chevaux* fut vendu aux enchères pour une somme record avant d'être cédé au Metropolitan Museum of Art de New York. De cette pionnière de l'émancipation féminine, qui entendait prouver que «le génie n'a pas

de sexe», un éminent critique parisien osa faire cet «éloge» «Mademoiselle Rosa peint presque comme un homme.»
À 37 ans, en 1860, Rosa Bonheur, qui a connu le succès très jeune en peignant des animaux, fuit son atelier parisien envahi d'admirateurs pour Thomery. Elle y fait l'acquisition du château de By, où elle fait construire un immense atelier néo-gothique. Dans le parc, elle aménage des enclos pour ses nombreux modèles : le domaine abritera moutons, boucs, taureaux, chevaux, cerfs, biches, loutres ainsi qu'un yak, un aigle, un singe nommé Ratata et même un crocodile ; deux lionceaux y sont élevés au biberon et la lionne Fatma laissée en liberté, pour la plus grande frayeur du voisinage qui l'entend rugir à des kilomètres. Rosa, qui partage sa vie avec son amie d'enfance Nathalie Micas, fume des havanes et porte le pantalon, tenue bien plus pratique que la robe pour fréquenter les marchés aux bestiaux et monter à cheval – l'habit masculin étant alors interdit aux femmes, la peintre a obtenu de la préfecture de police de Paris une «permission de travestissement». À By, elle reçoit des visiteurs prestigieux comme l'impératrice Eugénie, qui lui remet la Légion d'honneur lors de sa venue en 1865, ou Buffalo Bill, dont elle réalise le portrait à cheval. Lors d'une chasse dans le domaine du château, le tueur de bisons dut renoncer à utiliser son lasso, gêné par les branches des arbres.
Après la mort de Nathalie Micas, qui solde trente ans de vie commune, Rosa Bonheur rencontre la peintre américaine Anna Klumpke, dont l'installation au château de By égaie la toute fin de sa vie. Elle désigne cette «sœur de palette» comme sa légataire universelle une semaine avant sa mort, le 25 mai 1899, d'une congestion pulmonaire contractée lors d'une promenade en forêt. La gloire de l'artiste ne lui survivra que peu de temps, sa peinture animalière passant vite de mode ; depuis quelques décennies, les historiens de l'art ainsi que les mouvements féministes ont toutefois remis en lumière le nom de cette femme qui réussit à s'imposer au très mâle monde de l'art du XIXe siècle.
Le château de Rosa Bonheur est ouvert au public. Dans l'atelier, qui se visite sur réservation, le décor est figé depuis la mort de l'artiste : on peut voir son dernier tableau inachevé, ses palettes séchées et même ses mégots de cigarettes. La peau

de la lionne Fatma s'étale majestueusement sur le parquet ; au mur, un pastel de fauve au coucher du soleil aurait inspiré les studios Disney pour *Le Roi lion*. Le château propose un salon de thé et une chambre d'hôtes, celle de Rosa Bonheur, qui a été minutieusement reconstituée d'après des plaques photographiques retrouvées au grenier. Seule différence avec le modèle du XIXe siècle : on n'y trouve plus la volière de Rosa, qui abritait une soixantaine d'espèces d'oiseaux. Une chance pour le dormeur.

—

Château de Rosa Bonheur, 12, rue Rosa-Bonheur, 77810 Thomery

47

VULAINES-SUR-SEINE

Gare : Vulaines-sur-Seine

Séparé par la Seine de la forêt de Fontainebleau, Valvins est un lieu-dit de Vulaines où le « prince des poètes » **Stéphane Mallarmé** passa vingt-quatre années parmi les plus heureuses de sa vie. Le chef de file du symbolisme, mouvement artistique qui voulait « suggérer au lieu de dire », évoqua de la façon la plus prosaïque qui soit son attachement à ce hameau : « Tout le monde a un pays natal, moi j'ai adopté Valvins. »

Fuyant son petit appartement parisien de la rue de Rome, Mallarmé passe ses premières vacances d'été à Valvins en 1874. Le poète et professeur d'anglais y loue une ancienne auberge en bord de Seine. Séduit par son environnement bénéfique à sa santé fragile, il reviendra dans cette maison chaque été, puis, au bout de quelques années, aussi souvent que son service d'enseignant le lui permet. Son paisible jardin en fait un lieu propice à la méditation et lui inspire des textes comme *Le Nénuphar blanc* ou *Un coup de dés jamais n'abolira le hasard*, poème visuel considéré comme l'aboutissement de sa recherche de l'épure. À Valvins, Mallarmé se livre aussi à l'horticulture, adorant le matin « faire leur toilette aux fleurs » avant ses propres ablutions. Ainsi qu'au canotage : il embarque régulièrement dans sa yole amarrée au pied de la demeure pour voguer jusqu'à Thomery, Champagne ou Héricy.

Cet incorrigible mondain, qui, lors de ses fameux Mardis, recevait le gratin littéraire dans son appartement parisien, accueille à Valvins nombre de célébrités comme le peintre américain Whistler, Édouard Vuillard, Auguste Rodin, la pianiste et mécène Misia Sert, Claude Debussy et les Manet. Ou encore Paul Valéry, à qui Mallarmé, lors d'une promenade en juillet 1898, fait cette remarque en désignant les champs de blé dorés par un été précoce : « C'est le premier coup de cymbale de l'automne sur la terre. » Trois semaines plus tard, victime d'un spasme du larynx, le poète meurt étouffé dans son cher *home* de Valvins.

Son ancienne maison est devenue le Musée départemental Stéphane-Mallarmé. En le visitant, vous noterez le goût très sûr de son ancien propriétaire pour les arts décoratifs – abrité derrière une foule de pseudonymes, Mallarmé rédigea de nombreux articles sur la décoration dans *La Dernière Mode,* son éphémère journal illustré destiné à un public féminin. Tout est exquis, les tomettes au sol, le cabinet japonais, la ravissante bibliothèque anglaise ou la chambre du poète aux murs gris clair, aménagée dans un style « Louis XVI de campagne », dont la fenêtre permet de contempler le fleuve et la forêt. Le clou du musée est un rare tableau de Whistler, récemment légué au musée par une héritière de Mallarmé : un portrait de la fille du poète, exécuté lors d'une séance de pose à Valvins.

Non loin de chez lui, de l'autre côté de la Seine, Mallarmé adorait emmener ses visiteurs au sommet de l'intrigante tour Denecourt, qui offre une vue à 360 degrés sur la forêt de Fontainebleau. Encore plus près de son ancienne maison, vous pourrez aussi rejoindre le cimetière de Samoreau, où repose le prince des poètes. Là où, le jour de son enterrement, Rodin murmura à ses voisins : « Combien de temps faudra-t-il à la nature pour refaire un cerveau pareil ? »

Musée départemental Stéphane-Mallarmé,
4, quai Stéphane-Mallarmé, 77870 Vulaines-sur-Seine
Tour Denecourt, route de Bourgogne, 77300 Fontainebleau
Cimetière, 22, route de Champagne, 77210 Samoreau

48

SAMOIS-SUR-SEINE

Gare : Vulaines-sur-Seine (3 km)

Ce pittoresque port des bords de Seine est devenu un haut lieu de pèlerinage gitan. Car **Django Reinhardt**, le guitariste virtuose qui donna naissance au jazz manouche dans les années 1930, y passa les deux dernières années de sa vie.

Né en Belgique dans une roulotte en 1910, ce fils d'un musicien ambulant rom, dont les parents finirent par se fixer à Paris durant son enfance, est le premier musicien de jazz non américain à avoir connu le succès aux États-Unis. Après avoir perdu l'usage de deux doigts de sa main gauche dans l'incendie de sa caravane, à 18 ans, il impose dans les années 1930 une technique unique de jeu à la guitare, devenue une véritable attraction.

C'est en 1951 que, lassé de ses épuisantes tournées, le musicien s'installe à Samois pour peindre et pêcher à la mouche. Il acquiert une barque à fond plat et de nombreuses cannes. Quand il sort de sa retraite, une petite maison proche des quais de la Seine, on l'aperçoit en bleu de travail au volant de sa Bugatti, mais aussi dans la salle enfumée du café de la mairie, où il aligne les points au billard avec application. À Samois, sa frappe de bille intéresse davantage que son doigté de guitariste et en fait une figure respectée : grâce à ce renfort de poids, le Billard Club samoisien parvient enfin à battre celui de Fontainebleau. Au fil de l'eau, la douceur locale provoque chez Django un certain regain musical, hélas de trop courte durée : en mai 1953, au restaurant Chez Fernand, sa cantine à quelques dizaines de mètres de chez lui, il s'effondre juste après avoir passé commande, victime d'un AVC à l'âge de 43 ans. Suivant la tradition tzigane, ses proches brûlèrent tout ce qui appartenait au défunt, de ses meubles à ses cannes à pêche. Seule sa dernière guitare est sauvée ; elle est aujourd'hui conservée au Musée de la musique de la Philharmonie de Paris, aux côtés du Stradivarius de Paganini et du piano de Chopin.

Le guitariste est enterré au cimetière de Samois, où ses descendants habitent encore et viennent fréquemment se recueillir sur sa tombe. Une statue du virtuose guitare en mains trône dans un square en bord de Seine. Non loin de là, la façade de sa maison blanche aux volets verts, au 3 rue du Bas-Samois, est ornée d'une vierge porte-bonheur et d'une plaque commémorative. Chez Fernand, sur le quai de la Seine, est devenu un restaurant italien rebaptisé Le K, tandis que le Festival Django Reinhardt, qui avait traditionnellement lieu à Samois chaque mois de juillet depuis 1983, a il y a quelques années dû déménager, succès oblige, dans le parc du château de Fontainebleau.

Le K (ex-Chez Fernand),
21, quai de la République, 77920 Samois-sur-Seine
Cimetière, route du Cèpe, 77920 Samois-sur-Seine

49

FONTAINE-LE-PORT

Gare : Fontaine-le-Port

En quête de calme et surtout de discrétion, l'écrivain d'origine hongroise **Arthur Koestler** résida dans cette commune verdoyante des bords de Seine. Au début des années 1950, l'auteur du *Zéro et l'Infini*, premier ouvrage à grand tirage dénonçant le régime stalinien, a fait de son repaire portifontain un rendez-vous d'intellectuels anticommunistes et d'agents de renseignement américains.

Koestler, ancien militant communiste qui a rompu avec le parti au moment des procès de Moscou, quitte en 1948 la Grande-Bretagne, où il résidait depuis le début de la Seconde Guerre mondiale, pour s'installer en France. Trois ans plus tôt, son roman *Le Zéro et l'Infini*, d'abord publié en anglais, a été traduit en français ; le livre, qui raconte l'élimination brutale d'un dirigeant communiste, est devenu chez nous un best-seller, en partie grâce au Parti communiste français qui achète le plus d'exemplaires possible pour les brûler. Avec ses droits d'auteur, Koestler achète à Fontaine-le-Port la villa « Verte Rive », en bord de Seine. C'est un banal pavillon de banlieue, mais son jardin descendant jusqu'à un embarcadère sur le fleuve a séduit l'écrivain et son épouse. Dans son bureau du premier étage, où il écrit, Koestler est apaisé par l'écoulement de l'eau. Celui qui a été l'un des premiers à dénoncer le « faux paradis » de l'Union soviétique a trouvé ici son Éden. Il nage dans la Seine avec son boxer Sabby ; un canoë canadien lui permet de rejoindre la rive opposée où la forêt de Fontainebleau s'étend à perte de vue.

À Verte Rive, l'écrivain reçoit aussi des intellectuels antistaliniens avec lesquels il crée en 1950 le « Congrès pour la liberté de la culture ». Cette association financée par la CIA inondera de subsides le monde de la culture et de l'art dans une trentaine de pays, afin de contrer l'influence communiste – sans qu'ils le sachent, elle a notamment assuré la promotion des peintres Jackson Pollock, Mark Rothko et autres grandes figures de l'expressionnisme abstrait, mouvement artistique dans lequel le gouvernement américain voyait une expression privilégiée de la liberté. Dans sa maison à l'abri des regards, autour de son ravissant bar décoré de cordes nautiques, Koestler fait joyeusement découvrir le brie et le trou normand à d'autres membres de ce sulfureux cercle « culturel », le philosophe américain Sidney Hook, l'universitaire autrichien Franz Borkenau mais aussi Raymond Aron. Néanmoins, la méfiance reste de mise. Le romancier ne poste jamais aucune lettre depuis le village, craignant la surveillance des employés communistes des PTT. *L'Action*, l'hebdomadaire du PCF, finit d'ailleurs par révéler le refuge secret du renégat en publiant une carte de la commune où une flèche pointe la position de sa villa. Sa mission accomplie, et une fois épuisés les charmes du lieu, Koestler vend en 1953 la maison à une sœur de l'écrivain Antoine de Saint-Exupéry et retourne vivre à Londres.

L'ancien repaire des agents de la CIA, sis quai René-Richard, entre la voie ferrée et la Seine, ne semble plus influencer l'ordre mondial de la culture. Demeure toutefois, sur un pilier du portail, cet intimidant avertissement en langue anglaise : « *Beware, a cocker spaniel lives here* » (attention, un cocker anglais vit ici).

50

LONGUEVILLE

Gare : Longueville

Dans le livre ouvert des paysages du Bassée-Montois, l'écrivain décadent **Joris-Karl Huysmans** est venu puiser une ambiance de fin du monde. Le hameau de Lourps devint même après sa mort en 1907 un lieu de pèlerinage pour les huysmansiens dévots. Il pourrait un jour le redevenir, car le tout aussi pessimiste Michel Houellebecq a remis en lumière l'œuvre de l'auteur d'*À rebours* dans son roman *Soumission*.

Au début des années 1880, Huysmans fuit Paris à la recherche d'air pur afin de ménager la santé fragile de sa compagne Anna Meunier. Le couple jette son dévolu sur le village de Jutigny. Promeneur infatigable à travers les coteaux boisés, l'écrivain et critique d'art fait la découverte du château de Lourps, perché sur une colline. Au fond du parc rendu à l'état de nature, dans la chapelle du XIIIe siècle livrée à une orgie de lierre, il parvient à dégager à la pointe de ses bottines la pierre tombale des anciens seigneurs. Envoûté par ce lieu sinistre à souhait, Huysmans utilisera le château dans la scène d'ouverture de son roman *À rebours* pour suggérer les origines aristocratiques de Jean des Esseintes, son héros fin de race. Lors des mois de juillet 1884 et 1885, le romancier sous le charme loue même la demeure avec sa compagne. Sur la dizaine de pièces du château, seule une moitié est habitable, les autres étant peuplées de chats-huants et de chauves-souris. Le séjour dans ce lieu humide et ouvert à tous les vents sera jugé « criminel » par le médecin de la jeune femme. Mais la vieille bâtisse constituera un cadre idéal pour le narrateur d'un autre roman huysmansien, *En rade*. Le livre dépeint la lente désagrégation d'un couple de Parisiens ruinés et rongés d'angoisse, qui décident de tout plaquer pour vivre chez des cousins hobereaux et découvrent une campagne inhospitalière. Après la publication d'*En rade*, en 1887, l'écrivain ne reviendra jamais plus dans la région, craignant la réaction des habitants dépeints comme des brutes.

Joris-Karl Huysmans évoquait un voyage en chemin de fer

épuisant depuis Paris. Aujourd'hui, une simple carte Navigo suffit pour rejoindre Longueville depuis la gare de l'Est sur la ligne de Provins ; à deux kilomètres du centre de ce bourg, la chapelle isolée de Lourps – qui est devenue l'église Saint-Menge – conserve un indéfinissable attrait. Avant de l'atteindre, en vous engageant dans le chemin de Lourps depuis la D403, notez à côté du transformateur électrique un curieux banc armorié peint d'un flamboyant blason, qui fait un excellent lieu de pique-nique pour s'imprégner du décor. On peut tourner autour de la chapelle, mais le château ne se visite pas. Bien qu'une de ses ailes ait brûlé il y a un siècle, il conserve une fière allure qu'on peut contempler depuis la route de Savins.

Église Saint-Menge (chapelle de Lourps),
1, chemin de Lourps, 77650 Longueville

51

FONTENAY-TRÉSIGNY

Gare : Marles-en-Brie (3 km)

Ce bourg mélancolique de la vallée du Bréon a recueilli une vedette de la variété française en difficulté, le baroque **Michel Polnareff**, qui, de 1966 à 1972, avait enchaîné les tubes et fait scandale en montrant ses fesses sur les affiches de son spectacle *Polnarévolution*.

Escroqué par son homme de confiance et harcelé par l'administration fiscale, l'artiste fuit l'Hexagone en octobre 1973 à bord du paquebot *France*. Au printemps 1985, de retour de son exil américain, il échoue au manoir de Chaubuisson, un ancien relais de chasse de Fontenay-Trésigny transformé en hôtel de luxe. Polnareff, qui y occupe un petit bungalow baptisé Blanche-Neige, joue presque tous les jours au tennis. Dans le village, le chanteur aux lunettes blanches fréquente l'établissement Aux 3 Valets, sur la place de l'église. Le propriétaire de ce modeste bar-restaurant accepte bientôt d'héberger gracieusement le musicien ruiné dans son appartement situé au-dessus de l'établissement. Dans la petite chambre qu'il y occupe, avec un sommier

posé à même la moquette, une vieille armoire et un piano, l'ancien premier prix de solfège au Conservatoire de Paris se sent enfin protégé. Il joue à la pétanque sur la place du village et à la belote au café, écrit les paroles de *Goodbye Marylou* au comptoir et en compose la mélodie sur l'orgue de l'église. Cette chanson lui permet de renouer avec le succès. Après quatre années passées dans le bourg briard, Polnareff, renfloué, rejoint la capitale pour s'installer au palace du Royal Monceau, où il vivra en ermite, sans mettre un pied dehors pendant trois ans.
Hormis l'écran plat géant et le changement de propriétaire, le bar-restaurant des 3 Valets est encore dans son jus. Et le centre culturel de la commune porte le nom du chanteur.

Manoir de Chaubuisson, 77610 Fontenay-Trésigny
Aux 3 Valets, 58, rue Bertaux, 77610 Fontenay-Trésigny
Centre culturel Michel Polnareff,
84, avenue de Verdun, 77610 Fontenay-Trésigny
Terrain de pétanque du stade Coubertin,
avenue Pierre-de-Coubertin, 77610 Fontenay-Trésigny

52

VOULANGIS

Gare : Crécy-la-Chapelle (2 km)

Même si cela n'a rien d'évident au premier coup d'œil, ce modeste village briard est sans le savoir une petite patrie du glamour. Voulangis accueillit en effet durant une vingtaine d'années **Edward Steichen**, qui fut l'initiateur du *shooting* de mode moderne et en révolutionna le style avec son éclairage théâtral.
Né en 1879 au Luxembourg, Steichen grandit dans le Midwest des États-Unis où sa famille a immigré. Pensant un temps devenir peintre, il choisit finalement la photographie après avoir rencontré à New York Alfred Stieglitz, avec qui il crée le mouvement Photo-Secession, qui élève la photographie au rang d'art. Amoureux de la culture française, Steichen s'installe en 1908 à Voulangis ; trois ans plus tard, il réalise pour la revue française *Art et décoration* une série de clichés qui révolutionne la photographie

de mode. Il signe aussi pour *Vogue*, *Harper's Bazaar* et *Life* d'élégants portraits de célébrités comme Churchill, Greta Garbo, Walt Disney ou Fred Astaire. Sans oublier Auguste Rodin, dont Steichen a contribué à faire connaître l'œuvre outre-Atlantique. L'auteur du *Penseur* a souvent séjourné dans la villa du photographe à Voulangis, L'Oiseau bleu, où Steichen menait une vie paisible avec sa première femme Clara, leurs deux filles – l'une d'elles a été baptisée Kate Rodina en hommage au sculpteur – et leur chien Stoor. Dans son jardin, en pépiniériste averti, Steichen se spécialise dans les delphiniums, ces plantes vivaces dressées comme de longues hampes qui lui vaudront la médaille d'or de la Société nationale d'horticulture. Il cultive aussi iris, pensées et capucines qu'il immortalise sur des clichés en couleurs. Mais la plus belle fleur de son jardin, c'est son ami **Constantin Brancusi** qui la fera pousser. Durant l'été 1926, le sculpteur y réalise une première version de sa *Colonne sans fin,* l'une de ses œuvres les plus emblématiques, en taillant le tronc d'un peuplier en forme de vis. Quand Steichen quitta Voulangis l'année suivante, Brancusi coupa l'arbre de sept mètres pour le rapporter dans son atelier.
À partir de 1947, l'ancien résident de Voulangis deviendra le directeur du département de la photographie du MoMA de New York. Il s'éteint dans le Connecticut en 1973. Sa maison seine-et-marnaise recouverte de vigne vierge est toujours debout au 1 rue du Luttin. Étrangement, aucun panneau n'y signale le passage du maître du mouvement pictorialiste.

53

VILLIERS-SUR-MORIN

Gare : Crécy-la-Chapelle (2 km)

Dans son premier best-seller, *Les Particules élémentaires* (1998), qui fit scandale pour ses considérations au scalpel sur la misère sexuelle et affective en Occident, **Michel Houellebecq** situe la jeunesse de son héros à Crécy-en-Brie (depuis devenu Crécy-la-Chapelle). L'occasion d'évoquer le réseau de canaux du bourg, qui, écrit-il, lui valut d'être «abusivement qualifié, dans certains prospectus, de Venise de la Brie». Le romancier

connaît bien les lieux pour avoir vécu la majeure partie de son enfance dans la commune limitrophe de Villiers-sur-Morin chez sa grand-mère paternelle, qui assura son éducation.
Henriette Thomas, née Houellebecq – nom que son petit-fils Michel Thomas, par reconnaissance, choisira pour pseudonyme –, recueille le petit garçon à l'âge de 6 ans, après qu'il eut été trimballé entre La Réunion, l'Algérie et la Savoie par des parents défaillants. Houellebecq décrira plus tard les années passées en Seine-et-Marne auprès de cette grand-mère attentive comme « une parenthèse de bonheur ». Dans *Les Particules élémentaires*, le héros connaît ses premiers troubles sentimentaux du côté de Voulangis, sur une butte dominant la vallée du Grand Morin ; après avoir obtenu son baccalauréat au lycée de Meaux, le futur écrivain quitte la région à 17 ans, en 1973, pour intégrer une classe préparatoire scientifique à Paris.
Dans son roman, Houellebecq accentue le caractère déprimant de la zone semi-rurale de sa jeunesse en exagérant délibérément l'expansion pavillonnaire suscitée après son départ par l'implantation de Disneyland et le prolongement du RER A. Il met aussi en scène de façon très crue l'exhumation des restes de la grand-mère adorée du héros, et le déplacement de sa sépulture suite aux travaux d'agrandissement d'un arrêt de car. Dans la réalité, la tombe d'Henriette Thomas n'a pas changé de place dans le cimetière de Villiers-sur-Morin depuis son inhumation en 1978. N'hésitez pas à y faire un tour si vous êtes sur les traces du plus célèbre des romanciers français contemporains. Vous pourrez ensuite vous diriger vers l'église. Le sinistre pavillon de la grand-mère se trouve à proximité et vaut à lui seul tous les colloques universitaires pour appréhender l'œuvre de son petit-fils. Et pourquoi ne pas terminer la visite par le maussade village d'Esbly, situé à 7 kilomètres de là, où le jeune Michel Thomas prenait l'autorail pour se rendre au lycée de Meaux ? Lorsque Houellebecq évoqua cette localité dans sa correspondance avec Bernard-Henri Lévy, publiée sous le titre *Ennemis publics*, le philosophe médiatique se souvint qu'il y connut son premier flirt… avec la femme du boucher.

Cimetière, côte de Dainville, 77580 Villiers-sur-Morin

54

USSY-SUR-MARNE

Gare : La Ferté-sous-Jouarre (4 km)

La lumière et le vallonnement des collines du pays fertois rappelaient à **Samuel Beckett** son Irlande natale : durant plus d'une trentaine d'années, le prix Nobel de littérature 1969 habita Ussy-sur-Marne. Il y croisa notamment un jeune géant, future star du catch aux États-Unis sous le nom de **André the Giant**.

Né près de Dublin en 1906, Beckett, qui fit de fréquents séjours à Paris dès la fin de ses études, s'y installa définitivement après la Seconde Guerre mondiale, bien décidé, après des débuts difficiles sur la scène littéraire anglo-saxonne, à créer une œuvre écrite en français, qui sera publiée par les Éditions de Minuit. En 1953, il sort de l'ombre avec le succès de sa pièce de théâtre *En attendant Godot*, et très vite souhaite fuir l'agitation et les mondanités parisiennes pour « quelque chose de vert, mais plus raisonnablement qu'en Irlande ». L'écrivain a un coup de foudre pour Molien, un hameau d'Ussy-sur-Marne, où il se fait construire une modeste maison grâce à l'héritage de sa mère. Surplombant la vallée de la Marne, ce spartiate pavillon blanc, qu'il appelle sa « maison de garde-barrière », lui offre une vue dont il ne se lassera jamais. Dès qu'il le peut, Beckett abandonne son appartement parisien proche de la prison de la Santé pour de longues retraites à Ussy, où il trouve le calme et la solitude nécessaires à l'écriture. C'est là qu'il rédige à partir du milieu des années 1950 la plupart de ses pièces et de ses textes, toujours plus minimalistes, dont certains, comme *Immobile* (1976), évoquent la petite maison blanche, son fauteuil en osier et sa fenêtre face à la vallée. À Molien, veillé par son épouse française Suzanne, l'écrivain joue Haydn et Schubert sur son piano Schimmel ou écoute les commentaires des matches de rugby à la radio en buvant du whisky. Dans son jardin, il adore tondre la pelouse, ramasser les feuilles au râteau et réparer la clôture de barbelés régulièrement enfoncée par les sangliers. Mais Beckett bat aussi la

campagne briarde. Les longues marches auxquelles il s'adonne par tous les temps lui remémorent ses promenades d'enfance avec son père autour de son village natal de Foxrock. Si sa vie sociale à Ussy est loin d'être débridée, le prix Nobel devient ami avec le garagiste du village, qui entretient sa 2 CV. Beckett offre aussi ses livres ou des places pour aller voir ses pièces à des voisins, qui reviennent quelque peu désorientés des représentations parisiennes. Non loin des «Vergers de Molien», un producteur de poires réputé, vous trouverez sa maison au 1 rue Samuel-Beckett. Une plaque sur le muret en parpaings rend hommage à l'écrivain disparu en 1989.
Parmi les enfants de Molien que l'auteur de *Fin de partie* conduisait parfois en voiture à l'école d'Ussy, pour leur éviter une marche de 2 kilomètres, le jeune André Roussimoff rentrait difficilement dans la 2 CV : atteint d'acromégalie, ce fils de cultivateurs finira par culminer à 2,24 mètres et deviendra une star du catch, en France puis, dans les années 1970, aux États-Unis. Invité dans de nombreux talk-shows, «André the Giant» pose alors aux côtés d'Arnold Schwarzenegger, Mohamed Ali ou Donald Trump. Ce colosse capable d'ingurgiter seize steaks et douze homards au cours d'un seul repas détient également un record du monde de consommation d'alcool, avec 156 bières bues coup sur coup. André Roussimoff est mort foudroyé dans son sommeil par une crise cardiaque à l'âge de 46 ans, en janvier 1993. Il venait de rendre visite à ses amis d'enfance de Molien.

Les Vergers de Molien,
24, rue Samuel-Beckett, 77260 Ussy-sur-Marne

55

LIZY-SUR-OURCQ

Gare : Lizy-sur-Ourcq

Cette cité agricole et industrielle traversée par l'Ourcq et son canal est fameuse pour son cimetière où reposent plusieurs grandes dynasties : des noms scintillants comme **Bouglione**,

Zavatta ou **Falck** font de cette nécropole un Panthéon circassien.

L'histoire d'amour des grandes familles du cirque avec la Seine-et-Marne commence à la fin du XIXe siècle, quand elles y trouvent l'hospitalité pour stocker leur matériel à proximité de Paris. En 1897, Marie-Louise Baglioni – le patronyme sera francisé en Bouglione –, issue d'une famille rom de montreurs d'ours longtemps installée en Italie, est inhumée selon ses dernières volontés dans le petit cimetière de Lizy-sur-Ourcq, où le cirque de la famille fait souvent étape. Une trentaine de Bouglione l'y ont depuis rejointe. L'impressionnante et baroque chapelle funéraire en granit de la famille est gardée par deux lions de bronze ; à travers la porte du mausolée, on entrevoit les portraits en mosaïque de Sampion, Firmin ou Régina. Les derniers entrants sont Rosa Bouglione, matriarche décédée en 2018 à l'âge de 107 ans, et son fils Sampion III.

Mais d'autres grandes lignées circassiennes investissent le cimetière de Lizy-sur-Ourcq chaque 1er novembre, durant toute la journée, pour célébrer leurs morts. Sur les hauteurs du cimetière, la poignante pierre tombale d'un Zavatta nous rappelle que chaque clown peut cacher un trapéziste blessé : tel fut le cas de Rolf Zavatta, condamné à abandonner la voltige après une chute. En contemplant sa photographie en médaillon, on se dit que son maquillage de clown pourrait avoir inspiré le Ziggy Stardust de David Bowie.

Ultime curiosité, à droite de l'entrée du cimetière, l'imposante sépulture des membres du clan Hornec. Ces figures du grand banditisme, issues de la communauté gitane sédentarisée, sont liées aux Falck, autre légendaire famille du cirque. Si l'arrestation de ses principaux membres a provoqué le déclin du clan depuis une quinzaine d'années, la démesure de leur mausolée continue de témoigner de leur sens héréditaire du spectacle.

Cimetière, route du Plessis-Placy, 77440 Lizy-sur-Ourcq

56

PRÉCY-SUR-MARNE

Gare : Esbly (10 km) ou Meaux (11 km)

La chanteuse **Barbara** s'est posée sur ce tendre rameau du pays briard pour fuir Paris. Après une première vie d'errance, l'interprète de *L'Aigle noir* atterrit en 1973, à 43 ans, dans une ancienne ferme du village, aux murs tapissés de glycines. S'installant avec son piano, son rocking-chair et les affiches de ses idoles, le chanteur Harry Fragson et la danseuse Loïe Fuller, elle aménage une salle de répétition qu'elle baptise « la grange au loup ». Entre ses tournées, dans le jardin niché entre les quatre corps de ferme, Barbara découvre la joie pure de semer des graines de rose et de pivoine et de voir les fleurs pousser. Elle chantera : « Oh, jardin de Précy, oh, que j'aime tes soirs de mélancolie. »

Dans la maison bohème où ne sont admis que de rares intimes, les volets de la façade sur la rue de Verdun restent fermés. Durant deux années entières, la chanteuse va même se cloîtrer sans répondre au téléphone et sans écrire une seule chanson. L'ermite de Précy tricote derrière son répondeur, elle qui ne se produisait dans une ville que si l'on y trouvait une boutique de laine. Une fois sortie de son isolement, Barbara crée en 1986 un spectacle, *Lily Passion*, dans lequel elle partage la scène avec son ami Gérard Depardieu. L'acteur vient enregistrer les chansons de ce conte musical dans la grange-studio de Précy-sur-Marne et devient un habitué de la maison, où il dispose de sa propre chambre.

Au cours des vingt-quatre années qu'elle a passées dans le village, les Précyens n'ont pas souvent croisé le profil d'oiseau de proie de la « dame en noir », hormis lors de ses promenades le long du canal de l'Ourcq, ou de ses virées à la guinguette Le Canotier, au bord de la Marne (l'établissement est définitivement fermé). Les pompiers et le SAMU, en revanche, connaissaient bien l'adresse de la chanteuse, après quelques tentatives de suicide. À chaque Noël, l'interprète de *Göttingen* offrait des cadeaux aux enfants de la commune – dont, hasard des destinées,

le maire fut à compter de 1989 le chanteur Yves Duteil.
Barbara est décédée en 1997 à l'hôpital américain de Neuilly-sur-Seine, à l'âge de 67 ans. Le jour de son inhumation, au cimetière de Bagneux, 436 roses, une pour chaque habitant de Précy, furent déposées sur sa tombe. Trois ans plus tard, un suprême hommage lui est rendu au village : suivant une coutume locale, l'un de ses chapeaux est brûlé lors des feux de la Saint-Jean. En l'absence d'héritier, ses biens furent vendus aux enchères et sa maison de Précy léguée à son ancienne compagne, qui y vit toujours. La demeure, qui donne sur l'église du village, au 2 rue de Verdun, conserve ses volets fermés. En souvenir de la chanteuse, une plaque commémorative entourée de rosiers rouges a été installée à l'entrée du village, où l'on trouve aussi une « rue de la Petite-Cantate ».

57

CHESSY

Gare : Marne-la-Vallée-Chessy (RER A)

Dans cette commune est né **Babar**, le héros pachydermique qui a fait rêver des millions d'enfants. Il est logique que Chessy, où a depuis poussé un « village nouveau » périurbain, avec ses pastiches d'architecture néo-classique, ait désormais de faux airs de l'utopique Célesteville, la ville du roi des éléphants.
Non loin d'un méandre de la Marne, la villa Lermina, une blanche demeure datant du Premier Empire, était au début du XXe siècle la maison de week-end des Brunhoff, de grands bourgeois œuvrant dans l'édition d'art et de magazines de mode. Un soir de l'été 1930, la pianiste et conteuse Cécile de Brunhoff y invente pour endormir ses enfants Laurent et Mathieu l'histoire d'un petit éléphant d'Afrique : poursuivi par des chasseurs, celui-ci fuit la forêt et se réfugie en ville, où il s'habille en homme. Les soirs suivants, les deux frères réclament la suite des aventures de l'intrépide éléphanteau. Face à l'engouement de leurs fils, le mari de Cécile, l'artiste Jean de Brunhoff, se décide à mettre par écrit et à illustrer

les péripéties du gros animal en complet vert. Il lui donne le nom de Babar, dont l'origine demeure un mystère pour les babarologues. Le premier album, publié aux éditions du Jardin des Modes en 1931, est un triomphe. Jean de Brunhoff meurt d'une tuberculose osseuse foudroyante six ans plus tard, après avoir publié quatre autres albums. Son fils Laurent poursuivra la série dont l'immense succès ne s'est jamais démenti.
L'ancienne villa Lermina, maison natale du roi Babar, située au 83 rue Charles-de-Gaulle, est désormais nommée « La Muscadelle » et se loue à la nuit. De l'autre côté de la rue, une école primaire a été baptisée du nom de Cornélius, le vieil éléphant conseiller de Babar. Sur la petite place à l'entrée du groupe scolaire, le vieux sage a même droit à sa statue, qui a été inaugurée par Laurent et Mathieu de Brunhoff en 1998. Hasard sublime : il suffit de quelques enjambées d'éléphant vers le sud-est pour tomber sur un grand rival de Babar, Mickey Mouse, en son parc Disneyland de Marne-la-Vallée.

—

Villa La Muscadelle, 83, rue Charles-de-Gaulle, 77700 Chessy
Statue de Cornélius, devant l'entrée du groupe scolaire Cornélius, 48, rue Charles-de-Gaulle, 77700 Chessy

58

LAGNY-SUR-MARNE

Gare : Lagny-Thorigny

Bien avant que ce bourg des bords de Marne n'atteigne les proportions d'une honnête ville de province, il abrita une personnalité hautement radioactive. L'écrivain polémiste **Léon Bloy**, renommé pour ses pamphlets terrassant la bêtise bourgeoise, intitula son journal rédigé à Lagny *Quatre ans de captivité à Cochons-sur-Marne*.
En 1900, Bloy, alors âgé de 54 ans, quitte Paris qu'il juge insupportable à cause des bicyclettes, automobiles, tramways et de ses rues défoncées ou barrées par les travaux du métropolitain. Il s'installe à Lagny-sur-Marne avec son épouse

d'origine danoise, Jeanne Charlotte Molbech, et leurs deux fillettes. Au plus bas financièrement, l'écrivain va lutter pour parvenir à dormir dans sa villa infestée par les puces. Il est harcelé par ses créanciers, et les commerçants refusent l'un après l'autre de lui faire crédit. Dans son journal, Bloy dépeint la veulerie, la petitesse et la médiocrité des Latignaciens : entre un juge à figure de hareng saur, une veuve méphitique et un « épicier imbécile du plus foudroyant génie », pas un habitant n'apparaît sous un jour favorable. En lisant ce texte, on finit par s'interroger sur l'entêtement du couple à rester à Lagny durant quatre ans, jusqu'à ce que surgisse cette réplique digne d'un film de Michel Audiard : « Pourquoi quitterions-nous Cochons-sur-Marne ? me dit Jeanne. Ici, au moins nous sommes connus, on nous méprise. Ailleurs, il serait peut-être difficile de retrouver ça. » La famille Bloy finira malgré tout par retrouver Paris en 1904.

Étonnamment, les habitants ne tinrent pas rigueur au pamphlétaire de son abominable portrait de leur commune : Léon Bloy a donné son nom à une rue ainsi qu'à un musée à la fin des années 1950. Ce lieu consacré à l'histoire locale et à quelques néo-impressionnistes du cru a depuis changé de nom, mais a conservé une vitrine d'honneur dédiée au « pèlerin de l'absolu », qui contient quelques-uns de ses manuscrits.

Musée Gatien-Bonnet (ancien musée Léon-Bloy),
8, cour Pierre-Herbin, 77400 Lagny-sur-Marne

59

SERVON

Gare : Boussy-Saint-Antoine (RER D) (9 km)

Dans cet univers pavillonnaire en expansion survivent quelques belles propriétés, dont le château de Villemenon. Ce dernier a appartenu à la très discrète « impératrice de la nuit » **Hélène Martini** qui, deux tiers de siècle durant, régna sur le bas-Montmartre nocturne.

Née en 1924 d'un père français et d'une mère russe, Hélène

de Creyssac, de son nom de jeune fille, grandit en Pologne où elle est durant la Seconde Guerre mondiale internée avec toute sa famille par l'envahisseur allemand. Débarquant à Paris à l'été 1946, elle débute comme mannequin nu aux Folies Bergère, et fait bientôt la rencontre de Nachat Martini, un homme d'affaires syrien qui a fait fortune durant la guerre en trafiquant avec le gouvernement de Vichy. Le couple investit alors dans des cabarets à Pigalle et, à Servon, Nachat offre à sa compagne le château de Villemenon, vaste bâtisse XIXe de style néo-Renaissance. À la mort de son époux en 1960, Hélène Martini devient la femme la plus puissante de Pigalle, régnant sur dix-sept cabarets dont le Folies Pigalle, le Sphinx, le Fifty Fifty, le Shéhérazade, la Cabane cubaine… Son empire comptera aussi quatre grands théâtres parisiens, Mogador, les Folies Bergère, les Bouffes-Parisiens et la Comédie de Paris. Lorsqu'elle les rachète, Hélène Martini s'attache à redorer le blason de ses établissements, sur lesquels elle règne d'une main de fer ; elle confie ainsi la décoration de son cabaret tzigane, le Raspoutine, à son meilleur ami Romain de Tirtoff, dit Erté, renommé pour ses illustrations de mode dans le *Harper's Bazaar* ou ses décors et costumes pour le théâtre et Hollywood. Elle va aussi le charger d'aménager le château de Villemenon, où Erté osera toutes les extravagances, meubles et lustres en cornes d'animaux, bronzes troubadour, fontaine intérieure, grottes et vitraux Art déco.

La « comtesse » regagnait tous les vendredis soir sa demeure de week-end après avoir effectué sa « tournée des compteurs », récupérant d'un cabaret à l'autre les recettes du champagne écoulé par ses entraîneuses. Jusqu'à sa disparition en 2017, à la veille de ses 93 ans, elle protégea son domaine de Servon avec un fusil à lunette, suite au vol d'une statue dans son jardin à la française. Depuis la route de Villemenon, on discerne le château derrière le ravissant portail clouté réalisé par le divin Erté. Sans héritier, Hélène Martini aurait légué sa fortune à la cause animale.

VAL-DE-MARNE

60

LA VARENNE-SAINT-HILAIRE

Gare : La Varenne-Chennevières (RER A)

Aujourd'hui devenu un simple quartier de la commune de Saint-Maur-des-Fossés, ce village qui a poussé au bord d'une boucle de la Marne conserve des airs de station balnéaire. Une vocation née à la fin des années 1850, lorsque l'arrivée du train en provenance de la gare de Paris-Bastille fit de La Varenne, avec sa plage fluviale et son cadre verdoyant, un havre pour Parisiens en goguette. Bientôt, un jeune peintre encore méconnu du nom de **Camille Pissarro** s'y installe pour immortaliser les bords de Marne. Presque un siècle plus tard, c'est le chanteur **Charles Trenet** qui célébrera le charme des lieux dans l'un de ses airs les plus fameux. Les rives de cette petite annexe de la Côte d'Azur ont également aimanté une faune interlope en quête de plaisirs et de discrétion.

Parmi les respectables villas de style anglo-normand, médiéval ou Art nouveau édifiées le long de la Marne, sur le quai Winston-Churchill ou la Promenade des Anglais, certaines ont été édifiées par des proxénètes et autres tenancières de maisons closes de la capitale, qui passèrent à La Varenne une retraite enchantée. À la Belle Époque, les truands parisiens venaient s'y détendre dans les auberges et les guinguettes. Accompagnés de filles des bordels chics de Paris, ils canotaient, jouaient aux boules et se mêlaient aux pêcheurs à la ligne, se faisant ainsi oublier des forces de l'ordre. Au lendemain de la Seconde Guerre mondiale, la pittoresque station sera très appréciée par des bandes de malfrats qui venaient de tremper dans les sombres trafics de l'Occupation. L'un des membres les plus tristement célèbres de cette nouvelle génération d'amoureux des bords de Marne fut **Pierre Loutrel, dit «Pierrot le Fou»**, un ancien membre de la Gestapo française qui devait son surnom à ses terribles accès de violence éthylique. Soupçonné de onze meurtres, dont ceux de plusieurs gardiens de la paix, ce fils d'un paysan de la Sarthe crée au début de l'année 1946 le gang des Tractions Avant, du nom des puissantes Citroën qui permettent à ces bandits de s'échapper après avoir perpétré leurs attaques à main armée. En quelques mois, la bande amasse un butin considérable; entre deux hold-up, ses membres se mettent au vert à La Varenne. En septembre 1946, Pierrot le Fou et ses comparses, les patibulaires Jo Attia, Henri Fefeu et Georges Boucheseiche, échappent de justesse à un spectaculaire coup de filet mené par 350 policiers autour d'une auberge de Champigny-sur-Marne, de l'autre côté de la rivière. Deux mois plus tard, alors qu'il braque une bijouterie en état d'ivresse, Pierre Loutrel se tire par mégarde une balle dans l'abdomen. Il mourra quelques jours plus tard.

En cette année 1946, ce fou truand a peut-être croisé à La Varenne un «Fou chantant». Quelques années plus tôt, Charles Trenet cherchait à acquérir une propriété dans la commune lorsque, au cours d'une promenade en bord de Marne en compagnie de Jean Cocteau, ce dernier tendit son doigt en direction d'un pavillon, disant au chanteur: «C'est là que tu vas habiter!» Quelques jours plus tard, cette maison, la villa Médicis, aujourd'hui située au 91 quai Winston-Churchill, était mise en vente à la suite du décès du propriétaire. Trenet ne manqua pas l'occasion d'honorer le présage de Cocteau, investissant les royalties de ses premiers succès, *Y a d'la joie* et *Je chante*, dans ce «cube de béton», une villa moderniste aux airs mauresques où il logera sa mère. Dans le fond du terrain de la propriété, le chanteur fera construire à son intention une seconde bâtisse, ornée d'un étrange balcon inspiré par les arches du pont de Bercy.

S'il possédait plusieurs propriétés dans le sud de la France, Charles Trenet séjournait fréquemment à La Varenne. En 1947, il immortalisa son bonheur de vivre au bord de la Marne dans sa chanson *Revoir Paris*: «Roulant joyeux / Vers ma maison de banlieue / Où ma mère m'attend / Les larmes aux yeux / Le cœur content.» Chaque matin, à La Varenne, l'interprète de *Douce France* se livrait à une marche sportive d'environ 8 kilomètres le long de la rivière, avant de faire quelques courses dans les commerces de la commune, toujours vêtu d'un impeccable costume trois pièces. De ces bords de Marne, le natif de Narbonne finira par dire: «J'aimerais pouvoir les chanter une bonne fois pour toutes, parce que j'aime le Val-de-Marne. Dans le fond, j'ai vécu beaucoup plus ici que dans mon pays natal. C'est ma vie d'homme, c'est ici que j'ai compris un peu mieux la vie.» Quand, en 1986, il quitta sa maison de La Varenne, ce fut pour rejoindre à 7 kilomètres de là, à Nogent-sur-Marne, un appartement donnant lui aussi sur cette rivière qui lui inspira ce bon mot: «J'aime la Marne, elle me repose de la scène.» Charles Trenet s'est éteint en 2001 à l'hôpital Henri-Mondor de Créteil, la préfecture du Val-de-Marne.

Sur la façade de la villa Médicis à La Varenne, les grilles et la porte du garage qui abritait autrefois la Rolls-Royce du chanteur, sa «dame blanche», ont conservé leurs teintes rouges et vertes. Derrière ce bâtiment réservé à sa mère, la maison qu'habitait Charles Trenet est désormais une propriété séparée. À une centaine de mètres de là, toujours sur le quai Winston-Churchill, une sculpture représentant deux amoureux enlacés est censée honorer la mémoire du chanteur. Sur le socle sont gravées les paroles de *Revoir Paris*; au pied de la statue, un chapeau de bronze est le moulage de l'un de ses feutres.

SEINE-SAINT-DENIS

61

COUBRON

Gare: Vert-Galant (RER B) (4 km)

Avec ses pâturages et ses vignes adossées aux coteaux de l'Aulnoye, le dernier village de la Seine-Saint-Denis a miraculeusement conservé son patrimoine rural au milieu du béton du 93. Un œil exercé pourra même retrouver dans ses paysages champêtres les décors des tableaux peints par **Camille Corot** à la fin de sa vie.

Ce cadre bucolique inspira aussi la littérature. À l'orée de la forêt de Bondy, au niveau du poste de garde, rue Jean-Jaurès, se situe le point de départ du «sentier de Cosette». Cet itinéraire établi par une historienne locale suit le chemin emprunté par Cosette et Jean Valjean dans le roman de **Victor Hugo**

Les Misérables. Il vous conduira jusqu'à la ville limitrophe de Montfermeil. « Ce n'était qu'un village dans les bois », écrivait le romancier au sujet de cette cité désormais couverte de barres HLM. Hugo avait découvert la région à l'été 1845 : pris en flagrant délit d'adultère avec sa maîtresse Juliette Drouet, c'est là qu'il se mit au vert lorsque la justice le pria de s'éloigner quelque temps de Paris.

Un autre ami du peuple a écumé la contrée : le chansonnier **Jean-Baptiste Clément** y exerça comme meunier avant d'échapper à la tradition familiale. On doit à ce poète ayant combattu sur les barricades dans les rangs de la Commune de Paris la chanson *Le Temps des cerises,* devenue l'hymne des communards. Traduite dans toutes les langues, elle a été interprétée par Charles Trenet, Yves Montand, Nana Mouskouri, Barbara Hendricks ou Joan Baez. Poursuivi et condamné à mort après la chute de la Commune, Jean-Baptiste Clément s'exila à Londres, ne revenant en France qu'après l'amnistie générale des communards en 1880. En dehors d'une rue qui porte son nom, plus rien n'évoque le passage du chansonnier à Coubron. Mais dans la commune voisine de Montfermeil, vous pourrez découvrir le seul moulin de la région encore debout : les ancêtres de Jean-Baptiste Clément y ont certainement travaillé.

Sentier de Cosette, départ au 8, rue Jean-Jaurès, 93470 Coubron
Moulin de Montfermeil, 136, rue des Moulins, 93370 Montfermeil

VAL-D'OISE

62

SAINT-BRICE-SOUS-FORÊT

Gare : Sarcelles-Saint-Brice (1 km)

Dans cette ville située à l'orée de la forêt de Montmorency, un coin de verdure est puissamment chargé en ondes littéraires. Il y a un siècle, la romancière et nouvelliste américaine **Edith Wharton**, première femme à recevoir le prix Pulitzer pour son roman *Le Temps de l'innocence*, en 1921, s'y installa à l'automne de sa vie. À quelques rues de chez elle, dans le modeste pavillon de **Paul Éluard**, de jeunes gens dissipés faisaient au même moment exploser le langage sous la bannière surréaliste.

Née en 1862 à New York dans une famille fortunée, Edith Wharton entre en littérature à la fin du XIXe siècle en décrivant sans complaisance son milieu de la haute société de la côte Est. Mal vue par cette grande bourgeoisie WASP dont elle stigmatise la vanité, elle finit en 1911 par s'exiler en France, où elle avait déjà effectué de nombreux séjours. À Paris, l'écrivaine se livre sans retenue aux mondanités intellectuelles, fréquentant Paul Bourget, André Gide ou Jean Cocteau. Elle va pourtant finir par s'éloigner de la capitale après être tombée en pâmoison devant Saint-Brice-sous-Forêt, que cette automobiliste aguerrie découvre à l'occasion d'un tour de France en Panhard. En 1918, elle y achète une élégante folie néoclassique qu'elle baptise le Pavillon Colombe, d'après le nom de scène d'une comédienne qui y vécut à la fin du XVIIIe siècle. Sur le terrain de la propriété, elle charge le major Lawrence Johnston, célèbre paysagiste britannique, de créer un jardin de buis à la française. « Cette petite maison ne m'a jamais déçue, écrira-t-elle. Dès que j'y fus installée, la paix et l'ordre revinrent dans ma vie. J'avais enfin le loisir de me consacrer aux deux entreprises dont je ne me lassais jamais, écrire et faire du jardinage. » Cette vie rangée l'empêchera de fréquenter le noctambule Marcel Proust, dont elle refuse une invitation à dîner fixée à minuit. C'est dans sa maison de Saint-Brice qu'à l'été 1937 Edith Wharton est emportée par une crise cardiaque. Cachés derrière de vieux murs pas très droits et un portail fatigué, sa maison et son fabuleux jardin potager classé ne se visitent pas. La propriété appartient actuellement au frère du prince de Liechtenstein.

À seulement 200 mètres de là, au 3 *bis* rue Chaussée, subsiste la ruine du logis de Paul Éluard. Plantée au bord d'un parking, c'est sans doute la maison d'écrivain la plus sordide de tout l'Hexagone. Le poète s'installa en 1921 avec son épouse Gala, la future Mme Salvador Dali, dans cet humble logement de trois pièces acquis par son père, marchand de biens. On peine à croire que cette triste masure, où Éluard habita pendant deux ans, fut l'un des centres névralgiques du dadaïsme puis du surréalisme. C'est pourtant là que Max Ernst, qui faisait ménage à trois avec les époux Éluard, peignit en 1922 l'un de ses plus célèbres tableaux, *Au rendez-vous des amis*, portrait de groupe du mouvement surréaliste où figurent notamment, outre le « trouple » Éluard-Gala-Ernst, André Breton, Robert Desnos, Philippe Soupault, Giorgio de Chirico et Louis Aragon. La maison de Saint-Brice fut un laboratoire pour leurs expériences d'écriture automatique et de sommeil hypnotique. Lesquelles pouvaient mal tourner : le soir, il arrivait à Robert Desnos, dans un état second, de poursuivre Paul Éluard dans le jardin un couteau à la main.

63

L'ISLE-ADAM

Gare : L'Isle-Adam-Parmain

À seulement une quarantaine de kilomètres de Paris, la plage fluviale de L'Isle-Adam fut, dans la première moitié du xxe siècle, un lieu de villégiature très prisé de la bonne société. Ce petit Deauville des bords de l'Oise attira une pléiade de vedettes, dont Maurice Chevalier, Jean Gabin ou Mistinguett.
Le 27 août 1949, **Johnny Weissmuller** provoque une émeute lorsqu'il y inaugure le bassin « Record », petite merveille architecturale avec ses plongeoirs soutenus par une arche de béton. Les Adamois veulent tous apercevoir cet Américain d'origine austro-hongroise, qui fut cinq fois champion olympique de natation dans les années 1920 avant d'endosser le rôle de Tarzan dans une série de douze films entre 1932 et 1948. Ce personnage et son fameux cri, empruntant à la technique vocale du yodel autrichien, ont fait de Weissmuller une star internationale. Mais lorsqu'il débarque à L'Isle-Adam, « Tarzan », à 45 ans, n'est pas au meilleur de sa forme. L'acteur, dont l'impressionnante carrure s'est alourdie de kilos superflus, vient d'être dépossédé du rôle mythique du héros de la jungle au profit d'un comédien de quinze ans son cadet, Lex Barker. Il vient aussi de divorcer une troisième fois. Tout cela ne l'empêche pas de réussir un plongeon parfait depuis le plongeoir de cinq mètres dans le bassin flambant neuf. Le chaleureux accueil qu'il reçoit à

L'Isle-Adam lui donne un peu de baume au cœur. Il enchaînera ensuite des rôles mineurs au cinéma avant de devenir représentant pour une marque de piscines. Dans les brumes de l'alcool, Johnny Weissmuller rêvera encore à la construction d'un parc d'attractions en Floride avant qu'une profonde dépression ne le conduise à être interné dans un hôpital psychiatrique. L'acteur médaillé olympique, qui n'a jamais perdu une seule course en compétition, est mort en 1984, à 79 ans, à Acapulco au Mexique.
L'ensemble balnéaire de L'Isle-Adam a subi de nombreux réaménagements depuis la venue du champion, mais il conserve un authentique charme. Avec plus d'une centaine de cabines de bain, un grand toboggan, des plongeoirs, des jardins fleuris, il demeure la plus grande plage fluviale de France. Si, une fois à l'eau, vous voulez imiter à la perfection le style de l'interprète de Tarzan, sachez qu'il avait la particularité de nager le crawl la tête hors de l'eau. Pour le cri, faites comme bon vous semble !

Plage de L'Isle-Adam, place du Feu-Saint-Jean, 95290 L'Isle-Adam

64

HÉROUVILLE-EN-VEXIN

Gare : Chaponval (4 km)

Pendant des siècles, ce haut lieu de la culture céréalière solidement campé sur le plateau du Vexin français était davantage porté sur l'orge et l'avoine que sur le cannabis. Tout a changé à la fin des années 1960 avec l'installation au château d'Hérouville d'un studio d'enregistrement qui, d'Elton John à David Bowie, a attiré l'aristocratie du rock et de la pop.
En 1962, le compositeur de musiques de films **Michel Magne**, notamment auteur des bandes originales des *Tontons flingueurs* et de *Fantômas*, acquiert ce château du XVIIIe siècle, qui a abrité les amours de George Sand et Frédéric Chopin, pour y travailler et y vivre en famille. Sept ans plus tard, cet excentrique que Cocteau surnommait « le fou merveilleux » aménage un

studio d'enregistrement ultramoderne dans les vastes combles de l'aile sud, avec l'ambition d'attirer le gratin planétaire du rock en rase campagne. Pour réussir ce pari insensé, Magne mise sur le concept révolutionnaire du « studio résidentiel », proposant aux artistes un cadre apaisant, avec piscine, court de tennis, tables de ping-pong et flippers, loin des étouffants studios urbains en sous-sol. Les services d'hébergement et de restauration sont soignés, avec un cuisinier à demeure et une cave bien fournie. Pour la touche rock, le fantasque maître des lieux invite quelques mannequins de la prestigieuse agence Catherine Harlé et propose des animations baroques comme ses « feux de guitares » : de vieux instruments achetés aux puces sont jetés dans la cheminée du château, se consumant en de mélodieux craquements.

La formule fait mouche : dans le milieu du rock et de la pop, les musiciens se refilent cette adresse sans équivalent. Au début des années 1970, **Elton John** va réaliser trois de ses plus beaux albums à Hérouville, dont, en 1972, *Honky Château* (« le château bastringue »), le surnom qu'il donne à la propriété de Michel Magne. La même année, **Pink Floyd** y grave *Obscured by Clouds*. Outre le confort et l'ambiance unique des lieux, les stars apprécient l'anonymat que leur offre l'environnement rural. Lorsqu'il y enregistre son album *Low*, à l'automne 1976, **David Bowie** n'est pas harcelé par les paysans du coin. Pas plus que **Marvin Gaye** ou les membres des **Bee Gees**, venus en 1977 faire résonner les chœurs disco de leur album *Saturday Night Fever* en pleine cambrousse. Parmi les nombreuses fêtes organisées au château, celle du 21 juin 1971 est restée dans les mémoires des habitants d'Hérouville : invités à assister au concert donné au bord de la piscine par le groupe américain **Grateful Dead**, ils se voient proposer, sans être avertis de leur contenu, des gâteaux à la marijuana.

Mais la gestion hasardeuse de la Société d'enregistrement Michel Magne, qui se livre à des dépenses excessives, finit par mettre l'entreprise en péril. Son fondateur doit céder le château et se retire dans le sud de la France. Confié à de nouveaux gestionnaires, le studio va encore écrire de belles pages de l'histoire du rock. Pour faire rentrer de l'argent dans les caisses, il va aussi accueillir quelques tournages de films pornographiques. Le domaine n'en accumule pas moins les dettes et le studio ferme ses portes en 1985. Quelques mois plus tôt, Michel Magne, au terme d'une longue descente aux enfers, s'est suicidé par absorption de barbituriques dans une chambre du Novotel de Cergy-Pontoise, non loin de son château perdu. À son chevet, on a retrouvé un livre intitulé *Suicide, mode d'emploi* à côté d'un épais dossier administratif portant l'inscription « Hérouville ».

Après une longue éclipse, le château accueille à nouveau des musiciens en résidence depuis quelques années. Si vous ne jouez d'aucun instrument, vous pourrez toujours visiter, tout près, la belle église gothique du village, où, du temps de sa splendeur, Michel Magne s'est marié avec Marie-Claude, une jeune et jolie lycéenne qu'il avait rencontrée en la prenant en stop.

Église Saint-Clair, 3, place de l'Église, 95300 Hérouville-en-Vexin
Novotel Cergy-Pontoise, 3, avenue du Parc, 95000 Cergy

65

AUVERS-SUR-OISE

Gare : Chaponval

« Auvers, c'est gravement beau », écrivit **Vincent Van Gogh** à son frère Théo le 20 mai 1890 en s'installant dans ce bourg agreste des berges de l'Oise. Après avoir vécu aux Pays-Bas, en Belgique, en Angleterre, à Paris et à Arles, le peintre néerlandais descend à l'auberge Ravoux, sa trente-septième et dernière adresse en trente-sept ans de vie. Dans ce village accroché au plateau du Vexin français, il goûte au bon air d'une « campagne presque grasse ». Durant les soixante-dix jours qu'il passe à Auvers, Van Gogh peint près de 80 tableaux, avant de se tirer une balle de revolver dans la poitrine au milieu d'un champ, le 27 juillet. Il mourra deux jours plus tard dans sa chambre à l'auberge, veillé par Théo accouru à son chevet. Les deux frères reposent côte à côte au cimetière d'Auvers-sur-Oise, sous un tapis de lierre.

Malgré le déferlement des touristes, le village a conservé un charme intact. Le décor de l'auberge Ravoux, avec son zinc et ses tables bistrot de chêne ciré, est celui que connut Van Gogh ; fidèlement reconstitué il y a une trentaine d'années, il est très apprécié des réalisateurs de films d'époque. Le peintre avait sa place attitrée au fond de la salle du restaurant, qui sert aux visiteurs des plats d'autrefois comme le gigot de sept heures ou le coq au vin. À l'étage, on peut visiter la chambre du suicidé, la numéro 5, une mansarde de sept mètres carrés qui, par superstition, n'a jamais été relouée. L'ambition suprême de l'Institut Van Gogh d'Auvers, auquel appartient la maison, est d'acquérir un jour un tableau du peintre pour l'accrocher à un mur de l'auberge et réaliser le rêve de Vincent, confié à son frère Théo un mois avant sa mort : « Un jour ou un autre, je crois que je trouverai le moyen de faire une exposition à moi dans un café. »
À trois cents mètres de l'auberge Ravoux se trouve le curieux Musée de l'Absinthe, cette « fée verte » à laquelle Van Gogh avait pris goût dans les cabarets parisiens. À Auvers, il avait pourtant délaissé la boisson qui rend fou pour se consacrer corps et âme à son art. Non sans s'en féliciter : « Depuis que j'ai cessé de boire, j'ai fait du meilleur travail qu'auparavant. »

Auberge Ravoux (Maison de Van Gogh),
52, rue du Général-de-Gaulle, 95430 Auvers-sur-Oise
Musée de l'Absinthe, 44, rue Alphonse-Callè, 95430 Auvers-sur-Oise

66

LA FRETTE-SUR-SEINE

Gare : La Frette-Montigny

Dominant la Seine du haut de ses coteaux couverts de lilas au printemps, ce village a été peint par Cézanne, Signac ou Vlaminck. L'écrivain **Jacques Chardonne**, qui compta parmi ses admirateurs le général de Gaulle et François Mitterrand, y a passé la seconde moitié de sa vie.
Né en 1884, ce Charentais devenu éditeur parisien à succès, à

la tête de la maison Stock, vient d'entamer sa carrière d'écrivain lorsque, au milieu des années 1920, son médecin lui conseille de s'éloigner de Paris pour ménager ses poumons fragiles. Chardonne fait alors construire sur les hauteurs de La Frette-sur-Seine, au 26 rue Aristide-Briand, une maison où il passera ses matinées à écrire avant de rejoindre Paris et son bureau chez Stock à la mi-journée. L'écrivain a commandé à l'architecte Henri Pacon, qui a notamment dessiné les gares du Havre et de Caen, un logis moderniste aux lignes sobres, où de grandes baies vitrées laissent entrer la lumière. Dans ce qu'il appelle son « perchoir d'écrivain », Chardonne va développer une œuvre classique et raffinée, dominée par le thème du couple. À La Frette, il vit un bonheur conjugal sans faille avec Camille, l'héroïne déguisée de tous ses romans, qui partage son enthousiasme pour le panorama s'offrant à eux : le défilement des nuages, les liserés d'écume tracés par les péniches sur la Seine en contrebas, les lignes de collines et les forêts à l'horizon enchantent le couple qui vit en retrait du monde. La Frette sera un personnage récurrent des romans de Chardonne, où le village est poétiquement renommé suivant une nuée d'appellations : Courteille dans *Le Chant du bienheureux*, Épône dans *Éva*, Charmont dans *Claire*, Dimours dans *Romanesques* ou Buc-Chalo dans *Vivre à Madère*. Dans *Le Ciel dans la fenêtre*, l'écrivain livre même une merveilleuse galerie de portraits des habitants du village.

Cette harmonie est toutefois ternie par les prises de position collaborationnistes de Chardonne durant la Seconde Guerre mondiale. Dès lors catalogué écrivain d'extrême droite, il va vivre de plus en plus isolé, auprès de sa femme, jusqu'à sa mort en 1968. Parmi ses rares visiteurs, durant ses dernières années, un jeune effronté du nom de Patrick Modiano : alors âgé d'une vingtaine d'années, le futur prix Nobel de littérature débarqua à l'improviste, un matin de juin 1965, chez Jacques Chardonne ; il souhaitait obtenir du vieil écrivain des explications sur l'absence du poète d'origine juive Heinrich Heine dans l'*Anthologie de la poésie allemande* qu'il avait publiée en 1943.

67

SOISY-SOUS-MONTMORENCY

Gare : Champ de courses d'Enghien

Cette banlieue au charme contrarié a jadis représenté un havre de douceur pour un haut dignitaire extrême-oriental. À l'été 1946, le leader indépendantiste vietnamien **Hô Chi Minh** participe à la conférence de Fontainebleau, où se discute l'avenir de l'Indochine française. Hôte du gouvernement français, il loge à l'hôtel Royal Monceau à Paris, où, lors d'un cocktail, il fait la connaissance d'un sympathisant communiste nommé **Raymond Aubrac**. Ce grand résistant devenu haut fonctionnaire lui vante le parc entourant sa maison de Soisy-sous-Montmorency. Déplorant l'absence de jardin dans son palace, le leader communiste demande à visiter sa propriété de banlieue. Il débarque le lendemain dans une voiture officielle encadrée par des motards de la gendarmerie. En découvrant un étage inoccupé de la demeure, le chef du Viêt Minh fait remarquer que cet espace lui conviendrait à merveille.
Raymond Aubrac et son épouse **Lucie**, tout près d'accoucher de son troisième enfant, vont voir leur quotidien bouleversé durant les six semaines où « oncle Hô » fait partie de leur famille. Pour ne pas surcharger la maîtresse de maison, des camarades vietnamiens sont dépêchés pour s'occuper de la cuisine. Le matin, Hô Chi Minh, accroupi à l'asiatique dans le jardin, épluche la presse et reçoit amis et journalistes ; l'après-midi, il fait sa sieste dans l'herbe. À ses hôtes, il réclame le récit de leurs actes héroïques au sein de la Résistance. Et naturellement, quand Lucie accouche d'une petite Élisabeth, l'invité vietnamien se propose comme parrain.
Les négociations de Fontainebleau se révélant infructueuses, Hô Chi Minh finit par rentrer au Vietnam, où le Viêt Minh lancera bientôt une révolte armée contre le colonisateur français. Marqué par l'accueil des Aubrac, Hô Chi Minh, qui deviendra président de la République démocratique du Vietnam après la défaite française au terme de la guerre d'Indochine, gardera des liens affectifs avec eux et avec sa filleule, à laquelle

l envoie des cadeaux pour chacun de ses anniversaires et un coupon de soie pour sa robe de mariée. Si bien qu'au printemps 1967, alors que les troupes américaines s'enlisent à leur tour dans la guerre du Vietnam, le secrétaire d'État américain Henry Kissinger charge Raymond Aubrac de porter dans le plus grand secret un message à son ami, afin de nouer un contact entre les gouvernements américain et vietnamien. À Hanoï, l'ancien résistant retrouve un homme vieilli et affaibli, qui exige l'arrêt inconditionnel des bombardements américains. L'entremise d'Aubrac permettra d'entamer des discussions entre Washington et Hanoï, loin d'être achevées lorsque le leader vietnamien meurt en 1969.

À Soisy-sous-Montmorency, la grande maison blanche des Aubrac est toujours visible au 18 avenue de Paris. À la place des grands arbres du parc où oncle Hô faisait la sieste, on trouve les pompes à essence d'une station Total accolée à la demeure décatie, désormais divisée en appartements.

68

MONTMORENCY

Gare : Enghien-les-Bains (3 km)

En déambulant au hasard dans les rues de cette commune perchée sur un promontoire, ne soyez pas surpris si ces mots vous viennent spontanément à la bouche : « *Ich weiß nicht was soll es bedeuten, daß ich so traurig bin…* » (Je ne sais pas ce que cela signifie, que je sois aussi triste). Car le lieu est hanté par l'écrivain allemand **Heinrich Heine**, l'auteur de ces vers qui ouvrent *La Lorelei*, le poème le plus célèbre de la littérature germanique. C'est en 1824 que Heine donne sa version de la légende de cette sirène qui, par son chant, ensorcèle les bateliers depuis son rocher surplombant le Rhin. Ce natif de Düsseldorf est alors un jeune poète romantique à succès, mais aussi un commentateur politique engagé, qui connaît des démêlés avec la censure. En 1831, il s'exile à Paris, d'où il inonde les journaux allemands d'articles dénonçant le conservatisme politique et religieux de sa patrie. Heine n'en a pas moins le mal du pays, et le lent développement d'une maladie neurologique n'améliore guère son moral. À l'été 1847, rendu fou par le bruit du voisinage dans son appartement parisien du faubourg Poissonnière, il loue à Montmorency, avec son épouse française Mathilde, une maison au cœur d'un grand jardin ombragé. La commune n'est encore qu'un village, déjà fréquenté un siècle plus tôt par Jean-Jacques Rousseau, qui avait lui aussi fui Paris, « ville de bruit, de fumée et de boue », pour une maison de campagne où il écrivit notamment *La Nouvelle Héloïse*, *L'Émile* et *Du contrat social*.

Dans le jardin de sa maison, au cœur du quartier de la Châtaigneraie, Heine, allongé sur l'herbe, aspire le parfum des acacias en se laissant bercer par le chant des rossignols. Comme par miracle, il voit ses maux s'apaiser. Mais ce séjour ne sera qu'une trêve dans le martyre du poète. À l'automne 1847, de retour à Paris, la paralysie gagne son corps. Heine passera les huit dernières années de sa vie cloué dans un lit qu'il nomme son « matelas-tombeau ». Il aura tout de même la force de dicter encore de nombreux poèmes et articles jusqu'à sa mort en février 1856. Dans la seconde moitié du XIXe siècle, son poème *La Lorelei*, mis en musique par un compositeur allemand, devient une chanson extrêmement populaire en Allemagne. Sous le IIIe Reich, les textes de Heine sont interdits en raison de ses origines juives et de sa critique des institutions allemandes, mais les nazis font une exception pour *La Lorelei*, symbole de l'âme germanique, qui continue d'être apprise dans les écoles.

À Montmorency, sur le portail de la propriété située au 7 rue de la Châtaigneraie, une plaque rappelle le passage du poète allemand. La maison louée par Heine a disparu. Elle a été remplacée par une demeure bourgeoise. Pour retrouver un peu de l'atmosphère qu'appréciait le poète allemand, promenez-vous dans le parc tout proche, avec ses vieux arbres remarquables qui ont sans doute connu Heine.

Maison-musée Jean-Jacques-Rousseau,
5, rue Jean-Jacques-Rousseau, 95160 Montmorency
Parc de la Châtaigneraie,
55, avenue Georges-Clemenceau, 95160 Montmorency

NORMANDIE

SEINE-MARITIME

1 SAINT-SAIRE
2 RY
3 BLAINVILLE-CREVON
4 ESTEVILLE
5 BERNEVAL-LE-GRAND
6 VARENGEVILLE-SUR-MER
7 BOURVILLE
8 SASSETOT-LE-MAUCONDUIT
9 ÉTRETAT
10 MIRVILLE

CALVADOS

11 BARNEVILLE-LA-BERTRAN
12 BENERVILLE-SUR-MER
13 BEAUMONT-EN-AUGE
14 BONNEBOSQ
15 LA ROQUE-BAIGNARD
16 CAMBREMER
17 BEUVRON-EN-AUGE
18 LUC-SUR-MER
19 VERSON
20 LE MESNIL-AU-GRAIN
21 BALLEROY-SUR-DRÔME
22 SAON
23 ISIGNY-SUR-MER

MANCHE

24 TOCQUEVILLE
25 LA HAGUE
26 OMONVILLE-LA-PETITE
27 BARNEVILLE-CARTERET
28 CERISY-LA-SALLE

ORNE

29 TINCHEBRAY-BOCAGE
30 BAGNOLES-DE-L'ORNE
31 LA FERTÉ-MACÉ
32 IGÉ
33 MORTAGNE-AU-PERCHE
34 TOUROUVRE
35 BONNEFOI
36 AUBE

EURE

37 BERNAY
38 SAINTE-OPPORTUNE-DU-BOS
39 LE NEUBOURG
40 ANDÉ
41 HERQUEVILLE
42 LES ANDELYS
43 LA CHAPELLE-RÉANVILLE
44 GIVERNY
45 LE BOISGELOUP

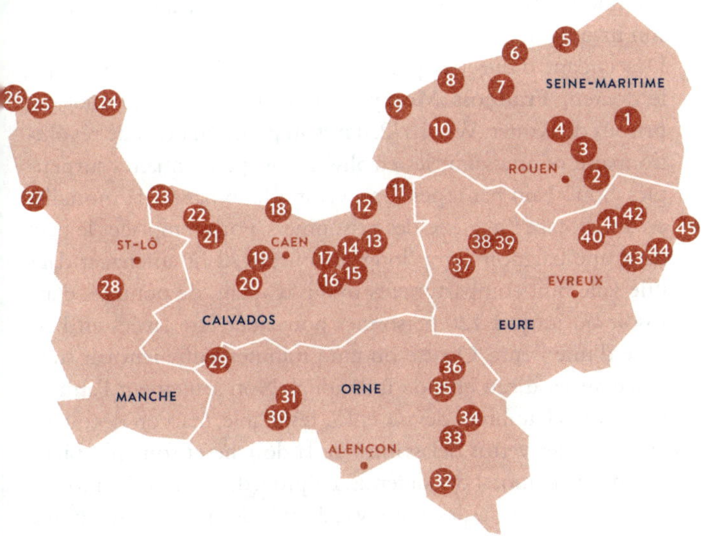
SEINE-MARITIME
ROUEN
EURE
EVREUX
CALVADOS
CAEN
MANCHE
ST-LÔ
ORNE
ALENÇON
1
2
3
4
5
6
7
8
9
10
11
12
13
14
15
16
17
18
19
20
21
22
23
24
25
26
27
28
29
30
31
32
33
34
35
36
37
38
39
40
41
42
43
44
45

SEINE-MARITIME

1

SAINT-SAIRE

Gare : Sommery (10 km)

Malgré la relation contrariée des Français avec l'hygiène, l'invention de la douche leur revient. En plein pays de Bray, dont le nom est dérivé d'un terme celtique qui évoque une terre humide ou boueuse, c'est un village pluvieux qui a vu naître son inventeur.

Descendant d'une des plus anciennes familles de Saint-Saire, le docteur **François Merry Delabost** fut médecin-chef des prisons de Rouen. Vers 1872, il mit au point un procédé révolutionnaire pour assainir les établissements pénitentiaires surpeuplés. Son « bain par aspersion » visait à faire baisser la mortalité en améliorant l'hygiène des prisonniers. Pour remplacer le bain dans une baignoire, trop long et coûteux, il fit aménager dans une salle huit compartiments munis d'autant de pommes d'arrosoir où jusqu'à 120 personnes pouvaient être lavées en l'espace d'une heure. Quatre ou cinq minutes suffisaient par sujet grâce au jet d'eau chaude individuel. Non seulement l'atmosphère des chambrées devint enfin respirable, mais on découvrit en prime les vertus délassantes de la douche et son effet bienfaisant sur le moral des détenus. Le procédé conquit bientôt les casernes puis les asiles pour vagabonds. Mais ce n'est qu'une trentaine d'années après son invention que cette pluie bienfaisante atteignit les particuliers. À la Belle Époque, on qualifiait encore ce nouveau système d'ablution de « bain douche » ou de « douche en pluie », avant qu'il ne devienne à partir des années 1950 la source d'hygiène courante des gens pressés.

Très attaché à son village natal, François Merry Delabost avait formulé le vœu de reposer à jamais dans le « modeste » cimetière de Saint-Saire, selon ses mots. Sa tombe et son buste de fière allure y sont toujours visibles.

Cimetière, 190, route de Sommery, 76270 Saint-Saire

2

RY

Gare : Morgny (10 km)

Non loin de « l'infect Rouen », comme l'appelait **Gustave Flaubert**, la riante vallée du Crevon dévoile cette localité nonchalante. Ry et ses maisons à colombages auraient inspiré à l'écrivain le village de *Madame Bovary*, rebaptisé Yonville-l'Abbaye. Ce bourg « paresseux comme un gardeur de vaches qui fait la sieste au bord de l'eau » est devenu le symbole de l'ennui à la campagne. Le roman de Flaubert est inspiré d'un authentique fait divers local. **Delphine Delamare**, la jeune épouse infidèle du médecin du village, qui abrégea sa terne vie en s'empoisonnant, fut le modèle du personnage d'Emma Bovary. Si Flaubert connaissait bien cette triste histoire, c'est parce que le mari de Delphine, l'officier de santé Eugène Delamare, avait été l'élève de son père, chirurgien à l'Hôtel-Dieu de Rouen. La Yonville de son roman a le même plan que Ry, le même marché installé dans une halle médiévale du XIIIe siècle. Pourtant, le romancier normand s'est toujours refusé à reconnaître Ry comme le lieu de son intrigue. Ces dénégations n'ont pas empêché l'office de tourisme de proposer un circuit littéraire semé de QR codes sur les traces de l'héroïne sacrifiée sur l'autel de l'ennui. Des commerces ne se privent pas non plus d'honorer sa mémoire, comme la boulangerie « Les Délices de Madame Bovary », la mercerie « Emma » ou même l'école de conduite Bovary, qui sauve désormais du désoeuvrement les nouvelles épouses du cru en leur permettant de ponctuelles échappées motorisées. Quant à Delphine Delamare, si elle a bien été inhumée dans le petit cimetière de l'église, on ne peut plus identifier l'emplacement de sa tombe. On raconte que, après la publication en 1857 du roman dont le succès l'a par ricochet rendue célèbre, un cantonnier vola sa pierre tombale pour la vendre à un Américain. À présent, seule une plaque à sa mémoire est apposée au mur de l'édifice religieux. Dans les environs de Ry, au départ de Martainville, un sentier s'enfonce dans la campagne jusqu'au hameau de Villers et au pavillon de chasse de La Huchette, lieu secret des rendez-vous adultères d'Emma. Si cette propriété privée ne se visite pas, celle où vécut Flaubert en bord de Seine, à vingt-cinq kilomètres de Ry, près de Rouen, est ouverte au public. Mais il ne reste de cette propriété de Croisset, qui reçut George Sand, Ivan Tourgueniev ou Guy de Maupassant, qu'un pavillon abritant le cabinet de travail où l'écrivain mourut en plein labeur, en 1880.

—

Marché, sous les halles, Grande-Rue, 76116 Ry
Boulangerie Les Délices de Madame Bovary, 15, Grande-Rue, 76116 Ry
Mercerie Emma, 32, Grande-Rue, 76116 Ry
Pavillon Flaubert, 18, quai Gustave-Flaubert, 76380 Canteleu

3

BLAINVILLE-CREVON

Gare : Morgny (5 km)

Généralement considéré comme l'artiste le plus important du XXe siècle, **Marcel Duchamp** est, comme son nom l'indique, un pur produit du terroir. L'inventeur des *ready-made* naquit en effet dans ce bourg coquet cerné de prés vallonnés et de petites fermes de briques.
Fils d'un notaire également maire du village et d'une mère rongée par l'ennui et la dépression, Marcel Duchamp a connu la campagne décrite par Flaubert dans *Madame Bovary* trente ans seulement avant sa naissance, en 1887. Il a même été baptisé dans l'église où s'est mariée Delphine Delamare, jeune femme au destin tragique qui a inspiré son héroïne au romancier normand (voir Ry, page précédente). Cette petite église de Blainville, située en face de la maison familiale, sera d'ailleurs le sujet de la toute première toile de Duchamp, peinte dans le style de Monet à l'âge de 15 ans, à l'été 1902. La propriété de la famille Duchamp reste aujourd'hui une vraie fête pour le regard, avec son jardin où serpente la rivière Crevon. Cette demeure patricienne d'époque Restauration est entourée de peupliers, de hêtres, de marronniers et de ces roses trémières qui ne seront pas étrangères au choix du nom du double

artistique du créateur, Rrose Sélavy. Dans ce décor rustique de boiseries, de sols à carreaux noirs et blancs et de lourdes nappes blanches, la mère de Marcel peint des motifs bucoliques sur des services de table, tandis que la future comète de la modernité parcourt le catalogue de la Manufacture d'armes et cycles de Saint-Étienne. Une saine lecture farcie d'objets usuels qui sera déterminante pour celui qui désignera un porte-bouteille, une roue de bicyclette ou un urinoir en céramique blanche comme des œuvres d'art. Même après avoir quitté Blainville pour des études artistiques, Duchamp reviendra pendant les vacances peindre des vues du village ou du jardin familial. «J'aime mieux respirer que travailler», disait-il.
Exilé aux États-Unis en 1915, ce grand mondain et dilettante professionnel allait défier les conventions de l'art en se qualifiant d'«ingénieur du temps perdu». Il fut le précurseur des évolutions les plus radicales de l'art: l'art conceptuel, le pop art, l'op art et le cinétisme. «L'homme le plus intelligent du siècle», de l'aveu d'André Breton, continue d'exercer une influence majeure sur l'art contemporain. Sa renommée n'a pas échappé à l'un des propriétaires de sa maison d'enfance, qui a pris la peine de couper et conserver soigneusement un arbre sur lequel le jeune Duchamp avait gravé son nom.

Église, 2, place de l'Église, 76116 Blainville

4

ESTEVILLE

Gare : Montérolier-Buchy (9 km) ou Longuerue-Vieux-Manoir (9 km)

Dans cette localité du pays de Bray, une discrète bâtisse nichée dans un grand parc verdoyant est devenue le navire amiral des compagnons d'Emmaüs. **L'abbé Pierre** a fondé cette vaste communauté pour venir en aide aux mal-logés et aux exclus de la société. Une action qui a longtemps fait figurer le curé star en tête des personnalités préférées des Français.
Né en 1912, le prêtre Henri Grouès devient «l'abbé Pierre» dans la Résistance, au sein de laquelle il se signale par de nombreux

actes héroïques; à la Libération, il choisit de se faire désormais appeler par ce nom de maquis. Élu député en 1945, il fonde quatre ans plus tard le mouvement Emmaüs, en référence à des personnages du Nouveau Testament, les pèlerins d'Emmaüs, deux disciples du Christ témoins de sa résurrection. Mais c'est durant le glacial hiver 1954 que l'abbé Pierre devient célèbre en lançant sur les antennes de Radio Luxembourg «l'insurrection de la bonté». S'il cède alors à la mondanité en se rendant au luxueux hôtel parisien de Crillon, c'est pour y recevoir un chèque de Charlie Chaplin – «Je ne donne pas cet argent, je le rends», lui confie l'acteur, ancien enfant pauvre devenu célèbre pour son rôle de vagabond. Le charismatique curé a même les honneurs du sémiologue Roland Barthes, qui analyse le style du nouveau héros dans ses *Mythologies*: «Le regard bon, la coupe franciscaine, la barbe missionnaire, tout cela complété par la canadienne du prêtre-ouvrier et la canne du pèlerin. Ainsi sont réunis les chiffres de la légende et ceux de la modernité.»

En 1964, l'abbé et ses compagnons s'installent à Esteville, où ils restaurent une belle demeure léguée par un donateur: ainsi naît la halte d'Emmaüs, le havre de paix des compagnons, qui sèment à travers la France de nombreux dépôts-ventes de meubles et d'objets d'occasion, toujours aussi populaires de nos jours. À partir des années 1990, l'abbé Pierre se retire à temps complet à Esteville pour travailler et méditer. Dans sa modeste chambre jaune et bleue, il reçoit aussi bien des naufragés de la vie que des personnalités du show-business et des chefs d'État comme François Mitterrand.

La propriété d'Esteville abrite désormais la Fondation Abbé-Pierre, ainsi qu'un centre d'hébergement et un espace muséographique consacré à la vie et à l'œuvre du prêtre, décédé en 2007. On peut visiter gratuitement sa chambre-bureau, dont l'abbé a fabriqué de ses mains les étagères en palettes recyclées – les compagnons qualifient cette décoration dépouillée de style «Louis Caisse»! Rien n'a bougé, on retrouve son Minitel, sa canne, sa bure et ses charentaises. Le grand homme est inhumé au fond du cimetière communal. Pas de pierre tombale, mais un grand Christ de bronze récupéré dans une décharge, posé à même le sol. L'abbé Pierre repose aux côtés de sa fidèle secrétaire Lucie Coutaz, cofondatrice de la communauté. Seul uxe, une plaque de marbre gravée de cette épitaphe : « Il a es-ayé d'aimer. »

Centre Abbé Pierre-Emmaüs, 345, route d'Emmaüs, 76690 Esteville

5

BERNEVAL-LE-GRAND

Gare : Dieppe (10 km)

« Comment **Wilde** a-t-il pu choisir Berneval pour y vivre ? C'est lugubre ! », s'exclama André Gide lors d'une de ses visites. C'est pourtant dans cette campagne en bord de mer que l'auteur irlandais, alors en exil, écrivit la majeure partie de l'un de ses plus beaux romans, *La Ballade de la geôle de Reading*. Après une vie mondaine de dramaturge à succès à Londres, l'écrivain rendu célèbre par son *Portrait de Dorian Gray* est en 1895 incarcéré pour homosexualité à la prison de Reading. Deux années de travaux forcés plus tard, c'est un homme « cassé » qui gagne la France à la fin du mois de mai 1897, rêvant d'une nouvelle vie. Sous le nom de Sébastien Melmoth, il s'installe à Berneval, dans les deux meilleures chambres de l'unique hôtel du village qu'il aménage à son goût. Ignorant sa véritable identité, les villageois accueillent chaleureusement ce dandy aux belles manières. Dans une lettre à son ancien amant Lord Alfred Douglas, Wilde écrit : « Ici, je me lève à 7 h 30. Je suis heureux chaque jour. Je vais au lit à 10 heures du soir. Paris me fait peur. C'est ici que je veux vivre. » Il compare même le paysage à un coin du Surrey. Selon Gide, le poète se promène sur la plage, se baigne régulièrement, fréquente la paroisse et se lie d'amitié avec le curé. Mais quand, un mois après son arrivée, à l'occasion du jubilé de diamant de la reine Victoria, l'étranger invite une douzaine de petits garçons du village à manger des gâteaux et des friandises en chantant *God Save the Queen* et *La Marseillaise*, les habitants de Berneval s'interrogent. On commence à considérer d'un œil soupçonneux ce Monsieur Melmoth qui ne reçoit que des visites masculines. À la fin de l'été, alors que le secret de son identité vacille, Oscar Wilde finit par quitter le village pour rejoindre son amant à Naples. Les bombardements de juin 1944 ont fait disparaître presque toute trace du passage de Wilde dans la petite commune normande. Même la chapelle « pleine de saints les plus fantastiques si gothiques et laids », tant appréciée par l'écrivain, a été rasée. En 1997, la « sente Oscar-Wilde », ce chemin qu'empruntait l'exilé entre son hôtel et la plage, a été inaugurée par Merlin Holland, son petit-fils.

—

Plage de Petit-Caux, 76370 Berneval-le-Grand
Sente Oscar-Wilde, 76370 Berneval-le-Grand

6

VARENGEVILLE-SUR-MER

Gare : Dieppe (9 km)

Avec ses falaises de craie blanche, cette adorable localité avait déjà aimanté des peintres comme Turner, Whistler, Renoir ou Monet. **Georges Braque**, l'inventeur du cubisme avec Picasso, y a élu domicile vers 1930 avant de choisir pour dernière demeure son cimetière, le plus envoûtant du littoral français. Premier peintre vivant à exposer au musée du Louvre, Braque décide de poser ses valises dans cette valleuse alors qu'il approche de la cinquantaine. C'est l'architecte américain Paul Nelson qui lui a fait découvrir le village. Il va lui dessiner les plans d'une maison rectiligne de briques et de ciment, au toit de tuiles, que le peintre voulait simple et épurée. Un dépouillement qui contraste avec la Bentley grise et noire du peintre, conduite par un chauffeur en livrée, bientôt remplacée par une Simca Grand Sport cabriolet ou encore une Alfa Romeo rouge. Dans l'éclatant sillage de Braque, le sculpteur américain Calder passe l'été 1937 à Varengeville afin de travailler sur la *Fontaine de Mercure*, l'œuvre présentée à l'automne au pavillon espagnol de l'Exposition universelle de Paris, où elle trônera en compagnie du *Guernica* de Picasso. Dans l'étrange atmosphère de la drôle de guerre, au début de l'année 1940, ce pôle magnétique normand attire encore au bord de son précipice d'albâtre Joan

Miró. Loin de Paris, le peintre catalan peut enfin se ressourcer pour créer ses premières *Constellations*, tableaux les plus emblématiques de son œuvre. L'air de Varengeville, lieu de fraternité, sera un combustible pour la créativité de Braque. Il dessine son salon, les déclinaisons d'une chaise de jardin ou les foucades de la mer. Durant sa période finale et symphonique, à partir des années 1950, Braque mêle de la terre et de la boue à ses pigments. *La Sarcleuse* sera sa dernière peinture. Le cubiste repose depuis sa mort en 1963 sous un rectangle de granit dans l'émouvant cimetière marin perché sur la falaise. Au pied de la petite église dont il a signé les vitraux, sur sa sépulture qui abrite aussi son épouse Marcelle, un grand oiseau blanc en mosaïque regarde vers l'océan.

Depuis la mort du peintre, sa propriété située sur la droite au bout du chemin Braque est abandonnée aux herbes folles. À côté de la demeure principale, on discerne encore la verrière de son atelier. Autre bonne adresse du passé : à trois kilomètres de là, toujours à Varengeville, on peut visiter le sublime manoir d'Ango où séjournèrent Louis Aragon et André Breton le temps d'un été, en 1927. Sous le miraculeux ciel normand, le pape du surréalisme y coucha la conclusion de son roman *Nadja* : « La beauté sera convulsive ou ne sera pas. »

Cimetière marin, route de l'Église, 76119 Varengeville-sur-Mer
Manoir d'Ango, route de la Cayenne, 76119 Varengeville-sur-Mer

7

BOURVILLE

Gare : Yvetot (25 km)

Entre terre et mer, cette pittoresque localité aux maisons de briques a donné son nom de scène au célèbre acteur comique. Le cadre paysan de son enfance a également inspiré à **Bourvil** son personnage candide et sa vocation musicale.

Né à Prétot-Vicquemare, le petit André Raimbourg rejoint Bourville, le village natal de sa mère, à l'âge d'un an, en 1918, après la mort de son père, victime de la grippe espagnole. Il devient quelques années plus tard enfant de chœur à l'église de la commune. À la fois meilleur élève et boute-en-train de sa classe, il impressionne encore par ses dons pour le dessin et le chant; il apprend le cornet à pistons au sein de la fanfare de Fontaine-le-Dun, la commune voisine où il rencontrera sa future épouse, fille d'un contremaître de la sucrerie du bourg. Bientôt, le jeune André écume les bals et les mariages de la région en jouant de l'accordéon. L'ivresse masculine, lors de ces manifestations, constituera une source d'inspiration majeure, notamment pour son fameux sketch sur l'eau ferrugineuse. Devenu apprenti-boulanger à Saint-Laurent-en-Caux, il sera renvoyé pour avoir empêché son patron de dormir en jouant de la trompette. Ayant choisi pour nom de scène Bourvil en 1942, il monte à Paris après la guerre, imposant sur scène le style du « comique paysan » en jouant volontiers les idiots du village. Un rôle qu'il décline bientôt au cinéma. Remarqué pour son interprétation d'un trafiquant du marché noir sous l'Occupation dans *La Traversée de Paris* (1956), qui lui vaut le prix d'interprétation de la Mostra de Venise, il devient une immense star à la faveur de ses rôles aux côtés de Louis de Funès dans *Le Corniaud* (1965) puis *La Grande Vadrouille* (1966). Cette ascension n'empêche pas Bourvil de retourner régulièrement sur les lieux de son enfance pour rendre visite à son instituteur, René Lemonnier, ou pour fréquenter la petite plage de Saint-Aubin-sur-Mer, celle où il apprit à nager.

La ferme familiale des Raimbourg se trouve à la sortie du village, en venant du hameau de Tonneville sur la D237. Le demi-frère de l'acteur a été le maire de Bourville durant plus de trente ans et une fresque rend hommage à l'acteur le long du muret de la petite école adossée à la mairie. Mais la sépulture de Bourvil se trouve à Montainville dans les Yvelines, où se trouvait sa maison de campagne. Une infidélité qui n'a pas empêché le journal *Normandie-Matin* de titrer, au moment de sa disparition en septembre 1970: « Bourville pleure Bourvil. »

Église Saint-Martin, rue de l'Église, 76740 Bourville
Plage, 6, boulevard Léon-Favreau, 14750 Saint-Aubin-sur-Mer

8

SASSETOT-LE-MAUCONDUIT

Gare : Fécamp (13 km)

Le temps d'un été, en 1875, cette luxuriante vallée suspendue entre deux falaises de la côte d'Albâtre devint un écrin impérial lorsque **Élisabeth d'Autriche**, plus connue sous le nom de **Sissi**, séjourna au château du village.

Souffrant d'asthme et de neurasthénie, la chétive Bavaroise, épouse de l'empereur François-Joseph d'Autriche, se voit recommander une cure d'air iodé par le médecin de la cour de Vienne. Un marquis français suggère au praticien cette demeure de charme du XVIIIe siècle sur la côte normande. Le 31 juillet 1875, Élisabeth débarque incognito à la gare de Fécamp, accompagnée d'une suite de soixante-dix personnes et de ses trois chevaux de selle. À Sassetot, la souveraine de 38 ans, très sportive, va profiter des bienfaits de la nature environnante. Après l'office, elle se baigne sur la plage des Petites-Dalles. Afin de la préserver du regard des estivants, un tunnel de toile relie sa cabine de bain à la mer. Sa Majesté échappera un jour à la noyade, repêchée par des marins locaux. L'après-midi, cette excellente cavalière parcourt la campagne à cheval, ravageant au passage les cultures de paysans qu'elle dédommagera. Lors d'un parcours d'obstacles, elle est projetée au sol par sa monture. Après une perte de connaissance, Élisabeth, qui souffre d'un hématome à la tête, est alitée trois semaines au château – sa disparition alimentera d'infâmes rumeurs selon lesquelles l'impératrice était en réalité venue en France pour accoucher en secret. À peine rétablie, Sissi quitte la Normandie pour poursuivre une vie cadencée par les drames jusqu'à son assassinat, en 1898 à Genève, par un anarchiste italien. Sa vie, portée à l'écran sous les traits de Romy Schneider, suscitera nombre de vocations de chroniqueur mondain.

Dans la petite station normande, durablement mise en lumière par ce séjour impérial, la rue qui mène au château porte le nom d'Élisabeth II d'Autriche. La propriété abrite désormais un hôtel-restaurant de charme, détenteur du label

« Les Collectionneurs ». Le portrait de l'impératrice dans l salle à manger et quelques effets de voyage lui ayant appartenu rappellent son souvenir. Mais vous ne verrez pas sa seringue à cocaïne, elle est exposée au musée Sissi de Vienne.

Plage des Petites-Dalles, chemin de Bellevue,
76450 Saint-Martin-aux-Buneaux
Hôtel-restaurant Château de Sissi, rue Élisabeth-II-d'Autriche,
76540 Sassetot-le-Mauconduit

9

ÉTRETAT

Gare : Fécamp (17 km)

Cette station mondaine de la Belle Époque a servi de décor au romancier **Maurice Leblanc** pour l'une des plus célèbres aventures d'Arsène Lupin, le gentleman cambrioleur aux sympathies anarchistes.

Fils d'un négociant aisé de Rouen, le petit Maurice fréquente enfant, dans les années 1870, ce lieu de villégiature qui voit défiler le Tout-Paris des lettres et des arts. Le futur écrivain y rend notamment visite à Guy de Maupassant, qui passe des vacances à Étretat peu de temps avant sa mort. Quand il créera en 1905 le personnage d'Arsène Lupin, Maurice Leblanc fera de la station et de son casino le repaire idéal de l'élégant personnage au chapeau haut de forme, canne et monocle. Les spectaculaires falaises de craie surplombant la mer, de part et d'autre de la plage, alimentent même l'intrigue du roman *L'Aiguille creuse*, publié en 1909 : l'écrivain imagine que l'emblématique aiguille d'Étretat, colossale colonne de pierre arrachée aux falaises par les flots, est creuse, un passage secret sous la mer permettant d'y accéder. Dans cette cachette insoupçonnée, le cambrioleur aux bonnes manières découvre un fabuleux trésor.

En 1918, l'écrivain à succès acquiert une villa qu'il baptise le Clos Lupin dans ce pays qui lui procure des sensations incomparables. Il y passe tous ses étés et se livre chaque matin, comme son héros, à quelques exercices de gymnastique suédoise, avant de rejoindre sa table de travail. Maurice Leblanc devient peu à peu cet homme étrange et précieux qui finira par se prendre pour son héros. En 1940, pour échapper à l'occupation allemande, il se réfugie dans le Midi où il meurt d'une pneumonie quelques mois plus tard, sans avoir jamais revu le pays de Caux. Racheté par la petite-fille de l'écrivain, le Clos Lupin serait, selon sa directrice, la maison d'écrivain la plus visitée de France. Un parcours semé d'énigmes plaira aux curieux. Des lecteurs fanatiques viennent du Japon pour faire le pèlerinage à l'aiguille creuse. Les puristes iront jusqu'aux abords du trou numéro 10 du golf d'Étretat, l'emplacement jadis occupé par le petit fort de Fréfossé, l'entrée secrète du repaire de Lupin.

Casino, 1, rue Adolphe Boissaye, 76790 Étretat
Le Clos Lupin – Maison Maurice-Leblanc,
15, rue Guy-de-Maupassant, 76790 Étretat

10

MIRVILLE

Gare : Bréauté-Beuzeville (3 km)

Cette bourgade débordant de nature a été le refuge du père de l'événement sportif le plus médiatisé au monde. Le doucereux château de Mirville fut en effet la demeure familiale du baron **Pierre de Coubertin**, pédagogue et grand rénovateur des Jeux olympiques.

Rejeton d'une famille royaliste installée à Paris, le jeune Coubertin passait toutes ses vacances à Mirville. Adolescent, il aimait retrouver sa calme maison normande pour faire du cheval et fuir l'atmosphère frelatée de la capitale et les « crétins du boulevard Saint-Germain ». Un soir, assis dans un fauteuil près du feu, le jeune baron est transpercé par une lecture puisée dans la bibliothèque paternelle. Il s'agit des *Notes sur l'Angleterre* d'Hippolyte Taine, célébrant l'éducation britannique à l'air libre et les jeux athlétiques des adolescents anglais, alors inconnus d'une jeunesse française sous cloche. À 20 ans, Pierre embarque pour l'Angleterre afin d'en savoir plus. À son retour, le jeune homme fait de l'aviron sur l'étang de la propriété familiale dans sa barque baptisée *Tam-Tam*, et de la bicyclette sur route jusqu'à Étretat. Il dessine sur un pré du village l'un des premiers courts de tennis français, s'entraîne encore à tirer au pistolet, discipline dans laquelle il obtiendra de nombreux titres de champion de France. Ruminant son idéal de chevalerie sportive, Coubertin théorise bientôt l'idée d'une résurrection des antiques Jeux olympiques. Et c'est encore dans sa propriété normande qu'il dessine à la main sur une enveloppe les cinq anneaux enchevêtrés.

La première olympiade moderne se déroule en 1896 à Athènes : le « seigneur des anneaux » réveille alors la légende des jeux fondés par Héraclès, fils de Zeus. Si Pierre de Coubertin est inhumé à Lausanne, son cœur est conservé près du sanctuaire d'Olympie en Grèce, au sein du monument commémoratif de la rénovation des Jeux olympiques.

En France, près d'une cinquantaine de stades et complexes sportifs portent son nom. Quant au château de Mirville, site protégé inscrit à l'inventaire des monuments historiques, il est habité par l'arrière-petit-neveu du baron de Coubertin. L'héritier a pour projet de faire passer la flamme olympique par son domaine à l'occasion des JO de Paris en 2024. Sera-t-elle portée par un homme ou une femme ? Pierre de Coubertin jugeait pour sa part qu'« une olympiade femelle serait impratique, inintéressante, inesthétique et incorrecte, et [que] le rôle des femmes devrait être avant tout de couronner les vainqueurs ».

Château de Mirville, 500, route du Château, 76210 Mirville

CALVADOS

11

BARNEVILLE-LA-BERTRAN

Gare : Trouville-Deauville (11 km)

Saint-Tropez étant alors déjà devenu infréquentable, c'est sur la côte normande que **Françoise Sagan** choisit à la fin des années 1950 de prendre ses quartiers d'été. La jeune femme, auréolée du parfum de scandale de *Bonjour Tristesse*, qu'elle a publié en 1954 à seulement 18 ans, s'installe sur les hauteurs de Honfleur, dans le sage et foisonnant pays d'Auge. Le manoir du Breuil, où Sacha Guitry a vécu une partie de son enfance, sera l'unique bien immobilier qu'elle ait jamais possédé.
En 1959, Sagan passe son premier été dans la propriété. L'année suivante, elle loue à nouveau, du 8 juillet au 8 août, cette belle demeure nichée dans des prés vert tendre, au cœur d'un domaine de 8 hectares. La proximité du casino de Trouville n'est pas pour déplaire à cette flambeuse. Après y avoir passé toute la nuit juste avant de devoir rendre les clés de la maison, Sagan fait une dernière partie de roulette et le numéro 8 sort. Elle gagne 80 000 francs. De retour au manoir le 8 août à 8 heures, Sagan tombe sur le propriétaire qui lui demande à tout hasard si elle ne souhaite pas acheter la maison. Il en veut… 80 000 francs. La romancière prend la liasse de billets dans son sac à main et la lui tend. « Cette maison vaut 8 milliards de souvenirs », écrira-t-elle. À commencer par ceux de son mariage en janvier 1962 à la mairie de Barneville avec le mannequin américain Bob Westhoff et de la naissance de leur fils Denis quelques mois plus tard. Le manoir du Breuil devient un refuge pour ses amis, accueillant jusqu'à vingt convives à table et des parties de cartes sans fin. Parmi les habitués, le danseur mondain Jacques Chazot, Juliette Gréco ou Barbara, qui a failli se noyer dans la piscine. On croise encore un poney, un âne, un berger allemand et même un cheval libre de déambuler dans le

grand salon, présence incongrue qui fait fuir un producteur de cinéma américain venu négocier l'adaptation d'un roman Françoise Sagan aime rouler sur les plages normandes avec sa Lotus Super Seven. En voulant rejouer la scène mythique du buggy conduit par Steve McQueen dans *L'Affaire Thomas Crown*, elle s'enlise sur la plage de Pennedepie et doit faire appel à un agriculteur et son tracteur pour dégager son bolide. Au gré des saisons, des tracas plus graves menacent, et dans les années 1990 les dettes s'accumulent. La grande maison déglinguée finit par être confisquée par le fisc. Mais elle sera rachetée par l'une de ses meilleures amies, épouse d'un millionnaire, pour en faire profiter la romancière ruinée jusqu'à la fin de ses jours. Après sa mort à l'hôpital de Honfleur en août 2004, le corps de Françoise Sagan a reposé une nuit dans le manoir avant de retrouver sa terre natale du Lot.

Fait inhabituel dans ce guide, nous déconseillons fortement aux âmes sensibles le détour pour apercevoir le manoir du Breuil. Il a été intégralement remis à neuf dans le plus pur style parvenu. Quel crève-cœur. Avec son crépi immaculé, ses balustres de petit marquis et son vaniteux jardin à la française, l'ancien repaire folâtre de tant d'étés agités ressemble désormais à un château idéal pour un séminaire d'entreprise.

—

Casino Barrière, rue du Maréchal-Foch, 14360 Trouville-sur-Mer
Hôtel de ville, 1, place de la Mairie, 14600 Barneville-la-Bertran
Plage, D513, 14600 Pennedepie

12

BENERVILLE-SUR-MER

Gare : Blonville-sur-Mer-Benerville (2 km)

Sur les hauteurs de Deauville se dresse l'un des plus beaux manoirs de la Côte fleurie. Le château Gabriel fut le repaire secret d'**Yves Saint Laurent**. « C'est mon havre entre deux tempêtes. Je viens ici pour reconstituer mes forces entre deux angoisses », avoua le couturier lors d'une de ses rares confidences à propos de ce palais intime.

Nichée dans un rêve de nature sur la colline du Mont-Canisy, cette romantique villa du XIXe siècle a d'abord appartenu à l'éditeur Gaston Gallimard. C'est là que ce dernier rencontre Marcel Proust et le convainc de rejoindre sa maison d'édition, après avoir fait l'erreur de refuser son premier manuscrit. Bien des décennies plus tard, en janvier 1983, Yves Saint Laurent et son compagnon Pierre Bergé rachètent la propriété. Le couple confie la décoration à Jacques Grange, qui s'en donne à cœur joie : débauche de style Napoléon III, salle de billard, salles à manger exubérantes, roseraie en surplomb de la Manche, jardin d'hiver aux plantations luxuriantes qui se prolonge sur l'immense terrasse, piste d'hélicoptère… Les chambres portent les noms des personnages de *À la recherche du temps perdu*, l'œuvre fétiche d'« YSL ». Celle de Saint Laurent s'appelle Charles Swann tandis que Pierre Bergé opte pour le baron de Charlus. C'est dans cet univers serein dédié à la lecture que, murmure-t-on, le grand couturier aimait créer et méditer. Mais Fabrice Thomas, son chauffeur-garde du corps et ex-amant, tempère ce point de vue dans ses sulfureux mémoires : à le croire, ce décor distingué était surtout « un lieu de partie fines qui auraient davantage plu au marquis de Sade qu'au fragile Marcel Proust ».
La luxueuse datcha en rondins de Sibérie qu'Yves Saint Laurent avait fait construire au fond du parc abritera sa lente décrépitude. À la fin de sa vie, fumant cigarette sur cigarette, il s'enfonce dans une dépression hivernale à la hauteur de celle du héros de *Shining*. Le domaine est mis en vente après sa mort en 2008. Brad Pitt et Angelina Jolie le visitent alors sans tomber sous le charme, avant de s'orienter vers le sud de la France (voir domaine de Miraval, p. 660). La propriété hantée de fantômes priapiques et sa datcha appartiennent désormais à un oligarque russe. À Benerville, la sage promenade familiale a été rebaptisée du nom du couturier.

Promenade Yves-Saint-Laurent, le long de la plage des Ammonites, 14910 Benerville-sur-Mer

13

BEAUMONT-EN-AUGE

Gare : Pont-l'Évêque (7 km)

Un soir de septembre 2007, lassés des mondanités du Festival du cinéma américain de Deauville, **George Clooney**, **Brad Pitt** et **Matt Damon** décident de fuir une réception donnée en leur honneur. Après avoir roulé à travers le bocage, ils échouent à Beaumont-en-Auge, coquet village posé sur une crête qui offre une vue sur la vallée de la Touques, jusqu'à la mer. Les stars hollywoodiennes débarquent à l'improviste à l'Auberge de l'Abbaye, provoquant la sidération des habitués. Depuis la visite d'Édouard Balladur quelques années plus tôt, rares sont les célébrités à s'être aventurées si profondément dans la campagne. George Clooney déguste un homard, tandis que Matt Damon opte pour le bar grillé au basilic. Même si ces plats, grandement appréciés par les acteurs, ne sont plus à la carte, une cuisine copieuse et roborative honore toujours cette adresse de charme. Mais depuis cette soirée miraculeuse, les propriétaires de l'auberge attendent désespérément que se reproduise un tel alignement de planètes.

Auberge de l'Abbaye, 2, rue de la Libération, 14950 Beaumont-en-Auge

14

BONNEBOSQ

Gare : Trouville-Deauville (19 km)

Après avoir soulevé la poussière du monde entier, **Yul Brynner**, le chauve le plus populaire d'Hollywood, s'est posé sur une herbe bien verte. L'interprète de Ramsès II, du roi Salomon, de Tarass Boulba ou du chef des *Sept Mercenaires* a choisi pour dernier décor l'humide pays d'Auge. C'est au manoir de Cricquebœuf, à Bonnebosq, que l'acteur américain s'est installé à la fin des années 1960.

Avec son physique atypique pour un acteur hollywoodien, yeux légèrement bridés et pommettes saillantes, Yul Brynner a longtemps semé le doute sur ses origines, se disant tantôt à moitié japonais, tantôt issu d'une famille gitane de l'île russe de Sakhaline. Né en réalité d'un père mi-suisse mi-mongol et d'une mère russe à Vladivostok en 1920, il fait ses débuts comme musicien tsigane et trapéziste au Cirque d'Hiver à Paris, où sa famille s'est réfugiée après avoir quitté la Russie soviétique. Ensuite parti étudier le théâtre aux États-Unis, il entame au début des années 1950 son extraordinaire carrière cinématographique ainsi qu'une liaison avec Marlene Dietrich.

C'est à l'approche de la cinquantaine que sa « petite chaumière en Normandie », comme il surnomme son manoir bâti au XVIe siècle, lui donnera pour la première fois envie de se poser. Il y cultive tout de même son instinct nomade en élevant des rouleurs orientaux, ces pigeons acrobates qu'il ne se lasse pas d'observer. Voisin de Serge Gainsbourg, il devient le parrain de Charlotte – le chanteur sera celui de sa fille Melody. Également complice du photographe Henri Cartier-Bresson, l'acteur œuvre pour l'agence Magnum. Pendant vingt ans, il immortalise avec son Leica les grands rendez-vous mondains de l'été deauvillais. Les avertissements de ce fumeur compulsif dans une campagne télévisée contre le tabac marqueront sa dernière prestation à l'écran : il meurt à New York en 1985 d'un cancer du poumon.

Un buste de l'acteur et sa médaille de citoyen d'honneur trônent dans la petite mairie de Bonnebosq. C'est avec l'un de ses authentiques chapeaux de cow-boy qu'on y fait la quête à l'occasion des mariages. Le terrain de football Yul-Brynner a été en partie financé par ce généreux donateur. Son fantôme protège le village comme le pueblo mexicain qu'il défendit dans *Les Sept Mercenaires*.

Hôtel de ville, 4, avenue de Verdun, 14340 Bonnebosq
Stade de football Yul-Brynner, avenue de Verdun, 14340 Bonnebosq

15

LA ROQUE-BAIGNARD

Gare : Lisieux (14 km)

Au cœur des vallonnements herbeux du pays d'Auge, cette minuscule commune peut se glorifier d'avoir eu pour maire un prix Nobel de littérature. La symphonie pastorale de La Roque-Baignard a infusé l'œuvre naissante d'**André Gide**, qui fera souffler un vent de modernité sur le roman français.
Le village est d'abord un lieu de vacances pour le jeune André qui y dévore les œuvres de Schopenhauer, Tourgueniev, Voltaire ou Goethe. L'écrivain débutant hérite bientôt du château de son grand-père, de ses six fermes et d'un bois couvrant plusieurs communes. Au printemps 1896, de retour de son voyage de noces en Algérie, le jeune homme apprend qu'il a été élu, sans s'être présenté, maire du village. « Faut-il que le monde soit méchant, tout de même ! », dira-t-il en évoquant ce « sale coup ». C'est ainsi qu'il devient, à 27 ans, l'un des plus jeunes édiles de France. À cette époque, la bourgade est si modeste qu'elle n'a pas de mairie, une ferme aménagée tenant seulement lieu de salle commune. Dans ce pays alors aux prises avec l'alcoolisme, la première tâche d'André Gide est de faire interner un ivrogne à l'asile du Bon-Sauveur de Caen. Il est ensuite tenu de participer au conseil de révision des jeunes appelés, devant alors supporter la vue de corps dénudés « mal dégrossis ou déformés ». Hasard de l'existence, il inspecte un jour celui du jeune Jean Schlumberger, avec qui il fondera des années plus tard l'influente *Nouvelle Revue française*. Durant ce douloureux mandat, Gide est témoin de scènes de cauchemar, comme une césarienne ratée par un médecin inexpérimenté opérant avec des ustensiles de cuisine. Une fois déchargé de sa fonction, il finira par vendre son château dont l'entretien est trop coûteux, puis les fermes qui ne lui ont rapporté que des soucis, et ne reviendra jamais dans la commune.
Le ravissant château de briques, aux doux reflets dans ses eaux dormantes, ne se visite pas, mais un chemin de randonnée

nous guide sur les pas d'André Gide. Sur la place du village qui porte son nom, à proximité de l'adorable mairie à colombages, une stèle en son honneur ressemble à s'y méprendre à une tombe. Le romancier est bien inhumé en Normandie, mais à Cuverville-en-Caux, le village d'origine de sa cousine et épouse, distant d'une centaine de kilomètres.

—

Hôtel de ville, place André-Gide, 14340 La Roque-Baignard
Randonnée « Sur les pas d'André Gide »,
8 km depuis la place André-Gide, 14340 La Roque-Baignard

16

CAMBREMER

Gare : Lisieux (14 km)

Simone Veil aimait s'éloigner du tumulte parisien en se réfugiant dans sa propriété de Cambremer, au cœur du verdoyant pays d'Auge. Ce fut particulièrement le cas au cours de l'année 1975, lorsque, ministre de la Santé sous la présidence de Valéry Giscard d'Estaing, elle portait seule la loi dépénalisant l'interruption volontaire de grossesse. Ce texte lui valut d'être traînée dans la boue et la transforma en icône de la lutte pour l'émancipation des femmes. Avec son chignon impeccable, ses tailleurs Chanel et ses lavallières en soie, elle fut aussi un modèle en matière de *power dressing*.

L'attachement de Simone Veil à la Normandie est profond. Il est lié aux tragédies de son enfance. Déportée à Auschwitz à l'âge de 16 ans, c'est sur un bout de journal oublié par une gardienne dans l'atelier du camp qu'elle apprend le débarquement allié du 6 juin 1944 sur les côtes normandes. Vingt ans plus tard, Simone Veil et son époux Antoine acquièrent dans la région une ancienne cidrerie en ruine, que le couple restaurera patiemment. Les trois corps de bâtiments à colombages du « Champ Sombre » se trouvent sur les hauteurs de Cambremer, au bout du chemin du hameau d'Englesqueville.

Élue à l'Académie française en 2008, l'Immortelle fréquentait en toute simplicité le supermarché Coop de Cambremer et se fournissait en plantes odorantes chez la pépiniériste Armelle Noppe. Elle se rendait très régulièrement chez Sandrine Coiffure, rue du Commerce, pour entretenir son chignon. Le dimanche matin, aux beaux jours, on pouvait apercevoir le couple Veil attablé à la terrasse du Café des sports. Le P'tit Normand, place de l'Église, était leur restaurant familial favori. Les propriétaires n'ont cependant jamais osé les prendre en photo pour les afficher sur leurs murs aux côtés d'autres clients célèbres. Humble et discrète, celle qui fut la personnalité préférée des Français – avant de faire son entrée au Panthéon le 1er juillet 2018 – ne goûtait rien tant que les parties de gin rami en famille dans son cottage normand aux chaudes boiseries.

Supermarché Vival, 3, rue du Commerce, 14340 Cambremer
Pépinières Noppe, avenue des Tilleuls, 14340 Cambremer
Sandrine Coiffure, rue du Commerce, 14340 Cambremer
Café des sports, 18, rue Pasteur, 14340 Cambremer
Au P'tit Normand, place de l'Église, 14340 Cambremer

17

BEUVRON-EN-AUGE

Gare : Lisieux (14 km)

Figure majeure du mouvement pop art des années 1960, le peintre britannique **David Hockney** a surpris son monde au printemps 2019 en troquant les palmiers hollywoodiens pour les pommiers normands. Connu pour ses voluptueux tableaux de piscines, le peintre installé depuis des décennies à Los Angeles a alors abandonné la Californie pour rejoindre le pluvieux pays d'Auge. Les lois anti-tabac, le puritanisme et la mode du *vegan* qui sévissent sur la côte Ouest des États-Unis ont eu raison de lui. « Les Français savent vivre, ils connaissent le sens du mot plaisir ! », se réjouit ce fumeur compulsif, qui apprécie qu'en Normandie certains restaurants autorisent encore de s'en griller une à table. Le peintre, dont le *Portrait d'un artiste (piscine avec deux personnages)*, vendu 80 millions d'euros en 2018, a un temps détenu le record du prix le plus élevé jamais payé aux enchères pour une œuvre d'un artiste vivant, peut vivre quasi incognito loin de la fièvre et des sollicitations californiennes.

C'est au cours de vacances passées dans le Calvados que David Hockney a craqué pour la douceur de vivre de la région et la lumière de ses vergers. Il ne lui a pas fallu dix minutes pour tomber fou amoureux de la première maison visitée dans les environs de Beuvron-en-Auge, délicieux village digne de figurer sur une boîte de chocolats. Cette propriété à colombages datant de 1650, cernée de cerisiers, poiriers, pommiers, bosquets d'aubépines et fleurs de sureau, lui a déjà inspiré une œuvre monumentale et panoramique de vingt-quatre panneaux, *L'Arrivée du printemps en Normandie*.

En compagnie de son fidèle ami et assistant Jean-Pierre Gonçalves de Lima, un brillant accordéoniste originaire de Montmartre, il profite du calme pour peindre du lever au coucher du soleil. C'est la raison pour laquelle, contrairement à l'usage de ce guide, nous ne communiquerons pas cette fois-ci l'adresse du petit manoir normand de David Hockney. Mais peut-être aurez-vous la chance de croiser ce bourreau de travail sur les coups de midi quand, après avoir peint toute la matinée, il sort déjeuner dans un café du coin d'un menu à 13 euros, son seul repas de la journée. Les bonnes tables ne manquent pas à Beuvron-en-Auge, mais nous vous avons donné assez d'indices.

18

LUC-SUR-MER

Gare : Caen (21 km)

Une baleine s'est échouée à la fin du XIXe siècle sur la plage de la doyenne des stations balnéaires de la Côte de Nacre. Mais un demi-siècle plus tôt, un autre géant y avait déjà débarqué : l'Anglais **George Bryan Brummel**, le prince des dandys.

Contrairement à la légende, ce *people* avant l'heure n'a pas

lancé la petite station normande. Lorsqu'il y arrive pour la première fois, en juin 1831, ce modeste bourg est déjà très prisé de la haute société parisienne, du monde du théâtre et de l'aristocratie britannique. Quand il s'installe à l'hôtel du Grand Orient, « Beau Brummel » se demande bien pourquoi : tout lui déplaît, les courants d'air, le mauvais goût des costumes de bain, le ressac dont le bruit l'empêche de dormir, les odeurs, la promiscuité… L'établissement n'était certes pas irréprochable, mais le visiteur était particulièrement difficile. Il prétendait avoir besoin de cinq heures pour s'habiller et recommandait la mousse de champagne pour lustrer ses bottes. À son apogée, ce prince de l'élégance fut une sorte de ministre de la mode à la cour d'Angleterre. Il imposa ainsi le costume de l'homme moderne et fut le premier à porter une cravate noire : les cravates blanches étaient alors de mise mais, ruiné par sa passion pour le jeu, le dandy n'avait plus de quoi payer le blanchisseur. Criblé de dettes, le favori du futur roi George IV dut s'exiler à Caen pour échapper à ses créanciers après avoir été désavoué par son protecteur.
À Luc-sur-Mer, il fréquente quelques aristocrates de haut rang comme la princesse de Talleyrand ou la comtesse de La Rochefoucauld. Mais Brummel juge ce « pays de la stérilité » indigne de lui. « Les Néréides et les Sirènes y ont une nature trop frigide pour m'offrir l'hospitalité souhaitable », se lamente-t-il. Son seul soleil, c'est la jeune Aimable Guernon de Saint-Ursin, une courtisane qu'il surnomme Miss Aimable et dont il tombe fou amoureux. Malgré ses réserves, le dandy revient épisodiquement à Luc, délaissant sa résidence caennaise. Emprisonné pour dettes dans la capitale bas-normande, il se met finalement à rêver de la station balnéaire comme de « la porte du Paradis ». Rongé par la syphilis, Lord Brummel s'éteint en 1840 à l'hôpital du Bon Sauveur de Caen, sans avoir revu Luc-sur-Mer.
Sur le front de mer, au 32 rue Guynemer, figure encore la plaque de marbre de l'hôtel du Grand Orient. Au 21 de la même rue, des éléments décoratifs de la cour rappellent cet âge d'or où l'hôtel Belle Plage fut, avant le développement de Deauville et Cabourg, l'établissement le plus luxueux de la côte. Enfin, vous trouverez la tombe de « Beau Brummel »

dans le romantique et si anachronique petit cimetière protestant campé au milieu du parking de l'université de Caen. Après avoir été retrouvée intacte en 1944 malgré les dégâts causés dans la nécropole par les bombardements alliés, sa pierre tombale a été réduite en pièces par des vandales dans les années 1980. Depuis qu'elle a été restaurée, quelques années plus tard, le phénix de la mode semble enfin avoir trouvé le repos.

Ancien emplacement de l'hôtel du Grand Orient,
32, rue Guynemer, 14530 Luc-Sur-Mer
Cimetière protestant, rue du Magasin à Poudre, 14000 Caen

19

VERSON

Gare : Caen (9 km)

Ce village-rue de la banlieue de Caen, d'une aimable banalité, a accueilli la retraite du poète et président de la République du Sénégal **Léopold Sédar Senghor**. Ce grand défenseur de la francophonie fut le premier Africain élu à l'Académie française. Mais à Verson, le chantre de la négritude se qualifiait en toute simplicité de « Normand parmi les Normands ».
Né en 1906 au Sénégal, alors colonie française, Léopold Sédar Senghor part faire ses études supérieures à Paris. Condisciple de Georges Pompidou, Aimé Césaire ou Robert Brasillach en khâgne à Louis-le-Grand, il devient professeur de lettres et commence à écrire des poèmes. Après la Seconde Guerre mondiale, il se fait remarquer pour le ton visionnaire et incantatoire de ses recueils *Chants d'ombre* ou *Éthiopiques*. Devenu député de la colonie du Sénégal à l'Assemblée nationale, il se marie en 1957 avec Colette Hubert de Betteville, descendante en droite ligne d'un compagnon d'armes de Guillaume le Conquérant. Élu trois ans plus tard premier président de la République du Sénégal, qui vient d'obtenir son indépendance, il fait de la propriété des ancêtres de son épouse à Verson son refuge. Il y passe chaque année ses vacances d'été et y reçoit même le président

Valéry Giscard d'Estaing. En 1980, après avoir quitté le pouvoir, Sédar Senghor s'installe définitivement à Verson. Il y écrit et entretient ses rosiers, appréciant particulièrement la discrétion normande. On se connaît entre voisins, on se salue tous les dimanches sur le chemin de l'église, sans ostentation. Dans cet élan, le poète forge le concept de « normandité », un art de vivre, une tournure d'esprit qu'il qualifie de « lyrisme lucide ». Mariant le wolof au patois normand, il compare les origines vikings des Normands à la bravoure des guerriers tiédos du Sénégal : « Le pays de sel et le pays de neige chantent à l'unisson. »
Léopold Sédar Senghor meurt à Verson en 2001, veillé par son épouse. Depuis la récente disparition de cette dernière, leur demeure sise au 150 avenue du Général-Leclerc a été léguée à la commune afin de la rendre accessible au public. Dans l'attente de l'ouverture de ce lieu de mémoire, le premier étage de la bibliothèque de Verson abrite un espace Léopold-Sédar-Senghor. La salle Djilor recèle masques, tapisseries et livres ayant appartenu à l'ancien président sénégalais.

Espace Senghor, bibliothèque de Verson, rue Hambuhren, 14790 Verson

20

LE MESNIL-AU-GRAIN

Gare : Caen (32 km)

Aux confins du bocage et de la plaine de Caen, cette chétive bourgade de 77 habitants a pendant plusieurs décennies été honorée de la présence du pape du Nouveau Roman.
En 1963, l'écrivain et cinéaste **Alain Robbe-Grillet** y acquiert un château d'époque Louis XV grâce à un prêt de son éditeur et ami Jérôme Lindon, directeur des Éditions de Minuit. Ce rendez-vous de chasse pourvu d'un jardin à la française et d'un bassin à carpes a tout pour ravir l'ex-ingénieur agronome (comme Michel Houellebecq), amoureux du calme et de la campagne. Ce *gentleman farmer* spécialiste des fruits exotiques cultive au Mesnil-au-Grain une impressionnante collection de cactées dont il rapporte des espèces

rares de ses voyages et conférences dans le monde entier. Entre écriture, maçonnerie et jardinage, l'homme à l'éternel sous-pull va faire de la demeure normande sa résidence principale. Avant de disparaître d'une crise cardiaque en 2008, Alain Robbe-Grillet a minutieusement préparé sa succession. Il a fait don de ses archives et de ses cactus, lesquels présentent une indiscutable parenté avec son œuvre, à l'Institut mémoires de l'édition contemporaine (IMEC), situé à Saint-Germain-la-Blanche-Herbe à côté de Caen, à la condition que l'IMEC entretienne soigneusement ses plantes grasses. Le legs du château au conseil régional de Normandie ne sera quant à lui effectif qu'à la disparition de son épouse, la sulfureuse maîtresse sadomasochiste Catherine Robbe-Grillet. La nonagénaire, qui vient de se marier avec une jeune femme de 30 ans, y habite toujours, entourée de sa collection de fouets, dont la question d'un legs futur n'a à ce jour pas été évoquée.

—

Institut mémoires de l'édition contemporaine, Abbaye d'Ardenne,
14280 Saint-Germain-la-Blanche-Herbe

21

BALLEROY-SUR-DRÔME

Gare : Le Molay-Littry (9 km)

Le château de Balleroy mérite son surnom de «Versailles du Bessin». Ce chef-d'œuvre de François Mansart a inspiré le palais de Louis XIV. Si vous voulez briller auprès de celles ou ceux qui vous accompagnent, approchez par l'allée centrale et soulignez que la façade n'est pas composée d'un banal appareillage de briques, mais de schiste ferrugineux associé à de la pierre de Caen.

Le domaine est à la mesure du magnat américain de la presse économique **Malcolm Forbes**, qui l'acheta en 1970. «La vie n'est pas une répétition. Il faut la vivre car vous n'aurez pas de deuxième chance», avait coutume de dire l'excentrique businessman. Passionné par le pilotage aérien, il organisa dans sa propriété de spectaculaires festivals de ballons dirigeables,

attirant tout le gratin. Dans les années 1980, la « suite Waterloo » ou la « chambre de l'évêque » ont ainsi accueilli Mick Jagger, Audrey Hepburn ou Nancy Reagan. Tout comme Liz Taylor, à qui on a prêté une liaison avec le milliardaire. Dans la salle à manger, ce sont les propres lunettes de Malcolm Forbes qui, depuis sa mort en 1990, ornent son buste présidant la tablée.
Son fils Steve Forbes, ex-étudiant en histoire de l'art et candidat malheureux aux primaires républicaines des élections présidentielles américaines de 1996 et 2000, a continué de richement décorer le château. Parmi ses acquisitions, on note une remarquable peinture de Mignard, *Le Char du Soleil*, des portraits royaux ou celui, plus flashy, de l'ancien propriétaire en combinaison de pilote. Dans les dépendances, un musée des Ballons retrace l'épopée des montgolfières. Le château a récemment été vendu avec l'intégralité de son mobilier et de ses œuvres d'art à un ami de la famille Forbes, le baron de l'industrie pharmaceutique Roy Edelman, un octogénaire sans héritier. Le monument demeure ouvert aux visites guidées à la belle saison, et ses jardins sont accessibles toute l'année.

Château de Balleroy (et son musée des Ballons),
rue du Sapin, 14490 Balleroy-sur-Drôme

22

SAON

Gare : Le Molay-Littry (4 km)

Le haras de Gruchy et son manoir fin XVIe niché au cœur du Bessin ont accueilli le plus grand trotteur attelé de l'histoire. **Ourasi** demeure le seul cheval à avoir remporté quatre fois le prix d'Amérique. Et son histoire a tout du conte de fées.
L'équidé est né le 7 avril 1980 à Saint-Étienne-l'Allier, petit bourg haut-normand, chez un éleveur ruiné, sourd et muet de naissance, dans une propriété dont la toiture fuyait de partout. Rien ne le prédestinait à devenir le « cheval du siècle ». Ce trotteur alezan brûlé deviendra le premier cheval à faire l'ouverture du journal télévisé. Chacune des victoires du super-crack est

saluée de milliers de télégrammes et de télex. Ses coups d'œil narquois vers ses adversaires malheureux, ses mouvements de tête vers le public, son cabotinage auprès des photographes de presse et sa désinvolture lui ont valu le surnom de « Roi fainéant ». Lors de son dernier sacre à Vincennes, il est félicité par le président de la République François Mitterrand en personne. Dans les années 1990, sa reconversion en étalon reproducteur tourne à la bérézina pour ses propriétaires. Ourasi se montre brutal et maladroit envers ses partenaires et quasiment infertile – un seul de ses descendants, Emir des Fresneaux, a connu une carrière sportive honorable. L'ancien champion n'en vit pas moins une heureuse et paisible retraite au haras de Gruchy. Il a des groupies capables de parcourir une vingtaine de kilomètres par jour à vélo pour lui couper ses carottes ou lui confier leurs peines. Même la chanteuse Vanessa Paradis lui rend visite.
Ourasi a poussé son dernier hennissement le 12 janvier 2013 dans les bras d'Annie, son admiratrice numéro un, à l'âge canonique de 32 ans. Grâce à une dérogation, il repose devant son paddock sous une stèle digne de celles du palais de Tsarskoïe Selo à Saint-Pétersbourg, où les tsars avaient fait aménager un cimetière équin pour leurs montures défuntes. L'ex-nounou d'Ourasi organise des visites pour se recueillir sur sa sépulture plantée de fleurs jaunes et bleues, les couleurs que portaient ses jockeys du temps de sa splendeur. Celui que l'on disait « beau comme un Concorde qui décolle » possède également une statue de bronze à son effigie sur l'hippodrome de Vincennes.

—

Haras de Gruchy, 14330 Saon

23

ISIGNY-SUR-MER

Gare : Carentan (11 km)

Au fond de la baie des Veys, ce petit port de pêche a accouché d'une souris : si son centre laitier est devenu célèbre pour son beurre et sa crème AOC, la vraie crème de la crème, ce sont les seigneurs d'Isigny ; leur nom ayant mué au fil des siècles en

Disney, ils ne sont rien de moins que les ancêtres du père de Mickey Mouse.
En reconnaissance de leur participation à sa conquête de l'Angleterre en 1066, Guillaume le Conquérant attribue à ses frères d'armes originaires d'Isigny, Hughes et Robert Suhard, le titre de seigneurs de la ville. Hugues d'Isigny s'installera finalement sur le sol anglais. L'un de ses lointains descendants, le jeune Kepple Disney, émigre aux États-Unis en pleine ruée vers l'or. Son fils aîné Elias s'installe à Chicago. Puis naît Walter Elias, en 1901. En 1917, lorsque les États-Unis s'engagent dans la Première Guerre mondiale, le jeune **«Walt» Disney** brûle d'aller combattre l'armée allemande aux côtés des alliés français, mais il n'a que 16 ans. Il parvient à se faire enrôler dans le corps des conducteurs d'ambulance de la Croix-Rouge américaine. Ignorant tout de ses origines françaises, le jeune homme débarque à Cherbourg. Alors qu'il rejoint en voiture son lieu d'affectation, dans les Vosges, il tombe en panne et est hébergé par un garde-barrière à quelques encablures de la future ville de Marne-la-Vallée, où sera construit Disneyland Paris.
C'est seulement dans les années 1950 que ce dessinateur doué, devenu un géant de l'animation avec la création de Mickey Mouse en 1928, entreprend des recherches généalogiques et découvre sa filiation anglo-normande. Il fera figurer les armoiries de la famille Disney, frappées de trois lions, sur les châteaux des parcs Disneyland, dont tous les restaurants serviront du beurre d'Isigny.
En 2016, à l'occasion du cinquantenaire de sa disparition, la Walt Disney Company a officialisé les origines normandes de son fondateur. Une stèle explicative a alors été érigée à Isigny-sur-Mer, où le parc de l'hôtel de ville est devenu le jardin Walt-Disney. En face du square, l'aile gauche des caves de la mairie expose la stupéfiante collection de produits dérivés d'une fanatique de Mickey, et propose une reconstitution de l'espace de travail du dessinateur.

Jardin Walt-Disney, place de l'Hôtel-de-Ville, 14230 Isigny-sur-Mer
Espace muséal Walt d'Isigny, 8, rue Thiers, 14230 Isigny-sur-Mer

D-DAY MONDAIN

FREDERICK NILAND

Tel est le vrai nom du soldat dont l'histoire tragique a inspiré à Steven Spielberg son film *Il faut sauver le soldat Ryan*. Le sergent Frederick « Fritz » Niland, 24 ans, est le plus jeune de quatre frères originaires de Tonawanda, au nord de Buffalo dans l'État de New York. Prenant part au débarquement de Normandie en même temps que deux de ses frères, il est parachuté derrière les lignes ennemies avant l'aube du 6 juin 1944. Il survit, mais ses deux frères sont tués sur les plages – l'aîné des Niland, pilote de bombardier sur le front de Birmanie, est alors lui-même présumé mort alors qu'il avait en réalité été fait prisonnier par l'armée japonaise. Dans le film de Spielberg, le capitaine Miller, joué par Tom Hanks, reçoit l'ordre de sauver le dernier survivant de cette fratrie, rebaptisée Ryan. Bien que tournée sur les plages irlandaises, la scène du débarquement à Omaha Beach a été élue « meilleure scène de bataille de l'histoire du cinéma ». Sorti en 1998 au cinéma, le film rafle cinq oscars à Hollywood. On peut se recueillir sur les tombes des deux frères Niland tués les 6 et 7 juin au cimetière militaire de Colleville-sur-Mer (parcelle F, rang 15, croix 11 et 12).

Cimetière militaire américain, au-dessus de la plage d'Omaha Beach, 14710 Colleville-sur-Mer

JAMES DOOHAN

Après de petits rôles dans *Ma sorcière bien-aimée* et *La Quatrième Dimension*, c'est grâce au personnage de Scotty dans la série *Star Trek* que cet acteur canadien accède à la célébrité dans les années 1960. Lorsqu'il avait débarqué à Juno Beach le 6 juin, à 24 ans, une balle qu'il aurait dû recevoir en pleine poitrine avait été arrêtée par un étui à cigarettes en argent offert par son frère. Touché à la main, il avait par ailleurs dû se faire amputer du majeur droit, anomalie qu'il cachera à l'écran pendant la majeure partie de sa carrière d'acteur. Doohan a son étoile sur Hollywood Boulevard.

J.D. SALINGER

Alors âgé de 25 ans, l'aspirant écrivain américain débarque sur Utah Beach avec la première vague d'assaut au matin du 6 juin, au sein du 12e régiment d'infanterie US. En guise de porte-bonheur et de raison de survivre, son paquetage renferme, soigneusement enveloppés, les six premiers chapitres de son roman *L'Attrape-cœurs*. Entré à Paris à l'été 1944 avec l'armée américaine, Salinger y croise Ernest Hemingway qui, après avoir lu son manuscrit, l'encourage dans sa vocation d'écrivain. *L'Attrape-cœurs* sera publié sept ans plus tard et vendu à plus de 60 millions d'exemplaires dans le monde. Engagé jusqu'à la fin du conflit, ayant participé à des combats extrêmement violents avec la 4e division d'infanterie américaine, Salinger est, après l'armistice, soigné à l'hôpital militaire de Nuremberg pour un grave stress post-traumatique, qui sera sans doute à l'origine de son retrait du monde, de 1953 jusqu'à sa mort en 2010.

THEODORE ROOSEVELT, JR.

Fils aîné de Theodore Roosevelt, président des États-Unis de 1901 à 1909, et cousin de Franklin Delano Roosevelt, qui le fut entre 1933 et 1945, Theodore Roosevelt, Jr. œuvre durant l'entre-deux-guerres dans la politique et les affaires, devenant notamment président de l'American Express Company. Étouffant dans son bureau de New York, cet ancien héros de la Grande Guerre, officier de réserve, décide à 56 ans, au cœur de la Seconde Guerre mondiale, de reprendre du service. Cachant ses problèmes cardiaques pour pouvoir participer au D-Day, il souffre également d'arthrite sévère. C'est en s'appuyant sur une canne que le général de brigade Roosevelt débarque à la tête de ses hommes le 6 juin 1944 sur la plage d'Utah Beach. Emporté par une crise cardiaque le 12 juillet dans le Cotentin, il est inhumé dans le cimetière américain de Colleville-sur-Mer. Sa tombe se reconnaît à ses inscriptions en lettres d'or.

ROBERT CAPA

Envoyé spécial du magazine américain *Life*, ce Hongrois émigré à Paris puis à New York est le seul photographe de presse à poser le pied sur la plage d'Omaha Beach le 6 juin. Prenant part à la troisième vague d'assaut, Capa porte sous le bras son imperméable Burberry – il dira qu'il était « l'envahisseur le plus élégant du lot ». Armé de son fameux Leica, il prend 120 clichés sous une pluie d'obus et de balles, restant sur la plage pendant une heure et demie. Selon Capa, c'est la seule fois qu'au cours d'un reportage de guerre il est assez près de l'ennemi pour l'entendre parler. Mais quand le bureau londonien de *Life* reçoit les photos, un laborantin trop empressé commet une erreur de développement. Seuls onze clichés seront sauvés. Étrangement, ce n'est pas pour ce fait de gloire journalistique que Robert Capa a vu sa vie transposée sur grand écran. Dans son autobiographie à succès, *Ma vie*, Ingrid Bergman révèle sa liaison de deux années avec le photographe, juste après la guerre : c'est cette idylle qui a inspiré à Alfred Hitchcock le scénario de son film *Fenêtre sur cour*.

SAMUEL FULLER

Après avoir participé aux débarquements alliés en Afrique et en Sicile, le futur cinéaste américain Samuel Fuller fait partie de la troisième vague d'assaut, le 6 juin à 6 h 40 sur « Omaha la Sanglante ». Soldat de seconde classe au sein de la fameuse « Big Red One », la 1re division d'infanterie américaine, il découvre un rivage rouge de sang et doit marcher sur de nombreux cadavres durant les trois heures qu'il passe sur la plage. Blessé en août 1944, il se bat encore dans les Ardennes et en Allemagne, sa guerre s'achevant par la libération du camp de concentration de Falkenau, en Tchécoslovaquie. De retour aux États-Unis, celui qui était journaliste avant la guerre devient cinéaste en 1949 en tournant *J'ai tué Jesse James*. En 1980, il réalise *The Big Red One* (*Au-delà de la gloire* en VF), inspiré de son propre parcours de soldat, qui est devenu un film culte. Le réalisateur retournera une dernière fois en 1994, trois ans avant sa mort, sur la tragique plage normande dont il a dit : « C'est de cette plage d'Omaha qu'il y a neuf cents ans Guillaume le Conquérant a envahi l'Angleterre. Nous, on a fait le chemin inverse. »

MARTHA GELLHORN

Cette correspondante de guerre américaine est la seule femme à prendre part au débarquement au sein des troupes américaines. Mariée à Ernest Hemingway en 1940, c'est alors une reporter aguerrie qui a déjà couvert plusieurs conflits dont la guerre d'Espagne, aux côtés des républicains. Cette grande blonde originaire du Missouri, correspondante pour le *Collier's Weekly*, est ainsi le premier choix du magazine pour couvrir le débarquement. Mais son mari lui vole la vedette, se faisant accréditer à sa place en profitant de sa renommée d'écrivain. Qu'à cela ne tienne : dans la nuit précédant le D-Day, sur la côte anglaise, Martha Gellhorn monte à bord d'un navire-hôpital devant participer au débarquement et s'enferme dans les toilettes en attendant le départ. Se faisant passer pour une brancardière, l'aventurière débarque le 7 juin à Omaha Beach à bord d'une ambulance amphibie – Hemingway, lui, se contente d'assister à l'événement à travers ses jumelles, depuis un navire au large. L'intrépide reporter suivra les troupes américaines jusqu'à la libération du camp de Dachau, en Allemagne. De retour aux États-Unis, elle demande le divorce en disant : « Je ne veux pas être une note de bas de page dans la vie de quelqu'un d'autre. » Même sa mort dénote une classe guerrière. Atteinte d'un cancer, elle se suicide le 15 février 1998, à l'âge de 89 ans, en avalant une capsule de cyanure à son domicile londonien. Nicole Kidman l'a incarnée en 2012 dans le téléfilm *Hemingway and Gellhorn*.

ERNEST HEMINGWAY

Correspondant pour l'hebdomadaire *Collier's,* l'écrivain américain se trouve le 6 juin au matin sur le transport de troupes *Dorothea Dix*, avant d'embarquer sur une barge au milieu des membres de la 1re division d'infanterie US. Il accompagne la septième vague d'assaut qui fait route vers Omaha Beach. Mais à cause de sa personnalité débordante, peu appréciée des gradés, il se voit interdire de mettre pied à terre. Il ne fait ainsi qu'un aller-retour dans l'embarcation et doit observer le déroulement des combats avec ses jumelles depuis le pont du *Dorothea Dix*. Ce qui ne l'empêche pas de conclure son article publié dans le *Collier's* par cette phrase : « Nous avons pris la plage. » Hemingway ne débarquera en France que quarante-deux jours plus tard. Se présentant en tenue mi-militaire, mi-civile devant le général Leclerc, qui s'apprête à entrer dans Paris, il lui demande un blindé de reconnaissance pour rejoindre la capitale. La légende veut qu'il ait libéré le bar du Ritz de l'occupant avec l'aide d'une douzaine d'hommes de la Division Leclerc.

JOHN STEELE

Ce parachutiste américain originaire de l'Illinois est mondialement connu pour être resté accroché accidentellement au clocher de l'église du village de Sainte-Mère-Église, dans le Cotentin, durant la nuit du 5 au 6 juin 1944. Engagé au sein de la mythique 82e division aéroportée américaine, il est atteint par un éclat d'obus de canon antiaérien alors qu'il saute sur la commune normande. Son parachute s'étant accroché à l'une des sculptures du toit de l'église, à une douzaine de mètres du sol, il fait le mort pendant deux heures avant d'être décroché et fait prisonnier par des Allemands. Il parvient à s'enfuir trois jours plus tard pour reprendre le combat. Sa mésaventure est racontée pour la première fois dans le best-seller *Le Jour le plus long*, publié en 1959. Elle apparaît brièvement trois ans plus tard dans son adaptation au cinéma, pour l'une des scènes les plus marquantes du film. Devenu l'ami du maire de Sainte-Mère-Église, John Steele reviendra souvent en Normandie pour commémorer le

D-Day et signer des autographes, jusqu'à sa mort d'un cancer de la gorge en mai 1969. Son vœu d'être enterré en Normandie n'a pu être exaucé. Mais le mannequin accroché au clocher de l'église Notre-Dame-de-l'Assomption (du mauvais côté du toit, afin d'être plus visible des touristes) est très photographié. Les médailles du soldat américain, offertes par sa famille, ornent la vitrine du Airborne Museum, en face de l'église. Une auberge du village porte désormais son nom, tout comme l'un de ses menus. Attention : celui-ci est un peu copieux si vous comptez effectuer dans la foulée un saut en parachute.

Église Notre-Dame-de-l'Assomption, rue Koenig,
50480 Sainte-Mère-Église
Airborne Museum, 14, rue Eisenhower, 50480 Sainte-Mère-Église
Auberge Le John Steele, 4, rue Cap-de-Laine,
50480 Sainte-Mère-Église

JOHN FORD

Le général américain Eisenhower, qui dirige les opérations du D-Day, fait appel au célèbre réalisateur John Ford pour filmer l'événement. Cet officier de réserve de l'US Navy, alors déjà lauréat de trois oscars, vient de perdre un œil en réalisant un documentaire sur la bataille américano-japonaise de Midway, dans le Pacifique. Au matin du 6 juin 1944, depuis le pont du contre-torpilleur *USS Plunkett* positionné à une centaine de mètres du rivage d'Omaha Beach, le cinéaste dirige une équipe d'une vingtaine d'opérateurs envoyés sur la plage. Parmi eux se trouve George Stevens, le futur réalisateur de *Géant*, avec James Dean. Contrairement à ce que Ford a toujours affirmé, il n'a jamais été prouvé qu'il a bien posé un pied sur le sable au cours de la journée du 6 juin. Ses images, jugées trop sanglantes par le commandement allié, ne seront que très partiellement montrées au public anglo-saxon dans les actualités cinématographiques. Caméra au poing, John Ford suivra les opérations militaires jusqu'à l'armistice, avant de filmer le procès de Nuremberg. Sa contribution à l'effort de guerre américain lui a valu le titre honorifique d'amiral.

HENRY FONDA

En s'enrôlant dans la marine américaine en 1942, l'acteur Henry Fonda aurait lancé : « Je ne veux pas être dans un studio à jouer dans une fausse guerre. » Le père de Jane Fonda, consacré en 1940 pour son rôle dans l'adaptation au cinéma des *Raisins de la colère*, réalisée par John Ford, fut quartier-maître sur le destroyer *USS Satterlee*, qui servit de soutien aux forces alliées lors du débarquement. Le 6 juin, son navire est positionné devant la pointe du Hoc, où l'armée allemande a installé une imposante batterie de canons. En 1962, Henry Fonda jouera le rôle du général de brigade Theodore Roosevelt, Jr. dans *Le Jour le plus long*.

DAVID NIVEN

Ancien élève de l'Académie royale militaire de Sandhurst, l'acteur David Niven est la seule célébrité britannique à avoir participé au débarquement en Normandie. Celui qui s'était fait connaître avant-guerre par de nombreux rôles à Hollywood avait avant le D-Day participé, aux côtés de son ordonnance Peter Ustinov, futur comédien et metteur en scène, à une opération de diversion menée par l'armée britannique. Niven avait alors été chargé d'entraîner un sosie du maréchal Montgomery à jouer le rôle du général en chef britannique lors d'apparitions à Gibraltar et en Afrique du Nord, destinées à faire croire aux services secrets allemands à un débarquement allié en Méditerranée. En juin 1944, le major David Niven débarque sur les plages du Calvados quelques jours après le D-Day au sein de la Phantom Signal. Cette unité secrète motorisée est alors chargée d'informer l'état-major allié sur la situation le long de la ligne de front et derrière les lignes ennemies durant la campagne de Normandie. Niven termine la guerre comme lieutenant-colonel et reçoit la Légion du mérite, la plus haute décoration américaine accordée à un étranger. Mais l'élégant interprète de *La Panthère rose* esquivera toujours les questions sur cette période, affichant son souverain mépris pour l'autoglorification des chroniqueurs de guerre : « Quiconque dit qu'une balle chante, fredonne, vole, crie ou gémit n'en a jamais entendu une ! »

MANCHE

24

TOCQUEVILLE

Gare : Cherbourg (22 km)

Le château de Tocqueville, sis rue Alexis-de-Tocqueville, à Tocqueville, peut difficilement faire mystère de l'identité de son plus fameux occupant. Cette amène commune bocagère de la péninsule du Cotentin fut le fief de l'écrivain et député **Alexis de Tocqueville**. L'auteur du classique *De la démocratie en Amérique* (deux tomes, 1835 et 1840) y vécut la majeure partie de sa vie, dans la vaste demeure qui fit de lui le modèle de l'aristo-bohème.

Alexis de Tocqueville est issu d'une illustre lignée aristocratique normande dont les ancêtres accompagnèrent Guillaume le Conquérant dans sa conquête de l'Angleterre. Après avoir séjourné près d'un an aux États-Unis, au début des années 1830, il publie une analyse visionnaire du système politique américain qui aura une profonde influence en Europe comme en Amérique. Il s'installe alors à Tocqueville, dans le château familial qui lui ouvre un « monde de chimères ». Car du haut de la tour postée à quatre kilomètres de la côte, il aperçoit le port de Barfleur où le duc Guillaume embarqua pour l'Angleterre en compagnie de ses aïeux. Sa demeure aux 120 fenêtres lui ouvre aussi une carrière politique dans la Manche. Élu député de Valognes, il deviendra ministre des Affaires étrangères sous la Deuxième République. Mais la grande passion de ce châtelain de gauche aura d'abord été le jardinage. « Écrivain avant le déjeuner, paysan après », il crée un jardin anglais, puis supervise lui-même la gestion de sa propriété en en modernisant l'exploitation et en convertissant les labours en prairies. Le domaine sera son port d'attache dans toutes les tempêtes, il n'aura jamais été aussi heureux ailleurs. Atteint d'une maladie des poumons, il finira ses jours à Cannes pour bénéficier d'un climat plus sec. Il y meurt à 53 ans, mais son corps est rapatrié pour reposer dans le petit cimetière de Tocqueville.

Le château est toujours occupé par les descendants du précurseur de la science politique. Pour les visites de groupe, il faut se renseigner auprès de l'office de tourisme Cotentin Val de Saire. L'aile sud de la demeure offre par ailleurs un gîte de luxe pouvant accueillir 10 personnes, autour de 600 euros la nuit. À ce prix, vous pourrez dormir dans le lit personnel d'Alexis de Tocqueville et profiter d'un dîner de bienvenue avec le comte et la comtesse de Tocqueville, ainsi que d'une visite personnalisée de la propriété sur les pas de l'écrivain.

Office de tourisme Cotentin Val de Saire,
39, rue Saint-Thomas-Becket, 50760 Barfleur
Gîte du château de Tocqueville,
42, rue Alexis-de-Tocqueville, 50330 Tocqueville

25

LA HAGUE

Gare : Cherbourg (13 km)

Sur le territoire de la commune de La Hague, le hameau côtier de Landemer est un petit coin de verdure traversé par un cours d'eau au nom fantastique, le Hubiland. Il fut pour **Boris Vian** ce « chouette merveilleux pays » où il passa ses étés enfant durant l'entre-deux-guerres. Le romancier, auteur du scandaleux *J'irai cracher sur vos tombes* et du déchirant *L'Écume des jours*, fut aussi musicien et parolier, contribuant à l'expansion du jazz en France au lendemain de la Seconde Guerre mondiale.
Au début des années 1920, la famille Vian quitte chaque été sa résidence de Ville-d'Avray, en banlieue parisienne, pour s'installer dans ce hameau de dix-sept habitants. Les grands-parents de Boris y avaient construit trois chalets en bois de Norvège. Parmi les cactus, les hortensias et les fougères, ces maisons peintes en vert dominent une mer d'arbres dont les faîtes ressemblent à des vagues. Dans ses maillots de bain en laine, accompagné de sa chienne Sukette qu'il affuble de lunettes de soleil, le petit Boris boit encore des biberons de lait chaud à l'âge de 10 ans. Un vent sifflant soulève les tuiles de son

paradis, lieu propice à la méditation pour le futur écrivain anticonformiste. Boris fréquente la Normandie jusqu'au déclenchement de la Seconde Guerre mondiale. La construction du mur de l'Atlantique endommage alors les résidences des Vian, avant qu'en 1944 les bombardiers américains n'achèvent de les détruire. La paix revenue, le romancier refusera de retourner sur place : « J'ai les foies, écrit-il dans son journal intime, ils ont tout rasé et moi je vais chialer comme un môme. » Gravée dans sa mémoire, la maison de son enfance n'en sera pas moins le cadre de son roman *L'Arrache-cœur*, publié en 1953, avec son décor chimérique peuplé de plantes luxuriantes. Vian retournera finalement à Landemer en janvier 1958, un an avant sa mort, pour un ultime séjour dans la Manche après un œdème pulmonaire.
Quand Boris Vian le fréquentait, Landemer faisait partie de la commune d'Urville-Nacqueville, qui a depuis été elle-même avalée par la commune de La Hague. Ce nid de verdure est accessible par de petites routes en lacis. Franchissez le Hubiland dans le virage en épingle à cheveux de Landemer, longez la rive côté Urville-Nacqueville puis escaladez la colline. Vous trouverez les ruines de la maison d'enfance de Boris Vian, dont il ne subsiste qu'un morceau d'escalier et une dalle en béton.

26

OMONVILLE-LA-PETITE

Gare : Cherbourg (25 km)

« La Hague, c'est le Finistère le plus proche de Paris », vantait **Jacques Prévert**. Tout au bout de la péninsule du Cotentin, le poète et scénariste du *Quai des brumes* et des *Enfants du Paradis* a choisi le village d'Omonville-la-Petite, aujourd'hui absorbé par la commune de La Hague, pour y finir ses jours.
Dans les années 1930, le jeune Prévert tombe amoureux de la région à l'occasion d'une tournée théâtrale avec les comédiens du groupe Octobre. Mais c'est seulement quatre décennies plus tard que, lassé d'Antibes et du cirque tapageur de

la Côte d'Azur, il retrouvera le cap de la Hague, tant redouté des navigateurs pour ses forts courants. Il rejoint alors en Normandie son ami le grand décorateur de cinéma Alexandre Trauner, qui fuit, quant à lui, le soleil californien. Le poète loge d'abord à l'hôtel-restaurant L'Erguillère, à Port-Racine. En 1970, visitant une maison d'Omonville-la-Petite, Prévert trouve dans l'herbe du jardin un trèfle à quatre feuilles et s'exclame : « C'est la bonne ! » À l'âge de 70 ans, il devient pour la première fois propriétaire. C'est Trauner, son voisin, qui aménage pour lui cette chaleureuse maisonnette, la garnissant notamment d'un lit florentin du XVIIe siècle et de fauteuils baroques.

Aux prémices de la belle saison, Jacques Prévert quitte Paris dans la petite Austin de son épouse Janine pour passer le printemps et l'été à La Hague. Rompu à de longues marches qui le désintoxiquent de l'air parisien, il aime aussi se baigner dans l'eau froide à la pointe de Goury. Prévert écrit peu à Omonville, mais il se livre à une frénésie de collages qui feront dire à Picasso : « Tu ne sais pas peindre, mais tu es peintre. » Parmi les titres de ces collages, notons celui-ci : *La Très Douce Sorcière Nicotine*. Une mauvaise fée qu'il fréquente depuis l'adolescence, consommant quotidiennement trois paquets de gauloises. En arrivant en Normandie, Prévert est déjà atteint d'un cancer du poumon. Peu avant de s'éteindre, en avril 1977, dans son atelier au premier étage de sa maison, il fait la preuve de ses talents intacts de dialoguiste lorsqu'il explique au médecin d'Omonville : « Même assis, je ne tiens plus debout ! »

La maison de Prévert, rachetée par le Conseil départemental de la Manche, est devenue un musée. La stèle de sa tombe, dans le cimetière du village, est une émouvante pierre des champs élégamment gravée à l'antique. On ne pourra pas en dire autant de l'œuvre d'art rendant hommage à Prévert et son voisin. La petite-fille du poète ne décolère pas depuis l'installation en 2016, dans le parc municipal d'Omonville, des statues assises côte à côte de Trauner et Prévert, qui lui évoquent deux petits vieux dans l'attente de leur tisane sur un banc d'un service de gériatrie. Plus inspirée, la commune voisine de Saint-Germain-des-Vaux a eu l'idée d'un jardin posthume où chaque ami de l'auteur des *Feuilles mortes* a été invité à planter un arbre. Parmi cette flore mondaine, on ne manquera pas le tilleul de Robert Doisneau, le thuya bleu d'Arletty, l'hydrangea de Barbara, le rhododendron de Juliette Gréco, l'euphorbe rouge de Marcel Carné ou le chêne vert des Gallimard.

—

Hôtel-Restaurant L'Erguillère, Port-Racine, 50440 La Hague
Pointe de Goury, La Hague, 50440 La Hague
Maison Jacques-Prévert, 3, hameau du Val, 50440 La Hague
Jardin hommage à Jacques Prévert, 50440 Saint-Germain-des-Vaux

27

BARNEVILLE-CARTERET

Gare : Valognes (28 km)

Le village du Tôt, petit hameau normand typique attaché à la station balnéaire de Barneville-Carteret, doit sa renommée à une icône mondiale de la publicité : Jeanne-Marie Le Calvé, plus connue sous son nom d'actrice publicitaire, **La Mère Denis**. Au début des années 1970, cette ancienne lavandière devint la star d'une série de spots télévisés pour la marque de machines à laver Vedette qui s'achevaient tous par sa réplique culte au fort accent du terroir : « C'est ben vrai, ça ! »
Jeanne-Marie Le Calvé, native du Morbihan, s'est installée à Barneville comme lavandière à la Libération. Elle a travaillé jusqu'au début des années 1960 au lavoir de la Gerfleur, qui borde le petit fleuve côtier du même nom. En 1972, un publicitaire parisien, rendant visite à sa grand-mère, voisine de Jeanne-Marie, a l'idée de faire de cette dernière l'égérie d'une marque de lave-linge. L'équipe de tournage vient la filmer au hameau du Tôt, dans le lavoir où elle a œuvré deux décennies durant, en lui donnant le sobriquet de « Mère Denis ». Dès sa première apparition sur les écrans de télévision, en blouse blanche avec son antique battoir, le succès est foudroyant. Sa photo est placardée sur les flancs des autobus parisiens, des campagnes dans la presse étrangère la rendent célèbre en Italie, en Allemagne ou au Japon. Le *New York Times* lui consacre même une page sous le titre *French Washerwoman Becomes Star.*

Désignée par *Paris Match* comme l'une des personnalités de l'année 1976, Jeanne-Marie reçoit un courrier de ministre. Lors de son premier séjour à Paris, on lui présente le richissime prince Aga Khan. Consécration suprême, après la publication de ses mémoires, elle sera l'invitée de la prestigieuse émission littéraire «Apostrophes», présentée par Bernard Pivot. Mais son omniprésence dans les magazines glamour suscite bientôt l'animosité de ses enfants, qui lui reprochent de se donner en spectacle. Sur le marché de Carteret, les langues se délient et la population du troisième âge l'accuse ouvertement d'avoir pris la grosse tête. Plus charitable, la marque Vedette, arrivée en deuxième position des ventes de lave-linges en France grâce à l'exploitation de son image, lui versera une rente viagère. Jeanne-Marie Le Calvé finit ses jours dans une confortable maison de retraite située dans l'ancien prieuré de Saint-Hymer, dans le pays d'Auge. La Mère Denis s'éteint en janvier 1989, hélas trop tôt, car elle s'apprêtait à faire ses débuts au cinéma sous la direction de Louis Malle.
La lessiveuse superstar repose dans le cimetière communal de Saint-Hymer et attire encore quelques admirateurs. Tout comme son lavoir du Tôt, à environ 200 mètres de l'embouchure de la Gerfleur, qui a l'insigne honneur d'être indiqué sur Google Maps.

—

Lavoir de la Mère-Denis, rue de la Gerfleur, 50270 Barneville-Carteret
Cimetière, Le Bourg, 14130 Saint-Hymer

28

CERISY-LA-SALLE

Gare : Coutances (15 km)

Au cœur du bocage normand, l'austère château protestant de Cerisy-la-Salle a célébré les plus belles fêtes de la pensée. Dans la seconde moitié du XXe siècle, de grandes figures de l'intelligentsia française y ont participé à des colloques d'anthologie. Un grand sabbat des neurones au milieu des vaches et des pommiers qui a rayonné jusqu'au Japon et aux campus américains.

Cette aventure intellectuelle a commencé en 1910 sous le nom de « Décades de Pontigny » dans une abbaye de Bourgogne, sous l'égide de l'helléniste Paul Desjardins et des écrivains de la *Nouvelle Revue française*. Après une interruption due à la Seconde Guerre mondiale, la fille de Desjardins poursuit l'épopée à Cerisy-la-Salle, organisant chaque année durant les mois d'été les célèbres « colloques de Cerisy ». Depuis les années 1950, ces grands rendez-vous d'intellectuels en sandalettes ont accueilli des penseurs comme **Michel Foucault**, **Jacques Derrida**, **Roland Barthes**, **Gilles Deleuze**, **Paul Ricœur** ou **Vladimir Jankélévitch**. Parmi les colloques de légende qui ont influencé le mouvement des idées, on retiendra « Genèse et structure », « La sérendipité », « Les poètes maudits », « La misogynie » et « Nietzsche aujourd'hui ? » Ces séminaires, parfois taxés d'hermétisme, exigent jusqu'à deux ans de préparation et font parfois peur aux principaux concernés. Ainsi, le romancier Julien Gracq déclina l'invitation au colloque consacré à son œuvre en répondant : «Ah non, j'aurais trop peur d'échouer à mon propre examen ! »
Le château est ouvert à tous : si vous rêvez de figurer sur la traditionnelle photo de famille clôturant chaque colloque, les programmes et bulletins d'inscription sont disponibles en ligne sur le site du Centre culturel international de Cerisy. Vous y attendent des cycles d'une dizaine de jours à l'affût des rumeurs du monde, autour de réflexions comme « Bébé sapiens, le retour » ou « Les algorithmes sont-ils bons pour la santé ? » Entre les hauts murs de granit du château, pas de places fixes, on devise autour de grandes tablées de réfectoire et la pensée se prolonge autour d'une table de ping-pong. Et ce n'est pas qu'une fête de l'esprit : aux dires des organisateurs, il arrive qu'on retrouve à la fin de l'été d'affriolantes nuisettes en soie abandonnées dans les chambres.

Château de Cerisy-la-Salle, D29, 50210 Cerisy-la-Salle

ORNE

29

TINCHEBRAY-BOCAGE

Gare : Flers (14 km)

C'est un hasard administratif qui fit naître **André Breton** dans ce bourg de granit. Sans aucun lien avec le pape du surréalisme, la commune revendique également son surnom de « capitale de la quincaillerie », forte de ses entreprises spécialisées dans la ferronnerie décorative et l'outillage de jardin.

André Breton n'a vécu à Tinchebray-Bocage que les quatre premières années de sa vie, alors que son père gendarme y était en poste. Vers 1900, sa famille s'installe à Pantin, en région parisienne. Trente ans plus tard, peu après la parution de son second *Manifeste du surréalisme*, André Breton s'arrête à Tinchebray alors qu'il roule vers Lorient où vivent alors ses parents. Son ami Georges Sadoul l'accompagne, ainsi que sa maîtresse Valentine Hugo, épouse de l'arrière-petit-fils de Victor Hugo, qui conduit la voiture. Durant cette halte, l'auteur de *Nadja* se fait prendre en photo devant l'église Saint-Pierre où il a été baptisé. Puis il achète plusieurs cartes postales et les poste depuis le village. Sur l'une d'elles, représentant la chapelle Saint-Rémy, il écrit à son ami Paul Éluard : « 19 février 1896, 22 h 30. 5 août 1931, 16 h 35 ». Ce grand passionné d'astrologie rapproche ainsi la date et l'heure de sa naissance de celles de son retour dans sa commune natale. Il signe cette carte « 1713 », un code mystérieux censé révéler ses initiales.

L'école communale porte son nom. Et depuis la fin des années 1960, l'ancienne gendarmerie et maison natale du poète, sise au 4 rue André-Breton, est ornée d'une plaque gris et or portant la mention « André Breton 1896-1966, né là ». On peut aussi y lire la phrase « Je cherche l'or du temps », qui figure également sur sa sépulture parisienne.

Église Saint-Pierre-et-Saint-Paul,
128-146 Grande-Rue, 61800 Tinchebray-Bocage

30

BAGNOLES-DE-L'ORNE

Gare : Briouze (19 km)

Voici la seule station thermale du Grand Ouest, érigée autour d'un lac artificiel. Son décor d'opérette façonné par un milliardaire américain a attiré de nombreuses têtes couronnées. Mais aussi des jambes illustres, les eaux de Bagnoles étant particulièrement réputées pour le traitement des varices, ce qui vaut à la ville le surnom de « capitale des veines ».

Dans les années 1920, **Frank Jay Gould**, héritier de la plus grande compagnie ferroviaire des États-Unis, tombe sous le charme de cette villégiature Belle Époque. Il rachète le palace, édifie un nouveau casino et aménage les berges de l'Orne en jardins d'agrément avec roseraies à la française. La commune attire alors des personnalités du gotha comme le roi Ferdinand et la reine Marie de Roumanie, le dernier empereur du Vietnam Bao Dai, le roi des Belges Albert Ier, Alphonse XIII d'Espagne, le souverain d'Italie Victor-Emmanuel III ou encore le comte Ciano, ministre italien des Affaires étrangères et gendre de Mussolini. Mais les relations se tendent entre Frank Jay Gould et la *wonderful station* lorsque la municipalité refuse de lui donner une rue à son nom. Vexé, le bienfaiteur abandonne Bagnoles pour faire bénéficier de ses largesses Juan-les-Pins et la Côte d'Azur. La saga bagnolaise continue après-guerre avec la venue des présidents de la République française René Coty, Georges Pompidou ou Jacques Chirac. Grand fanatique des villes thermales, le peintre britannique David Hockney se rend lui aussi dans la petite station ornaise en compagnie de son assistant Mo McDermott. À la fin de leur cure, les deux hommes ont la surprise d'apprendre qu'elle est spécifiquement recommandée pour soulager les règles douloureuses.

Dans les années 1980, la construction d'un complexe hôtelier donnant sur le lac signe la fin des grandes heures de Bagnoles-de-l'Orne. Restent son charme doucereux, ses pédalos et ses villas Belle Époque, dont un chalet suédois déplacé dans l'Orne après avoir léché le pied de la tour Eiffel lors de l'Exposition universelle de Paris en 1889. Dans les environs, à Juvigny-sous-Andaine, la tour médiévale de Bonvouloir fait figure de curiosité. Sa forme équivoque serait l'hommage d'un chevalier à sa virilité retrouvée.

—

Square Frank-Jay-Gould, 61140 Bagnoles-de-l'Orne

31

LA FERTÉ-MACÉ

Gare : Briouze (13 km)

Cette petite cité grise au cœur du bocage ornais a abrité durant la Première Guerre mondiale un camp de détention militaire où fut interné le grand poète américain **E. E. Cummings**. Cette expérience lui inspira son roman autobiographique *L'Énorme Chambrée*. Le manuscrit suscita l'admiration de Lawrence d'Arabie – qui sera à l'origine de sa publication en 1922 –, avant d'être considéré comme l'un des meilleurs romans américains de la première moitié du XXe siècle.
Jeune diplômé de Harvard, Edward Estlin Cummings s'engage en 1917 dans le corps d'ambulanciers du Norton-Harjes déployé sur le front français. Sa correspondance avec l'un de ses amis, dans laquelle il exprime ses opinions pacifistes, alerte la censure française et le rend suspect d'intelligence avec l'ennemi. Lors de son interrogatoire, il se contente de dire son amour pour les Français, refusant d'exprimer sa haine des « Boches ». Il est alors arrêté et incarcéré dans le camp de La Ferté-Macé. Dans cet ancien séminaire sont rassemblés des milliers d'indésirables : pacifistes, malfaiteurs, déserteurs ou prostituées ramassés lors de rafles. La « chambrée » mentionnée dans le titre de son roman est la grande salle où Cummings dort avec une trentaine d'autres prisonniers. Dans une verve satirique préfigurant celle du *Voyage au bout de la nuit*, de Céline, Cummings relate ses trois mois et demi de captivité avant sa libération sur intervention du gouvernement américain. La prosodie d'avant-garde de cette

œuvre de jeunesse a bouleversé la narration et la syntaxe de la littérature américaine de l'entre-deux-guerres. Elle exprime toute l'absurdité d'un monde en modèle réduit, tout comme la torpeur des prisonniers de toutes nationalités et le harcèlement des femmes par les gardiens. Le narrateur, qui pousse un grand « MAY-RRR-DE à la France ! », n'épargne pas les habitants de La Ferté-Macé aperçus durant ses corvées d'eau. Ils sont dépeints en monstres sans âme ni intelligence, postés sur le chemin de l'enfer.

Cela explique sans doute pourquoi la municipalité semble occulter la mémoire de ce poète majeur. Le bâtiment qui a fait naître sa vocation d'écrivain, au 3 place du Général-de-Gaulle, abrite désormais une partie du lycée des Andaines, où mériterait pourtant d'être étudié l'insolent brûlot pacifique de Cummings.

32

IGÉ

Gare : Le Theil-La-Rouge (18 km)

L'église de cette anodine commune du Perche normand démontre à quel point la région fut une terre d'émigration vers le Québec au XVIIe siècle. À côté du baptistère, on peut lire sur une plaque l'inscription « Je me souviens », rendant hommage aux audacieux Percherons partis pour le Canada. Parmi eux, Nicolas Godé, originaire de la paroisse de Saint-Martin d'Igé, est un ancêtre de l'ancienne Première dame et ex-secrétaire d'État des États-Unis **Hillary Clinton**. Son sang percheron ne lui aura pas suffi pour battre Donald Trump à l'élection présidentielle américaine de 2016. Hillary Clinton partage aussi de nombreux liens de parenté avec d'autres illustres descendants de Percherons partis pour le Nouveau Monde, comme Justin Bieber, Madonna, Céline Dion, Angelina Jolie ou Ryan Gosling.

Église Saint-Martin, Le Bourg, 61130 Igé

33

MORTAGNE-AU-PERCHE

Gare : L'Aigle (31 km)

Alain, l'auteur des *Propos sur le bonheur*, est né dans cet épicentre du Perche aux grasses prairies, un pays de palefreniers où l'on élève ces chevaux musculeux que sont les percherons. De son vrai nom Émile-Auguste Chartier, le philosophe était le fils d'un vétérinaire de Mortagne qui l'emmenait dans ses tournées au chevet de ces puissantes bêtes de trait. Il deviendra professeur de khâgne au lycée Henri-IV à Paris et marquera profondément certains de ses élèves comme Simone Weil, Raymond Aron ou Julien Gracq. La forme limpide et brève de ses textes sera appréciée jusqu'au Japon.

Mais pour être franc, sa région natale tient une place quasi inexistante dans l'œuvre d'Alain. « Je suis percheron, c'est-à-dire autre que normand. Le Perche est un coin de province très déterminé » est à peu près tout ce qu'il a écrit à ce sujet. Pour se ressourcer, il préfère acquérir une maison à Paissy, village troglodyte de l'Aisne où il passera toutes ses vacances avant de s'éteindre au Vésinet en 1951. Unique concession à ses origines normandes : Alain tiendra longtemps une chronique dans *La Dépêche de Rouen et de Normandie*.

La capitale du Perche n'en demeure pas moins fière de l'enfant du pays. Sa maison natale située au 3 rue de la Comédie ne se visite pas. Mais depuis 1976, la municipalité a réquisitionné la splendide Maison des comtes du Perche pour y installer un musée consacré au grand humaniste. On y retrouve livres, correspondance, tableaux signés par le philosophe ainsi qu'une reconstitution fidèle de son cabinet de travail et ce meuble émouvant, la « bergère du visiteur » : la place des invités au domicile d'Alain, qu'il ne recevait qu'un par un pour être tout entier à eux.

Musée Alain, Maison des comtes du Perche,
8, rue du Portail-Saint-Denis, 61400 Mortagne-au-Perche

34

TOUROUVRE

Gare : L'Aigle (22 km)

Cette localité percheronne vaut bien plus que son modeste label de « Village étape ». Pour le grand géographe Élisée Reclus, Tourouvre est probablement « la commune de notre pays qui a le plus fortement contribué au peuplement du Nouveau Monde ». Une phrase écrite bien avant qu'on ne découvre que le Tourouvrais Jean Guyon est l'ancêtre paternel direct de la chanteuse québécoise **Céline Dion**.

On doit à ce tailleur de pierre, baptisé le 18 septembre 1592 à Tourouvre, le magnifique escalier qui mène au clocher du village. Quittant le Perche en 1634, il est l'un des premiers colons à s'établir en Nouvelle-France. Un fief lui sera concédé à Beauport, une colonie qui atteindra 3 000 habitants à sa mort. L'un de ses petits-fils se distinguera comme corsaire, tandis qu'au fil des siècles « Guyon » s'est mué en « Dion ». Sa descendante Céline Dion, dont la posture bien campée sur scène rappelle celle des hommes de mer affrontant les éléments, a connu une ascension aussi fulgurante que son glorieux ancêtre corsaire en squattant les premières places des *charts*. À l'attention des fans de la diva du Québec qui souhaitent compléter leur pèlerinage, sachez qu'on lui prête aussi des origines finistériennes du côté de sa mère, qui descendrait d'un certain Tanguy de Ploudiry né près de Landerneau.

Dans la nouvelle commune de Tourouvre au Perche, née en 2016 de la fusion d'une dizaine de villages, le musée de l'Émigration française au Canada est un lieu de mémoire rendant hommage à ces migrants percherons. Selon des généalogistes, le chanteur Justin Bieber ou le réalisateur Xavier Dolan auraient aussi des ancêtres originaires de Tourouvre.

Église Saint-Aubin, 61190 Tourouvre au Perche
Musée de l'Émigration française au Canada,
15, rue du Québec, 61190 Tourouvre au Perche

35

BONNEFOI

Gare : L'Aigle (13 km)

À l'écran, la figure de patriarche de **Jean Gabin** semblait taillée pour affronter la dure réalité du monde paysan. Propriétaire à la fin de sa vie d'une exploitation et d'un élevage de chevaux de course aux confins des collines du Perche, le comédien ne parviendra pourtant jamais à se faire accepter de ses voisins

Amoureux de la terre et des bêtes, Jean Gabin avait en 1938 acheté une première propriété agricole près de Dreux, en Eure-et-Loir (voir p. 137). En 1952, à 48 ans, il déménage ses ambitions agraires dans l'Orne, en faisant l'acquisition du domaine de la Pichonnière à Bonnefoi. L'acteur de *La Bête humaine* acquiert un cheptel de vaches normandes pour produire du lait et de la crème. Selon lui, si fermier est un métier, comédien n'en est pas un. Avec les pierres d'un manoir en ruines, il fait édifier « la Moncorgerie » (clin d'œil à son véritable patronyme, Moncorgé), une maison au confort américain bénéficiant d'un beau panorama sur le pays d'Ouche. Gabin devient éleveur de trotteurs en aménageant un luxueux haras dont les boxes sont ornés de verrous en cuivre de marine. Il ira jusqu'à faire sortir de terre un hippodrome dans le village voisin de Moulins-la-Marche pour y faire courir ses chevaux, dont les jockeys portent casaque jaune et toque mauve. La présence de la star dans la région est connue au point que des curieux s'aventurent de temps à autre sur sa propriété. Contrarié par ce pèlerinage et fidèle à sa réputation de fâcheux, le maître des lieux adresse alors aux intrus un sonore : « C'est pas Lisieux, ici ! »

Pris d'une frénésie foncière, l'acteur rachète au fil des années trois autres fermes et de nombreuses terres dans les communes avoisinantes, alors même que de jeunes paysans du coin peinent à acquérir des sols à exploiter. Dans la nuit du 27 au 28 juillet 1962, la Moncorgerie est envahie par 700 agriculteurs en colère. Jean Gabin est réveillé à 5 heures du matin : le jardin est cerné par des voitures pleins phares, les lignes téléphoniques sont coupées. Tandis qu'on pille son potager et qu'on urine

sur ses rosiers, une délégation de paysans fait irruption dans sa maison pour lui faire signer un papier l'engageant à louer deux de ses fermes. L'acteur maugrée dans sa robe de chambre : « Messieurs, vous me pardonnerez, je n'ai pas assez de sièges pour tout le monde. » Impassible deux heures durant, il refuse de signer le document. Après le départ des insurgés, le « pacha » ne peut retenir ses larmes. Son avocat engage une procédure contre les agriculteurs pour violation de domicile et tentative d'extorsion de signature. Mais en plein procès, coup de théâtre : Gabin retire sa plainte contre la douzaine d'accusés « au nom de l'intérêt général ». Il poursuivra ses activités champêtres jusqu'à la terrible sécheresse de 1976. Cette année-là, il sera le seul agriculteur à ne pas être indemnisé, à cause de ses autres revenus. Meurtri par ce refus, il revend sa propriété normande et meurt un mois plus tard des suites d'une leucémie à l'hôpital américain de Neuilly-sur-Seine.
Mathias Moncorgé, le fils du comédien, est toujours propriétaire de l'hippodrome de Moulins-la-Marche, parfois mis à disposition pour des œuvres caritatives. La rancœur contre le comédien semble appartenir au passé chez les habitants de Bonnefoi. Une rue Jean-Gabin, une plaque sur le calvaire et des randonnées organisées sur ses pas lui rendent enfin hommage. Et nul besoin d'être propriétaire terrien pour goûter aux bonheurs de la contrée : les abords fourmillent de coins à mûres, alors n'oubliez pas votre panier si vous vous promenez dans les parages à la fin de la belle saison.

Hippodrome Jean-Gabin, 61380 Moulins-la-Marche

36

AUBE

Gare : L'Aigle (7 km)

Dans ce grand jardin de ruisseaux et de haies en pays d'Ouche, le château des Nouettes fut durant un demi-siècle la résidence de la **comtesse de Ségur**, grand nom de la littérature enfantine et première autrice de la Bibliothèque rose. L'atmosphère de la propriété normande de l'écrivaine d'origine russe a servi de décor à ses plus célèbres romans, *Les Malheurs de Sophie* et *Les Petites Filles modèles*.

Issue d'une grande famille de la noblesse russe dont la généalogie remonte à Gengis Khan, Sophie Rostopchine est née en 1799 au palais de l'Ermitage à Saint-Pétersbourg. Filleule du tsar Paul Ier, elle est aussi la fille du gouverneur de Moscou, celui-là même qui prend en 1812 la décision d'incendier la ville pour contraindre l'envahisseur Napoléon Ier à une retraite qui s'avérera désastreuse. Très impressionnée par l'incendie de Moscou dans son enfance, Sophie en dira plus tard: «J'ai vu comme une aurore boréale sur la ville.» En 1817, l'ex-gouverneur et comte de Rostopchine, en disgrâce, s'exile en France avec sa famille – il écrira le livre de souvenirs le plus court de l'histoire littéraire, *Mes mémoires en dix minutes*. Il offre à sa fille Sophie le château des Nouettes en l'honneur de son mariage avec le comte Eugène de Ségur; ce décor champêtre rappelle à la jeune femme l'immense domaine familial de Voronovo, près de Moscou. Simple et cordiale, la comtesse participe aux festivités locales, notamment à la fête des forgerons où l'on déguste la traditionnelle soupe au chou. Délaissée par un mari volage, la comtesse de Ségur se consacre à ses huit enfants. Sa vocation d'écrivaine est tardive: c'est à 57 ans, encouragée par Eugène Sue, l'auteur des *Mystères de Paris*, qu'elle publie ses premiers livres pour ses petites-filles Camille et Madeleine, qui lui inspirent ces récits. Elle y dépeint la rudesse de l'éducation bourgeoise avec ses châtiments comme la fessée – Roland Barthes échafaudera des interprétations sadomasochistes de son œuvre. En 1872, devenue la femme la plus lue de France, elle vend son domaine des Nouettes et s'installe à Paris où elle meurt deux ans plus tard. Elle est enterrée dans le Morbihan, à Pluneret, aux côtés de l'une de ses filles. Quant à Camille et Madeleine, la première fit un mariage raté avec le fils d'une grande famille toulousaine et la seconde finit vieille fille et bigote.

Aujourd'hui, on ne peut qu'apercevoir de loin la belle façade de briques du château des Nouettes, qui abrite un institut médico-pédagogique pour enfants. Mais à côté de l'église, l'ancien presbytère est désormais un musée qui retrace l'histoire de la comtesse de Ségur et de ses égéries de la Bibliothèque rose.

On s'épanchera religieusement devant les poupées de cire, le service à thé ou le nécessaire à couture des petites filles modèles.

—

Musée de la Comtesse de Ségur, rue de l'Abbé-Roger-Derry, 61270 Aube

EURE

37

BERNAY

Gare : Bernay

Cette petite sous-préfecture détentrice du label « Villes et Pays d'art et d'histoire » a su maintenir un aspect villageois avec ses maisons à colombages. C'est là, au cœur d'une maison close, qu'a grandi jusqu'à l'âge de 10 ans la future interprète de *La Vie en rose* et de *L'Hymne à l'amour*. **Édith Piaf** évoquera toujours son enfance à Bernay comme une période enchantée dans une vie déchirée par les peines de cœur.
Au début des années 1920, la maison de plaisir tenue par sa grand-mère paternelle, Mémé Louise, n'a rien de sinistre. Née en 1915 de parents incapables d'assurer son éducation, la petite Édith Gassion y est choyée par plusieurs mamans, les cinq ou six filles qui travaillent dans le petit établissement. Jugeant l'eau malsaine, sa grand-mère lui fait boire du vin ; elle la fait monter sur les tables pour chanter accompagnée d'un piano mécanique, avant de faire la quête avec une casquette. La petite fille souffrant d'une inflammation de la cornée qui la menace de cécité, on l'emmène en pèlerinage dans la ville voisine de Lisieux. Un peu de terre prélevée à proximité de la sépulture de sainte Thérèse est appliquée sur les paupières d'Édith, qui recouvre la vue en quelques jours. Marquée par cette guérison, et nostalgique de cet âge d'or, la môme, devenue célèbre à 20 ans sous le nom d'Édith Piaf, reviendra à plusieurs reprises sur les traces de son enfance. Elle fera notamment découvrir Bernay au grand amour de sa vie, le boxeur **Marcel Cerdan**. Durant l'été 1948, à l'approche d'un combat pour le titre de champion du monde,

le couple va prier au Carmel de Lisieux. Cerdan l'emportera contre Tony Zale au Roosevelt Stadium de Jersey City. Mais un an plus tard, la protection de sainte Thérèse ne l'empêchera pas de périr dans l'accident de l'avion qui le conduisait pour un nouveau combat à New York, là où la chanteuse venait d'être sacrée reine mondiale du music-hall.
À Bernay, où le théâtre de la commune porte le nom d'Édith Piaf, se trouve toujours l'école Paul-Bert qui l'a connue élève. Dans l'église Sainte-Croix, la statue en terre cuite de saint Maur, à l'air sûr de lui et dominateur, rappelait à la chanteuse l'un de ses amants, Yves Montand. Un peu à l'écart du centre-ville, qui a très peu changé, on aperçoit la bâtisse blanche qui abritait le chaleureux bordel de son enfance au 7 rue Saint-Michel. De là, un escalier de curé vous mènera jusqu'à la promenade des Monts, qui offre la meilleure vue sur la ville et la vallée de la Charentonne. Le décor a tout pour inspirer l'écriture d'une merveilleuse chanson.

Carmel de Lisieux, 37, rue du Carmel, 14100 Lisieux
Théâtre Le Piaf, 11, boulevard Dubud, 27300 Bernay
Église Sainte-Croix, 90, rue Thiers, 27300 Bernay

38

SAINTE-OPPORTUNE-DU-BOSC

Gare : Brionne (15 km)

Au milieu des vastes étendues cultivées de la campagne du Neubourg s'élève l'étincelant domaine du Champ-de-Bataille. Le maître des lieux est **Jacques Garcia**, la star des décorateurs de palaces et de brasseries parisiennes, qu'on surnomme « le magicien des atmosphères ».
Ce collectionneur compulsif d'objets XVIIIe a acquis le château en 1992 afin de démontrer son savoir-faire. Le chantier de restauration aura duré un quart de siècle. Du cabinet de curiosités à la chambre de parade ruissellent les vases en porphyre et les bustes d'empereurs romains. Pour sublimer le tout, le seigneur décorateur a redessiné le jardin à partir de dessins de Le Nôtre

et à grand renfort de fontaines. Michael Jackson, qui souhaitait dans les années 1990 acheter une propriété en France, a tenu à visiter le Champ-de-Bataille. Mais, pris de frayeur à la vue des bois de cerfs accrochés aux murs de la salle des trophées de chasse, « Bambi » a quitté les lieux en trombe.

La demeure est ouverte au public, mais très peu de pièces se visitent. La collection d'armures japonaises et d'armes orientales est réservée aux invités spéciaux de Jacques Garcia. Tout comme le très secret « pavillon des rêves », en contrebas du parc. Entouré de hautes haies, ce palais néo-moghol en grès rouge, posé sur un bassin, abrite une collection de meubles XVIIIe et d'objets précieux chinés au Rajasthan. Ce musée privé, que son propriétaire voit comme « une ode intime à l'Orient global d'Alexandre le Grand », a été constitué juste avant que les lois indiennes n'interdisent l'exportation d'antiquités locales.

—

Domaine du Champ-de-Bataille,
8, route du Château, 27110 Sainte-Opportune-du-Bosc

39

LE NEUBOURG

Gare : Beaumont-le-Roger (12 km)

Si cette maussade capitale du plateau du Neubourg n'a rien d'un petit Chicago, elle a tout de même vu passer deux célèbres hors-la-loi. Tout d'abord un futur ennemi public numéro un, le jeune **Jacques Mesrine**, dont les parents possédaient une résidence secondaire dans les environs, à Louviers. Le 2 janvier 1962, c'est de cette maison, située au 16 chaussée Decretot, que l'apprenti gangster part réaliser son premier braquage, en empruntant la Peugeot 403 familiale dont il maquille outrageusement les plaques d'immatriculation avec de la boue. Le manque de discrétion du brigand débutant lui vaut d'être arrêté avec ses complices avant même de pénétrer dans l'agence du Crédit Agricole du Neubourg. Cette calamiteuse opération le mène en prison pour la première fois.

L'autre grande figure criminelle de la commune est une

fripouille d'envergure internationale. À la fin des années 1970, le jeune **Christophe Rocancourt**, qu'on surnommera « l'escroc des stars d'Hollywood », est placé dans une famille d'accueil du Neubourg. L'adolescent fugue à de nombreuses reprises pour rejoindre Paris et se promet de devenir « quelqu'un d'important ». Ses rêves de gloire le conduisent en Californie, où il se fait passer pour un ancien champion de boxe, le fils caché du producteur de cinéma Dino De Laurentiis ou encore un héritier de la famille Rockefeller. Il parvient à duper certaines célébrités comme Mickey Rourke ou Jean-Claude Van Damme, puis à extorquer de l'argent à des businessmen. À Los Angeles, Rocancourt flambe dans de luxueuses villas de Bel Air ou au dernier étage du Beverly Wilshire Hotel. L'Arsène Lupin d'Hollywood, traqué par le FBI et Interpol, accède à la notoriété avec son arrestation spectaculaire par les forces de police canadiennes le 26 avril 2001, à l'issue d'une cavale de près de deux ans. À sa sortie de prison, il poursuit ses activités en extorquant d'importantes sommes à la réalisatrice Catherine Breillat, qui souhaitait lui confier un premier rôle aux côtés de Naomi Campbell.

Malgré sa fréquentation du show-business, Christophe Rocancourt n'a pas renié sa terre d'origine. Aux dernières nouvelles, il a conservé de solides attaches normandes et des amis au Bec-Hellouin, autre lieu de son enfance situé à une vingtaine de kilomètres du Neubourg. Ce fidèle croyant, qui ne passe jamais devant un calvaire de la région sans se signer, a déjà acheté une concession au cimetière de la pimpante localité, où il ambitionne de finir ses jours.

Crédit Agricole, 38, rue de la République, 27110 Le Neubourg

40

ANDÉ

Gare : Val-de-Reuil (8 km)

Enjambant un bras de la Seine au milieu d'une féerie verdoyante, le moulin d'Andé, qui remonte au XVe siècle, est l'un des plus vieux d'Europe. De Jeanne d'Arc à Georges Perec, son livre d'or

donne le vertige. Depuis plus d'un demi-siècle, ce moulin a entraîné dans sa roue à aubes un tourbillon de créateurs.
L'actuelle maîtresse des lieux, **Suzanne Lipinska**, reçut le domaine en 1949 en cadeau de mariage de la part de son père. Elle décida d'en faire un lieu de résidence pour les artistes. En 1956, le moulin est le lieu de retraite du premier Congrès des écrivains et artistes noirs, tenu à la Sorbonne. Parmi eux, Richard Wright, pionnier de la lutte antiraciste aux côtés de Martin Luther King et premier écrivain afro-américain à publier un best-seller, *Black Boy*, en 1945. Ce bucolique phalanstère sera aussi très stimulant pour toute une génération de cinéastes français. François Truffaut y écrit son premier court-métrage, *Les Mistons*, avant d'y tourner des scènes des *400 Coups* ou de *Jules et Jim*. Alain Cavalier, Robert Enrico et Jean-Paul Rappeneau sont eux aussi venus y puiser le souffle de leur premier film. L'écrivain Georges Perec, amant de la propriétaire dans les années 1960, y forgea *La Disparition*, son roman exploit où ne figure pas la lettre « e ». Des dramaturges comme Ionesco, Beckett et Adamov s'y sont donné la réplique. Ah, ces colombages en ont tant entendu… Ils ont vu Louis Malle débarquer au volant d'une DS présidentielle et Jacques Lacan à bord de sa Triumph décapotable, Jacques Dutronc chanter au coin du feu, Simone Signoret venir déjeuner en voisine, Alain Delon se faufiler dans la chambre de Romy Schneider, le futur terroriste Carlos passer en touriste, Ernst Jünger fêter ses 90 ans, Clara Malraux s'éteindre en lisant Rousseau et l'écrivaine canadienne Nancy Huston confirmer que c'est bien là le paradis...
Si cette villa Médicis du bocage est classée monument historique depuis 1995, le parc qui l'entoure, avec son orangerie abritant un théâtre, son belvédère et ses gloriettes, détient quant à lui le prestigieux label « Patrimoine du XXe siècle ». Les chambres ne sont pas seulement ouvertes aux scénaristes en panne d'inspiration, mais à tout voyageur épris de beauté. Seul petit changement par rapport aux grandes heures du moulin, elles ont maintenant des clés, mais l'esprit communautaire règne encore. La chambre du meunier, sous laquelle s'écoule le bras de la Seine, porte le nom de Jeanne d'Arc, car elle aurait abrité la pucelle lors d'une halte sur la route de Rouen et du bûcher. Enfin, gare aux sortilèges du moulin enchanté :

sachez qu'un écrivain aujourd'hui un peu oublié, venu passer une nuit, y est resté une vie entière.

Moulin d'Andé, 65, rue du Moulin, 27430 Andé

41

HERQUEVILLE

Gare : Val-de-Reuil (10 km)

Quand **Louis Renault** se penchait à la fenêtre de son manoir surplombant la Seine depuis le sommet des falaises de l'Andelle, tout ce qu'il voyait lui appartenait - hormis le fleuve. Le constructeur automobile régna sur ce domaine spectaculaire avec une telle autorité qu'on le surnomma « le seigneur d'Herqueville ».

On doit à ce passionné de mécanique qui construisit sa première voiture en 1898, à l'âge de 21 ans, l'entrée de la France dans l'industrie automobile. Au terme de la Grande Guerre, l'épisode glorieux des taxis de la Marne, des modèles de chez Renault, et l'efficacité de son char FT 17 lui valent de devenir le civil le plus décoré de la nation. Le moteur du Latécoère 25 de Mermoz qui traverse la cordillère des Andes en 1929, c'est encore lui. En créant la première chaîne de montage moderne de France dans son usine de l'île Seguin à Boulogne-Billancourt, il devient le « Ford français ». Ce patron de droit divin édifia à Herqueville une maison de week-end à la hauteur de sa puissance. Ne se contentant pas de son château de la Batellerie, une imposante demeure au style anglo-Rothschild ornée de colombages et de bow-windows, Louis Renault fut pris d'une terrible fièvre foncière. Son domaine agricole finira par s'étaler sur six communes, comptant une douzaine de fermes sur une superficie équivalant à deux fois celle du bois de Boulogne. Caprice ultime, Renault obtiendra même du conseil municipal d'Herqueville le déplacement de la mairie afin d'agrandir la route qui menait à sa propriété.

C'est dans ce sanctuaire qu'il se réfugie pour échapper aux pluies de boulons quand ses ouvriers font grève. Il y mène une

vie mondaine en recevant le sultan du Maroc, le roi d'Espagne Alphonse XIII ou les musiciens Gabriel Fauré et Maurice Ravel. Dans son bureau-établi, il conçoit des prototypes tandis que son fils unique arpente seul le domaine, au volant de modèles réduits offerts par Ettore Bugatti. Un paradis de façade, car chez lui, comme dans ses usines, l'industriel est un vrai tyran. Il va jusqu'à faire creuser un tunnel de 300 mètres reliant directement les cuisines à la route pour ne pas avoir à croiser le personnel. Il ne peut supporter d'être interrompu lors d'une conversation et accable son épouse de griefs incessants. Mais Christiane Renault, connue pour ses liaisons avec des aviateurs ou l'écrivain fascisant Pierre Drieu la Rochelle, a tout le loisir d'organiser des *five o'clock* très intimes au bord de la splendide piscine mauresque de la villa. De son côté, Louis Renault a les faveurs de la chanteuse d'opéra Jeanne Hatto, qu'il loge dans la commune située de l'autre côté de la Seine, Porte-Joie. Il aperçoit sa maison depuis sa fenêtre. Mais les événements finiront par prendre une tournure moins heureuse pour le génial inventeur. À la fin de la Seconde Guerre mondiale, il est arrêté pour collaboration économique avec l'ennemi. Vieilli et malade, il ne survivra pas aux mauvais traitements subis en prison. Sa mort suspecte, un mois après son arrestation, symbolise les dérives de l'épuration.
Le grand industriel repose dans l'adorable petit cimetière d'Herqueville. Si ses usines ont été confisquées à son unique héritier par l'État en 1945 pour sanctionner le comportement de l'entreprise durant l'Occupation, la municipalité a modestement tenté de le consoler en baptisant une salle polyvalente du nom de ce fils spolié, Jean-Louis Renault. Le manoir de Louis Renault appartient aujourd'hui à un ancien pilote de course britannique qui fut doublure cascade de Robert Mitchum. On ne peut contempler la demeure que depuis l'autre côté de la Seine, depuis la rive de Porte-Joie. Des croisières fluviales sont parfois organisées pour découvrir le site et ses environs.

Cimetière, chemin des Hullines, 27430 Herqueville
Salle Jean-Louis-Renault, cité la Planté, 27430 Herqueville

42

LES ANDELYS

Gare : Gaillon-Aubevoye (10 km)

Au cœur du Vexin normand, dans la commune des Andelys, le site exceptionnel de Château-Gaillard domine un méandre de la Seine. C'est dans cet ancien fief de Richard Cœur de Lion que **Charlie Chaplin** puiserait, selon une légende soigneusement entretenue par ses soins, ses origines normandes.

L'idole du muet est officiellement née en 1889 à Walwooth, dans la banlieue sud de Londres et dans la misère la plus noire. Sa mère, atteinte de psychose, finit par être internée et son père, un baryton raté, meurt prématurément d'éthylisme. Mais, selon des archives déclassifiées du MI5, les services secrets britanniques, l'enfant n'a pas été déclaré et son acte de naissance reste introuvable. Grand admirateur de l'acteur et réalisateur français Max Linder, Charlie Chaplin, qui éprouva toujours pour la France un attrait particulier, prenait ainsi un malin plaisir à brouiller les pistes en prétendant être né à Fontainebleau, ou que sa mère était originaire de la ville de Tours. Il racontait encore qu'un de ses ancêtres était un prêtre français, un « chapelain », ayant rejoint l'Angleterre en passant par Jersey. Afin de redorer sa terne généalogie, il pointait aussi la Normandie : le clochard vagabond aurait un jour déclaré à l'écrivain Henry Bordeaux qu'il descendait du peintre français Charles Chaplin, né aux Andelys en 1825, un artiste officiel couvert d'honneurs qui a en partie décoré les salons de l'Élysée.

Charlie Chaplin n'étant jamais venu dans cette commune enchanteresse, n'y cherchez point sa sépulture. Tant mieux pour la paisible localité normande, au vu du vol rocambolesque du cercueil de l'acteur dans le petit cimetière suisse de Corsier-sur-Vevey, en 1978, quelques semaines à peine après son enterrement.

—

Château-Gaillard, chemin du Château-Gaillard, 27700 Les Andelys

43

LA CHAPELLE-RÉANVILLE

Gare : Vernon (10 km)

À la frontière avec l'Île-de-France, les hauteurs de cet anodin village normand recèlent l'un des sites les plus émouvants de notre guide. **Nancy Cunard**, une poétesse britannique et muse de nombreux artistes, pensait avoir trouvé le paradis à La Chapelle-Réanville, avant que le poing crasseux de la haine ordinaire ne vienne broyer son rêve.

Nancy descend du fondateur de la Cunard Line, la célèbre compagnie transatlantique, notamment (et brièvement) propriétaire du *Titanic*. S'installant à Paris en 1920, à 24 ans, elle rompt avec sa famille qui désapprouve l'intensité de sa vie amoureuse. Le long chapelet de ses prestigieux amants inclut notamment Aldous Huxley, Tristan Tzara, Ezra Pound, Ernest Hemingway, James Joyce ou Constantin Brancusi. Et bien sûr **Louis Aragon**, avec qui elle s'installe en 1927 à La Chapelle-Réanville. La jeune femme y a découvert par hasard une maison semblant abandonnée au lieu-dit Le Clos Pernel. Elle acquiert cette fermette qu'elle rebaptise « Le Puits carré », comme celui qui trône dans la cour. Louis Aragon s'improvise maître d'œuvre de sa restauration. La poétesse aux bracelets d'ivoire accroche aux murs ses tableaux de Manet, Chirico, Picasso, Picabia ou Tanguy. Le couple y reçoit Paul Éluard, Max Ernst et André Breton. Loin de Paris, où « l'atmosphère sent le moisi », Nancy Cunard se découvre un amour pour la campagne française, avec ses produits frais qui parviennent à réveiller son appétit. Le temps dédié à la volupté dans cette maison inspirera à Aragon une grande partie de ses poèmes d'amour, dont *Le Con d'Irène*, mais aussi son grand roman *Aurélien*.

C'est encore à Réanville que Nancy Cunard fonde la maison d'édition The Hours Press, qui publie la première œuvre de Samuel Beckett et la *Negro Anthology*, une somme exceptionnelle sur la condition noire durant les Années folles. Militante, Nancy héberge des Espagnols fuyant la dictature de Franco ; le séjour du poète chilien Pablo Neruda verra naître entre eux une amitié amoureuse. Lorsque éclate la Seconde Guerre mondiale, en 1939, elle abandonne sa maison normande et rejoint Londres. À son retour au Puits carré, à la Libération, un spectacle de désolation la crucifie. Elle découvre le toit de son imprimerie arraché, un cadavre de mouton gisant dans le puits, un paysage d'Yves Tanguy criblé de balles, un portrait d'elle transpercé d'un coup de baïonnette ou encore des têtes de pierre de l'Île de Pâques gisant brisées au sol. En 1940, le maire de La Chapelle-Réanville, qui détestait « l'Anglaise », avait invité les nouvelles autorités allemandes à s'installer chez elle. Après leur départ, il s'oppose à la mise à l'abri des collections d'art africain et à toute mesure de protection de la maison, permettant aux villageois d'achever la mise à sac. Ces destructions étant imputables à des Français, le ministère de la Reconstruction rejettera la demande d'indemnisation de Nancy. Anéantie par le désastre de son ancien nid d'amour, elle fait des adieux amers à ce trou normand : « Ah, si seulement je n'avais pas connu cette fichue Normandie ! » Après avoir sombré dans l'alcoolisme et la psychose, Nancy Cunard mourra à Paris en mars 1965.

La maison du Clos Pernel ayant depuis été laissée à l'abandon, sa décrépitude actuelle ravira les amateurs de ruines romantiques. Un arbre s'est effondré sur la toiture et le ravissant puits carré affleure au milieu des herbes folles. En attendant qu'une nouvelle fée aux bijoux d'ivoire ne redécouvre la maison naufragée au hasard d'une promenade.

44

GIVERNY

Gare : Vernon (6 km)

À la lisière de la Normandie, les jardins et la maison de **Claude Monet** sont, avec le Mont-Saint-Michel, le site le plus visité de la région. Afin de vous épargner ce lieu asphyxié par le tourisme de masse, nous vous suggérons un détour vers des parages plus calmes. Le moulin de Cossy, dressé non loin, à l'angle de la rue de Falaise et de la chaussée Claude-Monet, abrite lui aussi un couple d'artistes à leur façon. Il s'agit de l'ex-député-maire de

Levallois-Perret **Patrick Balkany** et de son épouse **Isabelle**, sorte de version contemporaine des Thénardier. Ce couple d'affairistes a défrayé la chronique judiciaire et pénitentiaire à la suite de spectaculaires détournements d'argent. L'homme politique, hâbleur et haut en couleur, est allé jusqu'à s'attribuer une liaison avec Brigitte Bardot, forfanterie démentie par l'actrice.
Le moulin, qui fut un haut lieu de rendez-vous du gotha de la droite, a alimenté de nombreux fantasmes au gré de perquisitions médiatiques. Témoignent d'un certain art de vivre les têtes d'antilopes aux murs, le mini-casino et ses tables de jeu, la collection de montres de grand luxe, les vrais-faux tableaux de Miró et Picasso ou ce coffre-fort haut de deux mètres, aux rouages toujours tièdes. Comme le jardin d'eau de Monet, le parc des Balkany est agrémenté d'une passerelle japonaise. Mais contrairement à celle du peintre, la propriété, transmise à leurs héritiers afin d'éviter la saisie, ne se visite pas. À travers les haies du moulin, on perçoit cependant le doucereux ronronnement d'un bras détourné – en toute légalité – de la rivière Epte.

45

LE BOISGELOUP

Gare : Gisors (3 km)

Millionnaire à 26 ans, **Pablo Picasso** n'en a pas moins attendu la cinquantaine pour être propriétaire. Il devient alors le châtelain de ce hameau proche de Gisors. Ses anciens compagnons de misère de la butte Montmartre ne se priveront pas de railler l'embourgeoisement de l'artiste en évoquant sa « période duchesse ». Celle-ci sera pourtant l'une des plus incandescentes sur le plan créatif.
C'est en juin 1930 que Picasso, à l'étroit dans son appartement parisien de la rue La Boétie, achète le château du Boisgeloup, une gentilhommière du XVIIIe siècle dénichée par son marchand d'art Daniel-Henry Kahnweiler. Un standing enfin digne de l'épouse du peintre, Olga Khokhlova, ex-danseuse des Ballets russes assoiffée d'ascension sociale qui va se délecter de son nouveau statut de châtelaine. Le peintre andalou, quant à lui,

débarrassé des importuns, porte guêtres et cheveux brillantinés aux côtés de son chien Bob. Sa limousine Hispano-Suiza avec chauffeur signe son triomphe. Picasso installe dans les écuries du château des presses à gravure et se livre à la sculpture monumentale en fer ou en bronze, se jetant sur tout ce qui lui tombe sous la main, grillages à lapins, balles de tennis abandonnées au fond du jardin ou ferrailles entassées par les fermiers avec lesquels il va bavarder au bar du village. Ajoutons la grâce voluptueuse d'une nouvelle muse secrète d'à peine 20 ans, Marie-Thérèse Walter, qui sublime ses œuvres faites de corps-à-corps géométriques. Cette parenthèse normande atteint son apogée en 1932, dite « l'année des merveilles », avec *Le Rêve*, un portrait de Marie-Thérèse qui est la toile de Picasso ayant atteint le plus haut prix de vente aux enchères. En 1935, c'est au tour d'une nouvelle maîtresse, la photographe Dora Maar, de lui rendre visite au château en compagnie de Paul Éluard. Un an plus tard, Picasso se sépare officiellement d'Olga, la mère de son fils Paulo, et lui abandonne Boisgeloup en guise de cadeau d'adieu. Le château est actuellement la propriété de Bernard Ruiz-Picasso, poète oisif et petit-fils du peintre. Des objets d'ateliers, des châssis de tableaux, du mobilier et des livres de son grand-père sont restés sur place. La demeure ne se visite pas, sauf si vous parvenez à emprunter les souterrains secrets datant de l'ordre des Templiers qui, selon une légende locale, relient le château de Gisors à la chapelle gothique du domaine de Boisgeloup. Sinon, vous aurez peut-être la chance de croiser dans le village l'Hispano-Suiza de Picasso, fraîchement restaurée par son héritier.

NOUVELLE-AQUITAINE

PYRÉNÉES-ATLANTIQUES

1 LASSEUBE
2 BIELLE
3 ARETTE
4 CAMBO-LES-BAINS
5 ARCANGUES
6 GUÉTHARY
7 URT

LANDES

8 SOUSTONS

GIRONDE

9 LANTON
10 GRAYAN-ET-L'HÔPITAL
11 LORMONT
12 SAINT-LOUBÈS

CHARENTE-MARITIME

13 SAINT-PALAIS-SUR-MER
14 LA GRIPPERIE-SAINT-SYMPHORIEN
15 MARSILLY

DEUX-SÈVRES

16 BESSINES

VIENNE

17 SAINT-SAUVANT
18 BONNES

CHARENTE

19 VERTEUIL-SUR-CHARENT
20 CHASSENEUIL-SUR-BONNIEURE

HAUTE-VIENNE

21 CHÂLUS
22 SAINT-LÉONARD-DE-NOBL

CREUSE

23 CHÂTELUS-LE-MARCHEIX
24 CROZANT
25 SARDENT
26 VALLIÈRE

CORRÈZE

27 SAINT-CHAMANT
28 SARRAN
29 SAINT-YBARD
30 CHABRIGNAC
31 AUBAZINE

DORDOGNE

32 MONTIGNAC
33 TOURTOIRAC
34 THIVIERS
35 CHÂTEAU-L'ÉVÊQUE
36 DOMME
37 CASTELNAUD-LA-CHAPELLE
38 TRÉMOLAT

LOT-ET-GARONNE

39 SAINT-FRONT-SUR-LÉMANC
40 THÉZAC

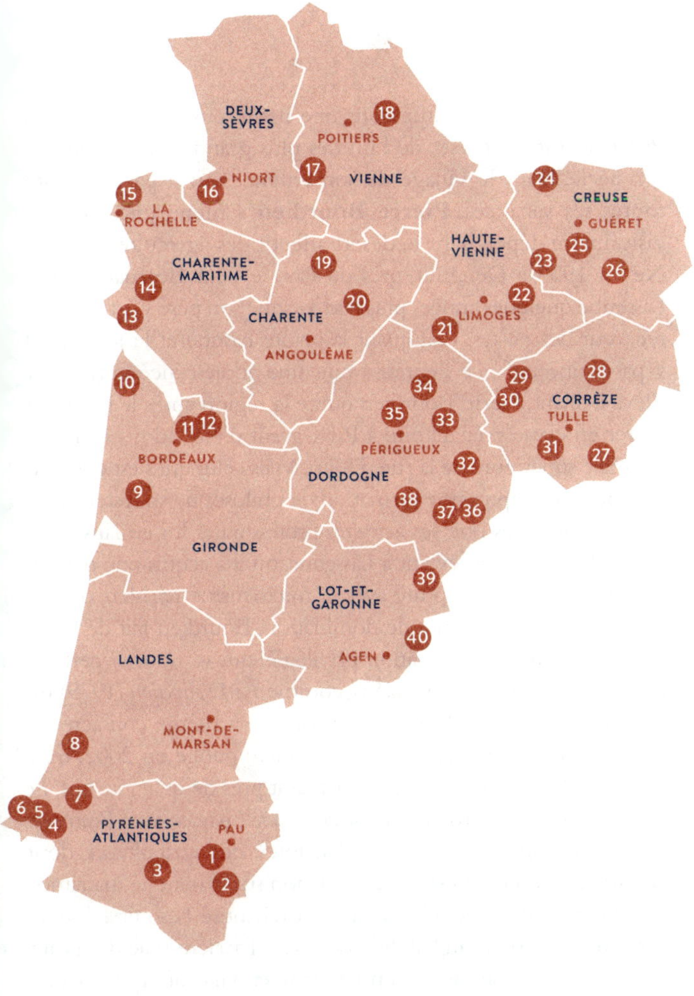
DEUX-SÈVRES
POITIERS
18
17
VIENNE
NIORT
16
15
LA ROCHELLE
24
CREUSE
GUÉRET
25
HAUTE-VIENNE
23
26
CHARENTE-MARITIME
19
14
20
22
13
CHARENTE
LIMOGES
21
ANGOULÊME
10
29
28
34
30
CORRÈZE
35
33
TULLE
11
12
PÉRIGUEUX
31
27
BORDEAUX
32
DORDOGNE
9
38
37
36
GIRONDE
39
LOT-ET-GARONNE
40
LANDES
AGEN
MONT-DE-MARSAN
8
7
6
5
4
PYRÉNÉES-ATLANTIQUES
PAU
1
3
2

PYRÉNÉES-ATLANTIQUES

1

LASSEUBE

Gare : Gan (11 km)

Ce bourg du Béarn situé dans une petite cuvette au pied des Pyrénées fut le creuset de l'un des plus grands sociologues du xxe siècle. Dans le village de son enfance, où il passa ensuite toutes ses vacances, **Pierre Bourdieu** a mené une enquête visionnaire dépeignant le désert affectif des agriculteurs.

Né en 1930 à Denguin, près de Pau, le petit Béarnais rejoint Lasseube quelques années plus tard lorsque son père y est nommé receveur des postes. Pratiquant la pelote basque et le football, il y passe une enfance heureuse puis une adolescence sans excès. Élève brillant, Pierre Bourdieu quitte la région après le bac pour entrer en classe préparatoire à Paris, avant d'être admis à l'École normale supérieure de la rue d'Ulm. Mais celui qui s'est converti à la sociologie après une formation de philosophe va rester fidèle à ses racines. Dès que ses activités professorales lui en laissent le temps, l'intellectuel revient à Lasseube, où il a acquis une maison sur les coteaux. En rupture avec le microcosme parisien, dont il modélise les mécanismes de domination, Bourdieu fait de la région un champ d'observation privilégié, qui va nourrir certains de ses essais les plus retentissants, comme *La Distinction* (1979) ou *La Misère du monde* (1993). Le sociologue a même consacré un ouvrage entier au village de son enfance : publié en 2002, mais résultant d'une enquête menée pendant près de quarante ans, *Le Bal des célibataires,* sous-titré *Crise de la société paysanne en Béarn*, est une étude captivante sur le célibat forcé des agriculteurs, dont Bourdieu constate la cruelle dévaluation sur le marché matrimonial. Le livre, dans lequel Lasseube est rebaptisé Lesquire, s'ouvre sur la description d'un bal de Noël. Dans l'arrière-salle d'un café, des jeunes hommes du coin partis vivre en ville, où ils ont acquis allure et aisance, prennent d'emblée, auprès des filles, l'avantage sur les agriculteurs des hameaux reculés, qui dansent encore la « crabe » ou le « branlou ». Les jeunes Lasseuboises, qui ne veulent

plus vivre à la campagne, se marieront pour la plupart avec ces néo-urbains. Un drame de la société paysanne qui contribue au dépérissement des petites exploitations agricoles. Bourdieu, qui avait commencé à travailler sur le sujet dans les années 1960, en menant des entretiens parfois très douloureux avec les vieux « immariables » de la génération de son père, poursuivit son enquête auprès de ses anciens copains de classe.
Jusqu'à la fin de sa vie, le sociologue, consacré en 1981 par son élection au Collège de France, a passé ses étés à Lasseube. S'il y travaillait avec acharnement, il pratiquait aussi la randonnée et s'autorisait quelques escapades au café-boucherie Massaly. Buvant très peu d'alcool, il en goûtait avant tout la fonction sociale, aimant converser en béarnais avec les habitués. Contre toute attente, à sa mort en 2002, ce contempteur des élites n'a pas été enterré à Lasseube, mais dans le très chic cimetière parisien du Père-Lachaise.

—

Café-boucherie Massaly, 11, rue de la République, 64290 Lasseube

2

BIELLE

Gare : Buzy-en-Béarn (13 km)

Nul besoin de subir un pénible vol long-courrier pour aller jusqu'aux Antilles lorsqu'on sait que le poète **Saint-John Perse** a comparé ce coin du Béarn à la Guadeloupe de son enfance. Autour de Bielle, dans la saine et sauvage vallée d'Ossau, le prix Nobel de littérature a dans sa jeunesse retrouvé le bonheur perdu de son île natale.
De son vrai nom Alexis Leger, le futur poète naît en 1887 à Pointe-à-Pitre, où vit la famille de sa mère, qui possède des plantations de café et de canne à sucre. À 11 ans, il est arraché à son paradis tropical lorsque ses parents rejoignent la métropole, s'installant à Pau. Loin de l'exubérante nature antillaise, dans laquelle il aimait à se perdre, le jeune garçon étouffe dans la capitale du Béarn. L'année scolaire n'est qu'une interminable attente des vacances d'été, durant lesquelles sa famille loue une maison à

Bielle. À l'adolescence, Alexis en fait le camp de base de longues randonnées dans les Pyrénées. «Les montagnes d'Ossau sont mesurées, écrit-il alors à un ami, mais je les ai aimées les premières et l'on y gagne déjà ce désir, mortel, de vivre mille ans, sinon trois mille comme aux Antilles. Ici, comme là, chaleur et lumière!» Le jeune homme s'enivre de beauté, et ce bain de nature qui stimule son tempérament poétique fait aussi ressurgir son ancien mode de vie créole. Toujours légèrement vêtu, il traumatise un jour la propriétaire de la «maison Latrille», où loge sa famille, en apparaissant nu comme un ver devant elle.
Après des études de droit à Bordeaux, Leger se lance dans des carrières parallèles de diplomate et, sous le nom de Saint-John Perse, de poète, ce qui ne l'empêche pas de retourner à Bielle en vacances jusqu'à la trentaine. Il se tournera ensuite vers la presqu'île de Giens, sur la Côte d'Azur, où il pourra s'adonner plus librement au naturisme. Ce n'est donc pas vraiment un hasard si, dans *Les Bronzés*, le personnage interprété par Christian Clavier se passionne à la fois pour Saint-John Perse et les slips minimalistes, se jetant à l'eau fesses nues en déclamant ces vers du poète: «Azur! nos bêtes sont bondées d'un cri! Je m'éveille, songeant au fruit noir de l'Anibe dans sa cupule verruqueuse et tronquée...»
À l'entrée de Bielle, en venant de Pau, l'auguste maison de style Directoire que la famille Leger louait au début du siècle dernier abrite désormais une école. Le grand jardin où le poète évoluait dans le plus simple appareil a été recouvert de goudron pour servir de cour de récréation.

École primaire (ex-maison Latrille),
rue de l'École, Le Bourg, 64260 Bielle

3

ARETTE

Gare : Lurbe-Saint-Christau (13 km)

À l'été 1967, ce petit village de la vallée de Barétous a été détruit à 80 % par l'un des plus violents tremblements de terre jamais enregistrés en France métropolitaine. Le séisme fit une victime et lança la carrière du journaliste **Yves Mourousi**, présentateur culte du journal télévisé de TF1 dans les années 1970 et 1980. Né en 1942 à Suresnes de père inconnu, Yves Mourousi est le fils de la princesse Euphrosine Mourousi, une descendante de l'aristocratie chrétienne de l'Empire ottoman, qui fut très liée à la Gestapo dans le Paris de l'Occupation ; à la Libération, elle sera condamnée à plusieurs années de prison pour intelligence avec l'ennemi. Élevé par sa grand-mère maternelle, le jeune Yves se destine très tôt au journalisme. Après avoir effectué un stage à France Inter, il est en vacances dans les Pyrénées lorsque, le 13 août 1967, vers 23 heures, se produit à Arette un tremblement de terre d'une magnitude supérieure à 5,5 sur l'échelle de Richter. À une trentaine de kilomètres de là, l'aspirant journaliste ressent les secousses. Appelant aussitôt la gendarmerie locale pour connaître l'épicentre du séisme, il saute dans sa Simca 1000 et fonce pour rejoindre Arette. À la mairie, où il se dit journaliste de l'ORTF, il obtient de pouvoir utiliser le dernier téléphone fonctionnant dans la commune pour joindre la rédaction de France Inter. Présenté comme « envoyé spécial », le jeune homme annonce la catastrophe en direct lors du flash de 1 heure du matin. Dormant dans sa voiture au milieu des maisons éventrées, Yves Mourousi va pendant quatre jours couvrir ce drame qui a fait des centaines de blessés et une victime, une vieille dame de 80 ans. Auréolé par ce scoop, il reviendra en vainqueur à la Maison de la radio.

Huit ans plus tard, Mourousi accède à la présentation du journal de 13 heures de TF1, où il va ringardiser le ton grave et compassé des informations de l'époque en se faisant le précurseur de l'*infotainment*, en bon français « l'infodivertissement ». Ouvrant ses JT d'un informel et guttural « Bonjour ! », il sort des studios pour intervenir en direct depuis un bloc opératoire, une centrale nucléaire ou à bord du Concorde ; lors d'une interview de François Mitterrand, il casse les codes de la bienséance en s'asseyant nonchalamment sur un coin du bureau du président de la République, auquel il demande s'il est un président « chébran ». Épuisé par une vie nocturne intense, Yves Mourousi s'éteint à l'âge de cinquante-cinq ans, en 1998. Non sans avoir entre-temps vivement remercié le maire d'Arette pour son aide qui lui valut sa carrière de journaliste.

4

CAMBO-LES-BAINS

Gare : Cambo-les-Bains

C'est peu dire que l'unique station thermale du Pays basque tapa dans l'œil du dramaturge **Edmond Rostand**. L'auteur de *Cyrano de Bergerac* engloutit les revenus faramineux générés par sa pièce pour y édifier la villa Arnaga, une demeure aux proportions hollywoodiennes, conçue comme un « poème de pierre et de verdure ».

Edmond Rostand découvre Cambo-les-Bains en 1900, à 32 ans, lorsqu'il vient y soigner une pleurésie. Ragaillardi par les eaux sulfurées et le microclimat de la station, il tombe sous le charme de ce pays de collines traversé par la Nive et décide d'y faire construire sa résidence principale. Le Marseillais, qui vient de connaître un nouveau succès avec sa pièce *L'Aiglon*, un peu plus de deux ans après le triomphe de *Cyrano de Bergerac*, voit les choses en grand, faisant l'acquisition d'un gigantesque terrain vallonné et boisé à l'écart de Combo, au confluent de la Nive et du ruisseau Arraga. Si l'auteur ne change qu'une lettre pour adoucir le nom de son domaine en «Arnaga», il n'hésite pas à faire araser une colline pour aménager des jardins à la française, au bout desquels il érige une grande pergola se reflétant sur une pièce d'eau. C'est là que, juché sur un balcon, Rostand accueillera ses visiteurs en déclamant des vers. Outre une pluie de bosquets, il fait planter dans le domaine des chênes centenaires déterrés dans la forêt de Saint-Pée-sur-Nivelle. La demeure qu'il fait pousser dans ce décor n'est pas en reste. Achevée en 1906, elle reprend l'architecture traditionnelle des fermes basques tout en la compliquant de raffinements divers pour inventer le style « néobasque », qui connaîtra un grand succès dans la région jusqu'à la Seconde Guerre mondiale. Les dimensions de cette bâtisse blanche aux volets et aux colombages d'un rouge «sang de bœuf» ne sont pas non plus celles d'une maison basque ordinaire : la villa Arnaga compte quarante pièces, dont un salon chinois et un somptueux bureau Empire où le dramaturge achève en 1910 sa pièce *Chantecler*, dont tous

les personnages sont des oiseaux. Rostand ne profitera malheureusement pas très longtemps de son château basque. Il meurt de la grippe espagnole en décembre 1918, à l'âge de 50 ans.
Désormais propriété de la commune, le délire architectural de l'écrivain, devenu le musée Edmond-Rostand, se visite d'avril à octobre. Dans le hall anglais trône un magnifique piano à queue offert par le compositeur Jules Massenet à l'occasion du mariage de Rostand avec la poétesse Rosemonde Gérard. Dans la bibliothèque, ne ratez pas le César reçu par Gérard Depardieu pour son interprétation de Cyrano au cinéma, que l'acteur a offert au musée. Et surtout n'oubliez pas, en visitant ce palais de la démesure, de respecter cette consigne de l'ancien maître des lieux, gravée sur une plaque au-dessus de la porte d'entrée: «Toi qui viens partager notre lumière blonde / Et t'asseoir au festin des horizons changeants / N'entre qu'avec ton cœur, n'apporte rien du monde / Et ne raconte pas ce que disent les gens.»

Villa Arnaga – Musée Edmond-Rostand,
avenue du Docteur Alexandre-Camino, 64250 Cambo-les-Bains

5

ARCANGUES

Gare : Biarritz (7 km)

Lové dans une verdure chantante, ce village un peu en retrait de la côte basque fut le fief du prince de l'opérette **Luis Mariano**, qui y posséda une ferme et repose dans le cimetière communal. Mais les véritables seigneurs des lieux, ce sont les **marquis d'Arcangues**, de grands mondains dont le château fut au siècle dernier assailli par une nuée de personnalités des arts et des lettres.
Les Arcangues, dont la présence est attestée depuis le XIIe siècle sur le territoire de la commune, sont l'une des plus anciennes familles aristocratiques du Pays basque. En 1900, ils rasent leur château XVIIe et font appel à un architecte de palaces pour se faire construire une nouvelle demeure plus adaptée à leur

principal centre d'intérêt : la fête. Durant l'entre-deux-guerres, **Pierre d'Arcangues**, 7e marquis d'Iranda, un titre hérité d'un aïeul qui fut ministre des Finances de Charles III d'Espagne, y reçut notamment Jean Cocteau, Sacha Guitry, André Gide et François Mauriac.

Dans le salon de musique du château trône toujours un piano Bechstein de 1911 sur lequel ont joué Ravel, Stravinsky et même Frank Sinatra, intime du 8e marquis, **Guy d'Arcangues**, le fils de Pierre. Né en 1924, celui qui fut poète, playboy, danseur, golfeur, ami des stars, mais aussi journaliste à *Paris Match* et *Jours de France*, se définissait comme « piéton, marquis et mondain ». Ajoutons à cela un don pour la coiffure qui l'a rendu si indispensable à Sinatra que le crooner lui envoya un jour son jet privé afin qu'il vienne le coiffer avant un récital aux États-Unis. Ce qui représente assurément le pire bilan carbone de l'histoire pour une coupe de cheveux.

Malgré la rénovation discutable de sa voirie, le centre du village conserve un charme certain. Niché à proximité dans un havre engazonné, le château d'Arcangues, qui, depuis la mort de Guy en 2004, est la propriété de son fils Michel, se visite de novembre à janvier – en dehors de cette période, la grille reste toutefois ouverte pour que les golfeurs puissent accéder aux trous qui entourent le bâtiment. Dans la demeure des Arcangues, vous pourrez notamment admirer une bibliothèque riche de plusieurs milliers de volumes et une somptueuse cafetière offerte par le duc de Wellington, le vainqueur de Napoléon à Waterloo, qui dormit au château. Au-dessus de la cheminée de la salle à manger s'étale fièrement, en langue basque, la devise de cette dynastie d'intégristes du dîner mondain, que l'on peut traduire ainsi : « La dent dure pour tout ce qui est sur la table, la langue douce pour son voisin. »

Château d'Arcangues, accès au niveau du rond-point à l'entrée du bourg, à l'intersection de la route de Saint-Pée et de la route d'Arcangues, 64200 Arcangues

Golf d'Arcangues, chemin de Jaureguiborda, 64200 Arcangues

6

GUÉTHARY

Gare : Guéthary

Lacéré par une autoroute et une voie ferrée, cet ancien port baleinier ne partait pas favori pour devenir la station balnéaire la plus mondaine du Pays basque. Or, avant de devenir une villégiature prisée de la bourgeoisie bohème parisienne, Guéthary s'était déjà forgé une petite réputation à la faveur des visites de quelques dandys en espadrilles.
Au milieu des années 1920, peu après la mort, dans sa villa Etcheberria, du poète **Paul-Jean Toulet**, opiomane révéré par un petit cercle d'initiés, le village est fréquenté par **Pierre Drieu la Rochelle**. Le jeune écrivain mondain s'y rend pour la première fois à l'été 1924, louant une maison sur le chemin des falaises, avec vue imprenable sur l'océan. Alors proche des surréalistes, il y reçoit de nombreux amis dont Louis Aragon, Paul Éluard ou Philippe Soupault. Pour Drieu, ces « vacances grecques » dans le Pays basque sont un enchantement. Il reviendra plusieurs années de suite. Une nuit enfiévrée de l'été 1926, au Café de Madrid, il écrit avec les auteurs dadaïstes Paul Chadourne et Jacques Rigaut un cadavre exquis titré *Et puis merde !* Dédié au « Chinois inconnu », ce brûlot, rédigé à grand renfort d'alcool, commence par « À toi, ma prochaine fausse couche », pour s'achever par « et puis voici mon cul qui ne fiente que pour toi ». Jacques Rigaut, écrivain toxicomane et désespéré, se suicidera trois ans plus tard d'une balle dans le cœur, inspirant à Drieu la Rochelle son roman *Le Feu follet*. Drieu emmènera encore à Guéthary sa seconde épouse Olesia pour leur voyage de noces, à l'automne 1927. Durant ce séjour, l'écrivain a plus que jamais l'impression d'évoluer dans un « paradis sur la terre », sous « un soleil doux et chaud, avec des clartés d'atmosphère à se croire des anges ». Grand séducteur, l'auteur de *L'Homme couvert de femmes* reprendra sa liberté moins d'un an plus tard. Il ne reviendra plus à Guéthary dans les années 1930, qui le voient peu à peu dériver vers le fascisme. Acteur éminent de la collaboration intellectuelle

avec l'Allemagne durant l'Occupation, Drieu la Rochelle se suicide en mars 1945.
Un écrivain moins engagé mais tout aussi coquet, **Frédéric Beigbeder**, a lui aussi connu Guéthary avant que la station ne soit à la mode : il y passa toutes ses vacances dans sa jeunesse. Les lieux magiques de cette adolescence dorée, comme la plage sauvage de Cenitz ou le sentier Damour, sont évoqués dans son récit autobiographique *Un roman français*, couronné en 2009 par le prix Renaudot. L'ex-noceur parisien, qui posséda dès l'âge de 13 ans une bouteille de whisky à son nom chez Castel, a quitté la capitale il y a quelques années pour faire de la station basque sa résidence principale. Il a depuis avoué qu'« en hiver, à Guéthary, il n'y a rien à faire, à part écrire. Sinon, on peut se suicider. » Dans sa propriété aux abords du Tennis club, dont le portail est orné de l'écriteau dadaïste « Attention chat bizarre », l'auteur de *99 francs* invite parfois son confrère **Michel Houellebecq**. Selon Beigbeder, le grand auteur désespéré se détend tellement dans la station basque qu'il lui arrive de poser son dentier sur la table du jardin. C'est à Guéthary que serait venue à Houellebecq l'idée de son roman *La Carte et le Territoire*, qui a obtenu le prix Goncourt en 2010. Grande inspiratrice d'ouvrages à succès, la petite station porte-bonheur mérite assurément le surnom de « Lourdes des lettres » que lui a donné la critique littéraire Nelly Kaprièlian.

Le Madrid (bar, restaurant, hôtel),
563, avenue du Général-de-Gaulle, 64210 Guéthary

7

URT

Gare : Urt

Cette bourgade semi-rurale sur les bords de l'Adour enchanta les étés du sémiologue **Roland Barthes**. Basque de cœur, l'auteur des *Fragments d'un discours amoureux* et des *Mythologies* venait à Urt pour se repaître de sa « lumière lumineuse ».

Après la mort de son père durant la Première Guerre mondiale, alors qu'il n'a pas encore 1 an, Roland Barthes passe toute son enfance à Bayonne, chez ses grands-parents paternels. À l'adolescence, il s'installe à Paris avec sa mère adorée, Henriette, mais retrouve lors des vacances scolaires ce Pays basque qu'il considère comme sa patrie: «Au fond, il n'est pays que de l'enfance», écrira-t-il. Et bien qu'il ait habité toute sa vie le même appartement parisien, partagé avec sa mère, Barthes a passé tous ses étés dans les Pyrénées-Atlantiques, toujours en compagnie d'Henriette. D'abord dans la villa Etchetoa, à Hendaye, puis, à partir de la fin des années 1960, à Urt, où Henriette Barthes, en quête d'un lieu épargné par le tourisme, acquiert la maison Carboué – la «maison du charbonnier» en gascon –, une solide bâtisse blanche dans le centre du village.
Durant ses vacances, le professeur de lettres devenu spécialiste de sémiologie, l'étude linguistique des «signes», y travaille à décortiquer le sens des grands textes littéraires et des mythes contemporains. À Urt s'épanouit son œuvre, qui séduit le grand public malgré son exigence intellectuelle. Mais Barthes prend aussi le temps de se détendre. Il lit, écoute de la musique, se promène en bleu de chauffe, assiste à des parties de pelote basque. Celui qui finira par être élu professeur de sémiologie au Collège de France évoque ainsi le climat de ses séjours basques: «Le délice de ces matinées à U.: le soleil, la maison, les roses, le silence, la musique, le café, le travail, la quiétude insexuelle, la vacance des agressions…» Barthes fréquente le médecin du village, avec lequel il partage l'amour de la musique: lui au piano, le docteur Lepoivre au violon, ils interprètent des sonates de Mozart et des sonatines de Schubert. Le sémiologue raffole aussi des saumons de l'Adour servis au restaurant La Galupe, au bord du fleuve.
En 1977, la disparition d'Henriette laisse son fils inconsolable. Il mourra trois ans plus tard, renversé par une camionnette dans une rue de Paris. Roland Barthes et sa mère reposent dans le même caveau au cimetière d'Urt. Non loin, leur ancienne demeure aux volets bleus se dresse toujours dans l'allée du Campas – c'est la première maison sur votre gauche en partant de la mairie. En hommage à son itinéraire de promenade favori, un «circuit Roland-Barthes» longe l'Adour depuis le cimetière d'Urt jusqu'au moulin de Bacheforès, un

peu avant Bayonne. Une balade à faire comme lui en espadrilles, en fin de journée, sous cette lumière « noble et subtile tout à la fois, jamais grise, jamais basse ».

La Galupe, 15, Le Port, 64240 Urt
Cimetière, 112-222, avenue des Pyrénées, 64240 Urt

LANDES

8

SOUSTONS

Gare : Saint-Geours-de-Maremne (13 km)

Dans cette petite commune de la côte landaise, le lieu-dit de Latche, à l'intérieur des terres, a connu un destin présidentiel. En 1966, **François Mitterrand** y avait acquis une bergerie perdue dans la forêt de pins. Après son accession à l'Élysée, cette résidence secondaire se mua en un théâtre diplomatique où le président reçut notamment le chancelier allemand Helmut Kohl, le Premier ministre israélien Shimon Peres ou encore le dernier dirigeant de l'URSS, Mikhaïl Gorbatchev. Mais Latche fut aussi le lieu de villégiature favori de **Baltique**, la chienne adorée de Mitterrand, qui a lancé en France la mode du labrador.

Fille d'un labrador blanc nommé Thélème I, Baltique, qui arbore pour sa part une magnifique robe noire, entre dans la famille Mitterrand en 1987, quelques mois après sa naissance. Chaque été, elle viendra passer trois semaines à Latche avec son maître. L'accompagnant dans ses promenades, la chienne labrador retriever profite sans retenue des dizaines d'hectares de pinède sur lesquels s'étend la propriété. Dans le parc qui entoure la bergerie, elle s'amuse à faire fuir les ânes Noisette et Marron. Il arrive aussi à la famille Mitterrand de passer à Latche les fêtes de fin d'année ; allongée sur une couverture en patchwork offerte par Ronald Reagan, Baltique assiste alors aux longues parties de Scrabble auxquelles le président s'adonne au coin du feu avec son épouse Danielle et ses fils Jean-Christophe et Gilbert. Mitterrand adule sa chienne au point de déclarer en plaisantant qu'il songe à la nommer au Conseil économique et social. Il envisage plus sérieusement de faire de son nom l'un des codes d'activation de l'arme atomique française, avant d'en être dissuadé par son état-major.

Lorsqu'elle quitte Latche à la fin de l'été 1995, Baltique ignore qu'elle n'y retournera plus jamais avec son maître, qui n'a plus que quelques mois à vivre. Lors des funérailles du monarque républicain, en janvier 1996, elle n'a pas le droit de pénétrer dans l'église de Jarnac, tenue en laisse par Michel Charasse sur les marches du perron. Mais la photo de la chienne regardant passer le cercueil fait le tour du monde. Quelques mois plus tard, à Soustons, Baltique assiste à l'inauguration de sa propre statue, qui la représente marchant devant le président. Puis sont publiés ses mémoires, sous le titre d'*Aboitim*, un pastiche fantasque du *Verbatim* de Jacques Attali. Le succès est tel que trois autres volumes suivront. L'animal iconique de la mitterrandie est alors confié à un ancien garde du corps du président. Jusqu'à sa disparition, le 14 janvier 2002, Baltique ne reverra jamais la bergerie de Latche, où vit désormais Gilbert Mitterrand.

Statue de Baltique et François Mitterrand,
avenue de Labouyrie, 40140 Soustons

GIRONDE

9

LANTON

Gare : Facture-Biganos (13 km)

Le peintre du Moulin-Rouge et des maisons closes aimait aussi le grand air. **Henri de Toulouse-Lautrec** fréquenta assidûment l'une des plus anciennes stations balnéaires du bassin d'Arcachon, l'authentique Taussat-les-Bains, l'un des quatre bourgs regroupés au sein de la commune de Lanton.

Chaque été, à partir de 1891, le jeune artiste montmartrois, qui avait découvert les plages arcachonnaises durant son enfance, profite dans le village de l'hospitalité d'un ami magistrat à qui il a fait acheter la villa Bagatelle, l'une de ces maisons de vacances XIXe qu'on surnomme « les belles de Taussat ». Plantée face aux flots, sous les pins, Bagatelle est un écrin idéal pour les excentricités de Toulouse-Lautrec. On le voit un jour déguisé en muezzin à l'aide d'un drap, appelant les fidèles à la prière depuis le balcon de la villa. Au bord des étangs voisins, le peintre, fils d'un comte féru de fauconnerie, apprivoise des cormorans qu'il dresse à la pêche. Il sera profondément attristé lorsqu'un chasseur abattra l'un de ses oiseaux. Malgré son infirmité, une atrophie des jambes due à la consanguinité de ses parents, qui étaient cousins germains, le chantre du cancan mène à Taussat des vacances sportives, pratiquant la baignade et le canotage. Sur le pont de *Cocorico*, le voilier d'un ami, le nabot barbu, volontiers exhibitionniste, bronze nu au soleil. Ses soirées sont moins saines : dans une voiture tirée par un âne, il fait la tournée des bars, dessinant des caricatures des villageois qu'il épingle sur la porte de la chapelle, au grand mécontentement des intéressés. Toulouse-Lautrec abuse de l'absinthe et du Pernod, et l'air iodé ne suffit pas à requinquer le trentenaire, qui, en plus de son alcoolisme, souffre de la syphilis et de la tuberculose. À l'été 1901, il est victime d'une hémorragie cérébrale à la villa Bagatelle. On le transporte au château Malromé, une propriété familiale située près de Langon, à une centaine de kilomètres de Taussat. Trois semaines plus tard, le peintre de 36 ans s'éteint dans les bras de sa mère, à laquelle il adresse ces dernières paroles : « Maman, rien que vous… »
Contrairement à la villa Bagatelle, la propriété viticole de Malromé se visite. On peut y voir la chambre où Toulouse-Lautrec poussa son dernier soupir et déguster le vin du domaine en son honneur, avant d'aller se recueillir sur la tombe du peintre dans le village voisin de Verdelais.

—

Château Malromé, 33490 Saint-André-du-Bois

10

GRAYAN-ET-L'HÔPITAL

Gare : Soulac-sur-Mer (10 km)

À la pointe du Médoc, entre les dunes et les pins, cette commune sans histoires fut le cocon du mercenaire **Bob Denard**. Le « chien de guerre » girondin détient toujours le record du nombre de coups d'État et autres coups fourrés en Afrique.

Né à Grayan en 1929, Robert Denard, fils du garde-champêtre de la commune, connaît son baptême du feu durant la guerre d'Indochine, au sein des commandos de la marine française. Après avoir trempé au milieu des années 1950 dans un projet d'assassinat du président du Conseil Pierre Mendès France, auquel il reproche d'avoir bradé les colonies françaises, « Bob » abandonne en 1961 un emploi de démonstrateur en électroménager pour embrasser la carrière de mercenaire. Le terrain de jeu favori de ce condottiere moderne sera l'Afrique, où il va mener des dizaines d'opérations militaires pour le compte des hommes au pouvoir ou de leurs opposants. Avec ses « affreux », des barbouzes qu'il recrute notamment par le biais de petites annonces passées dans le quotidien parisien *L'Aurore*, Denard guerroie sur tout le continent, au Zaïre, en Angola, au Gabon, au Nigeria, au Bénin. Mais c'est d'abord dans l'archipel des Comores, au large du Mozambique, que le Médocain écrit sa trouble légende : en 1975, il chasse du pouvoir le président Abdallah, avant de l'y réinstaller trois ans plus tard. Un temps converti à l'islam, le « sultan blanc », qui s'appuie sur une garde personnelle de 600 hommes financée par divers trafics, sera en coulisse l'homme fort des Comores pendant une quinzaine d'années.

En Afrique, Denard, qui ne néglige pas le repos du guerrier – il a eu neuf enfants de sept femmes différentes –, est parfaitement heureux, déclarant : « L'enfer et la jungle, pour moi, c'est la France. » Il finira toutefois par avouer que Grayan-et-l'Hôpital « a toujours été un point dans [s]on cœur ». N'a-t-il pas un jour choisi pour nom de code, sur un terrain d'opérations, celui d'un camarade d'enfance, Gilbert Bourgeaud ?

L'ami en question appréciera modérément d'être mêlé bien malgré lui à un coup d'État au Biafra. Entre deux putschs, le mercenaire retrouve d'ailleurs souvent son village natal. En 1977, « Colonel Bob », qui, pour les habitants, reste « le petit Robert », s'y présente sans succès aux élections municipales face au maire sortant socialiste.

Lorsqu'il est contraint de déposer les armes, en 1995, après l'échec d'un énième coup d'État aux Comores, Bob Denard se replie pour de bon dans le Médoc. Ruiné par de mauvaises affaires, dont l'achat dans les années 1980 d'un garage Citroën à Lesparre-Médoc, à une vingtaine de kilomètres de Grayan, il connaît une retraite amère. Frappé par la maladie d'Alzheimer, l'ancien « vice-roi des Comores » ne pourra jamais expliquer le rôle qu'ont joué les services secrets français dans certaines de ses opérations. Il s'éteint le 13 octobre 2007, après avoir passé ses derniers mois auprès de sa sœur Georgette, dans la maison familiale de la rue des Courlis à Grayan.

On recommande la fréquentation de sa tombe, au cimetière communal, à la date anniversaire de sa disparition ou à celle de sa naissance, le 7 avril : vous y croiserez sûrement certains de ses anciens compagnons d'armes, reconnaissables à leur béret vert et à leur cravate barrée de la devise *Orbs patria nostra* (Le monde est notre patrie). Pour les dix ans de la mort de Bob, près d'une centaine de ces « affreux », dont quelques anciennes femmes mercenaires qui participaient à des missions de reconnaissance, sont venus festoyer le temps d'un week-end dans un hôtel-restaurant des environs. Le dimanche matin, une messe fut célébrée à la mémoire du chef à l'église de Grayan. Lors d'une de ces journées d'hommage, vous aurez peut-être la chance d'apercevoir au pied de sa stèle le « vexillum », l'étendard retraçant les campagnes de Colonel Bob, fièrement brandi par l'un de ses anciens lieutenants.

Cimetière, route de Talais, 33590 Grayan-et-l'Hôpital

11

LORMONT

Gare : Bordeaux-Saint-Jean (9 km)

Cerné par des barres d'immeuble, transpercé par l'autoroute menant au colossal pont d'Aquitaine, le vieux village de Lormont, dans la banlieue de Bordeaux, a quelque chose de poignant. Lieu de promenade des Bordelais à la Belle Époque, cette commune accrochée à la rive droite de la Garonne possède un pedigree littéraire hors norme. Le bourg à flanc de coteau a eu les honneurs de **Stendhal**, qui a écrit : « Il faut convenir aussi que le Lido de Venise ne peut pas soutenir la comparaison avec l'admirable colline couverte de grands arbres et de belles fabriques qui vient finir à la Garonne par des falaises déchirées au-dessus du village de Lormont. » Les lieux ont même inspiré au poète romantique **Friedrich Hölderlin** l'un des chefs-d'œuvre de la littérature allemande.

Au début de l'année 1802, Hölderlin, originaire de l'actuel Bade-Wurtemberg, trouve un emploi de précepteur chez un riche négociant en vin allemand installé à Bordeaux. Après avoir chanté le Rhin et le Danube, il va célébrer le fleuve aquitain dans son poème *Andenken* (En souvenir), écrit l'année suivante, à son retour en Allemagne, en mémoire de ses promenades sur les hauteurs de Lormont : «Va donc maintenant et salue / La belle Garonne / Et les jardins de Bordeaux / Là-bas, à l'à-pic de la rive / Où s'avance l'embarcadère et tombe le ruisseau… » Cet hymne à l'adieu est le dernier poème achevé par Hölderlin, qui sombre bientôt dans la folie. Considéré comme un texte fondateur de la poésie moderne, *Andenken* va devenir un monument de la culture allemande. Le IIIe Reich en fera même un hymne nationaliste, dont le texte sera glissé dans le paquetage des soldats de la Wehrmacht. Les censeurs nazis prennent soin, toutefois, de gommer les références à la région bordelaise pour le présenter comme un texte exaltant l'arrachement des combattants allemands à la mère patrie. Est également caviardé un vers sensuel évoquant des « femmes brunes » marchant sur le « sol soyeux », à travers lequel Hölderlin célébrait la beauté des

Bordelaises. Dans son célèbre commentaire du poème, le philosophe Martin Heidegger, aveuglé par son nationalisme, refusa d'admettre que le poète allemand était tombé sous le charme de ces étrangères aux cheveux sombres.
Après d'intenses recherches, des exégètes ont fini par identifier avec certitude l'embarcadère évoqué par *Andenken* et l'itinéraire suivi par son auteur autour de Lormont. À partir de la station de bateaux-bus « Lormont-Bas », terminal de la ligne de ferries Bat3, une promenade a été tracée pour vous conduire sur les traces d'Hölderlin jusqu'au splendide lavoir Blanchereau, que connut le poète. Pour réveiller le romantisme de cette époque, le touchant musée des Amis du Vieux Lormont exhume l'âge d'or du bourg, des activités de pêche à la construction navale, avec une collection d'objets illustrant son passé maritime.

Musée des Amis du Vieux Lormont,
1, rue de la République, 33310 Lormont

12

SAINT-LOUBÈS

Gare : Saint-Loubès

Cette ville-dortoir de l'Entre-deux-Mers, aux portes de l'agglomération bordelaise, n'était encore qu'un petit bourg viticole lorsque le cinéma donnait ses premiers tours de manivelle, au début du XXe siècle. Un enfant du village, l'acteur et réalisateur **Max Linder**, fut l'une des premières stars planétaires de cet art naissant. Maître du comique à l'ère du muet, il influença Chaplin, qui en 1919 lui adressa une photo portant cette dédicace : «Au seul et unique Max, le professeur, de la part de son disciple.»
Gabriel Leuvielle naît en 1883 au lieu-dit Cavernes, sur la commune de Saint-Loubès. Ses parents, des vignerons, sont ruinés lorsque leurs vignes sont détruites par le phylloxéra, un insecte parasite ; ils partent alors refaire leur vie en Amérique en confiant leurs deux fils à leur grand-mère maternelle. Élève turbulent, le jeune Gabriel, qui se rêve acteur de théâtre, part à Paris après le lycée pour passer le concours d'entrée au Conservatoire

national supérieur d'art dramatique. Après avoir échoué à trois reprises, il se reconvertit dans l'humour sous le pseudonyme de Max Linder, le nom d'un vendeur de chaussures bordelais dont la sonorité lui plaît. Le jeune comique est engagé par le producteur de cinéma Charles Pathé, pour lequel il crée en 1910 le personnage fanfaron et charmeur de «Max», un dandy à petite moustache et haut-de-forme. Déployant un humour inventif et raffiné, qui délivre le cinéma balbutiant des éternelles tartes à la crème, Linder remporte un succès immédiat. En 1911, la vedette s'offre un retour triomphal à Saint-Loubès. Il y tourne un court-métrage de dix minutes, *Max en convalescence*, dans lequel son personnage tiré à quatre épingles retrouve la maison de son enfance, non sans connaître quelques démêlés avec un cheval capricieux. En un peu plus d'une décennie, le pionnier du burlesque va jouer dans près de trois cents films qu'il réalise pour la plupart, en France puis aux États-Unis. À Hollywood, Linder abandonne les formats courts de ses débuts pour des longs-métrages plus ambitieux, comme *Sept Ans de malheur* (1921) ou *L'Étroit Mousquetaire* (1922), dont il est, outre l'interprète principal et le réalisateur, le scénariste et le producteur. Sa renommée internationale et ses cachets faramineux ne l'empêchent pas, de retour en France, de revenir souvent à Saint-Loubès, où il demande à tout le monde de le tutoyer et se livre à de longues parties de pêche dans la Dordogne.

Mais ce «seigneur du métier», comme le qualifiait Maurice Chevalier, va révéler une tout autre nature dans sa vie privée. En 1921, à 38 ans, le fantaisiste aux grands yeux noirs rencontre une jeune fille de bonne famille âgée de 16 ans, Ninette Peters, qu'il épouse deux ans plus tard malgré le veto de ses parents. Linder, dont la carrière commence à s'essouffler, est maladivement jaloux. Le 31 octobre 1925, dans une suite de l'hôtel Baltimore à Paris, il force sa jeune épouse, sous la menace d'une arme, à avaler un verre de Gardénal, avant d'en absorber lui-même; il taillade ensuite les poignets de Ninette, puis les siens. Le couple laisse une petite orpheline de seize mois. Vers la fin de sa vie, Maud Linder dira de son géniteur: «Plus mauvais père, tu meurs, mais c'était un très bon cinéaste.»

Le gentleman aux guêtres blanches est enterré au cimetière de Saint-Loubès. Sa maison natale, qui n'arbore aucune plaque commémorative, se trouve route des Valentons, au niveau du croisement avec l'avenue du Port.

—

Cimetière, 23, place de l'Hôtel-de-Ville, 33450 Saint-Loubès

CHARENTE-MARITIME

13

SAINT-PALAIS-SUR-MER

Gare : Royan (7 km)

Cette tranquille station Belle Époque sur l'estuaire de la Gironde a accueilli l'un des pères de la Révolution russe. Dans les années 1930, **Léon Trotski**, devenu un opposant à Staline, y a séjourné dans le plus grand secret.

C'est le 25 juillet 1933 que Trotski arrive en Charente-Maritime. Venu de Turquie, où il vient de passer quatre premières années d'exil après avoir été banni d'URSS, il a débarqué la veille au port de Cassis, près de Marseille. En compagnie de son épouse Natalia, de deux gardes du corps russes et de son traducteur français, le fondateur de l'Armée rouge s'installe dans la villa Les Embruns, louée sous une fausse identité. Située à l'écart du centre de Saint-Palais, la propriété, qui surplombe une falaise à proximité de la plage du Platin, est gardée par deux bergers allemands. Trotski vit dans la terreur d'être assassiné par des sbires de Staline ; le « petit père des peuples » est de fait décidé à se débarrasser de celui qui incarne, contre la vision stalinienne du « socialisme dans un seul pays », le rêve d'exporter la révolution dans le monde entier. À Saint-Palais, Trotski travaille d'arrache-pied à la formation d'une nouvelle Internationale afin de lutter contre la bureaucratie stalinienne, qui, selon lui, « vole le peuple ». Pour ce faire, le fils spirituel de Lénine reçoit un flot ininterrompu de visiteurs. Outre des militants trotskistes accourus de l'Europe entière, on trouve parmi eux des membres du Parti communiste français en rupture avec la ligne stalinienne de son secrétaire général Maurice Thorez, dont un cheminot, un plombier, un instituteur, mais aussi un coiffeur venu spécialement de Paris pour couper les cheveux du leader révolutionnaire. Notons encore un certain Courdavault, un ostréiculteur habitant l'île d'Oléron voisine, grand admirateur de ses écrits. Une autre visite est davantage sujette à caution : dans ses *Antimémoires*, qui prennent bien des libertés avec la vérité, **André Malraux** a raconté avoir fait le voyage à Saint-Palais pour rencontrer Trotski. Alors sympathisant communiste, le futur ministre gaulliste aurait parcouru avec lui les vastes horizons de bord de mer, en parlant d'art, de cinéma et de danse, du christianisme, des rapports entre communisme et individualisme, de la situation mondiale et de la mort. Trotski s'autorise de fait quelques sorties, généralement de nuit, mais, par mesure de sécurité, il reste pour l'essentiel dans sa propriété, où il joue dans le jardin avec les chiens de garde Benno et Stella. En septembre, les vents puissants venus de l'océan lui valent d'attraper une forte fièvre. Cloué au lit, il passe ses journées à lire.

Bien que, malgré les nombreuses allées et venues de militants, l'adresse de sa villa soit restée inconnue des journalistes parisiens comme des espions staliniens, Trotski quitte Saint-Palais le 1er octobre 1933. Il s'installe un temps à Barbizon, près de Paris, dans une maison isolée en bordure de la forêt de Fontainebleau. Sa fuite prendra fin à Mexico, où, en août 1940, il est assassiné d'un coup de piolet porté à l'arrière du crâne par un agent de Staline.

Hélas pour les admirateurs de Trotski qui souhaiteraient s'y rendre en pèlerinage, la villa Les Embruns a été détruite par un bombardement allié durant la Seconde Guerre mondiale. Un vaste camping lui a succédé, où, peut-être, à l'heure de l'apéritif, s'organise la prochaine révolution.

14

LA GRIPPERIE-SAINT-SYMPHORIEN

Gare : Saujon (17 km) ou Rochefort (19 km)

Entre les marais de Broue et les collines de la Gripperie, cette localité fut choisie comme pied-à-terre par l'explorateur **René**

Caillié à son retour d'Afrique. En 1830, ce jeune aventurier fut le premier Occidental à revenir vivant de la cité recluse de Tombouctou, au Mali, qui était alors interdite aux non-musulmans. Considéré par Jules Verne comme «le plus intrépide voyageur des temps modernes», Caillié sera surnommé par Victor Hugo «le blanc qui a vu Tombouctou».

Né en 1799 dans les Deux-Sèvres, ce fils d'ouvrier-boulanger contracte le goût de l'aventure dès l'enfance en lisant *Robinson Crusoé*. Après s'être embarqué comme marin vers le Sénégal, le jeune homme se met en tête de rejoindre Tombouctou, alléché par la prime de 10000 francs – une somme alors conséquente – promise par la Société de géographie de Paris au premier Européen qui rapporterait des informations sur la ville mystérieuse. Il commence par apprendre l'arabe et se familiarise avec la religion musulmane lors d'un séjour en Mauritanie. Puis, se faisant passer pour un lettré musulman, Caillié part seul vers Tombouctou. Avant lui, les rares chrétiens qui avaient tenté de s'introduire dans «la ville aux 333 saints», haut lieu de la pensée musulmane en Afrique, avaient tous été mis à mort. Mais lorsque l'aventurier entre dans «la perle noire du désert», en avril 1828, la cité n'est plus aussi brillante qu'à l'époque où elle contrôlait le commerce transsaharien. Le Français n'y voit qu'un «simple amas de maisons sordides bâties en terre». Il repart deux semaines plus tard, sans avoir été démasqué. Après un pénible voyage à travers le Sahara, l'explorateur rentre en France en 1830. La publication de son *Journal d'un voyage à Temboctou* fait sensation. Décoré de la Légion d'honneur, Caillié empoche la récompense de la Société de géographie, avec laquelle, de retour dans sa région natale, il fait l'acquisition de La Baderre, une grande propriété située à cheval sur La Gripperie et Champagne. Dans son domaine, qu'il rebaptise L'Abadaire, il sombre vite dans l'oubli. Seul, dépressif, il s'accroche à l'espoir d'un nouveau départ en Afrique. En vain: René Caillié meurt en 1838, à 38 ans, des suites d'une maladie contractée durant ses aventures, sans doute le paludisme. Il fait son dernier voyage dans une charrette tirée par quatre bœufs sous une pluie diluvienne jusqu'au cimetière de la commune voisine de Pont-l'Abbé-d'Arnoult.

Son ancien domaine de L'Abadaire, dont la restauration parfaitement léchée a un peu entamé le charme, accueille aujourd'hui réceptions, séminaires et mariages de toutes confessions.

—

Domaine de l'Abadaire, 17620, La Gripperie-Saint-Symphorien

15

MARSILLY

Gare : La Rochelle (11 km)

Ce village de tradition mytilicole a compté parmi ses habitants l'écrivain **Georges Simenon**, maître du roman policier. Né en Belgique, le créateur du commissaire Maigret a passé une grande partie de sa vie dans la région de La Rochelle, sa « seconde patrie ». Il en a fait le décor de plus d'une trentaine de ses romans et nouvelles.

Ce fils d'un comptable liégeois, devenu journaliste à 16 ans, s'installe trois ans plus tard, en 1922, à Paris, où il devient bientôt l'auteur de romans populaires à succès. Bien que marié avec une compatriote belge, Régine, dite Tigy, Simenon noue une liaison tumultueuse avec Joséphine Baker. C'est après avoir rompu avec la danseuse vedette qu'à l'été 1927, à 24 ans, il se réfugie sur l'île d'Aix, puis, tout près, à La Rochelle. Le jeune écrivain a un coup de foudre pour la ville et sa région, frappé par la lumière de la côte charentaise qui lui rappelle l'atmosphère des Flandres de son plat pays. Il ne cesse d'y revenir et, quelques années plus tard, il tombe en arrêt devant une gentilhommière du XVe siècle sise à Marsilly, un village côtier au nord de La Rochelle, où il se promenait au volant de sa Traction jaune citron : « Certes, il m'est arrivé souvent dans ma vie de me croire arrivé au port, avec toujours la sensation d'une installation définitive, racontera-t-il dans ses mémoires. J'ai connu une allégresse semblable quand j'ai découvert, en 1931, La Richardière, seule avec son pigeonnier, au bout des prés et des champs, avec son bois vibrant d'oiseaux et la mer en bordure. » Avec son épouse Tigy, il loue cette vieille bâtisse située dans un vallon isolé, à deux pas du littoral. Simenon, à qui Gallimard offre alors un contrat mirobolant, va s'y embourgeoiser sans renoncer à quelques excentricités. De retour d'un reportage au Congo, il fait construire une hutte africaine dans le parc, où l'on croise des centaines de canards disposant de maisonnettes peintes en vert, une cinquantaine de dindons blancs et même deux loups d'Anatolie rapportés d'un voyage en Turquie, dont Simenon devra se débarrasser à la demande des voisins. L'écrivain monte sur son cheval et tire droit à travers les champs de blé et de colza environnants pour se rendre au luxueux café de la Paix de La Rochelle, son repaire, où il espionne les conversations des clients afin d'en nourrir son œuvre – toujours ouvert aujourd'hui, l'établissement conserve sur un pilier de la façade l'anneau auquel l'auteur attachait sa monture.

Dans son bureau de La Richardière, qu'il surnomme « la chambre des crimes », Georges Simenon va écrire treize romans, dont plusieurs Maigret, son personnage phare qu'il a créé quelques années plus tôt. Le domaine et ses environs vont très souvent apparaître dans son œuvre : la gentilhommière sert de résidence à la famille d'armateurs rochelais au centre du *Testament Donadieu*, tandis que *Le Coup-de-Vague* a pour titre le nom d'un lieu-dit de Marsilly, en bord de mer. Quand il écrit ces deux romans, Simenon n'habite pourtant plus La Richardière : le propriétaire de la demeure refusant obstinément de la lui vendre, l'écrivain l'a quittée à regret en 1935, quatre ans après son arrivée. Après un interlude parisien, il achète en 1938 une maison plus modeste dans la commune limitrophe de Nieul-sur-Mer. Durant l'Occupation, fuyant les bombardements alliés qui frappent le port de La Rochelle, le romancier loue le château de Terre-Neuve à Fontenay-le-Comte, en Vendée, à une cinquantaine de kilomètres. Il s'éloignera définitivement de la région à la Libération, s'installant au Canada puis aux États-Unis. Sans jamais oublier Marsilly : en 1970, dans *Le Riche Homme*, l'un des derniers de ses près de 200 romans, il décrit le milieu fermé des « boucholeurs », les hommes du cru se partageant entre la culture des moules et les travaux des champs. Simenon est mort en Suisse en 1989, à 86 ans.

Depuis la création du golf de La Prée sur une partie du domaine, La Richardière a perdu un peu de sa superbe. La propriété ne se visite pas. Au nord de Marsilly, vous pourrez découvrir l'un des panoramas favoris de Simenon, la baie de l'Aiguillon, avec sa lumière intense, ses multitudes d'oiseaux et ses « carrelets », des cabanes sur pilotis où l'on pratique la pêche au filet.

Café de la Paix, 54, rue Chaudrier, 17000 La Rochelle

DEUX-SÈVRES

16

BESSINES

Gare : Niort (6 km)

Au sud-ouest de Niort, ce village garde l'entrée du Marais poitevin, une région naturelle surnommée « la Venise verte » en raison de ses innombrables canaux sillonnant une végétation abondante. Tel fut le luxuriant berceau de l'acteur et homme de cirque **Jean Richard**, qui connut la célébrité en interprétant le commissaire Maigret durant plus de deux décennies à la télévision.

Né à Bessines en 1921, Jean Richard grandit dans une belle demeure médiévale au nom prédestiné : La Ménagerie. Son grand-père maternel, longtemps maire du village, a créé dans le domaine un élevage de baudets du Poitou, une race ancienne d'ânes extrêmement robustes qui se distinguent par leurs longs poils bruns. Lorsqu'il reprend l'affaire, son père développe également le commerce des « postiers bretons », de petits mais robustes chevaux de trait. Parmi les pensionnaires de la propriété familiale, le petit Jean côtoie encore des vaches, des moutons et des poules. Ébloui par les ménageries foraines de passage dans la région, que l'emmène voir sa mère, le jeune garçon s'emploie en vain à dompter un coq à l'aide d'un fouet dans la cour de sa maison. Après avoir fréquenté l'école de garçons de Bessines, il rejoint à l'adolescence le lycée de Niort, où il découvre le théâtre et le cinéma. Son père meurt lorsqu'il a 17 ans ; plutôt que de reprendre l'élevage familial, le jeune homme, après son échec au baccalauréat, monte à Paris pour devenir acteur. Richard fait ses débuts sur la scène des cabarets comme chanteur d'opérette ou comique paysan, incarnant un ahuri sympathique au phrasé pittoresque. Il se fait bientôt engager au cinéma, mais, hormis un rôle notable sous la direction de Jean Renoir dans *Elena et les hommes*, sorti en 1956, il s'y disperse dans le registre de la gaudriole. Ses cachets lui permettent néanmoins d'ouvrir en 1963 le premier parc d'attractions à la française, la Mer de Sable : à Ermenonville, dans l'Oise, Jean Richard reconstitue l'univers du Far West américain sur une grande étendue sablonneuse. L'enfant de Bessines renoue aussi avec la passion de sa jeunesse en créant un cirque à son nom, avant de racheter le cirque Pinder. Ironisant sur sa carrière cinématographique, il reconnaissait être le seul homme à « nourrir des lions avec des navets ».

Jean Richard finit par se faire connaître du grand public en 1967, à 46 ans, lorsqu'il est choisi pour interpréter le commissaire Maigret dans la première adaptation télévisée des aventures du personnage créé par Georges Simenon. Rencontrant le comédien peu avant le tournage du premier épisode, l'écrivain belge s'exclame : « Bravo, vous tenez votre pipe comme quelqu'un qui a l'habitude. Ce n'est pas comme Gabin, on voyait à quinze mètres que ce n'était pas un vrai fumeur de pipe ! » Le père de Maigret est tout aussi convaincu par la silhouette imposante et les airs bourrus de Richard. Fascinant le public par son flegme et ses silences méditatifs, l'acteur devient une immense vedette dès les débuts de la série. Le cinquième épisode, *L'Inspecteur Cadavre*, ayant pour cadre le Marais poitevin, son tournage permet à Jean Richard de faire en 1968 un retour triomphal sur les terres de sa jeunesse. Le succès jamais démenti des *Enquêtes du commissaire Maigret*, dont 88 épisodes seront tournés jusqu'en 1990 pour l'ORTF puis Antenne 2, ne suffira pas, toutefois, à éponger les dettes contractées par le comédien pour donner vie à ses onéreux projets circassiens. Dans les années 1980, Jean Richard sera contraint de se séparer de ses cirques. Il s'est éteint en 2001 des suites d'un cancer.

À Bessines, une plaque commémorative a été posée devant sa maison natale, qui a été rebaptisée « Logis de Pierre Levée ». Flanquée d'une tour polygonale, la vénérable bâtisse, qui date du XVe siècle, propose trois confortables chambres d'hôtes, dont l'une porte le nom du comédien. Par chance, la table de la maison, avec ses légumes du jardin et ses produits régionaux, offre des menus bien plus équilibrés que ceux du commissaire interprété par Jean Richard, qui, avant un interrogatoire, lançait rituellement à son subordonné: «Apportez-moi de la bière et des sandwiches.»

Logis de Pierre Levée, 48, rue Jean-Richard, 79000 Bessines

VIENNE

17

SAINT-SAUVANT

Gare: Pamproux (10 km)

Durant l'Occupation, ce village situé à la lisière des Deux-Sèvres a recueilli le photographe humaniste **Robert Doisneau**. Saint-Sauvant deviendra l'un de ses ports d'attache jusqu'à la fin de sa vie, inspirant à l'auteur du *Baiser de l'hôtel de ville* le versant rural de son œuvre.

C'est à la fin des années 1930 que Doisneau découvre cette commune du pays mélusin, où habitent des parents de son épouse Pierrette. Le jeune photographe parisien, encore inconnu, vient y camper avec sa femme. Au printemps 1940, fuyant Paris devant l'invasion allemande, les Doisneau se réfugient dans le village. Le couple dresse alors sa tente dans un champ du hameau de Pôneuf, à l'écart du bourg. Une nuit éclate un orage très violent qui les contraint à se réfugier dans une ferme. Edmonde Motillon, dont le mari est au front, les accueille chaleureusement. C'est le début d'une amitié durable, qui incitera les Doisneau à revenir très souvent à Saint-Sauvant.

Le photographe, qui se fait un nom après-guerre avec ses clichés saisissant la vie quotidienne dans les rues de Paris, capture dans le village des scènes de l'existence des habitants, entre travaux des champs, repas de fête et jeux des enfants.

En 1951, invité au mariage d'Annie Motillon, la fille d'Edmonde, Doisneau réalise les photos de la noce. Il offrira au jeune couple un album regroupant une quarantaine de clichés. Parmi ceux-ci, *Le Ruban de la mariée*, qui montre le cortège nuptial défilant sur la route entre Pôneuf et le bourg de Saint-Sauvant, va faire le tour du monde. Vous la trouverez en carte postale chez le buraliste du village.

La salle socioculturelle de la commune porte le nom de Robert Doisneau, décédé en 1994. Le chemin de randonnée de « la Chaire à Moïse », qui fait le tour de Saint-Sauvant, vous conduira sur les pas du photographe, et notamment à l'endroit précis où il a immortalisé le cortège du mariage d'Annie Motillon et Gilbert Marcheteau, sur la route des Merzellières, à cinq kilomètres du centre du village.

Tabac-épicerie, 14, place de la Mairie, 86600 Saint-Sauvant
Sentier de la chaire à Moïse, départ sur le parking de la salle des fêtes de Saint-Sauvant, derrière le temple protestant de l'Église unie de France, rue du Temple, 86600 Saint-Sauvant

18

BONNES

Gare : Poitiers (23 km) ou Châtellerault (26 km)

Au début des années 1970, l'un des maîtres de la publicité abandonna sa trépidante vie new-yorkaise pour s'installer au château de Touffou, qui domine la Vienne dans la commune de Bonnes. Mais, même caché au fin fond du Poitou, **David Ogilvy** était loin d'avoir écrit son dernier slogan.

Né en 1911, ce Britannique était appelé à un destin créatif puisqu'il a grandi à Guildford, au sud-ouest de Londres, dans une maison où avait vécu Lewis Carroll, le père d'*Alice au pays des merveilles*. Il a mené une vie invraisemblable, devenant tour à tour marmiton à l'hôtel Majestic de Paris, vendeur de cuisinières, agent des services secrets britanniques durant la Seconde Guerre mondiale puis cultivateur de tabac au sein d'une communauté Amish en Pennsylvanie. À la fin des années 1940, à bientôt 40 ans, il se lance dans la publicité à New York. Sans expérience dans le métier, Ogilvy va vite jeter les bases du marketing moderne, introduisant notamment le concept d'« image de marque », plus importante pour déclencher l'achat que le produit lui-même. À la tête de la mythique agence Ogilvy & Mather, le gourou de Madison Avenue s'illustre notamment avec une campagne pour les chemises Hathaway, qui représente un homme mûr et élégant portant un énigmatique bandeau noir sur un œil. Pour le compte de Rolls-Royce, Ogilvy est aussi considéré comme l'auteur de l'une des meilleures publicités automobiles de tous les temps avec ce slogan : « À 60 miles à l'heure, le seul bruit que l'on entend est celui de la pendule électrique. »

En 1973, le publicitaire star, en quête d'anonymat et de tranquillité, surprend son monde en se retirant dans la campagne française, au château de Bonnes, qu'il avait acheté quelques années plus tôt après avoir eu un coup de foudre pour cette spectaculaire demeure XVIIe aux murs abricot. Depuis son donjon des bords de Vienne, où il vit en compagnie de sa troisième épouse, Herta, le patriarche va continuer de superviser les campagnes de son agence par téléphone, courrier et télex, couvrant de tombereaux de mémos les jeunes concepteurs-rédacteurs d'Ogilvy & Mather. Entre ses intenses séances de jardinage et l'écriture de livres de souvenirs et de conseils, le grand prophète de la pub reçoit à Touffou les dirigeants de Shell, des soupes Campbell, d'American Express ou d'IBM comme autant d'envoyés de lointaines ambassades. Atteint de la maladie d'Alzheimer au début des années 1990, Ogilvy finira par se retirer des affaires courantes afin de se consacrer à la seule taille de ses chères roses. À sa mort, en juillet 1999, son agence de publicité acheta de pleines pages dans la presse anglo-saxonne pour lui rendre hommage. Ogilvy & Mather reste aujourd'hui un acteur majeur du monde de la publicité, et les ouvrages de son fondateur font toujours référence.

Labellisé « Jardin remarquable », le parc du château de Touffou, qui comporte notamment un splendide jardin en terrasse inspiré de la Renaissance italienne, est toujours entretenu par Herta Ogilvy. Le domaine accueille des séminaires internationaux toute l'année et ouvre ses portes aux visiteurs les samedi et dimanche entre avril et septembre. Prêtez l'oreille aux fantômes, ils vous chuchoteront des slogans ravageurs.

Château de Touffou, route de Touffou, 86300 Bonnes

CHARENTE

19

VERTEUIL-SUR-CHARENTE

Gare : Ruffec (7 km)

Cette localité aux allures médiévales qui s'étire le long de la Charente est le village natal d'**Eugène de Rastignac**, personnage de fiction qui apparaît dans plusieurs volumes de *La Comédie humaine* d'Honoré de Balzac. Le nom de famille de ce jeune provincial ambitieux, prêt à louvoyer pour parvenir à ses fins, est passé dans le langage courant pour désigner un arriviste mondain.

Les aventures de Rastignac débutent dans *Le Père Goriot*, publié en 1835. Alors jeune étudiant monté à la capitale, il y lance son célèbre défi à Paris depuis les hauteurs du Père-Lachaise : « À nous deux maintenant ! » Pour forger son personnage, Balzac se serait inspiré d'Adolphe Thiers, qui, sous la monarchie de Juillet, fut nommé président du Conseil à seulement 38 ans. Mais si Thiers était le fils d'un bourgeois marseillais, l'écrivain fait donc naître Rastignac en Charente, dans une famille noble de son invention dont « la terre n'est pas loin de Verteuil ». Placé à l'écart du village par l'écrivain, le château des Rastignac, lui aussi fictif, ne doit donc pas être confondu avec la forteresse bien réelle qui domine la Charente dans le centre du bourg, le château de Verteuil, fief de la famille de La Rochefoucauld – François de La Rochefoucauld, le célèbre moraliste du Grand Siècle, y rédigea ses mémoires. Devenu banquier, puis ministre et pair de France au fil des tomes de *La Comédie humaine*, Rastignac ne retourne jamais à Verteuil-sur-Charente. Cette ingratitude explique peut-être pourquoi aucun bar ni restaurant du village n'a choisi pour enseigne le nom scintillant du jeune aventurier. Notons qu'un autre personnage balzacien parti tenter sa chance à Paris, Lucien de Rubempré, le héros des *Illusions perdues*, est originaire de Charente, plus précisément d'Angoulême, que Balzac qualifie dans ce roman de « ville arriérée ». L'écrivain n'avait pour sa part aucun lien avec la région, pas même avec le village de Balzac, au nord d'Angoulême ; ses racines se situaient en Touraine.

20

CHASSENEUIL-SUR-BONNIEURE

Gare : Angoulême (33 km)

Le plus grand marchand de faux tableaux de l'histoire de l'art a terminé sa vie dans cette commune boisée aux portes de la Charente limousine. Dans les années 1960, le mystificateur **Fernand Legros** inonda d'œuvres contrefaites les musées et les collections de millionnaires texans, trompant de nombreux experts et même certains héritiers des peintres plagiés.

Il est tout aussi délicat de démêler le vrai du faux dans la biographie de ce mythomane de haut vol. Dans le portrait romancé que lui a consacré en 1975 l'écrivain Roger Peyrefitte, *Tableaux de chasse, ou la vie extraordinaire de Fernand Legros*, on lit que ce Français naturalisé américain, né en 1931, aurait été danseur des ballets de New York, petit ami de James Dean, étudiant à l'École du Louvre, agent secret de la CIA et même ambassadeur de plusieurs chefs d'État africains. Unique certitude : après avoir rencontré à la fin des années 1950 un faussaire de génie, le Hongrois Elmyr de Hory, dont il devint l'amant, Legros a écoulé au prix fort des centaines de faux Matisse, Modigliani ou Picasso peints par son complice. Identifiable à son chapeau texan, ses lunettes fumées, sa barbe noire et son manteau en peau de singe, ce grand charmeur se voyait comme le « Gene Kelly ou le Fred Astaire du monde des arts ». Son culot était sans limites et sa tactique imparable : pour se mettre un expert dans la poche, il commençait par lui soumettre des tableaux originaux ;

l'homme de l'art, que Legros bombardait de cadeaux et d'attentions, délivrait ensuite sans barguigner des brevets d'authenticité pour tous les faux présentés par l'escroc.

De premières plaintes de clients floués commencent toutefois à émerger au milieu des années 1960. Longtemps protégé par les authentifications obtenues des experts, l'aigrefin finit par être condamné à trois ans de prison avec sursis à la fin des années 1970. Ruiné, dépossédé par la justice de ses propriétés de Miami et d'Ibiza, Legros est alors recueilli par sa sœur aînée et son beau-frère dans leur modeste chalet planté sur une colline surplombant Chasseneuil. Le Franco-Américain, qui porte encore beau, impressionne vaguement les villageois.

Fasciné par son histoire, Hergé l'a pris pour modèle de l'escroc Endaddine Akass – nom qui, en dialecte bruxellois, signifie à peu près « Ça t'en bouche un coin ! » – dans son album *Tintin et l'Alph-Art*. Le génie de la BD laisse son œuvre inachevée à sa mort en mars 1983. Legros s'éteint un mois plus tard à Chasseneuil, à 52 ans, victime d'un cancer de la gorge. Une quinzaine de personnes assistent à son enterrement au cimetière communal. Ses secrets y reposent sous une sépulture d'une grande sobriété.

Cimetière, impasse de l'Âge, 16260 Chasseneuil-sur-Bonnieure

HAUTE-VIENNE

21

CHÂLUS

Gare : Bussière-Galant (8 km)

Du désert du Wadi Rum à la cité antique de Pétra, de nombreux tour-opérateurs proposent des circuits sur les traces de Lawrence d'Arabie en Jordanie. Beaucoup moins fréquenté, l'itinéraire de cyclotourisme « Dans la roue de Lawrence d'Arabie » serpente à travers le Périgord pour s'achever dans le Limousin. Avant de devenir un faiseur de rois en guidant la révolte arabe contre les Ottomans durant la Première Guerre mondiale, **Thomas Edward Lawrence** fut en effet un fondu de la petite reine qui sillonna la France à vélo. Le point d'orgue de sa Grande Boucle de l'été 1908 fut son étape à Châlus, où il fêta son vingtième anniversaire.

Le 15 juillet 1908, T. E. Lawrence débarque au port du Havre en tenant à la main un vélo noir à guidon recourbé de la prestigieuse marque Morris. Alors étudiant en histoire à Oxford, le jeune homme a prévu des vacances sportives et studieuses : pour nourrir un mémoire sur l'architecture militaire au Moyen Âge, il a tracé sur la carte de France un parcours de 3 500 kilomètres qui lui permettra de visiter une cinquantaine de châteaux forts et de cités fortifiées. *Via* la Bourgogne et la vallée du Rhône, l'endurant étudiant fait d'abord route vers la Méditerranée. En s'y baignant, non loin des remparts d'Aigues-Mortes, il ressent pour la première fois l'appel du Levant. Lawrence repart ensuite vers le nord en passant par le Midi puis l'ouest du Massif central. Dans le café d'un village du Tarn, cet ascète provoque la sidération des locaux en commandant… une carafe d'eau. À la mi-août, il atteint enfin le château qu'il souhaitait voir plus que tous les autres : celui de Châlus-Chabrol – à ne pas confondre avec celui, tout proche, de Châlus-Maulmont, dont les restes se trouvent au cœur du village –, devant lequel Richard Cœur de Lion, son idole, fut tué en 1199. Le roi d'Angleterre assiégeait cette possession du vicomte Adémar V de Limoges lorsqu'il fut mortellement atteint par un carreau d'arbalète. Très ému devant cette forteresse désormais en ruine qui fut fatale au Plantagenêt, l'étudiant d'Oxford passera plusieurs jours à étudier son architecture. Logeant dans le village au Grand Hôtel du Midi, il écrit à sa mère : « Il n'y a rien d'autre à voir à Châlus. » C'est là que, le 16 août, il fête son vingtième anniversaire. Il faudra encore trois semaines au jeune homme pour achever son périple, émaillé de crevaisons et d'attaques de chiens errants. Le 7 septembre, il reprend le bateau pour l'Angleterre à Saint-Malo.

L'été suivant, afin de compléter ses recherches sur les châteaux médiévaux, T. E. Lawrence embarque pour le Proche-Orient afin d'y visiter les forteresses construites par les croisés. Terrain sableux oblige, il n'a pas emporté son vélo, parcourant des centaines de kilomètres à pied, sous le soleil brûlant. Le jeune

homme développe alors une fascination pour cette terre et ses habitants, qui le conduira entre 1916 et 1918 à servir d'agent de liaison entre l'armée britannique et les Arabes en lutte contre la domination ottomane. Quelques années plus tard, il racontera ses aventures à travers le désert dans *Les Sept Piliers de la sagesse*, considéré par Winston Churchill comme l'une des plus grandes œuvres de langue anglaise jamais écrites, avant que le mythe de « Lawrence d'Arabie » ne soit consacré en 1962 par un film aux sept Oscars. Entre-temps, T. E. Lawrence est mort à 46 ans, en 1935, dans un accident de la route. Ironie du sort, c'est en voulant éviter deux jeunes cyclistes, alors qu'il chevauchait sa puissante moto Brough Superior sur une route du Dorset, qu'il commit une embardée fatale.
Sur la façade de l'ancien Grand Hôtel du Midi à Châlus, devenu le café-restaurant Le Sax'o, figure une plaque de granit noir inaugurée par un autre amoureux du vélo, le champion cycliste Raymond Poulidor, venu en voisin de son fief de Saint-Léonard-de-Noblat (voir ci-contre). Elle rappelle que « Thomas Edward Lawrence (1888-1935) a eu vingt ans dans cet immeuble avant d'accomplir son destin en Orient pour devenir Lawrence d'Arabie ». En 2015, la commune a commémoré en grande pompe les 80 ans de la disparition de l'aventurier par une grande parade avec chevaux arabes, dromadaires et villageois costumés à l'orientale.

Château de Châlus-Chabrol, chemin du Château, 87230 Châlus
Circuit à vélo « Dans la roue de Lawrence d'Arabie », départ à la gare de Castillon-la-Bataille, arrivée à Châlus. 400 km de parcours.
Le Sax'o, 10, place de la Fontaine, 87230 Châlus

22

SAINT-LÉONARD-DE-NOBLAT

Gare : Saint-Léonard-de-Noblat

Cette exquise cité médiévale n'a pas volé ses labels « Pays d'art et d'histoire » et « Plus beaux détours de France ». Le marchand d'art **Daniel-Henry Kahnweiler**, grand promoteur du cubisme, et le jeune Lucien Ginsburg, futur **Serge Gainsbourg**, s'y cachèrent des nazis sous l'Occupation. Dans la seconde moitié du XXe siècle, le philosophe **Gilles Deleuze** y passa toutes ses vacances dans la maison de famille de son épouse Fanny; il est enterré dans le cimetière communal. Au milieu de cette constellation trône le champion cycliste **Raymond Poulidor**, «éternel second» du Tour de France. La malédiction qui semblait frapper «Poupou» sur la Grande Boucle a durablement fait entrer le Miaulétou – tel est le nom des habitants de Saint-Léonard-de-Noblat – dans le cœur des Français.

Né en 1936, Raymond est d'abord promis au labour. Dans la ferme familiale de Champnétery, commune limitrophe de Saint-Léonard, il est réveillé à 4 heures du matin pour travailler la terre avant d'aller à l'école. Le jeune garçon déterre des topinambours par moins dix degrés, charrie des monceaux de fumier et pousse la charrue à bras des heures durant. Quand il n'a plus rien à faire, Raymond a encore assez d'énergie pour sillonner le pays à vélo, inspiré par ses grands frères qui participent à des courses cyclistes dans la région. À 17 ans, lui-même remporte sa première course, le «Grand Prix de Quasimodo» disputé à Saint-Léonard-de-Noblat. Amateur prometteur, Poulidor passe professionnel en 1960, à 24 ans. En regard des durs travaux de la ferme, il a durant la saison cycliste l'impression d'être toujours en vacances, choyé par les masseurs et descendant dans tous les Novotel de France. Plus que ses 189 victoires, ce sont ses échecs répétés au Tour de France qui vont faire de ce champion humble et généreux le sportif préféré des Français, bien plus aimé que son rival Jacques Anquetil, froid et dominateur.

Malgré le succès, celui que l'écrivain Antoine Blondin surnomma le «champion laboureur» est toujours resté fidèle à sa région. Après s'être marié à l'aube de sa carrière avec Gisèle, jeune postière de Saint-Léonard-de-Noblat, «Poupou» a résidé toute sa vie dans la commune. En 1968, il s'y fait construire un pavillon cossu, qu'il agrémente d'une salle à manger d'esprit Louis XV et d'un salon en cuir acquis à la force des mollets. Après la fin de sa carrière, le plus illustre des Miaulétous va chaque matin faire ses courses dans le centre du village, qu'il rallie sur son VTT en empruntant l'avenue qui porte son nom. Un hommage mérité pour celui qui a beaucoup œuvré pour la

notoriété de la commune, parvenant même à y attirer le Tour de France pour un départ d'étape en 2004.
Après la mort de Raymond Poulidor, en 2019, ses cendres ont été dispersées dans un endroit tenu secret, mais le cimetière de Saint-Léonard abrite une stèle à sa gloire, qui rappelle ses plus grandes victoires, dont Milan-San Remo en 1961 et la Flèche wallonne en 1963. Son pavillon, sis rue Léon-Jouhaux, est toujours habité par sa veuve. Non loin est érigée une statue du champion taillée dans un séquoia géant. À une quarantaine de kilomètres de Saint-Léonard, la route qui fait le tour du lac de Vassivière, l'un de ses anciens parcours d'entraînement désormais baptisé « Circuit Raymond Poulidor », vous fera découvrir des paysages parmi les plus spectaculaires du Limousin.

Cimetière, 25, chemin de la Grande-Écure,
87400 Saint-Léonard-de-Noblat
Circuit Raymond Poulidor, départ au parking d'Auphelle,
au début du chemin de l'Escale, 87470 Peyrat-le-Château

CREUSE

23

CHÂTELUS-LE-MARCHEIX

Gare : La Jonchère (15 km)

Ceint de hameaux perchés, ce village aux portes des gorges du Thaurion est l'épicentre de l'œuvre de l'écrivain **Pierre Michon**. Son récit culte *Vies minuscules*, devenu un classique de la littérature française contemporaine, a en effet pour cadre cette localité du triangle des Bermudes creusois, entre Guéret, La Souterraine et Bourganeuf.
Pierre Michon est né en 1945 dans le hameau des Cards, où se situait la ferme de ses grands-parents maternels. Dans *Vies minuscules*, son premier texte publié, qui est paru en 1984, il a fait de ce pays perdu une contrée mythologique, en transformant les destins obscurs de plusieurs de ses habitants en

vies de saints. Parmi eux, un vieil analphabète condamné par un cancer de la gorge, un curé vaincu par l'alcool officiant comme aumônier dans un hôpital psychiatrique, ou encore « la petite morte », la sœur aînée de Michon morte en bas âge, qu'il n'a jamais connue. À défaut de révéler l'adresse de la maison légendaire où l'écrivain a passé son enfance, et où il retourne encore de temps à autre, nous vous recommandons un monument voisin qui incarne parfaitement l'esprit de son œuvre : la lanterne des morts de Saint-Goussaud, un village limitrophe de Châtelus. Dans cet édicule édifié au XIIIe siècle, sorte de clocher miniature, on glissait jadis au crépuscule, suivant une antique tradition limousine, une lampe destinée à guider les âmes des défunts.
Mais le rayonnement littéraire de Châtelus-le-Marcheix ne se cantonne pas à l'œuvre de Michon. Ce mystérieux pôle d'attraction a aussi aimanté **Jean Echenoz**, qui fait figurer la commune dans son roman *Envoyée spéciale*, publié en 2016. **Michel Houellebecq** lui consacre même une vingtaine de pages dans son roman *La Carte et le Territoire*, prix Goncourt 2010. Il y prophétise un avenir radieux pour la commune, qui, d'ici peu, sera selon lui envahie par des citadins retournant à la terre et des touristes chinois. Dans la réalité, le livre a attiré dans les gîtes du coin un nombre non négligeable de fans du chantre du mal-être occidental. À l'occasion d'une visite dans le village, peu après la sortie de son roman, Houellebecq a été fait citoyen d'honneur de Châtelus.

Lanterne des morts, à la sortie nord-est du bourg,
23430 Saint-Goussaud

24

CROZANT

Gare : Saint-Sébastien (8 km)

Ce fier village perché sur un promontoire a donné son nom à un mouvement pictural, l'école de Crozant. En contrebas de la commune, la vallée de la Creuse, qui égrène méandres, ravins, éboulis de granit, landes, châteaux en ruine et moulins, a en effet subi pendant près d'un siècle un véritable raz-de-marée de peintres paysagistes.

Les premiers débarquent vers 1850 en même temps que le chemin de fer. Bientôt vont s'établir autour du village de véritables colonies de « pleinairistes », ces artistes qui plantent leur chevalet au milieu des champs. Au début de l'année 1889, **Claude Monet**, subjugué par les paysages creusois qui lui semblent « d'une sauvagerie terrible », peint des dizaines de tableaux dans la commune voisine de Fresselines. Malgré le froid qui lui provoque des engelures aux mains, il s'acharne à saisir au fil de la journée les transformations de la lumière au confluent de la Creuse et de la Petite Creuse. Mais le plus turbulent de ces envahisseurs sera le jeune **Francis Picabia**. Il débarque à Crozant à l'été 1909, au volant de sa rutilante voiture de course, écrasant quelques poules au passage. Snob, il prend de haut les barbons comme Armand Guillaumin, chef de file des impressionnistes creusois, et profite de son séjour pour basculer dans le cubisme. Sous son pinceau, les bords de la Creuse et de la Sédelle explosent en blocs géométriques aux contours épais. Suite au passage de cet Attila de la palette, et surtout à la construction en aval d'un barrage qui provoque une montée des eaux de la Creuse, bouleversant les paysages, les artistes vont peu à peu déserter Crozant et sa région au cours de l'entre-deux-guerres.

Au départ du village, de nombreux sentiers de randonnée emmènent aujourd'hui sur les traces des membres de l'école de Crozant. Non loin de l'église, l'hôtel Lépinat, où logeaient la plupart des peintres fraîchement débarqués de Paris, est devenu un musée retraçant l'histoire du mouvement.

Centre d'interprétation des peintres de la vallée de la Creuse - Hôtel Lépinat, 5, rue Armand-Guillaumin, 23160 Crozant

25

SARDENT

Gare : Guéret (17 km)

Ce décor grisâtre fut le berceau de la Nouvelle Vague. C'est à Sardent que **Claude Chabrol** tourna en 1958 *Le Beau Serge*, qui, avant *Les Quatre Cents Coups* et *À bout de souffle*, fut le tout premier film à révéler ce courant de jeunes réalisateurs français décidés à secouer le « cinéma de papa ». Mais le portrait sans fard que le cinéaste débutant brossa de cette commune rurale, sur fond d'alcoolisme et d'inceste, ne séduisit guère les habitants.

Au début de la Seconde Guerre mondiale, Claude Chabrol, petit Parisien de 10 ans, est envoyé par ses parents chez sa grand-mère maternelle à Sardent, où il restera jusqu'à la Libération. Il y participe à la création d'un ciné-club dirigé par le maire cinéphile, officiant comme projectionniste. À la fin des années 1950, après être devenu journaliste aux *Cahiers du cinéma*, c'est sur les lieux de son éveil au septième art que Chabrol va tourner son premier long-métrage, dont il a écrit le scénario. *Le Beau Serge* raconte l'histoire d'un jeune homme tuberculeux interprété par Jean-Claude Brialy, qui, après des années d'absence, retourne dans son village natal pour y soigner sa maladie. Il va tenter de sauver son ami d'enfance, Serge, devenu brutal et alcoolique, et sa jeune épouse, qui vient de perdre un enfant trisomique à la naissance. Une grande partie des habitants de Sardent apparaissent à l'écran comme figurants. À la sortie du film, ils sont révulsés par la peinture de leur village en enfer éthylique. Longtemps boudé par les locaux, Chabrol passera néanmoins tous ses étés dans la commune creusoise jusqu'à la fin de sa vie.

« Chez Bichette », le bistrot rustique où ont été tournées les nombreuses scènes avinées du film, a malheureusement fermé il y a peu. La maison de famille des Chabrol, accolée à l'ancien débit de boisson, place du Docteur-Vincent, est toujours fréquentée par les enfants du réalisateur, décédé en 2010. La rancœur du village n'est plus qu'un vieux souvenir : un espace culturel inauguré il y a quelques années porte le nom de Claude Chabrol.

26

VALLIÈRE

Gare : Aubusson (14 km)

Il aura vraiment fallu que **Johnny Hallyday** tombe fou amoureux pour se laisser convaincre de vivre à la campagne. Au début des années 1980, le rocker entame une liaison avec la comédienne **Nathalie Baye**, qui possède une résidence dans ce village du parc naturel régional de Millevaches. Johnny va alors surprendre ses fans en tournant dans un film de Godard, *Détective*, et en séjournant régulièrement dans la Creuse. Les moments paisibles que le chanteur passe à Vallière constituent une pause bienvenue dans sa vie mouvementée. Ici, la bête de scène se contente d'aller chercher du bois pour alimenter la cheminée de sa maison et de pêcher la truite. Il achète sa viande à la boucherie de Jean-Marc et Odette ; dans l'arrière-boutique, il prend des apéros qui se prolongent au point que sa compagne doit souvent appeler le commerçant pour faire rentrer son homme à la maison. Johnny a un vrai coup de foudre pour la région, comme en témoigne cette déclaration pour la télévision locale : « La Creuse est encore un endroit qui n'est pas surfait, où on peut vivre plus ou moins libre, il y a plein de coins où on peut faire de la moto et puis la viande est bonne. » L'idole des jeunes fait même la promotion des produits du coin : lors d'une de ses tournées sont proposés à la vente 12 000 gâteaux creusois, une spécialité à base de noisettes, qu'il a commandés chez un pâtissier local. Après sa rupture avec Nathalie Baye, en 1986, Johnny ne retournera plus dans la Creuse. Mais il gardera dans le cœur cette terre qui, avec ses grands espaces et ses habitants authentiques, fut un peu son Amérique à lui.

CORRÈZE

27

SAINT-CHAMANT

Gare : Tulle (21 km)

Durant l'Occupation, **André Malraux** fit preuve de goût en choisissant pour refuge le château de cette commune boisée dans le pays d'Argentat.

Mobilisé comme soldat de deuxième classe et fait prisonnier par l'armée allemande en juin 1940, l'écrivain s'évade et rejoint, plutôt que son épouse Clara, son amour passionné Josette Clotis, une femme de lettres et journaliste qu'il a rencontrée huit ans plus tôt dans les couloirs de la maison Gallimard. À peine l'a-t-il retrouvée qu'elle accouche de leur premier enfant, Gauthier. Après deux années heureuses sur la Côte d'Azur, André, Josette et leur fils s'installent en décembre 1942 au château de Saint-Chamant – à ne pas confondre avec son homonyme situé dans le Cantal. L'auteur quadragénaire, devenu une icône des lettres françaises grâce au succès de son roman *La Condition humaine*, paru en 1933, puis à son engagement aux côtés des républicains durant la guerre d'Espagne, trouve dans le village corrézien une quiétude propice à l'écriture. Dans son château dominant le bourg, il rédige son ultime roman, *Les Noyers de l'Altenburg*, et entame *Le Démon de l'absolu*, une biographie de Lawrence d'Arabie. Malraux découvre aussi les plaisirs gastronomiques de la région, à commencer par les noisettes et les tartes au citron. Il se roule des cigarettes avec des feuilles de topinambour macérées au miel et tombe sous le charme du vin de Noah, une production locale interdite à la vente, car elle a la réputation de rendre fou. Durant ce séjour radieux, Josette donne naissance à un second fils, Vincent, dont le parrain sera l'écrivain Pierre Drieu la Rochelle, bien que ce vieil ami de Malraux ait alors basculé dans la collaboration intellectuelle avec l'occupant.

Non loin de Saint-Chamant, l'auteur de *L'Espoir* retrouve un couple d'amis, l'essayiste Emmanuel Berl et son épouse la chanteuse Mireille, dans le bourg d'Argentat, où ces derniers se cachent en raison de leur judéité. La petite bande fait la course à bicyclette ; bon dernier, Malraux accuse son vélo. Mireille lui commande des textes pour ses chansons. Paralysé par l'exercice, l'écrivain ne parviendra jamais à aller au-delà de ces deux vers : «Aimer sous les arbres d'hiver / Sous les arbres d'été.»

Lorsque Malraux fait une entrée tardive dans la Résistance, en mars 1944, rejoignant un réseau implanté en Dordogne, Josette Clotis reste à Saint-Chamant avec leurs deux garçons. En novembre, elle raccompagne sa mère, venue lui rendre visite, à la gare du village, depuis détruite. Après l'avoir installée dans son train, Josette glisse du marchepied en descendant de la voiture en marche et tombe sur les rails sous les yeux de ses fils. Les jambes broyées par les roues de la voiture suivante, elle meurt quelques jours plus tard à l'hôpital de Tulle. Comme si ce malheur ne suffisait pas, ses fils Gauthier et Vincent Malraux périront dans un accident de voiture en 1961, respectivement âgés de 20 et 18 ans.

Au vu de cette triste malédiction, on ne saurait trop vous conseiller de vous replier sur le château de l'autre Saint-Chamant, à un peu plus de 60 kilomètres, d'autant que, contrairement à l'ancienne résidence d'André Malraux, lui est ouvert à la visite en été.

28

SARRAN

Gare : Égletons (12 km)

En révélant au monde entier l'institution locale de la tête de veau sauce gribiche, **Jacques Chirac** a mis la Corrèze sur la carte de France. Et plus particulièrement Sarran, son fief, au pied du plateau de Millevaches. Le village compte 275 habitants et un musée pharaonique à la gloire de l'ancien président de la République. Bienvenue en chiraquie !

Né à Paris, en 1932, de parents corréziens, le jeune Chirac renoue une première fois avec la terre de ses ancêtres durant l'Occupation. Sa famille ayant fui la capitale, il fréquente pendant trois ans l'école de Sainte-Féréole, près de Brive-la-Gaillarde, où ses camarades le surnomment «l'arbalète», en hommage à sa vivacité. De retour à Paris à la fin de la guerre, il devient, après Sciences Po puis l'ENA, un jeune espoir du parti gaulliste. Pour sa première candidature aux élections législatives, en 1967, le Premier ministre Georges Pompidou lui conseille de se présenter à Paris; Chirac choisit la Corrèze. Élu de justesse face au candidat communiste, le député d'Ussel va devenir le champion de la France profonde. «Serre-la-louche», comme le surnomment les Corréziens, est accueilli comme un prince dans n'importe quelle ferme, où il connaît les prénoms des vaches. Pour parfaire son ancrage local, Chirac achète en 1969, avec son épouse Bernadette, le château de Bity, sur la commune de Sarran, ce qui lui vaut cette remarque acerbe de Georges Pompidou: «Quand on prétend faire de la politique, on s'arrange pour ne pas avoir de château, sauf s'il est dans la famille depuis au moins Louis XV.» Le jeune secrétaire d'État à l'Économie et aux Finances ne s'en émeut guère. Sur la terrasse de sa propriété, il joue au ping-pong en chemise hawaïenne. Dans le village, il fréquente le bar-épicerie de Gisèle Chezalviel, avec un penchant pour la bière Allary et la Diège, un apéritif local. Le décor de cette institution sarranaise, située en face de l'église, n'a pas bougé depuis les premières visites du jeune loup gaulliste.

Tout au long de son ascension politique, de Matignon à l'Élysée en passant par la mairie de Paris, Jacques Chirac écumera son fief corrézien durant le week-end, ne s'arrêtant que pour manger, une activité sacrée. Parmi les restaurants favoris de l'homme politique, à qui il arrivait de faire la bise à toutes les femmes présentes avant de s'attabler, citons Le Pêcheur de Lune, à Corrèze, commune voisine de Sarran. Dans cette auberge qui sert toujours la légendaire tête de veau, le couple Chirac avait une place réservée près de la cheminée. Le secret de la ligne svelte du président? Jamais de dessert. Bernadette, pour sa part, s'interdit le fromage.

Le château de Bity étant difficile à chauffer, le couple s'installe en hiver à l'hôtel de la Séniorie, à Corrèze. Dans cet ancien pensionnat de jeunes filles, Bernadette Chirac, elle-même élue conseillère générale du canton de Corrèze, a invité Hillary Clinton au printemps 1998, pour un séjour plein de complicité entre premières dames.

Le 15 décembre 2000, Jacques Chirac a inauguré à Sarran le musée qui porte son nom. L'imposant bâtiment conçu par l'architecte Jean-Michel Wilmotte conserve près de 5 000 cadeaux protocolaires reçus par le président de la République au cours de ses deux mandats, entre 1995 et 2007. Parmi les joyaux de la collection, une paire de santiags offerte par Bill Clinton, une mallette en peau de buffle du Zimbabwe, un monstrueux poisson naturalisé – un cœlacanthe – reçu de la République des Comores, une carabine Winchester incrustée de diamants provenant d'Arabie Saoudite ou, plus modeste, un réveille-matin Mickey offert par une petite fille à l'occasion de sa réélection à l'Élysée en 2002. La passion de l'ancien président pour le Japon n'a pas été oubliée : dans une salle thématique, on peut notamment admirer une ceinture d'apparat de sumotori et des assiettes sur lesquelles le premier des Corréziens est représenté avec les yeux bridés. Mais le clou de la visite reste la mythique Citroën CX Prestige blindée dans laquelle Jacques Chirac traversa triomphalement Paris le soir de son accession à l'Élysée, le 7 mai 1995.

Le Pêcheur de Lune, 2, place de la Mairie, 19800 Corrèze
Musée du Président Jacques-Chirac, 4, route du Musée, 19800 Sarran

29

SAINT-YBARD

Gare : Uzerche (6 km)

Au cœur de la vallée de la Vézère, **Simone de Beauvoir** traversa les étés de sa jeunesse dans la demeure familiale de Meyrignac, sur la commune de Saint-Ybard. Ses promenades dans le jardin idyllique de la propriété ont joué un rôle majeur dans l'éveil de sa sensibilité.

Née en 1908, Simone grandit à Paris dans une famille bourgeoise. Chaque année, la jeune fille attend impatiemment les grandes vacances pour pouvoir rejoindre ce domaine enchanté en compagnie de sa sœur Hélène : « Dès que j'arrivais à Meyrignac, les murailles s'écroulaient, l'horizon reculait [...].

Je m'évaporais dans l'azur, je n'avais plus de bornes», racontera-t-elle dans ses *Mémoires d'une jeune fille rangée*. Meyrignac appartient à son grand-père, Ernest de Beauvoir, qui y a aménagé un parc paysager peuplé d'arbres d'origines variées, cèdres, wellingtonias, hêtres pourpres, araucarias ou encore arbres nains du Japon. Un décor merveilleux où la jeune Parisienne apprend les noms des arbres, des fleurs et des oiseaux. Libérée de la surveillance de ses parents, restés à Paris, elle noue un lien sensuel avec la nature. Ivre de liberté, Simone marche pieds nus dans la campagne, se baigne dans la Vézère et fait des roulades sur le gazon. Au fil de l'été, elle séjourne également chez une tante au château de la Grillère, à une vingtaine de kilomètres au nord de Saint-Ybard, sur la commune de Saint-Germain-les-Belles en Haute-Vienne. Entre deux parties de croquet, un jeu dont Simone ne se lasse jamais, une cousine délurée lui décrit les organes sexuels masculins en les comparant à ceux des chiens du domaine. C'est là encore que, bien des années plus tard, un matin de l'été 1929, la même cousine viendra lui glisser à l'oreille qu'un homme l'attend devant le château. Bien qu'allergique à la campagne, **Jean-Paul Sartre** est venu de Paris rejoindre celle qu'il a rencontrée quelques mois plus tôt à la Sorbonne, alors que tous deux préparaient l'agrégation de philosophie – Simone vient d'être reçue deuxième du concours, derrière Jean-Paul. Comme la morale ne l'autorise pas à être accueilli chez la tante de Simone, le futur grand-prêtre de l'existentialisme est descendu dans un hôtel de Saint-Germain-les-Belles. Les amoureux se donnent rendez-vous en cachette dans les champs, mais les morceaux de pain et de fromage que la jeune femme grappille à la cuisine pour nourrir son soupirant attirent bientôt les soupçons. Informé de cette liaison, le père de Simone vient trouver le prétendant, lui ordonnant de rentrer à Paris. Le jeune homme restera une semaine de plus.

Cet été, celui de ses 21 ans, sera le dernier passé en Limousin par Simone, qui ne reverra jamais plus la Grillère ni Meyrignac. Mais elle n'oubliera jamais les vacances champêtres de sa jeunesse, qui ont joué un rôle décisif dans l'émancipation de la future autrice du *Deuxième Sexe* (1949), l'ouvrage fondateur du féminisme.

Le domaine de Meyrignac, qui appartient aujourd'hui au petit-neveu de Simone de Beauvoir, est ouvert au public chaque premier week-end de juin, à l'occasion de la manifestation nationale des «Rendez-vous aux jardins». Sous un vieux catalpa, on peut encore voir la table de jardin en fer où la jeune fille rangée faisait ses devoirs de vacances. À quelques kilomètres de là, depuis l'ancienne gare d'Uzerche, vous pourrez emprunter le long de la Vézère le sentier «Sur les pas de Simone de Beauvoir», un parcours de 5 kilomètres ponctué de panneaux frappés de citations de l'écrivaine.

Domaine de Meyrignac, 19140 Saint-Ybard
Promenade «Sur les pas de Simone de Beauvoir»,
départ depuis la place de la Petite-Gare, 19140 Uzerche

30

CHABRIGNAC

Gare : Objat (9 km)

L'existence de **Nam Phuong**, la dernière impératrice du Vietnam, a connu un basculement radical lorsqu'elle s'installa dans cette commune du bassin de Brive, où elle passa ses dernières années.
Née en 1913 dans une petite ville de Cochinchine, l'une des composantes de l'Indochine française, Jeanne Marie-Thérèse Nguyen est la fille de riches propriétaires terriens vietnamiens de confession catholique, qui l'élèvent à l'européenne. À 12 ans, la jeune fille est envoyée faire ses études à Paris, au couvent des Oiseaux. De retour en Indochine, elle est présentée à Bao Dai, le jeune empereur du Vietnam, dont le pouvoir, au sein de la colonie française, est purement honorifique. Ébloui par la beauté de «Mariette», ce dernier l'épouse en 1934. La jeune femme, qui accède au trône sous le nom de Nam Phuong («Parfum du Sud»), donnera cinq enfants à l'empereur. Vite confrontée aux infidélités d'un mari essentiellement porté sur les femmes, les voitures de sport et la chasse, l'impératrice n'entend pas se contenter de son rôle de mère et se pique de

politique. Sensible au sort de ses sujets, elle multiplie les œuvres sociales et se rallie bientôt à la cause indépendantiste, sans pour autant renier sa francophilie. Mais après le départ des Français au terme de la guerre d'Indochine, en 1954, le nouveau gouvernement vietnamien ne veut plus du couple impérial. Bao Dai et son épouse s'exilent à Cannes. Trois ans plus tard, Nam Phuong, qui ne supporte plus les aventures de son mari ni le harcèlement des paparazzis, se réfugie au cœur de la campagne française avec ses enfants. Grâce à l'héritage de ses parents, elle acquiert à Chabrignac le domaine de la Perche, une propriété de 160 hectares qui la console un peu d'avoir dû abandonner les vastes terres de sa famille. Son voisin agriculteur met un point d'honneur à l'appeler « Majesté ». Devenue quasiment sourde après avoir connu des problèmes d'audition dès le début de son mariage, l'impératrice de Corrèze mène une vie simple et recluse, même si de méchants ragots lui prêtent une liaison avec son kinésithérapeute. Loin des raffinements de son ancien palais de Hué, l'altesse déchue développe une passion pour la charcuterie et les spécialités régionales comme la farcidure – des boules de pomme de terre – ou la bréjaude – une soupe au lard et aux légumes. En 1962, elle marie dans le village sa fille Phuong Lien, qui épouse un banquier bordelais. Un an plus tard, à l'âge de 49 ans, Nam Phuong meurt d'une diphtérie foudroyante dans sa propriété. Bao Dai fera le déplacement à Chabrignac pour assister à l'enterrement de son épouse dans le cimetière communal.

Sa pierre tombale porte une inscription en idéogrammes qui signifie : « Ci-gît l'Impératrice du Grand Sud. » La sollicitude de Nam Phuong pour son peuple n'a pas été oubliée : de nombreux Vietnamiens de France viennent toujours en pèlerinage sur sa tombe. Pour consoler l'impératrice de son exil éternel, ils y déposent parfois un chapeau conique traditionnel de paysan vietnamien.

Cimetière, 12, avenue de la République, 19350 Chabrignac

31

AUBAZINE

Gare : Aubazine-Saint-Hilaire

L'association du nom de **Coco Chanel** à la rugueuse Corrèze ne relève pas de l'évidence. Et pourtant, bien avant de bouleverser les codes de l'élégance féminine avec ses petites robes noires et ses tailleurs en tweed, la future couturière a passé son adolescence dans ce village des environs de Brive, au cœur d'un décor de collines boisées.

Née en 1883 de parents camelots en mercerie, Gabrielle Chasnel perd sa mère à l'âge de 11 ans, alors que sa famille est de passage en Corrèze. Elle est alors abandonnée par son père qui la place, ainsi que ses deux sœurs, à l'orphelinat de filles de l'abbaye d'Aubazine. Les sœurs de la congrégation du Saint-Cœur de Marie s'y sont donné pour mission de préparer les jeunes paysannes du cru à une vie de labeur, afin de les soustraire aux mirages de la ville et à la prostitution. Entre le cloître glacial et la ferme attenante, Gabrielle s'occupe des poules, des porcs et des vaches tout en s'initiant au maniement de l'aiguille auprès des religieuses. Elle apprend à ourler une serviette, broder une nappe, élargir ou rétrécir une jupe. Mais c'est surtout le cadre austère et grandiose de l'abbaye cistercienne du XIIe siècle qui marque profondément la sensibilité de celle qu'on surnommera « la reine du genre pauvre ». Son goût pour la couleur noire lui viendrait de la teinte des hautes portes du dortoir. Les lignes sobres du bâtiment aux murs beiges, ainsi que les habits noir et blanc des sœurs nourriront aussi son style. Et c'est un vitrail millénaire de l'église abbatiale, composé de « C » entrelacés, qui aurait soufflé à la couturière son célébrissime monogramme. Quelques dévots de la maison Chanel ont même cru discerner le chiffre 5, celui de son illustre parfum, dans un pavement en mosaïque de galets blancs. D'autres fanatiques vont jusqu'à affirmer que le bouchon du flacon de la fragrance mythique trouve son origine dans la forme octogonale du clocher de l'église. Si vous êtes chanelophile, vous établirez assurément d'autres troublantes correspondances lors de votre visite à Aubazine.

Gabrielle Chasnel a quitté l'abbaye à 18 ans pour s'installer chez une tante à Moulins, dans l'Allier, où elle devint couseuse. Neuf ans plus tard, en 1910, l'ambitieuse jeune femme ouvre à Paris, rue Cambon, sa propre maison de couture, après avoir supprimé le « s » de son patronyme et abandonné son prénom pour son surnom de Coco. Le succès ne tardera pas. Devenue une icône mondiale de la mode, la « Grande Mademoiselle » gardait un assez bon souvenir de son enfance difficile. On raconte qu'en descendant dans le Midi en Cadillac elle s'arrêtait parfois à Aubazine pour rendre visite aux sœurs.

L'abbaye d'Aubazine, dont l'orphelinat a fermé ses portes en 1965, est ouverte à la visite. Sa noble architecture fondée sur le nombre d'or, le spectaculaire escalier de granit qui surplombe l'abbatiale ou encore la forêt de chaises antiques dans la nef de l'église se révèlent assez fascinants. Vous pourrez même découvrir l'ancien dortoir de l'orphelinat, situé dans les combles. En ressortant, ne manquez pas de vous promener le long du Canal des moines, taillé dans la roche au Moyen Âge pour acheminer jusqu'au monastère l'eau du ruisseau Coiroux. Une curiosité très appréciée en leur temps par la petite Gabrielle et ses camarades.

Abbaye, 11, voie communale du 8-Mai-1945, 19190 Aubazine
Canal des moines, départ de la promenade depuis la place centrale d'Aubazine

DORDOGNE

32

MONTIGNAC

Gare : Condat-Le Lardin (11 km)

La grotte de Lascaux évoque un dessin de Sempé dans lequel un homme préhistorique, visitant une caverne ornée d'art pariétal, déclare à l'auteur des peintures : « C'est très bon ce que vous faites, mais elle est très mal placée votre galerie. » Implantée dans le flanc d'une colline calcaire et boisée de la rive gauche de la Vézère, la « chapelle Sixtine de la préhistoire » se situe en effet loin des grands axes de circulation. Elle n'en constitue pas moins un carrefour très attractif et souvent fantasmé.

La grotte est découverte en septembre 1940 par une bande d'adolescents de Montignac lorsque leur chien, poursuivant un lapin, s'engage dans un trou qui se révèle constituer l'entrée d'une cavité aux fresques fabuleuses. Aussitôt classée monument historique, ouverte à la visite en 1948, Lascaux a depuis fasciné des légions d'artistes du monde entier. On prête ainsi souvent à **Pablo Picasso** cette réflexion, qu'il aurait prononcée après avoir visité la grotte : « J'ai enfin trouvé mon maître ! » Si la citation est sans doute apocryphe, rien ne prouvant d'ailleurs que l'Espagnol a fait le déplacement à Montignac, les peintures d'animaux datant d'environ 16 000 avant Jésus-Christ ont bien influencé son style, comme en témoignent notamment les encornures de ses taureaux. Le site a aussi enflammé la plume de nombreux écrivains, à l'image de **Georges Bataille**, qui lui a consacré un essai, ou d'**André Malraux**. Dans ses *Antimémoires*, ce dernier prétend y avoir caché des armes au printemps 1944, alors qu'il faisait partie d'un réseau de Résistance basé en Dordogne. Il décrit la grotte remplie de mitraillettes, de parachutes rouges et bleus et de maquisards s'agitant sous le regard des aurochs et des cerfs. Une scène tout droit sortie de l'imagination fertile de l'écrivain, car une porte a été posée pour fermer la cavité peu après sa découverte, dont seul le conservateur des lieux possédait la clé durant la Seconde Guerre mondiale. Seule certitude : on doit à Malraux, après qu'il fut devenu ministre des Affaires culturelles, la fermeture définitive de Lascaux au public, en 1963. Les peintures commençaient depuis plusieurs années à se couvrir d'algues vertes et d'un voile calcaire dus à la respiration des dizaines de milliers de visiteurs s'y pressant chaque année. La grotte réserve depuis ses merveilles aux chercheurs et à de rares personnalités. André Malraux y a ainsi fait sa première visite avérée en 1967. En 1990, c'est au tour d'un autre équipage halluciné de connaître ce privilège. L'écrivain allemand **Ernst Jünger**, alors âgé de 95 ans, et l'inventeur du LSD, le chimiste suisse **Albert Hofmann**, s'y enfoncent dans les origines de l'art. De fait, le passage étroit par lequel s'achève

la grotte, qui semble aspirer les animaux des parois, donnerait presque l'impression d'évoluer dans un rêve sous acide.
Pour tous ceux auxquels se refuse la rarissime dérogation permettant de visiter le chef-d'œuvre originel, des répliques ont été construites, Lascaux II au début des années 1980, puis Lascaux IV, qui a ouvert ses portes fin 2016. Pour vous remettre de cet émouvant voyage à la source de notre humanité, vous pourrez vous restaurer, dans la rue principale de Montignac, au Relais du Soleil d'Or, qui a notamment accueilli Albert Hofmann, Georges Bataille, François Mitterrand ou le Premier ministre anglais Anthony Eden après leur visite de la grotte.

—

Lascaux IV – Centre international de l'art pariétal,
avenue de Lascaux, 24290 Montignac
Le Relais du Soleil d'Or,
16, rue du Quatre-Septembre, 24290 Montignac

33

TOURTOIRAC

Gare : Thenon (16 km)

Malgré le charme indéniable de ce village situé au nord-est de Périgueux, le premier souverain d'Araucanie et de Patagonie aurait sûrement préféré terminer ses jours dans son royaume. Avant d'être contraint à un exil qui s'acheva à Tourtoirac, le Périgourdin Antoine de Tounens a régné pendant deux ans sur un territoire à cheval entre le Chili et l'Argentine, sous le nom d'**Orélie-Antoine Ier**.
Né en 1825 à Chourgnac, une commune limitrophe de Tourtoirac, le futur souverain est le fils d'un boucher aisé. Après le baccalauréat, Antoine de Tounens devient avoué à Périgueux. Pour échapper à une vie monotone, il rêve d'aventure et découvre au cours de ses lectures l'existence des Mapuches, un peuple autochtone d'Amérique du Sud, vivant dans le sud des Andes. Après avoir résisté aux Incas puis aux conquistadors, ce groupe de tribus amérindiennes, resté de fait indépendant en ce milieu du XIXe siècle, voit alors son territoire, l'Araucanie, assailli

par les armées des jeunes États du Chili et de l'Argentine. Dans la mythologie mapuche, une prophétie fait état de l'arrivée prochaine d'un roi blanc. Le juriste périgourdin décide qu'il sera celui-là et qu'il aidera les Mapuches à préserver leur indépendance. Après avoir vendu sa charge d'avoué, il embarque en 1858 sur un paquebot à destination du Chili.

Une fois parvenu en Araucanie, Tounens obtient la confiance de plusieurs chefs mapuches, auxquels il promet de fournir des armes. Les caciques en font leur *toqui*, leur « chef de guerre », avant que l'ancien avoué périgourdin ne fonde à l'automne 1860 le royaume d'Araucanie et de Patagonie, dont il se proclame le souverain sous le nom d'Orélie-Antoine Ier. Après deux ans de règne sur ce territoire grand comme cinq fois la France, entre l'océan Pacifique, l'Atlantique et le détroit de Magellan, Antoine de Tounens est arrêté par les autorités chiliennes pour trouble à l'ordre public. Déclaré fou lors de son procès, il est enfermé à l'asile d'aliénés de Santiago. Rapatrié en Europe grâce à l'intervention du consul de France, le roi déchu s'installe à Paris où il établit une petite cour, distribuant titres et décorations. Mais le gouvernement français ne répond pas à ses appels à le rétablir sur son trône, et ses nouvelles expéditions vers l'Amérique du Sud sont de cuisants échecs. En 1876, Orélie-Antoine Ier est ramassé inconscient dans une rue de Buenos Aires et rapatrié vers la France. De retour en Dordogne, malade et ruiné malgré la vente de brevets d'un ordre de chevalerie de sa création, il est hébergé à Tourtoirac par son neveu boucher. Le souverain trépasse dans le village le 17 septembre 1878, à l'âge de 53 ans. Il est enterré dans le cimetière communal.

Mais le royaume d'Araucanie et de Patagonie a survécu à son fondateur, du moins dans l'esprit de ses nombreux admirateurs, qui se disputent depuis sa succession. Le titre de « chef de la maison royale araucanienne » n'étant pas héréditaire mais électif, il donne lieu, à la mort de chaque souverain, à des luttes fébriles entre prétendants pour se faire désigner par le conseil du royaume. Après la disparition en 2017 d'Antoine IV – l'éducateur spécialisé Jean-Michel Parasiliti pour l'état civil –, c'est un spécialiste d'héraldique, Frédéric Luz, qui est parvenu à s'imposer à la tête du gouvernement araucanien en exil. « Frédéric Ier » a depuis effectué plusieurs visites à Tourtoirac, devenu la capitale par substitution du royaume évanoui, notamment à l'occasion de la fête nationale araucanienne, célébrée chaque 19 août dans le village. Dans les rues pavoisées aux couleurs de l'Araucanie, en bleu, blanc et vert, on célèbre alors la patronne du royaume, sainte Rose de Lima, avant d'aller rendre un hommage à Orélie-Antoine Ier sur sa tombe. Parmi les autres lieux de mémoire disséminés dans le village, le dernier logis du souverain, qui se trouvait au-dessus de la boucherie de son neveu, est signalé par une plaque. De l'autre côté de la rue, devant le mur de l'abbaye Saint-Pierre-ès-Liens, son buste de bronze regarde passer les voitures. Tourtoirac compte encore un musée consacré à son règne, ouvert en été. On peut y voir les portraits officiels d'Orélie-Antoine Ier et des souvenirs comme sa couronne royale ornée d'une pierre orangée provenant des rives du fleuve Bio-Bio. Peut-être croiserez-vous dans le village des Indiens Mapuches. Des membres de cette communauté, qui regroupe aujourd'hui près d'un million de personnes, se rendent fréquemment dans le Périgord pour rendre hommage à celui qui tenta, en vain, de sauvegarder leur indépendance. Ainsi que pour remercier ses successeurs, qui, à travers l'ONG Auspice Stella, apportent une aide matérielle aux Mapuches et défendent même leurs droits à l'ONU, l'association disposant depuis 2013 d'un statut consultatif auprès du Conseil économique et social des Nations unies.

Musée des Rois d'Araucanie et de Patagonie, Jardin de l'abbaye, Le Bourg, 24390 Tourtoirac

34

THIVIERS

Gare : Thiviers

Allergique au verdoiement de la nature, **Jean-Paul Sartre** a souvent manifesté son dégoût pour la France rurale. Dans *Les Mots*, récit qui évoque ses premières années, l'écrivain et philosophe n'est ainsi pas tendre avec Thiviers, où il passa une partie de son enfance. En retour, ce haut lieu du foie gras dans le

Périgord vert boude toujours un peu le souvenir de l'intellectuel existentialiste.

Né à Paris en 1905, le futur écrivain passe les premiers mois de sa vie à Thiviers, fief de sa famille paternelle. Il a un an à peine lorsque son père, polytechnicien et officier de marine, y décède d'une fièvre jaune rapportée d'Indochine. Durant toute sa jeunesse, Jean-Paul passera des vacances chez ses grands-parents du Périgord. Dans leur maison, face à la pharmacie, l'ambiance est polaire. Le grand-père, médecin de campagne, n'adresse jamais la parole à sa femme, ne communiquant avec elle que par signes. Croyant avant de l'épouser qu'elle était la fille d'un riche propriétaire périgourdin, il a découvert au lendemain de la noce qu'elle était en réalité désargentée et ne le lui a jamais pardonné. Les enfants du village ne sont guère plus accueillants : son fort strabisme de l'œil droit vaut au petit Jean-Paul le surnom de « Birœil » – bigleux, en patois. Dans *Les Mots*, publié en 1964, Sartre éreinte Thiviers et sa « triste grand-rue ». Un quart de siècle plus tôt, dans ses *Carnets de la drôle de guerre*, il s'en était déjà pris à ses habitants, ces « croquants limousins, les derniers des hommes, arriérés, obtus, âpres au gain et misérables », encore qualifiés de « gens méfiants et laids, sales pour la plupart ».

Objet du ressentiment sartrien, Thiviers est pourtant le lieu de son premier coup de foudre. En 1925, lors des obsèques d'une jeune cousine, le normalien de 20 ans tombe en arrêt devant une autre de ses cousines, Simone Jollivet, une Toulousaine à peine plus âgée que lui, qui lui évoque un tableau de la Renaissance italienne. Entre Toulouse et Paris, il entame avec cette jeune fille cultivée et fantasque une liaison houleuse faite de disputes, de ruptures incessantes mais aussi de complicité intellectuelle. Premier « petit juge » des écrits de Sartre, avant Simone de Beauvoir, Simone Jollivet servira de modèle au personnage féminin de *La Nausée* (1938), l'œuvre qui fit accéder le jeune professeur de philosophie à la notoriété. Après leur rupture, elle deviendra la compagne et l'assistante du comédien et metteur en scène Charles Dullin, qui incitera Sartre à écrire pour le théâtre. Quand, à la mort de Dullin, Simone sombre dans la misère, l'alcoolisme et la folie, son ancien amant la soutient financièrement, ce qu'il fera jusqu'à sa mort. L'écrivain sera moins fidèle au village qui l'a vu grandir. Devenu un intellectuel

mondialement réputé, il ne reviendra jamais à Thiviers, laissant à l'abandon dans le cimetière du village le caveau des Sartre.
Dans *Les Mots*, on lit que le jeune Jean-Paul Sartre, à 9 ans, rêvait d'une avenue parisienne à son nom, mais aussi de squares et de places en province. Il aura donc été bien ingrat avec Thiviers, qui a exaucé son vœu en baptisant une esplanade à son nom. Non loin de cette placette, au 14 rue Jean-Jaurès, la maison familiale porte une plaque commémorative signalant l'endroit où grandit «Jean-Paul Sartre, prix Nobel de littérature 1964». Cet intitulé serait-il une petite vengeance de la part de la municipalité ? L'écrivain, rétif à tout honneur, avait en effet fermement refusé ce prix et détestait voir son nom accolé à cette distinction.

35

CHÂTEAU-L'ÉVÊQUE

Gare : Château-l'Évêque

Cette austère bourgade proche de Périgueux, hantée de sombres légendes et de superstitions, a nourri l'œuvre fantasmatique de la «reine des décadents». Aujourd'hui largement oubliée, **Rachilde** fut un personnage clé du monde littéraire de la Belle Époque, qui brava les tabous et interdits de son temps pour ouvrir la voie à une génération de femmes écrivains.
Marguerite Eymery est née en 1860 dans la belle propriété familiale du Cros (le «trou» en patois), au sud de la commune de Château-l'Évêque. Sa mère, une riche héritière passionnée de spiritisme, est dépressive et sombre peu à peu dans la folie. Son père, un officier de cavalerie qui rêvait d'avoir un fils, élève sa fille unique comme un garçon. Il en fait une cavalière émérite, lui enseigne le maniement de l'épée et du pistolet. Toute sa vie, Marguerite se plaira à brouiller les frontières du féminin et du masculin. La jeunesse solitaire de la future écrivaine est aussi baignée par un climat de sorcellerie. Une nuit, l'adolescente va décrocher avec son père un loup mourant cloué par les villageois sur le tronc d'un vieux chêne. Cette atmosphère lui inspire ses premiers écrits, des contes fantastiques. À 15 ans, Marguerite

envoie un texte à Victor Hugo, qui lui fait cette brève réponse : « Remerciements, applaudissements. Courage, Mademoiselle. » *L'Écho de la Dordogne* publie bientôt l'un de ses contes. L'autrice de 17 ans l'a signé du pseudonyme de Rachilde, le nom d'un gentilhomme suédois du XVIe siècle dont l'esprit, assure-t-elle, lui dicte ses écrits.

À sa majorité, elle gagne Paris et publie en 1884 *Monsieur Vénus*, un roman qui connaît un grand retentissement. Relatant la liaison d'une femme virile avec un homme efféminé, ce texte impressionne vivement Oscar Wilde mais scandalise la critique. L'autrice, qui porte les cheveux courts et s'habille volontiers en homme, fait inscrire sur sa carte de visite « Rachilde. Homme de lettres », ce qui ne l'empêche pas de se marier à 29 ans avec un écrivain et éditeur, Alfred Vallette. Le couple fonde *Le Mercure de France*, une influente revue littéraire se doublant d'une maison d'édition qui publiera notamment des débutants nommés Gide, Apollinaire et Colette. Rachilde tient aussi un salon littéraire où elle reçoit ses amis Verlaine, Mallarmé ou Jules Renard. Mais elle ne néglige pas son œuvre. Outre une soixantaine de romans versant dans la zoophilie, le vampirisme ou la nécrophilie, elle publie en 1928 un pamphlet intitulé *Pourquoi je ne suis pas féministe*, dans lequel elle déplore l'inculture des femmes. Signalons encore deux textes lucifériens cosignés dans les années 1920 avec un jeune homme du nom de Francisco Manuel Homem Cristo Filho, qui est alors son amant malgré leurs trente ans d'écart. Cet intrigant Portugais qui convie le Tout-Paris à de fastueux banquets est en réalité un agent fasciste à la solde de Mussolini. Son arrière-petit fils Guy-Manuel de Homem-Christo se fera connaître comme la moitié du duo de musique électronique Daft Punk.

Rachilde, qui se retira peu à peu du monde des lettres après la mort de son mari, en 1935, est morte dans la gêne et l'oubli à Paris en 1953, à l'âge de 93 ans. À Château-l'Évêque, le Cros, l'ancienne propriété de ses parents, est toujours visible, signalé par une plaque dans le chemin du Cros. Derrière la grille rouillée, on s'attend à voir surgir le fantôme d'une jeune cavalière en habit d'homme, vous toisant de son regard hautain.

36

DOMME

Gare : Sarlat (11 km)

Perchée sur un plateau et ceinte de remparts, cette bastide médiévale domine superbement la vallée de la Dordogne. Domme, avec ses vieilles maisons jaune miel, attira l'écrivain **François Augiéras**, ange vagabond dont l'œuvre onirique et sauvage a suscité l'admiration de Gide, Yourcenar, Camus ou, plus récemment, Sylvain Tesson. En « dernier primitif », il a vécu à la fin de sa vie dans une caverne en contrebas de la commune.
Né en 1925 à Rochester aux États-Unis, fils d'un pianiste français mort deux mois avant sa naissance et d'une peintre sur porcelaine d'origine polonaise, Augiéras passe son enfance à Paris puis à Périgueux, où résident ses grands-parents paternels. Quittant l'école à 13 ans, il mènera une vie d'errance et d'écriture entre la France, la Grèce et le Sahara. Des aventures qui nourrissent une œuvre inclassable, mêlant rejet de la civilisation occidentale, lyrisme panthéiste et évocation de ses penchants pour les très jeunes gens. Écrivain maudit et sans le sou, l'auteur du *Vieillard et l'enfant* (1949), un récit inspiré par ses relations avec un oncle incestueux, retourne entre deux voyages dans le pays de sa jeunesse, cet « étrange Périgord, si proche de l'Asie ». À la fin des années 1960, après plusieurs séjours à l'hôpital de Périgueux, il s'installe à Domme, dont il fréquente l'hospice avant de se réfugier dans une grotte proche du château du Roy, qui surplombe un méandre de la Dordogne. Lui seul en connaît l'entrée. Il vole des cierges et de l'encens à l'église de Domme pour éclairer sa caverne et la transformer en un sanctuaire païen. Pour habiller les parois de sa cachette, le reclus peint d'immenses étoffes. Son accoutrement, bottes de cavalier et bonnet de cuir relevé sur les bords, lui donne l'air d'un conquérant mongol. Pour invoquer les forces surnaturelles, Augiéras joue du tambourin et de la flûte. Il crée même, avec un bidon, des cordes et une planche, un étrange instrument de musique pensé comme une machine permettant de revenir au commencement des mondes. L'écrivain vagabond se

nourrit de thé, de sel et de beurre, mais aussi d'orties, une plante dans laquelle il voit « le haschisch d'Europe ». Son mode de vie marginal fait l'objet d'une surveillance lointaine de la gendarmerie. Une méfiance qui va s'assouplir après la publication dans la presse locale d'un article révélant son statut d'auteur révéré par une partie du milieu des lettres parisien. L'écrivain raconte son expérience rupestre dans *Domme ou l'essai d'occupation*, où il explique ne pas détester les hommes, mais simplement ne rien comprendre aux « affaires humaines ». Ce manuel de survie mystique recèle une trouble histoire d'amour platonique avec la fille du chaudronnier de Domme, âgée de 15 ans.

Rongé par la malnutrition, une maladie cardiaque et la solitude, François Augiéras meurt en 1971, à l'âge de 46 ans, dans un hospice pour indigents de Périgueux. Trois personnes assisteront aux obsèques de l'ermite, qui repose au cimetière de Domme sous une stèle misérable où son patronyme a été gravé avec maladresse. Malgré la création en 2010 d'un prix littéraire Augiéras, attribué chaque année lors du salon du livre de Champcevinel, près de Périgueux, l'homme et son œuvre continuent de susciter un intérêt très limité chez les Dommois.

Cimetière, rue du Repos, 24250 Domme

37

CASTELNAUD-LA-CHAPELLE

Gare : Sarlat (14 km)

Surplombant ce village-carte postale de la supra-touristique vallée de la Dordogne, le château de Castelnaud abrite un musée de la guerre au Moyen Âge, qui expose moult arbalètes et catapultes. À l'écart du bourg, un peu plus loin sur le fleuve, le château des Milandes fut pour sa part un temple de l'amour et du glamour. C'est ici que l'icône des Années folles **Joséphine Baker** s'installa avec sa colonie d'enfants de toutes origines. La première star planétaire à la peau noire a fait de Castelnaud-la-Chapelle la « capitale de la fraternité universelle ».

Née en 1906 dans le Missouri, Joséphine Baker débarque à

Paris en 1925, peu après ses débuts de danseuse à Broadway. Vêtue d'une simple ceinture de bananes, elle se produit au sein de la *Revue nègre*, où sa « danse sauvage », au rythme des tambours, déchaîne les fantasmes. La jeune Américaine devient une immense vedette, s'essayant aussi à la chanson, avec le grand succès *J'ai deux amours* (1930), puis, de façon moins concluante, au cinéma. C'est en 1937 qu'elle s'installe au château des Milandes. Après l'avoir loué pendant une dizaine d'années au médecin du paquebot *Normandie*, rencontré pendant une traversée Le Havre-New York, elle finira par l'acheter en compagnie de son quatrième mari, le compositeur et chef d'orchestre Jo Bouillon. Dans cette forteresse datant de 1489, rehaussée au début du XXe siècle d'éléments néo-gothiques et néo-Renaissance, la star va installer sa tribu « arc-en-ciel ». Après la Seconde Guerre mondiale, Joséphine, qui ne peut avoir d'enfants, a en effet adopté douze petits orphelins rencontrés au gré de ses tournées : deux Japonais, un Finlandais, un Colombien, une Vénézuélienne, un Ivoirien, deux Algériens, une Marocaine et trois Français, dont un petit Noël découvert dans une poubelle un 25 décembre. Entendant prouver que « toutes les races peuvent vivre ensemble dans une harmonie parfaite », cette proche de Martin Luther King va faire de Castelnaud un « village du monde », une « capitale de la fraternité » ouverte aux touristes humanistes, où elle installe l'un des premiers parcs d'attractions de France, des huttes africaines ou encore une reconstitution du gouffre de Padirac. Mais le gouffre sera aussi financier. Joséphine, dont la carrière bat de l'aile la cinquantaine venue, engloutit toute sa fortune dans cette extravagante utopie. Malgré une campagne de soutien menée par Brigitte Bardot, qui lance à la télévision un appel à la générosité des Français, le domaine des Milandes est saisi et vendu aux enchères en 1968. L'artiste parvient à demeurer quelques mois de plus au château, mais le nouveau propriétaire, peu versé dans la fraternité universelle, finit par l'expulser au printemps 1969. Désespérée, la Vénus d'ébène passe une dernière nuit devant son château aux portes closes, prostrée sur les marches du perron. Elle sera recueillie par la princesse Grace de Monaco, qui met à sa disposition une demeure sur la Côte d'Azur, à Roquebrune-Cap-Martin, pour y élever sa tribu. Au printemps 1975, l'artiste

remontera sur scène, à Bobino, pour fêter ses cinquante ans de carrière devant un parterre en extase où l'on trouve notamment Alain Delon, Mick Jagger, Sophia Loren ou le général de Boissieu, gendre du général de Gaulle. Après quatorze représentations, Joséphine Baker décède d'une hémorragie cérébrale, à 68 ans. Les honneurs militaires sont rendus à celle qui, durant la Seconde Guerre mondiale, fut un agent de la France libre, profitant de ses tournées pour transmettre des messages secrets qu'elle cachait dans ses partitions musicales.
Depuis l'automne 2021, l'artiste résistante et militante antiraciste, qui avait obtenu la nationalité française par mariage, repose au Panthéon. Sa précédente résidence, le château des Milandes, qui appartient désormais à la famille des ex-propriétaires du grand vignoble bordelais de Cheval Blanc, est ouvert à la visite. Il contient un musée consacré à la danseuse. À côté de sa sublime salle de bains Art déco noir et or, on trouve un dressing où sont conservées quelques-unes de ses tenues : un kimono de Paul Poiret, couturier phare de la Belle Époque, la combinaison de moto blanche qu'elle arbora lors de son ultime spectacle, son uniforme de l'armée de l'air, dans laquelle elle s'engagea après le débarquement de Normandie… et bien sûr l'une de ses mythiques ceintures de (fausses) bananes qui enflammèrent le public parisien. Sur un mur est affichée cette réflexion du réalisateur Francis Veber : « Si Adam l'avait connue, il aurait croqué une banane. »

Château de Milandes, accès depuis la D53 à l'entrée ouest du village, 24250 Castelnaud-la-Chapelle

38

TRÉMOLAT

Gare : Trémolat

L'académicien André Maurois a vu dans ce village médiéval du Périgord noir « une anthologie complète des grâces de notre province ». Réputé pour les prodigieux panoramas qu'il offre sur un méandre de la Dordogne, Trémolat est aussi connu pour avoir accueilli en 1969 le tournage du *Boucher* de Claude Chabrol, film dans lequel Jean Yanne interprète «Popaul», un tueur de jeunes femmes. Quinze ans plus tôt, un individu à peine plus recommandable était déjà venu pimenter la légende de cette sage localité.

Ouvert aux voyageurs depuis 1952 dans le centre du village, le charmant hôtel du Vieux Logis, un ancien prieuré, a été l'un des premiers établissements affiliés à l'association Relais & Châteaux. C'est là que, à la fin d'une belle journée de l'été 1954, la réceptionniste, habituée à accueillir des couples bourgeois en goguette dans la vallée de la Dordogne, voit surgir un type chauve, pieds nus et le torse bronzé comme un caramel, simplement vêtu d'un short douteux et tenant une fille sous le bras. Dans un français peu châtié mâtiné d'un fort accent américain, l'énergumène réclame une chambre confortable. La très stricte employée lui tend le registre avec dégoût afin qu'il y inscrive son nom, avant de demander discrètement à son patron de traiter à sa place avec ce va-nu-pieds. Décryptant un «H. Miller» sur le registre, le père Giraudel, une masse de cent trente kilos affublée d'une barbichette blanche, file dans sa bibliothèque chercher quelques livres pour les montrer au visiteur. Lui demandant s'il est leur auteur, **Henry Miller**, il s'entend répondre, d'une voix de stentor: «Yes, I am!» Il s'agit bien du sulfureux écrivain américain, l'auteur de *Tropique du Cancer* et *Tropique du Capricorne*, romans qui firent scandale dans les années 1930 pour leurs descriptions explicites des relations sexuelles du narrateur. Lorsqu'il les écrivit, le New-Yorkais était installé à Paris; voyageant en France, Miller avait alors connu une illumination quasi mystique en découvrant la Dordogne. «Cette grande et pacifique région de France est destinée à demeurer éternellement un lieu sacré pour l'homme, et lorsque la grande ville aura fini d'exterminer les poètes, leurs successeurs trouveront ici un refuge et berceau», a-t-il écrit en 1941 dans *Le Colosse de Maroussi*.

Reparti vivre aux États-Unis au début de la Seconde Guerre mondiale, l'écrivain fait donc au milieu des années 1950 son grand retour sur les rives de la Dordogne. Il descend alors le fleuve en canoë, «pour regarder le Périgord sous ses jupes». Pensant d'abord ne faire qu'une halte d'une nuit à Trémolat, Miller reste finalement près d'un mois dans le cocon du Vieux Logis. De retour en Amérique, il évoquera encore souvent le Périgord, qu'il ne reverra pas avant sa mort en 1980, à Los Angeles. Depuis la venue de l'auteur de *Sexus*, le Vieux Logis a accueilli des présidents de la République, des souverains européens et un grand nombre de personnalités du show business. Mais à en croire l'ancien propriétaire Bernard Giraudel, qui eut de longues discussions avec l'écrivain américain lors de son séjour dans l'établissement alors tenu par ses parents, aucun de ces hôtes de marque ne rivalisait avec Henry Miller en termes d'aura. Derrière sa toison de vigne vierge, et malgré une légère touche *bling* destinée à séduire la clientèle américaine, le décor de la vieille maison de famille est pratiquement inchangé depuis les années 1950. Installée dans un ancien séchoir à tabac, la salle à manger du restaurant gastronomique dégage un charme fou. Dans la chambre qu'occupa Henry Miller, la numéro 4, avec sa grande cheminée en pierre de taille et son armoire éléphantesque, vous aurez tout loisir de méditer cette réflexion du romancier : « Il se peut qu'un jour la France cesse d'exister, mais la Dordogne survivra, tout comme les rêves dont se nourrit l'âme humaine. »

Le Vieux Logis, centre-ville, 24510 Trémolat

LOT-ET-GARONNE

39

SAINT-FRONT-SUR-LÉMANCE

Gare : Villefranche-du-Périgord (10 km)

Sur le territoire de ce village aux confins de l'Agenais, du Périgord et du Quercy, le château de Bonaguil accueillit en 1975 le tournage du film *Le Vieux Fusil*, avec Romy Schneider et Philippe Noiret. À partir du XVe siècle, ce fut le fief des seigneurs de Roquefeuil, qui en firent une forteresse imprenable. Bonaguil a même résisté aux assauts de la richissime dynastie américaine des **Rockefeller**, qui prétendirent un temps descendre des Roquefeuil.

Après avoir commencé sa carrière comme assistant comptable, John D. Rockefeller devint à la fin du XIXe siècle l'homme le plus riche de son temps en exerçant, à la tête de la Standard Oil Company, un quasi-monopole sur l'industrie pétrolière américaine. Poursuivant l'activité philanthropique de son père, son héritier John Jr. s'intéressa beaucoup à la France : dans les années 1920, il finança la reconstruction de la cathédrale de Reims détruite par les combats de la Grande Guerre et sauva le château de Versailles de la ruine. Quelques décennies plus tard, Nelson Rockefeller, petit-fils du patriarche et futur vice-président des États-Unis sous la présidence de Gerald Ford, voulut lier plus étroitement encore son nom à l'histoire de France. À la fin des années 1960, il engagea les meilleurs généalogistes afin de prouver que sa famille descendait des seigneurs de Roquefeuil, dont le nom aurait été anglicisé pour donner Rockefeller. La dynastie pétrolière entendait ainsi se rattacher à cet illustre clan aristocratique originaire du Rouergue, qui posséda à la fin du Moyen Âge une vingtaine de châteaux, du Périgord jusqu'à la région de Carcassonne. Joyau de cette collection, l'imposante forteresse de Bonaguil aurait constitué une vitrine idéale pour symboliser la puissance des Rockefeller. Hélas, les spécialistes recrutés par le milliardaire furent incapables d'exhumer la moindre preuve établissant le lien entre les deux dynasties. Nelson Rockefeller fit alors une offre sonnante et trébuchante aux Roquefeuil pour accréditer malgré tout la filiation. Cette proposition heurta les aristocrates français et le dossier fut définitivement refermé. Selon de nombreux généalogistes, la dynastie pétrolière américaine descendrait en réalité d'un paysan allemand émigré aux États-Unis qui répondait au patronyme de Roggenfelder, ce qui signifie « champ de seigle ».
Les membres actuels de la famille Rockefeller ne sont donc pas invités aux fourmillantes cousinades des Roquefeuil, mais rien ne les empêche de visiter le château de Bonaguil. Propriété de la commune voisine de Fumel depuis le XIXe siècle, il est ouvert tous les jours de mars à octobre.

Château de Bonaguil, 47500 Saint-Front-sur-Lémance

40

THÉZAC

Gare : Monsempron-Libos (11 km)

Cette flegmatique commune aux confins du Quercy blanc fut l'écrin de l'un des projets les plus audacieux de l'art conceptuel : durant une trentaine d'années, le peintre franco-polonais **Roman Opalka** y poursuivit une œuvre qui consistait à peindre sans fin des nombres par ordre croissant.

C'est en 1965, alors qu'il attend sa compagne dans un café de Varsovie, que l'artiste a l'idée de matérialiser l'écoulement du temps sur la toile. Alors âgé de 34 ans, il se lance dans une série intitulée *Opalka 1965/1 à l'infini*, qui, comme l'indique son titre, l'occupera jusqu'à sa mort. Parti du 1, il remplit de grands tableaux de nombres qui se suivent, peints en blanc sur fond noir. Parvenu à « 1 000 000 » en 1972, il fait évoluer son projet en ajoutant 1 % de blanc à la peinture noire de son fond à chaque fois qu'il entame une nouvelle toile ; à partir de 2008, il ne peindra plus que des nombres blancs sur un fond blanc, ce qu'il appelle le « blanc mérité ».

En 1976, Opalka quitte la Pologne pour retrouver la France, où il avait passé les quatre premières années de sa vie. Trois ans plus tard, il s'installe avec sa seconde épouse, Marie-Madeleine, dans le manoir-forteresse du hameau de Bazérac, sur la commune de Thézac. Dans sa petite vallée isolée, l'artiste mène une vie monacale, entièrement consacrée à l'accomplissement de son œuvre. D'un naturel solitaire, il fréquente peu ses voisins, qui n'ont pas gardé de lui le souvenir d'un gai luron. Pour faire plaisir à son épouse, il lui arrive toutefois de poser son pinceau le temps d'une promenade en forêt.

Grâce au rapport intime qu'il avait noué avec le temps, Roman Opalka, grand lecteur de Parménide, Bergson ou Heidegger, se montrait serein face à la perspective du grand départ : « Je n'atteindrai jamais la mort parce que je n'apprendrai jamais que je suis mort. » Le reste de l'humanité a appris le décès de l'artiste le 6 août 2011. Laissant inachevée la 228e toile de sa série, il était arrivé au nombre 5 607 249.

OCCITANIE

LOT

1 SAINT-CÉRÉ
2 GLUGES
3 CANIAC-DU-CAUSSE
4 CAJARC
5 SAINT-CIRQ-LAPOPIE
6 MONTCUQ

TARN-ET-GARONNE

7 DURFORT-LACAPELETTE

GERS

8 CONDOM

HAUTES-PYRÉNÉES

9 RABASTENS-DE-BIGORRE
10 SAINT-MARTIN
11 LORTET

ARIÈGE

12 LASSERRE
13 SAINT-MARTIN-D'OYDES

HAUTE-GARONNE

14 BEAUMONT-SUR-LÈZE

TARN

15 SORÈZE

AUDE

16 RENNES-LE-CHÂTEAU

PYRÉNÉES-ORIENTALES

17 VERNET-LES-BAINS
18 LE BOULOU
19 PORT-VENDRES

HÉRAULT

20 MARSEILLAN

GARD

21 LE-GRAU-DU-ROI
22 LE CAILAR
23 SOMMIÈRES
24 BROUZET-LÈS-QUISSAC
25 SAUVE
26 SAINT-ROMAN-DE-CODIÈRE
27 SAINT-ANDRÉ-DE-VALBORGNE
28 THOIRAS
29 PONT-SAINT-ESPRIT

LOZÈRE

30 AUROUX

AVEYRON

31 VERSOLS-ET-LAPEYRE

« BOUGNAT CONNECTION » TOUR

32 MUR-DE-BARREZ
33 LAGUIOLE
34 SAINTE-EULALIE-D'OLT
35 SAINT-AMANS-DES-COTS
36 PAILHEROLS

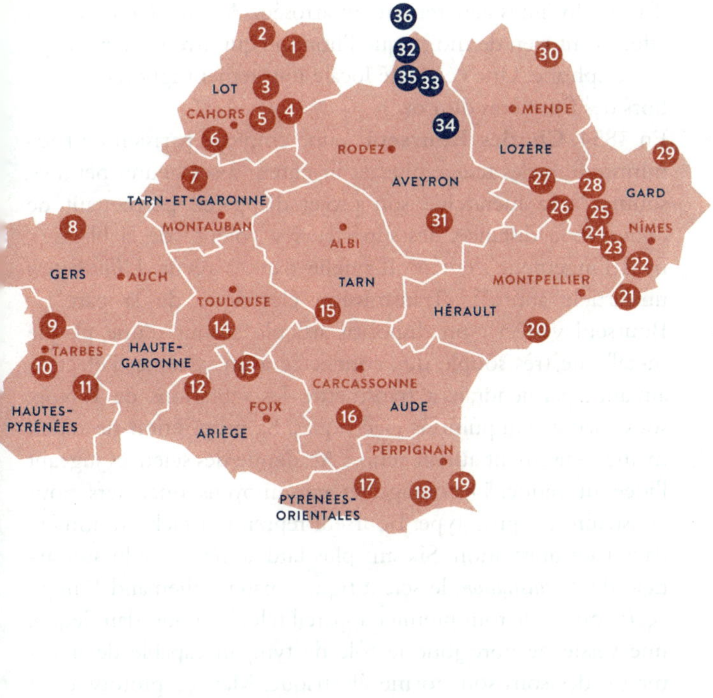
36
2
1
32
35
33
30
LOT
3
CAHORS
4
5
MENDE
34
6
RODEZ
LOZÈRE
29
7
AVEYRON
27
28
GARD
TARN-ET-GARONNE
26
25
MONTAUBAN
31
NÎMES
24
23
8
ALBI
22
GERS
AUCH
TARN
MONTPELLIER
21
TOULOUSE
15
HÉRAULT
9
14
20
TARBES
HAUTE-
GARONNE
10
13
12
CARCASSONNE
11
FOIX
AUDE
HAUTES-
PYRÉNÉES
16
ARIÈGE
PERPIGNAN
17
19
18
PYRÉNÉES-
ORIENTALES

LOT

1

SAINT-CÉRÉ

Gare : Bretenoux-Biars (10 km)

Cette cité médiévale, au cœur de laquelle le cours capricieux de la Bave fut au XVIIe siècle divisé en plusieurs canaux, mérite bien mieux que d'être qualifiée de « petite Venise », comme tant d'autres localités généreusement arrosées. À Saint-Céré s'est en effet éteint rien de moins que l'homme qui inventa le principe du téléphone. Une célébrité locale injustement ignorée en dehors des frontières du Lot.

En 1854, **Charles Bourseul**, jeune employé parisien de l'administration des télégraphes et inventeur à ses heures perdues, soumet à sa hiérarchie son projet d'appareil permettant de converser à distance. Ses supérieurs y voient « de la blague », mais l'ingénieur s'entête. Il publie dans la revue *L'Illustration* un article intitulé «Transmission électrique de la parole » : Bourseul y décrit un dispositif articulé autour d'une plaque métallique très souple qui, connectée à un système d'électro-aimants, parviendrait à transmettre les vibrations de la voix sous forme d'impulsions électriques. Sa proposition ne reçoit malheureusement aucun écho, l'Académie des sciences jugeant l'idée utopique. Découragé, et sans moyens financiers pour construire un prototype, Bourseul reprend sa tâche routinière dans l'administration. Six ans plus tard, après avoir lu son article de *L'Illustration*, le scientifique amateur allemand Philipp Reis conçoit le tout premier appareil téléphonique, dans lequel une vessie de porc joue le rôle de tympan capable de transmettre des sons sous forme électrique. Mais ce prototype est tout autant ignoré que l'article de Bourseul, et le premier brevet concernant le téléphone ne sera finalement déposé qu'en 1876 par l'ingénieur écossais Alexander Graham Bell, avant que les perfectionnements apportés au microphone par l'inventeur américain Thomas Edison ne permettent une amélioration décisive de l'appareil. En pleine gloire, Bell et Edison rendront publiquement hommage à Charles Bourseul, ce « génie méconnu » dont ils se sont inspirés pour leurs travaux. Au même moment, le Français, après avoir lentement gravi les échelons de son administration, termine sa carrière à Cahors comme directeur des Postes et Télégraphes du Lot. S'il est finalement reconnu en 1889 comme l'inventeur du téléphone par le gouvernement français, Bourseul ne sortira pas de l'anonymat. À la fin de sa vie, il s'installe auprès de ses filles à Saint-Céré, dans la villa Les Buissonnets, avenue Victor-Hugo, où il s'éteint à l'automne 1912. Cette année-là, on compte 12 millions d'appareils téléphoniques en service dans le monde, dont 8 millions aux États-Unis.

Charles Bourseul est inhumé dans une chapelle familiale aisément repérable au centre du cimetière de Saint-Céré. La commune préfère célébrer ce glorieux inconnu plutôt que le plus fameux enfant du pays, le sulfureux Pierre Poujade, dont la révolte antifiscale et antiparlementaire a fait trembler la IVe République au milieu des années 1950. Outre une avenue, une place porte le nom de Bourseul, au milieu de laquelle s'élève une statue à son effigie. Sur le socle, on peut lire : « À Charles Bourseul, inventeur français du téléphone dont l'œuvre appartient au monde et le souvenir à St Céré. » Un génie doublement visionnaire ? Penché sur sa fameuse plaque vibrante, qu'il porte dans la main droite, le Bourseul de bronze donne en effet l'étrange impression de consulter un smartphone.

Cimetière, allée du Cimetière, 46400 Saint-Céré

2

GLUGES

Gare : Saint-Denis-près-Martel (6 km)

Au pied de hautes falaises de calcaire creusées par la Dordogne, ce hameau situé sur le territoire de la commune de Martel a connu les faveurs d'**Édith Piaf**. La petite chanteuse à la santé fragile, qui venait souvent en convalescence chez des amis résidant à Cressensac, à une vingtaine de kilomètres de Gluges,

s'était prise d'affection pour ce village et son église Notre-Dame-de-l'Immaculée-Conception, où elle aimait aller prier la Vierge. Un soir de juillet 1953, « la Môme » engage la conversation avec le curé. Celui-ci déplorant le triste état de l'édifice, Piaf lui propose de participer au financement de nouveaux vitraux. À une condition : que personne ne le sache de son vivant. L'abbé Delbos tiendra sa promesse. C'est seulement à la mort d'Édith Piaf, en octobre 1963, au cours d'une messe dite en sa mémoire, qu'il révélera aux villageois la générosité de la chanteuse.
Située place Édith-Piaf, cette église XIXe a moins de charme que la chapelle romane Saint-Pierre-ès-Liens toute proche. Mais une fois à l'intérieur, les reflets du vitrail situé au-dessus de l'entrée vous feront, comme de juste, voir la vie en rose.

—

Église Notre-Dame-de-l'Immaculée-Conception,
place Édith-Piaf, Gluges, 46600 Martel. L'église est habituellement fermée, mais on peut la visiter en appelant le 06 72 53 03 10

3

CANIAC-DU-CAUSSE

Gare : Gramat (22 km)

Ce discret village du parc naturel régional des Causses du Quercy fut au cœur de l'une des plus sensationnelles affaires littéraires. Une supercherie qui permit au romancier **Romain Gary** d'obtenir le Goncourt à deux reprises, au mépris du règlement du prestigieux prix.
Le natif de Vilnius, qui a passé son adolescence à Nice dans les années 1930 avant de devenir un héros de la France Libre, reçoit une première fois le prix Goncourt en 1956 pour son roman *Les Racines du ciel*. L'écrivain, qui est aussi diplomate, est alors consul général de France à Los Angeles, où il nouera une liaison passionnée et médiatique avec l'actrice américaine Jean Seberg. En 1974, lassé d'être réduit à son personnage public d'écrivain baroudeur et séducteur, Gary choisit, pour se redonner une virginité littéraire, de publier son nouveau roman,

Gros-Câlin, sous le pseudonyme d'Émile Ajar. Il charge le fils de sa cousine germaine, un certain **Paul Pavlowitch**, dont il est proche, d'incarner l'auteur inconnu. L'éditeur du livre présente ce nouvel écrivain, dont il ne fournit aux médias qu'une photo floue, comme un « sauvage » ayant fui la société après avoir exercé d'innombrables petits métiers, dont ceux de standardiste, plombier ou camionneur. Soit une description fidèle du parcours chaotique de Pavlowitch, un trentenaire qui vit alors à Caniac-du-Causse, où il élève des chèvres dans une bergerie appartenant à Gary. Mais lorsque le roman suivant d'« Émile Ajar », *La Vie devant soi*, obtient le prix Goncourt l'année suivante, la presse est décidée à percer le mystère de son identité. Des journalistes du *Point* mènent une enquête qui finit par les conduire à Caniac-du-Causse. Ils y surprennent Pavlowitch en train de bêcher devant sa bergerie. Si le jeune homme, qui reconnaît être un parent de Romain Gary, assure être l'auteur de *La Vie devant soi*, beaucoup le suspectent de n'être que le prête-nom de son cousin. Mais ce dernier s'enferre dans le déni et le doute subsiste. Il faudra attendre 1981, et la publication d'un texte posthume de Gary, quelques mois après son suicide d'une balle de revolver tirée dans la bouche, pour que la vérité éclate. De son côté, Paul Pavlowitch a par la suite tenté une authentique carrière littéraire, signant quelques ouvrages restés confidentiels. Il a également enseigné en prison. L'ex-homme de paille aujourd'hui grand-père habite toujours la bergerie aux volets bleus de Caniac-du-Causse, sur le bord de la route au lieu-dit Jouany, là où il fut découvert il y a près d'un demi-siècle par les limiers de la presse parisienne.

4

CAJARC

Gare : Figeac (25 km)

Dans cette petite cité médiévale de la vallée du Lot ont défilé les sommités les plus variées : un temps surnommé « le Saint-Tropez du Lot », ce bled un peu *bling* a vu naître une écrivaine à succès, accueilli un président de la République en

villégiature et servi de planque à une illustre mère maquerelle. C'est encore à Cajarc que Coluche a situé son fameux sketch du Schmilblick, parodie du jeu télévisé animé par Guy Lux en direct de la France profonde.
Enfant, la future **Françoise Sagan** dévore les classiques de la littérature dans le grenier de la maison située au 45 boulevard du Tour-de-Ville. Née en 1935 dans cette demeure bourgeoise appartenant à ses grands-parents maternels, celle que l'état civil connaît sous le nom de Françoise Quoirez grandit entre Paris et Cajarc, où elle passe toutes ses vacances. «Kiki», ainsi que la surnomme sa famille, y fréquente une bande de garçons avec lesquels elle joue aux cow-boys et aux Indiens, se bagarre, visite des maisons abandonnées, abat des grives à la fronde et joue au tiercé au tabac du coin. Devenue célèbre à 18 ans grâce au succès teinté de scandale de son premier roman, *Bonjour Tristesse*, publié sous le pseudonyme de Sagan en référence à un personnage proustien, la première écrivaine *people* restera fidèle à Cajarc. Dans les années 1970, elle y descend au volant de rutilants bolides décapotables, en compagnie de son grand amour secret, la styliste Peggy Roche, et de sa bande d'amis, parmi lesquels Juliette Gréco et les danseurs Zizi Jeanmaire et Jacques Chazot. Dans la maison d'enfance de la romancière, la troupe de noceurs se livre à de folles soirées arrosées de Dry Martini, avant de se réveiller à midi pour aller pique-niquer sur les bords du Lot.
La sœur aînée de Françoise, Suzanne Quoirez, mariée au fondateur de la chaîne d'hypermarchés Carrefour, a elle aussi continué à fréquenter la localité à l'âge adulte. Au début des années 1960, c'est elle qui fait découvrir Cajarc au futur président de la République **Georges Pompidou** et à **son épouse Claude**, dont elle est proche. Séduit, le couple rachète en 1962 une vieille ferme sur le causse, le plateau dominant Cajarc et la vallée du Lot, au hameau de Prajoux. Rénovant les bâtiments avec soin, les Pompidou se font aussi construire une bergerie contemporaine. Pendant que Claude se promène à cheval sur le causse, son mari descend en 2 CV à Cajarc pour participer aux réunions du conseil municipal, au sein duquel il siège de 1965 jusqu'à son accession à l'Élysée, quatre ans plus tard. Devenu président, Georges Pompidou reviendra se reposer plusieurs

fois par an à Cajarc, jusqu'à son décès en cours de mandat, en avril 1974.
Trois mois plus tard, dans la petite commune encore endeuillée, un voisin des Pompidou au hameau de Prajoux, **Jacques Quoirez**, le frère de Françoise Sagan, va causer un certain émoi. Lors du bal du 14 juillet, ce playboy fêtard et flambeur provoque la sidération des Cajarcois en débarquant à bord d'une Mini Moke rouge vif remplie de splendides créatures en minijupe. En cet été 1974, Jacques Quoirez a invité **Madame Claude** dans sa maison sur le causse afin d'aider la célèbre proxénète parisienne à rédiger ses mémoires, et quelques-unes des « filles » de cette dernière ont également fait le voyage. De son vrai nom Fernande Grudet, Madame Claude dirige alors un réseau de prostitution de luxe qui fournit tout le gratin en « amies d'un soir ». Elle aussi conquise par Cajarc, la maquerelle rachète dans le hameau de Gaillac une ferme où elle vient se reposer, souvent accompagnée de quelques-unes de ses « pensionnaires », auxquelles elle apprend à se comporter en vraies femmes du monde. Certains villageois se souviennent d'une femme élégante, distante et parfois mal aimable. D'autres fantasment encore la présence de courtisanes en manteau de vison hantant nuitamment les bars de Cajarc, ou même les bancs de l'église le dimanche matin. En 1977, celle que ses papiers d'identité présentent comme « chargée de relations publiques » est contrainte de fuir la France en raison d'une colossale dette fiscale. Revenue d'exil au milieu des années 1980, Madame Claude tente de se faire oublier en s'installant à l'année dans sa bergerie de Cajarc. Mais le 31 décembre 1986, les gendarmes viennent l'arrêter et la proxénète passe le réveillon à la prison de Cahors. Après avoir purgé une peine d'un an et demi de prison pour fraude fiscale, Fernande Grudet montera un nouveau réseau de prostitution, vite démantelé par la police. Elle a terminé sa vie dans un petit appartement de la Côte d'Azur, où elle s'est éteinte en 2015.
Décédée onze ans plus tôt, Françoise Sagan est inhumée au cimetière du hameau de Seuzac, à 4 kilomètres de Cajarc, aux côtés du mannequin américain Robert Westhoff, qui partagea sa vie dans les années 1960. À droite de sa tombe, une sépulture identique mais anonyme abrite la dépouille de son ancienne

compagne Peggy Roche. En face reposent les parents de la romancière, sa sœur Suzanne et son frère Jacques.
À Cajarc, on trouve une place Françoise-Sagan, une avenue Georges-Pompidou et même une Maison des arts Georges-et-Claude-Pompidou, créée en 1979 grâce au soutien de cette dernière, grande amatrice d'art contemporain comme son mari. Si une brasserie du village a été rebaptisée Le Président en souvenir du fermier-chef d'État de Prajoux, aucun établissement de bouche ne rend hommage à Madame Claude. Il est vrai que cette dernière avait un jour fait cette confidence : « Il y a deux choses qui dirigent le monde : la bouffe et le cul. Je ne savais pas faire la cuisine. »

Cimetière de Seuzac, 46160 Larnagol
Maison des arts Georges-et-Claude-Pompidou,
134, avenue Germain-Canet, 46160 Cajarc
Brasserie Le Président, 10, place du Foirail, 46160 Cajarc

5

SAINT-CIRQ-LAPOPIE

Gare : Cahors (26 km)

André Breton a eu beaucoup de chance. Le « pape du surréalisme » a connu ce splendide bourg médiéval perché au-dessus du Lot bien avant qu'une émission de télévision ne le proclame « village préféré des Français ». Ayant ainsi échappé aux invasions estivales et aux échoppes de breloques et fanfreluches qui gâtent aujourd'hui son charme, le poète a pu adresser à Saint-Cirq-Lapopie cette déclaration d'amour définitive : « J'ai cessé de me désirer ailleurs. »
À la fin du mois de juin 1950, un quart de siècle après avoir lancé la révolution surréaliste, Breton se rend à Cahors pour participer aux « Journées mondiales » organisées par le mouvement pacifiste et internationaliste Citoyens du monde. À cette occasion est lancé le projet d'une « route mondiale sans frontières », qui doit relier la préfecture du Lot, proclamée « première ville mondialisée », à New York, en passant par Moscou et Pékin. Un

premier tronçon a été matérialisé par des bornes posées sur la départementale entre Cahors et Saint-Cirq-Lapopie. Il est inauguré dans la soirée du 24 juin par un cortège de voitures à bord duquel le poète a pris place. Pour l'occasion, la municipalité de Saint-Cirq a éclairé le village de feux de Bengale et, quand Breton parvient au pied de la cité enflammée, c'est un éblouissement : il décrira cet instant comme l'apparition d'« une rose impossible dans la nuit ». Cette secousse esthétique va pousser l'écrivain quinquagénaire à acquérir une résidence secondaire à Saint-Cirq. Il jette son dévolu sur l'une des plus vieilles maisons du village, l'ancienne « auberge des mariniers », surmontée d'une tour du XIIe siècle, qui avait été habitée quelques décennies plus tôt par le peintre post-impressionniste Henri Martin. Après avoir confié d'importants travaux de rénovation à des artisans du cru, l'auteur de *Nadja* viendra plusieurs fois par an à Saint-Cirq. Le chef de file du surréalisme, à la personnalité solaire mais autoritaire, se reconnaît dans cette localité à la fois austère et accueillante. Ce grand adversaire du capitalisme partage aussi les convictions politiques de nombre d'habitants de ce village très à gauche, qui avait renvoyé son curé après la séparation des Églises et de l'État. Breton aime arpenter les ruelles pentues, parfois accompagné de son perroquet Lorito. Il se lie avec de nombreux habitants, parmi lesquels le « roubinetaïre » du village : l'écrivain est fasciné par le travail de cet artisan, qui fabrique comme au Moyen Âge les robinets de bois équipant les tonneaux de vin. Chaque jour, en début de soirée, le Saint-Cirquois d'adoption va déguster deux verres de vin blanc à la terrasse de l'hôtel-restaurant Les Bonnes Choses, devenu depuis l'auberge du Sombral. Il aime s'y attabler avec sa troisième et dernière épouse, Elisa, et les nombreux amis qu'il invite à Saint-Cirq pour partager son « rêve de pierre et de lumière », parmi lesquels les peintres Max Ernst et Miró, ou les photographes Man Ray et Henri Cartier-Bresson. Le 26 septembre 1966, dans sa maison offrant une vue spectaculaire sur la vallée du Lot, André Breton est frappé par une violente crise d'asthme. Rapatrié à Paris, il expire deux jours plus tard à l'hôpital Lariboisière, à l'âge de 78 ans.

Après avoir failli être rachetée par un richisissime galeriste new-yorkais, l'ancienne maison d'André Breton est devenue, il y a quelques années, propriété de la commune. Sur la place du Carol, la porte d'entrée est reconnaissable au symbole du yin et du yang fait de ces galets noirs et blancs que l'écrivain aimait aller ramasser au bord du Lot. Exposant des meubles ayant appartenu à Breton, comme son « bureau des rêves », où il écrivait sous la surveillance d'une statue papoue, le bâtiment est devenu un espace culturel où l'association La Rose impossible s'efforce de perpétuer l'héritage surréaliste, entre expositions et séances de cadavres exquis.

—

Auberge du Sombral, place du Sombral, 46330 Saint-Cirq-Lapopie
Maison André Breton (ouverte de mars à octobre),
place du Carol, 46330 Saint-Cirq-Lapopie

6

MONTCUQ

Gare : Cahors (28 km)

Ce bourg altier du Quercy blanc, au nom tant moqué par les humoristes de la vieille école, est le seul village de France disposant de sa propre édition du Monopoly. Sur ce plateau de jeu verdoyant, le chanteur **Nino Ferrer** posséda l'une des plus belles propriétés.
Trop souvent réduit à *Mirza* et au *Téléfon*, ses adaptations parodiques de *rhythm and blues*, ce descendant d'une famille aristocratique génoise, de son vrai nom Agostino Ferrari, a aussi composé des titres bouleversants, comme *La rua Madureira*, l'histoire d'un amour brisé par un crash d'avion sur un air mélancolique de bossa nova. Après l'immense succès de sa chanson *Le Sud*, vendue à plus d'un million d'exemplaires en 1975, Nino Ferrer, en conflit avec sa maison de disques, se cherche un refuge méridional loin de Paris. En 1977, il élit Montcuq et y achète le manoir de la Taillade, où il s'installe avec son épouse et leurs deux fils. Dans cette maison forte du XVe siècle, l'icône de la variété pop aménage un studio d'enregistrement, où, frustré d'être seulement connu pour quelques tubes qu'il juge commerciaux, il gravera au fil des deux décennies suivantes près

d'une dizaine d'albums ambitieux, qui ne rencontreront pas le succès. En guerre contre l'industrie musicale et les médias, Ferrer est tout de même invité en 1989 sur le plateau de l'émission télévisée *Champs-Élysées* pour y chanter *La Marseillaise* à l'occasion du bicentenaire de la Révolution française. Il est alors accompagné par la chorale de Montcuq, montée à Paris dans un car affrété par ses soins. Le chanteur à la mise et au cœur élégants s'est en effet bien intégré dans le village lotois, se tenant au courant des dernières nouvelles grâce à José, le facteur, auquel il offre chaque matin le petit déjeuner.

À la Taillade, ce grand mélancolique se console de ses échecs discographiques en se consacrant à la peinture, jusqu'à une sombre et belle journée d'août 1998. Un paysan sera le dernier à le croiser, en tenue de gala, non loin de sa propriété. Comme Van Gogh, Nino Ferrer s'est donné la mort avec une arme à feu au milieu d'un champ de blé, sur une colline dominant le Quercy Blanc, face au donjon de Montcuq. Rongé par la dépression, le chanteur est passé à l'acte quelques semaines après le décès de sa mère.

Dans le manoir de la Taillade, toujours habité par sa veuve, le studio reste ouvert aux musiciens. Si vous n'êtes pas du métier, vous pourrez toujours admirer à la mairie l'une des peintures de Ferrer, représentant une vue du village. Un testament en couleurs de celui qui avouait sans ambages: «J'habite Montcuq, j'adore Montcuq et je parle avec le maire de Montcuq!»

Hôtel de ville, 1, place des Consuls, 46800 Montcuq-en-Quercy-Blanc

TARN-ET-GARONNE

7

DURFORT-LACAPELETTE

Gare: Moissac (13 km)

Cette commune viticole du Bas-Quercy a vu passer une comète du septième art: c'est ici qu'a grandi **Pierre Blaise**, rare et authentique exemple d'acteur-paysan révélé en 1974 par *Lacombe Lucien*, de Louis Malle. Ce film, dans lequel le Tarn-et-Garonnais tient le rôle d'un jeune membre de la Gestapo française, a heurté la société française, encore lovée dans le mythe gaulliste d'une France entièrement résistante face à l'occupant nazi.

Né en 1955, «Pierrot» grandit dans la ferme de ses parents à Durfort-Lacapelette, sans développer le moindre intérêt pour le cinéma. C'est sa mère Yolande qui, en 1973, repère dans *La Dépêche du Midi* une petite annonce signalant qu'un célèbre réalisateur recherche un jeune acteur non professionnel avec l'accent du Sud-Ouest. Elle doit beaucoup insister pour que son fils, qui gagne sa vie en taillant des pêchers, se rende à Toulouse en stop pour passer l'audition. Louis Malle et son scénariste, le romancier Patrick Modiano, qui ont déjà auditionné plusieurs centaines d'adolescents de la région, sont immédiatement convaincus par ce gaillard aux boucles brunes. Ils lui confient le premier rôle de leur film, celui d'un jeune homme qui bascule par hasard dans le camp de la collaboration à la toute fin de la guerre. Blaise, qui n'est jamais entré dans une salle de cinéma, livre durant le tournage une composition d'une saisissante force primale. Il décapite ainsi à mains nues une poule qu'il était seulement censé assommer. Le sulfureux long métrage sera nommé pour l'Oscar du meilleur film étranger.

Au cours des mois suivants, Pierre Blaise est engagé dans trois autres films. Il offre un tracteur à ses parents, s'achète un fusil et un chien de chasse. À la fin de l'été 1975, de retour d'un tournage, il organise une fête dans la ferme familiale. À l'issue de la soirée, le jeune acteur raccompagne deux amis chez eux en voiture. Sur la route de Laujol, entre Durfort-Lacapelette et Moissac, la puissante Renault 17 Gordini qu'il vient de s'offrir avec son dernier cachet dérape sur la chaussée détrempée et s'encastre contre un platane. Pierre et ses deux passagers meurent sur le coup. Disparu à l'âge de 20 ans, l'acteur météore du cinéma français repose au milieu des champs, dans le caveau de famille au cimetière du hameau de Saint-Paul. Sur sa tombe, au nom de «Pierrot Blaise», son portrait affiche un large sourire.

Cimetière Saint-Paul-des-Brugues, hameau de Saint-Paul,
82390 Durfort-Lacapelette

GERS

8

CONDOM

Gare : Agen (41 km) ou Auch (45 km)

Cette sous-préfecture tranquille traversée par la Baïse fut pendant près d'un quart de siècle la terre d'accueil d'une diva post-punk : la chanteuse britannique **Siouxsie Sioux**.
De son vrai nom Susan Janet Ballion, cette native de la banlieue londonienne se fait connaître au début des années 1980 à la tête du groupe de rock Siouxsie and the Banshees. Son charisme ténébreux et ses compositions oppressantes vont faire de Siouxsie – un nom d'artiste choisi en souvenir de sa passion d'enfance pour les Indiens Sioux – une égérie pour de nombreux groupes de new wave, de rock gothique ou encore de trip-hop. En 1992, la chanteuse, qui rêve d'anonymat et ne supporte plus « les petites secrétaires londoniennes avec leurs tatouages et leur nombril piercé », quitte la capitale britannique pour le pays du foie gras et du veau rosé. Avec ses chats et son batteur Budgie, épousé l'année précédente, la complice de Sid Vicious, des Sex Pistols et de Robert Smith, le chanteur de The Cure, s'installe dans une belle bâtisse XVIIIe en centre-ville, au 4 rue Riguepeu. Parfaite inconnue pour les Condomois, Siouxsie tombe ses hardes de Cruella et remise les colliers de chien et autres croix gammées de sa furieuse jeunesse. Entre deux verres d'Armagnac, elle convoque ses musiciens pour composer le dernier album de Siouxsie and the Banshees, intitulé *The Rapture,* avant une ultime tournée mondiale et la séparation du groupe, en 1996. La « prêtresse du gothique », qui a entre-temps tenté une carrière solo, a quitté le bourg au mitan des années 2010. L'épicerie anglaise de Condom, dont Siouxsie était une habituée, n'a pas survécu au départ de cette bonne vivante.

HAUTES-PYRÉNÉES

9

RABASTENS-DE-BIGORRE

Gare : Tarbes (20 km)

Renommée pour son marché aux bestiaux, cette bastide gardant l'entrée septentrionale de la Bigorre fut aussi la patrie de l'accordéoniste virtuose **Yvette Horner**. Dans les années 1950, la « diva des guinguettes » est devenue presque aussi célèbre que la tour Eiffel en se produisant au sein de la caravane publicitaire du Tour de France, juchée sur le toit d'une Traction Avant aux couleurs de la marque d'apéritif Suze.

Quatre décennies plus tard, «Vévette », devenue une excentrique septuagénaire aux cheveux orange, pianote toujours sans relâche son accordéon. En la découvrant en concert à Sauve, dans le Gard, où il vient de s'installer (voir p. 555), le bédéaste américain Robert Crumb se convainc que l'accordéoniste a signé un pacte avec le diable pour parvenir à tirer de son instrument une énergie aussi maléfique. Un épisode de l'enfance d'Yvette Horner semble le confirmer. Durant ses jeunes années à Rabastens-de-Bigorre, où elle a reçu son éducation musicale auprès d'une sévère professeure de piano, cette fille de zingueur, née à Tarbes en 1922, a connu son premier contact avec la scène lors de la fête annuelle de l'école de musique. Juste avant la représentation, l'animateur, voyant la fillette morte de trac en coulisses, lui donne un petit verre d'Armagnac. En queue de pie, coiffée d'un gibus et jonglant avec une canne à pommeau d'argent, la petite Yvette entre en scène un peu grisée. Elle interprète alors une chanson au refrain polisson sans bien saisir le sens des paroles – « Moi, j'ai quelque chose qui plaît à ces coquins d'hommes... » –, avant d'achever sa prestation en tirant la langue aux notables du premier rang. Malgré son triomphe, quelques spectateurs indignés quittent la salle. Quant aux parents d'Yvette, horrifiés, ils la traiteront de « fille de cirque » ! Cette gamine délurée était prédestinée à devenir l'égérie de

Jean-Paul Gaultier, qui la relooka avec extravagance dans les années 1990, et à accompagner en concert le chanteur britannique Boy George, icône androgyne du courant néo-romantique. Yvette Horner, qui a sorti près de 150 disques, a été décorée par presque tous les présidents de la Vᵉ République. Grande séductrice, la Vénus des bals musette a aussi reçu de nombreuses demandes en mariage, venues notamment de divers émirs et même d'un roi du Togo.
Malgré son succès, la reine du piano à bretelles revenait chaque année se recueillir dans l'église Saint-Louis de Rabastens-de-Bigorre, le lieu de son baptême et de sa première communion, non loin de la maison de son enfance, au-dessus de l'actuelle pharmacie Gerbet. Elle passait ses vacances dans la commune voisine de Séméac, en banlieue de Tarbes, où, depuis sa disparition en 2018, l'Accordéon Club lui rend régulièrement hommage.

Église Saint-Louis, rue du Foirail, 65140 Rabastens-de-Bigorre
Pharmacie Gerbet, 22, place Centrale, 65140 Rabastens-de-Bigorre
Accordéon Club de Séméac, 2, rue Théophile-Gautier, 65600 Séméac

10

SAINT-MARTIN

Gare : Tarbes (9 km)

Cette commune du piémont pyrénéen devrait recevoir le label « Sagesse et sérénité » pour avoir su offrir l'apaisement à l'écrivain brésilien **Paolo Coelho**. L'auteur du conte initiatique *L'Alchimiste*, publié en 1988, en avait bien besoin après le succès de ce best-seller vendu à 150 millions d'exemplaires dans 150 pays.
À la fin des années 1990, Paolo Coelho et son épouse la peintre Christina Oiticica cherchent un lieu où se fixer après vingt ans d'itinérance. Propriétaire de trois appartements, sur la plage de Copacabana, à Paris et à Genève, l'écrivain jette son dévolu sur les Hautes-Pyrénées. Il avait découvert la région lors d'un pèlerinage à Lourdes, une quinzaine d'années plus

tôt, et y était depuis souvent retourné. Fuyant les honneurs et les journalistes, Coelho fait table rase en débarquant à Tarbes sans bagage. Il va passer deux ans en ermite dans une modeste chambre d'hôtel de la ville, avec pour seuls luxes quelques tee-shirts noirs achetés sur le marché et une vue imprenable sur la chaîne des Pyrénées. Les sommets enneigés de Bigorre seront son Himalaya. En 2003, l'écrivain finit par acheter un moulin dans le village de Saint-Martin, à quelques kilomètres de Tarbes, où il fait venir ses amis et même des chamans d'Amazonie. Pendant que son épouse peint dans la nature, il se livre à de longues marches méditatives sur les sentiers de montagne. Paolo passe tous ses réveillons à Lourdes, devant la grotte où la Vierge est apparue à Bernadette Soubirous au milieu du XIXe siècle. Il ne quitte jamais son flacon d'eau bénite, dont il absorbe trois gouttes chaque matin. Et les Pyrénées, en lui transmettant « l'énergie féminine de la terre », stimulent son écriture : ce grand dispensateur de sagesse publie près d'un livre par an depuis qu'il s'est installé à Saint-Martin.

Longtemps tenue secrète, la retraite de Paolo Coelho a fini par être connue de ses admirateurs : il arrive que ceux-ci traversent le village en minibus sur le chemin de Lourdes, espérant l'apercevoir. Pour tenter de croiser celui que l'ONU a nommé « messager de la paix », on peut aussi se rendre à Saint-Savin, un village de montagne au sud de Lourdes, auquel l'écrivain est très attaché – une scène de son second grand succès, *Sur le bord de la rivière Piedra, je me suis assise et j'ai pleuré*, se déroule près de la fontaine du bourg. Paolo Coelho chérit aussi la statue de la Vierge au sommet du mont Bédat, qui surplombe Bagnères-de-Bigorre, ainsi que la chapelle Notre-Dame-de-Piétat à Barbazan-Debat, où il a fait graver plusieurs ex-voto. Côté gastronomie, il recommande les tables de deux hôtels-restaurants, Le Viscos, à Saint-Savin, et L'Aragon, à Juillan. On peut lui faire confiance : le Brésilien a été intronisé dans la Confrérie du porc noir de Bigorre.

Chapelle Notre-Dame-de-Piétat,
7, rue des Palombières, 65690 Barbazan-Debat
Le Viscos, 1, rue Lamarque, 65400 Saint-Savin
L'Aragon, 2 ter, route de Lourdes, 65290 Juillan

11

LORTET

Gare : Lannemezan (10 km)

Même au plus fort de sa fréquentation estivale, pas le moindre indice ne laisse deviner que cette commune léthargique située au pied des Pyrénées a enfanté le roi des nuits parisiennes **Jean Castel**, fondateur du club éponyme à Saint-Germain-des-Prés. Dans les années 1970, il fallait appartenir à l'ultra-gotha pour rentrer dans cette boîte de nuit si sélect qu'elle fut élue deux ans de suite « meilleur club du monde », devant Annabel's à Londres et le Studio 54 à New York.

« Je n'ai fait que changer de village, de Lortet à Saint-Germain-des-Prés, mais ce dernier est plus gai ! », plaisantait Jean Castel. Né en 1916 dans la commune haute-pyrénéenne, au sein d'une vieille famille de magistrats, il perd aussitôt son père, tué à Verdun. Sa mère trouve alors une place d'employée à Paris, et Jean ne fréquentera plus sa région natale qu'en été, lors des pèlerinages annuels sur la sépulture paternelle à Saint-Gaudens, le fief de la famille Castel, à une quarantaine de kilomètres de Lortet.

Le jeune Pyrénéen ouvre sa première boîte de nuit à l'âge de 13 ans : le « Mordu's club » est une simple cabane dans la forêt de Saint-Germain, où il organise des surprise-parties avec ses camarades. Mais c'est à la fin des années 1950, après avoir œuvré dans l'import-export, que ce fêtard se lance vraiment dans le business de la nuit. Le succès de l'Épiclub, aménagé au sous-sol d'une épicerie de Montparnasse, permet au quadragénaire d'acheter en 1962 un hôtel borgne de Saint-Germain-des-Prés qu'il transforme en une boîte de nuit à son nom. « Chez Castel », on peut dîner avant de rejoindre la piste de danse. La formule, innovante, connaît un succès immédiat. Une règle est particulièrement appréciée des habitués : les paparazzis restent à la porte. Impossible de citer toutes les vedettes qui ont foulé ce lieu d'élite où, à son heure de gloire, dans les années 1960 et 1970, le jerk côtoyait la politique et la minijupe tutoyait l'Académie. Princes, acteurs, écrivains, ministres, jeunes loups ou chefs d'État, ils sont tous venus, hormis le général de Gaulle – dont l'un des petits-fils, Charles, était en revanche un habitué. Lorsque le playboy et réalisateur Roger Vadim rentrait de Los Angeles, il allait directement chez Castel depuis l'aéroport avec sa valise. Quant à Serge Gainsbourg, il glissa un jour à l'oreille du tenancier : « Les plus belles femmes du monde viennent pisser chez moi ce qu'elles ont bu chez toi. » Parmi les refoulés de ce temple de la nuit, citons Mick Jagger, à cause de son jeans, le roi Hussein de Jordanie, à cause de la mine patibulaire de ses gorilles, et beaucoup de grands patrons, car l'argent ne suffisait pas pour en être. Quelques nuits sont entrées dans la légende, comme un bal militaire en hommage aux poilus de la Grande Guerre, ou une « nuit kolkhozienne » durant laquelle le club fut transformé en ferme, avec porcs et moutons. Tant de mariages éphémères, de films et de romans sont nés de discussions chez Castel. Même le concept cruel du dîner de cons, consistant à inviter un sot pour s'amuser à ses dépens, fut inauguré dans le restaurant de ce port de nuit.

Au cours d'un hiver des années 1970, Jean Castel revint à Lortet pour retrouver sa maison natale, vendue après la mort de son père. Ce jour-là, elle était de nouveau à vendre. Alors occupé à transformer l'île de Cavallo, au large de la Corse, en un havre pour *happy few*, le roi de la nuit eut quelque mal à se projeter dans le rude village de ses origines, et il s'abstint de faire une offre. Dommage : la grotte préhistorique voisine aurait fait une merveilleuse annexe pyrénéenne de son club parisien.

Castel, 15, rue Princesse, 75006 Paris

Tables de pique-nique à proximité de la grotte de Lortet (fermée au public), rives de la Neste, 65250 Lortet

ARIÈGE

12

LASSERRE

Gare : Boussens (26 km)

Un génie des mathématiques a vécu en ermite dans cette minuscule bourgade du Volvestre, sur les contreforts des Pyrénées. En défrichant le champ de la géométrie algébrique, **Alexandre Grothendieck** a rejoint le Britannique Alan Turing, le père de l'informatique, ou encore l'Américain John Nash, le maître de la théorie des jeux, dans le club très fermé des plus grands mathématiciens du XXe siècle. Mais durant les deux dernières décennies de son existence, il n'a plus parlé qu'aux plantes, qu'il considérait comme ses seules amies.

Né en 1928 à Berlin, fils d'un anarchiste juif ukrainien et d'une journaliste allemande, le futur mathématicien se réfugie en France avec ses parents à la veille de la Seconde Guerre mondiale. Les Grothendieck sont alors internés dans un camp avec d'autres « indésirables » par la IIIe République finissante ; le père d'Alexandre sera finalement déporté à Auschwitz, où il mourra en 1942. À la Libération, le jeune homme entame des études de mathématiques à l'université de Montpellier. En 1966, Grothendieck obtient la médaille Fields, l'équivalent du prix Nobel pour les mathématiques. Vingt-deux ans plus tard, il refusera une autre distinction scientifique majeure, le prix Crafoord, doté de 500 000 dollars, sous prétexte qu'il n'a « aucun besoin d'argent ». Entre-temps, le mathématicien est entré en guerre contre l'institution universitaire et contre la société en général. Militant antimilitariste et écologiste radical, il en vient à remettre en cause la légitimité de la recherche scientifique dans un monde qui, estime-t-il, est sur le point de s'autodétruire.

À l'été 1991, alors qu'il vient de prendre sa retraite de professeur à l'université de Montpellier, Alexandre Grothendieck rejoint au volant de sa vieille 4L une destination tenue secrète. À 63 ans, il coupe les ponts avec ses enfants, maîtresses et disciples pour vivre reclus à Lasserre, avec pour ambition d'effacer

toutes les traces de son existence. Le nouveau logis du mathématicien, à la sortie du village, est des plus spartiates, avec une simple planche en guise de lit. Les habitants voient cet homme à l'imposante barbe blanche arpenter les environs en robe de bure, chaussé de sandales confectionnées avec de vieux pneus. Refusant tout contact avec ses voisins, Grothendieck se fâche un jour avec l'un d'entre eux parce que le malheureux a coupé une mauvaise herbe avec « trop de brutalité ». Des mathématiciens américains, chinois ou japonais feront le voyage pour tenter de le rencontrer, mais il refusera de les recevoir. L'ermite décède en 2014, à 86 ans, à l'hôpital de Saint-Girons.
Dans sa maison de Lasserre, en retrait de la D303, au lieu-dit Las Bouzigues, on a retrouvé après sa mort une cathédrale de papier, 400 kilos de feuilles volantes soigneusement conservées dans des boîtes fabriquées sur mesure par un relieur des environs. Sur ces quelque 70 000 pages couvertes de symboles et de schémas incompréhensibles pour un non-initié, le génie a échafaudé une théorie complète de l'univers. Si le cœur vous en dit, cette œuvre inclassable est désormais accessible en ligne. Sachez tout de même que chaque feuillet demande une dizaine d'heures de travail à un algébriste rompu aux gribouillis du mathématicien pour commencer à y comprendre quelque chose. Si vous vous arrêtez à Lasserre, vous pourrez aussi, la nuit venue, contempler son ciel préservé de toute pollution lumineuse pour tenter de répondre à cette question que le professeur Grothendieck lança un jour à ses étudiants : « Le nombre d'étoiles est-il pair ou impair ? »

13

SAINT-MARTIN-D'OYDES

Gare : Saverdun (14 km)

Ce ravissant village circulaire a conquis le cœur de **Tony Blair**. Comme son prédécesseur Winston Churchill, l'ancien Premier ministre britannique a en effet passé de nombreuses vacances dans notre pays, écrivant dans son autobiographie : « J'adore la France. Et, plus surprenant peut-être pour un Britannique, j'aime les Français. J'apprécie l'élégance, l'humour, la culture, la cuisine et, bien entendu, le caractère français.»

Dans sa jeunesse, l'ancien leader du Parti travailliste, qui s'exprime dans un français parfait, a travaillé comme barman à Paris, nouant une brève liaison avec une Française. C'est à l'été 1992 que, encore simple député, il effectue son premier séjour à Saint-Martin-d'Oydes. Avec son épouse Cherie et leurs trois premiers enfants, Tony Blair descend au château du village, une demeure seigneuriale du XIIe siècle qui appartient à l'un de ses amis, un juge anglais. L'homme politique tombe aussitôt amoureux de Saint-Martin, cette bastide médiévale construite sur un plan elliptique, suivant le modèle de la «circulade» propre au Languedoc. Croyant, Blair fréquente l'église Saint-Anastase, un bâtiment roman au clocher fortifié, caché au cœur du village. Sympathisant avec les habitants, cet amateur de magret fait chaque jour ses emplettes à l'épicerie. Les Blair reviendront presque chaque année, jusqu'à cet été 1997 un peu particulier: quelques mois plus tôt, Tony est devenu Premier ministre, et la presse française envahit Saint-Martin-d'Oydes durant son séjour. L'agitation est d'autant plus forte dans le village qu'à la fin août le Premier ministre français Lionel Jospin vient rendre visite à son homologue depuis son fief de Cintegabelle en Haute-Garonne, à 25 km de Saint-Martin. Lors de ce sommet franco-britannique informel, les deux chefs de gouvernement sociaux-démocrates parlent notamment de construction européenne. Visionnaire, Lionel Jospin déclare alors à la presse: «La Grande-Bretagne est certainement appelée, à l'avenir, à jouer un rôle plus actif au sein de l'Union européenne.»

Un peu échaudé de ne plus pouvoir se promener tranquillement dans les rues de Saint-Martin, Tony Blair ne reviendra qu'une seule fois en Ariège, à l'été 2001. Quelques années plus tard, un autre Britannique a toutefois remis en lumière le village circulaire: après avoir été lui aussi invité par le juge ami de Blair, l'écrivain **Ian McEwan** a fait apparaître la bastide ariégeoise dans son roman *Samedi*, publié en 2005. À défaut d'être à votre tour convié à passer des vacances au château de Saint-Martin-d'Oydes, vous pourrez admirer sa façade en briques aux teintes rosées depuis la route de Saverdun, derrière la place de l'Église.

HAUTE-GARONNE

14

BEAUMONT-SUR-LÈZE

Gare : Muret (13 km)

Bien avant que Toulouse ne devienne une capitale de l'aéronautique, ses environs ont vu naître et mourir un pionnier de l'aviation : l'ingénieur **Clément Ader**. Celui que beaucoup considèrent comme le tout premier homme à avoir fait décoller un engin motorisé est né en 1841 à Muret et a passé la fin de sa vie dans la petite commune limitrophe de Beaumont-sur-Lèze.
Dès son plus jeune âge, Ader n'a qu'une ambition : voler. Adolescent, le Muretain se confectionne un costume d'homme-oiseau, attachant à une vieille redingote, en guise d'ailes, des morceaux de tissu soutenus par des bâtons. Il tente de profiter du vent d'autan pour décoller en dévalant une colline, sans succès. Après son baccalauréat, le jeune homme devient ingénieur. Il va se révéler un inventeur de grand talent. Embauché par la Compagnie des chemins de fer du Midi, Ader commence par mettre au point une machine à poser les rails. Puis, après avoir découvert les premiers vélocipèdes à pédales lors de l'Exposition universelle de Paris en 1867, il a l'idée de remplacer les bandes de fer encerclant les roues par du caoutchouc, pour plus de confort, et écoule de nombreux modèles de sa conception. Il participe ensuite à la création du premier réseau téléphonique de Paris et, en 1881, lance le « théâtrophone » : reliant les téléphones des particuliers à des micros placés sur les scènes de l'opéra Garnier et de nombreux théâtres parisiens, ce système de retransmission à domicile préfigure la radio.
Fortune faite grâce à cette dernière invention, Ader peut retourner à sa quête de jeunesse, en tentant de mettre au point une machine volante qu'il baptise « avion », du latin *avis*, qui signifie oiseau. Le nouvel Icare s'inspire de la morphologie des chauves-souris pour mettre au point de grandes ailes de soie recourbées, soutenues par une armature en bois, auxquelles il accroche un moteur à vapeur ultraléger et une hélice en tiges de

bambou. Le 9 octobre 1890, dans le parc du château de Gretz-Armainvilliers, en région parisienne, Ader aurait à bord de son engin quitté le sol sur une cinquantaine de mètres, s'élevant à une hauteur de 20 centimètres… sans autres témoins, hélas, que ses assistants. Sept ans plus tard, il prétendra avoir renouvelé l'exploit, cette fois sur 300 mètres, à bord de son troisième prototype, mais encore une fois dans le plus grand secret. Ader a-t-il bien été le premier à faire décoller un engin plus lourd que l'air, treize ans avant les frères américains Orville et Wilbur Wright, auxquels est généralement attribué cet exploit ? Cette question, qui suscita alors de vives polémiques, taraude encore les experts.

En 1905, l'inventeur controversé, auquel le ministère de la Guerre, longtemps intéressé par ses recherches, a fini par couper ses subventions, se retire au château de Ribonnet, qu'il a acquis à Beaumont-sur-Lèze, tout près de sa ville natale. Il y rédige des traités prophétisant les applications militaires de l'aviation, mais se consacre surtout à la culture de la vigne, concevant un chaix d'avant-garde, où un système de wagonnets dessert de surprenantes cuves tapissées de pavés de verre. Ader revendra son domaine en 1923, deux ans avant sa mort, à l'âge de 84 ans. Pour son entrée définitive au ciel, le brillant ingénieur a reçu de nombreux hommages lors de ses obsèques à Muret. Mais rien ne surpasse celui que lui a rendu Guillaume Apollinaire dans son poème *L'Avion*, en 1910 : « Quand il eut assemblé les membres de l'ascèse / Comme ils étaient sans nom dans la langue française / Ader devint poète et nomma l'avion. »

Si la sépulture de Clément Ader, dans la partie ancienne du cimetière de Muret, ne comporte aucune inscription rappelant sa contribution à l'aviation, un monument de 14 mètres de haut représentant l'envol d'Icare domine le parc municipal qui porte son nom. Au musée Clément Ader et les Grands Hommes, qui célèbre les Muretains les plus illustres, parmi lesquels l'ancien président de la IVe République Vincent Auriol, qui fut aussi maire de la ville, on trouve le bureau du père de l'aviation, des objets personnels et des pièces liées à ses inventions. L'Aquilon, la troisième et dernière chauve-souris mécanique du Batman occitan, est pour sa part exposé au musée des Arts et Métiers à Paris. Quant à son ancien domaine viticole de Beaumont-sur-Lèze, il est aujourd'hui exploité par un agriculteur suisse assurant une production biologique. Une cuvée porte le nom du pionnier des airs. En bordure du parc du château, un espace de réception Clément Ader se loue pour les séminaires et les mariages.

—

Parc Clément-Ader, place de Layrisson, 31600 Muret
Musée Clément-Ader et les Grands Hommes,
6, boulevard Aristide-Briand, 31600 Muret
Domaine de Ribonnet, chemin du château de Ribonnet,
31870 Beaumont-sur-Lèze

TARN

15

SORÈZE

Gare : Castres (27 km)

Au pied de la Montagne Noire, cette cité médiévale doit sa renommée à son abbaye-école, qui a formé quelques grands personnages. Outre une poignée de généraux d'Empire, des hommes de robe et quelques artistes, figurent parmi ses anciens élèves le chef chouan **Henri de La Rochejaquelein**, l'explorateur **Jean-François de La Pérouse**, et même, selon une légende tenace, **Simon Bolivar**, le grand libérateur des colonies espagnoles d'Amérique latine.

Fondée au VIIIe siècle, l'abbaye bénédictine de Sorèze devient un collège à la fin du XVIIe siècle, puis, sous l'impulsion de Louis XVI, une école royale militaire. La haute tenue de son enseignement et la rigueur de sa discipline garantissent alors la formation de gentilshommes accomplis. En 1854, l'abbaye-école est reprise en main par les dominicains, qui voient peu à peu décliner l'attractivité de l'établissement. Afin d'en rehausser le prestige, le père Joseph Raynal, qui dirige le collège à la fin du XIXe siècle, cherche à enrichir la « Salle des illustres », où figurent les bustes des anciens élèves les plus prestigieux. En 1900, au hasard de ses lectures, il tombe sur un discours d'un général équatorien mentionnant la scolarité à Sorèze de Simon Bolivar, dont tout le monde, à l'abbaye, semblait avoir oublié le passage. Voilà un destin à la mesure des ambitions de l'établissement, s'exclame le dominicain : pour libérer le Venezuela, la Colombie, l'Équateur, le Pérou, la Bolivie et le Panama de la tutelle espagnole, Bolivar a livré une centaine de batailles et parcouru 70 000 kilomètres à cheval, deux fois plus qu'Alexandre le Grand et trois fois plus que Napoléon. Sans plus tarder, le père Raynal commande un buste du *Libertador* pour l'intégrer à son « Panthéon des Gloires ». Et la légende prend corps. Des biographes de Bolivar vont vanter les vertus de l'établissement français où ce héros aurait puisé ses grands principes de courage et de philanthropie. Reste qu'on n'a jamais retrouvé le nom du grand homme sur les registres de l'école militaire de Sorèze. Peu avant son mariage, en l'an 1800, le Vénézuélien s'est bien rendu en France, où il s'est familiarisé avec la philosophie des Lumières et la culture révolutionnaire. Il serait alors venu à Sorèze, mais seulement pour rendre visite aux fils de sa sœur aînée, qui étaient pour leur part bien scolarisés à l'abbaye.

L'abbaye-école, dont le blason fut un temps redoré par le mythe bolivarien, a fermé ses portes en 1991. Elle abrite aujourd'hui un parcours muséographique reconstituant la vie passée de l'établissement, ainsi que le « musée Dom Robert et de la tapisserie du XXe siècle », du nom de ce moine-artiste auteur de pièces tissées oniriques sur le thème de la nature. Quant à la Salle des illustres, elle attend encore les bustes d'anciens élèves authentiques comme les chanteurs **Hugues Aufray** et **Claude Nougaro**. Ou ces improbables figures médiatiques de la science-fiction, les frères **Igor et Grichka Bogdanoff**, dont les profils atypiques, tout en menton et en pommettes, donneraient un savoureux cachet futuriste au « Panthéon des gloires » de Sorèze.

Abbaye-école et musée Dom-Robert, 1, rue Saint-Martin, 81540 Sorèze

AUDE

16

RENNES-LE-CHÂTEAU

Gare : Couiza-Montazels (5 km)

À l'entrée de ce bourg miniature perché sur une colline dominant la haute vallée de l'Aude, les visiteurs sont accueillis par ce panneau : « Les fouilles sont interdites sur le territoire de la commune de Rennes-le-Château. » Selon une rumeur persistante, un ancien curé du village y aurait découvert un mystérieux trésor à la fin du XIXe siècle. Depuis plusieurs décennies, Rennes-le-Château est ainsi devenu une sorte de Lourdes de l'ésotérisme, assaillie par des passionnés de sciences occultes et autres chasseurs de trésors qui creusent un peu partout à la recherche d'hypothétiques richesses.
Originaire de Montazels, un village voisin, **l'abbé Bérenger Saunière** arrive dans la paroisse au printemps 1885. Le jeune prêtre se fait vite apprécier des Rennains en faisant restaurer la vieille église romane Sainte-Marie-Madeleine et en la décorant richement, le tout sur ses propres deniers. L'aisance du curé finit toutefois par susciter des interrogations, d'autant qu'on le surprend certaines nuits en train de creuser aux abords de l'église et dans le cimetière. À l'étroit dans le presbytère, l'abbé Saunière se fait construire une demeure bourgeoise, la villa Béthanie, qu'il remplit d'œuvres d'art, dont son propre buste en marbre de Carrare. Derrière sa maison, il fait aménager un domaine rutilant, avec un grand jardin paysager, une ménagerie abritant singes et aras, un belvédère dominant la région alentour et deux tours, dont un étonnant bâtiment néogothique, la tour Magdala. Sa jeune bonne, qui, à en croire les commérages du village, est aussi sa compagne, se fait livrer robes et chapeaux depuis le grand magasin parisien de La Samaritaine. Accueillant de mystérieux invités, l'abbé organise des réceptions où sont servis foie gras, langoustes, champagne et cigares de La Havane. Son train de vie hors norme finit par alerter son évêque, qui le soupçonne de trafic de messes. Saunière invoque des dons de bienfaiteurs anonymes,

mais il est suspendu et remplacé par un nouveau curé en 1910. Resté vivre à Rennes-le-Château, l'abbé déchu est emporté par une attaque cérébrale en 1917, à 64 ans, abandonnant ses biens et ses secrets à sa servante, dont il a fait sa légataire universelle.

Au fil des ans, les habitants se désintéressent peu à peu de l'énigme du « curé aux milliards ». Jusqu'à ce qu'un homme d'affaires perpignanais rachète le domaine de l'abbé Saunière en viager à son ancienne bonne. Après la mort de cette dernière, en 1953, le nouveau propriétaire transforme la villa Béthanie en hôtel-restaurant. Pour assurer la publicité de son établissement, il affirme à la presse locale que le curé avait découvert un trésor médiéval. Relayée par des journalistes et des écrivains malgré l'absence de la moindre preuve, cette légende dépasse vite les frontières de l'Aude, suscitant la publication de dizaines d'ouvrages. Suivant les versions, le sol de Rennes-le-Château abriterait le trésor des Wisigoths, celui des Templiers ou encore celui des Cathares. Des curieux affluent dans le village, munis de pioches, de pelles, voire de bâtons de dynamite, pour chercher les pièces d'or qui auraient échappé à l'abbé Saunière. Bientôt, le mythe se teinte d'occultisme : dans un essai publié en 1982, *L'Énigme sacrée*, trois journalistes britanniques relient les origines du christianisme, la quête du Saint-Graal, le destin des Mérovingiens et celui des Templiers pour aboutir à cette conclusion : Marie Madeleine, qui aurait eu une fille avec Jésus, serait venue se réfugier avec elle à Rennes-le-Château, et les habitants du village ne seraient donc ni plus ni moins que les descendants du Christ. Le succès de cette thèse, reprise vingt ans plus tard par l'Américain Dan Brown dans son best-seller ésotérique *Da Vinci Code*, dont l'un des personnages se nomme Saunière, a assuré à cette commune de 90 habitants une notoriété internationale : chaque année, Rennes-le-Château reçoit près de 150 000 visiteurs férus d'occultisme, dont la moitié d'étrangers, venus de Grande-Bretagne, des États-Unis, d'Australie, du Brésil ou encore du Japon. Selon les plus exaltés, la commune ferait même office de base aérienne pour les extraterrestres.

Sur le fronton de l'église Sainte-Marie-Madeleine, on peut lire cet avertissement : « *Terribilis est locus iste* » (ce lieu est terrible). L'intérieur surchargé, resté intact depuis la mort de l'abbé Saunière, donne de fait une légère sensation d'étouffement.

On remarque une certaine similitude entre le profil du diable sculpté supportant le bénitier et celui de François Mitterrand. Ce dernier vint lui-même constater la ressemblance en avril 1981, une visite porte-bonheur puisqu'il remporta l'élection présidentielle quinze jours plus tard. Acquis par la commune il y a une vingtaine d'années, le presbytère, la villa Béthanie et le domaine attenant forment depuis un musée consacré à l'abbé Saunière. Dans la villa, un somptueux papier peint dessiné par le peintre tchèque Alfons Mucha témoigne du goût très sûr du mystérieux curé.

—

Église Sainte-Marie-Madeleine,
rue de l'Église, 11190 Rennes-le-Château
Musée Domaine de l'abbé Saunière,
rue de l'Église, 11190 Rennes-le-Château

PYRÉNÉES-ORIENTALES

17

VERNET-LES-BAINS

Gare : Villefranche-Vernet-les-Bains (6 km)

Réputée pour le traitement des rhumatismes, cette station thermale au charme Belle Époque aimanta l'aristocratie anglaise du milieu du XIXe siècle jusqu'à la Première Guerre mondiale. En plus de la *high society*, les sources chaudes de «Vernet-des-Anglais», ainsi qu'on surnommait alors la commune, ont attiré deux stars mondiales de la littérature pour la jeunesse. Le conteur danois **Hans Christian Andersen**, auteur des célébrissimes *La Petite Sirène* et *La Reine des neiges*, est venu y chercher calme et sérénité pour achever l'écriture de ses mémoires. Mais l'hôte le plus fidèle de ce petit paradis fut l'auteur du *Livre de la jungle*, le Britannique **Rudyard Kipling**.

Le natif des Indes britanniques séjourne pour la première fois à Vernet en mars 1910, trois ans après avoir obtenu le prix Nobel de littérature. Accompagné de sa femme Caroline, venue soigner

ses rhumatismes, et de leur fille Elsie, il descend au Grand Hôtel du Portugal, avant de rejoindre une suite plus ensoleillée de l'Hôtel du Parc. Ce grand voyageur est séduit par les collines arides entourant la ville, qui lui rappellent tantôt le désert du Karoo en Afrique du Sud, tantôt l'Himalaya. Mais il est avant tout fasciné par la silhouette enneigée du pic du Canigou, qui domine Vernet : Kipling déclare se soumettre aux pouvoirs de ce « magicien parmi les montagnes ». Après les soins matinaux de Caroline, le couple se livre à des promenades enchanteresses jusqu'au village miniature de Casteil, distant de trois kilomètres. Conquis par ce séjour idyllique d'un mois, durant lequel les eaux sulfurées soulagent grandement les douleurs de Caroline, les Kipling reviennent en février de l'année suivante. La fréquentation des curistes anglais, dont la conversation tourne principalement autour de la météo, inspire alors à l'écrivain *Pourquoi la neige tombe à Vernet*, un conte mêlant farce et récit historique qui préfigure l'humour ravageur du *Sacré Graal* des Monty Python : il narre l'histoire de deux chevaliers anglais qui, de retour de la première croisade, s'arrêtent à Vernet, l'un pour soigner son lumbago et l'autre sa sciatique. En avril, Kipling est assailli par le mal du pays : il fait venir d'Angleterre une Rolls-Royce avec chauffeur pour visiter Carcassonne, Narbonne et Montpellier. Rudyard et Caroline reviendront encore à Vernet en 1914, année qui marque le chant du cygne de la station.
Si l'Hôtel du Parc a été ravagé par des inondations en 1940, le Grand Hôtel du Portugal est toujours debout. Mais cet établissement de luxe est désormais réservé aux personnels du ministère de la Défense et aux anciens combattants. À l'office de tourisme, vous pourrez vous rabattre sur un plan en forme de jeu de l'oie signalant les lieux chéris par l'écrivain, comme le belvédère du jardin d'hiver. Pour les plus courageux, une randonnée conduit jusqu'au « Rocher de Kipling », qui offre une vue d'aigle sur Vernet.

Grand Hôtel du Portugal,
561-573, allée du Parc, 66820 Vernet-les-Bains

18

LE BOULOU

Gare : Elne (18 km) ou Perpignan (21 km)

Au début de sa carrière, l'écrivain **Vladimir Nabokov** a séjourné plusieurs mois dans cette petite station thermale posée au pied du massif des Albères, tout près de la frontière espagnole. Pour le futur auteur du scandaleux *Lolita*, les environs du Boulou furent un fabuleux terrain de chasse : la vallée du Vallespir, le long du Tech, abonde en effet en papillons, l'autre grande passion du romancier avec les nymphettes.
Issu d'une famille aristocratique russe chassée par la révolution d'Octobre, Nabokov vit à Berlin lorsqu'en février 1929, grâce aux droits d'auteur de ses premiers écrits, il s'offre des vacances au Boulou avec son épouse Véra. Le couple s'installe à l'hôtel des Thermes, notamment fréquenté par des Français des colonies venus soigner leur foie mis à mal par la malaria. Un lieu idyllique, au cœur d'un parc planté de chênes-lièges où les Nabokov croiseront quelques loups. Dans les environs, le jeune écrivain est ravi de découvrir la piste qu'empruntèrent les éléphants d'Hannibal pour traverser les Pyrénées en remontant de l'Espagne vers l'Italie. Mais son animal préféré reste de loin le papillon, en particulier les « azurés », de petits lépidoptères aux ailes bleutées. Le timing est idéal : l'orée du printemps est le meilleur moment pour les chasser. Les habitants observent un peu circonspects cet étranger qui traverse la commune armé d'un filet à papillons. Ses expéditions en montagne font aussi surgir dans l'esprit de Nabokov l'idée d'un roman, *La Défense Loujine*. « Je me souviens, avec une limpidité toute particulière, d'un bloc rocheux sur le flanc des collines recouvertes d'ulex et d'ilex, où le thème principal du livre m'est venu pour la première fois à l'esprit », écrira-t-il. De retour à son hôtel, il entame l'écriture de ce texte, l'histoire tragique d'un joueur d'échecs surdoué. On retrouve le décor de l'établissement thermal du Boulou dans ce roman qui marquera pour l'écrivain le début de la reconnaissance.
Près de trois mois après leur arrivée, le souffle glacé de la tramontane finit par pousser les Nabokov à quitter la région pour

se replier à Saurat, un village de l'Ariège au climat plus doux. Lorsqu'ils rentrent à Berlin, au début de l'été, l'écrivain rapporte dans ses valises de nombreux spécimens de papillons. En scrutant leurs appareils génitaux au microscope, le romancier entomologiste va élaborer une théorie sur l'origine asiatique des azurés. Une prodigieuse intuition que la science n'a confirmée qu'au début des années 2010.

Thermes du Boulou, D900, 66160 Le Boulou

19

PORT-VENDRES

Gare : Port-Vendres

Quoi de plus flatteur, pour une localité, que d'inspirer la passion d'un grand architecte ? En découvrant Port-Vendres, **Charles Rennie Mackintosh**, figure du mouvement Arts and Crafts, a même repris goût à la vie. Dans ce petit port de commerce fruitier, l'Écossais a vécu les années les plus heureuses de son existence.

En 1923, Mackintosh, qui traverse une profonde dépression, et son épouse Margaret, qui souffre d'asthme, ont grand besoin d'une cure de repos. Ils décident de s'offrir des vacances dans le Roussillon, sans fixer de date de retour. Après un séjour dans la station thermale d'Amélie-les-Bains, le couple s'installe à l'Hôtel du Commerce de Port-Vendres. Dans ce « magnifique pays teinté de rose », ainsi que le qualifie Margaret, elle-même peintre, les Écossais subissent avec enchantement un puissant choc culturel. Mackintosh, qui est à l'Écosse ce que Gaudi est à la Catalogne – au tournant du XXe siècle, il a créé à Glasgow de remarquables bâtiments aux lignes épurées et modernistes –, est fasciné par Port-Vendres. Il peint le port sous tous les angles, avant de sillonner la région, exécutant des dizaines de tableaux sur la Côte Vermeille, dans la vallée du Vallespir et en Conflent. En 1927, quatre ans après son arrivée en Roussillon, le pionnier du Modern Style est contraint d'interrompre ces vacances sans fin : il rentre à Londres soigner un cancer de la gorge, dont il

décède l'année suivante. Suivant les dernières volontés de son époux, Margaret Mackintosh reviendra disperser ses cendres dans les eaux de Port-Vendres.
Sur la façade de l'ancien Hôtel du Commerce, au croisement du quai Pierre-Forgas et de la rue Jules-Ferry, un relief en bronze représentant l'architecte honore son passage. Dans le jardin du Dôme, le Centre d'Interprétation Charles-Rennie-Mackintosh retrace sa carrière en regroupant des dessins, des maquettes et des meubles conçus par l'Écossais. Enfin, un parcours Mackintosh relie le Fort de la Mauresque au Fort Mailly, jalonné de reproductions de ses aquarelles du port catalan.

Centre d'Interprétation Charles-Rennie-Mackintosh,
avenue Vauban, 66660 Port-Vendres

HÉRAULT

20

MARSEILLAN

Gare : Marseillan-Plage

Ce n'est pas la Méditerranée qui inspira au Narbonnais **Charles Trenet** les paroles de *La Mer*, mais, contre toute attente, un étang. Pas n'importe lequel, toutefois : l'étang de Thau, le plus grand plan d'eau de la région Occitanie, qui se découvre idéalement depuis le petit port de Marseillan, à l'extrémité sud-ouest de cette lagune de 20 kilomètres de long. En prenant ensuite, à la gare de Marseillan-Plage, un TER en direction de Sète, à l'autre bout de l'étang, vous referez le voyage ferroviaire qui, un jour de 1943, fit jaillir dans l'esprit du « Fou chantant » ces vers immortels : « La mer / Qu'on voit danser / Le long des golfes clairs / A des reflets d'argent / La mer… »
Charles Trenet, qui s'est fait connaître en 1938 en interprétant coup sur coup deux immenses succès, *Je chante* et *Y a d'la joie*, est alors en tournée dans la région de son enfance. En voyant défiler par la fenêtre du wagon les rivages familiers de l'étang

de Thau, le chanteur sent soudain resurgir des tréfonds de sa mémoire un poème écrit pour sa mère à l'âge de 17 ans. Une légende raconte que, n'ayant pas son carnet de notes à portée de main, il demande alors à son pianiste d'aller dans les WC du train chercher des feuilles de papier toilette, sur lesquelles il jette la première strophe. Le reste du trajet sera consacré à la composition de la musique. Une fois retombé ce moment d'exaltation, Trenet doute pourtant du potentiel de la chanson, qu'il juge « solennelle et rococo », et manquant singulièrement de swing. Il ne l'enregistrera qu'en 1946, à la demande pressante d'un producteur. Si, comme le présageait son auteur, *La Mer* sort dans l'indifférence, elle va cette même année rencontrer un succès phénoménal lors d'une tournée de Trenet aux États-Unis. Le titre revient alors triompher en France. Il sera même numéro un en URSS et deviendra l'indicatif des programmes de Radio Tokyo. Sa version anglaise, *Beyond the Sea*, sera quant à elle interprétée par Frank Sinatra, Louis Armstrong, Dean Martin, Barbra Streisand ou encore John Lennon.

En longeant aujourd'hui l'étang de Thau en train, on voit toujours les « grands roseaux mouillés » et les « oiseaux blancs » chantés par Trenet. Le long du fin cordon littoral qui le sépare de la Méditerranée, les « maisons rouillées » ont en revanche laissé la place à des cabanes croulantes et des dépotoirs de bidets.

GARD

21

LE GRAU-DU-ROI

Gare : Le Grau-du-Roi

Avant de devenir une tentaculaire cité portuaire, cette commune n'était qu'un village de pêcheurs où le jeune **Ernest Hemingway** se rendit en voyage de noces, tombant amoureux des plages désertes et des paysages camarguais.

Installé à Paris dans les années 1920, l'écrivain américain, dont le style laconique est remarqué dès la publication de son premier roman, *Le soleil se lève aussi*, en 1926, se marie l'année suivante pour la deuxième fois, à seulement 27 ans. La nouvelle Mme Hemingway est une compatriote, Pauline Pfeiffer, journaliste à *Vogue*, qu'Ernest emmène en lune de miel au Grau-du-Roi, où le tourisme balnéaire commence à se développer. Descendus au Grand Hôtel Pommier, ces jeunes mariés modernes détonnent : Pauline se fait faire une coupe courte à la garçonne chez le coiffeur du village et tous deux portent des shorts, ce qui est perçu comme une excentricité d'étrangers. Durant ce séjour de trois semaines, au mois de mai 1927, Hemingway se lève tôt pour écrire, achevant deux nouvelles, *Dix Indiens* et *Paradis perdu*. Dans la journée, il se promène avec sa femme sur la plage de l'Espiguette, prend des bains de mer, savoure les parties de pêche au loup et les apéritifs face à la mer. Les Américains explorent aussi les environs, remontant le canal qui traverse le village jusqu'aux remparts médiévaux d'Aigues-Mortes. « Une sacrée ville, écrira Hemingway à son éditeur. La seule qui soit restée intacte sans avoir jamais été restaurée. On n'a jamais permis à Viollet-le-Duc d'y toucher. » Fin mai, Ernest et Pauline se rendent à vélo aux Saintes-Maries-de-la-Mer afin d'y assister au pèlerinage tsigane. Les jeunes mariés se sont eux-mêmes déguisés en gitans, se barbouillant le visage de jus de mûre pour accentuer leur bronzage. Seule ombre au tableau de ces réjouissances : Hemingway, qui marche souvent sans chaussures, se fait une profonde coupure au pied et la blessure s'infecte, ce qui lui vaut de contracter la maladie du charbon.

Quelques mois après ce séjour au Grau-du-Roi, l'écrivain quitte Paris avec son épouse pour aller vivre sur l'île floridienne de Key West. Il divorce de Pauline en 1940, mais le souvenir de leur parenthèse camarguaise ne l'abandonnera jamais. En 1946, il entame ainsi l'écriture d'un roman intitulé *Le Jardin d'Éden*, dont les premiers chapitres narrent la lune de miel au Grau-du-Roi d'un couple de jeunes Américains. À l'hiver 1949, Hemingway retrouve la station camarguaise en compagnie de sa quatrième et dernière épouse, Mary, séjournant cette fois à l'hôtel Bellevue d'Angleterre. Il renouera encore avec son paradis perdu en 1954, l'année durant laquelle il reçoit le prix Nobel de littérature, puis en 1959. Deux ans plus tard, l'écrivain, qui souffre entre autres du diabète et d'un trouble bipolaire, se suicide d'un coup de fusil de chasse dans sa résidence de l'Idaho, sans avoir achevé *Le Jardin d'Éden*. Ce texte sera finalement publié en 1986, après avoir été largement retouché par son éditeur. Le Grau-du-Roi a beaucoup changé, lui aussi, avec la construction, à partir de 1969, de Port-Camargue, le premier port de plaisance d'Europe, dédale de marinas futuristes. Le Grand Hôtel Pommier n'existe plus, mais l'hôtel Bellevue d'Angleterre est toujours là. Tout comme les 18 kilomètres de plages de sable fin dans lesquelles Hemingway voyait l'antichambre du paradis.

Hôtel Bellevue d'Angleterre, 11, quai Colbert, 30240 Le Grau-du-Roi

22

LE CAILAR

Gare : Le Cailar

La capitale de la Petite Camargue est réputée pour ses manades, ces domaines où l'on élève des taureaux destinés aux courses camarguaises, durant lesquelles on tente d'attraper des objets fixés sur la tête de l'animal. Dans les années 1960 et 1970, l'une de ces propriétés, le mas des Hourtès, se mua en un carrefour mondain et artistique.

Cette manade appartient alors à **Marie-Laure de Noailles**, personnalité du Tout-Paris et mécène clairvoyante, qui soutint dans l'entre-deux-guerres de jeunes artistes nommés Luis Buñuel, Man Ray ou Jean Cocteau. Au milieu des années 1950, l'excentrique vicomtesse entretient une liaison avec **Jean Lafont**, éleveur de taureaux au Cailar et grand mondain parisien, passionné d'opéra, de peinture, d'arboriculture et de courses automobiles. Quelques années plus tard, Marie-Laure de Noailles acquiert à son intention le mas des Hourtès, dont elle lui confie l'usufruit, avec pour mission d'en faire une annexe de l'hôtel particulier parisien des Noailles, fréquenté par nombre de personnalités. Au milieu des prairies camarguaises, le fantasque manadier va notamment recevoir Jean Cocteau,

Jackie Kennedy, Carole Bouquet, Claude Pompidou, le peintre Bernard Buffet, le sculpteur César, le guitariste Manitas de Plata ou encore Alain Delon et Romy Schneider en pleine *love story*. En 1975, le domaine accueille même le tournage du film érotique *Histoire d'O*, de Just Jaeckin, qui vient de connaître un succès phénoménal avec *Emmanuelle*. Les soirées se terminent souvent à La Churascaïa, une discothèque que Jean Lafont a ouverte en pleine campagne camarguaise, à une quinzaine de kilomètres du Cailar. L'afflux de célébrités invitées par le «roi de Camargue» va contribuer à faire de cet établissement un temple des nuits du Sud.

Après la mort de Marie-Laure de Noailles, en 1970, Lafont hérite des Hourtès. Sur son domaine, il crée alors un arboretum qui, à son apogée, sera riche d'un millier d'espèces du monde entier. À la fin du XXe siècle, le maître des lieux reçoit de moins en moins, préférant se consacrer aux mots croisés, mais il perpétue la vocation de son mas en y prêtant un logement à l'artiste **Sophie Calle**, la fille de l'un de ses amis, ancien directeur du musée d'art contemporain de Nîmes. Pour la plasticienne et photographe, qui a partagé son temps entre Les Hourtès et Paris durant près d'un demi-siècle, Le Cailar est un lieu sans équivalent, où s'exprime un sens aigu de la poésie, du gag et de la fête. L'artiste, qui s'est notamment signalée en photographiant des inconnus invités à dormir dans son lit ou en enregistrant un triple album dédié à son chat défunt, ne rate jamais, en août, la fête votive du village, riche en manifestations taurines. Elle organise alors divers happenings culturels.

À la disparition de son ami Jean Lafont, en 2017, à l'âge de 94 ans, Sophie Calle a quitté le Moulin, la petite maison qu'elle occupait sur le domaine des Hourtès, pour s'installer dans une ancienne chapelle protestante située dans le village. Le mas a depuis été racheté par le manadier Jean-Élie Agnel, qui propose des gîtes à la location et des visites de son élevage de taureaux. Jean Lafont repose sur le domaine, dans un mausolée à sa mesure, orné d'une spectaculaire couronne de verre multicolore réalisée par l'artiste Jean-Michel Othoniel, le créateur, dans un style similaire, de l'entrée de la station de métro parisienne Palais-Royal. Le manadier avait inauguré son futur tombeau treize ans avant sa mort. Une banda avait alors joué la musique de la chanson *Le lion est mort ce soir*, tandis que son ami le scénariste Jean-Claude Carrière prononçait devant lui son éloge funèbre.

Mas Les Hourtès – Manade Agnel,
Pont des Demoiselles, 30740 Le Cailar
La Churascaïa (ouvertures ponctuelles), Sainte-Anne,
route des Saintes-Maries-de-la-Mer, 30600 Vauvert

23

SOMMIÈRES

Gare : Gallargues (11 km)

Bordée par le capricieux fleuve Vidourle, cette cité médiévale fut, durant les trente-quatre dernières années de sa vie, le port d'attache de l'écrivain britannique **Lawrence Durrell.** Au milieu des années 1950, l'auteur des *Citrons acides* est tombé sous le charme d'un Languedoc « poussiéreux et primitif », où, à le croire, on ne parlait que de nourriture. « Ils chient dehors et le mistral souffle dans leurs fesses », écrit alors Durrell à son grand ami Henry Miller au sujet des habitants de Sommières, qui n'ont selon lui « jamais entendu parler d'un WC ». Cela n'empêche pas le romancier d'éprouver « tout à coup le sentiment bizarre de [se] trouver chez [lui] ».
Son installation au milieu de la garrigue gardoise met un terme à une vie d'errance : né en 1912 aux Indes britanniques, l'écrivain a longtemps gagné sa vie comme diplomate au service de Sa Majesté. Il a vécu successivement à Corfou, Alexandrie, Rhodes, Cordoba en Argentine, puis Belgrade. En 1956, il réside depuis quelques années à Chypre lorsque le soulèvement de la population locale contre la tutelle britannique le contraint à faire ses valises. Détestant le climat et la mentalité anglaises, Durrell n'entend pas renoncer aux délices de la Méditerranée. Alors qu'il passe par la France, il rencontre un écrivain ami de Blaise Cendrars, Frédéric Jacques Temple, qui lui fait l'éloge de son Languedoc natal. Le Britannique fait le voyage et, passant par Sommières, il est aussitôt conquis par la lumière, les oliviers,

les vignes et la rudesse de la population. Après avoir importé deux WC d'Angleterre, il s'installe avec sa troisième épouse, Claude, une Française d'Alexandrie, à la Villa Louis, une maison au confort spartiate sur les hauteurs du village.

Durrell, dont les récits épiques et lyriques, inspirés par ses voyages, commencent à être remarqués par la critique et le public, va s'abandonner à la douceur de vivre gardoise. Il partage son temps entre l'écriture, la pétanque, le yoga et les vins de pays. Levé à l'aube pour écrire, « Larry » descend en fin de matinée au village, cabas en main, pour y faire ses courses. Ou jouer au ping-pong dans l'arrière-salle du café Le Glacier – il perd néanmoins toutes les parties disputées contre Henry Miller lorsque ce dernier lui rend visite à Sommières à l'été 1959. À l'heure du pastis, le Britannique rabelaisien se délecte des calembours de *L'Almanach Vermot* et dévore le courrier du cœur du *Midi Libre* tout en se gavant de saucisson des Cévennes et de picholines. Sa consommation de liqueur d'arquebuse, une cousine de l'absinthe, témoigne de sa faculté d'assimilation. Le petit étranger à l'œil bleu rieur sympathise avec le coiffeur, la bouchère, l'herboriste, qui lui permet de se débarrasser d'un eczéma chronique, ou le facteur, à qui il offre chaque jour, pour le remercier de lui apporter le volumineux courrier de ses lecteurs, un verre de rosé frais. Dans les années qui suivent son installation à Sommières, Durrell trouve l'inspiration nécessaire pour achever *Le Quatuor d'Alexandrie*, un cycle de quatre romans se déroulant dans l'Égypte des années 1930 et 1940, qui remporte un immense succès. Grâce à ses droits d'auteur, il pourra acheter en 1966 la maison Tartés, une demeure bourgeoise un peu à l'écart du village, que ses deux filles compareront au château de Dracula.

L'année suivante, l'écrivain est brisé par la disparition de sa femme, emportée par un cancer. Il épousera ensuite, en quatrièmes noces, un ancien mannequin de chez Schiaparelli, mais sa vie devient plus contemplative. À la fin des années 1970, Durrell est ébranlé par la visite d'un érudit chinois. Le temps d'un week-end, ce philosophe taoïste initie l'épicurien à la magie de l'essentiel, plus court chemin vers l'immortalité et le paradis orgastique. Cette mystique du dépouillement inspirera à Durrell l'un de ses derniers livres, *Le Sourire du*

Tao. Après avoir divorcé de sa dernière épouse, il vit une dizaine d'années en ermite, jusqu'à sa mort d'un AVC en 1990, à 78 ans. Il repose au milieu des vignes, dans le cimetière de la chapelle romane Saint-Julien de Montredon, à Salinelles, une commune limitrophe de Sommières.
Son village d'adoption a baptisé du nom de l'écrivain un espace culturel sur la façade duquel sont gravés des extraits de ses romans. Une plaque commémorative est apposée sur un pilier à l'entrée de sa maison de vampire, route de Saussines.

—

Espace culturel Lawrence-Durrell, 49, rue Taillade, 30250 Sommières

24

BROUZET-LÈS-QUISSAC

Gare : Fons-Saint-Mamert (30 km)

Dans cette petite commune de l'arrière-pays nîmois, au pied du massif des Cévennes, trône une maison de maître dont les proportions rappellent celles des villas italiennes de la Renaissance. Cette demeure de style palladien est le refuge d'un sulfureux personnage désormais en quête d'anonymat, le photographe et écrivain **François-Marie Banier**.
Fils d'un ancien ouvrier devenu publicitaire à succès, ce Parisien né en 1947 nourrit très jeune de grandes ambitions artistiques. À 16 ans, il présente ses dessins à Salvador Dali, avant de se lancer dans l'écriture. Auteur à 22 ans d'un premier roman publié chez Grasset, il est alors conseillé par François Mauriac et Paul Morand, et parrainé par Louis Aragon, qui le compare à Stendhal. Ce personnage balzacien se concentre bientôt sur les mondanités. Attaché de presse chez Pierre Cardin, compagnon du décorateur Jacques Grange, il s'attire l'amitié de quelques dames du gotha, séduites par son humour féroce. En 1972, le *Sunday Times Magazine* lui consacre un portrait titré « Golden Boy of Paris ». Certains observateurs de la vie parisienne préfèrent le surnommer « le petit wagon », pour son habileté à se raccrocher aux « locomotives »

que sont les grandes figures du Tout-Paris des années 1970. Ce touche-à-tout se fait bientôt photographe, alternant clichés de célébrités pour le *Vanity Fair* américain et portraits de SDF, mais aussi consultant pour le monde du luxe – il a trouvé le nom du parfum Poison, pour Dior. Malgré ces succès variés, François-Marie Banier n'accède à la notoriété qu'à la faveur de son implication dans l'affaire Bettencourt, à la fin des années 2000. Confident de Liliane Bettencourt, l'héritière vieillissante de l'empire cosmétique L'Oréal, il est accusé d'abus de faiblesse par la fille de cette dernière. Banier, qui a reçu de son amie pour plusieurs centaines de millions d'euros de dons variés, assure n'avoir jamais forcé sa générosité. Il sera finalement condamné à quatre ans de prison avec sursis.
Fort des donations de la femme la plus riche de France, ce grand charmeur a en tout cas pu réaliser des travaux de restauration considérables dans sa propriété du Gard, acquise dans les années 1990. Baptisée « Le mas du patron », cette demeure isolée, décorée de sculptures antiques et pourvue d'un belvédère offrant une vue éblouissante sur les environs, fut construite au début du XIXe siècle par une famille de la grande bourgeoisie protestante de Nîmes. Témoin de cet âge d'or, une jolie rotonde abrite dans le domaine le tombeau des anciens propriétaires. Sur le vaste terrain, le ruisseau de Valz frôle un terrain de tennis gazonné, non loin d'une piscine semi-olympique et d'une orangerie. Devant cette fête pour le regard, on ne peut que déplorer l'absence de chambres d'hôtes. François-Marie Banier n'ouvre les portes de son paradis gardois qu'à quelques invités prestigieux, comme lors de la grande fête donnée à l'occasion de ses 50 ans, en 1997, durant laquelle il monta un cheval blanc reçu en cadeau. À cette occasion, Vanessa Paradis vint spécialement pour croiser l'homme de ses rêves, Johnny Depp, lequel, hélas, se décommanda au dernier moment. Malgré ce premier rendez-vous manqué, les deux acteurs, qui noueront leur idylle un an plus tard, choisiront Banier comme parrain de leur fille Lily-Rose Depp. Même s'il vit désormais retiré du monde, le « petit wagon » a suffisamment roulé pour enseigner à sa filleule où se cachent les vraies richesses du cœur.

25

SAUVE

Gare : Alès (30 km)

Ce village médiéval au pied des Cévennes n'a pas usurpé son label de «Village de caractère» : parmi ses habitants figure une forte personnalité, **Robert Crumb**, le pape de la bande dessinée alternative.

Né à Philadelphie en 1943, cet Américain aux convictions libertaires se fait connaître à la fin des années 1960 avec ses *comics* politiquement incorrects, entre confessions autobiographiques et croquis sexy de créatures plantureuses, dont le trait surréaliste a été mis au point lors de trips sous LSD. Durant les années Reagan, le père du chat pervers *Fritz the Cat* vomit plus que jamais les États-Unis, où il est perçu comme un auteur pornographique par les fondamentalistes chrétiens. C'est sa seconde épouse, une dessinatrice new-yorkaise, qui va le pousser à émigrer au pays de son idole Toulouse-Lautrec. Au printemps 1991, les Crumb s'installent avec leur fille Sophie dans une belle maison bourgeoise au cœur de Sauve, dont l'acquisition a été financée par la vente à un collectionneur de six carnets de croquis du maître de la BD *underground*.

Trente ans plus tard, le dessinateur maîtrise toujours très mal le français : sauvage, rétif aux honneurs, Crumb sort assez peu de chez lui, où il vit entouré de ses premières planches et de sa collection de vieux disques 78 tours de blues et de jazz. À Sauve, il a notamment travaillé durant de longues années à une version illustrée de la *Genèse*, qui ne l'a guère réconcilié avec les milieux religieux. Sa femme Aline, avec laquelle il crée à quatre mains des BD consacrées à leur vie conjugale, est la partie mondaine du couple. Enjouée et volubile, elle a convaincu son mari de militer à ses côtés pour la préservation du village : Crumb a notamment dessiné une affiche dénonçant un projet d'implantation de supermarché. Il arrive aussi à ce grand nostalgique de la culture folk américaine traditionnelle de faire étalage de sa maîtrise du banjo dans des festivals locaux.

La belle demeure des Crumb, rue du Pont Vieux, est reconnaissable à sa boîte aux lettres customisée par le dessinateur en une version très pop du « Pas de pub SVP ». Aux beaux jours, la porte est parfois ouverte, mais ne rentrez pas, l'ermite de Sauve ne goûte guère les visites impromptues d'admirateurs. Vous pourrez en revanche croiser son épouse dans la galerie d'art qu'elle tient quelques rues plus loin. Aline Crumb y vend des œuvres de son mari et d'une quarantaine d'autres artistes, et organise quatre vernissages par an. Devenue filiforme après avoir longtemps arboré des formes généreuses qui inspirèrent son mari, l'exubérante Américaine donne également des cours de yoga.

—

Galerie Vidourle Prix, 4, rue des Bourgades, 30610 Sauve

26

SAINT-ROMAN-DE-CODIÈRES

Gare : Alès (50 km)

Dans cette commune isolée des Cévennes méridionales se cache l'ancien repaire du designer **Pierre Paulin**. Rendu célèbre par ses sièges aux formes sensuelles habillés de jersey de couleur vive, ce Parisien a connu son heure de gloire au début des années 1970 lorsqu'il fut choisi par le président Georges Pompidou pour aménager ses appartements privés au palais de l'Élysée. Vingt ans plus tard, la soixantaine entamée, l'ombrageux créateur en quête de solitude se retire dans la montagne cévenole. En compagnie de son épouse et associée Maïa Wodzislawska-Paulin, il trouve une parfaite qualité de silence à Saint-Roman, sur un plateau à l'écart du monde, à 800 mètres d'altitude, face au mont Aigoual. Le couple y acquiert le domaine isolé de la Calmette, dont il va soigneusement restaurer la bergerie afin de faire contraster les murs de pierres avec les courbes chaudes et organiques du mobilier de Pierre Paulin. Sur son terrain, le créateur dessinera une maison contemporaine, dont l'audace formelle sera hélas refrénée par les normes imposées par les autorités régionales.

Inscrit il y a quelques années à l'inventaire des monuments historiques, le domaine de la Calmette abrite des exemplaires de chacune des créations du designer, dont les iconiques fauteuils *Mushroom* et *Tongue Chair*, entrés dès les années 1960 dans les collections du MoMA de New York ou du Victoria and Albert Museum de Londres. Depuis la disparition de Pierre Paulin en 2009, Maïa, qui travaille au rayonnement de son œuvre, a fait de la bergerie un lieu de résidence où elle accueille des designers et des architectes familiers de l'œuvre de son défunt mari, aujourd'hui vénéré par le styliste Tom Ford ou le rappeur Kanye West. Les randonneurs en polaire synthétique trouveront en revanche porte close : il faut montrer patte blanche pour avoir le droit de fouler ce temple rustico-pop de mousse et de jersey.

Domaine de la Calmette, 30440 Saint-Roman-de-Codières

27

SAINT-ANDRÉ-DE-VALBORGNE

Gare : Alès (51 km)

Au pied de la corniche des Cévennes, cet austère village camisard a vu grandir l'actrice **Bernadette Lafont**, égérie de la Nouvelle Vague à laquelle un tempérament fougueux et un physique pulpeux valurent le surnom de « vamp' villageoise ». Saint-André-de-Valborgne est le fief des Lafont, une dynastie de protestants cévenols. Durant l'enfance de Bernadette, son père, pharmacien à Saint-Geniès-de-Malgoirès, près de Nîmes, engloutit ses revenus dans la restauration de la demeure de ses ancêtres, qui y élevaient des vers à soie. La future actrice passe tous ses week-ends et ses vacances dans ce mas isolé baptisé Le Serre de Pomaret. Pour échapper à la rude éducation protestante de ses parents, Bernadette, que sa mère, désespérant d'avoir un garçon, appelle Bernard, s'évade dès que possible dans la nature cévenole. Elle gravit les montagnes surplombant la maison familiale jusqu'au lieu-dit d'Auzillargue, avec sa population d'excentriques, de goitreux et de filles foldingues se promenant à moitié nues une hache à la main. Ces visions, consignées dans un recueil de souvenirs, nourriront des interprétations ardentes et toquées au cinéma. Car à 17 ans, en 1955, celle qui se destinait à la danse classique rencontre à Nîmes un jeune acteur venu jouer une pièce de Shakespeare dans les arènes, Gérard Blain. Bernadette l'épouse, le suit à Paris et se lance dans une carrière d'actrice. Vantant son côté « voyou femelle », François Truffaut la révèle deux ans plus tard dans son court-métrage *Les Mistons. Le Beau Serge*, de Claude Chabrol, *La Fiancée du pirate*, de Nelly Kaplan, ou encore *La Maman et la Putain*, de Jean Eustache, la feront entrer dans la légende.

Entre deux tournages, Bernadette Lafont retourne souvent à Saint-André-de-Valborgne. Les trois enfants nés de son second mariage avec le sculpteur hongrois Diourka Medveczky l'accompagnent bientôt lors de ses promenades dans la montagne cévenole. Ce bonheur familial va pourtant être brisé par un drame qui tiendra la France en haleine pendant plusieurs mois. En août 1988, la fille cadette de Bernadette, **Pauline Lafont**, jeune actrice devenue en quelques films le nouveau sex-symbol du cinéma français, se réfugie dans la maison familiale à la suite d'une rupture amoureuse avec le musicien d'électro-pop Jacno. Partie un matin pour une randonnée solitaire, elle ne rentrera jamais au mas. Après d'intenses mais infructueuses recherches, l'annonce de sa survie par un présentateur de JT fait renaître l'espoir, alimentant des rumeurs de retraite au couvent ou dans une secte. Dans *Paris Match*, son ex-compagnon lance alors cet appel déchirant : « Pauline, reviens ! » Trois mois après sa disparition, le corps de la jeune femme de 25 ans est retrouvé par un berger dans un ravin au lieu-dit L'Adrech, sur la commune de Gabriac, à quatre kilomètres de la maison familiale. L'enquête conclut à une chute accidentelle.

Le mas du Serre de Pomaret appartient toujours à la famille Lafont. Suivant la tradition huguenote, Pauline et sa mère, disparue en 2013, reposent au sein de la propriété. Dans le corps de bâtiment baptisé La Magnanerie, le domaine propose des chambres d'hôtes offrant une vue éblouissante sur la montagne.

Le Serre de Pomaret, Le Serre, 30940 Saint-André-de-Valborgne

28

THOIRAS

Gare : Alès (24 km)

En 1971, alors que les Rolling Stones avaient fait de la Côte d'Azur leur lieu de villégiature préféré (voir p. 646), l'un d'entre eux a roulé jusqu'aux contreforts des Cévennes. **Charlie Watts**, le batteur du groupe britannique, s'est alors offert un mas dans le hameau de Massiès, sur la commune de Thoiras, afin d'y élever des chevaux.

Un jour de juin, les autres membres des Stones, Mick Jagger, Keith Richards, Bill Wyman et Mick Taylor, rendent visite à Charlie pour découvrir son nouveau fief gardois. Les rockeurs en profitent pour faire une virée à Alès, la capitale cévenole, à une vingtaine de kilomètres. En se promenant sur les boulevards, ils tombent en arrêt devant la vitrine du Grand Garage Citroën, qui expose le tout dernier modèle de la marque, la rutilante SM. Symbole de la modernité triomphante du début des années 1970, ce sublime coupé sportif de luxe sera choisi comme voiture officielle par le président de la République Georges Pompidou, et rejoindra également les garages de l'empereur d'Éthiopie Haïlé Sélassié Ier, du dictateur ougandais Idi Amin Dada ou du leader soviétique Léonid Brejnev. Les Rolling Stones, quant à eux, ont bien failli ne pas pouvoir s'asseoir à son volant. Lorsque le vendeur du garage alésien voit entrer ces *beatniks* chevelus en chemise à fleurs, qui lui commandent d'emblée cinq SM, une pour chacun d'entre eux, il croit à une blague. Doutant de leur solvabilité, il les raccompagne fermement vers la sortie. Le fils du chef d'atelier a heureusement assisté à la scène et reconnu le chanteur lippu des Stones. Il explique son erreur au vendeur, qui sort en courant pour rattraper les musiciens. Ainsi pourra être honorée leur commande de cinq SM blanches – et peu importe que Charlie Watts n'ait pas le permis de conduire !

Jusqu'à sa disparition, à l'été 2021, le batteur des Stones a pu compter sur la discrétion des habitants de Thoiras. Pour protéger sa tranquillité, ils ne révélaient à aucun prix l'emplacement de sa maison aux visiteurs. Considérant qu'il y a désormais prescription, nous nous autorisons à dévoiler qu'elle se situe en bord de voie ferrée. Si vous montez à bord du train à vapeur touristique des Cévennes, qui circule à la belle saison entre Anduze et Saint-Jean-du-Gard en passant par le hameau de Massiès, le conducteur acceptera peut-être de vous la montrer au passage.

Train à vapeur des Cévennes, départ en gare d'Anduze (avenue du Pasteur-Rollin, 30140 Anduze) ou de Saint-Jean-du-Gard (rue Beaux-de-Maguielle, 30270 Saint-Jean-du-Gard)

29

PONT-SAINT-ESPRIT

Gare : Bollène-La Croisière (6 km)

Contre toute attente, ce bourg médiéval assoupi au bord du Rhône entretient des liens privilégiés avec ce que l'Amérique a compté de plus glamour: née Jacqueline Bouvier, **Jackie Kennedy**, l'épouse du trente-cinquième président des États-Unis, était la descendante en ligne directe d'un ébéniste de Pont-Saint-Esprit du nom de Michel Bouvier.

Né dans la cité gardoise en 1792, l'arrière-arrière-grand-père de Jackie était parti tenter sa chance aux États-Unis après avoir servi dans l'armée de Napoléon Ier. Étant parvenu à se faire un nom dans l'ébénisterie de luxe, il confectionna notamment des meubles pour… la Maison-Blanche. L'habile Spiripontain fit ensuite fortune en spéculant sur l'immobilier à Philadelphie, où il finit par se faire construire un palais Renaissance. Pour expliquer l'origine de l'aisance de sa famille, John Vernou Bouvier II, le petit-fils de Michel et grand-père de Jackie, fit éditer une plaquette dans laquelle il assurait descendre des rois de France, présentant les Bouvier comme une grande lignée aristocratique.

Jacqueline a-t-elle cru à cette légende ? Dès son plus jeune âge, elle fut en tout cas attirée par la terre de ses ancêtres paternels. À la fin des années 1940, la jeune New-Yorkaise étudie durant un an à la Sorbonne avant d'obtenir un diplôme en littérature française dans une université de Washington. C'est en 1952, dans la capitale fédérale américaine, où elle travaille comme journaliste, qu'elle rencontre un jeune membre du Congrès du nom

de John Fitzgerald Kennedy. Jackie épouse un an plus tard celui qui, en novembre 1960, défie Richard Nixon lors de l'élection présidentielle américaine. Mis au courant des origines de l'épouse du candidat démocrate, les habitants de Pont-Saint-Esprit suivent le scrutin de près et la victoire de JFK est fêtée au vin de noix. Quelques cousins de la nouvelle First Lady lui envoient des télégrammes de félicitations, tandis que le maire lui fait parvenir un tableau représentant une vue de la ville par le peintre gardois Michel Rodde. La toile sera exposée à la Maison-Blanche. Lorsque, au printemps 1961, le couple présidentiel américain se rend en voyage officiel en France, une rencontre est organisée entre Jackie et une lointaine cousine avec laquelle elle a noué une correspondance. La jeune Danielle Bouvier, 18 ans, qui habite une ferme délabrée des environs de Pont-Saint-Esprit, accuse une forte ressemblance avec la Première dame. Hélas, la Peugeot 403 du journaliste qui la conduit à Paris pour l'entrevue heurte un platane et la parente est tuée sur le coup. Triste présage de la terrible « malédiction des Kennedy » qui va bientôt frapper le clan.
À l'été 1993, la veuve de JFK, devenue Jackie Onassis après s'être remariée avec le célèbre armateur grec, découvre Pont-Saint-Esprit en toute discrétion lors d'une visite éclair. À sa mort d'un cancer, moins d'un an plus tard, les drapeaux de la mairie sont mis en berne. Jackie repose au cimetière d'Arlington, en Virginie, auprès de JFK, et non dans la terre de ses ancêtres. Mais dans les rues de Pont-Saint-Esprit, certains visages lui rendent hommage en arborant la physionomie si reconnaissable des Bouvier, bouche en longueur, pommettes hautes et yeux en demi-lune.

LOZÈRE

30

AUROUX

Gare : Langogne (17 km)

Nichée dans la vallée du Chapeauroux, cette commune verdoyante fut au début des années 1920 l'un des premiers villages électrifiés de France. Deux décennies plus tôt, Auroux a aussi été l'une des premières localités radioactives au monde lorsqu'elle accueillit des vacanciers nommés **Pierre et Marie Curie**. Consécration suprême, les futurs prix Nobel de physique ont vanté l'air local comme «le plus pur de France».

En juillet 1898, les époux physiciens, qui travaillent en pionniers sur un phénomène tout juste découvert, les rayonnements émis par certains métaux, isolent un premier élément radioactif. Ils le baptisent «polonium», en hommage au pays natal de Marie Curie, née Maria Sklodowska à Varsovie. Après avoir rédigé le rapport de leur découverte, ces bourreaux de travail, qui n'ont quasiment aucune vie sociale, décident de s'octroyer des vacances loin de leur laboratoire parisien saturé de radiations. Ils jettent leur dévolu sur la Lozère. Accompagnés de leur fille en bas âge, la future physicienne Irène Joliot-Curie, les deux conquérants de l'atome descendent en train à Langogne avant de rejoindre Auroux, où ils ont loué une maison. Durant le séjour, Marie Curie se livre à des expérimentations d'un tout autre genre: en chimiste accomplie, elle se révèle très douée pour la confection de la gelée de groseilles. Sur leurs bicyclettes, les deux scientifiques rayonnent dans les environs. Mais en nageant dans les rivières, ils s'étonnent de se sentir vite épuisés. En cause, les rayonnements subis dans leur laboratoire, dont on ne découvrira que bien plus tard les effets néfastes sur la santé.

Lorsqu'ils rentrent à Paris, les Curie sont toutefois revigorés, et ils reprennent leurs recherches d'arrache-pied. Quelques mois plus tard, le couple prouve l'existence d'un nouvel élément particulièrement radioactif, baptisé «radium». Leur découverte fait sensation, au point que ce métal, dont on est loin d'imaginer qu'il est cancérogène, est prescrit comme tonifiant. On introduit du radium dans des boissons, du dentifrice, des crèmes de beauté et même du talc pour bébés. Une mode contre laquelle s'élève Marie Curie, qui appelle à la précaution en l'absence d'études sur les effets des substances radioactives sur le corps humain. La physicienne oppose ainsi une fin de non-recevoir à la pionnière américaine de la danse moderne Loïe Fuller, qui a demandé aux Curie de l'aider à se confectionner un costume de scène phosphorescent incrusté de radium.

En récompense de leurs découvertes, Pierre et Marie partagent en 1903 le prix Nobel de physique avec leur compatriote Henri Becquerel, qui fut le premier à mettre en évidence le phénomène de la radioactivité. Après la mort accidentelle de son époux, renversé par un camion hippomobile dans les rues de Paris en 1906, Marie Curie deviendra la première lauréate du Nobel à obtenir deux fois le prix en recevant celui de chimie en 1911. Elle meurt en 1934, à 66 ans, d'une leucémie provoquée par les rayonnements du radium.
Il y a quelques années, la municipalité d'Auroux a fait poser une plaque sur la place du village pour honorer ces deux vacanciers de marque, qui reposent depuis 1995 au Panthéon.

AVEYRON

31

VERSOLS-ET-LAPEYRE

Gare : Montpaon (17 km)

Dans ce village rugueux planté au bord de la Sorgues, **Elizabeth Medora Leigh**, la fille naturelle du grand poète britannique Lord Byron, a connu la seule période heureuse de sa brève existence. La malédiction qui pesait sur son père, dandy de génie et héros romantique, ne l'a en effet guère épargnée.
Né en 1788 dans une famille aristocratique, George Gordon Byron connaît le succès dès la parution de ses premiers poèmes, à 24 ans. Parmi les conquêtes de ce grand séducteur figure alors sa propre demi-sœur, Augusta Leigh, issue du premier mariage de son père. Elizabeth Medora, qui voit le jour en 1814, est le fruit de cette idylle incestueuse. Elle reçoit pour second prénom celui de l'héroïne du *Corsaire*, un long poème que vient de publier Lord Byron. Un choix d'assez mauvais augure vu le destin tragique de la Medora de papier, qui se donne la mort par amour.
Reconnue par le mari de sa mère, le colonel George Leigh, la jeune Elizabeth Medora grandit loin de son sulfureux

géniteur : attaqué de toutes parts pour ses amours incestueuses, accusé en outre de bisexualité et poursuivi par ses nombreux créanciers, le poète fuit l'Angleterre lorsque sa fille a 2 ans. Il finira sa vie en exil, en Italie puis en Grèce, où il meurt d'une mauvaise fièvre à 36 ans. Le destin de sa fille sera tout aussi chaotique. Négligée par sa mère, la jeune Elizabeth Medora, qui se réfugie dans la musique, est séduite à l'adolescence par le mari de l'une de ses demi-sœurs. Enceinte à 15 ans, elle est chassée de sa famille et quitte le Royaume-Uni pour la France en compagnie de son amant, qui finit par l'abandonner après lui avoir fait un deuxième enfant. Elizabeth vit un temps en Normandie, puis en Bretagne, avant d'atterrir à Saint-Germain-en-Laye, où, sa famille lui ayant définitivement coupé les vivres, elle devient domestique. L'Anglaise noue alors une brève et malheureuse liaison avec un général français, avant de trouver enfin l'apaisement dans les bras d'un solide sergent aveyronnais du nom de Jean-Louis Taillefer. Ce dernier l'emmène à Versols-et-Lapeyre, son village natal, où il lui donne un fils, avant de l'épouser en août 1848. La beauté et la distinction de la jeune femme détonnent dans ce bourg reculé, mais l'Anglaise n'en participe pas moins avec ardeur aux travaux des champs. L'estime des villageois, qui s'émeuvent en passant sous ses fenêtres des mélodies qu'elle joue au piano, permet à Elizabeth Medora d'exorciser le scandale de sa naissance. Mais, comme poursuivie par le sort, l'Anglaise contracte la variole à l'été 1849. Elle meurt trois ans à peine après son arrivée dans l'Aveyron, à l'âge de 35 ans. Tout le village assiste à son enterrement.

La fille naturelle de Lord Byron a enfin trouvé le repos dans le cimetière du bourg de Lapeyre, qui surplombe la vallée de la Sorgues. Les curés successifs du village se sont chargés d'entretenir sa tombe, sur laquelle est gravé ce vers de Byron : « Étrangers, ne passez pas sans regarder. Arrêtez-vous, comme moi, pour méditer et soupirer… Hélas ! »

Cimetière de Lapeyre, D92, 12400 Versols-et-Lapeyre

« BOUGNAT CONNECTION » TOUR

32

MUR-DE-BARREZ

Gare : Vic-sur-Cère (25 km)

Cette avenante bourgade perchée sur une colline est le berceau de plusieurs illustres familles de « bougnats », ces hommes et ces femmes du Massif central montés à Paris pour écrire l'histoire des cafés, brasseries et hôtels de la capitale. Parmi eux, les Aveyronnais se sont taillé la part du lion.
Issu d'une lignée paysanne de Mur-de-Barrez, un pinardier dénommé **Bouscarat** fut ainsi au début du xxe siècle le fondateur d'un établissement légendaire de la butte Montmartre : l'hôtel-restaurant Bouscarat, aussi appelé Hôtel du Tertre, fréquenté par Degas, Toulouse-Lautrec, Picasso, Modigliani, Foujita ou Satie. Également originaire de Mur, le clan **Tafanel** s'illustre depuis les années 1930 dans la distribution de boissons. Deux frères Tafanel possèdent aussi la prestigieuse brasserie La Rotonde, à Montparnasse, où Emmanuel Macron a fêté en 2017 sa victoire au premier tour de l'élection présidentielle.

33

LAGUIOLE

Gare : Rodez (52 km)

Ce village de l'Aubrac, bien connu pour ses couteaux, a vu naître en 1888 **Marcelin Cazes**, archétype du bougnat qui a réussi à force de labeur. Dès l'âge de 11 ans, le petit Laguiolais travaille dur au sein de la ferme familiale. Son credo: être toujours le premier levé et le dernier couché. Arrivé à Paris quelques années plus tard, Cazes débute comme porteur de charbon avant de devenir garçon de bains puis serveur dans un troquet. En 1920, celui qui est entre-temps devenu patron de bistrot a amassé assez d'économies pour acquérir l'auguste brasserie Lipp, à Saint-Germain-des-Prés. Avant lui, l'établissement, créé en 1880 par un couple d'Alsaciens, était déjà fréquenté par Verlaine et Apollinaire; et si Marcel Proust ne s'y est jamais attablé, il envoyait sa bonne y chercher de la bière, dont on lui avait vanté le goût. Mais, à force de sueur et d'entregent, Marcelin Cazes va faire de Lipp une véritable institution du Tout-Paris. Antoine de Saint-Exupéry, Joseph Kessel puis la jeune Françoise Sagan y ont leur rond de serviette. Les politiques se pressent eux aussi dans son décor Art nouveau. L'horloge est ainsi réglée avec sept minutes d'avance, le temps qu'il faut aux députés pour rejoindre le palais Bourbon. Travaillant quinze heures par jour, Cazes n'a guère le temps de lire les ouvrages de ses clients écrivains, ce qui ne l'empêche pas de créer un prix littéraire à son nom. Après avoir passé la main à son fils Roger, qui deviendra l'un des personnages les mieux informés de la Ve République, le bougnat écrira ses mémoires, publiés en 1966 sous le titre *50 Ans chez Lipp*. Respectant la sainte horreur de Marcelin Cazes pour le plus célèbre breuvage yankee, la brasserie, qui appartient aujourd'hui à un autre bougnat, Olivier Bertrand (voir p. 568), ne sert toujours pas de Coca-Cola.

34

SAINTE-EULALIE-D'OLT

Gare : Campagnac-Saint-Geniez (16 km)

Cette cité fleurie au bord du Lot a enfanté une autre force de la nature: **Paul Boubal** est l'homme qui présida à la destinée du Café de Flore à partir de 1939, ce qui lui valut le surnom de «Terrasse Boulba». Créé en 1885, cet établissement germanopratin jouissait déjà d'une solide réputation auprès des intellectuels et des artistes lorsque Boubal en fit l'acquisition: Apollinaire y passait ses journées, écrivant et buvant en terrasse avec André

Breton ou Louis Aragon, avant que, dans les années 1930, les écrivains Georges Bataille et Robert Desnos ou le sculpteur Alberto Giacometti ne deviennent à leur tour des habitués. Mais c'est à la Libération que, sous la houlette de Boubal et de son épouse Henriette, le Flore connaît son âge d'or en devenant le QG de l'existentialisme. Jean-Paul Sartre et Simone de Beauvoir en avaient fait leur salle de travail et leur lieu de rendez-vous sous l'Occupation, profitant durant l'hiver, en ces temps de restriction, de la chaleur diffusée par le puissant poêle à charbon installé par Paul Boubal. Après la guerre, ils vont y dominer la vie intellectuelle française depuis leur table attitrée au premier étage. Le Flore est alors fréquenté par Prévert, Camus ou Ionesco, mais aussi par Boris Vian et Juliette Gréco, icônes de Saint-Germain-des-Prés. Boubal attire également de prestigieux amateurs étrangers de vins français en créant un « PCF » peu fidèle à la ligne de Moscou, le Pouilly Club de France ; parmi ses premiers membres figurent les écrivains américains Ernest Hemingway et Truman Capote.

L'Aveyronnais, qui habite de l'autre côté du boulevard Saint-Germain, surveille à la jumelle ce qui se passe au Flore lorsqu'il ne s'y trouve pas. Et s'il tolère que son café devienne, à partir des années 1950, un lieu de rendez-vous homosexuel, le patron finit tout de même par se fâcher lorsqu'il découvre dans les toilettes un graffiti assurant que « Boubal en est ! » Il verra encore défiler dans son institution les figures du Nouveau Roman, celles de la Nouvelle Vague puis les « nouveaux philosophes » groupés autour de Bernard-Henri Lévy avant de revendre son affaire en 1983. Retourné à Sainte-Eulalie-d'Olt pour profiter de sa retraite, Paul Boubal s'y est éteint cinq ans plus tard, à l'âge de 80 ans.

35

SAINT-AMANS-DES-COTS

Gare : Rodez (55 km) ou Aurillac (59 km)

Au nord de l'Aveyron, cette commune située sur le plateau de la Viadène a vu naître les frères **Gilbert et Jean-Louis Costes**. Arrivés à Paris à l'adolescence, au milieu des années 1960, les fils de Marie-Josèphe, qui tenait l'Auberge du Lac à Saint-Amans, sont un peu les Rastignac de l'Aubrac. Parmi la quarantaine de bistrots chics et autres QG branchés qu'ils ont essaimés dans la capitale, le Café Costes, ouvert en 1984 dans le quartier des Halles, a fait exploser la notoriété des frères aveyronnais – ainsi que celle du jeune décorateur des lieux, un certain Philippe Starck. Au milieu des années 1990, les Costes ferment ce lieu culte, estimant que le quartier est devenu trop interlope. Ils installent alors le nouveau navire amiral de leur groupe près de la place Vendôme : c'est l'Hôtel Costes, décoré par Jacques Garcia. Parmi les plus fameuses créations des deux frères, citons encore le Café Marly, face à la pyramide du Louvre, et l'Hôtel Amour, près de Pigalle. La tradition familiale se poursuit avec Thierry, le fils de Gilbert, qui a fait ses preuves en gérant le restaurant Georges, au sommet du Centre Pompidou, avant d'ouvrir une déclinaison du Café Marly au Louvre Abu Dhabi, bien loin de l'Aubrac. Les Costes n'ont pourtant pas oublié Saint-Amant-des-Cots, le « pays dur » de leurs racines, où ils se replient chaque été.

36

PAILHEROLS

Gare : Aurillac (33 km)

Rare exception dans la constellation des bougnats à succès, **Olivier Bertrand** ne vient pas de l'Aveyron mais du Cantal, dans la région Auvergne-Rhône-Alpes. Il s'en est fallu de quelques hectomètres : Pailherols, où il a vu le jour en 1969, est en effet situé sur la frontière entre les deux départements. Dans cette localité accrochée à un contrefort du Plomb du Cantal s'est forgée une ambition volcanique : surnommé « l'ogre de la restauration », le discret Olivier Bertrand est à la tête d'un groupe qui compte aujourd'hui près de 300 établissements. Parmi les adresses historiques, notons le Procope, le plus vieux café de Paris, fondé en 1686, que fréquentèrent entre autres Voltaire, Rousseau, George Sand, Victor Hugo, Verlaine ou Oscar Wilde. Son empire est aussi riche des célèbres brasseries La Coupole, Bofinger, Lipp et Le Bœuf sur le toit, des salons de thé Angelina ou encore, bien loin des bistrots de bougnats traditionnels, des chaînes de restauration Quick et Hippopotamus.

PAYS DE LA LOIRE

LOIRE-ATLANTIQUE

1. BLAIN
2. LE CELLIER
3. BARBECHAT

VENDÉE

4. SAINT-GILLES-CROIX-DE-VIE
5. SAINT-VINCENT-SUR-JARD
6. LE BOUPÈRE

MAINE-ET-LOIRE

7. TIGNÉ
8. SAINT-LAMBERT-DU-LATTAY
9. SAINT-FLORENT-LE-VIEIL

SARTHE

10. CHENU
11. PARCÉ-SUR-SARTHE
12. SOLESMES
13. PIACÉ
14. SAINT-COSME-EN-VAIR

MAYENNE

15. LA CHAPELLE-ANTHENA

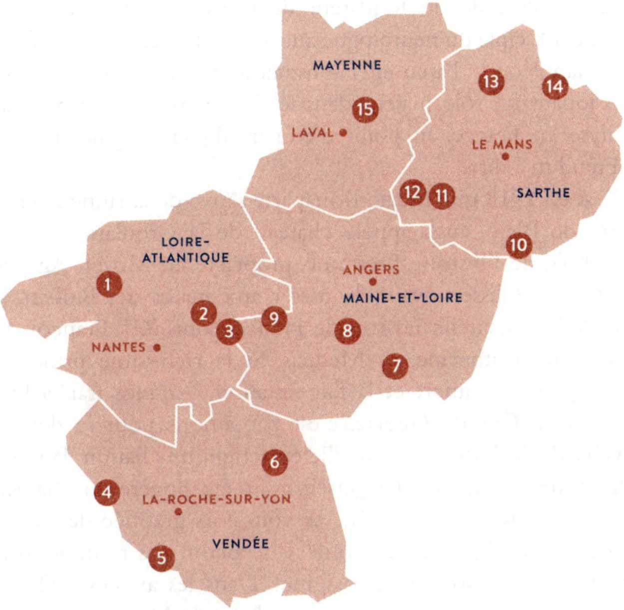
MAYENNE
15
LAVAL
13
14
LE MANS
12
11
SARTHE
10
LOIRE-
ATLANTIQUE
1
ANGERS
MAINE-ET-LOIRE
2
9
3
8
NANTES
7
6
4
LA-ROCHE-SUR-YON
VENDÉE
5

LOIRE-ATLANTIQUE

1

BLAIN

Gare : Nort-sur-Erdre (21 km)

La princesse **Marie Bonaparte** aura sauvé deux vies. Celle du château de Blain, forteresse plantée au bord du canal de Nantes à Brest, et celle du fondateur de la psychanalyse, Sigmund Freud. Disciple du neurologue autrichien, l'arrière-petite-nièce de Napoléon Ier l'a en effet soustrait aux griffes des nazis, tout en jouant un rôle majeur dans le déploiement de la psychanalyse en France, au point d'être ironiquement surnommée « Freud m'a dit ».

C'est en 1918 que Marie Bonaparte sauve de la ruine le château de Blain, aussi appelé château de la Groulais. Puissant symbole de l'histoire bretonne, propriété au Moyen Âge de la famille Clisson avant de passer aux mains des Rohan, la citadelle a accueilli les rois de France Louis XII, François Ier ainsi que Catherine de Médicis. Si la richissime princesse Bonaparte l'acquiert et la fait restaurer à grands frais à l'issue de la Grande Guerre, c'est par amour pour le député **Aristide Briand**, avec qui elle entretient une liaison : la mère du futur président du Conseil avait été lingère au château avant sa naissance. La bâtisse se voit alors gratifiée de hautes fenêtres gothiques et de coulées de béton pas toujours respectueuses de son esprit originel. Dans les années 1920, la propriété abrite les rendez-vous galants de Marie Bonaparte avec Briand ainsi qu'avec ses nombreux autres amants. C'est à la même époque que la princesse entame une psychanalyse auprès de Sigmund Freud en personne, afin de guérir de sa frigidité. Si le maître viennois l'aide à comprendre les origines de ses troubles, elle ne parviendra pas à découvrir le plaisir sexuel – plusieurs opérations gynécologiques ne seront sur ce plan pas davantage couronnées de succès. La princesse n'en est pas moins fascinée par son analyste, qu'elle va consulter pendant une quinzaine d'années à la faveur d'innombrables

séjours à Vienne. Elle traduit en français plusieurs ouvrages de Freud et finance la création de la Société psychanalytique de Paris ainsi que celle de la *Revue française de psychanalyse*, avant de devenir elle-même psychanalyste. Inquiète du sort de son mentor d'origine juive après l'annexion de l'Autriche par l'Allemagne hitlérienne, en mars 1938, elle verse aux nazis une énorme rançon qui permet à Freud de s'exiler à Londres. Jusqu'à sa mort en 1962, douze ans après avoir dû vendre sa forteresse de Blain en raison de l'épuisement de sa fortune, la princesse Bonaparte fut une indéboulonnable gardienne du temple freudien, s'opposant avec force au virage lacanien de la psychanalyse française dans les années 1950.
Le château de la Groulais, ouvert à la visite de mars à novembre, offre le gîte. Il s'y tient également des séminaires de bien-être ainsi que des événements consacrés aux légendes urbaines. Quant à l'existence mouvementée de son ancienne propriétaire, elle fournit une riche matière pour le grand son et lumière en préparation sur l'histoire de la forteresse.

—

Château de la Groulais et Gîte du Connétable,
4, allée Olivier-V-de-Clisson, 44130 Blain

2

LE CELLIER

Gare : Le Cellier

Cette commune du Pays nantais, sur la rive droite de la Loire, abrita le refuge princier d'un roi du rire. Souvent irascible à l'écran, **Louis de Funès** fut autrement prévenant dans sa vie privée en rachetant le château des ancêtres de son épouse, Jeanne, afin de l'offrir à sa belle.
C'est en 1967 qu'il acquiert aux enchères le château de Clermont, dépensant pour ce faire l'intégralité du cachet reçu l'année précédente pour *La Grande Vadrouille*. Après deux ans de travaux et de restaurations, la demeure du XVIIe siècle, avec ses 30 pièces et ses 365 fenêtres, devient pour les Funès une résidence de week-end et de vacances en famille. Le parc

de 30 hectares bordant la Loire comprend un verger et un potager où Louis de Funès jardine activement, sans engrais chimiques ni insecticides, alimentant la table familiale avec ses fruits et légumes bio. L'acteur développe aussi une passion pour les roses, qui sera consacrée par la création d'une variété portant son nom. Ennemi de la chasse, qu'il interdit sur ses terres, il se rattrape en pêchant dans la Loire des brochets qu'il déguste, suivant la coutume locale, avec une sauce au beurre blanc.

S'il vient au Cellier en quête de calme, fuyant une notoriété devenue étouffante, de Funès n'en fréquente pas moins en toute simplicité les habitants du village, venant glaner les derniers ragots du voisinage à l'auberge Beau Rivage, tout près du château. Et bien sûr, en catholique fervent, il ne manque jamais la messe du dimanche à l'église Saint-Martin. Dans les dernières années de sa vie, le comédien, malade du cœur, vend même son appartement parisien pour résider à plein temps au Cellier. Sa disparition en janvier 1983, à la suite d'un infarctus, fut vécue comme un deuil national et ses obsèques attirèrent des milliers de personnes dans la petite église du village.

Enterré dans la commune, Louis de Funès avait souhaité que sa tombe ressemble à celles des cimetières militaires, une austère croix blanche parmi d'autres. Peine perdue : elle est régulièrement recouverte de sifflets, en souvenir de son personnage de gendarme tropézien, et de plaques funéraires le représentant dans ses autres grands rôles. En empruntant l'allée cavalière depuis la rue de Clermont, on peut admirer la façade Louis XIII du château de Clermont, qui a été vendu par la famille de Funès et est aujourd'hui divisé en appartements. Un temps installé dans l'orangerie de la propriété, le musée Louis-de-Funès, rassemblant des souvenirs de tournage de l'acteur, a déménagé il y a quelques années à Saint-Raphaël dans le Var.

Château de Clermont, rue de Clermont, 44850 Le Cellier
Église Saint-Martin, place Saint-Méen, 44850 Le Cellier
Cimetière, 32, rue de Clermont, 44850 Le Cellier

3

BARBECHAT

Gare : Le Cellier (12 km)

Avec ses villas néoclassiques, le vignoble nantais a de faux airs de la campagne vénitienne. Sur l'ancienne commune de Barbechat, rattachée depuis peu à celle de Divatte-sur-Loire, se dresse ainsi le château XVIIIe de la Berrière, propriété de la famille du dandy **Jacques de Bascher**. Amant terrible d'Yves Saint Laurent, ce jet-setter fut aussi la muse intime de Karl Lagerfeld, qui le considérait comme « le Français le plus chic qu'[il ait] jamais vu ».

Durant l'insurrection vendéenne, en 1794, le château est incendié et ses habitants massacrés par des soldats républicains. Par miracle, un bébé est sauvé, dont Jacques de Bascher sera le descendant. Né en 1951, ce dernier passe son enfance entre Neuilly-sur-Seine et cette demeure reconstruite après la Révolution dans le style Directoire, dont a hérité son père. Repéré en 1972 dans une boîte de nuit parisienne par Karl Lagerfeld pour sa beauté, sa culture et sa distinction, le jeune homme sera l'amour platonique et la boussole du couturier. Une fois mis à l'abri des contingences par son protecteur, de Bascher, qui considère tout travail comme déshonorant, va mener une intense vie nocturne. Une fleur de lys tatouée sur la fesse, sur le dos un blouson de cuir noir arborant la devise des de Bascher, « Ma Foy, mon Roy », cloutée dans un cœur vendéen, il devient une figure recherchée du Tout-Paris branché. L'absolue liberté de ton et de mœurs de l'aristo-trash égaiera des personnalités telles qu'Andy Warhol, Francis Bacon ou David Hockney, qui réalisa son portrait en héros proustien. Yves Saint Laurent succombera lui aussi au charme délétère du dandy. Au terme de cette passion destructrice pour le couturier, l'homme d'affaires Pierre Bergé va gifler de Bascher en l'accusant d'avoir fait sombrer son génial compagnon dans l'alcool et la drogue. Dans une lettre à Saint Laurent, Bergé écrit : « Je n'ai jamais compris comment tu avais pu tomber amoureux d'un séducteur d'opérette efféminé, fat et mal monté.» L'affaire divise le petit monde de la mode parisienne. Karl Lagerfeld, lui, reste fidèle à sa muse en se rendant plusieurs fois dans son domaine familial de la Berrière, dont il sert le muscadet lors de ses fêtes parisiennes. Atteint du sida au milieu des années 1980, Jacques de Bascher viendra de plus en plus souvent se reposer au château de Barbechat. Il expire quelques semaines après le bicentenaire de la Révolution française. L'élégant personnage a été incinéré avec l'ours en peluche de son enfance, dans lequel il cachait sa cocaïne pour passer les contrôles de douane. Lagerfeld réclama une partie de ses cendres afin de les mêler aux siennes après sa disparition.

VENDÉE

4

SAINT-GILLES-CROIX-DE-VIE

Gare : Saint-Gilles-Croix-de-Vie

Ce port sardinier de la Côte de Lumière peut s'enorgueillir d'avoir attrapé dans ses filets deux géants venus de loin au cours des années 1920 : **Sergueï Prokofiev**, le plus grand compositeur russe de son temps, et **Marina Tsvetaïeva**, la plus grande poétesse russe de tous les temps. Ces deux-là ont accompli l'exploit de ne jamais se croiser dans la petite station vendéenne.
Durant l'été 1924, Prokofiev, qui vit alors à Paris après avoir fui la Révolution russe, choisit Saint-Gilles pour des vacances sur la côte atlantique. Il loue la villa Béthanie, 28 avenue Notre-Dame, où il compose plusieurs mouvements de la musique de son ballet *Trapèze*. Un séjour sans histoire, ce qui sera loin d'être le cas de celui de Marina Tsvetaïeva.
Après avoir elle aussi quitté la Russie soviétique, peu convaincue par son «homme nouveau, moitié machine, moitié singe, moitié mouton», la poétesse rejoint la France en 1925. En avril de l'année suivante, à l'étroit avec ses deux enfants dans son misérable réduit parisien, elle loue à Saint-Gilles une maisonnette de pêcheurs, «Ker-Édouard», avenue de la Plage. Si

Marina n'aimait pas la mer, elle nourrissait une sympathie profonde pour le soulèvement de la Vendée sous la Révolution française. Sur la côte vendéenne, elle écrit son avant-gardiste *Poème de l'escalier*, mais entretient surtout une intense relation épistolaire avec les écrivains Boris Pasternak et Rainer Maria Rilke. Leur triangle amoureux fera voyager presque chaque jour des lettres embrasées entre Saint-Gilles, Moscou, où réside Pasternak, et la Suisse, où Rilke lutte contre une leucémie. Chauffé à blanc par les missives enfiévrées de la poétesse, Pasternak souhaite la rejoindre en Vendée, mais elle réfrène ses ardeurs en lui déconseillant de venir, tandis qu'elle écrit à Rilke: «Je suis ta Russie, je te dis seulement (une fois de plus) que je t'aime.» Le poète autrichien, tout aussi bouillant, se contente de réclamer une photo d'elle en lui répondant: «Nous nous touchons comment? Par des coups d'aile.» Rilke mourra à la fin de cette année 1926, sans jamais avoir rencontré son ultime muse. Après une parenthèse vendéenne de six mois, la «danseuse de l'âme», comme se surnommait Marina Tsvetaïeva, quitta quant à elle Saint-Gilles pour Meudon, en banlieue parisienne, où elle vivra jusqu'à son retour en URSS en 1939. Étroitement surveillée par le régime stalinien, elle se suicidera deux ans plus tard.
La promenade favorite de Marina Tsvetaïeva, le long de la Grande Plage de Saint-Gilles-Croix-de-Vie, porte désormais son nom. Sur le quai Garcie-Ferrande, une statue la représentant assise sur un banc a été inaugurée en 2012. Sur le socle de l'œuvre, due à un artiste officiel du régime russe, on peut lire: «Don du peuple russe au peuple français, en signe d'amitié et de coopération entre nos deux pays. Vladimir Poutine, Président de la Fédération de Russie.»

Chemin des Dunes, promenade Marina-Tsvetaïeva, Grande Plage,
85800 Saint-Gilles-Croix-de-Vie
Statue de Marina Tsvetaïeva, sur la rive gauche de la Vie,
85800 Saint-Gilles-Croix-de-Vie

5

SAINT-VINCENT-SUR-JARD

Gare : Les Sables-d'Olonne (24 km)

On a vraiment réussi sa vie quand sa maison natale, sa résidence principale et même sa résidence secondaire deviennent toutes des musées. **Georges Clemenceau** est de cette trempe : outre son appartement parisien de la rue Benjamin-Franklin et sa maison natale à Mouilleron-en-Pareds, dans le Bocage vendéen, on peut aussi visiter, à une centaine de kilomètres de cette dernière, sa maison d'été échouée sur la Côte de Lumière, à Saint-Vincent-sur-Jard.

Cet esprit anticonformiste, qui, avant de devenir en 1918 le « Père la Victoire », avait été un redoutable député d'opposition puis un président du Conseil très impopulaire, est un peu notre Churchill, avec ses bons mots piquants comme « La guerre est une chose trop grave pour la confier à des militaires » ou « Le meilleur moment de l'amour, c'est quand on monte l'escalier ». D'escalier, sa maison de Saint-Vincent est pourtant dépourvue. C'est après sa cuisante défaite à l'élection présidentielle de janvier 1920, qui signe sa retraite politique, que le Tigre revient dans sa région natale où il loue face à l'Atlantique ce « château horizontal », une longue bicoque de pêcheur au toit de tuiles. Jusqu'à la fin de sa vie, à la belle saison, il quittera Paris pour Saint-Vincent-sur-Jard dans sa Rolls avec chauffeur financée par un généreux donateur, le célèbre marchand d'armes Basil Zaharoff. Une fois dans son abri côtier, Clemenceau vit simplement, entouré d'estampes et de peintures japonaises, de vases asiatiques et de divinités bouddhiques. Sa terrasse qui surplombe la plage du Goulet lui offre un magnifique panorama sur l'océan. L'ex-homme d'État accueille à Saint-Vincent ses amis comme le peintre Claude Monet, qui va l'aider à composer sur la dune un « jardin impressionniste », sorte d'annexe océanique du jardin de Monet à Giverny. Six mois par an, le vieux félin trouvera dans cette tanière vendéenne un lieu propice à l'écriture et à la méditation, jusqu'à sa mort à son domicile parisien en

novembre 1929. Clemenceau est alors enterré au cœur de la Vendée, auprès de son père, à Mouchamps, dans le respect de ses dernières volontés : « Pour mes obsèques, je ne veux que le strict nécessaire, c'est-à-dire moi. »
Dans sa maison-musée aux volets vert d'eau de Saint-Vincent-sur-Jard, les aiguilles de l'horloge se sont arrêtées à 1 h 45, heure de son décès. Le décor est resté en l'état avec son rocking-chair, le tapis marocain offert par le maréchal Lyautey, une peau de tigre blanc sur le lit, la plume d'oie avec laquelle il écrivait ses poèmes d'amour et les pistolets chers à cet amateur de duels. Dans le jardin si calme et délicat, reconstitué d'après sa correspondance avec Monet, on en oublierait presque l'envergure de l'ancien maître des lieux, qui a donné son nom à une station du métro parisien, des dizaines d'avenues, de lycées, de ponts, un porte-avions et même au quatrième plus haut sommet des Rocheuses canadiennes.

—

Maison et jardin de Georges Clemenceau,
76, rue Georges-Clemenceau, 85520 Saint-Vincent-sur-Jard
Plage du Goulet, rue du Goulet, 85520 Saint-Vincent-sur-Jard

6

LE BOUPÈRE

Gare : Pouzauges (12 km)

L'auteur-compositeur et producteur de musique **Pierre Barouh** – l'homme qui importa la bossa nova et la samba en France – a élu domicile dans ce bourg veiné de cours d'eau au cœur du Bocage vendéen. Grand explorateur sonore, l'artiste décédé en 2016 est notamment célèbre pour avoir écrit l'inoubliable « Chabadabada » entendu en 1966 dans le film *Un homme et une femme* de Claude Lelouch.
Né en 1934, Élie Barouh, fils de commerçants juifs de Levallois-Perret, est durant l'Occupation caché par une famille de La Grêlerie, petit hameau de Montournais à une quinzaine de kilomètres du Boupère. Rebaptisé Pierre, il y passera quatre années relativement insouciantes dont il s'inspirera pour écrire des

chansons comme *La Bicyclette*, interprétée par Yves Montand – la Paulette de la chanson était la fille d'un agriculteur de Montournais. Avec ses premières royalties, au milieu des années 1960, l'auteur-compositeur nostalgique s'offre non loin de là, au Boupère, l'ancien moulin de la Morvient. Il y installe un studio d'enregistrement ainsi que le siège de sa société Saravah, le plus ancien label de musique indépendant français, découvreur de talents comme Jacques Higelin ou Brigitte Fontaine et propagateur de la world music dans l'Hexagone.
Niché au bout du chemin de la Morvient, le moulin offre désormais le logis sur Airbnb. Et un sentier pédestre qui démarre au kiosque de la place Cunaud conduit à travers l'exubérant bocage sur les pas de Pierre Barouh ; au fil de la promenade, des panneaux permettent de découvrir ses refrains, ses aphorismes et ses voyages musicaux, du Brésil au Japon.

Airbnb Les Rives du Lay, chemin de la Morvient, 85510 Le Boupère
Promenade Pierre-Barouh, départ du kiosque de la place Cunaud, 85510 Le Boupère

MAINE-ET-LOIRE

7

TIGNÉ

Gare : Les Rosiers-sur-Loire (27 km)

Au cœur du pays des Mauges, l'ancienne commune de Tigné, aujourd'hui rattachée à celle de Lys-Haut-Layon, se situe sur le territoire de l'appellation viticole du coteaux-du-layon. L'acteur et homme d'affaires franco-russe **Gérard Depardieu** y est depuis 1989 propriétaire du château de Tigné. Ce vignoble d'une centaine d'hectares fut le premier acquis par le comédien, qui a été initié à l'art du vin par ses aînés Jean Gabin et Bernard Blier. S'il en possède désormais plusieurs autres dans le Bordelais, en Italie ou en Algérie, son domaine angevin reste la terre d'élection de Depardieu, qui a passé les deux confinements de 2020 dans la vaste demeure de la propriété, remaniée au XIXe siècle dans un style néo-gothique. Si vous n'avez pas la chance de le croiser dans ses vignes ou à l'Hyper U de Mûrs-Erigné, sa cave est ouverte toute la semaine aux visiteurs désireux de goûter sa production. Ce lieu étonnant, qui ressemble à une débordante brocante d'antiquités, est à l'image, baroque, du monstre sacré du cinéma, avec sa statue de femme dévêtue, ses portraits et œuvres d'art kitschissimes. On peut y acquérir des rosés et des rouges d'Anjou, des blancs du coteaux-du-layon, autant de crus pour lesquels l'artiste épicurien a laissé libre cours à sa poésie en les baptisant « Confidence », « Terres chaudes » ou, plus près de son tempérament, « L'Insoumis » et « L'Insensé ». Quant à la rue qui longe sa propriété, elle a été baptisée en hommage au grand ami disparu de Depardieu et autre furieux amateur de vins, l'acteur Jean Carmet. Notons encore qu'à une vingtaine de kilomètres de là, dans le village de Saint-Lambert-du-Lattay (voir ci-dessous), est inhumé le comédien Patrick Dewaere, son inséparable complice dans les premiers films de Bertrand Blier.

Château de Tigné, 1, rue Jean-Carmet, 49540 Lys-Haut-Layon
Hyper U, 4, rue du Grand-Pressoir, 49610 Mûrs-Erigné

8

SAINT-LAMBERT-DU-LATTAY

Gare : Chalonnes (12 km)

Cette commune en plein vignoble angevin a offert d'heureuses parenthèses à **Patrick Dewaere**. Cet acteur émotif et sanguin, qui fut révélé en 1974 par *Les Valseuses* de Bertrand Blier, y formait avec Gérard Depardieu un inoubliable duo de voyous qui heurta la société française.

À la fin des années 1970, le comédien quittait souvent Paris en Mercedes pour rejoindre à Saint-Lambert-du-Lattay la maison de famille d'Elsa, sa seconde épouse. À fleur de peau malgré le succès, Patrick Dewaere venait puiser des ressources auprès de ses beaux-parents dans cette demeure chargée d'histoire, entourée de pieds de vigne et de vieilles pierres, au lieu-dit des Petites Tailles. Il jouait du piano et de l'accordéon, répétait les dialogues de ses films en faisant le tour du jardin, où il avait planté quelques arbres. S'il sortait rarement dans le village, l'acteur vedette poussait volontiers le caddie familial au centre Leclerc de Chemillé. Mais ce semblant d'apaisement ne suffira pas à stabiliser une existence éprouvée par sa consommation d'héroïne. À 35 ans, en juillet 1982, Patrick Dewaere se suicide devant un miroir de son appartement parisien, en se tirant une balle dans la bouche avec une carabine 22 Long Rifle offerte par son ami Coluche. Une dizaine de rôles majeurs l'attendaient au cinéma, dont celui du boxeur Marcel Cerdan.

L'acteur est inhumé dans le tombeau de sa belle-famille, situé dans la première allée du nouveau cimetière de Saint-Lambert-du-Lattay. Régulièrement fleurie et dépositaire de nombreux mots d'admirateurs, sa sépulture a très sûrement reçu la visite de Gérard Depardieu, qui possède un vignoble à une vingtaine de kilomètres de là (voir Tigné, page précédente).

—

E. Leclerc, ZA des Trois-Routes, 49120 Chemillé-en-Anjou
Cimetière, 11, rue Rabelais, 49750 Saint-Lambert-du-Lattay

9

SAINT-FLORENT-LE-VIEIL

Gare : Varades-Saint-Florent-le-Vieil (3 km)

Hissé sur un promontoire dominant la Loire, Saint-Florent-le-Vieil n'a pas usurpé son label de « Petite cité de caractère ». Ses ruelles escarpées ont vu s'enfuir la jeunesse de **Julien Gracq**, qui reviendra y habiter à la fin de sa vie. D'une grande préciosité, l'œuvre de cet « écrivain pour écrivains », qui n'est pas disponible en poche à la demande de l'auteur, circule parmi un petit cercle de fervents initiés. Dernier grand seigneur des lettres françaises, le romancier avait défrayé la chronique en refusant le prix Goncourt attribué en 1951 à son *Rivage des Syrtes*.

Louis Poirier, de son vrai nom, est né à Saint-Florent-le-Vieil à l'été 1910. Enfant, il aime robinsonner parmi les roseaux et les peupliers de l'île Batailleuse, sur la Loire face au village, avec son « sable fin, doux comme celui d'une dune » qui éveille son goût du merveilleux. Devenu écrivain sous le nom de Julien Gracq, il ne situera pourtant aucun de ses romans dans sa région natale. Normalien, agrégé d'histoire et de géographie, Gracq construit son œuvre littéraire à Paris, où il enseigne au lycée Claude-Bernard. À sa retraite, en 1970, il retourne vivre dans la maison familiale de Saint-Florent avec sa sœur Suzanne. Amateur de longues promenades en solitaire, retiré d'un monde qui l'indiffère, l'écrivain décline tout honneur et demande d'interview. Mais il invite volontiers à l'auberge de la Gabelle, face à la Loire, ses admirateurs de passage à Saint-Florent pour déguster une truite saumonée. L'écrivain rend son dernier souffle à 97 ans, en 2007, dans sa maison qu'il a léguée à l'État pour en faire une résidence d'écrivains, d'artistes et de chercheurs.

Non loin de là, un ancien grenier à sel est devenu la Maison Julien-Gracq, où a été aménagée une « Chambre des cartes » en hommage à ce passionné de géographie. À l'étage, les fanatiques pourront décrypter la bibliothèque personnelle de l'écrivain. On y trouve sans surprise des auteurs à la sensibilité proche de la sienne, comme Dino Buzzati ou Ernst Jünger, mais aussi le roman *Couples* de John Updike, qui détonne chez ce célibataire endurci – la guide saura vous dévoiler la vie sentimentale de Julien Gracq, dont il a si soigneusement entretenu le mystère. La terrasse du bâtiment surplombe magnifiquement le fleuve, point de vue idéal sur l'île Batailleuse et son cimetière de bateaux éventrés.

Maison Julien-Gracq, 1, rue du Grenier à sel, Saint-Florent-le-Vieil, 49410 Mauges-sur-Loire

Hostellerie de la Gabelle, 12, quai de la Loire, Saint-Florent-le-Vieil, 49410 Mauges-sur-Loire

SARTHE

10

CHENU

Gare : Vaas (7 km)

Dans ces paysages de crêtes boisées et de châteaux enchanteurs, la quête de ses ancêtres verriers enfiévra la romancière **Daphné du Maurier**. Cette femme de lettres britannique a connu un immense succès avec des ouvrages à suspense adaptés au cinéma par Alfred Hitchcock, *La Taverne de la Jamaïque*, *Rebecca* et *Les Oiseaux*. Des recherches sur ses origines françaises lui ont inspiré un roman historique au même parfum de déliquescence : *Les Souffleurs de verre*. Dans ce livre, elle prévient : « Rappelez-vous qu'un verrier insuffle la vie à un objet, lui donne sa forme, son aspect et parfois sa beauté ; mais il peut, d'un même souffle, le briser en mille fragments. »
Son grand-père George du Maurier, lui-même écrivain, avait certifié à la jeune Daphné le haut pedigree aristocratique de la famille, émigrée en Angleterre durant la Révolution française. C'est dans les années 1950, une fois devenue une autrice à succès, que la romancière se lance dans une enquête sur ses aïeux. Des généalogistes la dirigent vers des verreries de la Sarthe, où les du Maurier, lui disent-ils, auraient soufflé le verre à la fin de l'Ancien Régime – cette activité fut longtemps réservée aux familles de sang bleu. Parfaitement francophone – elle a achevé ses études secondaires en région parisienne –, Daphné se rend donc dans la région du Mans accompagnée de sa sœur Jeanne. Elles écument les anciens ateliers de maîtres verriers comme ceux du Chêne-Bidault, dans la forêt de Montmirail, et de la Pierre, à Coudrecieux, où elles ne trouvent que des débris de verre pilé dans la forêt de Vibraye. Voilà tout ce qui subsistait des prestigieux graveurs de cristal de leur arbre généalogique. Poursuivant la quête de ses ancêtres, la romancière finit par faire une découverte majeure une cinquantaine de kilomètres plus au sud, en tombant sur la ferme du Maurier, à côté du château de Chérigny sur la

commune de Chenu. C'est là que naquit en 1749 son quadrisaïeul paternel, un certain Mathurin-Robert Busson. Issu d'une dynastie de souffleurs de verre ayant longtemps exercé à Coudrecieux, lui-même un temps maître verrier à Chenu, ce séducteur patenté décida de monter à Paris pour se lancer dans de douteuses opérations immobilières. En 1789, à la suite d'agiotages crapuleux, il échappe de justesse à la guillotine en s'enfuyant à Londres, où, exploitant sans scrupules la misère d'autres immigrés, il usurpe alors un titre de noblesse en accolant à son nom celui du lieu-dit de sa naissance.
Cette désillusion sur ses origines n'entama en rien l'amour pour la France de Daphné du Maurier, qui mourut en 1989, à quelques semaines du bicentenaire de la Révolution.

11

PARCÉ-SUR-SARTHE

Gare : Sablé-sur-Sarthe (11 km) ou Noyen (10 km)

Fanny, la fiancée de Marius, n'est pas née en Provence mais dans le Maine angevin. C'est en effet à Parcé-sur-Sarthe, entre quelques bolées de cidre, que son créateur, **Marcel Pagnol**, écrivit le deuxième volet de sa trilogie marseillaise. Dans ce petit bourg sarthois, le Provençal a même fait ses débuts de cinéaste.
En 1930, après le succès colossal à Paris de sa pièce *Marius*, le dramaturge de 35 ans éprouve le besoin de prendre du recul. Un ami producteur et châtelain dans la Sarthe lui fait découvrir le village reculé de Parcé. En tombant sur le moulin d'Ignières, Pagnol décide d'acheter cette charmante bâtisse Renaissance édifiée au bord de la Sarthe par les moines de l'abbaye mancelle de la Couture. Ce refuge lui permet de vivre en toute discrétion sa liaison avec Kitty Murphy, une jeune danseuse anglaise, et de trouver l'inspiration pour écrire la suite de *Marius,* qu'on lui réclame : ce sera *Fanny*. Émerveillé par les forêts sarthoises, Pagnol va faire du moulin son havre de paix pour les week-ends et les vacances, sauf en hiver, car le natif d'Aubagne abhorre la pluie – selon lui, la Sarthe serait

le plus beau pays du monde si le mois de mai y durait toute l'année. À côté de l'écriture et des parties de belote dans son quartier général au cœur du village, le bar-hôtel de la Lune, Marcel Pagnol cherche des sources sur son domaine en s'intéressant aux forces telluriques. Il tente également de mettre au point un moteur d'un type nouveau en bricolant sa camionnette ou des voitures à trois roues, et conçoit même un sous-marin. Les expérimentations du dramaturge se poursuivent avec sa conversion au cinéma: en 1933, il tourne son premier film, *Le Gendre de Monsieur Poirier*, dans le décor bucolique du moulin et de ses environs.

Après être devenu un cinéaste à succès dans la seconde moitié des années 1930, Pagnol passera presque toute l'Occupation dans sa propriété sarthoise aux côtés de sa nouvelle compagne, la future Jacqueline Pagnol. L'éloignement de la capitale est un bon prétexte pour refuser de tourner pour les Allemands. Il en profite pour remettre en état la roue à aube du moulin afin de produire de l'électricité et ainsi pouvoir écouter Radio Londres; c'est à Parcé, en écoutant la TSF, que le couple apprend le débarquement du 6 juin 1944.

Marcel Pagnol vendra le moulin d'Ignières au début des années 1950. Mais soixante-dix ans plus tard, la ravissante demeure, située entre la route conduisant à Malicorne-sur-Sarthe et la rive gauche de la rivière, est toujours appelée à Parcé le moulin de Pagnol.

—

Bar de la Lune, place de la Lune, 72300 Parcé-sur-Sarthe

12

SOLESMES

Gare : Sablé-sur-Sarthe (4 km)

Dominant la rive gauche de la Sarthe, l'abbaye bénédictine Saint-Pierre de Solesmes a été fondée il y a un peu plus de mille ans. Le livre d'or de ce haut lieu de la contemplation donne le vertige: bien des personnalités sont venues y chercher l'absolu, composer un chef-d'œuvre ou encore mûrir un nouveau parti politique. Voici en accéléré la messe de requiem de l'abbaye la plus mondaine de France.

L'écrivain décadent **Joris-Karl Huysmans** vint se documenter à Solesmes après sa conversion au catholicisme pour écrire son roman *La Cathédrale* publié en 1898. Son confrère **Villiers de L'Isle-Adam**, qui était aussi un habitué des lieux, vanta la froideur attrayante du père supérieur. **Claude Debussy** séjourna deux fois à l'abbaye et s'inspira de la rythmique et de la richesse modale du chant grégorien pour composer son opéra *Pelléas et Mélisande*. Le futur prix Nobel de littérature **François Mauriac** y soigna une dépression avant de rentrer à Paris heureux, guéri et plus croyant que jamais. **Pablo Picasso** se passionna pour l'atelier d'art sacré. Fraîchement converti au catholicisme et atteint d'un ulcère à l'estomac, l'acteur américain **Gary Cooper** y fit une retraite juste avant sa disparition. Dans ses dernières volontés, **Georges Pompidou** demanda la présence des moines de l'abbaye pour interpréter des chants grégoriens durant la messe de requiem de ses obsèques nationales à Notre-Dame de Paris. Après sa démission surprise du poste de Premier ministre, en 1976, **Jacques Chirac** vint méditer avec son épouse Bernadette dans le silence et la prière juste avant de créer son nouveau parti, le RPR. Enfin, seule ombre à la pierre de taille, le milicien **Paul Touvier**, condamné pour crimes contre l'humanité en raison de ses activités durant la Seconde Guerre mondiale, a un temps été recueilli à Saint-Pierre de Solesmes au cours de sa longue cavale pour échapper à la justice des hommes.

L'abbaye ne se visite pas, mais le magasin est accessible tous les jours. On peut assister aux offices chantés en latin à la chapelle de l'abbaye. Pour une retraite spirituelle d'un jour à une semaine, les hommes sont accueillis à l'hôtellerie en chambre individuelle avec lavabo. Les repas sont pris avec les moines. Outre la participation au temps liturgique plusieurs fois par jour, il est possible de se livrer au travail manuel, notamment au jardinage. Les femmes retraitantes seront quant à elles logées au village dans de petites maisons à proximité de l'abbaye. Si elles ont entre 18 et 35 ans, elles pourront aussi être accueillies à l'abbaye sœur de Saint-Pierre, la toute proche Sainte-Cécile de Solesmes, sur les traces de la dernière impératrice d'Autriche, **Zita de Bourbon-Parme**; après avoir perdu sa couronne en 1918, celle-ci y résida plusieurs mois chaque année jusqu'à sa mort en 1989.

—

Abbaye Saint-Pierre de Solesmes,
1, place Dom-Guéranger, 72300 Solesmes

13

PIACÉ

Gare : La Hutte-Coulombiers (6 km)

Cette anodine commune bordée par la Sarthe a bien failli révolutionner l'architecture de nos campagnes. Dans les années 1930, le grand architecte franco-suisse **Le Corbusier** projeta en effet de bâtir à Piacé une «ferme radieuse» et un village coopératif, utopie ayant pour ambition de «sortir le monde rural du romantisme du fumier».
En 1932, Norbert Bézard, un paysan local touche-à-tout, à la fois militant syndical et artiste, a l'occasion d'interpeller son idole à Paris lors d'une réunion consacrée à la réforme agraire; il lui lance: «Le Corbusier, ne restez pas qu'en ville!» Piqué au vif, l'architecte et urbaniste à la réputation déjà internationale lui promet un réveil de la campagne. Entamant une intense correspondance avec Bézard, Le Corbusier rêve de faire accéder la campagne à la modernité afin d'interrompre l'exode rural, en faisant revenir à la terre les «échoués» des villes. Les deux complices choisissent alors Piacé comme village type pour leurs expérimentations.
Hostile au cliché citadin de la vieille ferme bucolique, l'architecte commence par imaginer une exploitation agricole dotée d'une véritable tour de contrôle. Puis, renonçant à l'indépendance de la petite maison familiale, il esquisse le logis du paysan moderne: des barres d'habitation collectives au milieu des champs. Construites sur pilotis, elles disposeraient de cloisons coulissantes et de toits-terrasses végétalisés. Les rues du «village

radieux» seraient rectilignes et perpendiculaires. Pour cela, Le Corbusier propose de raser une cinquantaine de fermes autour de Piacé. L'architecte suggère encore à Norbert Bézard l'implantation d'une maison commune qui contiendrait la salle du conseil, la poste, la TSF, le cinéma et la bibliothèque. «Le paysan y écoutera Beethoven, Mozart et Berlioz. On mangera, on lira le journal. Les femmes feront la lessive», écrit-il. Jusque-là, les deux hommes s'accordent à merveille. Mais quand l'architecte souhaite abattre l'église Notre-Dame et son clocher du XIe siècle, Bézard la sauve *in extremis* sur les plans du projet. Et leurs avis divergent définitivement quand le génie moderniste décide de supprimer les auberges et les débits de boisson en s'élevant contre «les alcools endormeurs d'énergie et d'initiative», pour ne conserver que «les joies essentielles» du paysan. Telle sera la pierre d'achoppement du village radieux de Piacé, dont aucun bâtiment ne sortira jamais de terre.
Chaque année, à la fin juin, une association organise à Piacé une Quinzaine radieuse, durant laquelle des artistes contemporains venus du monde entier exposent au cœur du village. Une exposition ouverte d'avril à octobre retrace par ailleurs l'histoire du projet méconnu à travers maquettes, plans et archives. Et un parcours d'art contemporain est libre d'accès toute l'année dans le village.

Association Piacé le radieux,
Bézard-Le Corbusier, Moulin de Blaireau, 72170 Piacé

14

SAINT-COSME-EN-VAIRAIS

Gare : Le Theil-La-Rouge (21 km)

De cette petite commune du Perche à la limite de l'Orne proviennent les racines sarthoises de la chanteuse **Madonna**. La reine de la pop est en effet la descendante en droite ligne d'un rude gaillard du pays parti tenter sa chance en Nouvelle-France.

Julien Fortin est baptisé en 1621 dans la paroisse de Notre-Dame-de-Vair, depuis rattachée à Saint-Cosme-en-Vairais. Adolescent, ce fils de boucher croise à l'auberge du Cheval Blanc, tenue par son grand-père, un homme qui lui dit revenir d'un Éden où coulent le lait et le miel : la Nouvelle-France. C'est encore ébloui par ce récit que Julien affrontera quinze ans plus tard la périlleuse traversée vers la colonie française de Québec. Il s'y marie et devient propriétaire terrien avec le titre de sieur de Bellefontaine. Échappant aux pillages des Iroquois, le prospère colon est aussi renommé pour ses dons de guérisseur, dont profiteront certains de ses douze enfants. Lors d'une interview, Madonna a expliqué que, dans la famille de sa mère, née Madonna Louise Fortin, on appelle l'atavique volonté de réussir la « fortitude » en hommage à l'ancêtre percheron.
À Saint-Cosme-en-Vairais, le bâtiment qui abritait autrefois l'auberge du Cheval Blanc se dresse au 100 rue Nationale. On compte encore dans le village quelques Fortin, qui suscitent certaines jalousies parmi leurs voisins et se livrent à d'intenses recherches généalogiques pour attester d'un cousinage avec la chanteuse. Un temps, une habitante excentrique promenait en laisse dans les rues de Saint-Cosme une truie apprivoisée baptisée Madonna, habillée d'un chapeau et d'une petite culotte. Mais la véritable star se fait encore attendre dans la commune. Signalons tout de même à l'attention du tourneur de la chanteuse que le complexe culturel Atlantis, au cœur de Saint-Cosme, est doté d'une salle de spectacle pouvant accueillir 200 personnes en gradins et jusqu'à 400 debout.

MAYENNE

15

LA CHAPELLE-ANTHENAISE

Gare : Louverné (4 km)

Ce village pourtant moyennement remarquable a littéralement envoûté le dramaturge **Eugène Ionesco** durant son enfance. Le chef de file du théâtre de l'absurde, ébloui par l'expérience qu'il y fit de la plénitude, ne retrouvera jamais l'enchantement de ses jeunes années mayennaises.

Né en Roumanie en 1909, le jeune Eugène arrive quatre ans plus tard à Paris avec sa famille. L'enfant connaît vite un second déracinement : à 8 ans, il est confié avec sa petite sœur Marilina à une famille paysanne de La Chapelle-Anthenaise, près de Laval. Dans un moulin sans électricité où rien n'a changé depuis le XVIIe siècle, entouré des vaches qu'il doit garder, Eugène a la sensation de vivre en dehors du temps. Réfugié dans les combles du moulin, il découvre la littérature à travers des textes comme *Un cœur simple* de Flaubert. Ce nouvel exil se révèle vite une bénédiction, dissipant les angoisses de sa prime enfance marquée par l'abandon de la famille par son père. Si bien qu'après trois années d'un bonheur intense, quand sa mère vient le chercher pour le ramener à Paris, Eugène a l'impression d'être arraché du jardin d'Éden. Devenu dramaturge après la Seconde Guerre mondiale, l'auteur de l'emblématique *Cantatrice chauve* dira avoir été marqué par cette période mayennaise au point que tout ce qu'il écrit est « inspiré par le ciel et la terre, et les paysans, les fermiers, les maisons de La Chapelle-Anthenaise », ainsi que par la lumière de la campagne, qui l'obsèdera toute sa vie. L'écrivain reviendra à plusieurs reprises dans son village de cœur. En 1965, lorsqu'il prononce un long discours devant l'Académie du Maine qui vient de l'accueillir en son sein, le robinet des sensations retrouvées coule tout seul : « Notre pays le plus vrai, le plus profond, n'est-il pas celui de notre enfance ? Il est celui auquel je rêve, celui de mon âge d'or, celui où je

fus presqu'aussi heureux qu'on peut l'être au paradis. Dans le bas du bourg, un petit ruisseau, un pré, deux champs, trois chemins creux, pleins de boue en hiver, somptueux dès le printemps. Ce paradis, à la fois minuscule et immense, est spirituellement incorruptible. C'est ce souvenir profond qui garde vivante ma nostalgie et dirige ma peine.»
L'enfant du pays revient peu après à La Chapelle-Anthenaise pour l'enterrement de la femme qui l'éleva pendant trois ans. Puis une dernière fois en 1985 pour l'inauguration d'un Centre d'aide par le travail portant son nom. Il ne reconnaît pas, alors, le moulin de son enfance, à moitié détruit. L'expansion des pavillons et du bitume a déjà corrompu le centre du village, dont il faudra vous éloigner en direction des fermes alentour pour entrevoir le reflet du paradis de Ionesco.

PROVENCE-ALPES-CÔTE D'AZUR

HAUTES-ALPES

1. SAINT-JULIEN-EN-CHAMPSAUR
2. LARAGNE-MONTÉGLIN

ALPES-DE-HAUTE-PROVENCE

3. LURS
4. ROUGON
5. MONTJUSTIN

VAUCLUSE

6. SAIGNON
7. BÉDOIN
8. SÉRIGNAN-DU-COMTAT
9. GORDES
10. BONNIEUX
11. LACOSTE
12. MÉNERBES

BOUCHES-DU-RHÔNE

13. SAINT-ANDIOL
14. MOURIÈS
15. SAINTES-MARIES-DE-LA-MER
16. VENELLES
17. VAUVENARGUES

VAR

18. SANARY-SUR-MER
19. BORMES-LES-MIMOSAS
20. CAP NÈGRE
21. LE RAYOL-CANADEL-SUR-MER
22. SAINT-TROPEZ
23. LE PLAN-DE-LA-TOUR
24. AGAY
25. MONTAUROUX

ALPES-MARITIMES

26. CAP D'ANTIBES
27. OPIO
28. LA COLLE-SUR-LOUP
29. SAINT-PAUL-DE-VENCE
30. FALICON
31. VILLEFRANCHE-SUR-MER
32. SAINT-JEAN-CAP-FERRAT
33. ÈZE
34. CAP-D'AIL
35. LA TURBIE
36. CAP-MARTIN

CUVÉES HOLLYWOOD

37. CORRENS
38. CHÂTEAUVERT
39. VILLECROZE
40. OPPÈDE

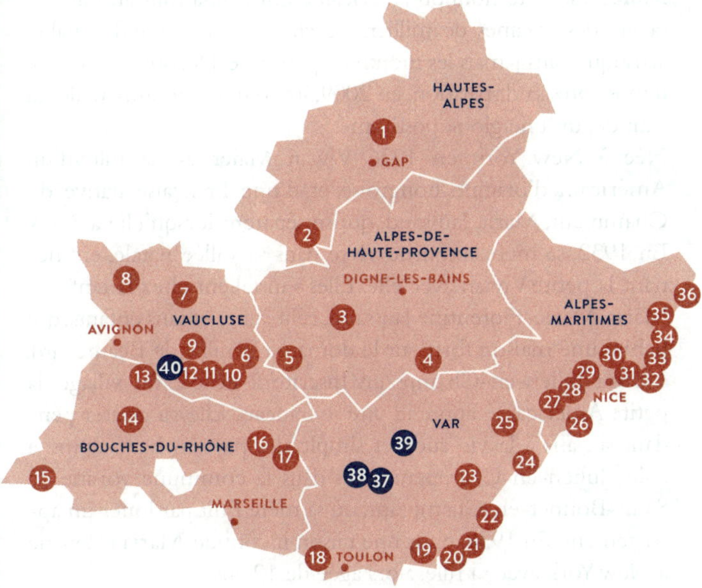
HAUTES-ALPES
GAP
ALPES-DE-HAUTE-PROVENCE
DIGNE-LES-BAINS
VAUCLUSE
AVIGNON
ALPES-MARITIMES
NICE
VAR
BOUCHES-DU-RHÔNE
MARSEILLE
TOULON

HAUTES-ALPES

1

SAINT-JULIEN-EN-CHAMPSAUR

Gare : Gap (18 km)

Accroché aux premières pentes du pic Queyrel, ce radieux bourg alpin vit grandir la « Mary Poppins de la photographie ». **Vivian Maier** est cette nounou américaine qui réalisa tout au long de sa vie des dizaines de milliers de clichés d'une grande qualité artistique, sans jamais les montrer à personne. Découverte peu de temps après sa disparition, en 2009, son œuvre monumentale lui vaut depuis une gloire posthume.

Née à New York en 1926, Vivian Maier est la fille d'un Américain d'origine hongroise et d'une Française native du Champsaur, Maria Jaussaud, qui se séparent lorsqu'elle a 3 ans. En 1932, sa mère retourne vivre dans sa vallée natale, emmenant la petite Vivian avec elle. Elles s'installent chez la tante de Maria, Marie-Florentine Jaussaud, célibataire et sans enfants, qui habite une maison forte sur le domaine familial de Beauregard, à Saint-Julien-en-Champsaur. Inscrite à l'école du village, la petite Américaine apprend vite le français. Elle va goûter pendant six ans à la vie rude et simple des paysans haut-alpins, à Saint-Julien-en-Champsaur puis dans la commune voisine de Saint-Bonnet-en-Champsaur, où sa mère finit par louer un appartement. En 1938, pour une raison inconnue, Maria retourne à New York avec sa fille, alors âgée de 12 ans.

À la mort de sa grand-tante Marie-Florentine Jaussaud en 1949, Vivian, qui, faute d'argent, n'a pas pu faire d'études et est devenue vendeuse, hérite de ses terres et de sa propriété. Elle retourne alors dans le Champsaur pour régler sa succession. Le temps d'obtenir des offres décentes pour ces biens qu'elle vend par lots – on commence par faire des propositions très sous-évaluées à cette Américaine qu'on imagine peu au fait des prix locaux –, la jeune femme va séjourner pendant deux ans à Saint-Julien. Portant en permanence un appareil photo Kodak en bandoulière, elle sillonne la région à vélo pour saisir des scènes de la vie quotidienne, des paysages et des animaux. Bientôt, les locaux ne la surnomment plus « l'Américaine », mais « l'espionne ». Dans la région, on prend des photos à l'occasion des communions et des mariages, mais jamais pour immortaliser les travaux de la ferme ou les veillées. En 1951, une fois la vente du domaine conclue, la jeune femme retourne à New York, où elle peut enfin s'acheter l'appareil de ses rêves, un Rolleiflex. Après quoi Vivian devient *nanny* pour des familles aisées, à New York puis Chicago. Elle exercera ce métier jusqu'à la fin de sa vie, dont on sait très peu de choses, si ce n'est qu'elle effectua à la fin des années 1950 un tour du monde de six mois, au terme duquel elle retourna une dernière fois photographier le Champsaur. Lorsqu'elle était embauchée par une famille à la recherche d'une nounou, Vivian Maier posait pour seule condition de pouvoir disposer d'un espace pour y stocker des dizaines de cartons.

Lors d'une vente aux enchères, en 2007, un jeune agent immobilier de Chicago nommé John Maloof emporte pour la somme de 380 dollars plusieurs boîtes pleines de pellicules saisies dans un garde-meuble au loyer impayé. En découvrant ces quelque 30 000 négatifs, il s'étonne de la qualité des images et décide d'en retrouver l'auteur. Après un an et demi de recherches infructueuses, il finit par découvrir au fond d'un carton une enveloppe d'un laboratoire de photographie portant le nom de Vivian Maier. Le tapant sur Google, il tombe sur un avis de décès paru quelques jours plus tôt dans le *Chicago Tribune*. La mystérieuse photographe venait de mourir à l'âge de 83 ans. Maloof décide alors de publier un livre regroupant ses clichés préférés, aussitôt remarqué par la presse et le monde de l'art. Vivian Maier a depuis rejoint le panthéon des grands noms de la photographie humaniste du XXe siècle. Consacrant tout son temps libre à sa passion secrète, elle a pris au total 120 000 photographies de rue, qui offrent un panorama inspiré et fascinant de la société américaine, des années 1950 aux années 1990. Ses clichés – qu'elle-même n'a pour la plupart jamais vus, car elle n'avait pas les moyens de tous les développer – sont aujourd'hui exposés dans le monde entier, et leur cote ne cesse de grimper. Devant cette manne, des avocats américains sont partis en chasse d'héritiers potentiels dans le Champsaur. En attendant,

John Maloof, le découvreur et gardien officiel du trésor, a fait don de plusieurs clichés à la commune de Saint-Julien-en-Champsaur, où la petite place de la mairie porte désormais le nom de la photographe. Une association locale, dont Maloof est le président d'honneur, organise des expositions des œuvres de Vivian Maier à la salle communale et dans les centres culturels des environs.

—

Siège de l'association Vivian Maier et le Champsaur :
mairie, place Vivian-Maier, 05500 Saint-Julien-en-Champsaur

2

LARAGNE-MONTÉGLIN

Gare : Laragne

Ce bourg provençal d'allure joviale fit germer une graine de gangster : **Albert Spaggiari**, cerveau du « casse du [xxe] siècle ». Il entra dans la légende en passant par les égouts pour piller une banque niçoise.

Né à Laragne-Montéglin en 1932, le petit Albert, dit « Bébert », y fait son apprentissage en volant dans la caisse de l'épicerie de son oncle pour s'acheter des bonbons. À 17 ans, il s'engage dans les parachutistes pour aller faire la guerre d'Indochine et en profite pour braquer un bordel d'Hanoï. Après avoir purgé quatre ans de prison, le jeune Provençal songe un temps à ouvrir un garage-carrosserie dans sa cité natale. Mais « l'avenir ne s'appelle pas Soumission ! Même si la soumission est une *puebla* de vergers le long d'une rivière, le Buëch, à Laragne », ainsi que Spaggiari l'écrira dans ses mémoires. Après avoir milité au sein de l'OAS contre le retrait de la France en Algérie, ce qui lui vaut un nouveau séjour en prison pour trafic d'armes, le Laragnais, un temps fabricant de coffres-forts, puis photographe à Nice, va concevoir un projet audacieux pour exaucer ses rêves de vie aventureuse : apprenant que la salle des coffres de la Société générale à Nice est dépourvue de système d'alarme, il imagine de s'y introduire en dehors des heures d'ouverture via un tunnel creusé depuis les égouts. Pour mettre son plan à

exécution, Spaggiari recrute une équipe de malfrats dans le milieu marseillais. Après deux mois de discrets travaux de terrassement qui permettent de creuser un tunnel de huit mètres de long, il pénètre dans la salle des coffres avec ses douze complices un vendredi soir du mois de juillet 1976. Durant tout le week-end, le « gang des égoutiers » ouvre près de 400 coffres au pied de biche et au chalumeau, pour un butin estimé à 50 millions de francs – l'équivalent de 33 millions d'euros actuels, en tenant compte de l'inflation. En quittant les lieux, les pillards affichent sur les murs des photos dénudées de quelques figures locales, trouvées dans certains coffres, et Spaggiari laisse ce message tracé à la craie : « Ni armes ni violence et sans haine. »
Arrêté trois mois plus tard, après qu'il eut offert ses services à la CIA en se vantant d'être le cerveau du casse de Nice, « Bébert » réussit en mars 1977 une évasion spectaculaire en sautant par la fenêtre du bureau du juge d'instruction au deuxième étage du palais de justice de Nice. Commence une cavale en Amérique du Sud, durant laquelle Spaggiari se joue des poursuites. Après s'être livré au bistouri du célèbre chirurgien esthétique brésilien Ivo Pitanguy pour modifier son apparence, il s'aventure à séjourner en Italie et même en France. Pour tromper son ennui, le fugitif nargue la police en envoyant à la presse des photos de lui déguisé en Père Noël. Il rédige deux livres racontant ses exploits, puis un récit de sa jeunesse à Laragne-Montéglin et en Indochine, *Journal d'une truffe*. À l'occasion de sa publication, en 1983, l'effronté donne dans le cadre de l'émission littéraire *Apostrophes* une interview clandestine à Bernard Pivot, filmée dans un hôtel miteux de Milan. Mais les excentricités de Spaggiari, qui étale ses convictions d'extrême droite lors de ses passages à la télévision, finissent par lasser les médias.
Ruiné par sa longue cavale, ce grand amateur de cigares meurt d'un cancer de la gorge en juin 1989 dans une ferme de Vénétie. Au volant d'un camping-car, Emilia, sa compagne italienne, ramène alors son corps clandestinement en France, afin qu'il soit inhumé dans la localité où il était né cinquante-six ans plus tôt. Entourant sa mère couverte d'une mantille noire, de très nombreux habitants de Laragne-Montéglin assistent à ses obsèques. La dernière planque d'Albert Spaggiari est facilement localisable grâce au plan alphabétique situé à l'entrée du cimetière.

Sur le caveau familial, des visiteurs déposent régulièrement des galets sur lesquels ils ont inscrit des messages témoignant de leur admiration pour le bandit fanfaron.

—

Cimetière, place du Cimetière, 05300 Laragne-Montéglin
Société générale, 8, avenue Jean-Médecin, 06000 Nice

ALPES-DE-HAUTE-PROVENCE

3

LURS

Gare : La Brillanne-Oraison (7 km)

Toisant le lit sablonneux et scintillant de la Durance, ce minuscule village perché est depuis longtemps prisé des touristes britanniques. Il y a soixante-dix ans, un couple d’Anglais et leur petite fille furent assassinés dans ce décor de chênes-lièges, de pierres sèches et d’oliviers. L’affaire Dominici, du nom du paysan qui fut accusé du triple meurtre, reste l’une des plus grandes énigmes de l’histoire judiciaire française.
Dans la soirée du 4 août 1952, Jack et Anne Drummond, qui voyagent en voiture dans la région avec leur fille de 10 ans, Elizabeth, campent au bord de la nationale 96, tout près de la Durance et de La Grand’Terre, la ferme de **Gaston Dominici**. Les trois Anglais seront tués à coups de fusil durant la nuit. Au terme d’une instruction marquée par les nombreuses négligences des enquêteurs et les déclarations changeantes des membres de la famille Dominici, Gaston, accusé du triple meurtre par ses fils, est incarcéré. Bien qu’il n’existe aucune preuve contre le patriarche de 76 ans, la presse le surnomme « le monstre de Lurs », « le sanglier des Basses-Alpes » et même « le bouc lubrique » : une rumeur lui prêtant des relations contre-nature avec ses chèvres, certains journalistes subodorent que le vieil homme a tué les Anglais après avoir tenté de violer Mme Drummond et sa fille. Les descriptions fantasmées que font les reporters des mœurs supposées déviantes des femmes du clan Dominici écornent un

peu plus l'image de la région et de ses habitants. Le procès de Gaston, qui se déroule en novembre 1954 à Digne-les-Bains, va passionner la France. Venu en voisin depuis Manosque, l'écrivain Jean Giono ne rate pas une seule audience: fasciné par les déchirements de la famille Dominici, dignes d'une tragédie grecque, par le mystère entourant ce crime monstrueux et par la personnalité de l'accusé, rusé et taiseux, il va consacrer un long texte à l'affaire. Bien que sa culpabilité n'ait pu être établie, Gaston Dominici est condamné à mort à l'issue de son procès. Quatre ans plus tard, il sera gracié et libéré par le général de Gaulle. Orson Welles n'a jamais achevé le documentaire qu'il avait commencé à tourner au sujet de cette énigme judiciaire, mais un film, *L'Affaire Dominici*, est sorti en 1973. Décédé huit ans plus tôt, le patriarche y est interprété par Jean Gabin, tandis que Gérard Depardieu incarne son petit-fils Roger. À ce jour, les meurtres de Sir Jack Drummond, éminent biochimiste et diététicien qui conçut les rations alimentaires allouées à la population britannique durant la Seconde Guerre mondiale, de son épouse Anne et de leur fille Elizabeth n'ont toujours pas été élucidés.

Beau fleuron des «villages et cités de caractère», Lurs se garde bien de capitaliser sur le souvenir du drame. Les «nécrophages», ainsi que le maire nomme les touristes attirés par leur intérêt pour l'affaire Dominici, peuvent néanmoins apercevoir la ferme tragique au lieu-dit La Grand'Terre, le long de la route départementale 4096 – nouvelle appellation de l'ancienne nationale 96. Le bâtiment, qui a un temps abrité une pizzeria, est désormais un gîte rural, dont l'activité semble pour le moment en suspens. Mais des visites groupées sur les lieux du triple meurtre, à moins de 200 mètres de la ferme, sont organisées par des passionnés. Près d'un pont de pierre enjambant la voie ferrée, on découvre notamment l'endroit où fut découvert le corps de la petite Elizabeth, le crâne fracassé par un coup de crosse de carabine. Le parcours s'achève à une dizaine de kilomètres de là, au cimetière de Forcalquier: la municipalité y a offert une concession à perpétuité aux trois victimes, dont les tombes sont régulièrement fleuries par des anonymes. Les membres du clan Dominici sont quant à eux inhumés dans le nouveau cimetière de Peyruis, tout près de Lurs.

4

ROUGON

Gare : Manosque-Gréoux-les-Bains (80 km)

Tout près des gorges du Verdon se niche le centre de réinsertion du « curé des loubards », **Guy Gilbert**. Dans cet endroit rude mais beau, il accueille des jeunes en rupture avec la société.

Ce fils d'ouvrier, né en 1935, entame sa carrière de prêtre dans l'Algérie nouvellement indépendante. Au début des années 1970, il est nommé dans le XIXe arrondissement de Paris, alors aux prises avec les mauvais coups des « blousons noirs ». Sensible au sort de ces jeunes livrés à eux-mêmes, le curé décide de leur venir en aide. Il adopte leur langage, leur look – santiags, perfecto de cuir et cheveux longs – et passe un diplôme d'éducateur spécialisé. En 1974, un legs lui permet de créer la structure d'accueil pour adolescents en difficulté dont il rêvait depuis longtemps. Il choisit de l'installer loin des tentations urbaines, à Rougon, où il acquiert une bergerie en ruine qu'il va reconstruire avec l'aide de ses « brebis égarées » pour en faire une splendide bâtisse provençale. À la bergerie de Faucon, le curé « dealer d'amour » développe une méthode d'intégration innovante, qu'il baptise « zoopédagogie ». Chaque résident choisit, parmi la vingtaine d'espèces qui s'ébrouent dans le parc de dix-neuf hectares entourant la maison, un animal dont il doit s'occuper. Canards, oies, chèvres, chevaux, ânes, daims, lamas, zébus, kangourous et même chameaux... Les jeunes délinquants ont l'embarras du choix. Au cœur de cette arche de Noé, chacun constate que les bêtes ne « trichent » pas, et qu'elles rendent ce qu'on leur donne. Chez les oies, ils retrouvent leurs propres réflexes de bande : si l'une d'elles est attaquée, c'est tout le troupeau qui fonce sur l'agresseur. Alors que les dindons s'éparpillent à la moindre menace. Devant Fernand, le sanglier de 200 kilos, le curé ironise : « Je conseille au voleur à la tire de tenter de lui faire son sac à main ! » Depuis près d'un demi-siècle, des centaines d'adolescents se sont succédé dans ce lieu de vie notamment financé par les droits d'auteur des nombreux livres du père Gilbert,

devenu une figure médiatique après la publication, en 1978, d'un premier ouvrage à succès, *Un prêtre chez les loubards*.
Toute l'année, des visites de la bergerie de Faucon sont animées par les jeunes en résidence. Curiosité architecturale du domaine, l'habitat des lapins est une étonnante réplique miniature de la Grande Mosquée de Djenné, au Mali, réalisée par un ancien détenu de Fleury-Mérogis. Le dernier week-end de juillet, la « fête des motards » donne lieu à une procession pétaradante jusqu'au village. Et le premier vendredi soir du mois d'août, un défilé d'animaux et un spectacle sont produits par les résidents, suivis d'un feu d'artifice.

Bergerie de Faucon – Association père Guy Gilbert,
route de Moustiers (RD 952), 04120 Rougon

5

MONTJUSTIN

Gare : Manosque (20 km)

Posé sur une colline à l'est du Luberon, ce bourg médiéval a su résister à l'invasion de *people* et autres ultra-riches qui s'est abattue sur la région depuis les années 1980. Montjustin attire plutôt les artistes cultivant la discrétion : parmi eux, la légende du photojournalisme **Henri Cartier-Bresson** s'y est retirée à la fin de sa vie, lorsqu'il renonça à la photographie pour se consacrer au dessin.
Né en 1908, ce fils d'industriel parisien, qui prend ses premières photographies lors de ses camps scouts, se destine à la peinture avant de se lancer dans le reportage photographique au cours des années 1930. Alors compagnon de route du Parti communiste, Cartier-Bresson se fait remarquer par ses clichés engagés et humanistes, ainsi que par son soin obsessionnel de la composition. Le promoteur de la notion d'« instant décisif » va devenir l'un des pères fondateurs du photojournalisme, créant en 1947, avec Robert Capa et David Seymour, la légendaire agence Magnum. Armé de son éternel Leica, « l'œil du siècle » photographie tout : la victoire des communistes en Chine en

1949, la vie quotidienne dans l'URSS des années 1950, des personnalités comme Sartre, Faulkner, Matisse, Giacometti, Marilyn Monroe ou même Gandhi, une heure et demie avant son assassinat.

Au début des années 1970, déplorant la dérive mercantile de la jeune génération de photographes, Cartier-Bresson cesse de travailler pour la presse. En quête d'une vie plus calme, l'ex-militant d'extrême gauche converti à l'écologie et à la philosophie zen acquiert alors une ferme à Montjustin, en contrebas du village, avec son épouse, la photographe belge Martine Franck. Alors qu'il fait l'objet de plus en plus de célébrations, il vient y fuir les honneurs, et renoue avec sa passion de jeunesse, le dessin, qu'il qualifie de « dur plaisir ». Pendant des heures, le photographe retraité croque les crêtes entourant Montjustin et les versants des collines qui s'ouvrent sur la vallée de l'Encrême. « La photo est une action immédiate ; le dessin une méditation », résumera-t-il. Il va pourtant renouer brièvement avec le photojournalisme. À la suite d'une querelle de voisinage au sujet d'un muret construit sur un sentier par un propriétaire anglais, un reporter du journal *La Provence* est envoyé à Montjustin pour tirer l'affaire au clair : amusé par l'incident, Cartier-Bresson lui offre son aide pour illustrer l'article et ressort son Leica pour immortaliser en noir et blanc le mur de la honte. Quelques années après cet ultime reportage, en août 2004, il s'éteint dans sa ferme de Montjustin, à l'âge de 95 ans. « C'était le Tolstoï de la photographie », déclare alors le photographe américain Richard Avedon.

L'illustre Montjustinien repose au cimetière communal. De part et d'autre de sa tombe recouverte de lavande poussent deux oliviers : l'un a été planté par les habitants du village, l'autre par des photographes de l'agence Magnum.

VAUCLUSE

6

SAIGNON

Gare : Cavaillon (36 km)

Dans les années 1960 et 1970, **Julio Cortázar,** l'un des plus grands écrivains argentins, dont la nouvelle *Le Fils de la Vierge* a inspiré le film *Blow Up* de Michelangelo Antonioni, a habité ce village rocheux tout droit sorti du Moyen Âge. Un décor qui contraste pourtant avec son oeuvre aux tonalités surréalistes.
Né en 1914, ce fils de diplomate s'installe à Paris en 1951 par rejet du régime péroniste. Au milieu des années 1960, il cherche une résidence secondaire dans le sud de la France. Ses modestes revenus, qui proviennent pour l'essentiel de ses activités de traducteur, interdisent à Cortázar de s'installer sur la Côte d'Azur. S'éloignant du rivage, il acquiert à Saignon un abri de berger en pierre, qu'il va agrandir avec l'aide de son épouse, l'Argentine Aurora Bernárdez, elle aussi écrivaine et traductrice. Un peu à l'écart du Luberon, repaire naissant de la bourgeoisie intellectuelle et bohème de la capitale, Saignon est alors ravitaillé par les corbeaux. Ce pays aux grandes étendues ensoleillées et aux contours puissants rappelle à l'écrivain son continent natal. Cortázar entre en connexion avec la mystique provençale, peuplée de rêves magiques. Entre maté brûlant et scotch bien tassé, il écrit à la machine sur une petite table pliante, à l'ombre d'un vieux chêne face aux collines du Luberon. À la faveur d'intenses journées de travail, il rédige notamment à Saignon les recueils de textes *Le Tour du jour en quatre-vingts mondes* et *Dernier round*, dans lequel il met en scène une poupée achetée chez un marchand de jouets d'Apt, la ville voisine. Quand il est las d'écrire, une petite bande d'Argentins habitant le coin débarquent avec le pastis pour partager un *asado*, le barbecue sud-américain. D'autres géants de la littérature latino-américaine, Mario Vargas Llosa, Octavio Paz, Gabriel García Márquez et Pablo Neruda, lui rendent aussi visite. Cortázar décrira ces années à Saignon comme « la meilleure période de sa

vie ». Les villageois croisent ce géant plié au volant de sa 4L ou marchant à grands pas, chargé de lettres et de colis retirés à la poste, toujours affable et disponible pour bavarder dans un français impeccable. L'écrivain cesse de venir dans le village à la fin des années 1970 en raison de sa santé. Il meurt d'une leucémie à Paris, en 1984, et est inhumé au cimetière du Montparnasse.
À Saignon, désormais colonisé par les Britanniques, les Hollandais et les Allemands, l'ancienne résidence du romancier appartient aujourd'hui au fils de sa deuxième épouse, une écrivaine américaine. Pour l'atteindre, tournez à droite après l'ancien presbytère et prenez la rue qui se transforme en chemin. Rien n'a bougé, un poncho blanc est encore suspendu dans le salon, à côté de la chaise à bascule.

7

BÉDOIN

Gare : Carpentras (16 km)

Blotti au pied du versant sud du mont Ventoux, ce village est bien connu des amateurs de cyclisme pour constituer le point de départ de l'ascension du mythique sommet du Vaucluse. La commune avait un nom prédestiné pour accueillir la caravane du Tour de France : depuis la fin des années 1950, le Ventoux est régulièrement inscrit au programme de l'épreuve. Redouté pour la raideur de ses pentes et le vent cinglant balayant son sommet désertique, le « mont Chauve » est entré dans la légende noire du Tour un jour de juillet 1967, lorsque le coureur britannique **Tom Simpson** s'effondra en pleine ascension, victime d'un collapsus cardiaque provoqué par la canicule et les amphétamines. Cette mort tragique a consacré le chemin de croix reliant Bédoin au sommet du Ventoux comme la *Via Dolorosa* des cyclistes du monde entier.
Parmi les férus de la petite reine, le « Géant de Provence », point culminant du Vaucluse avec ses 1 912 mètres de hauteur, a notamment aimanté deux Allemands aussi experts en tempo musical qu'en rythme de pédalage : **Ralf Hütter** et **Florian Schneider**. Les fondateurs de Kraftwerk, groupe pionnier

de la musique électronique dans les années 1970, ont gravi le Ventoux à de nombreuses reprises sur leurs vélos gris en titane Light Speed. Le duo allemand a même relié ses deux passions en composant le titre *Tour de France*, qui sample des bruits de pédalier et des respirations saccadées de coureurs en plein effort. Ralf et Florian déconseillaient toutefois d'écouter leur musique en escaladant le mont Chauve. La cadence de leurs morceaux, qui atteint parfois 120 battements par minute, risque de vous entraîner dans un surpédalage fatal!
Le record actuel de la montée de 21,4 kilomètres entre Bédoin et le sommet du Ventoux – bien plus ardue que l'ascension sur le versant nord, depuis Malaucène – est de cinquante-cinq minutes et cinquante et une secondes. Avec un niveau moyen, comptez environ deux heures trente. Vous pouvez aussi gravir le Ventoux à pied, comme en leur temps le poète médiéval Pétrarque ou l'entomologiste Jean-Henri Fabre (voir ci-dessous), afin de mieux apprécier le patrimoine floristique et faunistique de la montagne, qui lui vaut d'être classée «Réserve de biosphère» par l'UNESCO. Par temps clair, le sommet offre l'un des plus vastes panoramas d'Europe, portant au sud jusqu'à la Méditerranée, distante de près de 150 kilomètres.

8

SÉRIGNAN-DU-COMTAT

Gare : Orange (8 km)

Cette plaisante bourgade de la basse vallée de l'Aygues a obtenu en 2018 un accessit au concours du pire rond-point de France. Le giratoire en question, à l'entrée du village sur la route départementale 976, est orné d'une mante religieuse géante en métal, censée rendre hommage au naturaliste **Jean-Henri Fabre**. Victor Hugo surnomma cet entomologiste et magistral vulgarisateur «l'Homère des insectes». Exprimant la fusion accomplie de l'homme de sciences et de l'homme de lettres, ses *Souvenirs entomologiques* ont fasciné Bergson, Proust ou Darwin, qui vit en lui un «observateur inimitable». Durant trente-cinq ans, cet autodidacte de génie fit de Sérignan son sanctuaire naturaliste. Originaire de l'Aveyron, Jean-Henri Fabre entame sa vie professionnelle comme vendeur de citrons, puis manœuvre ferroviaire. Devenu instituteur, puis professeur de sciences naturelles dans des collèges provençaux, il passe tout son temps libre à étudier les mœurs des insectes, qu'il observe au fil de longues promenades, notamment sur les pentes du mont Ventoux, son terrain d'étude préféré. En 1870, Fabre est contraint de démissionner de son poste au lycée impérial d'Avignon : quelques bigotes ont crié au scandale parce qu'il avait osé révéler à des jeunes filles les secrets de la fécondation des fleurs. Fuyant le nid de guêpes avignonnais, le naturaliste se rapproche de la campagne. Il s'installe d'abord dans la périphérie d'Orange, puis à Sérignan-du-Comtat où, grâce aux revenus procurés par ses ouvrages de vulgarisation, il acquiert en 1879 une belle maison entourée d'une terre non cultivée. De cette propriété, qu'il baptise Harmas – « terre en friche » en provençal –, Fabre va faire un laboratoire entomologique. Il laisse s'épanouir la végétation, herbes folles, chardons, lavande et cistes, transformant le jardin en un paradis pour les libellules, les papillons et autres bousiers. Autant d'insectes qu'il capture grâce à des pièges bricolés par ses soins, avant de les étudier dans son cabinet de travail, installé dans l'aile gauche de sa maison. C'est là que Fabre rédige les 4 000 pages de ses souvenirs, où l'exposé de ses découvertes – il a notamment mis en évidence le rôle des phéromones sexuels dans la reproduction des insectes, ou l'existence d'une mémoire animale – se mêle à des réflexions philosophiques et des souvenirs d'enfance. Ce scientifique à l'âme de poète, dont les écrits sont célébrés jusqu'en Russie et au Japon, s'éteint à Sérignan en octobre 1915, à l'âge de 91 ans.

Racheté par l'État en 1922, le domaine de Jean-Henri Fabre est depuis géré par le Muséum national d'histoire naturelle. Au milieu de cette petite jungle où stridulent grillons et cigales, la maison a été transformée en musée. Dans le cabinet qui conserve ses immenses herbiers, on peut encore voir la table de travail du naturaliste. Non loin, un bâtiment contemporain, le « Naturoptère », abrite un zoo d'insectes vivants. Parmi eux, l'entomologiste a souligné qu'on trouve des guerriers, des séducteurs et même des bandits. Ce qui fit dire à Guillaume Apollinaire que la lecture des *Souvenirs* de Fabre lui avait « appris à connaître les hommes ».

—

Harmas de Jean-Henri Fabre,
445, route d'Orange, 84830 Sérignan-du-Comtat

9

GORDES

Gare : Cavaillon (17 km)

La capitale du Luberon coche toutes les cases du formulaire des inspecteurs du label « Les plus beaux villages de France » : piton rocheux + bastides perchées + panorama majestueux. Elle est devenue la Babylone estivale de la gauche caviar et de son équivalent britannique, le *champagne socialism*. En arpentant les ruelles de ce « Saint-Luberon-des-Prés », carrefour de la haute bohème en chapeau de paille et chemisette de lin blanc, il est difficile de croire que, il y a moins d'un siècle, Gordes n'était qu'un tas de ruines : ravagé par une série de tremblements de terre à la fin du XIXe siècle, et déserté par ses habitants, le village était dans un piteux état lorsque le peintre cubiste **André Lhote**, aimanté par la fameuse lumière luberonnaise, s'y installa à la fin des années 1930. Quand un ami lui demanda s'il y avait au moins de l'eau dans ce décor de fin du monde, l'artiste répondit : « Tu plaisantes ! J'ai dû renoncer à l'aquarelle ! »
Dans la foulée de Lhote, qui rénova patiemment une maison Louis XIII en ruine, nombre de peintres ont contribué à faire renaître le village après la Seconde Guerre mondiale. Parmi eux, Serge Poliakoff, Jean Dewasne, Marc Chagall et **Victor Vasarely**, qui s'achète alors une maison de berger et quelques arpents de garrigue. La géométrie abstraite des champs avoisinants va lui inspirer des formes nouvelles : l'agriculture provençale a ainsi contribué à son invention de l'Op Art, ce style psychédélique jouant sur les illusions d'optique, qui a inondé la publicité et le design pop des années 1960 et 1970 – une œuvre de Vasarely orne la pochette de *Space Oddity*,

le deuxième album de David Bowie, son plus grand fan d'alors. En 1969, au sommet de sa gloire, le plasticien accepte de prendre en charge les travaux du château Renaissance du village, qui prend l'eau de partout, en échange d'un bail de trente ans. Nouveau seigneur du Luberon, le père de l'art optique installera son atelier et exposera ses œuvres dans la forteresse. Le château abrite aujourd'hui des expositions consacrées aux artistes qui ont vécu à Gordes.

Mais le village n'a pas attiré que des peintres: dans sa petite maison de vacances, **Willy Ronis**, figure clé de la photographie humaniste, a réalisé son plus célèbre cliché, *Le Nu provençal*, qui montre son épouse Marie-Anne en train de faire sa toilette après la sieste, dans l'écrasante chaleur de l'été 1949. Le climat érotico-rustique de Gordes n'a pas non plus laissé insensible **François Mitterrand** : en 1972, celui qui n'est encore que premier secrétaire du PS se fait construire une discrète maison de plain-pied, invisible depuis la route Neuve à la sortie du village, pour abriter ses amours clandestines avec sa jeune maîtresse Anne Pingeot. Deux ans plus tard, dans le plus grand secret, cette dernière accouche à Avignon de leur fille Mazarine. Jusqu'à la fin de sa vie, Mitterrand passera plusieurs semaines par an avec sa deuxième famille dans la maison de Gordes, baptisée La Terraube, «Terre Blanche» en occitan. Un lieu où le président ne recevait personne, pas même le cercle le plus intime. La propriété, qu'il a léguée à Anne Pingeot, abrite désormais les vacances des enfants de Mazarine.

Si vous n'avez pas les moyens de vous offrir une propriété dans cette garrigue dorée, mais souhaitez tout de même passer pour un habitué, évitez de vous poster sur le point de vue encombré de touristes à l'entrée du village: les locaux le surnomment «le rocher aux singes». Préférez-lui un lieu unique, le Cercle républicain, club plus que centenaire qui abrita jadis les réunions de la Résistance locale. La carte de membre de cette vénérable institution, qui ne coûte que 5 euros par an, n'est pas obligatoire pour consommer et profiter du minuscule balcon-terrasse offrant une vue stupéfiante sur la vallée.

Château de Gordes, place Genty-Pantaly, 84220 Gordes
Cercle républicain, place du Château, 84220 Gordes

10

BONNIEUX

Gare : Cavaillon (25 km)

Avec ses maisons coiffées de terre cuite à flanc de colline, ce village posté sur le versant nord du massif du Luberon possède de beaux appas. Particulièrement sensible à son charme, l'acteur **Maurice Ronet**, étalon subtil et cynique du cinéma français des Trente Glorieuses, fit de Bonnieux sa résidence d'été, où il venait soigner son spleen. Un temps rival d'Alain Delon, qui l'assassine par deux fois à l'écran, dans *Plein Soleil* puis *La Piscine*, Ronet en est la version désenchantée : dans *Le Feu Follet*, de Louis Malle, l'un des rares films où son personnage ne se fait pas tuer, il se suicide avec classe, d'un coup de revolver tiré dans le cœur.

C'est au début de sa carrière que le comédien acheta une ancienne bergerie isolée dans la garrigue tout en haut de Bonnieux, face au Mont Ventoux qu'il comparait au Kilimandjaro. Il allait la restaurer patiemment, suivant ses propres plans, au gré des tournages et des cachets. Un de ses amis décrit ainsi l'austère demeure de ce lecteur de Kierkegaard et Schopenhauer : « Une maison dessinée par un moine qui sortirait de chez Castel à cinq heures du matin. » Avec sa bande de joyeux drilles, il arrivait de fait à l'acteur de quitter le club parisien pour rejoindre Bonnieux en Maserati dans la nuit. La bringue se poursuivait alors au soleil du Luberon, alimentée par des *asados* argentins ou la grande spécialité de Ronet, des pâtes à l'ail flambées au rhum. Ce grand dipsomane – façon chic de désigner son alcoolisme – se livra ici à des fantasias quasi chamaniques, arrosées, entre autres, par une terrifiante mixture de fruits locaux fermentés qu'il appelait « la confiture de vieux garçon ». Au bout de la nuit, l'acteur retenait à dormir ceux qui ne parvenaient pas à remonter l'escalier raide montant de la maison jusqu'au chemin. Durant ses vacances provençales, cet homme à femmes, magnétique mais insondable, cultivait volontiers son côté *gentleman farmer*. C'est sur son cheval qu'il allait dîner dans les restaurants alentour. Quand il avait bu plus que de raison, l'aubergiste le hissait sur la monture, qui connaissait la route pour le ramener à bon port.

Atteint d'un cancer du poumon au début des années 1980, Maurice Ronet ne quitte plus sa bergerie de Bonnieux. Veillé par sa dernière compagne, Josephine Chaplin, la fille de Charlot, il est emporté par la maladie au printemps 1983, à 55 ans. L'acteur repose au cimetière de Bonnieux, sous une ravissante sépulture en forme de borie, cette petite cabane de berger en pierre sèche typique de la région. Suprême hommage de la commune, c'est le chemin Maurice-Ronet qui mène à la petite nécropole perchée. À quelques dizaines de mètres seulement, son ancienne maison, avec son exquise piscine en forme de larme, se trouve à l'extrémité d'une allée qui commence par longer le cimetière. La décoration n'a pas changé depuis la mort du comédien à l'œil bleu et aux plis d'amertume. La demeure se loue sur Airbnb avec sa table de monastère, son piano demi-queue, ses nombreux livres – Maurice Ronet appréciait tout particulièrement Edgar Poe et Herman Melville – et même ses vinyles de jazz.

Cimetière, chemin Maurice-Ronet, 84480 Bonnieux
Airbnb Maison Maurice Ronet, chemin Maurice-Ronet, 84480 Bonnieux

11

LACOSTE

Gare : Cavaillon (22 km)

Ce village médiéval au cœur du Luberon n'entretient aucun lien avec la célèbre marque de polos au crocodile. Il est toutefois loin d'être étranger au monde de la mode, puisqu'il fut presque entièrement racheté par le couturier **Pierre Cardin**. Après avoir commencé par acquérir le château en ruine du marquis de Sade, au sommet du village, le créateur promit de faire de Lacoste un « Saint-Tropez de la culture ». Mais ce visionnaire qui organisa des défilés sur la place Rouge de Moscou, dans le désert de Gobi et sur la Grande Muraille de Chine resta incompris des Lacostois.
Fils d'immigrés italiens, né en Vénétie en 1922, Cardin a habillé Salvador Dali, Rita Hayworth, les Beatles, la duchesse

de Windsor, John Steed et Emma Peel dans la série télévisée *Chapeau melon et bottes de cuir*, la Belle et la Bête dans le film de Cocteau, ou encore Jean-Bedel Bokassa, l'éphémère empereur de Centrafrique, le jour de son sacre. L'inventeur du «look cosmonaute» fut aussi un homme d'affaires avisé, apposant son nom sur des valises, de la vaisselle ou du chocolat. À son apogée, son empire était fort d'un demi-millier de licences et faisait tourner autant d'usines. C'est en 2001 que Pierre Cardin, déjà propriétaire du palais de Casanova à Venise et du fantasque «Palais Bulles» de Théoule-sur-Mer, près de Cannes, s'offre les ruines de l'ancien château de Sade à Lacoste, où le «divin marquis» se réfugiait entre deux emprisonnements pour sévices sexuels. Le couturier se lance aussitôt dans une restauration ambitieuse de cette bâtisse médiévale vandalisée durant la Révolution, faisant débarquer une soixantaine d'artisans, maçons et tailleurs de pierre. Il s'abat ensuite sur le village, où il achète au fil des ans une cinquantaine de maisons, ce qui fait flamber les prix de l'immobilier et fuir les habitants. Cardin rêve de truffer Lacoste de résidences d'artistes, d'hôtels de luxe et de cabarets, ou encore d'aménager un golf de prestige sur des terres agricoles. Ses propriétés serviront surtout à loger les artistes et les invités de son festival d'arts de la scène et de cinéma, unique projet à voir le jour. Un événement offrant des guest-stars comme Mireille Mathieu ou Gérard Depardieu, et dont la pompe est digne d'une fête d'anniversaire de Vladimir Poutine. Même en pleine saison, ne subsistent dans le village pétrifié que des commerces fantômes qui font office de garde-meuble pour le couturier. Ses investissements laisseront le bienfaiteur bien amer: «Je ne comprends pas pourquoi les habitants sont si désagréables avec moi. J'ai restauré les canalisations d'eau, la route, les façades, les commodités. On ne m'a jamais dit merci!» Depuis la mort du créateur, en décembre 2020, nul ne sait ce qui va advenir de ce «Cardinville» provençal. Si vous passez par Lacoste, nous vous suggérons de faire l'économie des 10 euros exigés pour visiter le château. Dans cet édifice restauré comme une médiathèque, et veillé par un lapin rose et une girafe multicolore, il faut produire un sérieux effort d'imagination pour se replonger dans l'époque du marquis de Sade. L'église Saint-Trophime mérite en revanche le détour:

cet harmonieux édifice du XIIe siècle est le seul bâtiment historique qui ait été épargné par l'homme au dé d'or.

—

Château de Lacoste, chemin du château, 84480 Lacoste
Église Saint-Trophime, place de l'Église, 84480 Lacoste

12

MÉNERBES

Gare : Cavaillon (25 km)

«Je me suis acheté un rêve», s'exclama le peintre **Nicolas de Staël** après avoir fait l'acquisition du Castellet, son petit château du Luberon. Cette bastide du XVIIe siècle se trouve à la proue d'un vaisseau de pierre voguant sur une mer de vignes: Ménerbes.

Issu d'une famille d'aristocrates russes ayant fui la révolution bolchevique, Nicolas de Staël a près de 40 ans et une réputation artistique encore mal assurée lorsque, au début des années 1950, il découvre l'arrière-pays provençal. Invité à l'Isle-sur-la-Sorgue par l'un de ses quelques admirateurs, le poète René Char, devenu son ami, l'artiste est fasciné par la lumière de la région et rêve de s'y installer. À l'été 1953, Char lui déniche une magnanerie tout près de chez lui, à Lagnes, où de Staël emménage avec son épouse Françoise et ses trois enfants. La palette du peintre, dont le style inclassable, entre abstraction et figuration, ne cesse d'évoluer, s'emplit aussitôt de couleurs éclatantes. Au même moment, grâce aux expositions que lui consacre à New York le galeriste Paul Rosenberg, sa cote grimpe subitement en flèche. Non loin de Lagnes, de Staël peut s'offrir à la fin de l'année 1953 le Castellet de Ménerbes. Les pièces du château n'échappent pas à sa furia chromatique: il peint une chambre en rouge vermillon, une autre en bleu céruléen, tandis qu'une pièce est entièrement recouverte de gris, des tomettes au plafond. Dans le village, de Staël fréquente une voisine artiste, **Dora Maar**, ancienne muse de Pablo Picasso. Une décennie plus tôt, au terme d'une liaison de sept ans avec le maître espagnol, cette ex-photographe devenue peintre s'était vu offrir en cadeau de rupture une splendide demeure à Ménerbes. Nicolas de Staël lui rend souvent visite à l'improviste, sans jamais prêter attention à ses œuvres, des toiles sombres et douloureuses. Vexée, Dora Maar soutient à qui veut l'entendre que le peintre n'a rien compris à la Provence, et que le temps révélera à quel point ses tableaux sont superficiels…

Très productif sur le plan artistique, le séjour de Nicolas de Staël à Ménerbes va pourtant durer moins d'un an. Dès son arrivée dans le Luberon, il a entamé une liaison avec Jeanne Mathieu, une femme mariée rencontrée par l'intermédiaire de René Char. De Staël est fou d'amour: «Quelle fille, la terre en tremble d'émoi! Quelle cadence unique dans l'ordre souverain...», écrit-il à Char. À l'automne 1954, le peintre abandonne le Castellet et sa famille. Pour se rapprocher de son incandescente maîtresse, qui vit près de Nice, il loue un appartement à Antibes. Mais Jeanne refuse de quitter son mari et l'artiste sombre peu à peu dans une «solitude surhumaine», si insoutenable qu'il finit par faire le choix de l'abstraction ultime: le 16 mars 1955, à l'âge de 41 ans, Nicolas de Staël se tue en se jetant par la fenêtre de son atelier antibois.

À Ménerbes, le Castellet appartient toujours à ses héritiers et ne se visite pas. Pour le voir sous son meilleur angle, avec son escalier en fer à cheval, il faut se placer sur le promontoire de l'église Saint-Luc. Quant à l'ancienne maison de Dora Maar, elle accueille des artistes et n'ouvre ses portes au public qu'à l'occasion d'expositions.

Curieusement, ni Nicolas de Staël ni Dora Maar ne firent la renommée de Ménerbes à l'étranger. Le mérite en revient au publicitaire britannique **Peter Mayle**, avec son best-seller *Une année en Provence*, publié en 1989. Racontant sa dépaysante installation dans un mas situé sur la commune, il y fait l'éloge de l'art de vivre luberonnais à travers une flopée de clichés comme les rencontres sur les marchés, les voisins qui deviennent des amis ou la chasse à la truffe. Considéré comme le plus grand agent immobilier de l'histoire de la Provence, Peter Mayle, qui est décédé en 2018, peut être tenu pour responsable de la «British invasion» en Luberon, et des interminables queues dominicales devant les boulangeries.

Maison Dora-Maar, 58, rue du Portail Neuf, 84560 Ménerbes

BOUCHES-DU-RHÔNE

13

SAINT-ANDIOL

Gare : Cavaillon (10 km)

Dans ce village provençal dont ses parents étaient originaires, **Jean Moulin** se sentait chez lui. Durant la Seconde Guerre mondiale, c'est ici que commença son épopée au sein de la Résistance.

Né en 1899 à Béziers, le petit Jean grandit dans cette ville où son père enseigne au collège, mais il passe toutes ses vacances à Saint-Andiol, dans la maison de sa famille paternelle, une lignée de tisserands. Il y parfait sa connaissance de la langue provençale, apprise de son père, qui écrit des poèmes en occitan, et sillonne les environs en compagnie de sa sœur Laure. Le jeune garçon est plus doué pour le dessin que pour les études ; au moment de se choisir un nom d'artiste, il opte pour « Romanin », du nom d'un domaine viticole proche de Saint-Andiol, dont le site, au pied du massif des Alpilles, l'avait ébloui lors d'une visite familiale. Malgré ses résultats scolaires moyens, Jean Moulin entre après le bac dans l'administration préfectorale, au sein de laquelle il va connaître une ascension fulgurante. Au printemps 1940, lors de l'invasion allemande, il est le plus jeune préfet de France, en poste dans l'Eure-et-Loir. Il se montre alors très ferme face aux exigences de la Wehrmacht. Quelques mois plus tard, ses profonds sentiments républicains lui valent d'être révoqué par le régime de Vichy. Jean Moulin se replie alors dans la maison familiale de Saint-Andiol, où il se fait enregistrer à la mairie comme agriculteur. C'est une couverture. Rejoignant souvent Avignon ou Marseille pour entrer en contact avec les mouvements de la Résistance naissants, l'ancien préfet bascule peu à peu dans la clandestinité et fait l'acquisition d'une planque : un petit mas isolé sur le versant nord des Alpilles, situé au lieu-dit La Lèque sur la commune d'Eygalières, à une dizaine de kilomètres de Saint-Andiol. À l'automne 1941, il gagne Londres, où le général de Gaulle le charge de réunir les mouvements de la Résistance intérieure sous son égide. Pour entamer sa mission, Moulin demande à être parachuté dans la région qu'il connaît le mieux : les environs de Saint-Andiol. Dans la nuit du 1er au 2 janvier 1942, il est largué dans les Alpilles par un avion de la Royal Air Force et rejoint son mas d'Eygalières pour reprendre des forces. Le lendemain, ses cousines le voient débarquer dans la maison de famille de Saint-Andiol. C'est de là que commencera la mission historique de Jean Moulin, nom de code « Rex », qui conduira à la création du Conseil national de la Résistance. Arrêté par les Allemands près de Lyon en juin 1943, et torturé par les hommes du chef local de la Gestapo, Klaus Barbie, il mourra sans avoir parlé dans le train le conduisant en déportation en Allemagne.

À Saint-Andiol, la demeure matricielle des Moulin, au numéro 55 sur la route nationale 7, arbore une plaque honorifique et un drapeau tricolore. Dans l'ancienne mairie, un musée consacré au héros de la Résistance, entré au Panthéon en 1964, rassemble de nombreux souvenirs personnels, un enregistrement de sa voix et une reconstitution animée de la carlingue de l'avion qui l'a parachuté en Provence. À moins de dix kilomètres de là, au départ de l'avenue de la Lèque à Eygalières, un chemin de terre menant tout droit vers le sud conduit au maset secret de Jean Moulin. Au milieu des pins et des oliviers, la petite maison, une propriété privée, est signalée par un modeste panneau de bois.

Une autre personnalité en quête de discrétion a plus récemment été parachutée à Eygalières en provenance de Londres : l'acteur britannique **Hugh Grant**, le héros de *Quatre Mariages et un enterrement* et de *Coup de foudre à Notting Hill*, bénéficie d'un relatif anonymat dans la maison qu'il a acquise il y a quelques années en plein cœur du village, à deux pas du marché et de la place centrale.

Musée Jean-Moulin,
place du Maréchal-de-Lattre-de-Tassigny, 13670 Saint-Andiol

14

MOURIÈS

Gare : Saint-Martin-de-Crau (14 km)

Au sud du massif des Alpilles, cette commune cernée d'oliviers, de vignes et de cyprès a été le village d'adoption du chanteur franco-arménien **Charles Aznavour**. Qualifié de « French Sinatra » par les Américains, il fut l'un des rares artistes français à se voir attribuer une étoile sur Hollywood Boulevard. À Mouriès, qui lui avait remis la médaille de la Ville, il était « le grand Charles ». L'interprète de *La Bohème* a acquis son « petit paradis provençal » à la fin des années 1980. Entre colline et marécage, sa propriété, baptisée L'Aigo Claro, « l'eau claire » en provençal, comportait une oliveraie produisant chaque année plusieurs centaines de litres d'huile d'olive AOC vallée des Baux-de-Provence, que le chanteur offrait à son entourage. À la mi-septembre, Aznavour ouvrait les portes de son mas pour fêter le début de la récolte. À la fin de sa vie, il fit de la maison des Alpilles sa résidence principale. C'est là qu'il a rendu son dernier souffle, en 2018, à l'âge de 94 ans.

Les habitants de Mouriès auraient souhaité que la bâtisse accueille un musée consacré au crooner français, mais ses héritiers, cédant à la forte pression immobilière, en ont décidé autrement. On pourra néanmoins approcher l'Aigo Claro en quittant le village par la route de Saint-Martin-de-Crau ; au niveau du premier coude se dresse l'imposante grille Louis XIV du domaine, portant les initiales de son ancien propriétaire. Les fans pourront aussi goûter l'aïoli du Bistrot du Paradou, dans la ville éponyme, à huit kilomètres de Mouriès, où le chanteur avait ses habitudes, et sa table attitrée dans un recoin discret.

Le Bistrot du Paradou,
57, avenue de la Vallée des Baux, 13520 Paradou

15

SAINTES-MARIES-DE-LA-MER

Gare : Aigues-Mortes (29 km)

Capitale de la Camargue, ce village au lacis de ruelles étroites, coincé entre la mer et les étangs, est devenu un lieu de pèlerinage pour les gitans de toute l'Europe à la fin du XIXe siècle :

l'intrigante église romane Notre-Dame-de-la-Mer, aux allures de forteresse, abrite en effet des reliques de leur sainte patronne, Sara la noire. À la même époque, les Saintes-Maries attirèrent la palette vive de Vincent Van Gogh. Près d'un siècle plus tard, un autre artiste vagabond fut aimanté par les forces mystérieuses de ce lieu hors du temps : le chanteur américain **Bob Dylan**.
En mai 1974, le barde folk, très imprégné de culture française – il est fou de Rimbaud et grand admirateur de Charles Aznavour et du film de Marcel Carné *Les Enfants du paradis*, qu'il se vante d'avoir vu une cinquantaine de fois –, rend visite au peintre David Oppenheim dans sa grange de Haute-Savoie. Un soir, en dégustant des fromages et de l'eau de vie de prune, le futur prix Nobel de littérature apprend de son hôte l'existence du pèlerinage tsigane des Saintes-Maries-de-la-Mer. Fasciné par la culture gipsy, il est de plus troublé par le nom de sainte Sara : c'est le prénom de son épouse, avec laquelle il traverse une passe difficile. Le soir même, Bob et David décident de rejoindre la fête votive, qui doit avoir lieu le lendemain, comme tous les 24 mai. Après avoir roulé toute la nuit dans une Renault 16, ils atteignent la Camargue au petit matin. Bob Dylan ouvre des yeux émerveillés sur ce décor de western à la française, avec ses chevaux en liberté, puis sur la ravissante localité des Saintes-Maries, envahie par des Tsiganes venus former des processions pour vénérer sainte Sara et immerger sa statue dans la mer. Le soir, caché dans la foule autour d'un feu de camp, le poète américain assiste à un concert de Manitas de Plata, le grand guitariste flamenco aux « petites mains d'argent ». Dylan et Oppenheim quittent la Camargue le lendemain matin, avant de dériver une dizaine de jours durant entre Marseille et la Corse.
Au début de l'année suivante, le musicien entend en rêve une chanson aux accents flamenco. Il l'enregistrera sous le titre de *One More Cup of Coffee*. Réminiscence de sa virée aux Saintes-Maries-de-la-Mer, elle évoque une femme illettrée, aux yeux « comme deux diamants dans le ciel », qui lit l'avenir comme sa mère et sa sœur, et dont le père est un bandit qui lui a appris à lancer des couteaux. Ce titre figure dans l'album *Desire*, sorti en 1976, sur la pochette duquel le chanteur arbore un look gipsy qui va lui coller à la peau durant de longues années. Hélas, la

sainte patronne des gitans n'aura pas sauvé son couple avec Sara, dont il divorcera l'année suivante.

Église Notre-Dame-de-la-Mer – Sanctuaire des Saintes-Maries-de-la-Mer, place de l'Église, 13460 Saintes-Maries-de-la-Mer

16

VENELLES

Gare : Aix-en-Provence (11 km)

Lorsqu'elle n'était encore qu'un village, cette calme bourgade en expansion, peu à peu absorbée par l'agglomération d'Aix-en-Provence, attira l'écrivain préféré des Black Panthers : l'Afro-Américain **Chester Himes**, auteur majeur du roman noir, qui fut salué par Jean-Paul Sartre ou Jean Giono. La Provence fut sa terre promise. Enfin, à quelques menus désagréments près…

Lourdement condamné en 1928, à l'âge de 19 ans, pour avoir cambriolé la maison d'un riche couple blanc de Cleveland, Chester Himes commence à écrire durant ses sept années de travaux forcés. Après la guerre, son roman *S'il braille, lâche-le*, qui dénonce les violences contre les Noirs américains, lui vaut la reconnaissance littéraire. Mais, meurtri par les préjugés sur sa couleur de peau, il finit par quitter les États-Unis pour s'installer à Paris au début des années 1950. *La Reine des pommes*, son premier roman policier, publié en 1958 dans la Série noire chez Gallimard, lui fait rencontrer le succès. Au milieu des années 1960, lassé de la vie parisienne, l'ancien pensionnaire du pénitencier d'État de l'Ohio fonce vers le sud dans sa Jaguar Mark X en quête d'une propriété à louer. Alors perçu comme un nabab des lettres, il s'amuse du fait que les agents immobiliers ne lui fassent visiter que des palais, parmi lesquels le château en ruine du marquis de Sade à Lacoste, celui-là même qu'acquerra plus tard le couturier Pierre Cardin (voir p. 612). Himes a finalement un coup de cœur pour une ferme provençale restaurée située sur la commune de Venelles. Avec son verger, son poulailler et ses communs, c'est la maison de ses rêves, qu'il décrit comme « la merveille des merveilles ». L'écrivain s'y installe avec sa compagne à la peau blanche, la Britannique Lesley Packard, une ancienne journaliste du *Herald Tribune* qu'il avait rencontrée quelques années plus tôt lors d'une interview.

En compagnie de son chien Griot, l'auteur d'*Il pleut des coups durs* bêche son jardin, où il agence un barbecue dans un ancien abreuvoir à chevaux et s'exerce au tir à la carabine. Himes, qui souffre d'arthrite, ne descend que rarement au village. Ne parlant pas le français, il ne fréquente guère les locaux, mais quelques amis américains lui rendent visite. À Venelles, l'écrivain rédige le scénario de l'adaptation d'un de ses romans pour Hollywood. Il entame aussi l'écriture de ses mémoires, qui seront publiés en français sous le titre de *Regrets sans repentir*. Himes y évoque ses démêlés avec un garagiste marseillais qui endommage volontairement sa Jaguar et un dentiste aixois qui lui massacre les gencives. Il ira faire réparer ces dégâts dentaires à New York. Peut-être échaudé par cette mésaventure, en 1969, trois ans après son arrivée à Venelles, l'écrivain rejoint l'Espagne, s'installant dans la province d'Alicante, sur la Costa Blanca. C'est là qu'il s'éteindra à l'automne 1984, à l'âge de 75 ans.

Pour les curieux, la « merveille » de Chester Himes se trouve sur la route des Pinchinats, dans une zone encore épargnée par l'urbanisation. La propriété comprend deux maisons, l'une s'appelle La Manon et l'autre, en toute logique, L'Américaine.

17

VAUVENARGUES

Gare : Aix-en-Provence (15 km)

« J'ai acheté la montagne Sainte-Victoire de Cézanne », se vanta un jour **Pablo Picasso** auprès de son marchand d'art Daniel-Henry Kahnweiler. « Laquelle ? », lui demanda ce dernier, Cézanne ayant consacré plus de quatre-vingts toiles au massif provençal. « L'originale ! », répondit Picasso : par admiration pour le peintre aixois, son « seul et unique maître », l'artiste espagnol s'était offert une vue imprenable sur la Sainte-Victoire en faisant l'acquisition du château de Vauvenargues, avec son terrain de plus d'un millier d'hectares courant sur le versant nord de la montagne, jusqu'au sommet.

À la fin de l'été 1958, harcelé par les fâcheux sur la Côte d'Azur, où il réside depuis une dizaine d'années, Picasso se met en quête d'un refuge dans l'arrière-pays. Avec sa dernière compagne, Jacqueline, il opte pour l'ancienne propriété des seigneurs de Vauvenargues, qui comptèrent dans leurs rangs au XVIIIe siècle un célèbre écrivain moraliste, le marquis Luc de Vauvenargues. Niché dans la verdure un peu à l'écart du village, flanqué de deux tours rondes et entouré d'une enceinte fortifiée du XVIe siècle, ce château-bastide planté au pied de la Sainte-Victoire semble surveiller l'entrée de la vallée. Cet écrin provoque chez le peintre une effusion lyrique qui se traduit par l'apparition d'un « vert Vauvenargues ». À son arrivée, l'immense bâtisse est vide : pour la première fois de sa vie, Picasso accroche ses œuvres aux murs. Il acquiert de nombreux meubles, parmi lesquels un énorme buffet noir dont il ne peindra pas moins de neuf versions. « Une cochonnerie Henri II, rien de plus, mais comme c'est beau ! », dira-t-il. Finissant par se plaindre du mistral estival et des rigueurs de l'hiver, l'artiste retourne sur la côte en 1961. Il mourra dans son mas de Mougins, près de Cannes, au printemps 1973. Sa veuve Jacqueline choisit alors de le faire inhumer derrière l'enceinte crénelée du château de Vauvenargues, que Picasso avait conservé. Le jour de l'enterrement, elle interdit l'entrée de la forteresse à plusieurs des enfants issus des premiers mariages du peintre. Noyée dans l'alcool et la dépression, la dernière Mme Picasso s'est suicidée en 1986. Elle repose aux côtés de son époux, au pied du grand escalier de l'enceinte, sous *La Femme au vase,* une sculpture de bronze fondue par le maître.

Depuis la route départementale 10, au-dessus du joli village de Vauvenargues, qui a échappé au tourisme de masse, on peut apercevoir le tombeau. Il faudra se contenter de ce coup d'œil lointain, car le château, propriété de Catherine Hutin-Blay, fille de Jacqueline et belle-fille de Pablo, n'ouvre ses portes qu'à de très rares occasions. Sur la grille d'entrée, un panneau précise : « Le musée est à Paris. N'insistez pas, merci. »

Château de Vauvenargues, 4, rue René-Nicol, 13126 Vauvenargues

VAR

18

SANARY-SUR-MER

Gare : Ollioules-Sanary-sur-Mer (3 km)

En balayant du regard son petit port coloré par les « pointus », ces barques provençales traditionnelles, on peine à croire que cet ancien village de pêcheurs a fait germer l'un des plus grands classiques de la science-fiction. Dans l'entre-deux-guerres, l'écrivain britannique **Aldous Huxley** a écrit à Sanary *Le Meilleur des mondes*, roman d'anticipation dystopique qui décrit une humanité séparée en castes hiérarchisées.

Né en 1894, Aldous Huxley s'est fait connaître par des romans moquant l'élite intellectuelle britannique lorsqu'à l'hiver 1929, avec son épouse belge Maria, il est invité par son ami D. H. Lawrence à le rejoindre à Bandol. Peu avant l'arrivée du printemps, l'auteur de *L'Amant de lady Chatterley* meurt de la tuberculose dans les bras de Maria. Malgré leur tristesse, les Huxley décident d'honorer la mémoire de leur ami, grand amoureux de la région, en y achetant une propriété. Ils optent pour Sanary-sur-Mer, qui n'est encore qu'un petit port de pêche. Dans la villa « Huley » – le maçon chargé de tracer leur nom sur la façade oublia une lettre –, une maison de style mauresque au-dessus de la plage de la Gorguette, le romancier anglais rédige son inquiétant chef-d'œuvre futuriste en quatre mois, de mai à août 1931. Entre leurs nombreux voyages, les Huxley et leur fils Matthew mènent une vie épanouie dans la station varoise, jusqu'à ce que la montée des totalitarismes en Europe donne corps au cauchemar du *Meilleur des mondes*. Huxley pourra en mesurer les conséquences concrètes : après l'arrivée au pouvoir des nazis en Allemagne, nombre d'artistes et d'intellectuels vont se réfugier sur la côte varoise, en particulier à Sanary, que des peintres allemands avaient exalté dans les années 1920. Parmi ces exilés allemands et autrichiens, qui y passent selon les cas un été ou plusieurs années, on trouve d'immenses écrivains comme Thomas Mann, Bertolt Brecht ou Stefan Zweig, mais aussi des journalistes, des critiques,

ou encore la musicienne Alma Mahler, veuve du compositeur Gustav Mahler, et le peintre Erich Klossowski, le père de Balthus. Dans l'attente de jours meilleurs, certains d'entre eux se retrouvent au bar Le Nautique. L'un de ces exilés, le philosophe allemand Ludwig Marcuse, qui qualifia le Sanary des années 1930 de « capitale mondiale de la littérature allemande », résuma ainsi dans son journal l'étrange climat qui régnait dans la station : «Tout était bleu azur, sauf notre moral. Nous étions au paradis, contraints et forcés.» Beaucoup de ces artistes allemands vont fuir la France avant l'invasion allemande de 1940, tout comme Aldous Huxley, qui, effrayé par la montée du nationalisme et du militarisme en Europe, part s'installer aux États-Unis dès 1937. Là-bas, son expérience des drogues hallucinogènes, menée plus tard avec le pape du LSD Timothy Leary, lui fera écrire son autre ouvrage visionnaire, *Les Portes de la perception*, dont le titre inspirera son nom au groupe de rock américain The Doors.
À Sanary, devenu une grouillante villégiature familiale, l'office de tourisme propose des visites des maisons qu'occupèrent ces grands noms de la littérature allemande. L'ex-villa « Huley » accueille quant à elle le centre Les Flots, dévolu aux séjours en classe de mer pour enfants et adolescents.

Bar Le Nautique, 6, quai Général-de-Gaulle, 83110 Sanary-sur-Mer
Centre Les Flots (ex-villa d'Aldous Huxley),
340, allée Thérèse, 83110 Sanary-sur-Mer

19

BORMES-LES-MIMOSAS

Gare : Hyères (21 km)

Le territoire de cette commune balnéaire, qui a enflé autour d'un village médiéval surfréquenté, abrite un site très sélect. Depuis plus d'un demi-siècle, le fort de Brégançon est la résidence estivale officielle des présidents de la République française. Édifiée sur un îlot rocheux séparé de la côte par un étroit bras de mer, cette ancienne forteresse royale, dont l'aspect actuel

date du XVIIe siècle, présente un profil atypique, quelque part entre le château d'If et la prison d'Alcatraz. À son sujet, ses prestigieux hôtes ont émis des avis fort contrastés.
En août 1964, le **général de Gaulle** vient assister au 20e anniversaire du débarquement de Provence. Les hôtels de la région affichant complet, il va dormir dans cet ancien fort de garnison, propriété de l'État. Dévoré par les moustiques dans un lit trop petit, le Général qualifie cette nuit de « cauchemardesque » et ne retournera jamais à Brégançon. Contre toute attente, un an avant son départ de l'Élysée, il décide pourtant de faire du fort la résidence estivale officielle du président de la République – une jetée est alors construite pour relier l'îlot au continent. Et son successeur **Georges Pompidou** va pour sa part beaucoup apprécier cette villégiature. S'y rendant tous les étés, et parfois même en hiver, en compagnie de son épouse Claude, il la modernise en y faisant entrer le mobilier pop et glamour du designer Pierre Paulin. **Valéry Giscard d'Estaing** y travaille ensuite son image de président moderne, se laissant photographier en maillot de bain et espadrilles. Il avouera « goûter un bonheur parfait » à Brégançon, où il joue au tennis et pratique le ski nautique. Pour protéger le secret de sa famille cachée, **François Mitterrand** délaisse en revanche cette résidence trop exposée, où les campeurs guettent l'arrivée du président comme une attraction. Comme le général de Gaulle, il ne passera qu'une seule nuit au fort au cours de ses deux mandats. **Jacques Chirac** consent quant à lui à quelques séjours avec son épouse Bernadette, qui apprécie beaucoup l'endroit, mais il confiera s'y « emmerder ferme ». Un matin de l'été 2001, des paparazzis le surprennent dans le plus simple appareil sur le balcon de sa chambre, en train d'observer à la jumelle les yachts de milliardaires mouillant dans les environs. Jugés préjudiciables au standing de la fonction présidentielle par les patrons de la presse *people*, ces clichés ne seront jamais publiés. En revanche, les photos volées de **François Hollande** en maillot en bain sur la plage privée du domaine, lors de son premier été de président, sont sorties dans la presse. Vexé, le président socialiste ne retournera plus jamais en vacances au fort. Avant lui, Nicolas Sarkozy préférait passer ses étés dans la résidence familiale de son épouse Carla Bruni au cap Nègre (voir page suivante). **Emmanuel**

Macron est quant à lui très attaché à cet Élysée méditerranéen, où il séjourne régulièrement avec son épouse Brigitte. Il en a aussi fait un instrument diplomatique, y recevant au fil des étés Theresa May, Vladimir Poutine et Angela Merkel.
Depuis 2014, le fort de Brégançon est ponctuellement ouvert à la visite (renseignements auprès de l'office de tourisme de Bormes-les-Mimosas). Le reste du temps, la plage de Brégançon et celle de la Galère permettent d'admirer l'austère fortin depuis sa serviette.

20

CAP NÈGRE

Gare : Hyères (32 km)

Le nom de ce promontoire s'avançant fièrement dans la Méditerranée fait référence à la couleur sombre de sa roche. Rattaché à la commune du Lavandou, il abrite le « Domaine du cap Nègre », un lotissement fermé et sécurisé d'une cinquantaine de villas, dont la plus fameuse est la résidence d'été familiale de la chanteuse et ex-top model **Carla Bruni**. Prisée par son époux, l'ancien président de la République **Nicolas Sarkozy**, cette splendide demeure s'est muée, après leur mariage en 2008, en un joyeux confluent mondain des grands de ce monde et du gotha du spectacle.
Dans la nuit du 14 au 15 août 1944, quelques heures avant le débarquement allié en Provence, soixante-dix hommes des Commandos d'Afrique, venus de Corse à bord de la flotte anglaise, escaladèrent le cap Nègre pour neutraliser les batteries allemandes qui y avaient été installées. À la pointe du promontoire, le « château Faraggi » – du nom de l'aviateur André Faraggi, ami de Marcel Dassault et du père de Jacques Chirac, qui l'a fait construire entre 1934 et 1937 – survécut aux combats. Un quart de siècle plus tard, en 1971, cette résidence-forteresse en forme de U, dotée de deux tours rondes, fut acquise par le richissime industriel turinois Alberto Bruni Tedeschi. Dans la crainte des enlèvements de personnes fortunées perpétrés par les Brigades rouges en ces « années de plomb » italiennes, il y

mit à l'abri son épouse Marisa et ses trois enfants, Virginio, Carla et la future actrice et réalisatrice Valeria Bruni Tedeschi. Noyée dans un immense parc planté de cyprès, de citronniers et de plants de lin, qui descend jusqu'à une crique aux eaux cristallines, la villégiature compte une dizaine de chambres, toutes dotées d'un balcon donnant sur la mer. À l'été 1992, Helmut Newton fut l'un des très rares photographes à être admis dans la propriété pour faire poser Carla Bruni, devenue un mannequin à la renommée internationale. Il réalisa alors un célèbre cliché de charme de la jeune héritière, accoudée sur un piano à queue orné de portraits de famille. Dans son château provençal, la top model devenue chanteuse reçoit notamment ses amis du groupe de rock U2, Bono et The Edge, le mannequin Naomi Campbell ou Leonardo DiCaprio, qui, un soir de l'été 2010, croisa le ministre de l'Écologie Jean-Louis Borloo, quelque peu intimidé. Après son mariage avec Carla Bruni, le président Nicolas Sarkozy avait en effet pris l'habitude de donner ses rendez-vous estivaux dans la propriété du cap Nègre. Durant son mandat, l'ancien Premier ministre anglais Tony Blair, la reine Rania de Jordanie ou le prince Albert II de Monaco sont ainsi venus y présenter leurs civilités au couple présidentiel.

Asile doré de Carla Bruni pour peaufiner ses chansons, le cap Nègre a aussi inspiré l'ancien chef de l'État, qui, durant le confinement du printemps 2020, y a écrit son best-seller *Le Temps des tempêtes*. Lors de ses séjours, l'ex-président assouvit également sa passion du cyclisme. Parmi ses escapades favorites, nous vous recommandons, dans le massif des Maures, l'ascension du col du Canadel (269 mètres) ou, plus exigeant, le col de Babaou (414 mètres). En revanche, n'espérez pas grimper les chemins pentus du cap Nègre : un intimidant portail interdit l'accès du domaine à quiconque n'est pas invité par un résident. Heureusement, au pied du promontoire, une petite plage, surnommée « la Paisible », est accessible au public. On la rejoint en longeant vers l'est la plage de Cavalière. Vous pourrez aussi vous restaurer à l'une des tables préférées de l'ancien président, Chez Nono, la pizzeria du quartier de Pramousquier.

Chez Nono, 22, avenue du Capitaine-Ducournau, 83980 Le Lavandou

21

LE RAYOL-CANADEL-SUR-MER

Gare : Saint-Raphaël (30 km)

Dans cette minuscule commune plantée face à la mer sur la corniche des Maures, **Henry Royce**, le cofondateur de la marque automobile Rolls-Royce, a séjourné et beaucoup travaillé, au point d'y installer une annexe hivernale de son bureau d'études britannique. Ce cadre enchanteur, qui fleure bon l'eucalyptus, est digne du nom de la mythique statuette ornant la proue de ses voitures : « Spirit of Ecstasy ».

Né en 1863, l'ingénieur britannique est le fils d'un modeste meunier de la région de Cambridge. Dès l'enfance, il se révèle un surdoué de la mécanique. Après avoir fondé et dirigé une grande compagnie d'équipements électriques, Henry Royce se lance au début du XXe siècle dans la conception d'automobiles en compagnie d'un associé, Charles Rolls. À la fois fiables, confortables, élégants et luxueux, les modèles de la marque Rolls-Royce connaissent un succès immédiat auprès des élites britanniques. Après le décès de Rolls dans un accident d'avion, en 1910, Royce poursuit seul le développement de la compagnie, travaillant seize heures par jour pour satisfaire sa soif de perfection mécanique. Mais ce régime pèse sur sa santé, au point de mettre sa vie en danger, et ses médecins lui intiment de se ménager. En 1911, sur les conseils de l'un des cadres de son entreprise, l'industriel va se reposer sur la Côte d'Azur, au hameau du Rayol, dont le microclimat le remet sur pied. Chaque hiver, il retournera dès lors dans le petit village varois, où il se fait construire la villa Mimosa, dessinée par ses soins. Incapable de délaisser son travail, Royce finit par emmener avec lui ses ingénieurs et mécaniciens. Près de sa résidence, il fait alors construire trois autres villas. Deux d'entre elles, la villa Jaune et la villa Rossignol, servent à loger ses équipes et sa fidèle infirmière, Miss Ethel Aubin. La troisième, surnommée Le Bureau, héberge l'atelier de recherche. Dépourvu de distractions, Le Rayol offre une tranquillité absolue aux membres de ce studieux laboratoire de mécanique. Quelques modèles

Rolls-Royce doivent beaucoup au paisible village : c'est ici qu'est améliorée la mythique Silver Ghost, qui justifie sans peine le slogan de la firme, « Best Car in the World ». Durant la Première Guerre mondiale, le patron stakhanoviste crée une filiale consacrée aux moteurs d'avion. Au Rayol seront esquissés, dans l'entre-deux-guerres, les moteurs équipant les avions britanniques Spitfire et Hurricane, qui remporteront la bataille d'Angleterre face à la Luftwaffe au début de la Seconde Guerre mondiale. Un succès posthume pour Henry Royce, mort à la tâche en avril 1933 dans sa demeure du Sussex.
Au Rayol, l'opulente villa jaune du 5 avenue de la Corniche, où logeaient les ingénieurs de la firme, est offerte à la location sur différents sites en ligne sous le nom de Villa Rolls-Royce. Au numéro 3, la villa Mimosa, conçue et habitée par Royce, se loue également, mais elle est moins flamboyante. Ne cherchez pas de « R » entrelacés ni le moindre indice de mégalomanie sur le portail ou la façade de cette maison : même s'il fut anobli par le roi George V, Henry Royce s'est jusqu'à la fin de sa vie considéré comme un simple mécanicien.

22

SAINT-TROPEZ

Gare : Saint-Raphaël-Valescure (38 km)

Avant de devenir le roi des *bling bled* et le cul-de-sac d'une jet-set tapageuse, Saint-Tropez était un paresseux village de pêche qui eut sa part dans l'histoire de l'art : au début du XXe siècle, il vit s'épanouir le pointillisme et le fauvisme – bien avant de lancer le monokinisme ! Durant les Années folles, le hameau attira le monde de la mode. Tout changea à la fin des années 1950 avec le succès de *Et Dieu… créa la femme*, tourné dans le village. La star du film, **Brigitte Bardot**, qui réside à l'année à Saint-Tropez, se lamente depuis sur la déferlante de milliardaires et de VIP bas-de-gamme qui a dénaturé les lieux, au point d'en faire une marque déposée : on trouve aujourd'hui des « Saint-Tropez » un peu partout dans le monde, en Sicile (Taormina), au Portugal (Cascais), au Monténégro (Budva), au

Brésil (Búzios)... Tout avait pourtant si bien commencé dans l'ancienne cité corsaire.
Accostant dans le petit port varois sur son yacht le *Bel Ami* en avril 1887, **Guy de Maupassant**, descendu à l'hôtel Sube, décrit le village comme « une de ces charmantes et simples filles de la mer ». Quelques années plus tard, le peintre **Paul Signac** affine sa technique pointilliste à la lumière de Saint-Tropez. Il y attirera de nombreux artistes, dont Matisse, qui y peint la toute première toile fauve. En 1925, **Colette** craque pour une maisonnette qu'elle baptise « La Treille Muscate », près de la plage des Canoubiers. L'écrivaine ouvre sur le port une petite boutique de cosmétiques, succursale de son institut de beauté parisien. Influenceuse avant l'heure, elle lance la station auprès des *fashionables*. Mais, fustigeant l'afflux de Parisiens « costumés en planteurs mexicains », elle se lasse vite d'être arrêtée par tous ceux qu'elle évite dans la capitale. « En 1931, il y avait dix yachts dans le port, une horreur ! », se souviendra-t-elle. Le ver est dans le fruit. Après-guerre, dans l'un des rares pâtés de maisons épargnés par les bombardements, le bar de La Ponche devient une annexe de Saint-Germain-des-Prés. Juliette Gréco, Jean-Paul Sartre, Simone de Beauvoir et Duke Ellington s'y mêlent aux marins-pêcheurs. Boris Vian crée une boîte de jazz, le Club Saint-Germain-des-Prés-La Ponche, dans une grange adjacente. En 1955, passant son premier été à l'hôtel de La Ponche, la jeune Françoise Sagan évoque encore une rêverie, une folie douce, un endroit à nul autre pareil. Mais un an plus tard, le rêve s'écroule brutalement. Brigitte Bardot y tourne *Et Dieu... créa la femme* sous la direction de son mari Roger Vadim. Le mambo torride qu'y danse le sex-symbol va attirer les foules dans le petit port de pêche. Et la série comique du *Gendarme de Saint-Tropez* n'arrangera rien à l'affaire.
Au milieu de cette cohue, un épisode méconnu relève toutefois le standing artistique de la station : c'est ici que s'est écrit l'un des premiers chapitres de l'épopée de **Pink Floyd**. En 1964, les jeunes guitaristes Syd Barrett et David Gilmour, futurs leaders du groupe de rock britannique, qui n'existe pas encore, viennent jouer et faire la manche à la terrasse des cafés. Les deux musiciens sont même arrêtés par la police. Dans le port, une rumeur prête alors à Brigitte Bardot une liaison avec David Gilmour,

qui, ajoute-t-on, se serait bagarré avec Gunter Sachs, le chevalier servant de l'actrice. Le guitariste britannique démentira. Sans rancune, Pink Floyd enregistrera en 1971 le titre *San Tropez*. Au printemps de la même année, le leader des Rolling Stones Mick Jagger crée l'événement en se mariant avec le mannequin nicaraguayen Bianca Perez Morena de Macías à la mairie de Saint-Tropez sous les regards d'autres couples ultra-glamour, comme Keith Richards et Anita Pallenberg, ou Roger Vadim et Jane Fonda. Après un passage par l'exquise chapelle Sainte-Anne, perchée sur les hauteurs de la cité dionysiaque, les festivités se prolongeront toute la nuit au Café des Arts.

Dans les années 1980, le producteur musical **Eddie Barclay** – « l'empereur du microsillon », qui s'est marié à huit reprises – fera du port varois l'épicentre des mondanités *show off* en y conviant les représentants les plus éminents du *show business*. Ses ringardissimes « nuits blanches » dans sa villa du cap Camarat – où tous les invités doivent venir vêtus de blanc – en sont l'acmé. Depuis, les voitures de luxe bloquant le port, les yachts à touche-touche sur les quais et les douches au champagne sur les plages privées amplifient l'ultime injonction d'Eddie Barclay : au cimetière marin de la commune, sur la tombe insolite du roi de la bringue, recouverte de sculptures de disques vinyle, on peut lire « Que la fête continue ».

—

Hôtel-bar Le Sube, 15, quai Suffren, 83990 Saint-Tropez
Hôtel-restaurant La Ponche, 5, rue des Remparts, 83990 Saint-Tropez
Chapelle Sainte-Anne, 21, chemin des Bastidettes, 83990 Saint-Tropez
Café des Arts, 1, place des Lices, 83990 Saint-Tropez
Cimetière marin, 8, chemin des Graniers, 83990 Saint-Tropez

23

LE PLAN-DE-LA-TOUR

Gare : Fréjus (29 km)

Fait rare pour un acteur hollywoodien installé dans le sud de la France, **Johnny Depp** n'y possède pas de vignoble.

Manquement qu'il rattrape par une honorable consommation de vin. Descendant d'un huguenot originaire de Saint-Aygulf, sur la côte près de Fréjus, le héros d'*Arizona Dream* et de *Las Vegas Parano* souhaitait découvrir la terre de ses ancêtres. Le pirate des Caraïbes n'a pas fait dans la demi-mesure : il a acheté un village.

En 2001, l'acteur, qui partage alors la vie de **Vanessa Paradis**, jette son dévolu sur l'arrière-pays varois, afin de préserver leurs enfants Lily-Rose et Jack des paparazzis infestant la côte. Sur une colline à l'écart du village du Plan-de-la-Tour, il s'offre un hameau abandonné comptant une dizaine de maisons, au cœur d'un terrain de quinze hectares de pinède et de garrigue. Cette propriété peu banale rejoint un patrimoine déjà constitué, entre autres, d'un manoir en Grande-Bretagne, de plusieurs maisons à Los Angeles et Hawaï, d'un palais vénitien ou d'une île aux Bahamas.

Pendant une dizaine d'années, le *power couple* Depp-Paradis va faire du domaine varois son domicile principal. Il l'aménage avec une démesure digne de Neverland, le ranch exotique que Michael Jackson possédait en Californie. Les maisons, dont plusieurs sont réservées aux invités, sont décorées dans un style « bohème » et agrémentées de deux piscines, d'un héliport, d'un skatepark, d'une salle de sport, d'une cuisine professionnelle et d'un atelier de peinture – Johnny Depp se pique de posséder un joli coup de pinceau. L'acteur aménage aussi une chambre avec salle de bains dans l'ancienne chapelle du village. Et, pour conserver le sens des choses simples, il fait installer une cabane de chasseur et une roulotte de romanichel. Le clou du décor est le vrai-faux bar-restaurant baptisé « Chez Marceline », où il sera vain de tenter une réservation. Le hameau ne se visite pas, mais on peut l'apercevoir dans le clip de la chanson *Pourtant* de Vanessa Paradis, réalisé par Johnny Depp.

Depuis qu'il s'est séparé de la chanteuse, en 2012, l'acteur a tenté à plusieurs reprises de revendre son village provençal. Sans succès, bien qu'il propose de le céder avec plusieurs peintures de sa main. Un mal pour un bien, puisque le héros d'*Edward aux mains d'argent* est venu s'y mettre à l'abri du monde – avec quelques employés de maison – au printemps 2020, durant le confinement imposé par la crise sanitaire du coronavirus. Le comédien a alors succombé aux charmes des réseaux sociaux, qu'il conspuait jusqu'alors. Sur une vidéo tournée dans la cave à vin d'inspiration médiévale, au milieu d'une forêt de cierges, Johnny Depp a exhorté ses admirateurs à lire, peindre, jouer de la musique ou tourner un film avec un smartphone pour combattre le virus.

24

AGAY

Gare : Agay

Niché au fond d'une rade, ce lieu-dit sur le territoire de la commune de Saint-Raphaël fut le cadre de deux grandes histoires d'amour de la littérature française : il abrita la passion dépeinte par Albert Cohen dans son roman *Belle du Seigneur* ; « Agay est un paradis où même la poussière est parfumée », confessa quant à lui Antoine de Saint-Exupéry, qui s'y maria avec une brûlante Salvadorienne.

En 1932, après avoir épousé en secondes noces la Genevoise Marianne Goss, le Suisse **Albert Cohen**, jeune fonctionnaire international, séjourne à Agay. Le couple s'installe à l'hôtel des Roches Rouges. Ce palace Belle Époque, qui domine la rade depuis les premiers contreforts du massif de l'Esterel, est rebaptisé Le Royal dans *Belle du Seigneur*, que Cohen publiera en 1968, au terme d'une longue gestation. C'est là qu'Ariane et Solal, les deux amoureux transis du roman, s'enferment pendant trois mois pour mettre à l'épreuve leur sentiments dans une relation fusionnelle, excluant toute interaction sociale. Mais au fil des semaines, Solal commence à s'ennuyer, et à s'interroger sur la réalité de la passion « parfaite » qu'il a décidé de vivre avec Ariane.

Quelques mois avant le séjour d'Albert Cohen à l'hôtel des Roches Rouges, **Antoine de Saint-Exupéry** et la belle artiste latino-américaine Consuelo Suncin y avaient organisé leur repas de noces, après la célébration de leur mariage à la chapelle d'Agay. Le jeune pilote de l'Aéropostale appréciait beaucoup la station varoise, où il séjournait souvent chez sa

sœur et son beau-frère, le comte d'Agay, dans leur château au bord de l'eau. L'aviateur-écrivain débarquait en posant son hydravion devant la demeure, éblouissant ses neveux, qu'il fascinait aussi avec ses tours de cartes et le récit de ses aventures. Au château d'Agay, où il se reposait de ses raids aériens à travers le monde, Saint-Exupéry rédigea en partie, à la fin des années 1930, son recueil d'essais autobiographiques *Terre des hommes*. En novembre 1940, il vint y saluer une dernière fois sa sœur, son beau-frère et ses neveux avant de fuir la France occupée en s'embarquant pour New York, où il rédigera *Pilote de guerre* et *Le Petit Prince*. L'auteur ne reverra jamais le château d'Agay, réduit en cendres à l'été 1944 par des bombardements américains préparant le débarquement allié en Provence. Quelques jours plus tard, le 31 juillet, Saint-Exupéry, qui s'était engagé dans l'aviation de la France libre, décolla de Corse aux commandes d'un Lockheed P-38 Lightning pour une mission de reconnaissance de la Provence occupée. Un jeune habitant d'Agay assurera avoir vu ce jour-là un magnifique appareil argenté voler en rase motte au-dessus de la rade : l'écrivain survola les ruines de son paradis juste avant de s'abîmer en mer, sans doute abattu par un avion allemand. Un demi-siècle plus tard, au large de Cassis, un chalutier repêcha dans ses filets une gourmette d'argent noircie sur laquelle était gravé son nom, ainsi que des débris de son avion.
L'hôtel des Roches Rouges est devenu un centre de vacances pour les familles de militaires, tandis qu'une résidence d'une vingtaine de maisonnettes a poussé dans l'ancien verger du château d'Agay. Sur l'emplacement de la forteresse disparue, le beau-frère d'Antoine de Saint-Exupéry a construit après la guerre une grande maison provençale. Elle appartient toujours à la famille de l'écrivain, auquel une plaque rend hommage au pied du phare d'Agay, dernier édifice que l'auteur de *Vol de nuit* aurait aperçu avant de disparaître dans les flots.

Les Roches Rouges, résidence de l'Institut de gestion sociale des armées, chemin du Petit-Paradis, 83530 Saint-Raphaël
Résidence Agathos (ancien verger du château d'Agay), 1510, boulevard de la Baumette, 83530 Saint-Raphaël
Phare d'Agay, pointe de la Baumette, 83530 Saint-Raphaël

25

MONTAUROUX

Gare : Grasse (23 km)

Dans ce village à flanc de colline, un géant de la mode parisienne se muait en jardinier. Réputé pour ses fleurs odorantes, ce coin de Provence a soufflé au couturier **Christian Dior** de se lancer dans la parfumerie.

Né dans la station normande de Granville, en 1905, le futur créateur y passe ses premières années dans une superbe villa entourée de roses. Mais la crise de 1929 ruine son père, un riche industriel spécialisé dans les engrais, qui s'installe alors dans un modeste mas du sud de la France, à Callian. Quelques années plus tôt, le jeune Christian avait ouvert une galerie d'art à Paris ; les subsides paternels se tarissant, il doit fermer boutique. Il tente alors sans grand succès de monnayer ses talents de dessinateur auprès de maisons de couture. En juin 1940, fraîchement démobilisé, le jeune homme rejoint son père à Callian, où il se prend de passion pour les travaux de la terre, se découvrant « paysan dans le cœur ». Christian finira pourtant par retourner à Paris pour tenter de percer enfin dans la mode. En février 1947, son premier défilé, avec ses robes « Corolle » inspirées par les courbes des fleurs, lui vaut un succès instantané. Trois ans plus tard, devenu une référence mondiale, Dior prend sa revanche sur la ruine de son père en s'offrant à Montauroux, commune limitrophe de Callian, le château de La Colle Noire, une bâtisse XIXe entourée de 90 hectares de terres cultivées en vignes et en fleurs. « Cette maison-là, je voudrais qu'elle fût ma vraie maison », déclare-t-il alors. Pour les villageois, ce sera le « château Dior ».

Après chaque défilé, épuisé, le créateur se réfugie dans son domaine de l'arrière-pays varois. À peine descendu de sa limousine Austin Princess, il tombe le costume et enfile short et chapeau de paille. « Monsieur Dior » redevient « Christian ». Troquant les épingles pour la binette, il plante dans le parc amandiers, cerisiers, oliviers, figuiers. Le couturier façonne aussi des broderies de buis, de muguet et des tapis de roses qui fouettent ses ambitions de parfumeur, une activité dans laquelle il s'est lancé dès ses premiers succès avec la création de *Miss Dior* – un parfum inspiré à le croire par «ces soirs de Provence traversés de lucioles où le jasmin vert sert de contre-chant à la mélodie de la nuit et de la terre». Après s'être ressourcé à La Colle Noire, Christian Dior peut retourner affronter son «meilleur enfer»: Paris. En octobre 1957, peu après la présentation triomphale de sa collection «Fuseau», conçue avec l'aide d'un jeune assistant nommé Yves Saint Laurent, il est terrassé par une crise cardiaque à l'âge de 52 ans. Le jour de ses obsèques, le cortège funèbre partit de La Colle Noire pour rejoindre la petite chapelle Saint-Barthélemy de Montauroux. «Le voici rappelé par Dieu pour habiller les anges», scande le curé du village dans son oraison. Le couturier a été inhumé dans le cimetière de Callian, où il repose dans le caveau familial, que domine une sculpture figurant un vase recouvert d'un élégant drapé.

Revendu après la mort du créateur, le château de La Colle Noire servit longtemps de cadre à des mariages, mais aussi, au cours de l'été 1999, à l'enregistrement de l'album *Standing On The Shoulders of Giants* du groupe de rock britannique Oasis, qui s'ouvre sur ce titre peu respectueux pour le jardin extraordinaire façonné par M. Dior: *Fuckin' in the Bushes.* Histoire de rétablir la réputation des lieux, la société Parfums Christian Dior a racheté le domaine il y a quelques années. Parfaitement restaurée, la propriété sert désormais à accueillir les «amis de la maison».

Château de La Colle Noire, 220, RD562, 83440 Montauroux
Chapelle Saint-Barthélemy,
21, rue de la Fontaine, 83440 Montauroux
Cimetière, chemin du Charon, 83440 Callian

ALPES-MARITIMES

26

CAP D'ANTIBES

Gare : Juan-les-Pins (4 km)

Avec l'une des plus faibles densités de population du littoral azuréen, cette presqu'île tranquille et richement boisée de pins d'Alep est si détachée du centre d'Antibes, la commune dont elle dépend, qu'elle fait figure de village. Cette enclave préservée est depuis le milieu du XIXe siècle le rendez-vous de la haute société internationale, qui y a bâti d'extravagantes demeures. « C'est l'endroit rêvé pour vivre à la dure et fuir le monde », ironisait dans les années 1920 l'un des hôtes des lieux, l'écrivain américain **Francis Scott Fitzgerald**, qui y prit part à des fêtes mémorables avec de nombreuses célébrités de l'époque.

Fuyant New York, le jeune auteur séjourne alors avec son épouse Zelda à l'orée du cap d'Antibes, dans la villa Saint-Louis – depuis agrandie et transformée pour créer l'hôtel Belles Rives. C'est ici qu'il met un point final à son roman *Gatsby le Magnifique*. En forgeant l'histoire de ce millionnaire de charme au passé et à la fortune troubles, donnant de folles réceptions au clinquant « nouveau riche » dans sa luxueuse propriété de Long Island, le romancier prophétisait d'une certaine manière le destin du cap d'Antibes, qui est soumis depuis la fin du siècle dernier à une invasion d'oligarques russes. Parmi eux, le richissime homme d'affaires Roman Abramovitch possède à l'extrémité du cap le château de la Croë, un gigantesque et invisible domaine qui compta le président russe Vladimir Poutine parmi ses invités. Ce dernier aurait même un temps été tenté de s'emparer d'une propriété voisine, le château de la Garoupe, en la « confisquant » à un autre oligarque en disgrâce, Boris Berezovsky.

Dans le même esprit très Gatsby, le site enchanteur de la Riviera a accueilli le plus grand criminel financier de tous les temps, **Bernard Madoff**. Avant d'être arrêté en 2008 pour son escroquerie de type « pyramide de Ponzi » portant sur environ 65 milliards de dollars, le financier américain a possédé pendant une dizaine d'années un appartement dans le domaine du Château des Pins. Ce logement, au premier étage d'une résidence sans luxe outrancier, n'avait rien de comparable avec ses flamboyantes propriétés de Manhattan, Montauk, au bout de Long Island, ou Palm Beach, en Floride. Et, durant les quelques semaines qu'il passait chaque été au cap d'Antibes avec son épouse Ruth, dans les années 2000, le train de vie de Madoff n'était pas celui d'un jet-setter. L'ancien roi de Wall Street a laissé dans le voisinage le souvenir d'un charmant retraité, toujours en short, et s'occupant de ses petits-enfants comme un grand-père modèle. Les Madoff appréciaient leur promenade du soir jusqu'au port Gallice, où était amarré leur bateau, un yacht de 27 mètres battant pavillon des îles Caïmans, dont le nom de baptême, *Bull*, annonçait la couleur : dans le jargon boursier américain, ce terme désigne un investisseur jouant à la hausse. Cette courbe ascendante a été stoppée net par le FBI lorsque, à la suite de la crise financière de l'automne 2008, certains des clients de sa société d'investissement voulurent retirer leurs fonds. Bien incapable de les rembourser, « Bernie » confesse alors son frauduleux système de cavalerie, dans lequel les intérêts versés aux investisseurs étaient financés par une partie des dépôts des nouveaux entrants, dont Madoff s'appropriait l'essentiel. Le scandale a entraîné une vaguelette de suicides, dont celui de l'un de ses fils, qui s'est pendu avec la laisse de son chien. Depuis, ses petits-enfants ont tous changé de nom de famille. Condamné à une peine de cent cinquante ans de prison, Bernard Madoff est mort au printemps 2021 dans sa cellule de la prison fédérale de Butner en Caroline du Nord, à l'âge de 82 ans.

Son ancien appartement du cap d'Antibes, situé chemin de la Garoupe, a été racheté par un oligarque russe. Au chapitre gastronomique, l'escroc avait ses habitudes au restaurant Le César, sur la plage Keller, et à la table de l'hôtel du Cap-Eden-Roc. Il se rendait aussi souvent avec des couples d'amis chez Mamo, un restaurant italien rococo proche du port Vauban, à Antibes. Bien que le financier new-yorkais ait laissé le souvenir d'un client généreux et apprécié de tous, sa photo ne figure pas sur le mur d'entrée constellé de portraits de personnalités posant avec le patron. Sans doute par compassion pour les quelques victimes du courtier véreux qui fréquentent l'établissement.

Hôtel Belles Rives, 33, boulevard Édouard-Baudoin, 06160 Antibes
Le César, 1035, chemin de la Garoupe, 06160 Antibes
Hôtel du Cap-Eden-Roc,
165-167, boulevard J.-F.-Kennedy, 06160 Antibes
Chez Mamo – Le Michelangelo, 2, rue des Cordiers, 06160 Antibes

27

OPIO

Gare : Grasse (7 km)

Durant la dernière partie de sa vie, le photographe **Jacques Henri Lartigue** a vécu dans cette localité discrète de l'arrière-pays cannois, en retrait de cette Riviera dont il célébra l'atmosphère de vacances éternelles. À Opio, l'artiste ne renonça pas pour autant à la vie mondaine, puisqu'il fréquenta un singulier personnage lui aussi retiré dans la commune : l'homme qui a inspiré le personnage de James Bond, un certain **Dušan Popov**.
Issu de la grande bourgeoisie parisienne, Lartigue a attendu d'avoir 69 ans pour sortir de l'ombre : à l'été 1963, le MoMA de New York organise la première exposition consacrée à celui qui, depuis plus d'un demi-siècle, avait réalisé des dizaines de milliers de clichés pour son seul plaisir, chroniquant la vie oisive, mondaine et sportive des *happy few* de son cercle proche. À la fin de cette même année, un port folio de ses photographies est publié dans un numéro du magazine américain *Life* au tirage exceptionnel, car sa « une » est consacrée à l'assassinat du président John Fitzgerald Kennedy. Lartigue, qui s'était jusqu'alors fait modestement remarquer pour ses peintures, nettement moins originales que ses photographies pleines de vie et de fantaisie, entre brusquement dans le cercle des plus grands photographes du XXe siècle. Cette subite gloire américaine ne l'éloigne pas, bien au contraire, de la Côte d'Azur, qu'il fréquente depuis son enfance privilégiée. Au début des années 1960, Lartigue a acquis une maison au cœur du village d'Opio, à l'écart de la

cohue côtière. Il y vivra jusqu'à sa mort, en 1986, aux côtés de sa dernière épouse Florette, sa muse et son modèle. Dans son volumineux journal intime, l'artiste évoque avec tendresse le village provençal, dont il mitraille inlassablement les paysages. Passé des clichés en noir et blanc de ses débuts à la couleur, il s'efforce d'attraper ce qu'il appelle «l'oiseau bleu», ce «frémissement du printemps qui vous entoure d'une poignée de confetti de lumières, de reflets et de transparence, d'air parfumé, de murmures d'oiseaux dansant dans le silence». Lartigue peint aussi sur la terrasse de sa maison et s'adonne à de longues promenades quotidiennes à travers le village.

Le photographe rend régulièrement visite à un voisin singulier, le dénommé Dušan Popov, qui fut agent double durant la Seconde Guerre mondiale: il travaillait en sous-main pour le gouvernement britannique après avoir été recruté par l'Abwehr, les renseignements militaires du régime nazi. Issu d'une riche famille serbe, cet espion polyglotte avait choisi pour couverture celle d'un homme d'affaires play-boy. En 1941, lors d'une mission au Portugal, le futur écrivain britannique Ian Fleming, alors lui-même espion au service secret de Sa Majesté, surprend Popov, au casino d'Estoril, en train de miser au baccara 40000 dollars prélevés sur ses frais de mission. L'agent secret remporte la mise grâce à un bluff insoupçonnable. Impressionné, le créateur de James Bond immortalisera la scène, et cet espion flamboyant, dans le premier roman mettant en scène son célèbre personnage, *Casino Royale*, publié en 1953. Flatté par cet hommage, le Serbe n'en soulignera pas moins que «dans l'espionnage, James Bond ne durerait pas quarante-huit heures». Dušan Popov a, pour sa part, pu couler une retraite heureuse à Opio, dans une noble bastide au milieu d'un parc magnifiquement boisé, en compagnie de sa seconde épouse, une Suédoise de trente ans sa cadette. Il a raconté ses exploits dans des mémoires publiés en 1974, sept ans avant sa mort d'un cancer. Durant ses derniers mois, Popov recevait couché dans sa chambre parée d'une cheminée monumentale et d'immenses plafonds blanchis à la chaux. Dans son journal, Lartigue compare la fin de l'ancien agent double à celle d'un évêque.

La place de l'église d'Opio a été rebaptisée au nom de Jacques Henri Lartigue de son vivant, si bien qu'il a pu photographier la cérémonie célébrant l'événement. La maison de Dušan Popov, sise route de Grasse, le long du chemin du Logis, appartient à ses héritiers et ne se visite pas. Celle du photographe située sur le chemin du Baguier, en contrebas de l'église Saint-Trophime, est désormais propriété de la commune. Inutile de vous rendre au cimetière d'Opio pour rendre hommage à Lartigue sur sa tombe : ses cendres ont été dispersées dans un champ de coquelicots, à Saint-Étienne-du-Grès, entre Arles et Avignon. Vous n'y trouverez pas non plus la sépulture de **Coluche**, mort sur le territoire de la commune un après-midi de juin 1986 en percutant un semi-remorque alors qu'il rejoignait à moto sa résidence toute proche de Châteauneuf-Grasse. L'humoriste repose au cimetière de Montrouge, en région parisienne. Mais aux abords du rond-point qui porte son nom, à quelques centaines de mètres du lieu de l'accident fatal, une stèle décorée d'une salopette en métal lui rend hommage.

Rond-point Coluche, RD3, 06650 Opio

28

LA COLLE-SUR-LOUP

Gare : Cagnes-sur-Mer (8 km)

Contrairement à son illustre voisine Saint-Paul-de-Vence (voir page suivante), cette douce et authentique bourgade perchée, aux ruelles pavées et aux claires fontaines, n'est pas asphyxiée par le tourisme de masse. Ainsi épargnée par les vomitives galeries d'art pour estivants, La Colle-sur-Loup peut en revanche se targuer d'avoir accueilli un artiste majeur. Ici se trouve la maison de famille du peintre **Yves Klein**, célèbre pour la création de la nuance de bleu à laquelle il a donné son nom.

L'« aventurier du monochrome » est le fils des peintres Fred Klein et Marie Raymond, une artiste d'avant-garde originaire d'une vieille famille de La Colle-sur-Loup versée dans le négoce des fleurs à parfum – le bourg fut longtemps la capitale des roses odorantes, notamment réputé pour sa production de

Centifolia, la principale composante du Chanel N° 5. Né à Nice en 1928, le petit Yves a grandi entre ce village parfumé, dans la maison de sa famille maternelle, et Cagnes-sur-Mer. Très tôt, il est fasciné par le bleu infini du ciel et de la mer. Imprégné des analyses poétiques du philosophe Gaston Bachelard sur les quatre éléments, le jeune homme décide à l'âge de 18 ans, alors qu'il est allongé sur la plage de Nice, de s'approprier le ciel bleu sans nuages, « la plus belle et la plus grande de [s]es œuvres », en signant son nom en pensée « de l'autre côté du ciel ». Dix ans plus tard, en 1956, après être monté à Paris, l'artiste autodidacte crée l'« IKB » (*International Klein Blue*) avec l'aide d'un chimiste de Rhône-Poulenc. Cette teinte outremer, saturée et lumineuse, qui est selon lui « la plus parfaite expression du bleu », sera déposée par le peintre à l'Institut national de la propriété industrielle. Il en recouvre des toiles mais aussi des corps de femmes nues, qui impriment ensuite leurs formes bleutées sur des tableaux blancs. C'est au Japon, au début des années 1950, que Klein s'était converti au monochrome ; il était allé s'y perfectionner dans un autre art, le judo, qu'il pratiquait et enseignait à très haut niveau, au point de devenir le premier Français à obtenir la ceinture noire 4e dan. Souffrant de problèmes cardiaques, l'artiste a confié peu avant de mourir d'un infarctus, en avril 1962, à l'âge de 34 ans : « Je vais entrer dans le plus grand atelier du monde. Et je n'y ferai que des œuvres immatérielles. » À La Colle-sur-Loup, la maison familiale au charme proustien, où la mère d'Yves Klein vécut jusqu'à la fin de sa vie, se trouve dans l'étroite rue Joseph-Laurenti. Le nom de la demeure, « Mas Apollonie », apparaît sur une jolie faïence un peu délavée, ornée d'une grappe de raisin bleu Klein. Au cimetière de la commune, le peintre est inhumé dans un caveau au nom des familles Raynaud et Brun, dans la zone centrale, contre le mur droit. Face à la sobriété de cette tombe de marbre blanc, on songe à cette phrase de Bachelard dans *L'Air et les Songes*, qui fascina Klein et pourrait constituer son épitaphe rêvée : « D'abord, il n'y a rien, ensuite un rien profond, puis une profondeur bleue. »

Cimetière, allée du Souvenir français, 06480 La Colle-sur-Loup

29

SAINT-PAUL-DE-VENCE

Gare : Cagnes-sur-Mer (10 km)

Dans sa chanson *Nationale* 7, Charles Trenet fit de Paris la banlieue de Saint-Paul-de-Vence. C'était il y a près de soixante-dix ans, et depuis, hélas, cette cité-forteresse hissée sur un éperon rocheux a égaré une grande partie de son charme. Ses ruelles médiévales sont désormais inondées de galeries d'art qui semblent vouées à décorer toutes les salles d'attente de chirurgiens-dentistes de Moscou à Shanghaï. Pour échapper à cette agression visuelle et au tourisme de masse en pantacourt, il n'est qu'un seul refuge pour retrouver l'enchantement originel de Saint-Paul-de-Vence : La Colombe d'or, repaire d'un nombre à peine croyable d'artistes de premier plan.

Tout commence dans les années 1920, quand, à l'entrée du village, Paul Roux et son épouse « Titine » ouvrent « Chez Robinson », une guinguette où les peintres de passage paient parfois la note avec une toile. Matisse évoque l'intelligence de la lumière de Saint-Paul, et son bleu qui fait mal, mais soyons franc, la présence d'un bordel voisin contribue aussi à attirer les artistes. Les visiteurs s'appellent alors Signac, Soutine, Dufy ou Foujita. Transformé en auberge, et rebaptisé La Colombe d'or, l'établissement est peu à peu agrandi en utilisant les pierres d'un château provençal en ruine.

L'un des premiers écrivains à avoir fréquenté La Colombe s'y distingua par une certaine muflerie. Un soir, au début des années 1920, **Francis Scott Fitzgerald** y dîne en compagnie de son épouse Zelda. Avisant la danseuse **Isadora Duncan** à une table voisine, le romancier s'agenouille à ses pieds pour lui raconter comment les soldats romains allumaient de grands feux sur la colline de Saint-Paul pour annoncer leurs victoires. Tandis qu'Isadora caresse les cheveux du talentueux conteur, Zelda, folle de jalousie, se jette dans le vide du haut d'un muret, avant de remonter les mains et les genoux en sang. En 1928, **D. H. Lawrence**, exilé de Grande-Bretagne à cause du scandale provoqué par *L'Amant de lady Chatterley*, son roman jugé « obscène », reçoit un accueil chaleureux à l'auberge. Quelques années

plus tard, **André Gide** y écrit des jours entiers et retrouve son ex-amant le jeune réalisateur Marc Allégret. Durant l'Occupation, **Jacques Prévert** y rédige des poèmes ainsi que le scénario des *Enfants du Paradis*, le chef-d'œuvre réalisé par Marcel Carné. Le plus grand événement mondain jamais organisé à La Colombe d'or est la fête du mariage d'**Yves Montand** et **Simone Signoret**, unis à la mairie de Saint-Paul le 23 décembre 1951. Quelques années plus tard, l'écrivain américain **John Steinbeck** exhale une haleine puissamment imprégnée de whisky durant sa coutumière promenade digestive dans le jardin. **Raymond Queneau** y rédige *Zazie dans le métro* sous le chant des cigales. **Jean-Paul Sartre** et **Simone de Beauvoir** font de l'auberge leur camp de base pour aller randonner dans la région. Un soir de mai 1971, le réalisateur américain **Joseph Losey** rentre ivre mort à l'hôtel avec la Palme d'or qu'il vient de remporter au Festival de Cannes pour son film *Le Messager.* Au printemps 1984, l'ultime séjour de **François Truffaut** sonne la fin d'un âge d'or. Épuisé par la tumeur cérébrale qui l'emportera quelques mois plus tard, le réalisateur ne peut quitter sa chambre, où il se fait projeter *La Splendeur des Amberson*, d'Orson Welles. En 1993, **Bernard-Henri Lévy** et **Arielle Dombasle** ravivent les braises en organisant leur dîner de mariage à la Colombe. L'actrice occupa un temps une chambre à l'année à l'auberge, qu'elle considère comme «l'un des lieux les plus érotiques» où il lui fut donné d'habiter. Mais le comble du snobisme revient à la même époque à l'ex-James Bond **Roger Moore** qui, lors de ses séjours, apporte ses propres oreillers.
De nos jours, dans l'établissement toujours tenu par la famille Roux, vous aurez toutes les chances de croiser **Jean Nouvel**, qui déjeune presque quotidiennement à une table située près d'un *Violon brûlé* de l'artiste Arman – l'architecte a installé son atelier juste en face, de l'autre côté de la place du Général-de-Gaulle. Le temps semble suspendu lorsqu'on contemple la fresque en céramique de Fernand Léger ornant la terrasse, ou l'imposant stabile de Calder posé au bord de la piscine, qui a accueilli les corps de Brigitte Bardot, Jack Nicholson ou Kate Moss. Ce bassin émeraude recèle aussi un incroyable secret, connu de rares Saint-Paulois, qui donne une dimension quasi mystique à votre baignade. Nous nous sommes engagés à ne pas le dévoiler: à

vous de répandre le vin de la maison pour délier les langues. Vous pourrez le commander au bar, où les hommes les plus riches du monde se mêlent aux poivrots locaux. Sidérante galerie de tableaux signés des peintres cités plus haut, la salle à manger fut victime d'un cambriolage dans les années 1960. Les voleurs emportèrent toutes les toiles sauf le Chagall, qui en fut très vexé. Le butin fut rapidement retrouvé. Contrairement à ces artistes, à moins d'avoir un sérieux coup de crayon, on vous déconseille de tenter de vous acquitter de l'addition en laissant un dessin. Nullement intimidé par les chefs-d'œuvre qui l'entouraient, l'acteur Robert Redford s'est acharné à griffonner la nappe en tissu ; elle a fini au lave-linge, réglage haute température.
Pour finir la soirée, on suggère aux amateurs d'architecture d'intérieur de prendre le digestif dans la seconde salle, autour de la merveilleuse cheminée dessinée par Jacques Couëlle, l'architecte qui sculptait des « maisons-paysage ». Et si l'hôtel affiche complet, un manuscrit original de Prévert encadré dans l'entrée suggère une solution de repli. Le poète y évoque sa nuit sous la lune dans « un jardin chaud, vivant et beau » : le cimetière de Saint-Paul. À condition d'éviter la très inconfortable tombe de Chagall, recouverte de galets, vous y dormirez admirablement, avant d'être réveillé au lever du jour par le chant des oiseaux ou un lézard courant sur vos mains.

—

La Colombe d'Or, pl. du Général-de-Gaulle, 06570 Saint-Paul-de-Vence

30

FALICON

Gare : Nice (11 km)

Perchée sur un piton rocheux au-dessus de Nice, cette commune aux façades pastel fut l'un des lieux de promenade favoris de la **reine Victoria**, dont le règne de soixante-trois ans marqua l'apogée de l'Empire britannique. Les séjours répétés de la souveraine sur les bords de la Méditerranée consacrèrent parmi ses sujets la vogue de la Côte d'Azur.
À la fin de son règne, dans les années 1890, Victoria, qui avait déjà

goûté aux charmes de Menton, de Cannes ou de Grasse, accorde ses faveurs à Nice, qui va l'accueillir à six reprises. Débarquant à bord d'un train privé, la reine descend à l'Excelsior Régina Palace, un hôtel ultramoderne construit spécialement pour elle, avec sa suite qui comprend notamment un chef cuisinier français et ses marmitons, une escorte de soldats indiens enturbannés et vêtus de riches étoffes aux couleurs vives, et un valet de pied jouant de la cornemuse. Après avoir pris connaissance des rapports de ses ministres et signé des documents officiels dans la matinée, elle passe l'après-midi en excursion dans les collines autour de Nice, à bord d'un modeste attelage, une calèche tirée par un âne prénommé Jacquot. Les villageois de Falicon croisent ainsi souvent cette petite dame replète en robe noire et chapeau de paille au ruban sombre – Victoria portait depuis plus de trois décennies le deuil de son cher époux, le prince Albert de Saxe-Cobourg-Gotha, mort prématurément de la fièvre typhoïde. La souveraine, dont l'Empire regroupe alors un quart des habitants de la planète, s'arrête en toute simplicité dans les auberges de l'arrière-pays, où elle se désaltère au vin frais. Quand vient l'heure de prendre le thé, elle préfère en revanche le faire confectionner par ses serviteurs, plutôt que de se hasarder à le commander aux cafetiers locaux, trop peu au fait de cet art britannique.
À Falicon, le restaurant Au Thé de la Reine rend aujourd'hui hommage à la glorieuse impératrice des Indes, décédée en 1901, deux ans après son dernier séjour à Nice. Sur la terrasse à la vue remarquable, vous serez en droit d'exiger le gâteau préféré de la souveraine, la forêt noire, et de céder à la *Victoria touch*, quelques larmes de whisky dans le thé.

Au Thé de la Reine, 1, place du Thé-de-la-Reine, 06950 Falicon

31

VILLEFRANCHE-SUR-MER

Gare : Villefranche-sur-Mer

Au fond d'une rade fermée par le mont Boron et le cap Ferrat, ce petit port au riche passé fut une escale majeure pour le groupe de

rock britannique **The Rolling Stones**. L'une des plus somptueuses villas de la commune est entrée dans la légende du rock'n'roll en accueillant le temps d'un été l'enregistrement de l'album *Exile on Main Street*, ainsi que quelques fêtes dantesques. Un lieu aux vertus dynamisantes, à en croire le guitariste du groupe Keith Richards, qui écrit dans ses mémoires: «Si tu te réveillais fracassé le matin, un tour dans ce château étincelant suffisait à te remettre d'aplomb.»
Au printemps 1971, les Rolling Stones connaissent un immense succès avec *Sticky Fingers*, leur neuvième album studio. Étranglés par le fisc britannique, ils décident de s'exiler sur la Côte d'Azur. Keith Richards, accompagné de sa compagne le mannequin germano-italien Anita Pallenberg et de leur fils Marlon, âgé d'un an et demi, loue à Villefranche la villa Nellcote. Le musicien issu de la classe ouvrière est tombé en arrêt devant le décor grandiose de ce palais néoclassique, édifié par un banquier à la fin du XIXe siècle. Plantée en bord de mer, au milieu d'un parc ombragé par d'immenses pins parasols, la demeure aux colonnes de marbre a été construite sur l'emplacement d'une ancienne batterie de canons qui défendait Villefranche: de l'ancien ouvrage militaire, il reste sous la villa des caves immenses qui abritaient soldats et munitions. Lorsque les autres membres du groupe rendent visite à Keith Richards, ils estiment que ce vaste réseau souterrain constituerait un lieu idéal pour enregistrer leur nouvel album. Contrarié dans ses projets de vacances en famille, le guitariste accepte en maugréant de leur ouvrir la villa de seize chambres, non sans exiger de chacun de ses collègues qu'il lui règle 100 livres la nuit, petit-déjeuner inclus.
«À l'étage, c'était fantastique, comme à Versailles, mais dans les caves, c'était l'enfer de Dante!», racontera Richards. Dans les sous-sols, qui avaient été occupés par des soldats allemands durant l'Occupation, le groupe découvre en effet une boîte de seringues de morphine ornée de croix gammées: les Stones sont dès lors persuadés d'œuvrer dans un ancien centre de torture de la Gestapo. Pendant les séances d'enregistrement, le groupe passe d'une cave à l'autre, expérimentant des acoustiques différentes en fonction du style des morceaux.
Si l'ambiance est studieuse dans les sous-sols, il en va tout autrement à la surface. En cet été 1971, la villa Nellcote est envahie par une faune d'individus plus ou moins recommandables, entre

groupies de Krishna pique-assiette et dealers attirés par la réputation des Stones, grands consommateurs de stupéfiants. Descendu de Paris, l'aristocrate décadent Jean de Breteuil (voir p. 311) assure ainsi à Keith Richards et ses comparses un ravitaillement massif en héroïne. D'autres substances sont importées de Grande-Bretagne, cachées dans des jouets du grand magasin londonien Hamleys ou dans des boîtes de chocolats de chez Harrods. Les rockers honorent aussi l'art de vivre français en avalant leurs cachets de Mandrax à grandes rasades de cognac Courvoisier. Les séances de travail s'achèvent lorsque Keith Richards déclare : « Je vais coucher Marlon » – ce qui signifie en réalité qu'il va se faire un fix d'héroïne. Outre de nombreux parasites, le groupe reçoit au cours de l'été quelques visiteurs de marque, comme Yoko Ono et John Lennon qui, après avoir bu une bouteille de vin entière, va vomir sous la véranda. Venu assister à des sessions d'enregistrement, Gram Parsons, légende américaine de la musique country, est viré par Keith Richards, qui estime sa consommation de drogues excessive… À la fin de l'été, la police, alertée par les rumeurs bruissant dans Villefranche au sujet des fêtes orgiaques des Stones, fait une descente à la villa. Accusé de trafic de drogue, Keith Richards se réfugiera aux États-Unis à l'automne avec Anita et Marlon. C'est à Los Angeles que sera achevé l'enregistrement d'*Exile on Main Street*, considéré par beaucoup de *rock critics* comme le meilleur album des Stones.
Derrière son intimidant portail noir et or, dans l'avenue Louise-Bordes, la villa Nellcote se devine comme un lointain halo blanc à travers une jungle tropicale. L'oligarque russe qui la possède aujourd'hui s'est doté d'un intimidant système de surveillance. Une telle vigilance aurait sans doute évité quelques intrusions au cours de l'été 1971.

32

SAINT-JEAN-CAP-FERRAT

Gare : Beaulieu-sur-Mer (3 km)

En choisissant son nom d'artiste au hasard sur une carte de France, le chanteur et compagnon de route du Parti communiste

Jean Ferrat pouvait difficilement tomber sur un lieu plus éloigné de ses convictions. Mise à la mode par un souverain quasi génocidaire, cette petite presqu'île plantée de pins d'Alep affiche aujourd'hui le prix de l'immobilier au mètre carré le plus élevé au monde. Sur seulement 2,5 km^2, Saint-Jean-Cap-Ferrat compte un demi-millier de villas dont l'histoire n'est qu'un tourbillon de noms rutilants à donner le mal de mer. Longtemps propriétaire de l'une d'entre elles, l'écrivain britannique Somerset Maugham est sans doute celui qui a le mieux défini cette réserve feutrée pour ultra riches: « C'est un endroit ensoleillé pour personnes obscures.»

À la fin du XIXe siècle, après avoir colonisé le Congo, le roi des Belges **Léopold II** fit main basse sur le cap Ferrat, qui n'abritait alors qu'un modeste hameau de pêcheurs du nom de Saint-Jean. Considérablement enrichi par le commerce du caoutchouc du Congo, qui était alors sa propriété personnelle, il y acquit de nombreux terrains, qu'il hérissa de villas démesurées, pour son usage personnel et celui de ses proches. Celui dont le système sanguinaire d'exploitation des ressources congolaises provoqua plusieurs millions de morts dans la population locale eut l'idée touchante de baptiser certaines de ces demeures d'après des noms de villages situés sur le fleuve Congo. Sa résidence préférée, Les Cèdres, avec son parc botanique de 14 hectares, a rejoint il y a quelques années le patrimoine d'un oligarque ukrainien pour la somme de 200 millions d'euros.

En 1927, **Somerset Maugham**, qui est alors l'écrivain le mieux payé au monde, s'offre la propriété jadis bâtie pour l'évêque confesseur du souverain belge. L'atmosphère de la villa, rebaptisée La Mauresque, va bien changer avec son nouveau propriétaire, qui en fait sa résidence principale. Dans le parc peuplé de palmiers et d'avocatiers, l'écrivain aménage des portiques vénitiens et une piscine pour accueillir des éphèbes se baignant nus. Maugham ne néglige pas son œuvre pour autant: dans son bureau offrant un panorama somptueux jusqu'aux lointains sommets de l'Esterel, l'écrivain fait obturer la fenêtre afin de ne pas être distrait par la vue. Il accouche ici de certains de ses meilleurs textes, comme la pièce de théâtre *Le Cyclone* ou les nouvelles *Le Fuyard* et *Les Trois Grosses Dames d'Antibes*. Devenue un épicentre mondain, la demeure reçoit les plus célèbres écrivains britanniques: Evelyn Waugh, H. G. Wells, Rudyard Kipling, Ian Fleming, Virginia Woolf... On y croise aussi le dramaturge Noël Coward, le photographe Cecil Beaton, la danseuse Isadora Duncan et l'inévitable Winston Churchill, qui a visité presque toutes les villas possédées par ses riches compatriotes sur la Riviera. En juillet 1980, quinze ans après la mort de Maugham, **Andy Warhol** sera invité par la nouvelle propriétaire, la jet-setteuse **Lynn Wyatt**, épouse d'un magnat texan du gaz, dont il venait de réaliser le portrait sérigraphié. L'artiste américain a consacré une page de son journal intime à cette demeure mythique. La villa, située au 52 boulevard du Général-de-Gaulle, appartient désormais à un autre oligarque ukrainien.

Postée à l'extrémité de la pointe Saint-Hospice, la villa Fiorentina fut quant à elle acquise dans les années 1920 par un exploitant anglais de mines de diamant sud-africaines. Rachetée par un armateur britannique, elle accueillit dans les années 1950 et 1960 des réceptions grandioses où se pressaient John Fitzgerald Kennedy, Elizabeth Taylor et Greta Garbo. Ce palais rouge terracotta, dont l'estimation dépasse aujourd'hui le demi-milliard d'euros, est considéré comme la résidence privée la plus chère du monde. Elle est actuellement entre les mains de la famille allemande propriétaire de BASF, le premier groupe chimique mondial.

Non loin, en suivant le chemin côtier jusqu'à la pointe du Colombier, se trouve la villa Nara Mondadori, la seule résidence privée édifiée en France par l'architecte Oscar Niemeyer. Depuis le sentier, on ne voit dépasser qu'un morceau de la courbe lascive de la *pool house*, mais c'est déjà une parcelle d'extase pour les fanatiques du maître brésilien.

Enfin, pour réconcilier Saint-Jean-Cap-Ferrat avec l'idéal politique de Jean Ferrat, sachez que la plus belle demeure de la presqu'île est ouverte au peuple toute l'année. À sa mort, en 1934, **la baronne Béatrice Ephrussi de Rothschild** a en effet légué sa villa de style Renaissance à l'Académie des beaux-arts afin d'en faire un musée. Avec sa litanie de jardins – florentin, japonais, provençal, à la française... –, ce palais fou dévoile tous les caprices de cette collectionneuse compulsive d'œuvres d'art et de porcelaines, dans un décor resté inchangé. C'est ici que fut célébré l'un des événements les plus mondains de notre

guide : un fastueux mariage canin. Les caniches de la baronne, Major et Diane – qui portait pour l'occasion une robe de satin blanc et dentelle ornée de fleurs d'oranger –, s'y sont dit « ouaf » devant un bouledogue en costume tricolore. Au terme de cette visite vertigineuse, vous pourrez reprendre des forces dans le salon de thé du musée : le temps de quelques instants magiques, vous vous prendrez pour une baronne ou un oligarque.
Pour ceux qui désirent demeurer de façon plus définitive à Saint-Jean-Cap-Ferrat, il reste le charmant petit cimetière de la pointe Saint-Hospice, dont les tarifs n'ont pas suivi la flambée immobilière. Pour un caveau deux places, une concession se négocie à partir de 5 435 euros pour vingt ans. Autant dire une obole dans ce qui est le périmètre le plus recherché de la presqu'île.

—

Villa Ephrussi de Rothschild, 1, avenue Ephrussi-de-Rothschild, 06230 Saint-Jean-Cap-Ferrat
Cimetière, Pointe Saint-Hospice, 06230 Saint-Jean-Cap-Ferrat

33

ÈZE

Gare : Èze-sur-Mer

Entre Nice et Monaco, cette commune est accrochée à un site escarpé au bord de la Méditerranée. Le sentier qui conduit de la gare d'Èze-sur-Mer au vieux village d'Èze, perché au sommet d'un piton de 430 mètres de haut, est fameux pour avoir été emprunté par le philosophe allemand **Friedrich Nietzsche**, auquel il inspira une partie de son chef-d'œuvre, *Ainsi parlait Zarathoustra*. Ignoré par la critique et les lecteurs, éconduit par son grand amour Lou Andreas-Salomé, Nietzsche est malade et déprimé quand il découvre la Côte d'Azur à la fin de l'année 1883. Séjournant à Nice, il est vite revigoré par la « magnifique plénitude de lumière », qui lui rend sa puissance créatrice. Cinq ans de suite, l'écrivain reviendra passer l'hiver sur la Riviera. Sept à huit heures par jour, il s'y livre à son péché mignon, la marche en montagne, plaisir grisant qui stimule son intellect.

Et réciproquement: «L'agilité des muscles fut toujours la plus grande chez moi lorsque la puissance créatrice était la plus forte», confia-t-il. Le quadragénaire grimpe le mont Boron, arpente la presqu'île du cap Ferrat. Un jour, il découvre Èze et son chemin muletier menant à un hameau qui domine la Méditerranée. Cette ascension lui révélera le visage de la troisième partie de son Zarathoustra: «Cette partie décisive, qui porte le titre *Des vieilles et des nouvelles tables*, fut composée pendant une montée des plus pénibles de la gare au merveilleux village maure d'Èze, bâti au milieu des rochers», racontera-t-il quelques années plus tard dans son autobiographie *Ecce homo*, juste avant de sombrer dans la folie. Ce sentier raide, qui serpente à travers une nature odorante, porte depuis un demi-siècle le nom de «chemin de Nietzsche». Pour effectuer ce parcours long de 2,1 kilomètres, comptez environ une heure et demie de marche pour la montée et quarante-cinq minutes pour la descente.

Bien d'autres personnalités sont tombées amoureuses d'Èze. Non loin du départ du chemin de Nietzsche, entre la plage et la voie ferrée, la villa Les Roses appartient depuis une vingtaine d'années à **Bono**, le leader du groupe de rock irlandais U2. Le chanteur vient se reposer dans cette gigantesque demeure Art déco entre deux concerts humanitaires. Il fréquente l'Anjuna Beach, un excellent restaurant de plage, où il rejoint souvent son complice David Howell Evans, alias «**The Edge**», le guitariste de U2, qui possède lui aussi une propriété dans le village. Le batteur Larry Mullen Jr. et le bassiste Adam Clayton résident également tout près, respectivement à Beaulieu-sur-Mer et Saint-Jean-Cap-Ferrat. Durant l'été 2019, Bono et The Edge ont déjeuné en compagnie des époux Obama au Château de la Chèvre d'Or. Cet hôtel-restaurant gastronomique planté au sommet du village offre l'un des plus beaux panoramas de la Côte. L'établissement s'est fait un nom dès son ouverture, dans les années 1950, grâce à la venue de Walt Disney. Plus récemment, l'adresse a fait le bonheur de Leonardo DiCaprio, Robert De Niro, Jennifer Lopez, Zinedine Zidane ou encore Beyoncé. Labellisé Relais & Châteaux, l'hôtel comporte une suite Nietzsche, bien que le philosophe-randonneur n'y ait jamais dormi. Une rumeur locale prétend qu'il fut hébergé dans le bas du village, à l'emplacement de l'ancienne poste.

Pour finir votre excursion en beauté, poussez jusqu'au petit cimetière romantique sur les hauteurs d'Èze. La tombe de l'humoriste et poète Francis Blanche, qui possédait lui aussi une résidence dans la commune, y donne à lire l'épitaphe la plus récréative de ce guide : « Laissez-moi dormir, j'étais fait pour ça. »

Chemin de Nietzsche, départ à proximité de la gare d'Èze-sur-Mer, sur l'avenue Raymond-Poincaré, 06360 Èze
Anjuna Beach, 28, avenue de la Liberté, 06360 Èze
Château de la Chèvre d'Or, rue du Barri, 06360 Èze
Cimetière, rue de l'Église, 06360 Èze

34

CAP-D'AIL

Gare : Cap-d'Ail

Accolée à la principauté de Monaco, cette station balnéaire escarpée, qui dévale jusqu'à la sublime plage de la Mala, fut au siècle dernier un havre pour la *gentry* internationale. Outre quelques princes russes en exil, Cap-d'Ail attira alors des lords et des comédiennes de talent, sans oublier un vainqueur de la Seconde Guerre mondiale, un fabricant de bons mots et deux inventeurs de génie.

Pionniers du 7e art, les frères **Auguste et Louis Lumière** appréciaient beaucoup la Côte d'Azur, où ils tournèrent l'un de leurs films les plus fameux, *L'Arrivée d'un train en gare de La Ciotat*. Enrichis par leurs nombreux brevets photographiques, plus encore que par leur invention du cinématographe, ils possédaient plusieurs villas au bord de la Méditerranée, dont trois rien qu'au Cap-d'Ail. Ces énormes bâtisses furent construites au début du XXe siècle suivant les plans de leur père Antoine, qui n'avait rien inventé, mais excellait à dilapider la fortune familiale. De cette trilogie subsistent aujourd'hui la villa Hélios, boulevard François-de-May, et la villa Lumière, avenue Charles-Blanc. La villa La Pergola a quant à elle été détruite durant la Seconde Guerre mondiale.

Autre hôte de marque, le comédien, dramaturge, réalisateur et auteur d'aphorismes piquants **Sacha Guitry** acheta en 1927, grâce au cachet d'une tournée théâtrale aux États-Unis, la villa Gioia Mia, qu'il rebaptisa Les Funambules. Jusqu'à sa mort, en 1957, ce grand séducteur, marié à cinq reprises, y passa tous ses étés en compagnie de ses épouses successives, toutes des actrices. Dans l'entre-deux-guerres, quand Guitry arrivait à bord de sa Cadillac en compagnie de la deuxième d'entre elles, la flamboyante Yvonne Printemps, le majordome hissait à un mât planté sur le toit un drapeau blanc brodé des initiales entrelacées de leurs prénoms. Dans cette résidence Belle Époque en bord de mer, le prolifique auteur venait écrire entre deux saisons théâtrales. Il naviguait sur son voilier *Le Vonvonnet*, mais ne s'est jamais baigné, terrifié par l'idée de se noyer. Aussi, le jour où Lana Marconi, sa dernière femme, décida de prendre un bain de mer, Guitry engagea-t-il quatre sauveteurs pour la surveiller, ainsi qu'un médecin. Après sa disparition, la villa, située boulevard François-de-May, a été divisée en appartements. Elle ne se visite pas, mais son charmant parc en pente est devenu un jardin public.

Après la Seconde Guerre mondiale, la station fut activement fréquentée par l'homme d'État britannique **Winston Churchill** et son épouse Clementine. À partir de 1947, ils furent les invités réguliers de lord Beaverbrook, magnat de la presse anglaise et ancien ministre du Ravitaillement au sein du cabinet Churchill durant la guerre, qui possédait à Cap-d'Ail la villa La Capponcina. Le « vieux lion » débarquait avec son cuisinier, son valet et sa femme de chambre, sans oublier deux secrétaires et quelques inspecteurs de Scotland Yard veillant à sa sécurité. Churchill pouvait se livrer à son hobby favori : la peinture. Quand il ne peignait pas le paysage depuis sa fenêtre, il descendait sur la plage muni de son chevalet et d'une bouteille de whisky. La nuit, le héros de la Seconde Guerre mondiale travaillait à ses mémoires. À l'été 1952, la municipalité de Cap-d'Ail, désireuse d'honorer l'attachement à la ville de celui qui était redevenu Premier ministre l'année précédente, lui conféra le titre de « maire honoraire ». Six ans plus tard, le couple Churchill fêtait ses noces d'or dans la station. Cachée derrière de hauts murs, avenue Winston-Churchill, la villa de style provençal qui accueillit si souvent l'homme politique, décédé en 1965, est une propriété privée et elle ne se visite pas. Mais des photos très rares de La Capponcina et un buste de Churchill sont exposés au musée de Cap-d'Ail, installé dans la villa Belle Époque Les Camélias, qui évoque l'histoire de la station. La sympathique responsable de ce discret musée privé du quartier Mala a collectionné d'innombrables anecdotes vintage sur le riche passé mondain de Cap-d'Ail : dans les années 1950, l'actrice retraitée **Greta Garbo** se serait ainsi retrouvée avec ses valises sur le trottoir devant la villa The Rock après que le propriétaire de la demeure, son amant George Schlee, un millionnaire américain, se fut rendu compte que « la Divine » entretenait également une relation avec sa propre épouse.

Cap-d'Ail fut aussi le théâtre du terrible drame qui frappa la famille princière de Monaco au début des années 1980. Sur les hauteurs de la commune, au niveau du 992 route de la Turbie, se trouve le virage en épingle à cheveux où la princesse **Grace de Monaco** se tua dans un accident de voiture. Sombre coïncidence, trois décennies plus tôt, alors qu'elle était encore une star hollywoodienne nommée Grace Kelly, elle conduisait à vive allure une voiture décapotable sur la même route, la sinueuse départementale 37, avec Cary Grant à ses côtés, dans *La Main au collet* d'Alfred Hitchcock. Ce 13 septembre 1982, venant de sa ferme de Rocagel, à La Turbie, Grace de Monaco conduisait à l'aéroport de Nice sa fille Stéphanie, qui devait faire un stage dans la haute-couture à Paris, lorsque sa Rover vert métallisé quitta la route dans un tournant. Dévalant une pente à-pic, le véhicule s'écrasa sur le parking d'une villa en contrebas. Stéphanie souffrit de nombreuses fractures ; victime d'une hémorragie cérébrale, la princesse Grace décéda le lendemain, à l'âge de 52 ans, au centre hospitalier de Monaco qui porte depuis son nom.

Parc Sacha-Guitry, boulevard François-de-May, 06320 Cap-d'Ail
Villa Les Camélias – Musée de Cap-d'Ail,
17, avenue Raymond-Gramaglia, 06320 Cap-d'Ail

35

LA TURBIE

Gare : Cap-d'Ail (8 km) ou Monaco-Monte-Carlo (8 km)

Juchée sur la Grande Corniche au-dessus de la principauté de Monaco, cette localité aux racines antiques a de faux airs de village de montagne. Dans ce balcon sur la Méditerranée, le danseur russe **Rudolf Noureev**, poursuivi par le fisc et le KGB, vint trouver un peu de répit.

Né en 1938 dans un wagon de troisième classe du Transsibérien, au bord du lac Baïkal, ce fils de paysans tatars, formé à l'Institut chorégraphique d'État de Léningrad, est considéré comme l'un des plus grands danseurs classiques de l'histoire. En juin 1961, lors d'une tournée du ballet du théâtre Kirov à Paris, ce jeune homme fantasque décide d'échapper à la dictature soviétique : à l'aéroport du Bourget, il trompe la vigilance de ses chaperons du KGB et se jette dans les bras de deux policiers français en leur demandant l'asile politique. Après son passage à l'Ouest, le « seigneur de la danse » va déclencher l'hystérie sur les scènes du monde entier. Touchant des cachets faramineux, il vivra dans la terreur des contrôles fiscaux, ce qui ne l'empêchera pas de collectionner les propriétés : un immense appartement quai Voltaire à Paris, un autre dans le Dakota Building à New York, un ranch en Virginie, des villas sur l'île de Saint-Barthélemy ou dans le petit archipel italien de Galli, près de Naples… Mais aussi une maison à La Turbie, commune dont le danseur appréciait grandement le charme et l'avant-goût d'Italie. Noureev a même un temps songé à se faire enterrer dans le jardin de son nid d'aigle turbiasque dominant la Grande Bleue. Revenu sur cette idée peu avant sa mort du sida en 1993, à l'âge de 54 ans, le génie de la danse repose au cimetière russe de Sainte-Geneviève-des-Bois, en banlieue parisienne, sous un spectaculaire tombeau recouvert d'une mosaïque en relief en forme de tapis kilim, hommage à ses origines turco-mongoles.

Le radieux village de La Turbie se visite à pas chassés. Depuis les ruelles du centre, il vous suffira de quelques entrechats pour rejoindre le trophée d'Auguste, un monument antique apprécié du danseur. Offrant un point de vue stupéfiant sur Monaco, cet ouvrage surélevé construit à la fin du Ier siècle av. J.-C. célèbre avec gigantisme la victoire de l'empereur romain sur les tribus celtes qui peuplaient alors la région. L'ancienne villa de Noureev présente des proportions plus raisonnables. Cette sorte d'hacienda des années 1920 en pierre apparente se trouve dans le chemin du Col-de-Guerre, au-dessus du village. Désormais propriété de Britanniques, qui l'ont baptisée « La Bayadère », du nom du ballet qui offrit l'un de ses plus grands rôles à l'étoile russe, elle se loue via divers sites en ligne. Si vous n'êtes pas sensible à sa décoration, visiblement conçue pour plaire à une clientèle russo-texane, vous pourrez toujours filer dans l'ancien studio de danse de Noureev, où vous attend une barre pour quelques ronds de jambe et battements jetés en guise de réveil musculaire.

—

Trophée d'Auguste, avenue Prince-Albert-Ier-de-Monaco,
06320 La Turbie

36

CAP MARTIN

Gare : Roquebrune-Cap-Martin

Entre Menton et Monaco, cette péninsule du littoral azuréen, aujourd'hui reliée à la commune de Roquebrune, ne fut longtemps qu'une colline boisée avançant dans la mer. Au XXe siècle, quelques grands noms venus d'horizons contrastés ont marqué le paysage de leur empreinte.

En 1927, la couturière **Coco Chanel** acquiert sur les hauteurs du cap Martin une propriété de 2 hectares abritant une villa qu'elle fait raser pour la remplacer par une demeure plus à son goût. La construction de « La Pausa » est financée par son amant Hugh Grosvenor, 2e duc de Westminster, alors l'un des hommes les plus riches d'Angleterre. Conçu par la styliste, le décor austère et grandiose de la maison, avec ses murs à la chaux et son cloître aux arches vitrées, est inspiré par l'abbaye cistercienne d'Aubazine, en Corrèze, qui abritait l'orphelinat dans lequel Gabrielle

Chanel a passé son adolescence (voir p. 496). Le grand escalier en pierre de l'abbaye est même fidèlement dupliqué dans la villa. La couturière y recevra Cocteau, Dali, Picasso, le compositeur Igor Stravinsky ou encore le réalisateur Luchino Visconti. En 1953, Coco Chanel revend la demeure à l'éditeur britannique et collectionneur d'art Emery Reves, un grand ami de **Winston Churchill**, dont il était l'agent littéraire. Le Premier ministre britannique sera un hôte régulier de la maison, qu'il rebaptisera «Pausaland». Jusqu'à la fin des années 1950, il y débarque quasiment chaque été avec une suite composée d'un médecin, un infirmier, un secrétaire et un valet de chambre. Recevant une délicate éducation artistique sur Monet et Cézanne de la part d'Emery Reves et de son épouse Wendy, l'homme d'État aime à peindre les paysages visibles depuis le jardin perché de la villa, planté d'orangers et d'oliviers. Il assure à ses hôtes que les moments passés ici comptent parmi les plus radieux de son existence. Un temps à l'abandon après la mort de Wendy Reves, La Pausa a été rachetée par la maison Chanel en 2015. En attendant une hypothétique ouverture au public, on ne peut apercevoir, depuis la rue, que les étages supérieurs aux volets fermés.

À la fin des années 1920, au moment même où Coco Chanel faisait construire La Pausa, la designer irlandaise **Eileen Gray** a conçu à 300 mètres en contrebas la villa E-1027 pour le compte de son compagnon, l'architecte et critique d'art français Jean Badovici. Dressé sur des pilotis au bord de la baie de Roquebrune-Cap-Martin, ce bâtiment rectangulaire fut vite considéré comme un manifeste de l'architecture moderniste, au point de susciter la jalousie de l'un des maîtres du mouvement, l'architecte **Le Corbusier.** Proche du propriétaire, «Corbu» était un habitué de la villa. Conscient de l'apport déterminant de l'ouvrage, il posait à loisir sous l'objectif devant l'édifice. À la fin des années 1930, il réalisa même plusieurs fresques murales à l'intérieur. Eileen Gray osa alors défier le maître en lui disant que ces peintures constituaient un viol de sa démarche architecturale. Le Corbusier finira par bâtir sa propre résidence dans le voisinage. Juste derrière la villa E-1027, le propriétaire de la guinguette L'Étoile de mer lui céda une parcelle sur laquelle il construisit en 1952 un cabanon adossé au restaurant. Cette cahute de 13 m^2 proche du rivage, qu'il appelait son «château», représente l'aboutissement de ses réflexions sur «l'habitat minimal». Cet amoureux de la Méditerranée y passera tous ses étés jusqu'à sa mort d'un arrêt cardiaque, le 27 août 1965, à l'âge de 77 ans, au cours de sa séance quotidienne de natation au large de la plage du Buse. Le Corbusier a alors rejoint son épouse Yvonne dans l'étonnant tombeau qu'il avait dessiné pour elle au cimetière de Roquebrune – carré J sur la gauche en entrant. Dotée d'une vue imprenable sur la mer, la sépulture, sorte de mélange entre un jardin zen et une maquette de ville futuriste, mérite impérativement une visite pour tout amateur de modernisme funéraire. Quant au cabanon de l'architecte, récemment restauré, sa visite est aujourd'hui couplée avec celle de la villa E-1027 (réservation sur le site de l'association Cap Moderne).

Pour finir en beauté, bien que dans un registre moins « esthète », en vous dirigeant vers le bout du cap Martin sur le sentier Massolin depuis la villa E-1027, vous pourrez apercevoir sur votre gauche une ancienne propriété du dictateur du Zaïre **Mobutu Sese Seko**. Aujourd'hui baptisée villa Maria Irina, cette demeure Belle Époque à colonnades est une pâle copie de la Casa del Mare, une villa spectaculaire donnant sur la plage du Buse qui fut dans les années 1970 la propriété du producteur de cinéma italien Dino De Laurentiis et de son épouse l'actrice Silvana Mangano. Le maréchal-président africain à la toque léopard avait transformé sa résidence de plaisance du cap Martin en annexe de son palais zaïrois – surnommé le «Versailles de la Jungle». À l'occasion de ses anniversaires, il y organisait des agapes concoctées par le chef Alain Ducasse et servies par des employés en livrée Louis XV. Au milieu des années 1990, alors que son régime était de plus en plus contesté, Mobutu s'accrochait au pouvoir en arguant: «Je ne deviendrai pas un vieux lecteur du journal de Cap-Martin!» Il est toutefois mort en exil, d'un cancer de la prostate, en 1997, mais à Rabat, et non au bord de la Méditerranée.

La Pausa, avenue de la Torraca, 06190 Roquebrune-Cap-Martin
Villa E-1027, sentier Massolin, 06190 Roquebrune-Cap-Martin
Cabanon de Le Corbusier, avenue Le Corbusier,
06190 Roquebrune-Cap-Martin
Cimetière, 2708, promenade de la 1re-Division-Française-Libre,
06190 Roquebrune-Cap-Martin

CUVÉES HOLLYWOOD

37

CORRENS

Gare : Carnoules (36 km)

C'est en survolant la région en hélicoptère que « Brangelina », le couple formé par **Brad Pitt** et **Angelina Jolie**, a repéré en 2008 le domaine viticole de Miraval, avec son château-bastide du XVIIe siècle planté au milieu de 30 hectares de vignes. Les deux acteurs le louent aussitôt. Trois ans plus tard, ils convainquent le propriétaire, un homme d'affaires américain, de le leur céder. Un investissement relativement risqué pour Brad Pitt, qui a récemment avoué avoir participé à des réunions des alcooliques anonymes pour combattre son éthylisme. Mais le domaine de Miraval est rompu aux frasques du showbiz. Dans la bergerie a été aménagé en 1977 un studio d'enregistrement qui a vite acquis une réputation internationale. Sont notamment passés Wham!, Bryan Ferry, Sade, Sting, AC/DC, Judas Priest ou encore The Cure, dont le chanteur Robert Smith comptait corriger son teint blafard au soleil de Provence. Sans oublier Pink Floyd, qui y enregistra en partie *The Wall* en 1979. À leur arrivée à Miraval, les Brangelina mettent l'activité du studio en sommeil, désireux de faire du domaine une discrète base arrière pour y voir grandir leurs six enfants, dont trois ont été adoptés. Brad Pitt se penche aussi de très près sur la qualité du vin produit sur l'exploitation : dès la première cuvée réalisée sous son contrôle, le millésime 2012, le Miraval est classé meilleur vin rosé au monde par le *Wine Spectator* ! Grand fan d'architecture, et de Jean Nouvel en particulier – il a prénommé l'une de ses filles Shiloh Nouvel –, le héros de *Fight Club* se livre à des travaux pharaoniques dans la propriété. Grâce à quoi, aux dires de l'acteur-vigneron, Miraval est « le seul endroit où Angelina sourit ». À l'automne 2016, deux ans après leur mariage dans la chapelle du domaine, l'actrice demande pourtant le divorce. Après une longue dispute sur l'avenir de Miraval, Angelina Jolie a récemment revendu ses parts du domaine.

Brad Pitt va pouvoir continuer à cultiver ses vignes varoises. La propriété, surveillée par des ex-soldats de l'armée américaine, n'est pas ouverte aux visiteurs désireux de goûter son rosé d'exception.

38

CHÂTEAUVERT

Gare : Carnoules (35 km)

À seulement 5 kilomètres de chez lui, Brad Pitt a pour voisin un compatriote en la personne du réalisateur **George Lucas**. À Châteauvert, dans la fraîcheur d'un vallon creusé par le fleuve Argens, le père de la saga *Star Wars* s'est offert en 2017 le château Margüi. Sur un domaine d'une centaine d'hectares, la propriété compte une quinzaine d'hectares de vignes, une bastide cataloguée « bâtiment agricole remarquable », une chapelle privée, une immense oliveraie, un terrain de tennis et une piste d'hélicoptère. Le rosé biologique produit par son entreprise la Skywalker Vineyards sous l'appellation coteaux-varois-en-provence est certes moins ambitieux que celui de son voisin hollywoodien, mais le domaine a le mérite d'accueillir les clients pour une dégustation bucolique.

Château Margüi, D554, 83670 Châteauvert

39

VILLECROZE

Gare : Les Arcs-Draguignan (28 km)

Pionnier en matière d'études de marché, et ancien patron de la Sofres, **Jean-Louis Croquet** a quitté Versailles en 1997 pour devenir l'un des meilleurs vignerons de la campagne provençale. Le domaine Château-Thuerry, qu'il a acquis à Villecroze, dans l'arrière-pays varois, produit un nectar réputé. Entre collines et vestiges romains, la propriété est devenue le terrain de

jeu favori des nombreux petits-enfants du propriétaire, dont Cosima et Romy, les enfants de son fils **Thomas Mars**, chanteur du groupe Phoenix, et de la réalisatrice américaine **Sofia Coppola**. Cette dernière aurait même songé à tourner un film à Thuerry, tant elle aime le domaine. La cinéaste qui a fait de Marie-Antoinette une icône du glamour a déjà contribué à relooker la bouteille d'une des cuvées de rosé du château, le « 21 », un vin depuis prisé du milieu *arty* new-yorkais. Le père de Sofia, le réalisateur Francis Ford Coppola, est également un habitué des lieux. Lui-même producteur de vin en Californie, il songe à s'associer à Jean-Louis Croquet.
L'accueillant domaine varois, avec son chai spectaculaire, sorte de cathédrale de béton aux lignes futuristes, est ouvert à la visite et à la dégustation.

Château Thuerry, chemin Thuerry, 83690 Villecroze

40

OPPÈDE

Gare : Cavaillon (12 km)

Au pied du village perché d'Oppède, le réalisateur britannique **Ridley Scott** possède depuis 1992 le Mas des infermières, une demeure qui servit d'hôpital militaire durant la Grande Guerre. Pour la restaurer, il n'a visiblement pas recruté le chef décorateur de *Blade Runner*, son blockbuster futuriste : derrière des rangées stylisées de hauts cyprès, la coquette résidence provençale exhibe un impeccable lustre *vintage*. Le domaine comporte une trentaine d'hectares de vignes. Le cinéaste a longtemps confié la production de son vin rouge à une coopérative des environs, mais il a récemment décidé de reprendre son vignoble en main. Si les habitants d'Oppède ne croisent guère Ridley Scott, une querelle de voisinage est restée dans les mémoires. Il y a une dizaine d'années, le réalisateur de *Gladiator* a perdu un long combat judiciaire contre les propriétaires d'un élevage de volaille installé dans un champ mitoyen de son domaine. Le Britannique se plaignait de nuisances sonores, olfactives et visuelles. Est-ce parce qu'il craignait de voir surgir les poules de ses voisins dans le champ de la caméra ? En 2006, *Une grande année*, sa comédie romantique vinophile, n'a pas été tourné au Mas des infermières mais sur un domaine voisin, le château La Canorgue, à Bonnieux. Dans cette adaptation d'un roman du Britannique provençolâtre Peter Mayle (voir p. 615), avec Marion Cotillard en gérante d'un café de Gordes, Russell Crowe joue le rôle d'un trader de la City qui découvre les vraies valeurs en reprenant un vignoble du Luberon légué par son oncle. Ridley Scott vous offre de vivre ce rêve le temps de quelques jours de vacances en proposant à la location, sur son domaine, trois villas « prestige », au style provençal de bon aloi.

—

Mas des Infermières, route du Four Neuf, 84580 Oppède

INDEX DES PERSONNALITÉS

C

D

E

F

G

H

I

J

K

L

M

N

O

P

Q

R

INDEX DES VILLAGES

A

B

C

M

N

O

P

T

U

V

W

Y

TABLE DES MATIÈRES

www.allary-editions.fr

Relecture et suivi éditorial : Charles Giol
Maquette et composition : Raphaëlle Faguer
Illustration de couverture : Sébastien Pelon

ISBN : 978-2-37073-322-1

Achevé d'imprimé par l'Imprimerie Chirat
42540 Saint-Just-la-Pendue
--
N° d'impression : N° 202109.0314
Dépôt légal : mars 2022
Imprimé en France